21世纪普通高等教育
法 学 系 列 教 材

法律文书学（第四版）

主　编　马宏俊
副主编　袁　钢

撰稿人（以撰写章节先后为序）
马宏俊　邓晓静　石先钰　刘海蓉
段　钢　袁　钢　程　滔

中国人民大学出版社
·北京·

图书在版编目（CIP）数据

法律文书学 / 马宏俊主编. -- 4 版. -- 北京：中国人民大学出版社，2024. 11. --（21 世纪普通高等教育法学系列教材）. -- ISBN 978-7-300-33122-5

Ⅰ. D926. 13

中国国家版本馆 CIP 数据核字第 20241AX485 号

21 世纪普通高等教育法学系列教材

法律文书学（第四版）

主　编　马宏俊

副主编　袁　钢

Falü Wenshuxue

出版发行	中国人民大学出版社		
社　　址	北京中关村大街 31 号	**邮政编码**	100080
电　　话	010－62511242（总编室）		010－62511770（质管部）
	010－82501766（邮购部）		010－62514148（门市部）
	010－62515195（发行公司）		010－62515275（盗版举报）
网　　址	http：//www. crup. com. cn		
经　　销	新华书店		
印　　刷	北京市鑫霸印务有限公司	**版　　次**	2008 年 4 月第 1 版
开　　本	787 mm×1092 mm　1/16		2024 年 11 月第 4 版
印　　张	26. 5 插页 1	**印　　次**	2024 年 11 月第 1 次印刷
字　　数	609 000	**定　　价**	68. 00 元

作者简介

马宏俊　中国政法大学二级教授。现任中国法学会理事、中国法学会法律文书学研究会会长、中国法学会体育法学研究会副会长，中国政法大学体育法治研究基地（国家体育总局体育法治高端智库）主任、公证法学研究中心主任，北京首特律师事务所兼职律师。主要研究领域为：司法制度及实务、法律文书学、体育法学、公证法学、法律职业伦理。主要学术成果有：主编《中国涉外律师实务》《新编律师学》《律师办案思路与技巧》《律师法学》《如何与公证机关打交道》《公证法学》《公证实务》《法律文书学》《法律文书写作与训练》《法律文书写作》《〈律师法〉修改中的重大理论问题研究》等著作。独著《法律人的职业行为规则》《法律文书制作》。参编《法制语文》《司法文书》《法律文书写作教程》《中国公证制度改革研究及国际比较》《公证与律师制度》《律师与公证制度及实务》《律师职业行为规则概论》《体育法学》等教材。在《政法论坛》《法学家》《法学评论》《中国司法》《中国律师》《中国公证》《韩国体育法学会会刊》《体育科学》《北京体育大学学报》《体育文化导刊》《成都体育学院学报》《首都体育学院学报》等报纸杂志以及专业研讨会公开出版的论文集上发表学术论文 100 余篇。主持并完成省部级课题 5 项、其他课题 50 余项，在研国家社科重大课题 1 项。

邓晓静　中南财经政法大学湖北省地方立法研究中心研究员，法学博士，中国法学会法律文书学研究会理事。代表性学术成果包括《法律文书学》（合著）、《仲裁法学》（合著）等；编撰的教材主要有《法律文书学》（主编）、《证据法学》（副主编）、《民事程序法学实验教程》（参编）等。代表性论文有《苏区土地革命时期判决书制作的经验及其传承》《论检察机关的证据调查权——以民事抗诉为中心》《公益诉讼中检察权的配置》《浅析民事虚假诉讼监督应注意的两个问题》《英、德、日不起诉裁量权之比较》《公民的司法参与权研究》等。

石先钰　华中师范大学法学院教授，法学博士，硕士生导师，中国法学会法律文书学研究会常务理事。湖北省法学法律专家、武汉市法学法律人才库首席法律咨询专家之一。兼任全国研究生教育评估监测专家、中国伦理学会法律伦理专业委员会副主任委员、湖北省法学会诉讼法学研究会副会长、湖北省高等学校教师高级职务评审委员会评委、湖北省制度廉洁性评估专家、武汉市人民政府第一届法律专家咨询委员会委员。获曾宪梓教育基金会高等师范院校优秀教师奖三等奖、湖北省高等学校省级教学成果奖三等奖、湖北省社会科学优秀成果奖二等奖、武汉市社会科学优秀成果奖二等奖。独著、编著、主编著作、教材等 8 部，发表论文数十篇。

刘海蓉　四川大学法学院副教授，法学博士，硕士生导师，中国法学会法律文书学研究会理事、中国法学会民事诉讼法学研究会理事。主要研究方向为：法律文书、诉讼法学、司法制度。主持、主研多项省部级课题、校级课题及横向课题；合著《诉讼权研究》《体育法治论》《公证理论与实务》等学术专著；主编《法律文书写作读本》《农民工维权与诉讼技巧》等；参编《刑事诉讼法学》《民事诉讼法学》《行政诉讼法学》《民商法学》《项目合同管理》等教材；在《社会科学研究》《四川大学学报》等学术期刊上发表法学论文数十篇。

段　钢　北京市公安局治安管理总队行动支队一级高级警长，中国法学会法律文书学研究会理事，中国人民公安大学客聘教官，北京市公安局专职教官。北京大学法律系经济法本科毕业，中央党校研究生学历。参加公安工作以来，先后从事预审、法制、派出所、经济侦查、刑事侦查和教育训练工作。着重研究公安问话笔录与法律文书制作，著有《怎样制作办案笔录》《公安讯问、询问笔录的制作与使用》《问话笔录的制作与使用》《公安问话笔录与法律文书制作》《公安问话笔录与案卷审阅》。

袁　钢　中国政法大学法学院教授，法学博士，博士生导师，中国法学会法律文书学研究会常务副秘书长、理事，中国法学会法学教育研究会副秘书长。主要研究方向为：法律文书、法学教育、司法制度与法律职业伦理、人权法等。主持并完成国家社会科学基金一般项目1项、北京市哲学社会科学规划青年项目1项、北京市社会科学研究基地项目1项、司法部法治建设与法学理论研究部级科研项目重点课题1项，正在主持教育部人文社会科学规划项目1项。独著《欧盟监察专员制度研究》《权利回归：国家人权机构研究》《北京市法律援助体系实证研究》，独译《推进正义的法律诊所教育》，在期刊、报纸和论文集中发表论文80多篇，主编、参编著作、教材30余部。

程　滔　中国政法大学法学院教授，法学博士，硕士生导师，中国法学会法律文书学研究会理事。主持国家社科基金项目、教育部人文社会科学规划项目、司法部部级项目等多项，著有《辩护律师的诉讼权利研究》《刑事被害人的权利及其救济》，并参与多部教材的编写，其中包括《法律文书学》（副主编）、《法律文书写作与训练》（副主编）、《律师法学》（副主编）等。

第四版编写说明

本书是中国人民大学出版社出版的“21世纪普通高等教育法学系列教材”中的一本，自出版以来承蒙读者厚爱，社会反响不错。为更好地满足法律文书学教学的需要，本书主编总结了近五年法律文书的实践经验，经与出版社商定对教材进行第三次修订。本次修订作者仍为中国法学会法律文书学研究会的骨干，大部分是在国内著名高校担任“法律文书学”这门课程的主讲教师，对法律文书学有切身体会，具有丰富的法律文书教学经验。

本次修订遵循丛书基础性、实用性、创新性的特色，继续保留、沿用原教材的形式和体例，基本保持每章原有的内容、结构，但依据法律文书学的最新研究状况，对原有部分进行更新。原有经典文书予以保留，并进行文字和内容的完善或简化，对于某些不具有时效性的老文书，以最新的典型文书替代；根据最新的法律、法规更新有关内容，特别融入修订后的《民法典》等法律法规；原有案件所依据法律法规已经变化的，则更换案例；所有涉及当事人姓名的案件均作出必要处理，修订了参考文献和问题与思考参考答案。

全书修订保留第三版大纲，作者各自撰写，主编统一修改定稿。此次修订基本上反映了司法改革中对法律文书的最新要求。由于水平有限，肯定会有一些缺陷，甚至是错误，希望老师和同学们能够在使用中不吝赐教，以利于我们今后改进。本书参考了一些专家的文献，无法一一致谢，在此表示感谢！

第四版的修订者和分工如下：

马宏俊（中国政法大学法学院教授）：第一章第一节至第三节、第十四章。

邓晓静（中南财经政法大学湖北省地方立法研究中心研究员）：第一章第四节，第三、五章。

石先钰（华中师范大学法学院教授）：第十三章。

刘海蓉（四川大学法学院副教授）：第四、六、七、八章。

段钢（北京市公安局治安管理总队行动支队一级高级警长）：第十章。

袁钢（中国政法大学法学院教授）：第十一、十二章。

程滔（中国政法大学法学院教授）：第二、九、十五章。

马宏俊

2024年9月18日

目　录

上篇　法律文书学的基本理论

中篇　司法文书制作

下篇　其他法律文书的制作

上篇

法律文书学的基本理论

第一章
法律文书写作概述

内容导读

习近平法治思想指出，建设中国特色社会主义法治体系是推进全面依法治国的总抓手。要加快形成完备的法律规范体系、高效的法治实施体系、严密的法治监督体系、有力的法治保障体系，加快形成完善的党内法规体系。要坚持依法治国和以德治国相结合，实现法治和德治相辅相成、相得益彰。本章从法律文书的概念和特点入手，从当前司法改革的宽广视角来观察法律文书及其学科在帮助司法机关和法律职业人员执行法律、实现社会公平正义、全面推进依法治国中的重大作用，强调法律文书课程的重要性。同时，本章也客观地揭示了现行教育体制对法律文书教学的轻视，并对法律文书教学的发展趋势作出了合理的展望。最后，本章概括地说明了制作法律文书时应当遵循的基本要求。

构建和谐社会需要公平、正义的司法制度来保障，而法律文书是司法权的一种重要表现形式，司法机关、行政机关、社会组织和公民个人对法律文书的需求也越来越大，加强法律文书的规范性和说理性已经成为一个迫切需要解决的问题了。随着全面依法治国方略在宪法中的确立，法律在国内生活和国际交往中的地位也日益提高，各级公安、司法机关逐渐以法律作为自己行为的准则，同时公民也越来越重视法律的作用，希望通过法律来争取和保护自己的合法权益。在这一过程中，人们往往过分关注法律的具体内容是什么，即法律是怎么规定的，却忽视了将法律运用于实际案件时所必不可少的一种技巧的学习与训练，那就是法律文书写作。实际上，法律文书写作水平的高低不但决定着人们能在多大程度上实现利用法律保护合法权益的目的，而且还体现了一个人、一个组织甚至整个国家的法律素质高低与法治发展现状，提高法律文书写作水平对于全面推进依法治国，坚持建设一支德才兼备的高素质法治队伍至关重要。因此，学习法律文书写作的基本理论，掌握常见的法律文书写作方法和技巧，是学习法律的人的必修课，客观上也有助于推进国家法治进程。

第一节　法律文书的概念和特点

一、法律文书的概念

法律文书是司法机关、行政机关、自然人、法人或其他组织等在办理或参与诉讼案件和某些非诉讼事件过程中依法发布或出具的具有法律效力或法律意义的各种文书的总称。

（1）法律文书的制作主体主要是公安机关、检察机关和审判机关，但又不限于这三个机关，其他如狱政管理机关、监察机关、公证机构、仲裁机构等制作的有关文书也属于法律文书的一种，如减刑意见书等；自然人、法人、其他组织参与诉讼或非诉讼活动时需要制作的起诉状、答辩状、申请书、合同、遗嘱等也是法律文书的重要组成部分。

（2）法律文书主要是在诉讼活动中发挥作用，如起诉书、判决书等都是直接为诉讼活动服务的，但还有一部分法律文书不是在诉讼活动中产生的，或者说它的直接目的不是顺利进行各项诉讼活动，如公证文书、仲裁文书、行政执法文书以及一些具有法律意义的书面文件等。

（3）法律文书一般具有一定的法律效力，体现着国家意志与国家权力，具有确定力、拘束力和执行力，但并非所有的法律文书都具有以上所述的效力，如公证文书、律师文书。

实践中，与法律文书相似的、易混淆的概念还有司法文书、诉讼文书等。司法文书与诉讼文书的意义相同，都是指公安机关、检察机关、审判机关在诉讼活动中所依法制作和发布的具有法律效力的各种公文，如公安机关的起诉意见书、检察机关的公诉意见书、法院的判决书等。法律文书与司法文书和诉讼文书的不同点在于，法律文书不仅包括上述三机关在诉讼活动中依法制作和发布的具有法律效力的各种公文，而且包括其他特定组织和个人依法制作的具有法律意义的相关书面文件，如公证机构制作的公证书、律师制作的诉状等。由此可见，法律文书是比司法文书和诉讼文书更大的一个概念，前者包括后两者，但又不只包括后两者。

在我国，根据宪法的规定，司法机关包括审判机关和检察机关，同时由于实行“侦检分立”，大部分的犯罪侦查任务由公安机关承担，导致我国法律文书的涵盖范围和表现形式呈现出相当的宽广性和多样性。另外，狱政管理机关、公证机构、仲裁机构等在刑罚执行和公证、仲裁业务中也经常制作和出具具有一定法律效力的文书，如减刑意见书、公证书、裁决书等。虽然这些文书不像司法机关出具的文书那样具有特别强烈的国家意志性与强制性，而且它们也不是在诉讼活动中产生的，但它们也是国家意志或国家权力的间接体现，是特定机关和组织制作的能够影响人们权利与义务的文书，因此，把它们纳入法律文书的范围，予以统一叙述也是必要的。律师文书是一种人们生活中常见的文书形式，虽然它不具有国家意志性，但其制作目的和制作程序等往往使其具有一定的法律意义，与人们生活的联系比其他文书更紧密，因此将其归入法律文书的范畴，有利于实现依法治国、保护公民合法权益的目的。

如上所述，尽管对于法律文书概念所涵盖的范围，我们可以而且已经有多种表述方法，如司法文书、诉讼文书等，但正是由于多个相似概念的同时存在，理论界又没有一种权威的、能够被各方普遍认可的说法，现在关于法律文书概念的内涵和外延争议不断，初学者往往对此感到无所适从。为了理论研究的便利和实践操作的统一，笔者建议今后统一使用“法律文书”作为这一领域的标准语汇，并对其与其他相关概念的关系作出令人信服的、清晰的界定。

二、法律文书的特点

（一）形式的规范性

从法律文书的形式上看，它具有明显的规范性的特点。这种特点的形成，主要在于法律文书的实用性。在司法实践中，法律文书使用的频率很高，长期的法律实践活动，使法律文书形成了相对稳定的形式。法律文书形式的规范性主要体现在结构固定和用语固定两个方面：（1）结构固定。在文书制作中，绝大多数文书可以划分为首部、正文和尾部三部分。而且，不同文书每一部分的具体内容也大体相同。例如首部，一般主要包括文书制作单位名称、文书名称、文书编号、当事人基本情况、案由等。正文，一般主要包括案情事实、处理理由、处理决定等。尾部，一般主要包括交代有关事项、签署、日期、用印、附注说明等，形成了固定结构。（2）用语固定。在法律文书中，许多用语是固定的。例如，判决书中交代上诉权部分，一般表述为："如不服本判决，可在接到判决书的第二日起××日内，向本院提出上诉状及副本××份，上诉于××人民法院。"以上都是法律文书形式规范性的具体体现。

（二）制作的合法性

依据法定的诉讼活动而产生的司法文书在法律文书中占据主要部分，同时其他法律文书也与司法活动密切相关，因此，法律文书的制作必须合乎法律规定，不能任意制作。第一，法律文书制作主体由法律规定，有其特定的范围。第二，法律文书制作必须于法有据。这是法律文书合法存在的前提。没有法律根据的文书，就不可能是法律文书。我国三大诉讼法及有关的法规和司法解释对于法律文书具体制作的根据都有相应的规定。第三，要正确适用实体法。大多数法律文书都是为解决实体问题而制作的。无论是案件事实叙述、证据材料分析引用，还是理由阐述、结论表述，都应当遵守"以事实为根据，以法律为准绳"的原则，符合实体法的规定，即使是仲裁文书、公证文书，凡涉及实体问题的，也不例外，都要正确予以适用。只有这样，才能切实有效地解决问题，显示其实用的特性。第四，要符合法定程序。一定内容的法律文书反映一定法律程序、环节的运作，这在制定法国家没有一个是例外的。不同性质的诉讼法律关系受不同的诉讼法调整，与之相适应，制作、使用的也是不同的法律文书。

制作法律文书不仅内容要合乎法定程序规定，而且在文书的提交、移送、拟稿、审核、签发、宣布、送达等具体运行上，也要合乎法定的手续。非经法定的程序、手续制作的文书是无效的。因此，程序的合法与实体的合法，都是法律文书有效性的重要保证。

（三）制作的连环性

综观各种性质的诉讼程序，在诉讼中具体运用时，各法律文书之间具有连环性的法律特点，即各个系统或序列的文书自成体系，按一定的法律程序形成的文书之间有一种承接关系，前一文书往往可以引出后一文书，而后一文书以前一文书为基础。这种连环关系根据诉讼的需要，有时会很长。例如，在刑事诉讼中，公安机关制作的提请批准逮捕书，可以引出检察机关的批准逮捕决定书或者不批准逮捕决定书。检察机关的批准逮捕决定书又引出公安机关的逮捕证。公安机关的起诉意见书往往引出检察机关的起诉书，

检察机关的起诉书，往往又引出人民法院的判决书。在民事诉讼中，民事起诉状可以引出民事答辩状，两者可以共同引出判决书、裁定书或调解书等。

总之，法律文书的连环性特点表现得较为突出。同一系统法律文书的连环关系有无中断，可以帮助我们判明诉讼程序是否合法。把握法律文书的这种连环关系，有助于后面一个环节的文书制作者在制作文书时，避免前一个法律文书制作上的不足，提高文书的制作质量。①

（四）制作的时效性

办案有时限，反映在法律文书上也有时效问题。制作这类文书，必须严格遵守法律有关时限的规定。此外，虽然对于相当一部分法律文书，法律对此并没有作出明确的时限规定，但不等于说这类文书不存在时效问题。诉讼经济是进行诉讼的基本要求，办案贵在及时，不能拖延诉讼，况且从总体上来讲，法律对侦查、起诉、审判机关诉讼阶段都有严格的时限规定，各个具体诉讼环节的法律文书也相对要受制于这一总的时限要求。

第二节　法律文书的功能

一、法律文书的社会功能

（一）法律文书具有促进公民遵纪守法的功能

法律文书是在实际案件中根据法律的规定制作的，许多法律文书与自然人、法人或其他组织有直接的联系，如自然人受到非法侵害后委托律师写的诉状、法院对自然人起诉的案件作出的判决书等。即使有些法律文书与自然人等普通当事人没有直接联系，如公安机关的起诉意见书等，它们也往往间接地影响着当事人的利益。因此，法律文书制作得合格与否，往往会影响到当事人对制作机关执法水平的评价，进而影响到其对国家法治发展状况的认识。事实认定清楚、法律依据充分、情理并茂、格式正确的法律文书，不管它的结论究竟是对当事人有利还是不利，总会使人产生一种信仰：制作人或制作机关已经尽力公平合法地处理该案件了。这种信仰有利于公安、司法机关等顺利地履行其法定职责，也有利于法律的正确实施。

（二）法律文书是法治宣传的重要武器

在司法实践中，法律文书具有重要的法治宣传作用。这种宣传，是通过具体的、生动的实例进行的。在我国，根据法律规定，除法定情形外，案件审理多是公开进行的，即使案件审理不公开，宣判也应公开。在人民法院审判员宣读判决书时，旁听的群众和案件的当事人通过具体案例，可以受到教育。特别是布告文书，其读者最为广泛，看的人可能是出于好奇，但具体的案件可以使他们受到法治宣传教育，从而厌恶犯罪现象，同犯罪行为进行斗争。因此，法律文书具有法治宣传的社会功能。

（三）法律文书与司法机关及法律职业人员的关系

法律文书是诉讼活动的产物，也是全部诉讼活动的忠实记录。法律文书制作和发布

① 参见刘金华主编：《司法文书写作方法与技巧》，6页，北京，大众文艺出版社，2002。

的根本目的，在于保证法律的具体实施。法律文书是执法机关实现职能的手段，执法机关的执法活动，无一不是通过法律文书最终体现出来的。法律文书与法律职业人员的关系在于，它是考核法律职业人员素质的重要尺度。法律职业人员在诉讼活动过程中的工作，主要表现在以下两个方面：一是对案件的实体处理，二是文书制作。这两者是一个问题的两个方面，相辅相成。在司法实践中，如果没有较高的文书制作质量，就难以反映处理案件的高水平。反之，高质量的法律文书，可以反映出较高的办案水平。从这个意义上说，文书质量的高低，可以直接反映办案质量。因此，法律职业人员都应当重视法律文书的制作。

（四）法律文书改革与司法体制改革

法律文书改革与司法体制改革如影随形，司法体制改革必然带来法律文书改革。法律文书反映司法活动，具有十分重要的意义。法律文书与司法公正有着十分紧密的联系，尤其是人民法院的裁判文书，是人民法院行使国家审判权的体现，是司法公正的最终载体，它关系到人民法院严格依法办案、秉公执法、刚正不阿的公正形象。裁判文书如缺乏认证断理，看不出判决结果的形成过程，缺乏说服力，会严重影响公正司法形象。司法实践证明，一份判决书或裁定书，如果对控辩双方的举证、质证内容是否认证不表示明确的意见，不阐述裁判理由，即使裁判结果完全正确，裁判文书质量也是不合格的，因为这种不讲事实、不讲证据、不讲道理的"八股文式"的裁判文书，不能使胜诉者赢得堂堂正正，不能让败诉者输得心服口服。因此，在司法改革进程中必须同步地进行法律文书的改革，并且后者改革效果的好坏对前者的改革过程也必将产生重要影响。法律文书改革，目前已取得了一定成绩，但问题也不少。司法机关各自为政，独自进行改革，缺乏统一部署，又无规范性文件的指导，使法律文书的改革发展不平衡，文书的协调性差。当然，法律文书改革主要是指法院诉讼文书的改革，其中以裁判文书改革为重中之重。为了配合司法体制改革，改革后的法律文书应当：（1）对控辩主张予以同等重视，切实纠正长期以来存在的"重指控、轻辩护"倾向。（2）对表述"审理查明的事实和证据"的要求更加明确、具体。不仅要首先明确写明法院审理查明的事实，而且对控辩双方、原被告双方有争议的事实、证据，要予以恰如其分的分析认证。（3）阐述判决理由时应当做到说理充分、逻辑严密、无懈可击。（4）文书的情、理、法应当做到互相呼应、环环相扣，事实与法理层次清晰而又互相支持，以更好地论证文书的结论。①

二、法律文书的教育功能

（一）法律文书制作与法律理念的应用

法律文书是适用法律的载体，是专用文书或称特种文书。它的制作内容必须以案件的事实为根据，以国家的法律为准绳，准确地适用法律，完美地体现法律。为此，法律文书的根本作用就是保证法律的具体实施。

① 参见千古洲：《裁判文书：司法公正的载体——访最高人民法院刑事诉讼文书修改小组成员、四川省高级人民法院刑一庭庭长罗书平》，载《中国律师》，1999（10）。

法律的字面规定只是法律的“形”，法律理念则是法律的“神”。法律文书要实施法律，更重要的不在于照搬照抄法律的条文，而在于将法律的理念融于字里行间。在这方面，法律文书负有非常重大的责任，因为相较于规范性法律文件，它与普通当事人的接触更频繁、更直接。因此，我们在设计法律文书的格式、词句时，必须将公平、正义等法律理念时刻铭记在心，须知有时即使是一个字、一个词的差别，也可能使当事人对司法公正、法律的民主和平等产生怀疑。法律文书的特征和作用，十分明显地证明其成为实施法律的独特凭证或工具，这是任何其他文书、文件、公文等无法替代的。法律文书的地位，尤其是法律文书中的判决书的地位，是与国家的政治制度同步形成和发展的，是国家政治制度稳定的标志，是自然人、法人和其他组织的合法权益得到保障的证明，是社会有序、社会进步的重要表现，是鞭挞、抨击一切社会丑恶现象的凭据和利剑。①

（二）法律文书是法学教育结果的重要表现方式

法律文书是在具体案件中根据事实运用法律制作出来的，因此没有一定的法学素养、一定的实践经验是很难制作出一份合格的法律文书的。法律文书制作不仅要求作者具有较为深厚的法学造诣，而且要求作者对语言学、修辞学、逻辑学等相关学科有所了解。作者只有通过细致的法学学习，系统地学习了各个部门法的知识，学习了实体法与程序法的相关知识，在制作法律文书时才不会感到无从下笔。

需要指出的是，当前的法学教育往往只重视实体法律的学习，而忽视对学生法律文书技巧的培养和训练，导致学生毕业后进入实际工作岗位时无法胜任简单的文书制作工作。这一现象必须得到及时有效的扭转。法学院校和教师应当在平常的教学活动中，注意培养训练学生实际制作法律文书的能力，为培养高素质法治人才做好准备。值得注意的是，2017 年 7 月，国务院学位委员会办公室转发的、由全国法律专业学位研究生教育指导委员会制定的《法律硕士专业学位研究生指导性培养方案（适用于非法学专业毕业生）》《法律硕士专业学位研究生指导性培养方案（适用于法学专业毕业生）》明确将“法律写作”（2 学分）列入“实践教育与训练环节”，要求法律硕士培养单位必须面向法律硕士研究生开设“法律文书”“法律写作”等课程。

（三）现行教育评估机制对法律文书的轻视

我国历史上长期存在着“重实体、轻程序”的错误思想，法律文书由于被认为属于“形式问题”而遭受冷落，不管是在理论界还是在实务界，相当一部分人认为只要判决结果正确，即使法律文书有一些小瑕疵，如文书名称不对、漏写日期等，也是无伤大雅的。这些错误思想导致现行教育评估机制也对法律文书存在不同程度的轻视。

这种轻视不是一朝一夕形成的。如果说学生个人不喜欢上这门课还只是个人爱好问题的话，那么整个国家的教育评估机制对法律文书的轻视就是政策的失误了。如上所述，法律的实施和适用，是通过司法机关对各类诉讼案件和非诉讼事件的处理来保证的，而司法机关的处理，又需要通过这些司法活动的各个程序上所制作的司法文书来体现。各

① 参见邹日强、高玉成、王丽红：《司法公正与政制稳定的一面镜子——关于法律文书地位研究》，载《宁波大学学报（人文科学版）》，1997（4）。

司法机关对案件的认识和处理情况，均靠往来的司法文书传递；法律在实践中执行得正确与否，也只能以司法文书记录的内容来反映。无论是实体法还是程序法，其内容的具体实施，都需通过司法文书的形式表现出来。可以说，司法文书是司法机关代表国家行使司法权力，在诉讼活动中对诉讼案件运用法律的结果，是以国家强制力为保证的具有法律效力或法律意义的司法应用公文。这些公文从形式到内容，均关系着国家法律、法规的具体施行与适用，关系着诉讼当事人的诉讼权利与义务及其人身自由等切身利益，也就关系着司法机关实事求是、依法办案、秉公执法、刚直不阿的公正形象和权威能否实现，归根结底也就关系着司法权力是否被滥用、适用法律是否平等、诉讼程序是否规范、处理结果是否公平。

法律文书绝不是可有可无、可好可坏的事情，如果我们还想要实现我们的法治现代化的话，我们就必须改变现在这种机制性的歧视，对法律文书及法律文书学科给予应有的重视。

（四）法律文书教学的发展趋势

开设有关法律文书的课程，旨在讲解法律文书制作的基本原理和各种具体文书制作的要求及技巧，使已经具备必要的法律专业知识和基本写作能力的人员，掌握法律文书制作的原理和方法，进一步提高综合运用法律理论知识的能力和写作技巧，提高具体文书制作的能力和水平，从而成为名副其实的法律专门人才。学生通过本课程的学习，运用所学的法律知识和写作知识，能掌握各类法律文书的写作要领，奠定扎实的写作基本功，提高写作各类法律文书的实际能力，以适应司法实际工作的需要。

为实现上述学习目的，当前法律文书的教学出现了一些新的发展趋势：

(1) 法律文书是一门实践性很强的技能课，从它的教学目的来看，归根结底就是要提高学生的实际制作法律文书的能力。要想做到这一点，最有效的办法就是多练、多写。因此，现在许多学校和老师在理解、掌握各种法律文书的写作特点、文书格式和写作要求的基础上，注意给学生多分析例文，注意向学生介绍制作原理和方法的具体运用，把理论知识融会贯通，使知识变为技能。有条件的地方还帮助学生去公安机关、检察院、法院等地实习，训练学生把理论知识应用于实际的能力。

(2) 法律文书有一个很大的特点，就是它的规范性和程式性。尽管不同的文书有其特殊的地方，但其基本格式和篇章结构是大致固定的，很多方面的规格形式也是相同的，在当前教学过程中，老师注重培养学生尊重格式的习惯，促进了学生法律文书写作能力和水平的提高。

(3) 随着法治理念的深入发展，法律文书教学开始对原来的教学模式进行反思。一些院校的老师和学生逐渐认识到过去与实践脱节的教学模式存在着不可回避的问题，许多在学校里学到的关于法律文书制作的知识在实践中很少或几乎没有什么作用，实践的发展远快于理论的进展。因此，相当一部分的法律文书课程转而密切跟踪实践中法律文书的制作现状和发展要求，以此来设计课程结构和内容。这种立足于司法实践的思路是理论联系实际的体现，值得大力弘扬。

第三节　制作法律文书的总体要求

一、法律文书的语言要求

（一）法律文书的语体风格

语体风格又称语体、语体色彩，是指人们在各种社会活动领域使用语言进行交际时，根据不同的环境、不同的对象，所形成的一系列运用语言的不同特点和不同风格。

语体从其形式上分类，可以分为口头语体和书面语体两大类。口头语体，即人们交际往来的言辞表达，比较通俗、灵活、直白，排斥专门术语和文言词语的使用。书面语体是指以文字记录为载体，用书面的形式传播信息，表情达意。因书面语体的体裁类型不同，故语体风格也迥然不同。法律文书是国家执法机关为实施法律处理案件而制作的文书，由法律这一公正而严肃的特性所决定，法律文书的语体风格必然体现出庄严、肃穆、凝练的色彩，这种语体风格的形成往往是通过使用大量的“法言法语”来实现的。法律文书是执法机关代表国家运用法律对涉及的案件当事人作出的处理决定，制作法律文书无疑是一项极其严肃的工作。与此相适应，法律文书语言也就不可避免地烙有这种特定的专业印记。这种语体，专用术语强，文辞精练，语气庄重，威而不苛，显示出法律的尊严。

（二）法律文书语言表达的基本要求

法律文书为公文的分支，其语言表达特征与公文语言基本相同。公文语言的基本特征是用语的准确性、表达的简约性、行文的朴实性，并富有一定的修辞艺术，法律文书语言亦如此。若想制作好法律文书，并有效运用掌握好语言，具体应做到以下几点：

1. 用语要准确

法律的适用及事实认定的要求必须是准确无误的，这就决定了法律文书的语言也必须做到准确。语言准确是法律文书的生命线，在司法实践中，有时一词之差、一词之误，甚至一个标点符号用错，都有可能产生严重的不良法律后果，造成难以挽回的损失。

要做到语言准确应从以下几个方面努力：

(1) 用词准确，褒贬分明。词是句子中最小的可以独立使用的语言单位。在法律文书中任何一个法律事实的存在或法律上的认定，都需要借助词去表现、反映，因此，用词的准确性关系法律认定的真实性。

(2) 造句符合语法规范，文理通顺。法律文书的语言要求造句通顺，符合语法规范，避免文理混乱、表意不清。要做到造句通顺，具体说，应做到四个避免：一是避免句子残缺，成分不全；二是避免句子成分搭配不当，晦涩、难解；三是避免语序紊乱、文意不明；四是避免逻辑混乱、文理不通。

(3) 准确使用法律术语。语言的词和逻辑的概念具有密切的联系，一个概念的产生与形成需要借助语词来表达。法律术语（亦称法律概念）是一种特殊的专用词汇，带有强烈的法律特性，并且某些术语之间还具有形似质别的关系。这种细微的差异，表现出法律术语的高度科学性。

（4）戒方言土语，杜绝黑话。法律文书的语言要求纯洁而健康，不允许使用过于浓重的方言土语，更不能使用犯罪分子的黑话。这是由法律的严肃性所决定的。

（5）人称指代清晰、明确。人称指代明确是正确使用语言、确保法律文书叙事清楚的另一特定要求。为了使法律文书叙述案件事实简练，语体庄重、质朴，在有关事实中如果前文已出现当事人姓名全称，之后可以用姓代替，有时也可用第三人称“其”代称。使用代称要求指向明确、称代清楚，避免前后混乱、指代不明，否则，即容易导致事实不清，影响对案情的认定。

（6）正确使用标点符号，杜绝错别字。为了保证语言使用的准确性，还应该注意标点符号的使用方法，根据不同的语气，准确使用标点符号。除此之外，还需注意文字的书写规范，杜绝错字、别字，特别是法律文书的正本及副本，打印成文后，要认真校对，确保语言的绝对准确。

2. 表达要简约

简约又称精练、简练。语言精练不仅是一般文章的写作要求，也是法律文书制作的需要。制作法律文书，既要做到行文精练，简明扼要，又要将法理阐述透彻，做到言简意赅。“言简”与“意赅”是一个事物的两个方面：语言简洁并不是一味求简，越简越好，而应是在文意完备基础之上的简；文意赅备也不是事无巨细、有闻必录，而应是在简练前提下的完备。

3. 行文要朴实

朴实是法律文书语言的第三个重要特征。语言的朴实是指文笔淳朴无华，客观写实，不追求华丽的色彩，不故作高深，作无谓虚玄的表述，最终达到使人听得明白、读得顺口。法律文书语言的朴实是由法律严肃性、实用性、客观性所决定的。法律文书追求的是法律效果而非艺术效果，法律强调的是“以事实为根据，以法律为准绳”，是什么就写什么，法律文书交代当事人身份事项要求准确、真实、完整；叙述案件事实，强调客观求实，一是一，二是二，如实叙写，平铺直叙，忌用倒叙、插叙等曲笔；阐明事理，务求理正，语贵精要，忌讳铺陈敷衍，恣肆纵笔；作出处理结论，要求简洁、清楚、明了，易于执（履）行，忌使用无谓教育之词。以上特性决定了法律文书语言必须朴实。文风朴实，语贵平实，并不意味着语言枯燥、干瘪无味。因为案件本身就是复杂的，因而如实反映案件事实，恰当地反映理由、处理意见，自然也就能把复杂多变的案情、充分有力的理由和明确的处理意见表现出来，使人感受真切，并从中受到教育。

4. 讲求一定的修辞方式

修辞是提高语言表达效果的技巧。俗话说：“话有三说，巧说为妙。”同类的意思，不同的说法，其产生的效果就大不一样。法律文书根据事实向当事人解释法律的适用，自然也要讲求语言的表达技巧。特别是民事案件，因其是处理人民内部矛盾纠纷，讲述的内容如果措辞不当、语不得体、话不得法，就会给当事人的前途、声誉带来不良影响，因而遣词造句要讲求方式，委婉适当。有些内容既不能说得太露骨，又不能避而不谈；既要考虑到为一方当事人保密，又不能让另一方钻了空子。

二、法律文书的文字写作基础要求

制作法律文书除了要在语言上注意推敲外，在文字写作上还要符合以下要求：

（一）尊重客观事实，恪守国家法律

"以事实为根据，以法律为准绳"是司法工作的基本指导原则，也是法律文书制作的指导思想。法律文书的好坏，制作质量的高低，直接关系到国家法律能否有效地贯彻执行，国家、集体、公民的合法权益能否得到切实保障；关系到国家的尊严、法律的严肃性；关系到能否正确适用法律打击犯罪、保护人民、维护法治的重要问题。任何事实认定上的一点偏差，都可能造成严重后果，导致法律上的失误。因此，制作法律文书必须从证据规则出发，严格按照法定程序认定案件事实，如实反映案件的本来面目。这是制作法律文书的基本前提。法律文书的制作还必须严格依照法律的规定进行。这里所说的法律，指两方面的内容：一是程序法，二是实体法。既包括国家立法机关制定的法律，也包括行政法规、规章、规则、惯例和习惯。制作什么样式的法律文书，什么时间制作，必须严格依照程序法的规定。而法律文书的内容，既要符合程序法的规定，又要根据实体法对案件进行科学认定，任何随心所欲或者不严格地依法制作文书的做法，都是对法律程序的违反，必须坚决禁止。

（二）叙事清楚，说理充分，适用法律准确

事实是案件成立的基础，也是司法工作人员依法处理案件的依据。制作法律文书只有将事实叙述清楚，才能依法公断，作出合理的处理结论，其重要地位自不待言。要做到叙事清楚，具体要求有四个：

（1）要将各方分歧的焦点紧紧抓住，并以简练的文字将各方观点记叙清楚。分歧的焦点是指在刑事、民事、行政判决书事实的开头部分所写明的控辩双方及民事行政诉讼当事人各自提出的事实、意见的对立观点。在刑事诉讼中，确认被告人罪名的成立及不能成立的依据往往很多，但归结起来最终势必都要集中到对罪与非罪、此罪与彼罪、重罪与轻罪如何予以科学的认定上，这往往也就成为控辩双方分歧的焦点所在。由于控辩双方的意见在事实中并不属于裁判文书的重点内容，因而，在表述时，必须抓住关键的问题界定出争讼的焦点，使之形成一种对峙的势态。民事、行政判决书事实的开头必须抓住原、被告及第三人各方提出事实的实质要点，即各方争议的要害问题去写。例如在婚姻纠纷案件中，导致夫妻感情破裂的原因很可能是多方面的，这样在叙述时就要抓准双方感情破裂的主要因素来叙写。用原告诉称、被告辩称、第三人述称的模式写明各方陈述的简要概况及其诉讼主张。

（2）构成事实的基本要素要完备。要素是构成案件事实的基础，在叙述案件事实时，不同的要素组合起来就构成了一个个完整的情节。法律文书在叙述事实时，只有将应该具备的要素明确交代出来，才能保证事实叙述得清楚。具体说，民事案件的事实要素主要包括：纠纷发生的时间、地点、标的，涉及的案件当事人，纠纷发生的起因、过程以及造成的后果，双方各自所持的意见请求。刑事案件的事实要素主要包括：犯罪的时间、地点、目的、动机、手段、行为过程及造成的后果。法律文书在叙述事实时，只有将这些要素叙述清楚、交代明确，才能使人全面了解案情，从而依法公正合理地决断案件，否则就容易造成事实不清，导致法律上的失误。

当然，客观事物往往是复杂的，案情的多样性决定了叙述事实要素的灵活性，有些案情也可以不具备其中的某一要素，如婚姻纠纷案的事实就不一定具备纠纷的地点，刑事案件事实的犯罪目的、动机和后果也不是每一个案件都具备的，要根据实际情况来决定写还是不写。

（3）叙事的主线要清晰，因果关系要明确。要做到事实清楚，还需要注意事件线索叙述的明了、贯通。在中心明确的前提下，对需要叙述的内容要合理布局，恰当安排，力求脉络清晰、层次分明。案情简单的事实，应按照事件发生、发展的过程依次叙述；案情复杂的，特别是民事案件中错综交织有若干个法律关系的事实，如买卖合同中的连环合同、建筑工程承包合同中的几手转包等，叙述时要注意牢牢把握住基本主线，在控制好主干法律关系的前提下，按阶段再交代清楚其他的交错包容法律关系，只有这样才能有效保证事实的清晰、明了。要写清事实还须注意因果关系的明确。任何一种行为结果的形成，都必定有一定的原始起因，“世界上没有无缘无故的恨”，原因决定结果，有原因存在就必然会出现结果，这就是法律上的因果关系。在刑事案件中，因果关系是司法机关准确认定罪名，以判定刑事责任所依据的必要条件。在民事案件中，因果关系也是司法人员分辨是非、确立当事人各方责任大小的重要依据。目前这方面存在的问题主要是有果无因、因果脱节或自相矛盾。

（4）重要情节要叙述清楚。重要情节是确认被告人是否构成犯罪、罪行轻重及民事侵权行为能否成立的关键所在，法律文书在叙述事实时必须着力将其突出。重要情节主要包括以下几类：第一类是决定或影响案件性质的情节。第二类是涉及有关当事人法律责任的情节。如合同纠纷案件，究竟是一方违约，没有履行合同约定的义务，还是双方均违约，各自都有未履行义务的行为，这些关键环节都必须具体、明确地予以记叙，从而为公正处理案件提供客观的事实基础。第三类是重要情节中的特定选择要件必须写清。我国刑法中某些罪名的成立是以其行为须具备某特定要件为必要条件的，在特定情况下，写清犯罪手段这一重要选择要件情节对于区分罪与非罪、此罪与彼罪，对于准确执法尤为重要。

说理充分是写好法律文书的另一项特定要求。理由是法律文书中的重要组成部分，是以犯罪事实及民事纠纷事实为基础所阐明的确认被告人有罪无罪、罪重罪轻以及民事责任是否承担、承担多少的分析文字，集中体现了司法机关对本案进行处理的观点、认识。在写法上既要求文辞精练，又要求论证充分，以理服人。具体来说应做到“三要”：

一要写出个性、突出特点。写出个性、突出特点是增强理由说服力的重要一环。以刑事案件为例，犯罪分子的犯罪活动，尽管在犯罪这一点上是共同的，但各类案件的表现也不会一样。即使是同一类型的案件，由于犯罪的动机和作案的手段不同，因而造成的后果、对社会的危害程度也不会完全相同，就是说各有各的特性。因此，阐述理由时必须要注意这一点，要突出案件的特点，这样写出的理由才有理有据，有较强的说服力。

二要思维严谨、逻辑严密。思维严谨、逻辑严密是法律文书理由阐述的又一项特定要求，理由部分论证严密、结构严谨，能使表达思路更加清晰，增强说服力，使理由深刻而有力。这就要求在论证说理时，要注意论据与论据之间、论据与论点之间、分论点与总论点之间的必然内在联系，依照表达的需要，按部就班地进行论述，最终自然推出所需要表明的基本观点。

三要准确适用法律。准确适用法律是诉讼活动处理案件的核心环节，也是法律文书认定事实、确定性质（责任）、作出处理决定的准绳。法律条款引用得准确与否，直接关系着司法机关执法的准确性、公正性，关系着国家的威信，因此必须认真对待。具体来说，应做到以下几点：第一是要全面，忌顾此失彼。第二是要准确。现行的各类法规一般来说都规定得比较具体详细，有的条文中还细分有款、项、目，这些款项虽然总的说来是一致的，但其各自适用的对象、针对的具体问题有所不同。第三是引用的顺序要得当。在刑事法律文书中有时往往会出现刑法总则条文与分则条文需一并引用的现象。当“两则”需同时引用时，其排列顺序孰先孰后，是一个有待解决的问题。正确地排列引用顺序，体现了适用法律的内在逻辑条理，是法律文书适用法律规范化的表现。当“两则”需同时引用时，有的法律文书是按先总则后分则的顺序排列的，这是不正确的，应予纠正。我们知道，司法机关办理任何一个案件，首先要确定罪名的成立，而后才能谈得上如何量刑处罚。按照这一办案进程规律，凡涉及总则规定的刑事责任年龄、刑事责任能力、防卫过当及犯罪未遂、中止、累犯、共犯、数罪并罚等与罪刑有关的情况时，在法律文书中应以先分则（先确定犯罪性质及法定刑）后总则（最后决定如何处罚）的顺序来排列。这样表述，既符合逻辑顺序，又条理清晰，一目了然。反之，那就成为先解决从重/从轻处罚或数罪并罚的实施办法，而后再确定某种犯罪的构成。这是本末倒置的，不符合办案规律。

三、法律文书的法理和情理要求

1. 法律文书的法理要求

法理是由法律根本精神演绎而得的法律一般原则，法理分析就是法官在审理案件过程中，将法律的一般原理及具体法律条款与案件事实相对照而作出较为客观的评论。

法官形象是法官品质和职业道德的自然表现和流露，良好的法官形象应当是文明、公平、公正、规范、廉洁、高效的典范。一个优秀的法官应当遵守司法礼仪，具有较高的文化修养、高尚的道德情操和高超的法律专业技能。

法理分析与法官形象本是两个不相关的词汇，但在日常生活中人们经常通过裁判文书将它们紧密联系在一起。一份优秀的法律文书会将法理分析得淋漓尽致，以法理服人，让有“气”的当事人看了息诉，让无“气”的当事人看了就当接受一次良好的教育和心灵净化。法理分析得透彻，裁判的公正性就先得到肯定，法官形象就不会被玷污；反之，如果裁判结果让当事人看了一头雾水，当事人就会对审判的公正性产生怀疑，从而有损法官形象。法理仍是“法”与“理”的结合，法理是鱼与水之情，两者密不可分。一个好的法院领导，没有不抓法官法律文书制作的，而能否抓到点子上，主要看法官写作的法理分析是否透彻，让人看了是否心服口服。

要从根本上提高法官的法理分析水平，我们认为，首先必须加强学习。学习是提高法官业务水平的根本所在，也是必经途径。知识对任何人来说都是公平的，同样，“知识”不因为你是法官而飞进你的脑袋里。只有通过脚踏实地的苦心钻研才能打好做法官的基本功。其次，法院应将审判结果和法理分析作为统一考核法官业绩的内容。裁判文书的质量高低主要取决于说理透彻与否，而说理透彻与否又取决于法官素质的高低。目前许多法院已经将裁判文书中的错字、漏字和别字作为考核法官业绩的主要内容，因为没有统一衡量标准而没有将裁判文书说理简陋作为考核内容。这种做法显然失之偏颇。一份裁判文书“不够讲理”或“不讲理”的危害远远比错字、漏字和别字的危害大得多。据此，法院应制定划分裁判文书说理不清的几种标准：认定争议的事实时不阐明认证理由的，“本院认为”部分在概述事实后简单引用法条的，自由裁量处理的问题不根据法理详加阐述的，当事人因说理不当引起误解而上诉、申诉的，等等。最后，法院应建立、健全与法理分析相适应的改革措施。推行主审法官负责制，让一些法学功底深厚、业务能力强的优秀法官审理案件。同时建立法官助理制度，让一些业务能力较弱的法官协助主审法官做一些辅助性的审判工作。大力推行以法理分析为核心的评查制度，制定相关的说理标准，并将法理分析不透彻的裁判文书纳入差案范围，进行督促、纠正或者责任追究。

2. 法律文书的情理要求

法律文书的情与生活之情谊、文学作品的感情是不同的。这种浩然正气之情，维护的是法律的尊严、价值以及法官、律师的内在秉公执法精神。裁判文书不仅记载着裁判过程，是法官运用自己的经验、智慧解决纠纷、实现正义的过程，而且也是法律获得生命、法律的权威和公信得到彰显和树立的过程。[①] 所谓“动之以情，晓之以理”，法律文书融情于理是基于我国历史文化传统的应有之义，更是对坚持依法治国和以德治国相结合的习近平法治思想的积极回应。

情感是偏于主观的。“情”本来就有范围和程度。情可以夸张，也可以泛滥，因而其表现形式多种多样。而法律文书的情有一个度，即适度，表现为客观、冷静、鲜明。这就是法律文书情感的外现形式。情感的客观，这里主要指的是与原本事物相吻合，也即情感的形式与原本事物的存在形式大概一致。情感的冷静，指的是事物的感受产生的情感体验是理智与克制。不过一定要分清，冷静不是冷漠，克制不是无动于衷。我们在读法律文书时，常感到有平实、无华；有机智、敏捷；有责难迭起、理直气壮；有不近人情，却又包含法理、法情。冷静不是无情，在法律文书理由中常见。总之，没有冷静的情感，就不能区别不同性质文书情感的表现。情感的鲜明，是法律文书情感主观性的最大表现。对犯罪的痛恨、义愤，对受害者的同情、支持，秉公执法，都常常淋漓尽致地表现在法律文书的客观叙述和冷静分析中。

总之，法律文书有情，且情比较适度，它绝不游离、显露。法律文书是把饱满的浩然正气的情怀，蕴涵于所叙事实、所陈道理之中，一般不直面抒发。因此，从一定意义上说，法律文书的情是一种色彩、一种语势、一种氛围和情调。法律文书有情，但不张扬外露；法律文书有情，但不抒情。[②]

① 参见孙海龙、赵旭忠：《和谐司法的构建》，载《人民司法》，2007（9）。

② 参见侯兴宇：《论司法文书的“事”、“理”、“情”》，载《贵州省政法管理干部学院学报》，2001（3）。

第四节　中国法律文书的历史沿革

一、中国古代法律文书的发展概况

中华优秀传统文化源远流长、博大精深，是中华文明的智慧结晶。为了我国当代的法律文书更好地发展与完善，有必要追根溯源，从中华优秀传统文化中汲取有益的营养。中国早在殷商时期就已经形成了较为成熟的文字——甲骨文，它为今天的人们解读远古的华夏历史提供了真实可考的凭证。西周时期，随着青铜铸造技术的娴熟，又出现了浇铸在青铜器皿上的钟鼎文，钟鼎文也称铭文。有了这些文字，华夏先贤们的天才创造才得到记载并传承下来。通过史书的记载，我们知道，舜时就已经有了法律。为了镇压奴隶的反抗，商代的统治者更是制定了苛酷的刑法。及至西周，古代早期的法制思想更趋成熟，法律制度也更加完备。三典五刑是当时最基本的法律，即“大司寇之职，掌建邦之三典，以佐王刑邦国，诘四方。一曰，刑新国用轻典；二曰，刑平国用中典；三曰，刑乱国用重典。以五刑纠万民：一曰野刑，上功纠力；二曰军刑，上命纠守；三曰乡刑，上德纠孝；四曰官刑，上能纠职；五曰国刑，上愿纠暴”①。当时的统治阶级出于规范司法活动的需要，还创立了一系列的诉讼制度，产生了“以五声听狱讼，求民情。一曰辞听，二曰色听，三曰气听，四曰耳听，五曰目听”② 的审讯方式。所有这些都为我国古代法律文书的萌生提供了基础性条件。

（一）先秦时期的法律文书

1. 盟书

春秋时期，王权衰落，代之而起的是诸侯间的武力解决与盟会调停。③ 盟会必有盟书，“司盟，掌盟载之法。凡邦国有疑会同，则掌其盟约之载，及其礼仪，北面诏明神”④。盟书具有规范参加会盟的各成员的行为、敦促其履行会盟所约定之义务的效力。从现在存留的盟书残片中，我们能够窥见盟书的大致结构和内容：(1) 会盟的日期。盟书是信约性文书，盟书生效的日期是其必不可少的部分。结盟的日期就是该盟书正式生效之时。(2) 会盟的成员。盟约中所约定的权利、义务对于参与盟会的各成员同等适用。盟书列明各参盟成员，能够明确盟约的责任承担者。一旦发生意外，可依盟书的记载确定责任人，故罗列与盟成员也是盟书的重要组成部分。(3) 会盟的缘起。盟书正文的起始部分大都需要陈述会盟的缘起，从中人们可以探知某一具体盟书产生的历史背景。(4) 盟约。这一部分又称作“盟首”。盟首多用否定句表示禁止，规定参与会盟的成员应有的行为规范，明定同盟者共同享有的权利和共同承担的义务。(5) 诅辞。盟书的诅辞，以神灵的名义规定了对背盟者的惩罚，是各成员遵守与执行盟约的保证。⑤ 盟书繁盛的时

① 参见《周礼·秋官·大司寇》。

② 参见《周礼·秋官·小司寇》。

③ 参见翦伯赞：《先秦史》，289 页，北京，北京大学出版社，1990。

④ 参见《周礼·秋官·司盟》。

⑤ 参见董芬芬：《盟书——春秋时代特殊的法律文书》，载《甘肃政法学院学报》，2006 (1)。

代，人们对于未知的世界和无法决断之事，往往求助于虚幻的神灵，于是巫风盛行。华夏先民们相信神灵具有超自然的力量，神意代表着真实和正义，欺骗神灵必将受到惩罚。诅辞带有浓烈的神明裁判的色彩。

2. 判决

西周时，判决书称为“中”，审判记录称为“要”。“中”，乃判决确定之文书，《周礼·秋官·乡士》就记载有“狱讼成，士师受中”。“要”，即审判记录，《周礼·秋官·遂士》载：“听其狱讼，察其辞，辨其狱讼，异其死刑之罪而要之。”“中”与“要”共同构成完整的判决书。[①] 据考古发现，我国迄今为止所能见到的最早的判词之一，是1975年出土于陕西省岐山县董家村的西周晚期的青铜器《朕匜》上所铸的铭文。这篇铭文记载了一个名叫牧牛的人违背誓言，犯下罪行，司法官伯杨父受理此案后作出的判决。将该判词转译成现代汉语，其意为：牧牛！你的行为被确定为诬告。你竟和你的师傅打官司。你违背了先前的誓言。现在你立下誓言，到啬去见朕，交还五个奴隶。既然已立下了誓言，你也应遵守誓言。最初的责罚，我本应鞭你一千，给你黑蔑黑屋之刑；现在我赦免你，鞭你五百，罚铜三百锾。其实，该铭文并非裁判文本，乃是语判的记录。从这份语判的记录中可以看出，当时的裁判由基本事实、量刑情节及法律责任各部分组成，用语简练晓畅，含义明白确定。

先秦时期较为成熟的法律文书之一，是春秋时晋国国君晋惠公处决大臣庆郑的文书，其文为：“君（指晋惠公——引者注）令司马说刑之。司马说进三军之士而数庆郑曰：‘夫《韩之誓》曰：失次犯令，死；将止不面夷，死；伪言误众，死。今郑失次犯令，而罪一也；郑擅进退，而罪二也；女（汝）误梁由靡，使失秦公，而罪三也；君亲止，女（汝）不面夷，而罪四也；郑也就刑！’”[②] 这段引文与当今刑事判决书理由部分的结构十分相近：首先，援引相关条文，即《韩之誓》所规定的条款；其后，逐条比对以表明庆郑的行为完全符合法律规定，故“郑也就刑”。该判决既公开了裁判的法律依据，也宣示了执法者适法时的思维过程，具有较强的说服力。

3. 书状和辩词

《周礼·秋官·大司寇》晓谕世人，“以两造禁民讼，入束矢于朝，然后听之。以两剂禁民狱，入钧金三日，乃致于朝，然后听之”。其中的“剂”相当于今天当事人向法院递交的诉状。不同的是，西周时期，欲提起刑事诉讼，作为“两造”的原、被告必须同时递交书面文状。囿于传统思想观念的束缚，周天子及各诸侯并不倡导百姓狱讼，为普通民众打官司设置了重重障碍。由“入束矢于朝”以及“入钧金三日，乃致于朝”不难推断，“剂”的制作绝非轻而易举的事情。

春秋战国“百家争鸣、百花齐放”，思想相当活跃。与古希腊相类似，此时我国亦是辩风盛行，出现了一批可与古希腊智者媲美的人物——辩者，邓析、惠施、公孙龙皆为其中的佼佼者。特别是春秋末期郑国的邓析，法律知识渊博且能言善辩。《吕氏春秋·离谓》说他“与民之有狱者约，大狱一衣，小狱襦袴。民之献衣、襦袴而学讼者，不可胜

① 参见丁海斌：《〈周礼〉中记载的法律文书与档案》，载《辽宁大学学报（哲学社会科学版）》，1999（2）。

② 参见《国语·晋语三》。

数。以非为是，以是为非，是非无度而可与不可日变。所欲胜因胜，所欲罪因罪”。荀子也曾感叹：是说之难持也，而惠施、邓析能之。其持之有故，其言之成理，足以欺惑愚众，是惠施、邓析也。荀子的言辞尽管不无贬义，但也清楚地表明邓析、惠施等在诉讼中辩论技巧的高超。这些辩论技巧对后世辩护词的制作可以说具有启蒙意义。

（二）秦汉时期的法律文书

战乱之后，独霸天下的秦王嬴政建立了秦王朝。为了巩固中央集权，秦朝崇尚严刑峻法，《盐铁论·刑德》评价道：“秦法繁于秋荼，而网密于凝脂。”严苛的统治必然遭到民众的反抗。秦朝分崩离析后，又经楚汉相争多年，最终汉王朝紧随而至。汉朝基本上沿袭了秦朝的政治法律制度，并在此基础上加以改进和发展。大一统的家国统治和思想规制，完备的律法，为独立形态的法律文书走进历史舞台创造了良好的制度条件。

1. 秦朝的法律文书

秦始皇登上皇位后，继续坚持商鞅、韩非等人倡导的法治路线，明法度、定律令，同时也注意重用司法狱吏，并为其行为确立法式。因此秦朝的法律文书初具规模。湖北云梦睡虎地发掘的秦墓竹简，也称云梦秦简，包含不少关于法律的内容，其中与法律文书直接相关的简文名为《封诊式》。《封诊式》的“封”指查封，“诊”指诊察、勘验、检验，“式”指格式和程式。《封诊式》是关于查封和勘验的程式的汇集，可算是我国最早的法律文书样式的汇编。现存《封诊式》除置于卷首的《治狱》《讯狱》两节是对官吏审理案件的要求外，其余各节均为“封守”“覆”“有鞫”等方面的法律文书程式，另有案发现场的勘验和法医检验的报告。简文中包括各类案例，但所述案例皆不用真名，而以甲、乙、丙、丁代替。《封诊式》选择的是极为典型的案例，意在供官吏们学习，并在处理具体案件时予以参照。《封诊式》用语准确直白、通俗易懂。例如《封诊式·覆》云：“敢告某县主：男子某辞曰：‘士五（伍），居某县某里，去亡。’可定名事里，所坐论云可（何），可（何）罪赦，（或）覆问毋（无）有，几籍亡，亡及逋事各几可（何）日，遣识者当腾，腾皆为报，敢告主。”其大意为：谨告某县负责人：男子某供称，“是士伍，住在某县某里，逃亡”。请确定其姓名、身份、籍贯，曾犯有何罪、判处过什么刑罚或经赦免，再查问还有什么问题，有几次在簿籍上记录逃亡，逃亡和逋事各多少天，派遣了解情况的人如实写录，将所录全部回报，谨告负责人。遇有男子逃亡，对有关问题均需加以调查和报告。[①] 从程序要求来看，简文中样式严谨规范，内容细致全面。《封诊式》昭示着法律文书作为一种处理涉法事务的公文书，在秦朝已取得相当之地位，受到当朝官吏的重视。

2. 汉朝的法律文书

刘汉王朝的法律文书在检讨前朝得失的基础上有所损益，更加切合现实的需要。以裁判文书为例，汉儒董仲舒等人提倡“春秋决狱”，从法律实践方面为封建正统法律思想的建立创造了条件。例如《九朝律考·汉律考七》摘录董仲舒《春秋决狱》云：“时有疑狱曰：甲无子，拾道旁弃儿乙养之，以为子。及乙长，有罪杀人，以状语甲，甲藏匿乙，

① 参见李永平：《河西汉简中“捕亡”简反映的几个问题》，载西北师范大学文学院历史系、甘肃省文物考古研究所编：《简牍学研究》（第四辑），226～234页，兰州，甘肃人民出版社，2004。

甲当何论？仲舒断曰：甲无子，振活养乙，虽非所生，谁与易之。诗曰：螟蛉有子，蜾蠃负之。《春秋》之义，父为子隐，甲宜匿乙而不当坐。”[①] 董仲舒所著的《春秋决狱》一书所收的判词大概是现存最早的拟判。在古代，判词依其功用的不同可分为实判和拟判：实判是真实案件的判词；拟判是虚构或模拟的判词，并无实际的法律效力，但会对实判的制作产生影响，为实判所效仿。前引判词注重裁判理由的论证，具有较强的逻辑性。判文将律令规定的父为子隐扩大解释至养父子之间。董生所创的引礼为律的做法一直延续至魏晋南北朝，直至隋唐时才有所改变。

汉朝时，原告向官府提起诉讼称为“自言”。所谓“自言”并不是一种口诉行为，而必须提交文书。自言文书有着明确的程式要求，据居延汉简推断，大约需写明自言者的身份、籍贯、爵位、姓名、年龄，次则罗列相对一方发生争议时的身份、姓名、标的及价值，最后还要说明相对一方当事人的现任职务。[②]

汉简中“爰书”一词出现多次。通常，爰书为记录罪犯供词的文书，有时也指罪状认定的判决书。爰书中的常用辞为“毋（无）以证，不言请，出入”，其意为：提不出证据，也不再提出修改供词的要求。当时录定供词允许有三天时间改供，如果三日已满，即以供词定罪，不得要求更改。居延汉简表明，进行“爰书验问”，必须记录证词：一开始记录被验问者的姓名、籍贯、年龄等，然后叙述案件的经过及原因，最后写明“皆证也，如爰书”，记录在案为凭。

汉朝还有“诏所名捕”，即下诏书指名追捕者，相当于今天的通缉令。《捕亡律》中对追捕诏书的内容有所规定，要求写明被捕犯人的籍贯、年龄、长相、身高、肤色以及名、字等，并叙述其“初亡”时的具体情况，犯罪的主要事实、同案犯情况以及追捕的办法和范围，捕后如何处理等。此外，汉朝的法律文书还包括“鞫系书”（经审问而得的供词）以及所谓的“狱证”（判决狱讼的凭证）。这些文书皆以言辞简练平实为上，提倡表述清晰流畅，用语通俗。

（三）唐宋时期的法律文书

隋唐时期，中国封建社会趋于鼎盛，中国传统法制也呈现出一派灿烂辉煌的景象。法律文书由此继续发展并开始走向成熟。唐王朝发达、先进的法律文化为宋朝更上一层楼奠定了坚实的基础，又兼之宋朝以文官治天下，法律文书于此时独树一帜，对后世影响深远。

1. 唐朝的法律文书

隋唐两朝，我国的封建社会经济发达、文化繁荣，国家兴旺强盛。隋唐时期，传统的法律体系、立法的原则理念以及各项法律制度皆已确立。在那样的时代背景之下，法律文书取得长足的进步与发展也在情理之中。判词于此时真正成为一种成熟完备的文体。留存至今的唐代判词，既有专集也有汇编，篇目众多。如张鷟的《龙筋凤髓判》四卷为判词专集，白居易的《白氏长庆集》中亦有《甲乙篇》百篇。保存判词最多的可能是《全唐文》和《文苑英华》，敦煌、吐鲁番出土的文书中也有数量可观的判词。唐代的士

---

① 参见汪世荣：《中国古代判词研究》，30页，北京，中国政法大学出版社，1997。

② 参见徐世虹：《汉代民事诉讼程序考述》，载《政治论坛》，2001（6）。

子科举及第后还需要经过吏部的考试才能授官。吏部主要试身、言、书、判四事。所谓判，就是以地方狱讼案件或经籍所载的史事为案例，要求应试者进行分析并制作判词，由此检验应试者从政的能力和素质。① 故唐朝保留下来的判词大部分为“试判”时的拟判。十数载寒窗苦读的士子们满腹锦绣文章，他们制作的拟判文辞典雅庄重、表达清晰流畅、说理充分有力，且多为骈判。骈判是以骈体文形式写成的判词，讲求语句对仗、音韵和谐，尤其喜欢运用典故。骈判对此后我国古代判词语言风格的形成颇具影响。此外，汉朝兴起的“春秋决狱”在这时虽不少见，但法律适用制度已基本确立。《唐律疏议·断狱》规定：“诸断罪皆须具引律、令、格、式正文。”“诸制敕断罪，临时处分，不为永格者，不得引为后比。若辄引致罪有出入者，以故失论。”这对于规范裁判文书的制作无疑具有重要的意义。当然，不容否认的是，唐朝判词也有着明显的缺陷与不足：骈判的风靡使得讲求文采之风盛行，判词中一味堆砌华丽的辞藻、深奥的典故，反而忽略了对事实的认定和证明，在一定程度上影响了法律适用的准确性。

唐律对案件的起诉与受理作出了具体的规定：当事人就所受伤害或所涉纠纷向官府告诉，应向官府呈交“辞牒”，也就是现在所称的诉状。当事人应向被告所在地之县衙起诉，诉状须明注年月，指陈实事，不得称疑。若对第一审衙门的判决不服，当事人需向原审衙门申请发给“不理状”，并以此为凭由下至上逐级向上一级衙门上诉。依照当时的律法，当事人的口供是最重要的证据。为了确保供词的获取，唐律允许拷讯，并且明定了拷讯的程序。我们有理由推断当时刑讯笔录的制作也较为成熟与发达。

2. 宋朝的法律文书

在以科举选拔人才方面，宋朝较之唐朝有了显著的进步，出现了中国科举史上的人才高峰。宋朝的商品经济也比较活跃，所以当时的民事立法相比前朝有了大规模的发展。法律文书的制作自然也出现了新的动向。宋朝保留下来的判词绝大多数为实判，且经由唐末的散文化运动，已由骈体变为散体。《名公书判清明集》收有判词 117 篇，皆出自当时的名家如朱熹、刘克庄等人之手，且俱为散判和实判。宋朝判词不但保持了唐朝判词重视说理、表述准确精练等特点，而且其实判性质使判词语言平实流畅，十分重视事实、情理的分析。这种风格延续至后世，深远影响了明、清判词的制作，进而巩固了散判的主体地位。

宋朝对诉状的格式和内容进行了严格限定。《宋刑统·斗讼律》规定：诉状须注明年月，指陈事实，不得称疑，并且要写明告诉人的姓名，不能投匿名状。制作书状，必须使用官府颁发的印子。当事人的诉状稍有不符则不予受理。黄震《黄氏日抄·词诉约束》曾记载“不经书铺不受，状无保识不受，状过二百字不受，一状诉两事不受，事不干己不受，告讦不受，经县未及月不受，年月姓名不实的不受，披纸枷、布枷、自毁咆哮、故为张皇不受，非单独无子孙孤孀、辄以妇女出名不受”。普通百姓涉诉往往需请人代书诉状。当时设有经由官府批准的专门机构——书铺代写诉状，这种书铺受官府监督，并对所写诉状负责。② 近来的研究表明，南宋末年已经有了诉状的范本，以教唆词状为“健

① 参见吴承学：《唐代判文文体及源流研究》，载《文学遗产》，1999（6）。

② 参见张德英：《宋代法律在民间的传播》，载《济南大学学报（社会科学版）》，2003（6）。

讼家传之学”与“积习相传之业”的珥笔健讼者，据说都有此类的家传秘本。[①] 由此可以想见当时诉状制作的兴盛。

（四）明清时期的法律文书

明清两朝，我国封建社会表面繁荣，其实已然步入末世。明朝在继承唐宋法律传统的同时，针对社会的变化，对法律进行了必要的调整，以强化国家机器，巩固封建统治。然而明朝末年，由于君主专制的极端发展损害了正常的社会秩序，王朝走向覆灭，被清朝取代。清朝的法制依靠前朝的积累，已经达到相当完备的程度。我国古代的法律文书历经各朝各代，至清代终于登上自身所能达到的顶峰，进入完善阶段。

1. 明朝的法律文书

明朝重开科考，将制判五道作为乡试、会试第二场考试的内容之一，之后成为定制沿袭不变。当时的判词从内容上看，争议事实、判决理由、根据及裁判结果一应俱全，并且结合成为有机联系的整体；从表达上看，叙事清楚、说理充分、文理通顺；从语言上看，字斟句酌，遣词造句极为严格，且用语平实。当时的判词有审语与看语的区别：对于自己有权处理的案件，裁判者拟具判词后即可宣告，称为审语；对于自己无权判决的案件，则拟具判词后转呈上级审核批准，称为看语。从这一时期开始，中国古代判词已确立了自己独特的风格和地位。明代流传下来的判词主要有李清的《折狱新语》、祁彪佳的《莆阳谳牍》、张肯堂的《萤辞》、应禛的《谳狱稿》等。其中，李清的《折狱新语》收录判词 230 篇，是现存唯一一部明朝判词专集，它是作者在宁波府推官任内审理各类民刑案件的结案判词，是当时地方司法的实录。书中所录判词骈散结合，写得清楚明白、简明扼要，且夹叙夹议、前呼后应，不仅切于实用，而且文辞优美。李清的判词对于我们当今判决书的制作不无借鉴意义。

明朝诉状亦有着格式和内容的要求，应当将所诉事实陈述清楚，不得诬漫。诉状可由原告自行书写，也可由他人代拟。当时的诉状主要由代书、讼师或当事人粗通文墨的亲友撰写。流行的讼师秘本如《萧曹遗笔》等就成为指导这些人制作诉状最重要的书籍。各种讼师秘本的具体内容因种类不同而有所差异，然皆有讲述如何撰写词状的文字，并附有详细的词状范本以备套用。明朝时，诉状由原告亲自呈送县衙。县衙在接到诉状后，须作出明确批示，提出具体的处理意见，然后再差衙役或令原告本人执票拘传被告和证人，并下帖文于里甲，派人进行勘实。明太祖朱元璋登基以后，以重典治天下，力图将所有的社会活动纳入政府控制的范围，曾多次命令对热衷参与讼事的“刁民”进行严厉打击。明朝在各州县以及乡之里社设立申明亭，一般户婚官司必先诉于申明亭，未能解决，再诉于县衙。在中国古代早就盛行的调处制度此时日臻完善，我们有理由推断，这也自然会在一定程度上促进民间调解类文书的制作。

2. 清朝的法律文书

作为中国封建社会的末代王朝，清朝处于中国法制开始走向近代化的承上启下的重要历史变革时期。清朝的封建经济取得了超越前代的成就；清朝的法律，也是封建法律

① 参见尤陈俊：《明清日常生活中的讼学传播——以讼师秘本与日用类书为中心的考察》，载《法学》，2007（3）。

的集大成者。清朝保留至今的判词更是卷帙浩繁，且显示出了极高的水平。① 清朝时只有民事案件以及轻微的刑事案件由州县官作最终判决，需处徒刑以上刑罚的较严重的犯罪则必须逐级复审，死刑案件皆由皇帝决定。但是下级刑官虽不能作出最终判决，却要提出判决意见。上级刑官对下级刑官的判决意见也可提出自己的看法，称为"批词"或"驳词"。这些皆属于广义判词的范畴。清朝的判词专集有《樊山判牍》《陆稼书判牍》《于成龙判牍菁华》《张船山判牍》《清朝名吏判牍》等。清朝的档案材料中，也收录了大量的判词。清朝的判词多为实判，或骈或散，各成一体；或重在认定事实和判断、说明；或重在分析和评价，对争议事件根据法理、法律进行条分缕析的剖析，并据以裁判。清朝吏部尚书刚毅在其所著的《审看拟式》中，提出了"情节形势，叙列贵乎简明；援律比例，轻重酌乎情理"② 的制判要求。这一时期的判词讲究用词，注重援引律例分析案情，达至完善之境。

与前朝相比，清朝的法律文书留存较多。从案例档案可知，现代诉讼中的许多文书当时已经出现，且趋于定型。清朝时的诉状一般都以所谓的"状式条例"限定字数，以防词语枝蔓，于是制状之人在撰写词状时无不字斟句酌。③ 当时的诉状首行均列有起诉时间、当事人（具呈人）姓名、案由及诉讼请求，如"同治十三年（公元 1874 年）十二月十八日徐延燮呈为噬修被殴泣求讯追事"。此案的案由是"噬修被殴"，诉讼请求是"泣求讯追"。当时绝大部分案由为四字格式，被称为"珠语"。诉状的另一重要部分是诉讼请求及理由，主要出现在诉状结尾，以四字格式为主，少部分是六字及以上格式。其特点在于：当事人的诉求并不以（也不存在）类似于现代法的权利、义务为前提，而是直接在指控对方当事人的严重危害性（存在夸大现象）的基础上，请求衙门通过惩办对方来除暴安良、扶弱除强。④ 除诉状之外，立法对审判中的证据已有明确规定：对于人命重案，必须检验尸伤，然后填写部颁"尸格"；对于盗窃案件必须赃证明确；证人证言、被害人陈述、被告人的口供也都是定案的重要根据。⑤ 这些要求强化了各种笔录的制作。此外，类似于现今诉讼活动中的开庭传票、核准死刑等文书也已经出现并有文本传世。

二、中国近现代法律文书的发展概况

（一）中国近代的法律文书

从清朝中后期开始，我国的封建专制社会走向没落，加之西方列强坚船利炮的入侵，延续几千年的中华法系受到了猛烈冲击。迫于无奈，晚清法制改革被动施行。自 1901 年起，在此后不到十年的时间里，清王朝任命修律大臣、聘请国外法学专家在借鉴西方立

① 参见汪世荣：《中国古代判词研究》，85 页，北京，中国政法大学出版社，1997。

② 同①36～38 页。

③ 参见尤陈俊：《明清日常生活中的讼学传播——以讼师秘本与日用类书为中心的考察》，载《法学》，2007 (3)。

④ 参见邓建鹏：《讼师秘本与清代诉状的风格———以"黄岩诉讼档案"为考察中心》，载《浙江社会科学》，2005 (4)。

⑤ 参见张晋藩主编：《中国法制史》，375 页，北京，中国政法大学出版社，1999。

法和司法经验的基础上，大规模修律改制，先后制定、颁布了几十部法律和单行法规。此次改革虽因清王朝的覆灭而最终夭折，但其在法律观念、法律制度、法律体系等方面所表现出来的近代化特征依然给后世带来了有益的启迪。法制改革促进了司法的革新，司法独立、审判公开、民刑分审、律师辩护、回避等制度初步确立。传统的司法专断开始向现代的司法公正迈进，司法活动的职业化之旅也终于扬帆起航。

法律文书的制作和研究彼时一直为人们所关注，传世之作甚多。《现行律令判牍成案汇览》一书中汇集了判牍525篇，被时人评价为“法理精醇、文笔雅洁”。宣统年间，以沈家本为代表的修律大臣编纂了《考试法官必要》，其中对刑事、民事判决书的格式作了统一规定。刑事判决书的内容大体包括：(1) 罪犯之姓名、年龄、籍贯、职业、住所；(2) 犯罪之事实；(3) 证明犯罪之理由；(4) 援引法律某条；(5) 援引法律之理由。民事判决书的内容主要有：(1) 诉讼人之姓名、年龄、籍贯、职业、住所；(2) 呈诉事实；(3) 证明事实之缘由；(4) 判决主文。讼费书于判决主文的末尾。此格式已与当代判决书的样式相当接近了。

1911年辛亥革命前，清王朝编成《刑事诉讼律（草案）》和《民事诉讼律（草案）》，其中对书状及笔录文书的制作进行了规定。《民事诉讼律（草案）》明确作出解释，所谓“诉讼笔录”是指明示各诉讼事件始末的书状，有诉状、声请书、准备书状、笔录或附具书状、审判原本及送达证书等。该草案规定书状包括当事人姓名、身份、职业及住址，诉讼物，一定之声明的事实要领，对于相对人事实上主张之陈述和证据方法或声叙方法之陈述，附属文件及其件数，年月日，审判衙门，当事人签字等诸项内容。该草案还就当事人为法人以及有代理人参加诉讼的情形给予了规定，要求写明法人的名称及住址以及代理人的姓名、身份、职业及住址。①

（二）中国现代的法律文书

民国时期的判决书在沿用上述格式的基础上，增加了有关审判庭之名称、推事姓名及制判年月日等内容。这一时期，还出版了众多关于法律文书的著作，如《司法公牍》（魏易著，上海广益书局1913年版）、《司法公文式例解》（胡暇编，商务印书馆1914年版）、《司法案牍菁华》（天虚我生编）、《司法公牍类存》（张树声著，1922年版）、《分类详解最新公文程式大全》（张虚白编，上海大东书局1925年版）等。丰富的著述为后来我国法律文书制作的进一步规范和水平的提高积累了有益的经验。

抗日战争和解放战争时期，在边区和解放区革命政府所辖范围内适用自己的法律。1942年的《陕甘宁边区刑事诉讼条例草案》第44条明确规定：判词文字须力求通俗。《陕甘宁边区民事诉讼条例草案》第28条亦表明：判决书分主文事实理由各项，用通俗文字说明之。1944年7月，在陕甘宁边区还编辑了《陕甘宁边区判例汇编》，判词是其最主要、最基本的部分。不过，为了适应战争环境和解放区的实际需要，当时的法律文书种类有所减少，制作文书都强调通俗易懂，反对文辞晦涩。在说理方面，大多充分、周详且深入浅出。此种制作原则和要求影响了新中国成立后直至现在的法律文书制作。

① 参见张晋藩主编：《中国法制史》，440页，北京，中国政法大学出版社，1999。

三、中国当代法律文书的发展概况

（一）开创阶段

中华人民共和国成立后，1951 年中央人民政府司法部在沿用民国时期和革命根据地时期文书格式的基础上借鉴当时苏联、东欧等社会主义国家的文书格式制定了一套《诉讼用纸格式》；同时废除了文言，改直排为横排。这是我国历史上第一次系统地对诉讼文书格式予以规范。公证制度建立后，1956 年司法部在总结各地经验的基础上，首次制定了全国统一的公证文书格式，包括公证书格式和公证登记簿等，共计 13 种格式。当时对法律文书的文风也十分重视，20 世纪 60 年代初最高人民法院下达《关于改进审判文书的文风问题》，要求裁判文书叙述事实简明清晰，特别是要把关键问题交代清楚；判断事实观点正确，态度鲜明，理由充分，引用政策法律恰当；使用语言文字确切精练，通俗易懂，标点符号也应运用正确，使识字的人一看就懂，使不识字的人一听就懂。令人遗憾的是，此后法律虚无主义盛行，法律文书制作流于抽象化、概念化，用形式逻辑推理的方法无限上纲，文书制作质量急剧下降。

（二）重建阶段

“文化大革命”结束后，法律文书的规范化重新被提上议事日程。1980 年，司法部重新修改制定了《诉讼文书样式》，共计 8 类 64 种文书样式。公安部、最高人民检察院、最高人民法院等也相继制定或重新拟定了本系统最急需的法律文书格式。

1. 人民法院法律文书的重建

1982 年，为贯彻《民事诉讼法（试行）》，最高人民法院民庭、经济庭制定了《民事诉讼文书样式》，共计 70 种文书样式。在《民事诉讼法》和《行政诉讼法》正式出台后，最高人民法院于 1992 年 6 月 20 日印发了《法院诉讼文书样式（试行）》，共计 14 类 314 种文书样式，于 1993 年 1 月 1 日起试行。

2. 人民检察院法律文书的重建

最高人民检察院也十分重视检察法律文书的规范化、制度化建设，于 1983 年 3 月制定了《刑事检察文书格式（样本）》。接着在 1986 年 12 月发布了《控告申诉检察文书格式（样本）》。1987 年《刑事技术文书样表》和《监所检察法律文书格式（样本）》同步出台。1991 年 6 月最高人民检察院颁布了《人民检察院制作刑事检察文书的规定》，并修订了《刑事检察文书格式（样本）》。1992 年 3 月，《直接受理自行侦查刑事案件法律文书格式（样本）》发布并于 1993 年施行，共计 75 种文书样式。这些检察法律文书格式为全国各地各级人民检察院依法制作有关法律文书提供了统一的标准。

3. 其他法律文书的重建

1989 年，公安部在原格式的基础上制定了《预审文书格式》，共计 48 种文书样式。20 世纪 80 年代，公证制度恢复重建后，司法部于 1981 年颁布了《公证书试行格式》，共计 24 种文书样式，之后又制定了提存、招投标、票据拒绝证书、强制执行等公证书格式。1992 年下半年，司法部对公证书格式进行了大规模修订，拟就了囊括公证书、现场公证词、通知书、代书等在内的公证书格式共计 59 式 106 种。

（三）改革与持续发展阶段

1. 改革阶段

1996年，为配合修订后的《刑事诉讼法》的施行和适应新形势的需要，公安部制定了《公安机关刑事法律文书格式》，共计109种文书样式；最高人民检察院也及时对检察机关刑事诉讼法律文书进行修订，制定了《人民检察院刑事诉讼法律文书格式（样本）》。1997年12月12日最高人民检察院印发了《人民检察院刑事赔偿工作暂行规定》，并于同时制发了8种人民检察院刑事赔偿诉讼文书样式。1999年最高人民法院讨论并通过了《法院刑事诉讼文书样式》，共计164种文书样式。

此后，最高人民法院为适应司法实践的需要，对民事、行政法律文书以及其他类型的法律文书也陆续印发了许多新的样式。例如，2000年1月最高人民法院为国家赔偿案件确定了包括赔偿申请书、赔偿决定书、司法建议书以及通知书和笔录等在内的22种文书样式。为推动最高人民法院《关于民事诉讼证据的若干规定》的施行，最高人民法院审判委员会于2003年1月印发了《〈关于民事诉讼证据的若干规定〉文书样式（试行）》，共计31种文书样式。2003年3月，为深入贯彻《海事诉讼特别程序法》，最高人民法院又发布了《海事诉讼文书式样（试行）》，共计9类87种文书样式。2003年12月1日，最高人民法院《关于适用简易程序审理民事案件的若干规定》正式施行。为了配合该司法解释的实施，《民事简易程序诉讼文书样式（试行）》问世，其中包括16种新的文书样式。此外，最高人民法院还于2004年12月8日向全国发布了《一审行政判决书样式（试行）》和《行政诉讼证据文书样式（试行）》。

2002年1月1日人民检察院开始施行新的《人民检察院法律文书格式》，共计159种法律文书和3个附件。其中包括刑事法律文书7类139种，民事、行政法律文书15种，此外还有通用法律文书5种。而公安机关早在2000年就开始着手对公安刑事法律文书的修订，历经两年多于2002年12月发布了《公安机关刑事法律文书格式》，并于2003年5月1日正式启用，其中共有文书92种。

2000年后，为推进公证证明方式的改革，司法部从公证书格式的规范、改革入手，陆续推出了现场监督、保全证据、合同（协议）、强制执行与继承等要素式公证书格式试行范本，极大地促进了公证文书的规范化，有力推动了公证事业的健康发展。2008年4月23日，中国公证协会第五届常务理事会第五次会议通过了《办理具有强制执行效力债权文书公证及出具执行证书的指导意见》，为规范相关公证文书的制作程序及内容提供了明确的依据。2008年12月，司法部发布了《关于推行继承类、强制执行类要素式公证书和法律意见书格式的通知》，同时下发了继承权、强制执行公证书和法律意见书的格式，并要求在全国推行。

除了上述所提及的直接针对文书发展与改革的需要而由不同的部门和机构发布的文书样式之外，随着最高人民法院和最高人民检察院《关于办理侵犯知识产权刑事案件具体应用法律若干问题的解释》，最高人民法院《关于民事诉讼证据的若干规定》《关于行政诉讼证据若干问题的规定》《关于人民法院民事调解工作若干问题的规定》等众多司法解释的出台，相关法律文书的制作也被提出了新的要求。所有这些都在不同程度上促进了法律文书制作水平的提高。

2. 持续发展阶段

2011年，司法部根据《公证法》和《公证程序规则》的规定，对以往的定式公证书格式进行了全面清理和修订，发布了《关于推行新的定式公证书格式的通知》，并印发了《公证书格式（2011年版）》，将定式公证书格式从原来的14类59式，调整为3类35式。该格式自2011年10月1日起在全国范围内施行。2020年底，司法部印发了《公证书格式（修订征求意见稿）》，向社会各界征求完善公证书的意见。

2012年3月14日，第十一届全国人民代表大会第五次会议对《刑事诉讼法》进行了较为广泛且颇具深度的修订。公安部根据该法和《公安机关办理刑事案件程序规定》等要求，对2002年12月18日印发的《公安机关刑事法律文书格式》进行了必要的修改，印发了《公安机关刑事法律文书式样（2012版）》，该文件于2013年1月1日起正式启用。此外，为确保行政强制法、禁毒法、出境入境管理法等法律的有效施行及配合《公安机关办理行政案件程序规定》的修订，公安部还对2006年版的《公安行政法律文书（式样）（试行）》进行了修订。修订后的《公安行政法律文书式样》共计46种文书样式。之后，为进一步规范公安机关的执法办案程序，公安部制发了《公安机关刑事复议复核法律文书式样》《公安机关刑事案卷立卷规范（2014版）》，并会同最高人民法院、最高人民检察院制发了《关于羁押犯罪嫌疑人、被告人实行换押和羁押期限变更通知制度的通知》，对制作复议复核、换押羁押文书以及刑事案卷进行了更为细致的规范。为规范国家赔偿案件的办理，公安部于2018年11月启用了《公安国家赔偿法律文书（式样）》。之后为了遵循修改后的刑事诉讼法和《公安机关办理刑事案件程序规定》，公安部根据需要对《公安机关刑事法律文书式样（2012版）》中的部分法律文书样式进行了修改和补充，并于2020年发布了《公安行政法律文书式样（2020版）》。

在人民法院方面，2011年4月，最高人民法院结合民事再审审查工作的实际，制定了《民事申请再审案件诉讼文书样式》并予以发布；并且在2008年规定的基础上，经过修改，制发了《民事案件案由规定》。此外，最高人民法院《关于人民法院在互联网公布裁判文书的规定》已于2013年11月13日由最高人民法院审判委员会第1595次会议通过，自2014年1月1日起施行。该规定第4条指出：人民法院的生效裁判文书应当在互联网公布。2015年，以修改后的《行政诉讼法》的实施为契机，基于规范行政诉讼法律文书样式、提高行政法律文书制作水平并对当事人制作和提交相应的诉讼文书提供指导的需要，最高人民法院在广泛听取各方意见的基础上，制定了统一的《行政诉讼裁判文书样式（试行）》。这次共计新编、修订了132种行政诉讼文书样式，其中包括法院制作并发给当事人的判决（调解）类文书、裁定类文书、决定类文书、通知类文书等96种，法院内部用报告、函件类文书14种和指导当事人诉讼行为用的文书22种。为了进一步规范和统一民事裁判文书的制作标准，提高民事诉讼文书的制作质量，最高人民法院审判委员会于第1679次会议通过了《人民法院民事裁判文书制作规范》和《民事诉讼文书样式》。2016年7月5日，最高人民法院专门召开新闻发布会对之进行发布。此次公布的民事诉讼文书样式共有568种，其中人民法院用文书样式463种，当事人参考文书样式105种。这些文书样式总结了民事审判20多年的实践经验，内容详细、全面，便于法官具体参照，也便于当事人更好地参加诉讼活动，有效行使自己的诉讼权利。该规范和样式自2016年8月1日起施行。随着民事诉讼程序繁简分流改革试点工作的全面推进，最高人民法院为适应新的要求，于2020年11月1日开始施行《民事诉讼程序繁简分流改革试点相关诉讼文书样式》，其中增补修订了民事判决书、调解书、裁定书、告知书等相关诉讼文书样式共计15种。其意在进一步提升文书质量，有效保障当事人的诉讼权利。

2012年，为配合修订后的《刑事诉讼法》的施行，最高人民检察院发布了《人民检察院刑事诉讼法律文书格式样本（2012）》，共计11类223种文书样式。2017年5月，中共中央办公厅、国务院办公厅下发了《关于实行国家机关"谁执法谁普法"普法责任制的意见》，对法律文书的说理提出了更高的新要求。为此，最高人民检察院对2011年8月印发的《最高人民检察院关于加强检察法律文书说理工作的意见（试行）》进行修订，制定了《最高人民检察院关于加强检察法律文书说理工作的意见》，经2017年7月4日最高人民检察院第十二届检察委员会第六十六次会议审议通过，于2017年7月20日下发施行。2020年5月，最高人民检察院在精简了检察业务中原有的检察文书样式后，印发了723种检察工作文书样式，并要求全国各级检察机关严格执行。

加快建设法治社会是构筑法治国家的基础。法律文书在弘扬社会主义法治精神，传承中华优秀传统法律文化，引导全体人民做社会主义法治的忠实崇尚者、自觉遵守者、坚定捍卫者方面具有不可替代的作用。新时代对各司法机关、执法机关法律文书的制作提出了全面的、更高的要求，有助于使各机关法律文书的制作更加规范、更加系统化，同时也有助于促进法律文书结构模式的丰富与完备。

我们热切期盼各类法律文书的制作更加合理、更为完善，与党的法治社会建设的一系列新思路、新战略、新举措相适应。

问题与思考题

一、简答题

1. 简述法律文书的特点。
2. 简述法律文书的语言表达。
3. 简述法律文书叙述案件事实时应注意的事项。
4. 试述我国唐宋时期法律文书的发展概况。
5. 简析古代法律文书萌芽的前提条件。
6. 简述我国古代判词的种类和特点。

二、论述题

1. 试论我国古代最具特色的法律文书的发展、演变。
2. 试论如何看待我国法律文书的传统文化遗产。

第二章
法律文书的价值

内容导读

法律文书是司法公正的载体。尤其是裁判文书，既体现了实体公正，又体现了程序公正。实体公正在裁判文书中体现为说明当事人举证、质证的情况和诚挚地运用法律，程序公正在裁判文书中体现为阐明理由。此外，法律文书还具有效益和规范的价值。

第一节 法律文书的公正价值

司法公正是一个法治社会孜孜以求的目标，是司法领域人们追求的崇高理想。公正兼有公平、正义的含义。从古到今，从中到外，对公平、正义的解释可谓五花八门。博登海默在总结了柏拉图、亚里士多德、沃德、马克思、斯宾塞、康德、罗尔斯等有关正义的论述后，认为他们的理论不是用平等就是用自由作为探讨正义问题的焦点。公正这一概念具有以下几个特点：首先，公正是一个观念形态，是人们追求的崇高理想，是人们对某种行为进行评价的标准。这种标准蕴涵在具体的法律规范当中，被称为法律的灵魂。其次，公正的概念随着社会的发展进步与人们认识能力的提高而变化，正如博登海默所说的："正义有着一张普洛透斯似的脸（a Protean face），变化无常，随时可呈不同形状并具有不相同的面貌。当我们仔细查看这张脸并试图解开隐藏其表面背后的秘密时，我们往往会深感迷惑。"[①] 最后，公正的标准具有多层次性：有统一的、抽象的公正标准，也有具体的、个案的公正标准；有国家的、社会的、公民的、诉讼参与人的，甚至是原告和被告各自都不相同的标准。这些标准有时是一致的，有时存在着冲突。[②] 公正包括实体公正与程序公正。实体公正是指正确地认定事实，准确地适用法律，公平地解决纠纷，合理地分配当事人的权利与义务，即结果的公正。程序公正是指诉讼过程自身所体现的合理性、妥当性，它是实体正义的保障。裁判文书[③]是公正的载体，既体现实体公正，又

---

① 参见博登海默：《法理学：法律哲学与法律方法》，邓正来译，261页，北京，中国政法大学出版社，1999。

② 参见江礼华、徐鹤喃：《司法公正：公诉与辩护并行》，载陈卫东主编：《司法公正与律师辩护》，189页，北京，中国检察出版社，2002。

③ 本章主要以裁判文书为例。人民法院的裁判文书是人民法院对实体问题或程序问题所作的判决或裁定。人民法院的判决书，无论是刑事判决书还是民事或行政判决书，是在诉讼终局时针对案件的实体问题所作的决定；裁定书一般是对程序问题所作的一种决定，但刑事裁定书也对部分实体问题作出决定，如驳回上诉、抗诉的裁定和核准死刑的裁定等。这里的裁判文书主要是指对实体问题所作的判决或裁定。

体现程序公正。近年来，在习近平新时代中国特色社会主义思想的引领下，法律职业人员深入学习习近平法治思想，增强“四个意识”、坚定“四个自信”、拥护“两个确立”、做到“两个维护”，全面贯彻落实党的二十大精神，投身于创造更高水平的司法文明之中。人民法院要忠实履行宪法法律赋予的职责，敢于斗争、善于斗争，稳中求进、守正创新，以审判体系和审判能力现代化服务中国式现代化，为全面建设社会主义现代化国家开好局起好步提供有力司法服务。

一、实体公正在裁判文书中的体现

实体公正的标准表现在准确地认定事实和正确地适用法律两个方面。

（一）准确地认定事实要求裁判文书说明当事人举证、质证的情况

裁判文书是为处理实际的案件而制作的，因此，它在反映案情事实时必须使用确凿无疑的客观事实材料，而已发生的事实不可能重现，这就需要发挥证据的证明作用。证据则是查明和认定事实的条件与途径，能够说明事实的客观性。法庭审理分为法庭调查和辩论两个阶段，法庭调查包括举证、质证和认证。双方当事人进行举证、质证，有利于发现案件的事实真相，因此，裁判文书要说明当事人举证、质证的情况。

法官对争执事实的真实再现，是建立在证据基础之上的对案件事实的认识。人民法院的裁判文书，首先不能仅仅简单地罗列证据，目前一些裁判文书只是列举证据，证据是由哪一方提供的、证明了什么，根本看不出来，因此，裁判文书应当具体地反映当事人举证、质证的情况，使当事人明确认定事实的证据来源。举证是双方当事人为说明自己的主张，提供证据材料；质证是一方对另一方提供的证据提出异议。写清这些内容不仅体现了“谁主张，谁举证”的证据规则，也体现了证据与事实之间的内在联系，从而说明事实的确凿无疑。

下面这份二审判决书证据部分写得较好。该案属债权债务纠纷，法官在二审判决书中对新提交证据的举证和质证过程进行了详细描述，这里摘要部分如下：

> 被上诉人杜某提交了第一组证据：购销合同（4份），欲证明涉案工程由被上诉人某某公司中标承建，该公司与材料商签订购货合同，涉案工程所有的材料相关签订合同和资金支配都是由某某公司说了算。第二组证据：被上诉人杜某承包的工程的竣工验收资料，欲证明被上诉人杜某所实施的十个工程。第三组证据：借款资金流向，欲证明400 000元借款并没有支付给被上诉人杜某施工的十个工程，而是支付给了帕乡、乃镇、色满乡的案外工程。这更加说明了被上诉人某某公司对借款的任意支配权、使用权，也确定了涉案借款的实际使用人和实际借款人都是某某公司。
>
> 经质证，上诉人李某桃对于被上诉人杜某提交的购销合同三性均认可，辩称结合被上诉人某某公司的答辩意见，雷某1承揽了案涉工程后，分别委托雷某2以及被上诉人杜某二人作为其代理人，负责案涉工程的管理材料采购项目资金结算和领取等一切相关事宜，如果被上诉人某某公司的该说法属实，被上诉人杜某在项目实施过程中权利是非常大的，上诉人李某桃认为被上诉人杜某对被上诉人某某公司有表见代理的权利。4份购销合同与被上诉人某某公司的说明刚好相互印证。对于第

二组证据三性予以认可，辩称该证据证实涉案借款并没有用到被上诉人杜某的工地上。对于第三组证据三性予以认可，辩称上诉人李某桃将400 000元汇入某某公司的账户，被上诉人某某公司当天就汇给了雷某2，并由雷某2向某某公司出具了借条，被上诉人某某公司将上诉人李某桃汇入的400 000元转化为自己的债权。被上诉人某某公司对于被上诉人杜某提交的购销合同三性均不予认可，辩称该合同均是复印件，无法与原件进行核对，且该组证据不属于二审新证据。对于第二组证据的真实性予以认可，对关联性不予认可；对第三组证据真实性认可。但是对被上诉人杜某所要证明的问题不予认可，辩称上诉人李某桃将款项汇入被上诉人某某公司账户当天，该公司以支付劳务费的方式将该款项支付给了雷某2，因为雷某2和被上诉人杜某同为案涉工程的具有书面授权的代理人。当时被上诉人杜某对其资金的流向和用途是非常清楚的，因此才有在2021年1月27日由被上诉人杜某本人出具债务确认声明当中的陈述，因此并不存在被上诉人某某公司使用了案涉款项或处分了案涉款项，对该组证据中关于雷某2出具的借条问题，该借条仅仅是被上诉人某某公司与案外人雷某1在办理建设工程施工合同结算时出具的。

该判决书的事实部分分组说明了被上诉人提交的证据，以及证明的内容，还有上诉人和被上诉人质证的情况，使人们一目了然，同时也为下面人民法院的事实认定作了铺垫。

（二）正确地适用法律要求裁判文书诚挚地运用法律

法官的天职就是正确地适用法律，公正无私地裁判案件。法官是法律的代言人，法官要把抽象的法律规范运用到具体、特殊的案件中：首先，法官要忠实地运用法律。法官必须服从法律，既不能擅断专权，也不能屈从任何私益，徇私舞弊。其次，裁判文书不仅要明确表明裁判的法律依据，还要对所适用的法律进行解释。法律解释是法律适用的核心部分，法律适用的过程，又是通过法院裁判书表现出来的，但法律的适用不是“自动售货机式”简单地使用，案件是复杂的、具体的，而立法机关制定出来的法律具有普遍性，该法条为什么适用于该案，需要法官加以解释。法律解释是法官将僵硬的法律活化到具体的案件中的过程，通过解释法律说明事实和适用法律的逻辑联系，即为什么要适用此法律，而不适用彼法律。法律的解释包含文理解释、法意解释和论证解释。文理解释是按法律条文的字面含义进行的，取其最自然、合理、常用的含义，只要法律没有修改，法院就能贯彻执行。法意解释是以特定的法律规范需满足其立法目的为出发点，以实现立法者的立法意图为重要价值。只要该立法意图不能通过文理解释发现，或者由于具体案件的错综复杂，有时法律规则会出现空白，则需要法官不拘泥于字面含义，通过解释弥补法律漏洞，使立法机关当时的意图得到充分实现。法意解释是指审查法律制定时的历史条件，来发现法律的含义。法律制定于现今却面向未来，随着社会关系的日益复杂化和极强的变动性，各种社会矛盾相对集中，社会价值取向也趋于多元化。法院既要厉行法治，又要在法律适用中反映时代的要求，达到法律效果和社会效果的统一。论证解释正是在这种背景下出现的，法院解释法律条文时，应首先了解与该案有关的社会背景、价值取向、法律弊端等问题，综合考虑以上因素，既不能机械地适用法律，也不能一味地考虑社会效果，随意忽视规则，而应该恰如其分地运用论证解释方法合理使用自由裁量权。

二、程序公正在裁判文书中的体现

程序公正的标准体现在：法官中立原则、当事人平等原则、程序参与原则、程序公开原则。程序公正在裁判文书中突出表现在说明判决的理由。对裁判所根据的理由进行说明是世界各国广为流行的做法。英美法系国家实行判例制度，裁判要详细地分析过去的先例、法律规则的含义以及对特定案件的适用性，而且还要从具体的案件出发，阐发或归纳出一项具有普遍指导意义的法律规则。所以从其裁判文书中可以看出法官裁断案件的过程和裁判所依据的理由。在大陆法系国家，有很长一段时间大家一致认为裁判是行使权力，无须说明理由。裁判要说明理由的做法，在意大利从 16 世纪起，在德国于 18 世纪逐步确立起来；在这点上，在法国只是在 1790 年，在德国只是在 1879 年才作为一项普遍义务使法官们接受。裁判必须说明理由这一原则今天是极为牢固地树立了；在意大利，宪法本身就此作了规定。① 如今法国几部法典都规定，对每一案件的裁判所依据的理由，法官一定要以书面形式特别说明他的心证是如何形成的。裁判文书是司法公正的最终载体，而“陈述判决的理由是公平的精髓”。如果说裁判文书的样式是骨架、语言是血肉的话，理由就是它的灵魂了。缺乏理由的判决只是一具没有灵魂的躯壳。因为只有通过充分的说理，才能将“纸上的法律”转化为解决实际纠纷的“活的法律”。

（一）阐述理由所体现的程序公正原则

1. 阐述理由是审判公开原则的必然要求

以前的审判公开强调的是过程及结果的公开，即审理过程和裁判结果的公开，而忽视采纳证据的理由及裁判理由的公开，即法官心证的公开，而法官心证的公开是审判公开的实质与核心。法官对证据的判断及对事实与法律的认知和推理公之于众，才真正体现了审判公开原则的要求。裁判理由公开是指法官审理案件时形成的心证，包括对案件的认识及对法律的理解，在法庭上或裁判文书中，向当事人或公众公示、披露，使其有所知悉、认识或理解，增强裁判的公开性和透明度。如刘涌案，判决书中看不到证据评价的理由、改判的理由，不得不说这是该判决书的败笔之处。学者们时常引用这样一句话，“正义不仅要实现，而且要以人们看得见的方式实现”，而心证的公开方式之一就是通过法院的裁判文书详尽地展示法官的心证过程，这就是一种看得见的方式。为了不使审判公开流于形式，公开法官的心证，才真正体现了审判公开原则的精髓。

裁判理由公开具有以下意义：对于当事人（律师）而言，公开理由能知悉法律的可预期性，使当事人（律师）做好充分的准备，积极举证，免遭突袭，同时也是当事人（律师）上诉或申诉的依据；对于法院而言，一方面能发现原审法官判断的不足、失误和逻辑问题，另一方面能确定司法的权威及判决的公信力。公开裁判理由，使法院作出的裁判更有说服力。此外，强调公开裁判理由，是社会对法官进行监督的方式，有助于抑

① 参见达维德：《当代主要法律体系》，漆竹生译，132 页，上海，译文出版社，1984。

制司法腐败，并提高法官的素质及裁判的质量。在司法实践中良好地运用裁判理由，无疑会更好地实现公平和正义的社会价值。

2. 阐述理由是程序合理性原则的内在要求

美国学者戈尔丁认为，程序公正的标准之一为：解决的诸项内容需应以理性推演为依据，分析推理理应建立在当事人作出的辩论和提出的证据之上。① 再有我国学者陈瑞华教授认为，程序理性原则也是程序公正的标准之一。程序理性原则，即法官作出一项判断或结论时，应当是在确定、可靠和明确认识的基础上而作出的，它包含如下内容：（1）法官据以作出裁判的事实必须经过合理的证明；（2）法官制作裁判之前必须进行冷静、详细和适当的评议；（3）法官的裁判必须以法庭调查和采纳的所有证据为根据；（4）法官应明确陈述据以制作裁判的根据和理由。② 说明裁判理由是司法合理化的重要标志，因为它“既是反对专断判决的保证，也许还是作出深思熟虑的判决的保证”③。彼得·斯坦指出：“陈述判决理由是公平之精髓。”理由的公开使人们了解并检验判决的合理性。在学识性、合理性较强的法律体系下，裁判文书不阐述和论证把法律适用于案件事实的理由的事情是绝对不可想象的。在司法审判中，说明理由能够增强判决的正当性和一致性。英美国家的司法实践表明，法官对判决理由论述得越详细、越具体，判决依据就越充分，法官的自由裁量和任意性就越小，而判决的合理性和合法性就越高。

（二）裁判文书如何说明理由

说明理由即对证据的取舍及裁判的结论予以阐述。

1. 阐明认定证据的理由

人民法院采信的证据直接影响到案件的认定和裁判结果，故人民法院还要完整并充分地反映人民法院采纳证据的情况及其理由，从而增强文书的说服力。无论是一审裁判文书还是二审或再审裁判文书，对于采纳或不采纳当事人提交的证据都应进行论证，即说明人民法院认定证据效力的根据和理由。

下面这份二审判决书说理部分主要是围绕证据展开的。该案属债权债务纠纷，法官清晰地阐明了认定证据的理由，这里摘要部分如下：

> 本院认为，被上诉人提供的“欠款认可书”上的印文与交叉文字形成的时序，经鉴定为先有印文后有打印文字，不符合文字材料先有材料内容后加盖印章的一般形成规律，上诉人又否认曾为被上诉人出具了该欠款认可书，且该欠款认可书上没有上诉人方经办人的签字认可，高某又曾担任过上诉人驻新疆办事处负责人，不排除高某在任上诉人驻新疆办事处负责人期间留有盖好印章的空白笺，在其被免除职务后又打印内容的可能性。在被上诉人无其他证据证实该欠款认可书的真实性的情况下，该欠款认可书本院不予采信。被上诉人提交的甲方为山东某某电子有限公司新疆办事处、乙方为乌鲁木齐某某电子有限公司的协议书，主要内容是双方关于对外订货合同及欠款证明的分割协议，并非双方之间债权债务关系及数额认定的协议，

① 参见戈尔丁：《法律哲学》，齐海滨译，240～241页，北京，生活·读书·新知三联书店，1987。

② 参见陈瑞华：《刑事审判原理论》，2版，69页，北京，北京大学出版社，2003。

③ 参见达维德：《当代主要法律体系》，漆竹生译，132页，上海，译文出版社，1984。

该协议书对本案事实不具有证明作用。被上诉人提交的程控交换机订货合同移交清单，是双方移交订货合同的清单，该清单无双方之间债权债务关系及数额确认的任何记载，也无上诉人承诺赔偿被上诉人损失的记载，其对本案事实亦无证明作用。被上诉人诉请上诉人给付财产保全损失费30 000元，证据不足，本院不予支持。双方对实物价值并未予以确认，被上诉人以此移交清单为证，要求上诉人给付债权移交差价款31 000元、计算机等财产价款21 000元，证据不足，本院不予支持。被上诉人主张上诉人欠其执行代理费30 000元，因其未能提供任何证据，本院不予支持。①

该份判决书主要以证据为中心，对当事人的主张围绕证据进行分析、审查和认定，并没有以一句"证据不足"否定被上诉人的请求，而是详细地说明不予认定的理由，并且将法官支持或否定当事人主张的意见通过对证据的分析、认证体现了出来。这样的论证和说服，既有利于确立证据在诉讼中的核心地位，增强当事人的证据意识，又增强了判决的权威性。

2. 法律的推理

法律推理是指法官在法律实践中，以法律规定和事实材料为前提推导法律结论的过程。法律推理是以法律为大前提、以事实为小前提的三段论的推理过程，它需要借助普通逻辑规则，对法律命题进行以三段论为基础的形式推理。法律推理不同于一般的推理形式，这种推理形式的作用在于使判决等获得合法性，具有逻辑性和说服力。② 正如美国的法官所说的："我们总能看到法官推理。法官推理首先要决定法律规则是什么，其次决定与规则有关的事实，第三将法律适用于事实。作出这样的决定是法官每天工作的一部分。"③

法律推理是法官在解决具体问题和纠纷的过程中，适用法律规范、查证事实情况和作出具有说服力的法律结论所进行的合乎逻辑和情理的思维活动。法律推理本身也是一个知识创新的过程，有严密的内在逻辑性，起到一种正当性证明的作用。它具有很强的证明功能，通过推理，给予判决具有说服力的理由，使法官在将案件事实、法律条文和判决结论结合起来的过程中，更好地阐释理性思维推理过程，达到判决的最大合法性和合理性，以便更好地解决社会争端，发挥对社会资源按正义、公平的要求重新分配的作用。史蒂文·J. 伯顿说过："法律和法律推理能使法官得到终局性的、和平的和可证明为正当的纠纷解决结果。"

3. 法律的论证

法律论证与法律推理是不同的。三段论的推理只能保证推理过程的正确性，而不能保证结论的真理性，也不能解决疑难案件的许多问题，因此，法律论证的主要任务就是论证法律推理大前提的合法性和合理性，而大前提的正确又是法律推理得出正确判断和

① 参见山东省高级人民法院编：《人民法院优秀裁判文书选（山东卷）》，197～198页，北京，人民法院出版社，2002。

② 参见陈金钊：《法治与法律方法》，212～214页，济南，山东人民出版社，2003。

③ 参见宋冰编：《程序、正义与现代化——外国法学家在华演讲录》，329～330页，北京，中国政法大学出版社，1998。

结论的保障。法律论证就是说出裁判的理由和依据，是法律推理不可缺少的环节。法官在进行法律论证的过程中，首先，应当有针对性，不能空发议论，即应归纳双方的争议焦点，针对诉辩双方的意见，进行分析论证，对采纳何方意见应进行法理分析，不采纳何方的意见也要说明根据；其次，证据、事实、适用的法律，不能是“三张皮”，而应当将证据、事实及法律内在的联系有机地结合起来，充分地论证；最后，即使是对程序问题作出裁断，也要说明理由，如对于驳回起诉、不予受理的裁断，都应说明理由，使当事人知其根据。在二审及再审的裁判书中也必须说明改判的理由。

说明理由，不限于人民法院的裁判文书，对实质性争议焦点的认定及其结论都要陈述理由。公安机关的不立案的通知书，也要详细地说明理由，给当事人或其家属一个合理的解释。例如有这样一个案件：当事人的弟弟和村里的另一户农民发生纠纷，第二天，当事人的弟弟到那个人的家里去论理，结果其弟弟死在那个人的家里。公安机关鉴定其弟弟头部有伤，但是最后结论是喝农药自杀，不予立案。就该案来讲，公安机关应阐述理由，对一些疑问进行解释，如：明明是找对方去论理，在这之前也没有任何自杀的迹象为什么要自杀？农药是谁的？头部的伤哪里来的？

总之，说明理由可以为“法律问题提供健全的、经过充分论证的答案，因而成为法治区别于人治的根本标志之一”，进而实现司法的公正价值。

第二节　法律文书的秩序价值

一、秩序价值

所谓秩序是指一种整齐、有规则、有条不紊的状况。具体到法律秩序（legal order），根据《元照英美法词典》的解释，是指由从法律角度审视和从法律功能方面考虑的存在于某一特定社会中的人、机构、关系、原则、规则构成的复合体。法律秩序与社会、政治、经济、宗教等方面的秩序并存，只不过它是从法律组织方面来审视社会。法律秩序包括：人，如配偶、父母、纳税人、雇主、罪犯等；组织机构，如公司、非法人组织、信托机构等，它们享有权利并承担相应的义务；关系，如夫妻、亲子、雇主与雇员、罪犯与受害人之间的关系等；作为行为规范的原则和规则。“legal order”被一些法律家在不同意义上使用。亚里士多德就认为，“今夫法者，秩序之谓也；良好法，即良好之秩序也”。统治者总是希望通过恢复无序状态，建立新的秩序来实现对法的价值的追求。承认法官造法的国家便是通过法律文书确立法律制度来实现法律文书的秩序价值的。[①]

法律文书的秩序价值主要包括应然与实然两个层面的含义：其一，作为现实目标的

① 虽然法院是立法的侍者，但它却常常静悄悄地戴上统治者的皇冠。法院的解释使法真正有效——它胜过科学的一切理论的思考与科学的假设，常常也胜过现行的法本身。在法律生活的现实，在具体的纠纷中，关键在于有管辖权的法院是否能够确保请求权得到实际的实现。参见魏德士：《法理学》，吴越、丁晓春译，30～31页，北京，法律出版社，2005。

法律文书秩序价值，体现为人们对于法律文书规范有序的现实需要的满足，体现为法律文书规范有序的现实。法律文书承担着将抽象、静态的法律制度运用于具体、生动的案件中去的重要使命，从这个意义上说，法的价值最终要通过法律文书来实现，具体的法律文书往往体现出当时人们的认识水平，符合人们当时追求的社会生活模式，也是法的价值得到实现的典型标志。其二，作为理想追求的法律文书的秩序价值，体现为人们关于法律文书秩序正当性的永恒追求。与秩序相对，人们随时会遇到无序的状况，把法律文书秩序只看作静态的是错误的，随着人们对自身认识的进一步深化，人们必然要追求一种更能满足自身需求的新的法律文书秩序。

二、实现法律文书秩序价值的具体目标

“法律秩序就是法律关系主体的合理定位，权利、义务的优势结构，及法律关系的合规律合规则的分布或运作状态的总称。”[①] “法对秩序的意义主要表现在，法为秩序提供预想模式、调节机制和强制保证。”[②] 由此，可以把法律文书秩序价值的具体目标分为三个：规范性目标、调节性目标和保护性目标。这三者相互关联、结成一体，使法律文书整体和具体要素之间呈现出一种有序的状态，共同促进法律文书秩序价值的实现。首先要明确的是，法律文书的秩序价值也存在两个层面：其一，从应然层面讲，法律文书至少应当以正当的法律制度（包括实体法、程序法，乃至说理的制度）为保障，应该以对权利、义务的优化设计为前提，应该以保障处理结论合法产生的运作程序为基础，如此才能使法律文书良好的秩序价值得到实现；其二，从实然层面讲，现实中法律制度、权利义务的设计、产生处理结论的程序总是存在这样那样的问题和缺陷，需要不断发展与完善。

1. 规范性目标

（1）制度层面的统一性。

立法时设想的法律制度的统一性只是一个理想，现实中立法者对法律调整的生活领域的认识存在漏洞或者矛盾。[③] 如何填补漏洞、解决矛盾，构造和谐的法律制度是立法者永恒的追求，法律文书的制度建设也不例外。近年来，公安机关、检察院、法院和司法行政机关等都陆续推出了法律文书格式的新样本，对法律文书的制度完善提出了许多新要求。然而，法律文书秩序价值的研究并没有及时跟进，研究诉讼法的很少关注法律文书的价值问题，研究法律文书者也很少从价值角度进行分析。裁判文书的制度研究长期游离于诉讼法之外，我国诉讼法中有关裁判文书的规定既不系统也不具体，不但与俄罗斯诉讼法典和英国诉讼法等外国诉讼法之间存在差距，而且与我国现行诉讼法的要求也极不适应。这是一个亟待解决的问题，例如《俄罗斯联邦刑事诉讼法典》[④]，将诉讼文书表格文本作为诉讼法典的附件，这种文书格式不仅在内容上，而且在外表上，即形式和

① 参见刘善春：《行政诉讼价值论》，30页，北京，法律出版社，1998。

② 参见庞德：《通过法律的社会控制》，沈宗灵译，北京，商务印书馆，1984。

③ 参见魏德士：《法理学》，吴越、丁晓春译，69页，北京，法律出版社，2005。

④ 参见《俄罗斯联邦刑事诉讼法典》，黄道秀译，6页，北京，中国政法大学出版社，2003。

办理的手续上，都必须符合法律的要求，从而突出诉讼文书在诉讼法中的法律地位，反映诉讼文书的独立价值；又如英国民事诉讼法①，把诉讼文书作为其开放式立法体系的一个必要组成部分，从立法层面赋予裁判文书应用的独立价值。

（2）内在结构的有序性。

法律文书制度是法律文书秩序的抽象反映，具体法律文书是法律秩序的基本粒子，这些粒子之间虽然互相独立，但也有密切联系，共同构成法律文书秩序的系统。正文是法律文书的主体部分，法律文书正文的结构可以分为事实、证据、理由和结论等部分。就我国主流法律文书的现状来看，四部分的排列顺序依次是：事实→证据→理由→结论。这种排列顺序符合人们认识问题（事实和证据）、分析问题（理由）、解决问题（结论）的逻辑结构，也成为法律文书正文的主体框架。这种内在结构的有序状态对于法律文书规范性价值目标的实现形成了有力的内在支撑，是实现法律文书秩序价值的重要环节。在现代刑事诉讼理念下，人们普遍认为法律文书的事实描述与客观事实之间并不等同，前者是一种由证据证明的法律事实。我国法律文书特别是裁判文书的结构，虽然在总体上符合上述规律性，但是在具体结构要素特别是理由部分的写作上存在严重问题，有人将存在问题的说理思维模式称为“因果颠倒式”。

裁判文书的说理不仅仅是一种技巧性问题，还是与审判程序息息相关的制度层面的问题。或者说，是审判程序的原则和具体规定决定着说理的思维模式，决定着说理的内在结构。我国三大诉讼法关于庭审方式的规定虽然有所区别（刑事诉讼为“控辩式”，民事、行政诉讼为“审被告”），但是通过“审证据”来认定案件事实的特性是共同的，说理要“记录裁判过程”的要求也相同。以此为基础，从思维模式上看，应当是：（1）先有分析证据（审证据）；（2）后有查明事实（通过审查的证据认定案件事实）；（3）再有分清是非或定罪量刑的说理和适用法律的说理（事实理由和法律理由）；（4）最后是处理结论。上述（1）至（4）项内容之间在逻辑上形成层层递进的关系：“处理结论”部分是说理的中心论点，是果；其他部分的写作都是围绕这个中心进行的，是因。在另一个层面，（1）“分析证据”、（2）“认定事实”和（3）“裁判理由”部分之间，也有内在的逻辑关系：（1）是因，（2）就是果；（2）是因，（3）则是果。可见，尊重并反映法律文书各要素之间的逻辑关系，也是裁判文书规范性的重要体现。以上只是从应然层面进行分析，在实然层面，法律文书各要素之间的“因果颠倒式”问题比较突出，是导致法律文书说理混乱无序的重要原因，亟须理顺先后次序，摆正逻辑关系。

2. 调节性目标

法律文书秩序价值的调节性目标主要体现为通过解决诉讼与非诉讼问题来制裁违法行为。从法律文书写作角度进行分析，法律文书的写作就是要反映诉讼和非诉讼问题，这些内容集中体现在法律文书的结论部分。比较下面两份文书的结论部分：

［案例一］

被告人××犯抢劫罪，判处有期徒刑9年，并处罚金5 000元（限判决生效后5日内缴纳）。

① 参见《英国民事诉讼规则》，徐昕译，94页，北京，中国法制出版社，2001。

刑期从判决执行之日起计算，判决执行以前先行羁押的，羁押一日折抵刑期一日，即自201×年10月22日起至202×年10月21日止。

[案例二]

(1) 被申请人支付申请人款项393 750元人民币。

(2) 被申请人支付申请人393 750元人民币中112 500元人民币自2017年11月30日至支付日止年利率为5%的利息，281 250元人民币自202×年11月30日至支付日止年利率为5%的利息。

(3) 被申请人支付申请人预交的本案仲裁费××元人民币。

(4) 驳回申请人的其他请求。

案例一是一份一审刑事判决书的结论部分，所解决的是对被告人的定罪量刑问题；案例二是一份仲裁裁决书的结论，所解决的是申请人与被申请人的债务纠纷问题。前者是诉讼文书，后者是非诉讼文书，两者都是以文书结论的形式来达到制裁犯罪行为和解决民事纠纷的目的。换句话说，诉讼与非诉讼案件的处理结论最终是以法律文书为载体的，法院与仲裁机构适用法律解决现实矛盾和纠纷是通过法律文书实现的，这也是法律文书秩序价值所必然蕴涵的具体目标。

法律文书秩序价值的调节性目标，还体现为解释法律规则、填补法律漏洞和创造先例等方面。这些具体的调节性目标，在不同国家有不同的表现。在我国，司法实践中尽管有郑州市中原区人民法院等在进行具体的尝试，但是并没有确立遵从先例的原则，也不承认“法院造法”的权力。被称为2003年年末最热点法治事件的主人公李慧娟在一份合同纠纷的判决书中写道：

> 《种子法》实施后，玉米种子的价格已由市场调节，《河南省农作物种子管理条例》作为位阶较低的地方性法规，其与《种子法》相抵触的条款自然无效，而河南省物价局、农业厅联合下发的《通知》又是依据该条例制定的一般性规范性文件，其与《种子法》相冲突的条款亦为无效条款。因此，伊川公司关于应按《通知》中规定方法计收可得利益损失的辩解于法无据，本院不予支持。

正是这一段有关法律适用的解释问题引发了激烈的争论和广泛的关注。有的人认为在《种子法》出台后，各地有关和《种子法》冲突的规章的条款都应修改、废止，应当支持李慧娟的做法。有的人认为，不管是否存在法律冲突，李慧娟均无权以法官身份宣布地方性法规无效。按照我国现行法律制度，法官在遇到法律冲突时，可以直接适用上位法，或逐级请示，报请最高人民法院和全国人大予以确认。从法律文书秩序价值的角度进行分析，这里就有一个说理的充分性与法律制度相关问题的关系问题。从应然角度讲，法律文书应充分说理，只有这样才能使当事人信服，从而有利于纠纷的解决。从实然角度讲，李慧娟在判决书中虽然注意到了说理的充分性，但由于她在判决理由中直接认定地方性法规无效，因而招致案件的争议，其表述内容也被认为是违法的。由此可见，裁判文书的说理充分不仅仅是关涉法官素质的简单问题，还应该是涉及司法改革的更深层次的问题。上述事件反映出加强裁判文书的说理性必须有相应的制度保障，即建立有限的司法审查制度，适当采用先例指导制度，加大制作裁判文书的司法投入，将说理不充分作为上诉的理由之一等。[①] 总之，不能脱离现实的法律制度去追求法律文书的秩序价值目标，在法律制度修改之前仍要遵守并适用现有的法律规定。同时有必要以法律制度的形式确认和确定法律文书应当充分说理的原则，并使相关法律与之协调对应，这也是法律文书秩序价值发展的内在要求和必然趋势。

3. 保护性目标

法律秩序的实现可以借助法律规范的普遍预防功能，但是在实际运作中，具体是依赖法院的裁判，依赖生效法律文书来保障权利的行使，督促义务的履行，维护法律的统一和尊严，维护社会秩序的稳定。

（1）保障权利行使和督促义务履行。

法律文书的秩序价值是通过具体案件的法律文书来实现的：一是表现为保障权利的行使，二是表现为督促义务人履行义务。两者同样重要。比较而言，法律程序运作的关键在于诉讼和非诉讼义务的依法履行，因为权利还可以放弃，而义务必须依法履行，否则，法律文书的秩序价值就无从体现。就法院裁判文书而言，必须要准确反映控辩双方从起诉、应诉、法庭审理到执行各环节的权利行使和义务履行的情况。

（2）维护法律权威。

法律文书所具有的强制性为其维护法律权威提供了前提和保障。例如，法律明确规定了裁判文书的强制性，指出不履行人民法院生效裁判的法律后果和制裁措施。法律文书还通过记录诉讼与非诉讼过程来体现法律程序的良好运作，进而实现对法律权威的维护。如果说法律赋予裁判文书强制性是一种外在保障的话，那么裁判文书记录裁判过程是维护法律权威的一种内在保障。最高人民法院非常重视裁判文书的秩序价值，在《关于深入推进社会主义核心价值观融入裁判文书释法说理的指导意见》中明确指出："裁判文书释法说理应积极回应人民群众对公正司法的新要求和新期待，准确阐明事理，详细释明法理，积极讲明情理，力求讲究文理，不断提升人民群众对司法裁判的满意度，以司法公正引领社会公平正义。"这是一种积极的姿态，是推进审判方式改革、促进审判公开、实现司法公正的有力举措，也为我国三大诉讼法中法律文书的制度改革指明了方向。

加强裁判理由的论证是维护司法权威的核心，具体的制度设计需要与相关的法律制度改革配套进行。比如裁判公开制度的完善，将裁判理由公开作为一项制度固定了下来。又如裁判主体确定制度，改变了现在"审者不判、判者不审"的状况，实行谁审判谁署名的原则，可以有效防止互相推诿、扯皮的现象，促使法官依法、公正地作出裁判，充分地阐述裁判理由，使当事人胜得明白、输得心服。

还有一点须明确的是，要求法律文书写作主体具有较高的专业素养和良好的职业道德。像宋鱼水那样，确立"准确把握公正尺度，引导当事人用信任的方式解决纠纷，鼓励和促进交易，确保经济繁荣和社会稳定"的办案思路，做到"辨法析理，胜败皆服"。宋鱼水这样说："审理民商事案件，总有一方当事人会不满意，那就要求法官在'辨法析理'上下一番功夫，不仅给人民群众以公正的判决，还要尊重和理解当事人，多替当事

① 参见许娟、许诗谊：《裁判文书说理充分的制度保障——从河南种子案说开去》，载《武汉科技学院学报》，2005（5）。

人思考和着想。在办案过程中，法官要能耐心听取当事人的心声；法官的思路要透彻，要向当事人说清楚，在证据采信方面，一定要向当事人分析清楚；在庭审综述中，要把当事人的困惑讲透彻；在书写判决书时，最好采用通俗易懂的语言，这样即使不能让所有当事人都得到满意的审判结果，但能让赢者赢得明明白白，输者输得清清楚楚，大多数人是会心甘情愿地服从法院判决的。"[①] 无论是什么样的法律文书，最终都是需要人来写作的，怎样强调人的专业性都不过分，关键是要从制度建设上多下功夫，营造充分说理的制度环境和良好氛围，提高社会公众对法律文书的信任度，使法律权威真正树立在公众心中。

问题与思考题

一、简答题

1. 简述法律文书的公正价值。

2. 简述法律文书的秩序价值。

二、论述题

程序公正在裁判文书中的体现。

① 参见张召国：《"始终铭记法官的职责"——宋鱼水先进事迹系列报道之一》，载《人民法院报》，2004-09-18。

第三章 法律文书的结构

内容导读

本章首先阐述了文章结构的概念和作用；其次分析了法律文书结构的概念与特点；再次说明了法律文书的形式结构和内容结构；最后依据法律文书形式结构和内容结构的不同，将法律文书划分为填充、表格类文书，笔录类文书和叙议类文书三种类型。

第一节　法律文书结构概述

文章包含所要表达的核心思想、运用的各种素材和结构这三大基本要素。文章中的段落怎样分、文章中每一段落应包含哪些具体内容以及文章如何开篇、怎样结尾等问题，皆属于文章结构的范畴。结构既是文章的构成要素之一，也是对法律文书从形式上进行分类的重要依据。

一、文章结构概述

（一）文章结构的概念

结构这个从建筑学中借来的术语，在写作中通常是指文章组织材料、编排内容的具体形式。一篇文章，不仅要言之有物、言之成理，还应当言之有序。这个言之有序，指的就是文章要有合理的结构。结构属于文章的形式要素，是文章部分与部分、部分与整体之间的内在联系和外部形式的统一，是为表现文章的内容服务的。

最常见的文章结构主要有总分式、并列式、对照式、递进式四种类型。每一种结构模式都有其特点。将文章的结构模式发挥到极致的，或许可以首推八股文。八股文确立于明代，在明清两朝是科举考试的主要文体。所谓八股（也称作制义）是指文分破题、承题、起讲、提比、小比、中比、后比和收合八段，其间的起承转合具有一定之规。除最初的三段和末一段可采散文形式外，中间四段都要用排偶的句子。破题，就是开篇点明题意，但只能用两句话概括、解释题意，绝不能直说题意；承题，是进一步对主题进行补充，类似“副标题”，担负着承上启下的使命，以三句为标准；起讲，要求较深入地说明所述问题的用意所在、内容大意，最多不超过十句；四比——提比、小比、中比、后比——分为八股，就是逐条分析，可说是正文，要求每两股必须构成一副对联，共四联；收合，乃收场结束语，一般为八句。八股文的题目多出自《四书》，由于严格限令考生作文须“代圣贤立言”，不允许发表自己的见解，严重禁锢了士子们的思想，故八股文多为后世所诟病。

（二）文章结构的作用

文章结构的作用具体表现在以下几个方面：

1. 反映客观事物的发展规律

为了记叙一个事件，或论证说明一个问题，或抒发一种情感，人们才会有撰写文章以表情达意的冲动。而尽管以反映客观事物和现实问题为内容的文章反映的对象千差万别、纷繁复杂，但其间或多或少都有规律可循。在有限的时空范围之内，时间的先后继起，空间的方位与距离，皆可成为规律。每一个具体事件，都会有它的前因后果、起承转合；每一个问题，都会有它的起因、发展和现状。这些就是客观事物的发展规律及内在联系。党的二十大报告明确指出，万事万物是相互联系、相互依存的。只有用普遍联系的、全面系统的、发展变化的观点观察事物，才能把握事物发展规律。因此，我们撰写文章理应深刻认识、如实反映事物的发展规律及内在联系，并依此来安排文章结构。唯其如此，我们才可以说文章的结构实际上是作者对客观事物的认识在写作方法上的反映。

2. 体现正常思维的形成规律

人们阅读文章时常常能够较为准确地揣摩出作者的思维历程。这是因为文章作者通过内心的思量与斟酌，遵循其思维形式和思维结构，借助语言表现所反映的对象。由此，我们认为，文章结构是作者思维的体现和发展，文章结构与思维规律具有一致性。无论是叙述事件、说明事物，还是论证事理，真正为社会公众所称道的文章，其结构总是依循着作者的思维形成，从而揭示事物的本质属性和逻辑关系，正确展现事物之间的相互联系。

3. 助益文章主题的准确表达

前已述及，文章结构是一种形式，体现了作者的思路，将作者对主题和材料的深刻认识蕴涵其中。文章结构形成与展示的过程，也就是文章主题逐步呈现的过程。结构模式的逐步推进和展开，建构起结构的谱系，文章各部分的划分及内在联系，每一具体部分的推演，皆服务于主题的表达。不论文章的结构如何复杂多变，都必须紧紧围绕文章的中心。安排文章结构，必须注意时刻紧扣主题，凡与主题无关的材料或观点都应当删去。此乃文章结构的基本原则。

二、法律文书结构的概念与特点

（一）法律文书结构的概念

对于法律文书而言，结构是指组织安排法律文书的组成要素、材料及内容的各种具体形式。

法律文书为处理和解决涉法事务的公文书，其结构要么由立法，要么由相关机构或部门在一定程度上进行着约束与规范。所以，法律文书虽不像古代的八股文对文章结构进行了严格且严密的限制，但其明显不同于文学艺术作品那样主要交由作者自己来把握。

每一位法律文书的制作者皆应在撰写文书之前充分了解掌握其结构特征，以便制作出来的文书合乎相应的要求。

（二）法律文书结构的特点

出于实用性和专业性的需要，法律文书的结构具有相异于其他文体的显著的特点，主要表现为以下几点：

1. 结构形式模式化

为了体现所处理和解决的问题之性质，也基于所表现内容的需要，更重要的是为了实现法律实施的统一性、公平性，法律文书多采用相同的结构形式来安排同一种类文书的篇章结构。这种稳定的结构层次和排列顺序形成了固定的模式，不允许或者不提倡制作者随意增删改造。以民事判决书为例，不管处理的纠纷性质如何变换，案情复杂程度差别多大，当事人之间的对抗程度如何不同，普通程序适用的第一审民事判决书的结构模式都是相同的。

2. 内容事项固定化

由于法律规范及其实施过程具有普遍性和稳定性的特点，与之相对应，具体法律文书的每一个组成部分所包含的事项也都是统一的和稳定的。法律文书各个组成部分涵盖事项的固定化，要求内容明确、条理清楚，而不能事项纷繁、形神散漫。例如各类刑事法律文书的事实部分，均要求全面、有序地陈述刑事案件事实的叙述要素，并将犯罪构成要件的各个方面蕴涵其中，随后列出的证据亦应与所叙事实相对应。

3. 结构用语程式化

法律文书结构形式的模式化和内容事项的固定化决定了其结构用语的程式化。法律文书要求准确使用法律术语，而且其语言常带有多重定语或状语，但极少出现定语后置或状语后置等现象，这是因为定、状语的后置带有某种表达情感的因素，类似于描绘手段。法律文书通常采用正常语序，必要时运用程式化的句式来表达相关内容。程式化的句式的组成成分、词序固定，如起诉书正文的法律依据部分，必须表述为："其行为触犯了《中华人民共和国刑法》第××条（引用罪状、法定刑条款），犯罪事实清楚，证据确实、充分，应当以××罪追究刑事责任。根据《中华人民共和国刑事诉讼法》第一百七十六条之规定，提起公诉，请依法判处。"这是不能由制作者任意改变的。

第二节　法律文书的形式结构和内容结构

法律文书的结构还可进一步区分为形式结构和内容结构。这两者具有不同的内涵，其组成部分也存在较大差别，有必要分别对之进行分析说明。

一、法律文书的形式结构

（一）法律文书形式结构的概念

法律文书的形式结构是指法律文书外在的组织形式。法律文书的形式结构因文书的具体种类而异，但最常见的形式结构通常由首部、正文、尾部三个部分组成。

（二）法律文书形式结构的组成部分

1. 首部

首部是法律文书的开篇部分，一般包括文书的制作机关、文书标题、文书编号、当事人或利害关系人的基本情况、案由或事由、案件来源和处理过程等内容。

例如，起诉意见书的首部就包含如下内容：（1）标题，包括文书制作机关名称和文书名称（已印制好）；（2）文书编号，应依次写明提出起诉意见的公安机关的简称、案件性质代字、诉讼程序代字、制作年度、案件顺序号；（3）犯罪嫌疑人的基本情况、违法犯罪经历以及因本案被采取强制措施的情况；（4）案件办理情况，包括案由和案件来源、案件侦查过程中各个法律程序开始的时间以及犯罪嫌疑人的归案情况。

2. 正文

正文是法律文书的核心部分，对每一份文书来说都不可或缺。正文体现了文书的制作目的，表明其所要解决的问题及法律事实和法律依据。

例如，一审请求撤销、变更行政行为类案件用的行政判决书的正文即具有如下内容：（1）被诉行政行为认定的主要事实、定性依据和处理结果；（2）原告的诉讼请求、主要理由及原告提供的证据、依据，以及被告的答辩请求、主要理由及被告提交的证据、依据；（3）证据名称及证明目的、当事人的质证意见以及法院的认证意见和理由；（4）法院查明的案件事实；（5）法院判决的理由；（6）判决结果。

3. 尾部

尾部是法律文书的结束部分，一般包括权利义务告知事项、签署、日期、用印、附项等内容。不同的文书种类，其尾部的事项略有不同，但制作者或制作机关的签署、文书签发日期、用印则是通用的必备事项。法律文书尾部的程式化特征显著，制作者不得随意取舍、变更。

例如，起诉书的尾部包括：（1）受文机关，具体承办案件的公诉人署名（应写明其法律职务和姓名），文书签发的日期并加盖检察院印章。（2）附项，写明被告人的现在处所；案卷材料和证据册数；证人、鉴定人、需要出庭的有专门知识的人的名单，需要保护的被害人、证人、鉴定人的名单；有关涉案款物的情况；被害人（单位）附带民事诉讼的情况以及其他需要附注的事项。

二、法律文书的内容结构

（一）法律文书内容结构的概念

法律文书的内容结构是指具体法律文书中所应当包含的具有内在联系的各个重要组成要素。法律文书的内容结构由事实、理由和结论三个部分组成。

（二）法律文书内容结构的组成部分

1. 事实

法律文书的事实就是案件事实或者具有法律意义的事件经过。法律文书的事实属于法律事实，由能够引起各种法律关系产生、变更或消灭的事实和构成各种法律关系本身的事实构成。本书将在专门的章节对之进行解说。

2. 理由

理由是将认定的事实与案件或事件的处理结果有机联系起来的纽带。具有结论意义的法律文书应结合相关法律规定写明作出裁决或得出结论的理由。文书的理由部分通常具备以下内容：对已查明的案件事实或事件经过进行法律上的定性分析；结合案件的具体情节作出法律上的定量分析，确定具体情节的法律意义，明确双方当事人或利害关系人的是非责任；就解决争议焦点所适用的法律规定予以论证；引述判断并处理该问题所适用的法律条文。党的二十大报告在“严格公正司法”部分专门强调，公正司法是维护社会公平正义的最后一道防线。深化司法体制综合配套改革，全面准确落实司法责任制，加快建设公正高效权威的社会主义司法制度，努力让人民群众在每一个司法案件中感受到公平正义。为切实落实司法责任制，裁判文书的制作必须进一步强化说理部分，让人民群众真正感受到司法的公正公平。

3. 结论

法律文书的结论直接表明了制作法律文书的目的或意图，是文书制作主体依据其职权或权利对案件或事件的实体、程序问题所作的权威性或具有法律意义的判定。结论在法律文书中必须独立和醒目。比如民事判决书的结论也就是其判决结果，在文书中是一个单独的部分。判决结果应当明确、具体、完整。所谓明确是指要清晰地表明如何解决当事人之间的纠纷；所谓具体是指判决决定的每一事项必须细致全面，以便负有义务、承担责任的一方当事人遵照履行和满足权利方维权的需要；所谓完整是指纠纷所应涉及的事项不能有所缺漏，承担责任的方式为偿付财物和金钱的，应写明履行期限。

第三节　法律文书的结构类型

依形式结构和内容结构的不同，可将法律文书划分为不同的结构类型。我们依此将法律文书分成填充、表格类文书，笔录类文书和叙议类文书三类，分别予以介绍。

一、填充、表格类文书

填充、表格类文书的制作形式和内容较为固定，相对比较容易掌握。这一类的文书还可细分为：填充类文书与表格类文书。

（一）填充类文书

填充类文书的形式结构与内容结构都比较单一，制作者只需在文书中相应的空档按要求填写应处理或宣示的事项就完成了制作任务。这一类文书的形式与内容均一望而知，相比其他类型的文书，其制作较为简单。填充类文书往往特别强调时效性，应依照法律规定的期限及时制作。公安机关的拘留证就是典型的填充类文书：拘留证由存根联、附卷联和交看守所联三联组成，其中，附卷联是拘留证的正本，交看守所联是拘留证的副本，而存根联留存于公安机关备查。具体范例如下：

××公安局××分局

拘 留 证

×公（×）拘字〔20××〕××号

根据《中华人民共和国刑事诉讼法》第八十二条之规定，兹决定对犯罪嫌疑人××（性别×，出生日期××年××月××日，住址××市××区××街××号）执行拘留，送××看守所羁押。

公安局（印）
20××年××月××日

本证已于20××年××月××日××时向我宣布。

被拘留人：××（捺指印）

本证副本已收到，被拘留人××于20××年××月××日××时送至我所。

接收民警：××看守所（印）

文书的尾部在签发日期之后，应由被拘留人填写向其宣布拘留的时间并签名、捺指印，然后由接收民警签名且加盖看守所印章。拘留证正本与副本的正文内容应当保持一致。

（二）表格类文书

表格类文书的形式要素明确而固定，只有少量的事项根据需要留出空格由制作者加以填充。这类文书的内容要素单一而简明，无须进行复杂的叙述和严谨的分析说理。法律文书中这一类的文书种类较多，各个文书制作机关必要时皆需制作这一类文书。公安机关的受案登记表即填充类文书，制作者应当逐项填写，具体结构如下：

受案登记表

（受案单位名称和印章） ×公（ ）受案字〔 〕 号

<table>
<tr><td colspan="2">案件来源</td><td colspan="6">□110 指令 □工作中发现 □报案 □投案 □移送 □扭送 □其他</td></tr>
<tr><td rowspan="4">报案人</td><td>姓名</td><td></td><td>性别</td><td></td><td>出生日期</td><td colspan="2"></td></tr>
<tr><td>身份证件种类</td><td></td><td colspan="2">证件号码</td><td colspan="3"></td></tr>
<tr><td>工作单位</td><td></td><td colspan="2">联系方式</td><td colspan="3"></td></tr>
<tr><td>现住址</td><td colspan="6"></td></tr>
<tr><td colspan="2">移送单位</td><td></td><td>移送人</td><td></td><td>联系方式</td><td colspan="2"></td></tr>
<tr><td colspan="2">接报民警</td><td></td><td>接报时间</td><td>年 月 日
时 分</td><td>接报地点</td><td colspan="2"></td></tr>
<tr><td colspan="8">简要案情或者报案记录（发案时间、地点、简要过程、涉案人基本情况、受害情况等）以及是否接受证据：</td></tr>
<tr><td colspan="2">受案意见</td><td colspan="6">□属本单位管辖的行政案件，建议及时调查处理
□属本单位管辖的刑事案件，建议及时立案侦查
□不属于本单位管辖，建议移送____________处理
□不属于公安机关职责范围，不予调查处理并当场书面告知当事人
□其他____________
受案民警： 年 月 日</td></tr>
</table>

受案审批	受案部门负责人：　　　　　　年　月　日

二、笔录类文书

（一）笔录类文书的概念与特点

1. 笔录类文书的概念

笔录类文书是公安机关、司法机关、公证机构、仲裁机构、人民调解组织、行政机关、律师等依照法定程序，以文字形式如实记录诉讼活动或非诉讼活动的实录体法律文书。对于诉讼案件而言，笔录既是案卷材料的重要组成部分，又是法定诉讼证据之一。在各种非诉讼活动中，笔录同样起着证明作用。从外在表现形式来说，笔录类文书是运用规范的语言文字记录相关事项于特定的笔录（包括电脑打印）纸上，而不是采用图形、符号等方式进行记载。录音、录像等现代化手段留存的信息可作为笔录的附件，但不能代替笔录。

2. 笔录类文书的特点

（1）客观性。这是笔录类文书最基本的特征。笔录类文书的内容应当是对诉讼活动和非诉讼活动中记录客体的原始文字记载，是对其真实而客观的反映。笔录类文书的制作者必须如实记录自己的所见所闻。

（2）合法性。笔录类文书的合法性包括制作主体的合法、制作程序的合法和制作形式的合法。具体而言，笔录类文书必须由法定的主体依照法定的程序，按照法律规定的形式来制作。

（3）及时性。笔录类文书主要起证明作用，一般当场制作，以保证记录内容的准确性。只有这样，才能有效防止、降低记忆或者其他因素对笔录的客观性所产生的不利影响。

（二）笔录类文书的分类

笔录类文书适用的范围十分广泛，种类繁多。人们可依不同的标准对之进行分类，常见的分类方式有如下几种：

1. 按记录对象的法律性质划分

笔录类文书可分为：诉讼笔录，即诉讼活动中制作的笔录；非诉讼笔录，即非诉讼活动中制作的笔录。

2. 按制作主体划分

笔录类文书可分为：公安机关的立案侦查类笔录、人民检察院的审查起诉类笔录、人民法院的审判执行类笔录、公证机构的公证类笔录、仲裁机构的仲裁类笔录、人民调解组织的调解类笔录、行政机关的行政类笔录、律师的诉讼和非诉讼活动笔录等。

3. 按记录的客体划分

笔录类文书可分为：记录问答经过的对话体笔录，如讯问笔录、询问笔录、庭审笔录、合议庭评议笔录、宣判笔录、调解笔录；记录事件或行为经过的记事体笔录，如现场勘查笔录、侦查实验笔录、执行笔录、搜查笔录等。

4. 按记录内容的来源划分

笔录类文书可分为：原始笔录，即记录人员在问答或事件发生的现场所作的记录；整理笔录，即记录人员在事后根据现场所作记录加以整理而形成的笔录。

三、叙议类文书

（一）叙议类文书的概念

叙议类文书，也称拟制类文书，是形式结构与内容结构均非常齐备与完整的法律文书。这一类文书大都具有法律效力，往往完整体现了制作主体对具体法律争议或问题的观点或主张，制作时既需要如实叙述案件或事件事实，也必须阐明提出观点或主张的理由，并在此基础上作出直接的判断或得出明确的结论。叙议类文书样式规范、结构完整，鲜明地体现了法律文书的结构特征。叙议类文书在制作难度上明显超过填充、表格类文书和笔录类文书，是法律文书学学习和研究的重点。

（二）叙议类文书的基本结构

叙议类文书的具体类别有着各自不同的结构模式，本书将在分论中对之予以重点介绍。在此，我们以人民法院第一审普通程序用的民事判决书为典型，将其基本结构列出，以便使大家对叙议类文书产生初步的印象：

××××人民法院

民事判决书

（××××）……民初……号

原告：×××，男/女，××年××月××日出生，×族……（工作单位和职务或者职业），住……。

法定代理人/指定代理人：×××，……。

委托诉讼代理人：×××，……。

被告：×××，住所地……。

法定代表人/主要负责人：×××，……。

委托诉讼代理人：×××，……。

第三人：×××，……。

法定代理人/指定代理人/法定代表人/主要负责人：×××，……。

委托诉讼代理人：×××，……。

（以上写明当事人和其他诉讼参加人的姓名或者名称等基本信息）

原告×××与被告×××、第三人×××……（写明案由）一案，本院于××年××月××日立案后，依法适用普通程序，公开/因涉及……（写明不公开开庭的理由）不公开开庭进行了审理。原告×××、被告×××、第三人×××（写明当事人和其他诉讼参加人的诉讼地位和姓名或者名称）到庭参加诉讼。本案现已审理终结。

×××向本院提出诉讼请求：1.……；2.……（明确原告的诉讼请求）。事实和理由：……（概述原告主张的事实和理由）。

×××辩称，……（概述被告答辩意见）。

×××诉/述称，……（概述第三人陈述意见）。

当事人围绕诉讼请求依法提交了证据，本院组织当事人进行了证据交换和质证。对当事人无异议的证据，本院予以确认并在卷佐证。对有争议的证据和事实，本院认定如下：1.……；2.……（写明法院是否采信证据，事实认定的意见和理由）。

本院认为，……（写明争议焦点，根据认定的事实和相关法律，对当事人的诉讼请求作出分析评判，说明理由）。

综上所述，……（对当事人的诉讼请求是否支持进行总结评述）。依照《中华人民共和国……法》第×条……（写明法律文件名称及其条款项序号）规定，判决如下：

一、……；

二、……。

（以上分项写明判决结果）

如果未按本判决指定的期间履行给付金钱义务，应当依照《中华人民共和国民事诉讼法》第二百六十四条的规定，加倍支付迟延履行期间的债务利息（没有给付金钱义务的，不写）。

案件受理费……元，由……负担（写明当事人姓名或者名称、负担金额）。

如不服本判决，可以在判决书送达之日起十五日内，向本院递交上诉状，并按照对方当事人或者代表人的人数提出副本，上诉于××人民法院。

审判长：×××

审判员：×××

审判员：×××

本件与原本核对无异　　××年××月××日

（院印）

书记员：×××

问题与思考题

一、简答题

1. 简述法律文书结构的特点。
2. 试比较法律文书的形式结构与内容结构。
3. 试述法律文书的结构类型。

二、论述题

试分析法律文书结构的形成。

第四章
法律文书的语言

内容导读

本章首先说明词汇的中性化、句式的固定化和行文的规范化是法律文书语言不同于其他文书语言的特点，其次阐述准确、精练、庄重、朴实、严谨是法律文书语言的基本要求。

第一节　法律文书的语言特点

语言是人类最重要的交际工具，对司法实践来说，语言尤为重要。英国著名法学家丹宁曾经说过："要想在与法律有关的职业中取得成功，你必须尽力培养自己掌握语言的能力。"法律文书作为法律的重要载体，其语言的表达和驾驭是非常关键的。"坚持建设德才兼备的高素质法治工作队伍"是习近平法治思想的重要内容。熟悉并熟练掌握法律文书的语言特点，是对每一位法律工作者的基本要求。

任何文章或文书体裁都有自身的语言风格。所谓语言风格，是指语言在反复地运用中所呈现出的某些特点的综合。法律文书的语言风格正是在长期的司法实践中形成的，它是各种专门法律知识综合运用的结果。法律文书所表现出来的这种特殊格调与许多其他类型的文书的语言风格有很大的不同。法律文书作为实用性很强的一种公文体裁，有其独特的交际领域、交际对象和交际职能，从语言的运用、表达方式到结构布局等方面形成了诸多鲜明的个性特点。这些特点突出表现为以下几点：

一、词汇的中性化

在法治社会，对刑事、民事和行政等案件的处理必须客观、公正和公平，只能以事实为根据、以法律为准绳，而不能以人们的情感为裁判依据。然而，各种法律文书都是由人制作的，由于每个制作主体所站的立场不同，看问题的角度不同，所以，要完全排除个人的情感对文书内容的影响，做到绝对的客观、公正和公平是不可能的，也是不现实的。为了尽可能避免法律文书制作主体，尤其是司法机关工作人员自身的情感对文书内容表述的影响，以实现社会的相对公正，就必然要求法律文书的制作主体能够以法律职业的理性而非普通人的情感去履行职能，从而保证案件处理的相对公正性。这种"理性"表现在法律文书语言的运用上，要求法律文书制作主体依抽象思维的轨迹，客观冷静、平实质朴地选择一些中性的词汇，而不介入任何主观情绪。

比如，人民检察院的起诉书不应该用“丧心病狂”“狗急跳墙”“窜人”等语言来描述被告人的行为，也不可以使用“从重从快、严厉打击”一类的词语。前一类词汇说明检察人员对当事人缺乏尊重，后一类语言反映了检察人员的个人情感。

又如一份解除养父子关系的民事判决书，理由部分（节录）的写法就犯了非理性的错误：

> 本院认为，……双方曾是养父子关系……因而，身为长者应念晚辈尚在年幼……负一些力所能及的义务，以显长者之仁厚，何乐而不为？被告亦应念原告为了养育自己花了一些心血……自应以德报德，以示晚辈对老人孝敬之意，争得舆论之同情，挽回双方之裂痕，岂非美事！……

这段文字用了“何乐而不为”“岂非美事”这类带有商榷口气的问句、感叹句，有失语言的明确性，冲淡了判决书语言的理性色彩。判决书的理由部分，应以论证的方式阐述清楚谁是谁非、谁应/不应承担民事责任、应承担多少责任、纠纷如何解决等，分析应切中要害，以理服人，为判决结果奠定坚实的基础。而该案例既然已判决双方解除养父子关系，就应围绕该结论分析论证原、被告的是非责任，如再以商榷之语劝导双方挽回裂痕，显然脱离了该文书的宗旨，拖泥带水，有失庄重。

总之，如果在法律文书中使用感情色彩特别浓厚的词语，那么这些带有情感色彩的文字恰恰反映出了制作主体在履行职能时自身受到了感情上的影响，如果这些语言来源于司法机关工作人员，则很可能会影响法律的实施。从这个意义上说，我们一定要在制作法律文书时避免使用带有感情色彩的词语，而应当多使用中性的词语。

二、句式的固定化

在语言运用中，同一个意思可以用不同的结构形式来表达，但表达效果不尽相同，因此可以依据表达的需要选择合适的结构形式。汉语中可供选择的同义句式丰富多彩，如形体的长与短、组织的松与紧、结构的整与散、语气的抑与扬等，它们在表达重点、语意轻重、语气态度、风格色彩等方面体现出同一结构不同的表达效果。

法律文书属于公文的一种，所以其句式也体现了公文的特点，有不少较为固定化的文字表述。其中填充、表格类文书语言的固定化是显而易见的。比如，公安机关的解除监视居住通知书的大部分词汇、句式都是固定的，具体使用时，只需要根据个案情况作简要调整就可以了：

××公安局

解除监视居住通知书

××公（×）解监字〔×〕××号

________：

我局于____年__月__日决定对犯罪嫌疑人________________（性别____，出生日期________，住址____________________）监视居住，现因________________________，

根据《中华人民共和国刑事诉讼法》第七十九条第二款之规定，决定予以解除。

公安局（印）
××年××月××日

笔录类和叙议类文书的内容虽然大部分需要根据个案情况的不同进行制作，但是，它们的首部和尾部往往句式相对比较固定。如下列刑事附带民事判决书（第二审用）的案由、案件来源部分：

××人民法院审理自诉人兼附带民事诉讼原告人××控诉被告人××……（写明案由）一案，于××年××月××日作出（××）×刑初××号刑事附带民事判决。被告人××对判决的刑事部分和附带民事部分均不服，提出上诉。本院依法组成合议庭，公开（或不公开）开庭审理了本案。上诉人（原审被告人）××及其辩护人××、原审自诉人兼附带民事诉讼原告人××及其委托代理人××、证人××等到庭参加诉讼。本案现已审理终结（未开庭的，改为“本院依法组成合议庭审理了本案，现已审理终结”）。

上述句式都具有固定化的特点。

另外，法律文书侧重于运用陈述句，目的在于严谨、客观地叙说案情；较少使用祈使句，尽量不使用感叹句。从句式的结构来看，法律文书侧重于使用散句，即结构上比较自由，不求相同或相似。散句长短不一，适应性较强，可用于表述各种内容。而整句由于结构上必须相同或相似，形式上求整齐匀称、长短统一，虽然有贯通之妙，但在很大程度上限制了语意的表达，多用在诗歌、散文中抒发强烈情感，因而在法律文书中较少使用，只是在具有演说性质的公诉词中偶尔出现，以控诉犯罪，警醒世人。从句式的长短来看，法律文书经常长短句并用。

三、行文的规范化

书面语言要具有规范性。法律文书的语言作为一种书面语言，应当严谨规范。法律文书语言的严谨规范性，是指法律文书的语言既要符合一般应用文语言的技术要求，又要符合法律语言的要求。所以，其实际上包含了两个层次的内容。

（一）符合一般应用文语言的技术要求

法律文书作为一种特殊的应用文体，不是靠形象性、情感性的语言去感染他人的（这点在前面已有介绍），而是要用规范性、专业性的语言去表述当事人的情况、案件的审理过程、案件的事实经过、证据以及具体的评判理由、裁判结果等。因此其首先必须符合一般应用文语言的技术要求，语言的运用要做到严谨规范。例如有关语言的提法要符合党和政府的方针、政策及有关规定，人名、地名、专用术语、数字、事物名称的提法要严肃规范，年份不能简写，应用的法条、裁判的结果要用汉字，连用的两个数字如“七八十个”“二三本”之间不得用顿号，要用标准的计量单位等。以刑事裁判文书为例，刑事裁判文书通用的技术规范对刑事裁判文书的标题字体、标点符号、数字表述均作了具体的规范，例如，法院名称用字，一般应用2号老宋体字；诉讼文书名称，一般应用1

号老宋体字；案号和正文一般应用 3 号仿宋体字。刑事裁判文书的标点符号，一律适用国家质量监督检验检疫总局、国家标准化管理委员会制定且 2012 年 6 月实施的《标点符号用法》。人民法院诉讼文书除引用的法律条款项和判处刑罚的刑期、尾部的年月日用汉字数字外，案号和裁判内容所涉及的数字均用阿拉伯数字。计数以万为单位，如 4 321 元可直接写为 4 321 元，如 113 421 元可写为 11.342 1 万元；上亿的，可以亿为单位。一个用阿拉伯数字书写的多位数不能移行。

（二）法律文书必须严格使用法律语言

法律文书的语言与一般机关应用文最大的区别就是其法律性，即法律文书作为法律的具体化，具有较强的法律专业性，必须使用规范的法律术语。法律文书无论是对被告人身份的介绍、对案件事实的叙述、对证据的列举还是对处理理由的论证等，都要运用规范性的法律语言，以体现裁判文书的法律性、权威性，例如：

> 根据《中华人民共和国道路交通安全法》第七十六条，《最高人民法院关于审理人身损害赔偿案件适用法律若干问题的解释》第六条、第七条、第八条、第九条、第十条、第十一条、第二十一条之规定，判决如下：
>
> 一、被告××财产保险股份有限公司上海市分公司应于本判决生效之日起十日内赔偿原告毛××医疗费人民币 10 000 元、误工费人民币 2 800 元、住院期间护理费人民币 517 元、护理费人民币 450 元、交通费人民币 200 元、车辆修理费人民币1 450 元；
>
> 二、被告付××应于本判决生效之日起十日内赔偿原告毛××医疗费人民币 8 172.02 元、住院伙食补助费人民币 320 元、营养费人民币 450 元、鉴定费人民币 1 800 元，停车费人民币 240 元、车辆评估费人民币 140 元、律师费人民币 3 000 元；原告毛××返还被告付××人民币 1 162.30 元。
>
> 负有金钱给付义务的当事人如未按本判决指定的期间履行给付金钱义务，应当依照《中华人民共和国民事诉讼法》第二百六十四条之规定，加倍支付迟延履行期间的债务利息。

上述判决书法律条文的援引全面、完整，判决结果具体、明确，符合法律文书语言的规范性特点。如果将上述内容改为：

> 根据《中华人民共和国道路交通安全法》第七十六条，《最高人民法院关于审理人身损害赔偿案件适用法律若干问题的解释》第六条、第七条、第八条、第九条、第十条、第十一条、第二十一条之规定，判决如下：
>
> 一、被告××财产保险股份有限公司上海市分公司应赔偿原告毛××医疗费人民币 10 000 元、误工费人民币 2 800 元、住院期间护理费人民币 517 元、护理费人民币 450 元、交通费人民币 200 元、车辆修理费人民币 1 450 元；
>
> 二、被告付××应赔偿原告毛××医疗费人民币 8 172.02 元、住院伙食补助费人民币 320 元、营养费人民币 450 元、鉴定费人民币 1 800 元，停车费人民币 240 元、车辆评估费人民币 140 元、律师费人民币 3 000 元；原告毛××返还被告付××人民币 1 162.30 元。

负有金钱给付义务的当事人如未按本判决指定的期间履行给付金钱义务，应当加倍支付迟延履行期间的债务利息。

很显然，修改后的上述内容法律条文援引不完整，判决结果因缺乏履行期限等也难以履行。这样不规范的判决书除了本身表述技术的错误外，更重要的是影响了人民法院的权威形象，这是无法被容忍的。可见，语言的严谨规范性是法律文书语言的一个重要特点，法律文书语言的正确运用与否直接影响着法律文书质量的高低。

法律文书是法律得以实施的一个重要工具。语言的客观表述可以展现案件的真实面貌，可以将案件的证据准确地加以反映，可以把案件处理的理由和结果予以公开。这样，既使案情能够被大家清楚地了解，又对人们进行了法治宣传。所以，法律文书语言的正确运用对司法实践具有深远的意义。对法律文书语言的表述稍有疏忽，都可能造成对案件定性的差异，如以下两段案例的事实介绍：

[案例一]

20××年 10 月 5 日，犯罪嫌疑人杨某伙同张某预谋抢劫出租车。按照事先商量，当日晚上 12 时许，两名犯罪嫌疑人来到上海市徐汇区某酒店门口出租车乘车点乘上被害人刘某驾驶的出租车朝闵行区方向行驶。当出租车行至闵行区顾戴路与水清路附近时，坐在副驾位置的犯罪嫌疑人杨某和后座的犯罪嫌疑人张某同时掏出携带的匕首威胁被害人刘某停车。下车后，犯罪嫌疑人杨某进一步用匕首威逼被害人交出身上的某品牌手机 1 台、人民币 2 000 元。被害人刘某见两名犯罪嫌疑人还要抢车，遂拦在车子前面试图阻止。杨某在驾驶室一边摁喇叭一边从窗户伸出头骂刘某，并倒车想甩掉刘某。刘某见状又跑到车尾阻止，不幸被车撞倒后被右后轮碾压。之后，两名犯罪嫌疑人不顾一切驾车逃离现场。刘某当场死亡。

[案例二]

20××年 10 月 5 日，犯罪嫌疑人杨某伙同张某预谋抢劫出租车。按照事先商量，当日晚上 12 时许，两名犯罪嫌疑人来到上海市徐汇区某酒店门口出租车乘车点乘上被害人刘某驾驶的出租车朝闵行区方向行驶。当出租车行至闵行区顾戴路与水清路附近时，坐在副驾位置的犯罪嫌疑人杨某和后座的犯罪嫌疑人张某同时掏出携带的匕首威胁被害人刘某停车。下车后，犯罪嫌疑人杨某进一步用匕首威逼被害人交出身上的某品牌手机 1 台、人民币 2 000 元。之后，两名犯罪嫌疑人为灭口不顾一切驾车将刘某撞死并逃离现场。

上述两段事实的情节差异便会导致对犯罪嫌疑人定罪量刑的不同。可见，法律文书语言的正确运用对司法实践来说十分重要。

第二节　法律文书语言的基本要求

我国自古以来对法律文书的语言就非常重视。清代的王又槐在他的《办案要略》一书中以“叙供”一文，论及法律文书的语言，从中可以反映出法律文书的语言风格。在“叙供”一文中，王又槐谈了对法律文书语言的九个方面的要求：

其一，供不可文。文，此处指华丽的色彩。“供不可文”意即在制作法律文书时，不能使用华丽、花哨的辞藻，以免造成诉讼文书内容的不严肃。

其二，供不可野。野，是粗鲁、野蛮之意。“供不可野”就是说，在诉讼文书的制作中要摒弃污秽的语言，以免造成诉讼文书语言的不庄重。

其三，供不可混。混，也是混杂、似是而非。“供不可混”是指诉讼文书的语言必须清楚明白，而不能模棱两可、含混不清。

其四，供不可多。多，是多余、有余之意。“供不可多”说明制作诉讼文书不宜过于追求内容的复杂、曲折以及文字的烦琐。

其五，供不可简。简，就是简单。“供不可简”是指不能仅为追求诉讼文书语言的简洁，而忽视了其内容的完整。

其六，供不可偏。偏，偏颇、不公正的意思。“供不可偏”意即制作诉讼文书要尊重事实真相，不能虚妄、偏执。

其七，供不可奇。奇，离奇。“供不可奇”是指诉讼文书的内容切忌哗众取宠，追求离奇怪诞的效果，从而转移人们的注意力，而是必须讲究平实。

其八，供不可假。假，就是虚假。“供不可假”即制作诉讼文书不得虚构事实，而要尊重客观事实。

其九，供不可忽。忽，意即疏忽。“供不可忽”是要求诉讼文书的制作者要认真仔细，切不可粗心大意而漏洞百出，这样才能确保法律文书内容的全面、完整。

综合上述九个方面的要求，我们可以将法律文书的语言风格概括为五点：准确、精练、庄重、朴实、严谨。这五方面也就是我们制作法律文书的语言要求。

一、准确

所谓准确，就是用最贴切、最恰当的语言来反映法律文书的具体内容。也就是选字、遣词、造句以及标点符号都应该确切、恰当，不能产生歧义。法律文书的内容往往涉及人们的荣辱名誉、财产得失等，因此，在制作法律文书时，必须字斟句酌，以免产生歧义，否则，任何误差小则给人增添茶余饭后的笑话，大则可能使案件事实与结论之间大相径庭。

准确是法律文书语言最重要的特点，要确保法律文书语言的准确，必须注意做到以下几点：

（一）字词运用规范

字词运用规范，要求避免出现错别字，不得生造词句，严格区分近义词的界限等。在制作法律文书时，粗心的话，很容易产生错别字，只要有错别字，就会影响文书语言的准确。如“本院授理后，依法……”“现已审理中结”中的“授”和“中”都是错误的，正确的用词应该是“受理”和“终结”。

有些制作者由于受外界各种影响或表达能力的局限，往往生造词句，使文书的意思令人费解，比如“原告于是不得不做了人流”，这里的“人流”显然是受日常生活语言的影响，因为在日常生活中我们常常将“人工流产”称为“人流”，但将其用于法律文书中就不够准确。又如“被告突然拦住原告进行纠理”中的“纠理”也是制作者自创的，他本来想表达的是“被告突然拦住原告进行纠缠、论理”。

法律文书写作中常常会碰到“阴私”与“隐私”、“检察”与“检查”这类语汇，它们在一般言语交际中表意相近，然而在法律文书中要严格区分它们之间的细微差别，绝对不能替换。注意辨析它们的不同，是保证法律文书词汇专业化的一个重要方面。

此外，还要注意词语搭配和代词的运用。词语搭配要恰当，切忌混乱，如“构成某某罪”和“涉嫌某某罪”中“构成”和“涉嫌”与“某某罪”搭配的结果是不一样的，所以选择时一定要慎重。

指代混乱是法律文书写作中容易出现的错误。人称代词的滥用在法律文书写作中往往也会造成人们对案中人物关系的错误认识。比如有些法律文书中对当事人的称谓非常不统一，在同一文书中一会儿用“原告××”“被告××”，一会儿用“原告”“被告”，一会儿又用“我”“他（她）”；还有直接署当事人姓名的。笔者曾经看过一份民事判决书，里面有这么一句话：“原告王××诉称，被告张××于××年××月××日与其丈夫一起打自己。”在这里“其”指代不清，很容易产生歧义。

（二）句子表意确切

简言之，表意确切就是法律文书制作者能够用书面语言表达自己内心最真实的意思，尽量避免表达模糊。例如某民事判决书的判决主文表述为：“双方所生女孩王甲、王乙，由刘××抚养，王××自判决生效之日起每月付给孩子生活费 1 600 元。”这里对“每月付给孩子生活费 1 600 元”可产生两种不同的理解：一是每月付给两个孩子生活费共 1 600 元；二是每月各付给两个孩子生活费 1 600 元。这里就有了歧义，使人不知道究竟属于哪种情况，当事人也就无法执行判决。

准确是确保法律文书其他语言风格的前提和基础，是这些语言风格中的灵魂。但是这里所说的准确不是绝对的准确，而是相对的准确。一方面，语言本身的局限性使其不可能达到绝对的准确。另一方面，法律文书所要反映的某些特殊内容也排斥语言的绝对准确。为此，在强调语言准确的同时，制作法律文书还必须注意适当使用模糊语言。模糊语言也就是意义含糊的词语、句子等，如“也许”“大概”。使用模糊语言是有原则的，是在不影响案件的本来面貌和处理结果的情况下才可以使用的。法律文书在涉及个人隐私和商业机密等内容时，就必须采用模糊语言来概括，不应该详细表述，这样才能维护国家、企业和个人的形象。可见，在保证准确的前提下适当使用模糊语言，并没有否定法律文书用语的准确，反而使其达到了更高层次的准确，可以更好地维护当事人的合法权益。

二、精练

精练就是在准确的基础上使文章言简意赅。言简，即文字简洁、干练；意赅，即文意赅备。言简意赅要求法律文书的制作者必须用最简洁的文字反映最完整的意思，既反对事无巨细，冗长、拖沓；也反对苟简、有疏漏，一味追求文字的简洁而忽视了文书内容的完整性、全面性。我国古代就非常注意法律文书语言的精练。比如清朝有份状子，其内容非常简洁、明了，它用“夫亡、无嗣、翁鳏、叔壮”这样简短的八个字，将一个古代妇女所处的家庭环境展现得淋漓尽致。夫亡，即丈夫亡故；无嗣，也就是没有子嗣、后代；翁鳏，指老公公是个鳏夫；叔壮，意思是小叔子正当壮年。这样的家庭环境充分说明这位古代妇女置身其中的艰难，在那样一个讲究“三从四德”的社会，这位妇女确实再也找不出留下的理由了。可见，这份状子虽然文字简洁，但文意赅备，为打赢这场官司奠定了良好的基础。

现代语言也许很难像文言文那样具有概括性，但是我们仍然应该在制作法律文书时尽量做到用语精练。如果语言表达不精练，势必会造成法律文书内容的主次不清，从而影响其质量、效果。在司法实践中，不少法律文书都反映出这方面的问题。比如某人民法院的一份民事判决书的证据部分这样写道：“以上事实清楚，证据确凿充分，足以认定。”从文字上看，此证据部分非常简洁，但是从内容上看，这样表述证据显得过于空洞、抽象，没有说服力。又如，“经审理后认为，原告张某的举证之一，即被告胡某利用工作上的便利没有经过原告张某的同意下私自利用原告张某的作品在某某论坛上擅自发表的情况下又利用同事孙某的关系借用……”这句话属于法官的说理部分，是判决书中的重点，然而由于语言组织不当，句型重复造成拖沓冗长，词语上多次重复，甚至存在语法上的错误，当事人很难明白这句话的主旨。

总而言之，法律文书应力求词简意丰、精练而不枯涩；要力戒啰唆，不写废话，不重复，不掉文，句子简短明快而不冗长。要保证法律文书的精练必须具体注意以下几点：

（一）忌语言表达啰唆

由于法律文书所涉及的内容都是发生在自然人、法人和有关组织之间的纠纷，所以往往比较复杂、烦琐。在反映这些内容时，稍不注意就会出现语言啰唆的现象。比如有一篇民事起诉状这样写道：“原告王××与被告张××本来属于夫妻关系，由于××年××月××日作为妻子的原告王××生产下一个女婴之后……”该民事起诉状语言之啰唆是显而易见的。

（二）避免口语化现象

在制作法律文书的时候，语言表达也很容易口语化。有些文书制作者的书面语言像很随意地说出来的话一样，如“被告说已经把钱还给了原告，可是原告却说被告没有还钱，所以两个人吵得不可开交”。这样的表达虽然通俗，但过于口语化。

（三）切忌随便使用简称

在司法实践中，法律文书制作使用简称的现象比较多，这样虽然表面上看文字简洁，但是文意却不完备。例如，以“牛马感情不和”来表述姓牛的原告与姓马的被告夫妻感情不和，让人啼笑皆非。又如，“被告与父母分居多年，对父母未尽赡养义务”，这里的“分居”是“分开居住”之意，和我们通常所说的夫妻分居之“分居”意思不同。

所以，在制作法律文书的时候应该特别注意语言的简洁，同时又不能忽视文书内容的完整。精练是言简与意赅两方面的统一，任何一方都不可以偏废。

三、庄重

庄重原有端庄、郑重之意，在这里则说明，法律文书的语言必须是经过严格的筛选、过滤之后被规范的语言。

司法活动是严肃的社会活动，反映司法活动的法律文书也必须是严肃的。法律文书是反映司法活动的文书，是法律法规的重要载体，其用语不可以马虎和随便。但是，由于起诉、应诉类等法律文书均由当事人制作，所以往往难以避免一些当事人为图一时之快用非常恶毒、粗野、不堪的语言对对方进行人身攻击。甚至，有的法官在制作民事裁判文书时也不注意语言的斟酌，如使用“搞第三者”“轧姘头”“奸夫”等词，影响了裁判文书的严肃、庄重。

强调法律文书语言的庄重，要求制作者在制作文书时尽量注意做到以下几点：

（一）正确运用法言法语

一般来说，法律文书的语言来源为：一是日常生活用语。日常生活用语占法律文书用语的比例较大，因为每一个案件都是发生在我们的生活之中的。二是从法律上已赋予其特殊含义的日常生活用语。比如第三人、证据等，这些词语在日常生活和诉讼实务法律文书中都会用到，但是其含义各不相同。在日常生活中，两个人中间来了另外一个人，这个人我们称为第三人。但是在法律文书中，“第三人”是民事诉讼当事人中的一种，包括有独立请求权的第三人和无独立请求权的第三人两类。三是别的专业术语。当然，是否借用别的专业术语必须根据具体案情的需要而定。四是法律专门术语。如原告、被告等，这些都是在民事诉讼中才用到的术语。在制作法律文书时，实际上不是单纯地使用上述某一方面的语言，而是将不同来源的语言加以综合运用。不过在运用这些语言的过程中，我们应该尽可能地使用法言法语，以确保法律文书的严肃性。

（二）切忌使用华丽的辞藻

华丽的辞藻都是用来起修饰作用的，运用的目的是使文章更为生动活泼、富有感染力。法律文书从性质上说是具有法律效力或法律意义的，这一性质决定了它所追求的目标是以理服人，而不是以情动人。正因为如此，在制作法律文书时，用语必须严肃、庄重，切忌使用华丽的辞藻。比如某民事起诉状中有这么一句话：“想当年原告天生丽质，被告对原告一见钟情。”虽然这句话形象生动，但就民事起诉状而言，它并没有什么实质意义，既不能解释该民事案件当事人产生纠纷的事实经过，也不能阐明起诉的理由，反而削弱了该民事起诉状的严肃性。

（三）忌用形象化语言

制作法律文书时还必须注意忌用形象化语言。在司法实践中，有些当事人为了解恨，常常喜欢在制作法律文书时，用形象化的语言，以达到侮辱或丑化对方当事人的目的。如“被告简直像魔鬼”“×××人模狗样”等，这些语言都使法律文书显得不严肃、不庄重。

（四）避免方言土语

在司法实践中，有些司法工作者为了使语言接近生活，让当地人能够更好地理解法律文书的含义，往往将一些方言土语引进法律文书之中。这样不但使很多外地人看不懂法律文书，而且也使大量的属于国家发布的法律文书变成地方性文件，影响了法律文书的庄重性。特别典型的是各地对于某些涉案人员的称谓很不统一。比如某人民法院民事判决书这样写道："于是，原告简××当场指着被告于××的女人破口大骂。"这里所指的"女人"实际上是妻子。但是如果不懂当地的习惯，就很容易对此产生歧义。

（五）摒弃污言秽语

法律文书中的污秽语言通常产生于对民事案件双方当事人原话的引用。有些制作者为了充分反映当事人纠纷的具体情况，喜欢在文书中引用当事人的原话，因此，难以避免地把当事人对骂时使用的一些污言秽语也原封不动地照搬过来。这是极不严肃的。

四、朴实

朴实即朴素、平实。法律文书的语言必须以朴素、平实的姿态面对它的阅读者。这样，人们才能看懂、听懂它，并理解它，甚至遵从它。因此，在制作法律文书时，应该尽量避免使用生僻的词语以及深奥的语言。法律文书是面向大多数人的，只有通俗易懂的朴实的语言才能为大多数人所接受。如果大家都看不明白、无法理解，那么这样的法律文书就是一纸空文。

当然，朴素、平实并不是说要把来源于群众的朴实语言不加选择地照搬、照抄，更不可以为追求语言的通俗易懂而使法律文书的语言走向无聊和庸俗。

综上所述，准确、精练、庄重、朴实是法律文书制作中缺一不可的语言要求。其中，准确是最根本的，精练、庄重、朴实都必须以准确为基础，只有首先确保语言的准确，才能够进一步谈它的精练、庄重和朴实。

问题与思考题

一、简答题

1. 强调法律文书语言的庄重，要求制作者在制作文书时尽量注意哪几点？
2. 要保证法律文书语言的精练必须具体注意什么问题？
3. 法律文书语言的准确性，要求我们在制作时注意哪些问题？

二、论述题

阐述法律文书语言的重要性。

第五章 法律文书的表达方式

内容导读

叙述、说明、议论是法律文书中常用的三种表达方式。叙述通常用以展现案件事实；说明用于解说事物或事理的性质和状态；议论，在法律文书制作中更为准确的表述应为说理，其对象为案件性质、认证结果及法律适用。法律文书中一般不使用描写、抒情的表达方式，这是由法律文书的严肃性和实用性决定的。

第一节 叙述在法律文书中的运用

文章有五种基本的表达方式，即叙述、说明、议论、描写和抒情。不同的文体对这五种表达方式的运用有着显著的差别。在诉讼和非诉讼的各种法律活动中，不论是司法机关还是当事人、律师以及其他有权机关或机构，其制作法律文书的意图均在于适用法律处理和解决相关问题，并非以描摹场景、渲染气氛或抒发情感为要旨。因此，法律文书中所采用的表达方式主要有叙述、说明和议论三种。具体来说，在法律文书中，叙述通常用于展现案件事实；说明用于解说事物或事理的性质和状态；议论，在法律文书制作中更为准确的表述应为说理，其对象为案件性质、认证结果及法律适用。描写、抒情这两类文学艺术色彩较为浓厚的表达方式在法律文书中较少出现。

一、法律文书叙述的对象和特点

（一）法律文书叙述的对象

文章表达方式中的叙述多用来记叙主体的行为或者某一特定事件发生、发展的经过。与其他文体不同的是，在法律文书中，叙述的对象是与争议有关的、受法律规范规制的案件事实，即法律事实。

1. 法律事实的含义

何为法律事实？在罗马法中，“因其存在而使主体获得或不再拥有主体权利的那些限制或条件叫作法律事实。这些事实在人们之间创立的关系是法律关系”，或者说“法律事实是法律使某一权利的取得、丧失或变更赖以发生的条件，换言之，是引起法律后果的事实”①。

① 参见彭梵得：《罗马法教科书》，黄风译，23、56页，北京，中国政法大学出版社，1992。

有了法律，才会有法律事实。经过法律的规范和调整，普通的社会生活事实变成了规范性的法律事实。简言之，法律事实应为被法律处理的或带有法律性质的社会范围内的事实。在这一观点的基础上，结合实践中的各种法律争议，我们将法律事实定义为能够引起各种法律关系产生、变更或消灭的事实和构成各种法律关系本身的事实的总称。

法律事实的构成包括物的要素和人的要素：物的要素是指法律事实中的物的因素及其运动的过程，包括自然物和人造物。人的要素分为人的行为和人的心理两个方面：行为是指主体在事实中曾进行的身体运动；心理是指主体在运动前后及运动过程中的内心活动，包括目的、动机和意识状况等。

2. 法律事实的分类

以因果关系来划分，法律事实可分为两类：一类是能够引起法律关系产生、变更或消灭的原因事实。这一类法律事实还可依是否以人的主观意志为转移作标准，分为法律事件和法律行为，前者即由法律规范规定的、不以人的意志为转移而能够引起法律关系产生、变更或消灭的客观现象；后者即由一定主体有意识地实施的，能够引起法律关系产生、变更或消灭的实际行为。另一类是由原因事实引发的法律关系本身。原因事实和法律关系本身在一部分法律事实中并没有明确的界分，存在着这两者合二为一的情形。

（二）法律文书叙述的特点

1. 着重叙事，较少写人

叙述一般包括“叙事”与“叙人”。法律文书以叙事为主，着力叙人极为少见。尽管任何类型的法律关系必有人的参与，法律关系主体要素不可或缺，然而法律文书的叙述重在展现事件经过及结果。法律文书制作者叙述的首要任务在于把具体情况真实地反映出来，把各种法律关系交代清楚。叙事过程中所关涉的主体身份情况，多采用说明的表达方式予以陈述，否则将导致与法律文书的制作目的和语体风格相矛盾的局面。这是因为着力写人的文章多为表达某种深切难忘的情感，其中即使掺杂一些故事和事件也是为了凸显人物的性格特征或人格魅力，是为突出所写之人服务的。着力叙人是文学作品中的常用之法，不宜为法律文书的叙述所看重。

2. 直陈其事，无须渲染

法律文书不但要求清楚阐明各叙述要素，而且叙述应当开门见山，直接切入正题。正如国外有学者所言，法律文书的阅读者都是十分繁忙的人，大多希望能够迅速而直接地把握文书内容。① 因而法律文书中的叙述必须直陈其事。烘托环境、渲染气氛皆无必要，否则会喧宾夺主。这还意味着法律文书陈述法律事实时不得含蓄隐晦，而必须做到能让普通阅读者在无须借助背景材料的情况下明了文书所涉及之法律关系的性质到底是什么，此种法律关系是如何发生、发展、变更和消灭的。更为特别的是，法律文书还要使不同的阅读者从叙述中得出近乎一致的对事件的认识。如此，法律文书当然不讲求将含蓄深邃的思想内容通过一个幽深曲折、生动细腻的故事表达出来，更不追求运用比拟的手法间接地表情达意。文学作品多半强调烘托渲染意境，可是这种意境对于把握事件

① 参见诺伊曼：《法律推理与法律文书写作：结构·策略·风格》，52页，北京，中信出版社，2003。

的性质、确认主体的相关行为和是非责任关系不大，反而会有碍于人们正确认识事情的本质。所以法律文书中的叙述无须渲染而以直截了当为上。

3. 概述为主，详述为辅

对于任何文体，概括叙述和具体叙述都是必不可少的，但在不同文体之中这两者的运用比例大不相同。在法律文书中，所叙述的事实蕴涵了法律的适用，是一种以法律规范为中心的叙事，故法律文书叙述法律事实时不应在细枝末节上过于纠缠，只需要根据所适用的法律规范将与之对应的相关情节叙述清楚，使人知之信之就足够了，所以在叙述中多用概述。不过，对于直接影响和涉及最后处理结果的情节，也即有关定性定量的情节，通常应该在条件具备的情况下具体详细地叙述。然而，这里的详细叙述指的不是细致地描述和精细地刻画，尤其不意味着细腻地描摹人物内心起伏不定的情感变化。尽管叙述法律事实时也要求表明行为者的动机和目的，但动机和目的是通过其表现于外的语言和行为来体现的，因为法律规范要求法律文书中的事实以客观真实为上，也即其中所叙之事实除法律规定可予免证的以外，其余皆应当具有可证性，能够通过证据加以证明。在这一点上法律文书与其他文体明显不同。文学作品的创作者深入描述主体的内心，精工细描的、独特的个人体验无助于冷静、客观地反映事物、主体之间受法律规范调整的现实形成的社会关系。而且作家这种经由自身的体认所展现的思想和感情，对法律文书的制作者来说并不是都能够实际拥有的。后者所陈述的是过去的，且往往是他人所经历的事件，法律文书的制作者大多并未亲身经历所叙述的法律事实，即便如当事人这样的亲历者也会因为观察、感知、记忆能力的局限，不能全面完整地回顾事件发生时的原貌，故刻意营造感同身受的情境反而会由于不切实际让人觉得虚假。当然，法律文书并未完全摒弃情感因素，它的力量和感人之处就在于深藏其中的实事求是的精神和对公平、正义的执着追求。

二、案件事实的要素和内容

（一）案件事实的要素和属性

1. 案件事实的要素

在法律文书中叙述的法律事实就是通常所指的案件事实。法律争议的性质不同，其案件事实必备要素所涵盖的具体内容也会相异。据此，我们可将案件事实分为两大类：刑事案件事实和非刑事案件事实（民事、行政案件事实以及未构成案件的事件）。刑事案件事实的必备要素通常包括：犯罪行为发生的时间和地点、行为人、行为的起因（动机和目的）、行为经过（包括情节和手段）、行为的后果以及行为人事后的态度和犯罪行为所涉及的人与事等。非刑事案件事实的必备要素则包括：纠纷发生的时间、地点，纠纷的各方当事人，纠纷的起因、经过和持续至今的状态，等等。

虽然案件事实的必备要素是固定不变的，但这并不意味着每次进行事实陈述时都必须详细而全面地展现每一个要素。叙述过程中对要素的表述应当因案而异，比如在一般性的盗窃、抢劫案中，对于行为人行为的起因大都无须特别交代。同样，在对于合同是否有效并无争议的购销合同纠纷中，合同的签订地点也不必作为叙述的重点。

2. 案件事实的属性

属性是一事物的质的规定性，是一事物区别于其他事物的根本所在。我们在研讨案件事实的属性时，必须从其最一般的含义出发来进行界定，换言之，我们是在案件事实即事件的经过这一层面上来理解其属性的。

有学者曾指出，事实包含两层含义，“即事实存在和事实判断。事实存在是指作为认识对象的‘事物的真实情况’。其中所说的‘事物’，可能有不同的形态和状态：物质的、制度的或观念的，历史的或现实的，直接的或间接的，等等。事实存在处于认识之外，是一种‘自在’。当这种‘自在’进入人们的认识，就有了事实判断，即对‘事物的真实情况’的陈述或认定”。所以，“尽管人们所说的事实经常指的是事实判断，但从认识的有机过程和联系而言，一个活生生的事实，应该由事实存在和事实判断来构成”①。也就是说，从哲学的角度出发来看待事实，有两个不同的角度：一是从本体论出发，二是从认识论出发。

（1）案件事实的客观性。从本体论出发，首先，案件事实的客观性是指案件事实的实在性，即案件事实独立于主体的思维、意识、观念之外现实地存在于或曾经存在于客观物质世界之中。不论人们认识与否，都不影响案件事实在世界里的存在。② 这是不以人的主观意志为转移的。正因为案件事实具有这一属性，它才能为人所感知和反映。其次，案件事实的客观性是指对案件事实的记忆和表达必须依靠客观的物质载体，如人的大脑和语言文字。仅凭借精神的力量，案件事实无法展现出来，更难以为人所知。

（2）案件事实的主观性。案件事实的存在和对案件事实的认识是两个不同的概念。案件事实的存在先于对案件事实的认识。如上所述，案件事实的存在是客观的，是不以人的主观意志为转移的。在这个层面上，案件事实尚处在未知的领域。但是，案件事实只有过渡到主观性才具有实存的价值。案件事实的客观性是他在的，尚未被人们的主观意识所把握，它所有的价值都潜而不彰。从认识论的角度出发，凡为人们所认识并被用于一定的目的后，案件事实就不可避免地会烙上主观性的印记。案件事实的主观性表现为案件事实被有关主体记忆、认识、理解、表达和接受的整个过程。所以，案件事实的主观性表现为一个变动不居的过程。

由此可见，案件事实具有双重属性。事件经过与将其表现出来为他人所知的语言及其他载体之间存在着客观的、内在的必然逻辑联系。习近平总书记在《坚持实事求是的思想路线》一文中指出：坚持实事求是，最基础的工作在于搞清楚“实事”，就是了解实际、掌握实情。这就要求我们必须不断对实际情况作深入系统而不是粗枝大叶的调查研究，使思想、行动、决策符合客观实际。这一论断深刻地揭示了事实的客观性与对事实的认识如何符合客观实际之间的关系。人们发挥主观能动性才能发现和认识客观的案件事实。案件事实的客观性和主观性是相统一的，证据将这两种属性紧密地联系起来。

（二）案件事实的基本内容

法律活动中相关事件发生、发展以及结束的经过，到底哪些应属于需要在法律文书

① 参见张志铭：《裁判中的事实认知》，载王敏远主编：《公法》，第4卷，4页，北京，法律出版社，2003。

② 参见王麟：《论法律中的事实问题》，载《法律科学》，2003（1）。

中进行叙述的法律事实呢？我们知道，作为发生于过去的、历史的事实，案件事实必须借助证据才能证明其确实存在过。在证据法学中，证明对象是一个非常重要的概念。证明对象，也称证明的客体，是指在诉讼过程中，由证明主体运用证据加以证明的，与裁判结果有着紧密联系的案件事实。证明对象的范围相对明晰地为我们勾勒出了法律文书中应予叙述的案件事实的范围。

1. 刑事诉讼中的案件事实

刑事诉讼中的证明对象是指公诉人、自诉人为了赢得诉讼而必须提供证据予以证明的案件事实，以及受到刑事指控的被告人及其辩护人为了有效进行辩护而加以证明的案件事实。根据刑事诉讼法及有关司法解释的规定，我国刑事诉讼中的案件事实主要有以下几种：

(1) 被指控犯罪的构成要件事实。依据犯罪构成理论，我国刑法对每一种犯罪皆规定了构成要件。犯罪嫌疑人、被告人被指控的罪名不同，其犯罪构成要件必然存在差异，案件事实亦应有所区别。犯罪构成要件包括犯罪客体、犯罪主体、犯罪的客观方面和犯罪的主观方面四项。刑事案件中的证明对象通常着重围绕这四个方面来确定，刑事法律文书中叙述的案件事实也应以这四个方面的内容为核心。

(2) 被指控罪行轻重的量刑情节事实。在刑事诉讼中指控犯罪，不但要确定罪名，还要依行为人实施罪行的情节轻重来决定如何量刑。其所要解决的主要问题就在于对被告人应否量刑、应判处何种刑罚以及应如何确定刑期。依刑法的有关规定，影响量刑的情节事实包括法定情节事实和酌定情节事实。如果有证据证明在案件发生的过程中这些情节确实存在，那么法律文书的叙述就不能忽略它们。

(3) 排除行为的违法性、可罚性和行为人刑事责任的事实。证明排除行为的违法性、可罚性和行为人刑事责任的事实，是为了在惩罚犯罪的同时，依法保障无罪的人不受刑事追究。如果行为人所涉及的案件事实中具有符合这些条件的情节，文书制作主体在叙述时应表述清楚。

(4) 关于刑事诉讼程序的事实。只要在控辩双方或当事人之间就诉讼程序事实存在争议，主张该事实的一方当事人需要对其进行证明并在相关法律文书中予以陈述。

2. 民事诉讼中的案件事实

民事诉讼中的案件事实是围绕当事人的主张来确定的，因而民事法律文书中叙述的案件事实主要涉及以下几项：

(1) 案件的主要事实。民事案件的主要事实与当事人之间的民事权利义务关系密不可分。在诉讼过程中，当事人之间的民事权利义务关系暂时处于一种不确定的状态。诉讼推进的目的就是促使这种不确定的状态逐步明确，并依靠法律的强制力使民事权利得到保障或救济。所以，民事诉讼证明对象的主要内容就涵盖了当事人之间是否存在民事权利义务关系，民事权利、义务的具体表现及范围是什么，分歧及争议的焦点是什么，等等。这些事项也就成为民事诉讼法律文书中应着力予以叙述的重要内容。

(2) 案件的相关事实。民事案件的相关事实主要包括两个方面：一是双方当事人的有关情况，二是当事人主张的程序法事实。这些事实虽不直接涉及双方当事人之间争议的实体问题，但能够保障整个诉讼活动的顺利进行，同样需要运用证据加以证明，因而也属于证明对象，归属于应当叙述的事实范围之列。

（3）免证的事实。在一般情况下，上述事实都是民事诉讼中的证明对象。不过，当出现特殊情形时，这些事实的全部或部分有可能不必运用证据进行证明即被视为存在，也可依法对其免予证明，因此又被称为无须证明的事实。根据最高人民法院《关于民事诉讼证据的若干规定》，免证的事实包括：自然规律以及定理、定律；众所周知的事实；根据法律规定推定的事实；根据已知的事实和日常生活经验法则推定出的另一事实；已为仲裁机构的生效裁决所确认的事实；已为人民法院发生法律效力的裁判所确认的基本事实；已为有效公证文书所证明的事实；当事人自认的事实；等等。案件事实无须证明不等于免于陈述。对免证事实的叙述，使得法律文书叙述的案件事实的范围与证明对象的范围略有差异。也就是说，我们借助证明对象来阐明诉讼中案件事实的具体内容，并不意味着这两者的范围完全重合，少许差异的出现在所难免，因为这两者毕竟属于不同的范畴。

3. 行政诉讼中的案件事实

行政诉讼中双方争议的焦点在于被诉行政行为的合法性，所以，行政诉讼中的证明对象应围绕这个中心来确定。行政诉讼法律文书中所要叙述的案件事实也由此得到确定。

（1）被告应证明的案件事实。根据相关法律规定，被诉行政行为及所依据的事实应由被告予以证明。被诉行政行为既可为行政相对人设定、确认或恢复权利，也可以限制、剥夺其权利，还能够设定或减免行政相对人的义务。法律要求行政机关对行政相对人作出行政行为时，首先要有事实依据。不仅如此，被告还应该进一步证明自己在作出行政行为时所依据的规范性文件，以及被诉行政行为是否符合法定程序。在行政答辩状和裁判文书中，这些事实理所当然地成为叙述的对象。

（2）原告应证明的案件事实。作为行政相对人的原告在诉讼中应依法证明下列对象：被诉行政行为存在，起诉符合法定的条件。除此之外，在起诉被告不作为的行政诉讼中，原告还应提供其在行政程序中曾经向被告提出申请的证据材料；在行政赔偿诉讼中，原告要提供证据证明其遭受损害的事实。所以，在行政起诉状及裁判文书中，这些也是需要阐述清楚的案件事实。

在非诉法律活动中，法律文书亦可参照上述方式来确定叙述的对象及其基本内容，并在必要时结合自身特点适当地加以变化。

三、案件事实的叙述方法

（一）基本的叙述方法

法律文书中最基本的叙述方法是自然顺序法，自然顺序法也称为时间顺序法，就是按照案件事实发生和推进的时间顺序来叙述案情的方法。不管是诉讼案件还是仲裁、公证等事项，皆主要运用此种方式展现事实内容。自然顺序法能够清晰地将事件由始至终全面呈现且不易引发理解上的阻碍。民事、行政案件等在一般情况下均采用此种方法叙述事实。在刑事案件中，一人犯一罪、多人犯一罪或一人犯数罪但数罪之间有因果联系的案件也适宜采用自然顺序法。法律文书中其他的叙述方法均以自然顺序法为基础。

（二）刑事案件的主要叙述方法

1. 突出主罪法

突出主罪法常适用于犯罪嫌疑人、被告人实施了多起不同性质的犯罪且罪行轻重区别较大的案件。运用这种叙述方法时，不必拘泥于行为主体实施的各种犯罪行为在时间上的先后顺序，而是以其罪行的轻重来决定叙述的主次，即重罪在前、轻罪在后，且重罪详述、轻罪略述。至于每一种犯罪行为本身，仍采用自然顺序法进行陈述。

2. 突出主犯法

共同犯罪，特别是集团犯罪，涉案人员众多，如果仅仅依时间顺序平铺直叙，既难以凸显主犯地位，也不利于准确区分其他犯罪嫌疑人、被告人在共同犯罪中所起的作用和所处的地位。此类犯罪大多案情复杂、头绪纷繁，要是没有一条贯穿始终的叙述主线，会因为内容琐碎、杂乱而使文书阅读者无法对案情形成一个清晰的整体印象。因此，当叙述多人犯一罪或者多人犯多罪时，可采用以主犯为线索，经由主犯的行为轨迹推进和展现整个事实情节的叙述方法。突出主犯法正是如此。采用此法的优点在于犯罪的各个具体环节中主犯起到了什么作用、处于何种地位，其他成员何时参与进来，各自实施了哪些罪行，以及罪行轻重，一看便知。不仅如此，主犯的罪行也得到了凸显，叙述的重点也愈加突出。

3. 标明罪名法

当一名或者多名犯罪嫌疑人、被告人在较为集中的时间内，实施了两种以上不同罪名的犯罪行为，并且这些犯罪行为之间不存在十分明显的轻重之分时，文书制作者可采取列项标明罪名的方法在各个项下分别叙述犯罪嫌疑人、被告人实施该犯罪行为的案件事实，在每一案件事实叙述完之后，紧接着分析证明该项犯罪事实的证据。这样，既可以非常清楚地对犯罪嫌疑人、被告人实施的所有犯罪行为分别予以陈述，也有助于从总体上充分体现行为人罪行的严重程度、社会危害程度等。举例如下：

二、黑社会性质组织实施的违法犯罪事实

（一）寻衅滋事事实

1. 被告人石某、赵某某因琐事对被害人董某1、郭某1不满，于20×3年9月30日，纠集被告人王某某、张某、曹某及程某某等人，先后在辛庄村一饭店内、辛庄村南营81号北京斯某某家具有限公司内，采取持棍棒击打和拳打脚踢等方式对董某1、郭某1进行殴打。经鉴定，董某1肋骨骨折、脾实质血肿等，损伤程度属轻伤；郭某1头皮血肿、双眼钝挫伤及四肢软组织挫伤，损伤程度属轻微伤。

认定上述事实的证据有：（略）

2. 被告人石某、张某1、张某2、庞某其伙同他人于20×6年2月5日凌晨，在北京市朝阳区三里屯某酒吧，因琐事与被害人高某3发生纠纷后，采取持酒瓶等物击打、拳打脚踢等方式，对高某3及前来劝阻的被害人樊某进行殴打。经鉴定，樊某头部创口累计长达13.6厘米，损伤程度属轻伤（二级）；高某3左眼球钝挫伤、左眼结膜下出血、左眼睑皮下淤血，损伤程度属轻微伤。

认定上述事实的证据有：（略）

3. 被告人于某伙同他人于20×7年3月24日，在辛庄村大灰厂东路22号诚某家具厂门前，无故殴打被害人邓某1，并强行扣留邓某1驾驶的白色金杯车，后进入家具厂将监控设备强行拿走。

认定上述事实的证据有：（略）

4. 被告人石某、于某、庞某某、曹某伙同洪某某、韩某1、张某某、王某某以及裴某某（另案处理）等人于20×7年6月9日，在辛庄村村委会与前来索要被强行扣留车辆的被害人王某1、孙某1、张某1发生争执，并对被害人进行殴打。经鉴定，王某1左手第五掌骨基底部完全性骨折，损伤程度属轻伤（二级）。

认定上述事实的证据有：（略）

（二）强迫交易事实

1. 被告人石某某、石某、刘某某于20×3年至20×6年间，采取大幅提高卫生综合治理费、组织村民对王某2的北京双某减速机械厂进行围堵及停水停电等方式，强迫王某2以人民币320万元转租土地，并转让办公楼、厂房等地上建筑物。

认定上述事实的证据有：（略）

2. 被告人石某某、石某、于某某、王某某、冯某、刘某某于20×3年至20×7年间，采取大幅提高卫生综合治理费、组织村民对高某的北京同某工贸有限公司进行围堵等方式，强迫高某以人民币950万元转租相关土地，并转让公司厂房等地上建筑物。

认定上述事实的证据有：（略）

3. 被告人石某某、石某、刘某某于20×3年至20×5年间，采取大幅提高卫生综合治理费、威胁等方式，强迫彭某1以人民币420万元转租在辛庄村租赁的14余亩土地，并转让地上建筑物。

认定上述事实的证据有：（略）

4. 被告人石某、曹某于20×4年间，采取威胁等方式，强迫高某1提前退租在辛庄村承租的644平方米土地并无偿交出地上建筑物，后以曹某之妻名义租赁该土地并获取地上建筑物。

被告人石某、张某还于20×6年至20×7年间，采取断电等方式，强迫高某1以人民币330万元转租在辛庄村承租的8.1亩土地，并转让地上建筑物。

认定上述事实的证据有：（略）

5. 被告人石某某、石某、于某、张某1、张某2伙同韩某1、王某某、韩某2、刘某（另案处理）于2018年间，在辛庄村采取威胁、强行扣留施工车辆设备、强制停工等方式，强迫北京中某某源置业有限公司将长辛店C地块项目场地平整工程交由石某等人承接。

认定上述事实的证据有：（略）

（三）敲诈勒索事实

1. 被告人于某、罗某某伙同他人于20×7年3月15日，以压坏辛庄村路面为由，强行扣留被害人孟某1驾驶的车辆，后以此勒索孟某1人民币2万元。

认定上述事实的证据有：（略）①

① 改编自北京市第二中级人民法院（2020）京02刑初4号刑事附带民事判决书。

在上引刑事判决书片段中，具有黑社会性质的组织中的多名被告人分别实施了不同的犯罪行为，寻衅滋事、强迫交易和敲诈勒索等犯罪行为之间界限分明，事实经过和定案证据差异较大，而且具体参与犯罪的被告人也有所不同，采用标题罪名法能够提供很好的阅读提示，指引阅读者更为迅速地全面了解案情。

（三）非刑事案件的主要叙述方法

1. 纵横交错法

民事、行政案件以及仲裁争议，通常既要叙述纠纷的起因、发展和结果，突出双方当事人的分歧，同时也要做到叙述简明、层次清楚。为实现这一目标，宜采用纵横交错的叙述方法：大体先横向平行分成两支，分别交代各方当事人的情况；接着以时间为纵轴，陈述双方当事人法律关系的产生；而后又横向展开，交代双方法律关系的具体内容；再按照时间的先后顺序表述纠纷发生、发展的经过及持续至今的状态；最后横向罗列相关细节和双方的分歧。如此，整个争议的来龙去脉便一目了然了。

2. 分项叙述法

在民事诉讼、仲裁等对平等主体之间的纠纷的处理中，由于法律注重和保障当事人的处分权及相互之间的平等对抗，所以在作出裁决时对于双方当事人无争议的事实，裁决者可直接予以认定。据此，可先行叙述当事人之间不存在争议的事实；然后根据双方争议的实际情况逐一列出小标题，分段集中叙写与主题相关联的争议经过。采用这种叙述方法时必须注意叙述的完整和前后照应，做到将所有的陈述联结起来能够构成争议的案件事实的全貌。此方法主要适合历时长、内容复杂、专业性较强的纠纷。举例如下：

根据当事人陈述和经审查确认的证据，本院认定事实如下：

一、腾讯科技公司、深圳腾讯公司主张权利的事实

（一）涉案微信软件相关权利人及知名度情况

国家版权局软著登字第 0640524 号、第 0602986 号“计算机软件著作权登记证书”（分别对应 Andriod 版和 iOS 版）载明腾讯科技公司、深圳腾讯公司为腾讯微信软件 V5.0 著作权人，该软件开发完成日期为 2013 年 7 月 25 日，首次发表日期为 2013 年 8 月 5 日。微信软件下载的官网为×××.com（网站域名 qq.com），ICP 备案登记显示该网站主办单位为深圳腾讯公司。

安徽省高级人民法院（××18）皖民终 409 号判决书认定以下事实：略。

腾讯控股公司××18 年年报显示，按月活跃账户数计算，社交通信平台微信及 QQ 是中国最大的社交社区。截至××18 年底，微信及 WeChat 的合并月活跃账户数增至约 10.98 亿，同比增长 11%，每天平均有超过 7.5 亿微信用户阅读朋友圈的发帖。

（二）涉案微信软件相关功能概况

在微信网站×××.com 上，网络用户可以免费下载微信软件，包括微信网页版、微信 Mac 版和微信 Windows 版。该软件运行界面显示，其包含微信通信、通讯录、朋友圈、支付收藏、相册、卡包、表情等功能，并支持单人、多人参与，在发送语音短信、视频、图片、表情和文字等即时通信服务的基础上，为用户提供包括但不限于关系链拓展、便捷工具、微信公众账号、开放平台、与其他软件或硬件信息互通等功能或内容的软件许可及服务。网络用户在下载安装微信软件时，需同意《腾讯微信软件许可及服务协议》并遵守《微信个人账号使用规范》等。

（三）涉案微信平台使用和数据收集的相关规定（略）

二、被诉侵权事实

（一）被控侵权软件的相关运营方

搜道公司成立于2008年12月31日，注册资本19 552 304元，法定代表人宋某某，经营范围为服务：第二类增值电信业务中的信息服务业务（仅限互联网信息服务），计算机网络、通讯系统的技术开发、技术咨询、技术服务、成果转让等。搜道公司系网址为×××.com的主办单位，其域名包括sodao.com、sodao.me、juketool.com等。

聚客通公司成立于××18年8月16日，注册资本2 173 914元，法定代表人宋某某，经营范围为服务：计算机技术、网络技术、计算机软硬件、通信设备的技术开发、技术咨询、技术服务、成果转让等。

本案审理中，搜道公司与聚客通公司确认juketool.com网站及聚客通软件由搜道公司所有并经营，聚客通软件于2016年9月上线，当时的经营主体为搜道公司。2019年初，聚客通软件在新研发个人号模块后转由聚客通公司运营。在案证据显示，juketool.com网站提供了聚客通软件的宣传、下载及相关客服服务；登录juketool.com网站购买聚客通软件和手机的收款方账户信息显示为聚客通公司工商银行账号。

（二）被控侵权软件相关功能测试情况（略）

（三）聚客通软件功能介绍、宣传及报价情况（略）

（四）相关鉴定意见（略）

三、其他事实（略）①

软件著作权纠纷往往有很强的专业性，涉及的新技术和新知识较多，而且因不易察觉和复杂性会历时长、关联主体比较多，事实经过难免艰深繁杂。上引判决书在叙述法院认定的事实时，采用将案件事实依类别进行划分后分门别类陈述的方法，把讼争事实分为主张权利的事实、被诉侵权事实和其他事实，各自集中进行陈述，既凸显了事实的层次感，也阐释得更清晰完整，便于阅读者了解案情。

四、法律文书叙述的基本要求

（一）准确完整，明白易懂

所有文体都要求叙述准确，但对于不同的文体，准确的内涵是不同的。文学作品所要求的准确旨在叙事状物活灵活现，表情达意细致入微，令人身临其境。而法律文书叙述的独特之处在于确切清晰，既能够将整个事件经过完整展现出来，又要做到明白易懂，

① 改编自杭州铁路运输法院（2019）浙8601民初1987号民事判决书。

使普通阅读者在无须借助其他背景材料的情况下形成与叙述者的表达意图相一致的理解。为了实现这一目标，法律文书的制作者多选用含义确定、程度分明的名词、动词和数量词来进行叙述，使用的形容词、副词大都起辅助作用，较少使用感叹词。

法律事实固然并不能也无法等同于客观事实，但实事求是仍是法律文书叙述所必须秉持的态度。叙述法律事实既不能夸大，也不应缩小。如上文所述，法律事实的真实性就在于其可证性，但具备可证性也未必就是符合要求的叙述，如果叙述要素、法律事实的基本内容存在疏漏、残缺不全，同样会被否定。此外，法律文书的叙述还应该观点鲜明、表述直白，蕴藉的风格是与法律文书格格不入的。

（二）言辞简洁，风格质朴

一方面，法律文书的叙述不追求精细刻画、铺陈敷衍，也排斥冗长拖沓、烦琐啰唆。其言辞简洁具体表现为制作法律文书重在以较少的言词表达出较大的信息量。因此，文书叙述必须选用最能反映事物本质的词语。法律文书的叙述要求朴素而实在，不以修饰渲染见长。但法律文书的叙述并非片面强调言辞简练，以致偏于简略，甚至语言干涩、文意模糊。另一方面，叙述偏于烦琐的细节，致使观点或结论湮没不闻亦与法律文书叙述的要求背道而驰。

在法律文书中并非一味排斥、杜绝使用形容词、副词，如大、小、新、旧、多、少、强、弱、极其、非常、十分等词语在法律文书中屡见不鲜。但是那些描述性强、文学色彩浓厚的词语，如獐头鼠目、气势汹汹、心怀鬼胎、鬼鬼祟祟等，则不宜使用。当然，言辞质朴并不等于遣词造句草率、随意，它同样要求制作者认真推敲，选取凝练、严肃的书面语，形成庄重的风格，从而有效地反映法律文书所应具有的真实性，体现出其权威性或说服力。

（三）寓理于事，因果明确

法律文书的叙述必须将因果关系交代得清楚明白，使人容易理解。行为人实施的行为和实际的危害后果之间是否存在因果关系，对于确定争议的性质和行为人责任的有无及大小有着重要意义。比如在交通肇事罪中，被害人的死亡与被告人的违章驾驶行为之间是否存在因果关系，直接决定着被告人应不应该承担刑事责任以及刑事责任的大小。在侵权损害赔偿的民事纠纷中，行为人的损害行为与损害结果之间是否具有因果联系，也影响着行为人是否需要承担民事赔偿责任以及责任大小。这其间的因果关系应通过事实叙述展示出来。与此同时，发生争议的当事人之间、当事人与司法机关或其他组织之间以及司法机关或其他组织相互之间对同一争议的认识有可能不一致，有时甚至会出现原则性的分歧。对于这些分歧或争执焦点，文书制作者在进行叙述时必须加以表现，并在此基础上提出自己的观点和看法。凡是与之无关的生动可感的细微举动、百转千回的心绪起伏以及深刻难忘的情感波澜，尽管或许确确实实存在过，但都会因为不属于法律事实而被过滤掉。正是在这个意义上，我们可以再次证明法律文书并非叙述全部的客观事实。行为与结果之间的因果关系也在这个基础上显著而直观地得到强化。

五、叙述案件事实的限制条件

具体争议中的案件事实只有一个，但是呈现在人们面前的同一案件的整个发生经过常常是多层次、多侧面的。不仅原告、被告的叙述会存在差异，即使是公安、司法机关之间也难以完全一致。我们应当理性地看待这些差别，进而分析产生这些差别的原因。现实中，对法律文书的叙述产生影响和制约的因素繁多且交互作用，但其中具有决定性的因素主要表现为如下两个方面：

（一）对诉讼目的的认识

诉讼目的是立法者基于客观需要和对诉讼本质属性及规律的认识而预先设定的诉讼活动的理想目标。诉讼目的受诉讼价值观的制约。在不同诉讼价值观的支配下，立法者所设定的诉讼目的也各不相同。诉讼目的又影响着诉讼模式的设计。在对抗制诉讼模式下，毫无疑问，案件事实应是客观的、已发现的真实情况的一部分，诉讼的目的就在于发现真实。但是，由于裁判者不能积极主动地调查取证，且除非法律另有规定，诉辩双方必须对自己提出的事实及主张承担证明责任。在英美法系国家的诉讼过程中，当事人是否卸除了证明责任或许比探求事实真相更值得关注。

在我国，较长时期以来，诉讼的首要目的一直被定位于在探求绝对的客观真实的基础上解决争议以维护和谐安定的社会秩序。诉讼的参与者都倾向于按照争议的本来面目来认识或反映案件事实。证明责任所起的作用是比较有限的。基于这样的理念，既然案件真相只有一个，那么，法律文书的叙述自然应以客观真实为基础，无论是当事人、证人还是公安、司法机关都应以此为标准来进行事实表述。程序的正当性及诉讼效率并不是人们关注的焦点问题。随着时代的进步和观念的变化，人们终于逐渐意识到客观真实其实应当成为我们不断追求的目标，在实践中由于主、客观条件的种种限制以及程序的正当性、证据与证明制度的要求，人们往往只能无限地接近这一目标而无法完全实现这一目标。于是，对案件事实的表述就理所当然地呈现出多元化的倾向。

（二）叙述者的视角和能力

人们凭借自身的主观能动性对案件事实进行认知，这就使案件事实的呈现与案件事实表述者的个体因素密切相关。不同的叙述者，由于制作文书的目的不同，其叙述的视角、选择事实材料的标准相异，而且他们陈述事实的能力也千差万别。对表述者个体的叙述造成影响的因素主要表现为以下两点：

1. 叙述者的视角

叙述者观察和认知案件事实的角度即视角无疑会影响其对案件事实的叙述。从不同的角度出发观察同一个案件事实，由于观察得全面或者片面、深入或者肤浅，不同的观察者传达出来的信息不可能完全一致；而从自身需求出发去认知案件事实和从客观公正的角度出发去认知案件事实，也会得出不同的结论。

视角作为一种叙述方式，主要涉及叙述人称、叙述立场等方面。不同的叙述主体会选择不同的视角。一个事物或事件有很多的属性，观察者常常会根据需要选择其关注的、对之有利的侧面。同一事件，由于观察方式和角度不同，观察者大脑中形成的意识就不同，从而产生不同的表达形式。选择的可能性有两种：一种为“直接叙述”，即全知视角；另一种为“间接叙述”，即个性化的视角。在法律文书的叙述主体中，当事人由于曾经亲身经历过案件事实，大多会选择个性化的、第一人称的视角，并且会致力于选取对自己有利的、能够印证自身主张的事实予以陈述。而案件事实的评判者——公安、司法机关只能结合已经确认的证据，采用第三人称，以全知的视角来叙述。

2. 叙述者的语言表达能力

不同的法律文书的制作者有着不同的知识和专业背景、不同的成长环境和文化传承，对发生在身边与自身紧密相关的案件事实会形成自己独特的理解和认识。通过语言媒介传递出来的案件事实又与文书制作者的语言表达能力须臾不可分离。语言素养高低相异的人在表述案件事实的准确、完整和清晰程度方面是不同的。但是，只要他或她的叙述符合法律规定的条件，该法律文书的叙述就是符合要求的。

毫不夸张地说，法律文书的叙述实际上就是展现文书制作者特性的舞台。法律文书虽属于公文书，但并不排斥个性化和独特的风格。我国法律文书的叙述必须克服并脱离原有的陈旧模式和束缚，从实际需要出发去挖掘多种表达方式和技巧，体现出多变的风格，使对案件事实的陈述更容易为人们所理解和接受。

此外，各类主体所参与其中的诉讼和非诉讼活动本身也是法律规范和调整的对象，必须遵守相应的法律规定。不仅如此，各种法律活动都是在一定的时间和空间范围内进行的，为了满足对程序公正和效益的平衡追求，它们还要受到时空条件的限制。所以案件事实的表达应当遵循相应的法律规范，否则，即使表述者个人素养再好，其所表述的事实也会因为不符合法律规定而不被接受。因而制作法律文书时，人们不得不依据相关法律规定选择那些既能为实现自己的制作目的服务又能为规范所接纳的案件事实进行陈述。

第二节　说明在法律文书中的运用

一、法律文书说明的对象

说明是指用简明扼要的文字对事物、事理进行介绍与解说。说明的对象可分为两类：一类是具体的事物，即说明事物的性质、特征、功能和状态等；另一类是抽象的事理，即说明事物的本质、事物内部或事物之间的相互关系。法律文书中的说明与此相类似而略有差别，因为法律关系主体也能够成为说明的对象。据此，可将法律文书的说明对象分为两种：

（一）对人的说明

1. 对身份或基本情况的说明

法律活动中的主体为特定的自然人、法人或非法人组织，要处理和解决法律争议或确认法律关系，首先必须确定法律关系的主体，因此，核实主体的身份事项或基本情况以免发生对象错误就成为必不可少的程序。各种各样的法律文书，诸如起诉状、答辩状、起诉意见书、起诉书、判决书、裁决书、公证书等，都需要交代清楚当事人或申请人的身份情况或基本情况，所采用的表达方式就是说明。

2. 对人身关系的说明

在参与涉及继承关系、婚姻关系、亲属关系、收养关系等的法律活动时，主体之间所特有的人身法律关系是否存在、现状如何等，有些也是法律文书需要澄清的事项，此时就应采用说明的方式予以表述。这种说明在各种关涉人身关系的公证书中最为常见。

（二）对物的说明

1. 对证据情况的说明

法律活动中的事实依靠证据进行证明。若以事实为基础提出主张，承担证明责任的主体必须提供证据；相对方结合事实对之予以反驳或回击，往往也要举证；裁判者也需要对双方提供的证据作出评判，进行认定。举证、质证和认证就是对证据情况的说明。

2. 对法律关系内容的说明

各种法律关系的具体内容，诸如合同的具体条款，如果与当事人之间的争议及其解决密切相关，必要时也应当被说明。

3. 对专业知识的说明

法律活动中有不少举措或事项涉及各种专业性的知识，比如鉴定意见、伤情结果、产品质量、物质形态等，若不进行一番解说，不具备该项专业知识的人员恐怕难以进行正确的认知并作出判断。这种对专业知识的解说就是说明。

二、法律文书说明的主要方法

（一）列举

将说明对象的全部内容一一罗列出来，以静态的方式加以呈现就是列举。列举多用于说明对象的数量或者涉及的方面十分确定的情形。在法律文书中这是一种较为基本和常见的说明方法，对身份关系的说明即如此。

（二）描摹

运用简明、质朴的语言详细介绍说明对象的外部形态或特征，就是描摹。说明物体的外形特征、性能状况时选择此法较为恰当。例如：

> 20××年10月22日，经对陕A4××NO号雪佛兰轿车进行勘察，该车前保险杠右侧距地20cm处有一2.3cm×2.6cm的擦划痕，方向由前向后。在此痕迹上方4cm处有一20cm×3cm、斜行由左上至右下的擦划痕；右前大灯左侧距地32cm处在36cm×20cm范围内有多处擦划痕，其中进气格栅右上角有三处裂痕；引擎盖右前部，距车标11cm处有一40cm×25cm的凹陷，在此凹陷区内右侧有一33cm×13.5cm的磕碰痕迹；在距引擎盖内侧沿7cm、距引擎盖右侧沿11cm处，有一80cm×31cm的凹陷；车内副驾驶位置的脚踏垫上有3cm×4cm范围的点状血迹（已拍照并提取）。

（三）解释

解释就是借助专业性的权威界定或社会大众能够接受的观点阐明说明对象的本质特征，使阅读者对说明对象形成明确的认知。解释之法多用于对专业知识的说明。

（四）分类

按照说明对象的形态、性质、成因、功用等，将之分成并列的几个方面进行说明的方法为分类法。如果证据较多，证明对象内容复杂，可将证据依种类或证明对象的不同分成各种类别进行说明。例如：

公益诉讼起诉人南京市人民检察院围绕其诉讼请求提交三组证据：

第一组证据：

1. 南京市浦口区人民检察院宁浦检诉刑诉［2020］23号起诉书；

2. 王某某、李某某、周某某在刑事侦查机关的供述；

3. 江苏省地质调查研究院于2019年7月10日出具的《南京市浦口区王某某等人非法采矿鉴定报告》；

4. 南京市浦口区物价局价格认证中心于2019年7月24日出具的《价格认定结论书》；

5. 南京市玄武区人民法院刑事案件庭审笔录。

用以证明：王某某违反矿产资源法的规定，在未取得采矿许可证的情况下，安排他人在南京市浦口区非法开采泥灰岩、泥页岩、灰岩等。王某某在刑事案件中对其非法采矿的犯罪事实供认不讳，并认罪认罚，其非法开采的矿石资源价值445万余元，已在刑事案件中主动退赔，故在本次公益诉讼案件中不再索赔矿石资源损失。

第二组证据：

1. 现场照片和视频；

2. 南京市人民检察院与江苏省环境科学研究院于2019年11月13日签订的《技术咨询合同书》；

3. 江苏省环境科学研究院于2020年3月出具的《“南京市浦口区王某某等人非法采矿案”生态环境损害评估报告》；

4. 专家咨询笔录；

5. 南京市人民检察院于2020年5月7日出具的《委托补充鉴定评估函》；

6. 江苏省环境科学研究院于2020年8月出具的《“南京市浦口区王某某等人非法采矿案”生态环境损害（动物类）补充说明》。

用以证明：虽然王某某因非法采矿被追究刑事责任，但其造成的生态环境损害后果仍客观存在，国家利益和社会公共利益仍处在受侵害状态，有必要通过公益诉讼要求其承担生态环境损害赔偿责任。王某某非法采矿造成的生态环境损害经评估合计为1 893 112元，具体分为三个部分：一是生态资源的经济损失861 750元；二是生态系统功能受到影响的经济损失898 552元，其中，森林涵养水损失440 233元、水土流失损失50 850元、土壤侵蚀损失81 360元、树木放氧量减少损失64 243元、鸟类生态价值损失243 122元、哺乳动物栖息地服务价值损失18 744元；三是修复期间生物多样性价值损失132 810元。评估共计产生事务性费用400 000元。

第三组证据：

1. 南京市老山林场于2020年11月23日出具的《关于长江经济带废弃露天矿山（南京市山林二矿）生态修复治理费用的情况说明》、江苏南京地质工程勘察院《关于申请支付长江经济带废弃露天矿山（南京市山林二矿）生态修复治理费用明细》；

2. 南京市浦口区人民政府永宁街道办事处于2020年11月23日出具的《关于浦口区永宁街道大桥林场路口地质灾害治理工程的情况说明》、江苏省山水生态环境建设工程有限公司《浦口区永宁街道大桥林场路口地质灾害治理工程（南侧边坡治理工程施工费用清单）》。

用以证明：政府相关部门正在对被王某某破坏的地区的生态环境实施修复，王某某赔偿的生态环境损害费用，可由南京市山林二矿修复工程和南京市浦口区永宁街道大桥林场路口地质灾害治理工程使用。[①]

（五）比较

将两种以上类别相同或不同的事物、现象进行比较以凸显说明对象的特征的方法，就是比较。

三、法律文书说明的基本要求

（一）客观

无论归属于哪一法系，也无论遵循何种法律理念，立法者及诉讼主体、社会公众都以客观真实为指针。客观真实反映了人们对法律活动的最本质的要求，同时也是法律文书说明的最本质的特征。无论是对相关的人还是事，都应以实际情况为本，以近乎科学的态度反映说明对象的真实状态或性质。

（二）具体

法律文书中的说明不能从宏观抽象的角度出发泛泛而谈，而应当结合具体的说明对象有重点、有针对性地表现其特性。这就是说明的具体性的要求。

（三）完备

完备是指说明性的文字所包含的内容必须全面，对相关事项不能遗漏。就要素化的说明文字而言，必须交代的每一事项都应当按照要求详细列明；其他说明性文字也应采用合适的方式完整地表述其内容。

（四）明确

明确是指说明性的文字应当含义清楚、条理分明、层次清晰，尽管其内容有时略显专业化，但需要说明的问题或事项却总能让普通阅读者理解明白、不生歧义。

明确应以客观、具体、完备为基础。如果说明不符合客观实际，而是歪曲真相、弄虚作假，制作时难免思虑不周、有所遗漏，完备的要求将无法满足，从而也不能带给阅读者确定无疑的结论，自然也就谈不上明确；仅仅符合了客观的要求，但说明时空洞抽象，过于概念化、程式化，既不具体，也没有针对性，还与清楚明白背道而驰。法律文书说明的这四个要求绝非各自独立的，而是相辅相成的，不可偏废。

第三节　说理在法律文书中的运用

一、法律文书说理的对象和要素

（一）法律文书说理的对象

法律文书中的说理，意指论证理由，就是从事法律判断的主体运用语言文字，借助

① 改编自江苏省南京市中级人民法院（2020）苏01民初798号民事判决书。

概念、判断和推理，将抽象概括的法律条文、众所周知的客观规律、社会通行的人情事理适用于具体案件或事件，从而得出结论的全过程。在法律活动中，理由是得出结论或提出观点的原因及依据。

裁判文书的论证说理部分通常被称为理由，其实说理的对象并非仅此而已。诉讼中作出裁判所依据的案件事实是根据定案证据予以确认的，而裁判者用语言文字展现自由心证的过程，即认证就是在说理；公诉人、当事人以及辩护人、诉讼代理人等论证自己的主张或反驳对方的观点，也是在说理。说理既是法律文书力量的源泉，也是法律文书文体特色的展现。

（二）法律文书说理的要素

说理性的文章一般包含三要素，即：论点、论据和论证。法律文书概莫能外。

1. 论点

论点，就是法律文书所要传达的观点或主张，也即制作主体对某一法律问题或事项进行判断后所得出的结论。论点是说理的灵魂。法律文书中提出论点必须满足一定的条件：论点首先应当合法。此处的法为广义的法，既包括各种法律、法规及其他规范性文件，也包括法律的基本原则和基本理念。由于人类理性认识的阶段性和局限性，制定法不可避免地存在着不合目的性、不周延性、模糊性和滞后性，因此，对法律基本原则和理念的有效解释也囊括在论点合法性的范围之内。其次，论点应尽可能合理。合法而不合理的论点，或许为法律所允许，但难以为社会公众所接受和认可，有时甚至从根本上违背了公平、正义之观念，违背了社会公益。民事法律中的诚实信用、行政诉讼法中的显失公正就是从法律上对不合理的否定。论点是合法的同时最好也是合理的。最后，论点必须具有可证性。对于缺乏可证性的论点，论据难以寻求，论证无法展开，其合法、合理性无从体现，自然也就不会为人们所理解和接受。这三个条件兼具才算论点正确或者选择得当。法律文书中的基本观点，即中心论点只有一个，但从属观点，也就是支持中心论点的论据可以有多个，它们都是为中心论点服务的。要处理好中心论点和从属观点之间的关系。

2. 论据

论据，就是用来论证论点的根据。确定论点之后，必须摆事实、讲道理以阐明论点的正当性，这些阐明论点的事实和道理就是论据。故论据可分为两种：事实论据和道理论据。论据的具体类别多种多样：法律事实、证据、相关数据可以作为论据，法律条文、法学原理可以成为论据，自然法则、科学公理、经验法则、社会情理和风俗也能够成为论据。论据应当能够充分有力地印证论点，使观点与根据达成统一，所以选择论据必须紧扣论点。法律文书的论据必须真实，论据真实，论点就可信，论据不真实，论点就可疑；法律文书的论据必须典型，要选用那些能够真正揭示事物的本质、具有代表性的事实和理论材料作为论据；法律文书的论据还必须具有针对性，引用事实和理论材料的目的是为论证中心论点或从属观点服务的，切不可牵强附会，无的放矢，以致架空说理，更不能强词夺理。

3. 论证

论证，就是运用论据阐明论点的方法和过程。论证使论点与论据有机地联系起来，构成一个统一的整体。论证必须遵循正确的推理形式，一般是先提出论点，然后运用论据进行分析和印证。论证的方式分为立论和驳论。在法律文书中，论证就是依据所认定的事实来确定应当适用的法律法规，并依此推导出结论的过程，或者依靠论据采用各种方法印证自己的看法或主张。在法律活动中，这一过程的术语性表达为法律论证或法律推理。它是逻辑思维方法在法律领域的运用。

二、法律文书说理的要求和角度

（一）法律文书说理的要求

1. 条理分明，思路清晰

在论证观点或得出结论时，若要使人信服，说理者头脑中必须已经形成清晰的条理，然后循着厘清的思路，逐步深入。这样的论证才能使文书的阅读者明了制作者的思维路径，了解制作者的看法，甚至接受制作者的主张。

2. 逐层深入，逻辑严谨

条理和思路已定，此后还要留意论证的推演是否环环相扣、渐次深入，并竭力保持逻辑的严谨性，防止漏洞频出，更不能强词夺理或以偏概全，否则，满篇说理难以自洽，论点容易为人所攻破。

3. 重点突出，针对性强

除主张逻辑严谨外，还应突出重点，抓住主要方面进行重点论证，余下的方面则力求言简意赅。进一步而言，论证说理也不能空洞浮泛，而应当针对个案有的放矢。无论是据案说法还是情理交融，都不能脱离所要论证的对象。唯有突出重点、具有针对性，才能给人留下鲜明的印象，令人信服。

（二）法律文书说理的角度

1. 依法论理

法律文书的论证说理自然离不开法，不管选取何种论证方式展开论证，也不管是运用哪一种推理模式，都必须以法律规范为依据。前已述及，法律规范既包括具体的法律规定，也包括法律原则，还包括一定的法理。制定法也好，判例法也好，将其援引到每一个具体案件上，皆少不了法理分析。在法律文书中，依法论理以透彻为上。

2. 依事论理

任何一个争议，都表现为一个具体的事件。除了根据法律阐明其中的道理之外，必然还有相关的事理存在。事理或与法理相通，或尚未上升为法理，但多多少少拥有其独特之处。析清法理，事理未必明了。人们常说合理合法。合理性中有不少理属于事理。依事论理应从普通人的认识出发进行分析。

3. 依情论理

社会由人所组成，人性的基本要求和人与人之间复杂的关系产生各种社会情理。一个国家的法律适用无法抛却正常的人伦情理。法律必须得到人情和道德的支持与维护。提倡重视人情常理体现的正是法律“以人为本”的立法宗旨。因而，在法律文书论证说理的过程中援情理而论就成为再自然不过的事情了，法律文书打动人、感染人的地方也正在于此。

一份具体的法律文书可以选取不同的角度来进行论证说理，也可视所解决问题的需要综合运用法、事、情，从而使三者融合无间，共同为印证制作者的观点与主张服务。

三、法律文书说理的模式

法律文书中的说理大致可分为两大类：一类是运用形式逻辑的方法进行的法律推理，称为分析推理或形式推理；另一类是依价值平衡的方法进行的法律推理，称为辩证推理或实质推理。分析推理有三种方式，即演绎推理、归纳推理、类比推理。在法律规则的内容相对确定，法律体系完整统一的情形之下，主要运用分析推理。辩证推理主要由裁判者在解决疑难问题时采用，它适用于三种情形：法律未曾规定简洁的判决原则的新情形；问题的解决可以适用两个或两个以上相互抵触的前提但必须在它们之间作出选择的情形；虽然存在着可以调整所受理案件的规则或先例，但是法院在行使其所被授予的权力时考虑到该规则或先例在此争议事实背景下缺乏充分根据而拒绝适用它的情形。[①] 当然，法律实施的整个过程都少不了论证说理，但是，毋庸讳言，其中最引人关注的还是司法中的论证说理，表现在法律文书制作方面，自然就是裁判类文书的论证说理了。所以，我们可以以司法判决中的理由部分为例来解析论证说理的不同模式。

（一）两大法系法律文书说理的模式

1. 英美法系法律文书说理的模式

英美法系国家以判例法为主，其论证说理的模式在逻辑上属于归纳推理。这些国家习惯于具体地而不是抽象地观察事物，相信经验而非抽象的概念。英美法系认为，普遍性的规则无法囊括具体个案的种种情形，法官必须在遵循先例的前提下，具体情况具体对待。再加上严格的三权分立与制衡，司法权较为强大。因此，英美法系的裁判者说理多用归纳之法，如：

> 因此我们必须再次考虑关于家庭调解的法律。在著名的“巴尔弗诉巴尔弗案”中……高等法官阿特金勋爵说，在丈夫和妻子间进行家庭调解，“不能按照合同办……因为双方当初没考虑到随之而来的法律后果”。同样，在父母和子女之间进行家庭调解，常常也不能按照处理对他们有约束力的合同那样进行。[②]

此处的说理，丹宁法官就是依靠归纳之法，将“巴尔弗诉巴尔弗案”中所确立的“在丈夫和妻子间进行家庭调解”“不能按照合同办”的原则根据该案的具体情况延伸至父母和子女之间。

2. 大陆法系法律文书说理的模式

在大陆法系国家，法官论证说理大都采取演绎推理的方法。这是因为欧洲大陆崇尚理性主义的民主，否认经验的可靠性。这些国家往往拥有完备的法律体系和详尽的法律规范，重视追求普遍正义，法官无权造法，必须严格适用法律，故而多采用演绎推理

---

① 参见博登海默：《法理学：法律哲学与法律方法》，邓正来译，498页，北京，中国政法大学出版社，1999。

② 参见丹宁勋爵：《法律的训诫》，杨百揆、刘庸安、丁健译，63页，北京，法律出版社，1999。

模式。

演绎推理最为典型的就是三段论架构，判决书中表现的仅是法律规则、相关的事实以及判决结论。法官判案所采用的方法是演绎性的，遵循的是形式逻辑的路径，即法官首先以“寻法”为大前提，也就是努力地寻找对某一类型的抽象案件事实进行调整的法律规范；其次是小前提，即认定本案的具体事实属于大前提限定的抽象社会关系的具体表现；最后是推论，也就是裁判结果。

（二）我国法律文书说理的模式

一般认为，我国采用的亦是三段论模式。我们以普通侵权损害赔偿为例，将其逻辑推理过程展示如下：

大前提：在构成普通侵权损害赔偿责任的条件中，需要加害人存在过错或过失地实施了违法的加害行为，并因之给受害一方造成了实际财产损失的损害后果。

小前提：甲过错地实施了违法的加害行为，由此给乙造成了有实际财产损失的损害后果。

结论：甲应当承担普通侵权损害赔偿的责任。

裁判文书说理时，必须将这样一个逻辑演绎的过程完整地展现出来。

不过，实际情况通常并不是这么简单，在司法实践中，真正的裁判者首先要根据定案证据决定案件事实，然后凭借自身所掌握的法律专业知识来判断已认定的案件事实应当适用何种法律。换句话说，也就是先有案件事实，在此基础上才能“寻法”。这也恰好说明了为什么判决书要先叙述事实后论证理由。因此，理由部分应如实展现法官的这样一个思维过程。不仅如此，法律“会有需要填补的空白，也会有需要澄清的疑问，还会有需要淡化的难点和错误”，因而“法官作为社会中的法律和秩序之含义的解释者，就必须提供那些被忽视的因素，纠正那些不确定，并通过自由决定的方法”使“审判结果与正义相互和谐”①。于是，当需要运用自由裁量权来处理案件时，法官必须多层次、多角度、多方面地说明自由裁量权运用的合理性。符合要求的、高质量的法律文书说理是以制作者的专业功底为基础的。习近平总书记在 2019 年春季学期中央党校（国家行政学院）中青年干部培训班开班式上发表重要讲话时强调，在学习理论上，干部要舍得花精力，全面系统学，及时跟进学，深入思考学，联系实际学。法律实务工作者学好理论才能真正有效提升其说理的能力。

四、法律文书说理的方法

论证说理是一门艺术，方法有很多种，想要使人理解、认同法律文书中所叙之事、所依之法、所论之理，必须选取最恰当的方法。

（一）说理的基本方法

1. 引用论证法

引用论证法一般通过援引法律条文、自然规律、无可争议的科学发现、历史事件等

① 参见刘作翔：《遵循先例：原则、规则和例外——卡多佐的司法哲学观》，载江平主编：《比较法在中国》，第 2 卷，79 页，北京，法律出版社，2002。

来印证自己的观点或主张。在法律文书中，法条常常成为据以展开论证、阐明论点的论据。但法条本身是抽象的，将之引入具体的案件，必须对其内涵予以阐释，即进行法律解释。阐释的内容可以直接来源于法律条文本身的界定，也可以来源于相关司法解释，还可以来源于权威解释或学理上的通说。如果论证时面临出现法律空白的新问题，难以寻找到上述依据，制作者可从法律原则出发，循法律解释之法，依靠自身的积累，综合引用各方面的知识阐述自己的见解，以此为据来予以论证。例如：

第三部分　如何正确理解相关职能部门制定的关于信用卡滞纳金和利息的规定。

银行不同意见会认为，信用卡的利率收取并未违反国家有关限制借款利率的规定，本案中原告提出中国人民银行《银行卡业务管理办法》第 22 条规定："发卡银行对贷记卡持卡人未偿还最低还款额和超信用额度用卡的行为，应当分别按最低还款额未还部分、超过信用额度部分的 5%收取滞纳金和超限费。"第 23 条规定："贷记卡透支按月记收复利，准贷记卡透支按月计收单利，透支利率为日利率万分之五，并根据中国人民银行的此项利率调整而调整。"显然，如果机械地理解前述规定，原告在本案中提出的诉讼请求确实合情合理而且符合双方合约约定（在合约中，被告已经表示对格式条款已经充分阅读、理解，故该合约虽为格式条款，但仍有约束力）。但是，法律条文绝不是孤立存在的，而要进行系统的理解和解读。本案中值得反思之处就在于，中国人民银行的该规定是否是没有前提和范围的适用，据此认为原告主张的利息合理。这是商业银行对中国人民银行规则有意或者习惯性地误读。这有正反两方面的论证。

从正向角度，我国是统一的法律体系，任何法律都不孤立存在，而是系统性地存在。既然国家法律已经确定利率具有上限，无法想象国家法律执行者中国人民银行可以容忍或者放纵商业银行无上限的利率计算方式，当然反对意见可以认为利率高也是高得有章可循的。在判决第一部分，已经表明了原告的利息主张并非呈算术增长，而是呈比例数增长，滞纳金每月计算更是增长惊人。面对这样的增长，仍然判断利息存在上限，这种判断显然脱离了社会的一般常识和常理。类似规定的正确解读应当是：规章允许在法律规定的利率限度之内，采取万分之五或者 5%滞纳金的方式。基于法律文本之间的相通性、法制的统一性，我们能够确信，相关职责部门一定是在法律规定的利率限度之内制定、执行相关规定。《中华人民共和国中国人民银行法》第 2 条第 2 款界定了中国人民银行的职责："中国人民银行在国务院领导下，制定和执行货币政策，防范和化解金融风险，维护金融稳定。"维护金融稳定系中国人民银行的职责所在，如果允许信用借款事实上不受限制地计算超高额利息，必将产生不利示范，在增加借款利息的同时，也会增加金融风险。利益和风险，在社会主义市场经济中，是一对天生的矛盾，相关职能就是通过监督管理使金融系统利益和风险处于合理限度范围之内，从而发挥金融最大的经济和社会价值。因而，片面、孤立地理解相关规章，将违背规章和规章制定者、执行者的初衷，良好的规定也会走样变形。

从反向角度，如果认可信用借款实行超高额利率将与民众的朴素认知相悖。《中华人民共和国宪法》第 33 条第 2 款昭示："中华人民共和国公民在法律面前一律平等。”（此处引用宪法并非作为裁判依据而仅用于判决说理论证）平等，也是社会主义核心价值理念的基本内容与内涵。平等意味着对等待遇，除非存在差别对待的理由和依据。一方面，国家以贷款政策限制民间借款形成高利；另一方面，在信用卡借贷领域又形成超越民间借贷限制一倍或者几倍的利息。这显然极可能形成一种“只准州官放火，不许百姓点灯”的外在不良观感。2015 年《最高人民法院关于审理民间借贷案件适用法律若干问题的规定》将经金融监管部门批准设立的从事贷款业务的金融机构及其分支机构发生的借贷行为排除在民间借贷范围。可见，民间借贷与金融借贷的法律实质区别在于是否经金融监管部门批准从事贷款。国家对特定实体批准从事金融活动，是期待其通过金融活动在扩大投资和促进消费两方面对社会经济发展作出特有贡献，而并非特许银行可以形成高利、高息，形成特权。对于中国人民银行及其他银行监管部门从维护金融稳定、促进社会经济进步的良好目的和愿景出发执行的相关规定进行解读与适用，不能局限于某个实体和行业利益。

小结：相关职能部门规定了信用卡收取滞纳金及逾期利息，这些规定不能任由商业银行脱离法律体系进行解读。商业银行错误地将相关职能部门的规定作为自身高利、高息的依据，这有违《合同法》（已失效）及《商业银行法》的规定，也有违社会公众对正义与公平的基本理解。这种解读违背了相关职能部门制定规定的良好出发点和立法宗旨。[①]

2. 举例论证法

举例论证是直接运用已得到证明的案件事实本身或相关情况来印证己方所提出的观点或主张。这种方法由于材料来源于争议对象本身，论证说理直截了当，非常容易为人们所理解和接受。这种也是比较常见的说理方法。例如：

（二）关于乐××新公司是否侵害消费者观看开机广告的选择权问题。

本院认为，《中华人民共和国消费者权益保护法》第 29 条第 3 款规定：“经营者未经消费者同意或者请求，或者消费者明确表示拒绝的，不得向其发送商业性信息。”《中华人民共和国广告法》第 44 条第 2 款规定：“利用互联网发布、发送广告，不得影响用户正常使用网络。在互联网页面以弹出等形式发布的广告，应当显著标明关闭标志，确保一键关闭。”可见，法律并不禁止广告经营者通过互联网等方式向消费者推送广告或者其他商业信息，但应当保证消费者的拒绝权（选择权）。上述规定已经充分考虑互联网的特点，平衡了广告经营者的商业利益、信息流通利益和消费者权益。消费者是否接收商业信息是基于自身意愿产生的无须说明理由的权利，通过显著方式设置一键关闭窗口是保证该权利实现的法定形式，也是经营者应承担的无条件的法定义务。该法定义务应当是即时和彻底的，关闭窗口只有与互联网广告同时出现且能够彻底关闭广告才能充分保护消费者的选择权，才能实现法律规定的“确保一键关闭”“不影响用户正常使用网络”的规范目的。

① 改编自四川省成都市高新技术产业开发区人民法院（2015）高新民初字第 6730 号民事判决书。

本案中，乐××新公司销售的智能电视为消费者提供了设置开机照片、视频的功能，但该功能只赋予了消费者选择看开机照片、视频或是开机广告的权利，并未赋予消费者拒绝观看开机广告或其他开机照片、视频的权利，不当限缩了消费者选择权的范围。因此该功能不能免除或替代经营者的法定义务。而江苏省消保委提交的《测试报告》和《专家意见》已经证明，播放开机广告延长了开机时间，增加了消费者的等待时间，且在播放开机广告的同时设置一键关闭功能在技术上并无障碍。因此，即使乐××新公司所称基于技术原因，电视开机时需要热机等待，如不播放广告会出现黑屏的事实成立，也不能作为其拒绝设置一键关闭窗口的理由。乐××新公司生产和销售的“乐视 TV”“Letv”“Letv 超级电视”等品牌智能电视加载的开机广告，在直到播放最后 5 秒时才弹出一键关闭窗口，消费者才能选择关闭开机广告，明显降低了消费者观看电视的体验，侵害了消费者的选择权。

二审庭审中，乐××新公司辩称其销售的智能电视机设置开机广告符合行业规范的要求，设置的一键关闭功能也遵循广告法的规定，赋予了消费者选择权。对此，本院认为，《智能电视开机广告服务规范》未就开机广告应如何设置一键关闭功能以确保实现消费者的选择权作出明确规定，并不代表经营者可以自由设置一键关闭功能。行业协会对开机广告制定行业规范，非法律所禁止，但行业规范的内容不能违反法律规定，行业标准不能低于法定标准，经营行为符合行业规范并不当然意味着合法。现有证据表明，乐××新公司设置的一键关闭不符合广告法的要求，不具有即时性和彻底性。乐××新公司的抗辩系对广告法条文的错误解读，本院不予支持。一审法院认定乐××新公司侵害了众多不特定消费者的合法权益，具有事实和法律依据，本院予以支持。[①]

（二）说理的特别方法

1. 比喻论证法

比喻论证通过引入一个与需要进行论证的对象相近或相似的事例进行引喻，从而阐明观点或主张。有时直接从事实、法律和理论等入手论证以表明看法或澄清道理十分困难，这时就可以考虑运用这一方法。采用比喻论证法时要格外留意比喻的事物和比喻的对象之间的相通之处，以及推理是否严谨和合乎规则，否则，会适得其反。正因为存在一定的难度和风险，这种方法在实践中并不常见，但也不乏运用得当、令人难忘的例证。

2. 反驳论证法

反驳论证是先找准并指出对方论点的错误或论据的虚假，然后据此进行反驳。所谓论点错误是指通过论据无法必然地推导出论点而产生的一种错误论证，对此，需要根据事实，引用法律合乎逻辑地进行推导，以得出的正确结论予以反驳；对于虚假的论据，必须直接指出其错在何处，为何不足为据。论据被驳倒了，论点及论证也就不攻自破了。这种方法多用于辩护词、答辩状、上诉状、申诉状、抗诉书等文书的说理部分。各类判决书中理由的批驳部分亦可运用此法。

① 改编自江苏省高级人民法院（2021）苏民终 21 号民事判决书。

问题与思考题

一、简答题

1. 简述法律事实的含义及分类。
2. 案件事实的叙述要素有哪些?
3. 叙述案件事实主要有哪几种方法?
4. 法律文书中有哪些常用的说理方法?

二、论述题

1. 试论法律文书说理的模式。
2. 试论案件事实的两重性。

中篇

司法文书制作

第六章 人民法院刑事裁判文书

内容导读

党的十八大以来，在以习近平同志为核心的党中央坚强领导下，在中央政法委领导下，各级人民法院紧紧围绕“努力让人民群众在每一个司法案件中感受到公平正义”这一目标，落实宽严相济刑事政策，坚持实体公正与程序公正相统一，依法惩罚犯罪、保护人民，刑事审判工作取得了长足发展进步。刑事裁判文书是人民法院代表国家依法对诉讼案件的实体或程序问题作出裁判的文书，是人民法院刑事审判活动的真实记录，是人民法官审判工作的成果之一。1999 年 4 月 6 日，最高人民法院审判委员会第 1051 次会议讨论通过了《法院刑事诉讼文书样式》（样本），并决定于 1999 年 7 月 1 日起施行。20 多年来，由于《刑法》已出台十多部修正案、《刑事诉讼法》经历了两次整体性修改，该样本中已有部分内容与现行法律法规不相符合。但由于最高人民法院尚未对《法院刑事诉讼文书样式》（样本）作全面修改，本章将结合最新的法律法规，尤其是最高人民法院针对部分刑事诉讼文书所作的补充性修订，重点介绍在人民法院一审、二审和再审程序中常见的几种刑事裁判文书的主要内容和制作方法。

第一节 第一审刑事裁判文书

第一审刑事裁判文书是指人民法院依照刑事诉讼法规定的第一审程序，在审理刑事案件时，根据已经查明的事实、证据和有关法律的规定，就案件涉及的实体问题或程序问题作出处理意见而制作的法律文书。

根据所适用情况的不同，第一审刑事判决书包括：第一审公诉案件适用普通程序的刑事判决书；第一审单位犯罪案件的刑事判决书；第一审公诉案件适用普通程序的刑事附带民事判决书；第一审公诉案件适用简易程序的刑事判决书；第一审自诉案件的刑事判决书；第一审自诉案件的刑事附带民事判决书；第一审自诉、反诉并案审理的刑事判决书；第一审未成年人刑事案件适用普通程序的刑事判决书；第一审公诉案件适用普通程序审理“被告人认罪案件”的刑事判决书和第一审公诉案件适用简易程序的刑事判决书等。第一审刑事裁定书种类较多，如驳回自诉的刑事裁定书、准许撤诉或按撤诉处理的刑事裁定书等。

一、第一审公诉案件刑事判决书

第一审公诉案件刑事判决书是指人民法院对于人民检察院提起公诉的刑事案件依照刑事诉讼法规定的第一审程序进行审理后，根据已查明的事实、证据和法律规定，作出被告人的行为是否构成犯罪、是否判处刑罚以及判处何种刑罚的处理决定时制作的法律文书。①

第一审公诉案件刑事判决书属于文字叙述式文书。它最终确定被告人的行为是否构成犯罪、构成何罪以及应当给予何种处罚，是狭义上的刑事诉讼的终点，它体现了控、辩、审三方关于事实认定和法律适用的观点。其制作的法律依据是《中华人民共和国刑法》《中华人民共和国刑事诉讼法》，最高人民法院有关执行刑法、刑事诉讼法的司法解释，《法院刑事诉讼文书样式》等。

第一审公诉案件刑事判决书依据人民法院所适用的具体审理程序的不同，可以分为适用普通程序、简易程序和“被告人认罪案件”审理程序的刑事判决书等。本部分重点介绍适用普通程序的第一审公诉案件刑事判决书的主要内容及制作方法。

（一）首部

1. 制作机关

一般应与院印的文字一致，除最高人民法院外，各地方人民法院的名称前要写明省（自治区、直辖市）的名称；判处涉外案件时，各级人民法院均应冠以“中华人民共和国”的字样。

2. 文书名称

文书名称为“刑事判决书”。

注意：法院名称和文书名称的文字应各占一行，居中排列。

3. 案号

案号由收案年度、法院代字、案件类型代字、审判程序的代字和案件顺序号组成。如上海市第一中级人民法院于 2024 年制作的第 34 号第一审刑事判决书，其案号为“（2024）沪 01 刑初 34 号”。

注意：案号应写在文书名称下一行的右端。

4. 公诉机关

写明公诉机关的名称即可，如“公诉机关上海市长宁区人民检察院”。在“公诉机关”与“××人民检察院”之间不用标点符号，也不用空格。

5. 被告人的基本情况

依次写明：姓名、性别、出生年月日、民族、出生地、文化程度、职业或工作单位和职务、住址和因本案所受强制措施情况、现在何处。

注意：（1）被告人如有与案情有关的别名、化名等，应在其姓名后面用括号加以注明。（2）被告人是外国人的，应在其中文译名后用括号写明其外文姓名、护照号码、国

① 参见马宏俊主编：《法律文书写作与训练》，30 页，北京，中国人民大学出版社，2005。

籍。(3) 被告人的出生年月日，一般应按公历书写，如出生年月日确实查不清的，也可写实足年龄。但对于未成年被告人，必须写出生年月日。(4) 被告人的住址应写被告人住所所在地，住所所在地和经常居住地不一致的，写经常居住地。(5) 被告人项内书写的各种情况之间，一般可用逗号隔开；如果某项内容较多，可视行文需要，另行采用分号或者句号。(6) 被告人曾经受过刑事处罚、行政处罚、劳动教养，或在限制人身自由期间有逃跑等可能构成累犯或者有法定、酌定从重处罚情节的，应在住址后面写明其事由和时间。(7) 同案被告人为二人以上的，按判决结果所确定的主从关系的顺序或判处刑罚由重到轻排列。(8) 被告人是未成年人的，应当在写明被告人基本情况之后，另行续写法定代理人的姓名、与被告人的关系、工作单位和职务以及住址。

6. 辩护人

辩护人是律师的，表述为“辩护人××，××律师事务所律师”，如“辩护人王某华，H律师事务所律师”。辩护人是人民团体或者被告人所在单位推荐的人的，只写姓名、工作单位和职务。辩护人系被告人的监护人、亲友的，除写姓名、工作单位和职务之外，还应写明其与被告人的关系，如“辩护人××，××公司职工，被告人之父”。

注意：(1) 辩护人如果是人民法院指定的承担法律援助义务的律师，应当称之为“指定辩护人”，以与一般辩护人相区别；(2) 同案被告人有二人以上并各有辩护人的，分别在各被告人项的下一行列项书写辩护人的情况。(3) 共同犯罪中，每一个被告人后列其辩护人，不应集中列辩护人。

7. 案由、审判组织、审判方式和审判经过

这部分是衔接首部与正文的一个过渡段。在最高人民法院的规范格式中，其主要包括三方面内容：案件的性质和来源、人民法院受理后组成审判组织的情况和审判方式、诉讼参与人到庭的情况等。例如：“××人民检察院于××年××月××日以被告人××犯××罪，向本院提起公诉。本院受理后，依法组成合议庭（或依法由审判员××独任审判），公开（或不公开）开庭审理了本案。××人民检察院检察长（或员）××出庭支持公诉，被告人××及其辩护人××、证人××等到庭参加诉讼。本案现已审理终结。”例如，木某某哈抢劫一案刑事判决书该部分的表述为：

> 崇州市人民检察院以崇检公诉刑诉〔20××〕707号起诉书和崇检公诉刑变诉〔20××〕3号变更起诉书指控被告人木某某哈犯抢劫罪，于20××年11月29日向本院提起公诉。本院于同日受理，依法适用普通程序，组成合议庭，公开开庭进行了审理。崇州市人民检察院指派检察员黄某出庭支持公诉，被告人木某某哈、指定辩护人夏某建到庭参加诉讼，被害人王某1、余某作为证人出庭作证。现已审理终结。[①]

注意：

(1) 对于经人民法院审判委员会讨论决定的案件，应当如实写明依照《刑事诉讼法》的规定，经合议庭提请院长决定提交审判委员会讨论并作出决定的情况。

(2) 对于前案依据《刑事诉讼法》第200条第3项的规定作出无罪判决，人民检察

① 四川省崇州市人民法院（2018）川0184刑初721号刑事判决书。

院提起抗诉的，原判决不予撤销，但应在案件审判经过段“××人民检察院以×检×诉[××]××号起诉书”一句前，增写“被告人××曾于××年××月××日被××人民检察院以××罪向××人民法院提起公诉。因证据不足，指控的犯罪不能成立，被××人民法院依法判决宣告无罪”。

（3）对于经第二审人民法院发回重审的案件，原审法院重审以后，在制作判决书时，在“开庭审理了本案”一句之后，增写以下内容：“于××年××月××日作出（××）×刑初××号刑事判决，被告人××提出上诉（或者××人民检察院提出抗诉）。××人民法院于××年××月××日作出（××）×刑终××号刑事裁定，撤销原判，发回重审。本院依法另行组成合议庭，公开（或者不公开）开庭审理了本案。”

（二）正文

正文由事实和证据、理由、判决主文几部分组成。

1. 事实和证据

事实和证据部分包括：人民检察院指控被告人犯罪的事实与证据，被告人供述、辩解、自行辩护意见和辩护人的辩护意见，经法庭审理查明的事实、证据，认证意见，等等。

（1）公诉机关的指控。

这部分以“××人民检察院指控”引导，写明：公诉机关指控被告人犯罪的事实、证据以及公诉机关对本案适用法律的意见。对公诉机关指控的内容应当全面、概括地予以归纳。例如2017年广受关注的“杭州保姆纵火案”第一审刑事判决书中公诉机关指控部分的表述为：

> 浙江省杭州市人民检察院指控：被告人莫某晶因长期沉迷赌博而身负高额债务，为躲债于2015年外出打工。2016年9月，被告人莫某晶经中介应聘到被害人朱某1（女，殁年34岁）、林某1位于杭州市上城区蓝色钱江公寓××幢××单元××室的家中从事住家保姆工作。2017年3月至6月间，被告人莫某晶多次窃取被害人朱某1家中的金器、手表等贵重物品进行典当、抵押，得款人民币18万余元（以下币种均为人民币）。至案发时，尚有评估价值19万余元的物品未赎回。同时，被告人莫某晶又编造老家买房等虚假理由向被害人朱某1借款11.4万元。上述款项全部被其用于赌博，挥霍一空。
>
> 2017年6月21日晚，被告人莫某晶又用手机上网赌博，输光了连同当晚用被害人家中一块手表典当所得款项在内的6万余元钱款。为继续筹措赌资，莫某晶决意采取放火再灭火的方式博取被害人朱某1的感激以便再次开口借钱。6月22日凌晨2时至4时许，被告人莫某晶通过手机上网查询“打火机自动爆炸”“沙发突然着火”“家里窗帘突然着火”等与放火有关的关键词信息。凌晨5时许，被告人莫某晶用打火机点燃书本引燃客厅沙发、窗帘等易燃物品，火势迅速蔓延导致屋内的被害人朱某1及其子女被害人林某2（男，殁年10岁）、林某3（女，殁年7岁）、林某4（男，殁年4岁）四人困在火场中吸入一氧化碳中毒死亡。火灾造成该室及邻近房屋部分设施损毁，损失价值257万余元。火灾发生后，被告人莫某晶从室内逃至公寓

楼下，后被公安机关抓获。

据此，认为被告人莫某晶在居民住宅内放火，致四人死亡和重大财产损失，其行为构成放火罪；莫某晶多次盗窃他人财物，数额巨大，其行为构成盗窃罪，提请本院依法惩处。

（2）被告方的供述、辩解及辩护意见。

这部分以“被告人××辩称”和“辩护人××的辩护意见是……”引导，包括两个方面：一是被告人的供述、辩解、自行辩护意见和提供的有关证据等，二是被告人的辩护人的辩护意见。

注意：如果被告人的供述与公诉机关的指控无出入，可简略表述为“被告人对公诉机关的指控供认不讳”；如果被告人对指控的事实有异议或者完全否认，应概括写明其供述部分的内容，并具体写明其异议和否认的理由。例如“杭州保姆纵火案”第一审刑事判决书中被告方的意见表述为：

对于盗窃罪，辩护人提出莫某晶从绍兴、上海三位雇主家盗窃的财物均已退还，其对盗窃财物有赎回、归还的意愿，主观恶性相对较小；在司法机关掌握其盗窃事实之前主动交代，构成自首，请求从轻或减轻处罚。对于放火罪，认为莫某晶没有放火动机，不想造成火灾以及人员伤亡、财产损失；莫某晶积极灭火救人并非逃离现场，造成火灾的主要原因、关键原因是莫某晶放火，但物业设施不到位、消防救援不及时也是因素；莫某晶在自己报警以及明知他人报警的情况下在现场等候，讯问时如实供述，符合坦白的构成要件；请求法庭综合考虑莫某晶放火的主观恶性、事后积极救助行为、酿成惨剧的多重因素、认罪悔罪态度好，对莫某晶从轻处罚。

（3）人民法院审理查明的事实和证据。

以“经审理查明”引导，首先写明经庭审查明的事实，其次写明经举证、质证定案的证据及其来源，最后对控辩双方有异议的事实、证据进行分析、认证。例如：

经审理查明：20××年8月20日下午，被告人张某到位于菏泽开发区佃户屯办事处东李庄村朋友李某某家喝酒，同时在场的还有同村的“庆的”等人。后来与被告人张某同村的韩某垒赶到，几人共同进餐喝酒。其间，因被告人张某等人均已喝醉，韩某垒不想再喝，便以孩子在家没法吃饭为由借故想要离开，被告人张某从身后抱住韩某垒不让其离开，继而发生争执。韩某垒便打电话给妻子王某，告知其情况并让其喊张某的妻子把张某拉走。后韩某垒的母亲庞某及妻子王某将韩某垒拉回家。被告人张某回家后，持两把菜刀到韩堂村街里骂韩某垒，并与韩某垒的父母（被害人）韩某乙、庞某发生口角，被告人张某将被害人韩某乙、庞某砍伤。经鉴定，菏泽市公安局开发区分局于20××年8月21日分别作出（菏）公（开发）鉴（法）字［20××］310、311号法医学人体损伤程度鉴定书，根据检验所见，庞某伤后致面部及四肢部多处软组织损伤是事实，符合钝性外力作用形成的特点，属钝器伤；韩某乙伤后致颈部软组织损伤是事实，符合锐器擦划形成的特点，属锐器伤，依照《人体轻微伤鉴定标准》（已废止）第5.1.5条、第5.8.5条之规定，庞某、韩某乙的损伤均构成轻微伤。

20××年8月22日，被告人张某的亲属与被害人庞某、韩某乙经协商达成协议，由被告人一方向被害人赔礼道歉并赔偿了被害人韩某乙、庞某住院期间的一切费用，二被害人对被告人张某的行为表示谅解并请求对其从轻处罚。

上述事实，有下列经过举证、质证并经法庭认证的证据证实：

1. 被害人韩某乙的陈述，证实案发当日下午7时许，他回家吃饭时，在村街里看见张某拿着两把菜刀乱砍并提着韩某垒的名字骂，庞某走过去与张某对骂，张某便拿着菜刀到庞某跟前并要砍庞某，庞某抓住张某的胳膊，张某猛一甩胳膊，将庞某摔倒在地，庞某下巴及左胳膊肘、左膝盖处被摔伤。他上前问张某缘由时，也被伤到，后被人拉开。他儿媳王某打电话报了警。张某看到报警了，便拿着菜刀跑了。同时证实后来听说他儿子韩某垒与张某喝酒时发生了矛盾。20××年8月22日，他儿媳王某代表他们夫妇与张某达成了和解协议，因为都是一个村的，平时关系都很好，请求从轻处理张某。

2. 被害人庞某的陈述，证实20××年8月20日下午5时许，她在儿子韩某垒家帮着照看孩子时，韩某垒给儿媳王某打电话称他在东李庄村"虎的"家，张某在那里喝晕了，不让他走，韩某垒让王某去喊张某的媳妇把张某拉回家。后来她与王某及张某的媳妇到东李庄村"虎的"家，她拉着韩某垒回家，张某在后面骂韩某垒"孬种，叫你喝你不喝"等脏话，她与王某劝韩某垒别与张某一样，然后三人便回家了。在将韩某垒送到家后，她准备回家做饭，行至韩堂村街里时，看见张某拿着两把菜刀乱砍并骂韩某垒，她也与张某对骂，张某拿着菜刀将她摔倒在地上致其受伤。韩某乙上前问情况时，也被张某用刀伤到，后被王某等人拉开了，王某打电话报了警。同时证实双方达成和解协议及请求从轻处理张某的情况，与被害人韩某乙证言一致。

3. 证人韩某甲（被害人韩某乙之兄）的证言，证实：当时他出门准备买东西时，看到韩某乙在地上蹲着，脖子上流着血，张某正拿着两把刀与庞某打架，并把庞某摁在了地上，庞某说自己的手被划流血了。后张某拿着刀往东去了，庞某的儿媳王某打电话报了警。

4. 证人韩某垒（被害人韩某乙之子）的证言，证实：案发当天下午5点多，他到"虎的"家喝酒，同村的张某和"庆的"及一名其不认识的男青年也在那里。其间，张某等几人都喝晕了，他不想再喝，便找个理由要回家，张某从后面抱住他不让他走，他便跟妻子王某打电话说张某喝晕了，不让自己回家，让王某去喊张某家里的人把张某拉走。后来他与张某一起歪倒在了地上，还与张某的朋友发生了推搡。他妻子王某及母亲到场后把他拉回了家。晚上7时许，他听见街里有人在骂，后来王某说已报警了，他父母及张某均到派出所去了。他接派出所工作人员电话后到派出所说明情况。同时证实他父母的伤情。

5. 证人王某（被害人韩某乙儿媳）的证言，证实：韩某垒与张某是很好的朋友。案发当天，她接了韩某垒的电话得知张某喝醉了不让韩某垒走，便去找张某的媳妇告知此事。后来她赶到现场时，见婆婆庞某正拉着韩某垒走，张某在后面用手指着韩某垒骂"你个孬种，叫你喝你不喝"等脏话。见张某喝醉了，她便与韩某垒及婆婆回家了。大约下午7时许，她听见街上有人骂，便到了街上，看到张某拿着两把菜刀与她婆婆对骂，后将她公公、婆婆砍伤。她打电话报了警，民警将张某带至派出所。同时证实其公公韩某乙、婆婆庞某与张某达成了和解协议及请求从轻处理张某的情况。

6. 证人王某（被害人韩某乙儿媳）的证言，证实被告人张某酒后将被害人韩某乙、庞某砍伤的事实经过。与证人王某的证言基本一致。

7. 证人刘某平（被告人张某之妻）的证言，证实：20××年8月20日下午7时许，她抱着孩子在自家胡同口乘凉时，看见丈夫张某拿着两把菜刀往家的方向跑，后面还有很多人在喊，她感觉出事了，就拦下张某，张某当时身上很大的酒气，好像喝晕了。她把两把菜刀夺过来放院子里，张某就坐到地上。后来听说张某拿两把菜刀把韩某乙、庞某砍伤了。因公安机关一直在寻找，她将两把菜刀交到了派出所。

8. 鉴定意见、现场照片及伤情照片，证实被害人韩某乙、庞某的受伤部位及伤情。

9. 菏泽市公安局开发区分局佃户屯派出所受案登记表，证实案发后王某向公安机关报警的情况。

10. 菏泽市公安局开发区分局佃户屯派出所出具的发、破案经过及抓获经过，证实本案的发生、破获过程及将被告人张某在杜楼行政村韩堂街里被民警抓获的情况。

11. 提取笔录、扣押清单、作案工具照片，证实案发后，被告人张某之妻刘某平将被告人作案时所用菜刀交给公安机关，由公安机关予以扣押的情况。作案工具照片证实被告人张某作案时使用的菜刀的特征情况。

12. 协议书，证实案发后，被告人张某的家属与被害人韩某乙、庞某达成协议的情况。

13. 户籍信息，证实被告人的年龄及住址等自然情况。

14. 被告人张某的供述与辩解，证实：20××年8月20日下午，他在菏泽开发区佃户屯办事处东李庄村李某某家跟李某某和几个朋友喝酒，后来韩某垒去了，因为自己喝晕了，谁把韩某垒叫过去的记不清楚了，也记不清发生了什么事，只记得与韩某垒吵架了，然后韩某垒就走了，自己也回家了，因为喝晕了，怎么回家的也想不起来了。后来想着韩某垒骂自己了，越想越生气，便从家里拿了两把菜刀去找韩某垒把事情说清楚，在韩堂街里碰见韩某垒的父母，他们要抢自己的刀，双方发生了拉扯。听说有人报警了，他便拿着刀往家跑，后来被带到了派出所。自己当时喝晕了，不知道有没有人受伤，后来听说把韩某垒的父母划伤了，具体伤在什么位置、怎么划伤的记不清了。同时证实与被害人达成和解协议的情况。①

注意：第一，对于人民法院经审理确认的事实，应写明案件发生的时间、地点，被告人作案的动机、目的、手段，实施行为的过程、危害结果和被告人在案发后的态度等，紧密围绕犯罪构成的四个要件，尤其是不应遗漏影响定性处理的各种情节。第二，在叙述事实时，应条理清晰、层次分明。一般较为简单的刑事案件可以按时间先后顺序叙述；

① 改编自山东省菏泽经济开发区人民法院（2013）菏开刑一初字第56号刑事判决书。

若一人犯数罪的，应当按主、次罪顺序叙述事实，对主罪事实要详细叙述；一般共同犯罪案件，可以主犯为主线进行叙述；集团犯罪案件，可“先总后分”，即先综述集团的形成和共同的犯罪行为，再按由主到从、由重到轻的次序分别叙述各被告人的罪行；共同犯罪人还兼有其他罪行的，在叙述共同犯罪的事实后，再叙述其他罪行。第三，人民法院决定采用的证据，必须是经庭审举证、质证，查证属实的且最后确认的证据。对证据进行叙述时，不仅要写明来源，还要叙明其证实的内容，并对证据进行分析论证。对于控辩双方提供的证据无论采纳与否，都应通过分析论证来得出结论。证据的表述方法可因案而异，一般在写完“经审理查明”的事实后，另起一段表述，从而使事实和证据显得更为清楚。如果犯罪次数较多，可以在每次犯罪事实叙明后表述证据并对证据分析认证；如果系共同犯罪案件，可以逐人逐罪表述证据并分析认证。叙述证据时要注意保守国家机密，保护报案人、控告人、举报人、被害人、证人的安全和名誉。

2. 理由

理由是刑事判决书的重要组成部分。第一审公诉案件刑事判决书中阐明的理由，应当以判决所认定的事实为根据，以刑法的具体规定为准绳，全面、充分地予以论证。判决理由是作出判决结果的前提，是将事实、法律以及判决结果联系在一起的媒介。因此，写好判决理由，也是制作第一审公诉案件刑事判决书的关键。

第一审公诉案件刑事判决书的理由部分以“本院认为”引导，一般应当从以下四个方面进行阐述：

（1）针对案情特点，分析案件性质。

对于被告人的行为构成犯罪的，要针对犯罪的事实、性质、情节，运用犯罪构成理论，对被告人的行为作出法律上的评断，确认被告人行为的性质。例如“杭州保姆纵火案”第一审刑事判决书的理由部分写道：

> 本院认为，被告人莫某晶在高层住宅内故意使用打火机点燃易燃物引发火灾，造成四人死亡和重大财产损失，其行为已构成放火罪；莫某晶还在从事住家保姆工作期间，多次盗窃雇主财物，数额巨大，其行为已构成盗窃罪。公诉机关指控莫某晶所犯罪名成立，本院予以支持。莫某晶犯有两罪，应依法并罚。

确定罪名时，必须注意抓住个案特点进行论证。同时，结合刑法的规定和特定罪的构成要件，做到事实与法律相结合。一人犯数罪的，一般先论证重罪，再论证次罪；一般共同犯罪和集团犯罪案件，应在分清各被告人的地位、作用的前提下，依法确定主犯、从犯的刑事责任和触犯的罪名。如果被告人的行为不构成犯罪，或者指控的证据不足，指控的犯罪不能成立，也应根据案情的特点和有关的法律规定，作出实事求是的评断。

（2）根据具体案情，指出被告人的犯罪情节，即阐明对被告人从重、加重、从轻、减轻或者免除处罚的理由。

对于其行为已构成犯罪的被告人，如果具有从重、加重、从轻、减轻或者免除刑罚情节的一种或几种的，应当分别予以肯定或者综合论定，从而为准确、公正地作出判决结果奠定基础，同时体现人民法院刑事审判活动的正确性和合法性。例如：

> 莫某晶于凌晨时分故意在高层住宅内放火，导致四人死亡和重大财产损失，犯

罪动机卑劣，犯罪后果极其严重，严重危害公共安全，社会危害性极大，依法应予严惩。虽然莫某晶归案后能坦白放火罪行，但不足以对其从轻处罚。莫某晶归案后主动交代公安机关尚未掌握的盗窃罪行，系自首，对其所犯盗窃罪可予从轻处罚。

(3) 对控方和辩方的意见分别予以分析并作出评价。

首先，依照事实和法律对人民检察院指控的罪名作出分析评定，阐述其正确与否的理由并表明支持与否的态度；其次，依照事实和法律对被告人的辩解、自行辩护意见及辩护人的辩护意见作出分析评定，正确的表示“予以采纳”，错误的表示“不予以采纳”。这一部分的写作，主要是为了增强判决理由的针对性和说服力，以促使被告人服从正确、合法的判决。例如被告人木某某哈抢劫一案刑事判决书中对控辩双方的意见的分析为：

被告人木某某哈以非法占有为目的，入户盗窃公民财物，在被主人发现后逃离时，采用暴力方式致被害人王某1轻微伤，其行为构成抢劫罪。崇州市人民检察院指控被告人木某某哈犯抢劫罪的事实和罪名成立，予以支持。被告人木某某哈在抗拒王某1夫妇抓捕的过程中，故意咬伤王某1手腕，被告人木某某哈明知自己患有艾滋病，还咬住被害人王某1左手腕致出血，因艾滋病通过血液传染性强，木某某哈故意伤害被害人王某1的意图明显，且被害人王某1被咬伤部位被鉴定为轻微伤；王某1松手后，木某某哈并未立即逃离而又用拳头击打王某1，被告人木某某哈的行为已不属于单纯以摆脱方式逃脱抓捕，符合转化型抢劫犯罪的规定。被告人木某某哈辩解未咬过被害人王某1的意见，与查明的事实不符，本院不予采纳。被告人木某某哈从窗户爬出房屋后被被害人抓获，由被害人王某1拖往厨房内，虽然被告人木某某哈伤害被害人王某1的行为发生在房屋内，木某某哈的物理位置发生转移是因王某1的抓获行为所致，故对其在房屋内伤害被害人的行为，不予认定为入户抢劫。辩护人关于木某某哈当庭自愿认罪，请求予以从轻处罚的意见，与庭审查明的一致，符合法律规定，予以采纳。①

(4) 援引判决所根据的法律条文，作为判决结果的法律依据。

援引法律条文必须准确、具体、完整。所谓准确，就是指援引的法律条文要完全与判决结果相对应，不可张冠李戴、似是而非。所谓具体，就是指必须结合个案的需要，引出《刑法》分则中条文的外延最小的规定，即必须写明适用第几条第几款第几项等。所谓完整，就是指在援引法律条文时，应当将判决结果所涉及的法律条文全部写出，如《刑法》分则和总则的条文以及《刑事诉讼法》中的有关条文等，凡是作出判决结果的法律依据均应一一援引，以确保判决依据的全面性。

援引法律条文必须注意其先后顺序。一份文书需要引用两条以上的法律条文时，先引述有关定性处罚的条文，后引述有关刑罚适用方面的条文；判决结果既有主刑，又有附加刑内容的，先引用适用主刑的条文，后引用适用附加刑的条文；适用以他罪论处的条文时，先引用本条条文，再按本条的规定，引用相应的他罪条文；一人犯数罪的，应逐罪引用法律条文；共同犯罪案件，既可集中引用有关的法律条文，必要时也可逐人、

① 改编自四川省崇州市人民法院（2018）川0184刑初721号刑事判决书。

逐罪引用法律条文；既适用法律规定又适用司法解释的，应先引用法律规定，再引用相关的司法解释。例如，被告人木某某哈抢劫一案刑事判决书的法律依据部分的表述为：

根据被告人木某某哈犯罪的事实、性质、情节以及对于社会的危害程度，依照《中华人民共和国刑法》（2017年修正）第二百六十三条、第二百六十九条、第六十五条第一款、第五十二条、第五十三条，最高人民法院《关于审理抢劫、抢夺刑事案件适用法律若干问题的意见》第五条之规定，判决如下：……

3. 判决主文

判决主文也叫判决结果，是人民法院依照法定程序审理案件后，根据查明的事实和决定适用的法律依据，对被告人作出定性处理的结论。第一审公诉案件刑事判决书的判决结果有三种情况：

（1）定罪判刑的，表述为：

一、被告人××犯××罪，判处……（写明主刑、附加刑）

（刑期从判决执行之日起计算。判决执行以前先行羁押的，羁押一日折抵刑期一日，即自××年××月××日起至××年××月××日止。）

二、被告人××……（写明决定追缴、退赔数额）

（2）定罪免刑的，表述为：被告人××犯××罪，免予刑事处罚（如有追缴、退赔或者没收财物的，续写第二项）。

（3）宣告无罪的，无论是适用《刑事诉讼法》第200条第2项还是第3项，均应表述为：被告人××无罪。

注意：

1）对于构成犯罪的，罪名表述要与判决理由中确定的罪名一致。如果一人犯数罪的，应分别写明定性和量刑情况，然后再按照《刑法》总则关于数罪并罚的规定，写明决定执行的刑罚。共同犯罪案件，一般应逐人表述，按先主犯、后从犯，先重罪、后轻罪的顺序叙述。

2）应按法律规定对判决结果中涉及判处的各种刑罚写明全称，不得随意简化或添加，比如不能用“死缓”替代“……死刑，缓期二年执行”，也不能用“缓期二年”替代“缓刑二年”。对于判处管制、拘役、有期徒刑的应当写明刑种、刑期，以及对羁押时间的计算方法和起止日期。羁押期间取保候审的，刑期的终止日顺延。刑期计算等事项附于刑种和刑期后面，文字表述为：刑期从判决执行之日起计算。判决执行以前先行羁押的，羁押一日折抵刑期一日（判处管制刑的，羁押一日折抵刑期二日），即自××年××月××日（羁押之日）起至××年××月××日止。例如：

被告人张某犯寻衅滋事罪，判处拘役四个月。

（刑期从判决执行之日起计算。判决执行以前先行羁押的，羁押一日折抵刑期一日，即自2013年11月27日起至2014年3月19日止。）①

① 改编自山东省菏泽经济开发区人民法院（2013）菏开刑一初字第56号刑事判决书。

3）对于下列三种情形，在判决主文上均应写明“被告人××无罪”：一是依照法律规定认定被告人无罪的；二是证据不足，指控的犯罪不能成立的；三是被告人死亡，根据已查明的案件事实和认定的证据材料，能够确认被告人无罪的。

4）对于下列两种情形，在判决主文中均应写明“被告人××不负刑事责任”：一是被告人因不满16周岁不予刑事处罚；二是被告人是精神病人，在不能辨认或不能控制自己行为的时候造成危害结果的。

5）判处罚金的案件，应当写明缴纳罚金指定的期限，依照《刑法》的规定，指定的期限从判决发生法律效力的第二日起，最长不得超过3个月。[①]

（三）尾部

（1）交代上诉权、上诉期限和上诉法院等上诉事项，表述为：

如不服本判决，可在接到判决书的第二日起十日内，通过本院或者直接向××人民法院提出上诉。书面上诉的，应当提交上诉状正本一份，副本×份。

注意：上诉状一般为两份，如一案多人，则每增加一名同案人，增加一份副本。如果适用《刑法》第63条第2款的规定在法定刑以下判处刑罚、依法应当报请最高人民法院核准的，还应当在交代上诉权之后另起一行写明：“本判决依法报请最高人民法院核准。”

（2）审判人员署名。判决书由参加审判案件的合议庭组成人员或独任审判员署名，如“审判长××”、“审判员××”或“人民陪审员××”。担任审判长的无论是院长、庭长、审判员还是助理审判员，均署名为“审判长××”。合议庭成员中有助理审判员的，署名为“代理审判员”。

（3）判决日期。在审判组织成员的署名下方写明判决日期。如果是当庭宣判的，写宣判日期；如果是定期宣判或委托宣判的，写签发判决的日期。如果是经过审判委员会讨论的案件，应写审判委员会作出决定的日期。

（4）加盖院印。在日期上加盖人民法院的院印。

（5）书记员署名。在日期下方由书记员署名。

（6）盖“本件与原本核对无异”印戳。在书记员署名和年月日之间的左下方加盖该印戳，以示核对。

二、第一审单位犯罪案件刑事判决书

第一审单位犯罪案件刑事判决书是指第一审人民法院依照最高人民法院规定的“单位犯罪案件的审理程序”，根据已经查明的事实、证据和法律的有关规定，对于审理终结的单位犯罪案件，确认单位及其负责的主管人员和其他直接责任人员是否构成犯罪、犯的什么罪、应当予以何种处罚以及宣告无罪而作出的书面决定。

与自然人犯罪案件的刑事判决书相比，单位犯罪案件的刑事判决书有自己的特色。以下重点介绍第一审单位犯罪案件刑事判决书与第一审公诉案件自然人犯罪的刑事判决书的不同之处。

---

① 参见马宏俊主编：《法律文书写作与训练》，5版，36页，北京，中国人民大学出版社，2023。

（一）首部

首部应当写明标题、案号、控辩双方的基本情况和案由、案件来源等事项，其各项内容的要点和写法与第一审公诉案件自然人犯罪刑事判决书的要点、写法基本相同，不同的是：

（1）在公诉机关名称下方，要列明“被告单位”的情况，包括单位的名称和地址。在“被告单位”下方，还要列明“诉讼代表人”（代表被告单位出庭参加诉讼的单位的法定代表人或者主要负责人）的情况，写明其姓名、工作单位和职务。例如：

公诉机关郑州市二七区人民检察院。

被告单位郑州铁路汇丰实业有限公司，住所地郑州市陇海中路14号。

诉讼代表人刘某玮，原郑州铁路汇丰实业有限公司办公室主任。

注意：如果被告单位被注销或者宣告破产，但该单位犯罪中直接负责的主管人员和其他直接责任人员应当负刑事责任的，仍应在首部写明被告单位的基本情况，并增加其被注销或者被宣告破产的内容，然后写明其他被告人的基本情况。

（2）在“诉讼代表人”及其辩护人的下一项，列“被告人”，即被告单位中应当负担刑事责任的直接负责的主管人员和其他直接责任人员，其基本情况的写法与自然人犯罪中“被告人”的基本情况写法相同。

（3）在案件由来和审判经过这一段，要写明检察机关指控被告单位犯罪和被告单位诉讼代表人参加诉讼的情况，以体现对单位犯罪案件当事人合法诉讼权利的保护。例如：

河南省确山县人民检察院以确检二部刑诉［20××］Z1号起诉书指控被告单位正阳县锐思置业有限公司犯单位行贿罪，被告人尤某犯单位行贿罪、职务侵占罪向本院提起公诉。经驻马店市中级人民法院指定管辖，本院依法适用普通程序，组成合议庭，公开开庭进行了审理。确山县人民检察院指派检察员岑某社出庭支持公诉，被告单位正阳锐思置业有限公司诉讼代表人胡某德及其辩护人刘某友、被告人尤某及其辩护人黄某到庭参加诉讼。现已审理终结。[①]

（二）正文

正文同样包括事实与证据、理由和判决结果，其内容、要点与刑事公诉案件自然人犯罪的第一审刑事判决书写法基本相同，但必须注意：

（1）事实与证据部分要强调检察机关对被告单位犯罪的指控以及被告单位对指控的辩解意见。

例如被告单位正阳县锐思置业有限公司犯单位行贿罪，被告人尤某犯单位行贿罪、职务侵占罪刑事一审刑事判决书的控辩内容部分为：

河南省确山县人民检察院指控：1）单位行贿。2014年12月22日，驻马店市金荣置业有限公司中标正阳县影剧院（正阳县文新文化传媒有限公司）、剧团、电影公司家属院棚户区改造工程项目。2015年2月4日，该公司将该项目转让给正阳县锐

① 改编自河南省确山县人民法院（2022）豫1725刑初82号刑事判决书。

思置业有限公司。2015 年 9 月初，正阳县锐思置业有限公司为在棚户区改造工程项目中谋取不正当利益，经公司尤某、郭某 1 等人商量后，经尤某、郭某 1 签字，由郭某 1 从公司财务领取现金 100 万元，送给正阳县文新文化传媒公司原经理田某 1（已判刑）。2）职务侵占。正阳县锐思置业有限公司在商定由郭某 1 给田某 1 行贿 100 万元的同时，商定由尤某从本公司拿出 200 万元给涉及拆迁的正阳县农商行等单位行贿。尤某于 2021 年 12 月 15 日从本公司领取现金 200 万元后，因拆迁顺利，除其中 20 万元用于拆迁工作外，另 180 万元未用于送礼，也未上交公司，个人占为己有。

为证实上述指控，公诉机关当庭宣读、出示了立案决定书、留置决定书、拘留逮捕法律文书、户籍证明、身份证明、犯罪记录查询证明、公司注册成立手续、会计凭证、拆迁协议、刑事判决书（田某 1）、扣押文书等相关书证，证人郭某 1、郭某 2、姚某、王某 1、王某 2、陈某 1、田某 1 等人证言，被告人尤某的供述与辩解，正阳县文新文化传媒有限公司资产鉴定意见等证据。

公诉机关认为，被告单位正阳县锐思置业有限公司和被告人尤某为了谋取不正当利益，向国家工作人员行贿 100 万元，其行为触犯了《中华人民共和国刑法》第三百九十三条，犯罪事实清楚，证据确实、充分，应当以单位行贿罪追究其刑事责任。被告人尤某利用职务上的便利，将本单位财物非法占为己有，数额巨大，其行为触犯了《中华人民共和国刑法》第二百七十一条，犯罪事实清楚，证据确实、充分，应当以职务侵占罪追究其刑事责任。根据《中华人民共和国刑法》第六十九条的规定，对被告人尤某应当数罪并罚。被告人尤某被办案机关电话通知后自动到案，如实供述单位行贿的犯罪事实，并如实供述未被办案单位掌握的职务侵占犯罪事实，是自首，根据《中华人民共和国刑法》第六十七条的规定，可以从轻或者减轻处罚。被告单位正阳县锐思置业有限公司和被告人尤某认罪认罚，根据《中华人民共和国刑事诉讼法》第十五条的规定，可以从宽处理。建议判处被告单位正阳县锐思置业有限公司单处罚金 13 万元；判处被告人尤某有期徒刑两年 3 个月，罚金 8 万元。

被告单位正阳县锐思置业有限公司对指控事实、罪名及量刑建议均无异议，且签字具结。在开庭审理过程中亦无异议。

被告单位正阳县锐思置业有限公司的辩护人提出的辩护意见是：对指控事实、罪名无异议，被告单位自愿认罪认罚，请求对被告单位从轻处罚。

被告人尤某对指控事实、罪名及量刑建议均无异议，且签字具结。在开庭审理过程中亦无异议。

被告人尤某的辩护人提出的辩护意见是：1）对于单位行贿部分，尤某仅起到次要的辅助作用，被告人尤某对于郭某 1 行贿田某 100 万元没有事前预谋、具体实施，且在被骗的情况下仅起到签字同意支付的作用，社会危害性极小，且系自首，依法应当免予处罚或单处罚金。2）对于 180 万元职务侵占的事实，其中有尤某个人资金 60 万元，该部分资金应予以减除。职务侵占的事实办案单位并未掌握，系尤某到案后主动交代的，应认定为自首，依法应减至法定刑以下处罚。①

① 改编自河南省确山县人民法院（2022）豫 1725 刑初 82 号刑事判决书。

（2）在理由部分，需要论证被指控的单位是否构成犯罪、构成什么罪、是否实行“双罚制”。例如：

本院认为，被告人尤某作为被告单位正阳县锐思置业有限公司的法定代表人，为被告单位谋取不正当利益，向国家工作人员行贿100万元，情节严重，被告单位正阳县锐思置业有限公司和被告人尤某的行为均已构成单位行贿罪，依法予以惩处。被告人尤某利用职务上的便利，将本单位财物非法占为已有，数额巨大，其行为构成职务侵占罪。公诉机关的指控成立，本院予以支持。被告人尤某犯数罪，依法应数罪并罚。被告人尤某作为被告单位正阳县锐思置业有限公司的法定代表人，主动到案，如实供述了犯罪事实，可认定尤某及正阳县锐思置业有限公司对单位行贿罪均具有自首情节，故依法对尤某和正阳县锐思置业有限公司所犯单位行贿罪分别予以从轻处罚。被告人尤某被采取强制措施后，如实供述了办案机关未掌握的职务侵占罪的犯罪事实，具有自首情节，依法对尤某所犯职务侵占罪予以从轻处罚。①

（3）判决结果部分，因为对单位犯罪实行“双罚制”，所以，无论是否构成犯罪，都应当分为两项书写，并先写对被告单位的处理结果，再写对被告人的处理结果。

第一，定罪判刑的，表述为：

一、被告单位××犯××罪，判处罚金××元……（写明缴纳期限）

二、被告人××犯××罪，判处……（写明主刑、附加刑）（刑期从判决执行之日起计算。判决执行以前先行羁押的，羁押一日折抵刑期一日，即自××年××月××日起至××年××月××日止。）

第二，定罪免刑的，表述为：

一、被告单位××犯××罪，免予刑事处罚。

二、被告人××犯××罪，免予刑事处罚。

第三，宣告无罪的，无论是适用《刑事诉讼法》第200条第2项还是第3项，均应表述为：

一、被告单位××无罪。

二、被告人××无罪。

注意：如果被告单位被注销或者宣告破产的，在事实部分应简要写明单位被注销或者被宣告破产的情况，在理由部分要阐述对被告单位终止审理的理由，在判决结果的第一项要写，“对被告单位××终止审理”，第二项再写明相应自然人的刑事责任。

（三）尾部

写法与自然人犯罪的第一审刑事判决书写法一致，可参照其写法。

注意：第一审单位犯罪案件刑事判决书只适用于实施“双罚制”的单位犯罪案件。刑法中规定的实施“单罚制”的单位犯罪，即单位犯罪只处罚直接负责的主管人员和其

① 改编自河南省确山县人民法院（2022）豫1725刑初82号刑事判决书。

他直接责任人员的案件，不适用本样式。

三、第一审刑事附带民事判决书

第一审刑事附带民事判决书是指人民法院对于审理终结的刑事附带民事案件，依照我国刑事诉讼法和民事诉讼法规定的程序，确认被告人的行为已经构成犯罪，依法应当承担刑事责任并承担民事赔偿责任，或者被告人的行为不构成犯罪，但应当承担民事赔偿责任而作出的书面处理决定。

刑事附带民事判决书适用于下列范围：(1) 被告人的行为已经构成犯罪，而被告人的犯罪行为又直接造成经济损失的；(2) 被告人只有一般违法行为，尚不构成犯罪，但被害人的经济损失是被告人的违法行为直接造成，应当由被告人负担民事赔偿责任的；(3) 被告人系未达刑事责任年龄的未成年人，但其行为已造成被害人的经济损失，依法应当由被告人的监护人承担民事赔偿责任的。对于被告人的行为不构成犯罪，但被害人的经济损失确实是由被告人的违法行为直接造成的，为避免增加诉累，人民法院应当在解决刑事责任的同时，一并合理解决民事赔偿责任问题。如果人民法院在审查起诉时，发现被告人的行为明显不构成犯罪的，不需要追究刑事责任的，应当说服自诉人撤回起诉。如果自诉人坚持不撤回的，人民法院可以裁定驳回起诉。对于这类案件中的民事赔偿部分，受害人可以按照民事案件另行起诉，不存在刑事附带民事诉讼问题，所以不制作本文书。

刑事附带民事诉讼是两个诉的合并审理，它不同于单纯的刑事诉讼或者民事诉讼，所以，在制作第一审刑事附带民事判决书时，应当体现上述持点。这也是它和其他第一审刑事判决书不同的地方。另外，附带民事诉讼有被害人提起和公诉机关提起两大类，在制作时也有所不同。

(一) 首部

1. 制作机关

写明人民法院全称，如“上海市静安区人民法院”。

2. 文书标题

在制作机关下方另起一行写明“刑事附带民事判决书”。

3. 案号

写法与第一审公诉案件刑事判决书的一样，一般格式为“(××) ×刑初××号”，如 (2019) 沪 01 刑初 12 号。

4. 当事人的基本情况

(1) 由公诉机关提出的，首先写明“公诉机关××人民检察院”，然后写明附带民事诉讼原告人和被告人及其辩护人的基本情况。例如：

公诉机关北京市人民检察院第一分院。

附带民事诉讼原告人刘某，女，45 岁 (19××年 11 月 12 日出生)，汉族，出生地北京市，初中文化，北京市延庆区××服务楼职工，住北京市延庆区××镇湖南小区××号楼××室 (户籍所在地：北京市延庆区延庆镇××园南街南××巷××号××门)；系被害人王某之妻。

（2）由被害人自诉的，则首先写明自诉人暨附带民事诉讼原告人及其诉讼代理人的基本情况，然后写明被告人及其辩护人的基本情况。例如：

自诉人暨附带民事诉讼原告人张某忠，男，19××年12月1日生，汉族，小学文化，四川省××县睦坝乡××村3组人，系河北省廊坊市开发区东方大学城××号楼单项工程负责人。

诉讼代理人郑某，廊坊市××律师事务所律师。

诉讼代理人陈某，廊坊市××律师事务所律师。

自诉人暨附带民事诉讼原告人张某平，男，19××年3月2日生，汉族，初中文化，四川省××县睦坝乡××村3组人，系河北省廊坊市开发区东方大学城××号楼民工。

诉讼代理人李某刚，廊坊市××律师事务所律师。

被告人薛某，男，19××年12月1日生，汉族，大专文化，江苏省睢宁县人，系河北省廊坊市开发区东方大学城××号楼工地负责人。

辩护人邢某发，廊坊市××律师事务所律师。

注意：根据我国法律的规定，已经死亡的被害人的近亲属、无行为能力或者限制行为能力被害人的法定代理人，也有权提起附带民事诉讼。如果被害人已经死亡，由他的近亲属提出附带民事诉讼的，则应当将其近亲属列为“附带民事诉讼原告人”，并在该原告人姓名之后，用括号注明其与死者的关系。如果被害人是无行为能力或者限制行为能力人，应在第一项列“附带民事诉讼原告人××”之后，列第二项“法定代理人××”，并注明其与被害人的关系。

（3）被告人基本情况的写法可以参照第一审公诉案件刑事判决书。

根据我国法律的有关规定，刑事被告人和没有被追究刑事责任的共同致害人；未成年刑事被告人的监护人；已被执行死刑的罪犯的遗产继承人；共同犯罪案件中，案件审结前已死亡的被告人的遗产继承人；其他对刑事被告人的犯罪行为依法应当承担民事赔偿责任的单位和个人等，均可以作为附带民事诉讼被告人。

5. 案由、案件来源、审判组织和审理过程

（1）公诉案件，表述为：

××人民检察院以×检×诉［×］××号起诉书指控被告人××犯××罪，于××年××月××日向本院提起公诉。在诉讼过程中，附带民事诉讼原告人向本院提起附带民事诉讼。本院依法组成合议庭，公开（或不公开）开庭对本案进行了合并审理。××人民检察院指派检察员××出庭支持公诉，附带民事诉讼原告人××及其法定（诉讼）代理人××、被告人××及其法定代理人××、辩护人××、证人××、鉴定人××、翻译人员××等到庭参加诉讼。现已审理终结。

（2）自诉案件，表述为：

自诉人××以被告人××犯××罪，并由此造成经济损失为由，于××年××月××日向本院提起控诉。本院受理后，依法实行独任审判（或者组成合议庭），公

开（或不公开）开庭审理了本案。自诉人××及其诉讼代理人××、被告人××及其辩护人××等到庭参加诉讼。现已审理终结。

（二）正文

1. 事实和证据

（1）概述人民检察院指控被告人犯罪的事实、证据和适用法律的意见。简述附带民事诉讼原告人起诉的内容，即要求被告人赔偿经济损失的请求。如果是自诉案件，则只概述自诉人指控被告人犯罪及由此造成经济损失的事实、证据和诉讼请求。

（2）写明被告人对检察机关指控的犯罪事实和附带民事诉讼原告人的诉讼请求予以供述、辩解、自行辩护的意见和有关证据以及辩护人提出的辩护意见。

（3）写明经法庭审理认定被告人的行为构成犯罪或者不构成犯罪的事实，同时要写明被告人的犯罪行为使被害人遭受经济损失的事实以及据以定案的证据，并对控辩双方有异议的事实证据进行分析、认证。

2. 理由

根据法庭查明的事实、证据和有关法律规定，充分论证公诉机关或者自诉人指控的犯罪是否成立、被告人的行为是否构成犯罪、犯了什么罪、应否追究刑事责任以及应适用的法律，并充分论证被害人是否因被告人的犯罪行为遭受经济损失、被告人对被害人的经济损失是否应负民事赔偿责任。在引用法律规定时，除了引用刑法规定外，还需要引用《民法典》等相关民商事法律规范的规定，以解决民事赔偿问题。例如：

> 本院认为，被告人陈某锋违反交通运输管理法规，因而发生重大事故，致一人死亡，且负事故全部责任，其行为已构成交通肇事罪。陈某锋具有在道路上醉酒驾驶机动车的危险驾驶行为，造成人员伤亡，符合《刑法》第一百三十三条交通肇事罪构成要件，应当以交通肇事罪定罪处罚，陈某锋危险驾驶的行为，作为处罚的量刑情节予以考虑。天门市人民检察院指控的罪名成立。陈某锋自动投案，并如实供述自己的罪行，系自首，且自愿认罪认罚，依法可以从轻处罚。陈某锋系初犯、偶犯，陈某锋赔偿被害人近亲属部分损失，在量刑时酌情考虑。故对辩护人提出的辩护意见，予以采纳。陈某锋无驾驶资格驾驶无牌证机动车，酌定从重处罚。天门市人民检察院量刑建议适当。由于陈某锋的犯罪行为致使附带民事诉讼原告人遭受经济损失，其依法应当承担相应的赔偿责任。关于附带民事诉讼原告人主张交通费，虽未提供票据证明，但附带民事诉讼原告人因被害人受伤住院必然产生交通费用，结合被害人的住院情况，酌情支持500元。参照湖北省2022年道路交通事故人身损害赔偿相关数据，结合本院审理查明的事实，相关损失包括死亡赔偿金852 520元（42 626元×20年）、丧葬费40 764.50元（81 529元×50%）、医疗费15 520.67元、住院伙食补助费300元（50元/天×6天）、护理费814.88元（49 572元/年÷365天×6天）、交通费500元，共计910 420.05元。扣减陈某锋已经赔偿的5万元，余下损失共计860 420.05元（910 420.05元－50 000元）。据此，依照《中华人民共和国刑法》第一百三十三条、第六十七条第一款，《最高人民法院关于审理交通肇事刑事案件具体应用法律若干问题的解释》第二条第一款第（一）项，《最高人民法

院关于审理人身损害赔偿案件适用法律若干问题的解释》第六条、第八条、第九条、第十条、第十四条、第十五条，《中华人民共和国刑事诉讼法》第十五条及《最高人民法院关于适用〈中华人民共和国刑事诉讼法〉的解释》第一百八十八条、第二百零一条的规定，判决如下：……①

3. 判决结果

第一审刑事附带民事判决书的判决结果部分一般有以下四种情况：

（1）定罪判刑并应当赔偿经济损失的，表述为：

一、被告人××犯××罪……（写明主刑、附加刑）（刑期从判决执行之日起计算。判决执行以前先行羁押的，羁押一日折抵刑期一日，即自××年××月××日起至××年××月××日止。）

二、被告人××赔偿附带民事诉讼原告人（自诉案件中为“自诉人”，下同）××……（写明赔偿的金额和支付日期）

（2）定罪免刑并应当赔偿经济损失的，表述为：

一、被告人××犯××罪，免予刑事处罚。

二、被告人××赔偿附带民事诉讼原告人××……（写明赔偿的金额和支付日期）

（3）宣告无罪但应当赔偿经济损失的，表述为：

一、被告人××无罪。

二、被告人××赔偿附带民事诉讼原告人××……（写明赔偿的金额和支付日期）

（4）宣告无罪且不赔偿经济损失的，表述为：

一、被告人××无罪。

二、被告人××不承担民事赔偿责任。

（三）尾部

尾部的写法和第一审公诉案件刑事判决书的写法相同。

四、第一审自诉案件刑事判决书

第一审自诉案件是指人民法院依照我国刑事诉讼法规定的第一审程序规定的自诉案件审理程序，对自诉人提起自诉的刑事案件或者刑事附带民事诉讼案件审理终结后，根据已经查明的事实、证据和法律规定，确认被告人是否有罪、是否处以刑罚、处以何种刑罚而作出处理决定时制作的法律文书。

第一审自诉案件刑事判决书适用于法律规定的自诉案件，即以下三类案件：第一，告诉才处理的案件，包括侮辱、诽谤案，暴力干涉婚姻自由案，虐待案，侵占案等。第

① 改编自湖北省天门市人民法院（2023）鄂9006刑初77号刑事附带民事判决书。

二，被害人有证据证明的轻微刑事案件，包括故意伤害案，非法侵入住宅案，妨害通信自由案，重婚案，遗弃案，生产、销售伪劣商品案，侵犯知识产权案等对被告人可能判处3年有期徒刑以下刑罚的案件。第三，被害人有证据证明对于被告人侵犯自己人身、财产权利行为应当依法追究刑事责任，而公安机关或者人民检察院已经作出不予追究的书面决定的案件。

第一审自诉案件刑事判决书有一般自诉案件用的样式、附带民事诉讼案件用的样式，以及自诉和反诉并案审理用的样式，其结构均由首部、正文和尾部组成。

（一）首部

（1）制作机关名称、文书名称和案号。如有附带民事诉讼的，文书名称表述为“刑事附带民事判决书”。

（2）当事人和诉讼参与人基本情况。当事人和诉讼参与人包括自诉人、被告人、诉讼代理人、辩护人等。

如自诉人就是附带民事诉讼原告人的，在“自诉人”之后用括号注明“附带民事诉讼原告人”。对于法律规定“告诉才处理”的案件，如被害人因受强制、威吓无法告诉而由被害人的近亲属告诉的，对被害人的近亲属表述为“自诉人”，并在自诉人的基本情况中写明。对于诉讼代理人，依次写明其姓名、工作单位和职务；如与自诉人有亲属关系的，应当注明。对于被告人，按照公诉案件的要求对被告人的基本情况进行表述。对于辩护人，依次写明辩护人的姓名、工作单位和职务。

（3）案由、案件来源和审判经过等。基本的表述方法为：

> 自诉人××以被告人××犯××罪，于××年××月××日向本院提起控诉。本院受理后，依法实行独任审判（或者组成合议庭审判），公开开庭审理了本案。自诉人××及其诉讼代理人××、被告人××及其辩护人××等到庭参加诉讼。现已审理终结。

具体范例如下：

> 自诉人刘某军以被告人于某某、曹某某犯故意伤害罪，并由此造成经济损失为由，于20××年4月3日向本院提起控诉。本院受理后，依法组成合议庭，公开开庭审理了本案。自诉人刘某军及其诉讼代理人王某某，被告人于某某、曹某某到庭参加诉讼。现已审理终结。

注意：

（1）如果自诉人提起附带民事诉讼的，在自诉人指控被告人犯有何罪之后应当写明“并由此造成经济损失”。

（2）如果被告人提出反诉的，在写明“自诉人××向本院提起控诉”之后，再写明“被告人××于××年××月××日以自诉人××犯××罪提起反诉”。

（3）对于我国刑事诉讼法规定的“被害人有证据证明对被告人侵犯自己人身、财产权利的行为应当依法追究刑事责任，而公安机关或者人民检察院不予追究被告人刑事责任”的案件，应当将有关司法机关“不予追究”的情形在“案件由来”部分表述清楚。

（二）正文

1. 事实和证据

（1）控辩双方的主张。

第一，以“自诉人××诉称”为引导词，归结自诉人在自诉状和法庭调查中控诉被告人犯罪的事实和证据以及自诉人的诉讼请求。对于有附带民事诉讼内容的，也应当作相应的表述。

第二，以“被告人××辩称”为引导词，归结被告人的供述、辩解、被告人自行辩护的意见和有关证据。以“辩护人××提出的辩护意见是”为引导词，归结被告人的辩护人的辩护意见和有关证据。例如：

自诉人刘某军诉称：20××年4月21日14时50分，被告人于某某、曹某某以找其说事为由，将其叫至某某绿地，进行殴打。殴打过程中，被告人于某某持砖头将刘某军头部打伤，被告人曹某某持薄膜刀将刘某军身体多处刺伤。其损伤情况经鉴定属轻伤。北京市房山区人民检察院以于某某与刘某军互殴具有投案自首情节，认为于某某不构成犯罪为由对于某某作出不起诉决定，以被告人曹某某犯罪情节轻微且具有自首情节为由对被告人曹某某亦作出了不起诉决定。自诉人刘某军对于上述事实，向本院提交了证人证言等相应的证据，并要求追究二被告人的刑事责任，请求依法判令二被告人赔偿自诉人医疗费、误工费、护理费、住院伙食补助费、营养费、交通费、继续治疗费等各项经济损失共计人民币28 243.67元。

被告人于某某、曹某某辩称：二人的行为给自诉人造成了伤害，但本案的发生事出有因，并且在案发后就投案自首了。①

（2）人民法院审理查明的事实和证据。

首先，写明经人民法院审理查明的案件事实；其次，写明据以定案的证据和证据来源；最后，对控辩双方有异议的事实、证据进行分析认证。除了可以参照第一审公诉案件刑事判决书的表述方法外，还应注意，涉及附带民事诉讼部分的证据也应在“事实和证据”部分一并表述。

2. 理由

一是写明根据查明属实的事实、证据和法律规定，论证自诉人的指控是否成立，被告人的行为是否构成犯罪，被告人犯的什么罪，是否从轻、减轻、免除处罚或者从重处罚。二是对控辩双方有关适用法律的意见进行分析，并表明是否支持或采纳的态度和理由。三是援引法律条文，写明判决的法律依据。例如：

本院认为，被告人于某某、曹某某故意伤害他人身体，致人轻伤，其行为已构成故意伤害罪，依法均应惩处。鉴于二被告人犯罪后自动投案，如实供述自己的罪行，属自首，且积极赔偿自诉人的经济损失，依法免予刑事处罚。自诉人首先挑起事端，对本案的发生负有责任，应对造成的后果承担部分民事责任（30%）。本院根据被告人于某某、曹某某犯罪的事实，犯罪的性质、情节以及对社会的危害程度，

① 改编自北京市房山区人民法院（2008）房刑初字第00249号刑事附带民事判决书。

依照《中华人民共和国刑法》(2006年修正) 第二百三十四条、第六十七条,《中华人民共和国侵权责任法》(已失效) 第六条、第十六条、第二十六条及《最高人民法院关于审理人身损害赔偿案件适用法律若干问题的解释》之规定,判决如下:……

3. 判决结果

对自诉案件的判决结果也有定罪判刑、定罪免刑、宣告无罪三种情形,其表述方法,与第一审公诉案件适用普通程序的刑事判决书的表述方法相同,可以参照。

(三) 尾部

与第一审公诉案件适用普通程序的刑事判决书表述方法相同。

五、第一审刑事裁定书

第一审刑事裁定书是指第一审人民法院依照刑事诉讼法规定的第一审程序,在审理刑事案件过程中,对有关程序问题和部分实体问题作出处理决定时制作的法律文书。

根据制作文书的法律依据和适用范围,第一审刑事裁定书可分为以下五类:

(一) 驳回自诉用的刑事裁定书

驳回自诉用的刑事裁定书,是指基层人民法院在受理自诉案件后,经审查发现自诉人对被告人的控告缺乏证据,且不能提交补充证据,又不愿撤回自诉,或者被告人的行为不构成犯罪,因而决定驳回自诉时制作的法律文书。

驳回自诉用的刑事裁定书适用于以下案件:(1) 不符合自诉案件的受理条件的;(2) 证据不充分的;(3) 犯罪已过追诉时效期限的;(4) 被告人死亡的;(5) 被告人下落不明的;(6) 除因证据不足而撤诉的以外,自诉人撤诉后,就同一事实又告诉的;(7) 经人民法院调解后,自诉人反悔,就同一事实再行告诉的;(8) 被告人对自诉人提出反诉之后,经审查发现反诉人缺乏证据,且不能提交补充证据,又不愿意撤回反诉的;(9) 反诉被告人(本诉自诉人)的行为不构成犯罪的。

驳回自诉用的刑事裁定书的结构也由首部、正文和尾部组成。其首尾部分有关标题、案号和当事人等基本情况的写法与第一审刑事判决书首尾部分的写法相似,只是案由和案件来源部分表述为"自诉人××以被告人××犯××罪,于××年××月××日向本院提起控诉"。另外,尾部写明对裁定的上诉期限为5日。

注意:

(1) 驳回自诉用的刑事裁定书一般不写事实和证据。但对于缺乏证据且提不出补充证据或者当事人要求写明事实和证据的,也可以据实表述控辩双方的事实和主张,并对双方举证、质证的内容进行认证。

(2) 裁定理由部分以"本院审查认为"引导,阐述驳回自诉的理由,并援引法律条文指出裁定的法律依据。

运用法律分析说理时要有针对性,当被告人的行为不构成犯罪而驳回自诉人的自诉时,更应紧紧围绕犯罪构成要件阐明理由,让当事人信服。

(3) 裁定结果表述为"驳回自诉人××对被告人××的起诉"。如果系反诉案件,还应紧接着写明"驳回被告人××对自诉人××的反诉"。

（二）准许撤诉或按撤诉处理用的刑事裁定书

准许撤诉或按撤诉处理用的刑事裁定书，是指基层人民法院在受理自诉案件后，在审理过程中准许自诉人撤诉或者按撤诉处理，或者对公诉案件准许撤诉时制作的法律文书。

准许撤诉或按撤诉处理用的刑事裁定书适用的案件是：（1）在法庭审理过程中，因自诉人的自诉缺乏证据，自诉人又无法提出补充证据，因而说服自诉人撤回起诉的案件；（2）自诉人在宣告判决前同被告人自行和解而申请撤诉，予以准许的案件；（3）自诉人经两次依法传唤，无正当理由拒不到庭的，或者未经法庭准许中途退庭，人民法院按自诉人撤诉处理的案件；（4）在判决宣告前，人民法院经审查准许人民检察院撤回起诉的案件。

对不准许撤诉的案件，可以口头予以裁定，口头裁定的不必另行制作裁定书，待该案审理完毕后，在裁定书的“审理经过”中予以表述。

准许撤诉或按撤诉处理用的刑事裁定书的首部和尾部有关标题、案号和当事人等基本情况的写法与第一审刑事判决书首尾部分的写法相似，只是案由和案件来源部分要简述自诉人申请撤诉或者人民法院按撤诉处理的事由。另外，尾部写明对裁定的上诉期限为5日。

注意：

（1）由于准许撤诉或按撤诉处理用的刑事裁定书只解决程序问题，所以不必对事实和证据单独叙述。

（2）理由部分首先要简写是否准许撤诉或者按撤诉处理的理由，其次写明裁定的法律依据。

（3）裁定结果即裁定主文部分有两种情况：第一，准许自诉人申请撤诉的，表述为“准许自诉人××撤诉”；第二，按撤诉处理的，表述为“对自诉人××的控诉按撤诉处理”。

（三）终止审理用的刑事裁定书

终止审理用的刑事裁定书，是指人民法院在刑事诉讼过程中，因出现某种法定情形而终结案件审理时制作的法律文书。这里所说的“某种法定情形”是指：在第一审程序中，在判决宣告以前被告人死亡的；在第二审程序中，在判决或裁定宣告以前被告人死亡的；在死刑复核程序中，在判决或裁定宣告以前被告人死亡的；刑事案件被告人的犯罪事实已过追诉时效期限，并且不是必须追诉或者经特赦令免除刑罚，决定终止审理的。

制作终止审理用的刑事裁定书的内容和方法比较简单，可参照前述刑事裁定书的内容和方法制作。需要特别注意的问题是：（1）必须在案由、案件来源和审理过程这个部分写明终止审理的原因和法律依据。（2）在裁定主文部分写明“本案终止审理”。（3）尾部表述为“本裁定书送达后即发生法律效力”。

（四）中止审理用的刑事裁定书

中止审理用的刑事裁定书，是指人民法院在刑事诉讼中，因出现某种法定情形，致使审理无法进行而暂时中止时制作的法律文书。

上述所说的“某种法定情形”是指：在审判过程中，自诉人或者被告人患精神病或其他严重疾病；案件起诉到人民法院后被告人脱逃，致使案件在较长时间内无法继续审理；由于其他不能抗拒的原因，致使案件无法继续审理。

制作中止审理用的刑事裁定书的内容和方法比较简单，可参照前述刑事裁定书的内容和方法制作。需要特别注意的问题是：(1) 必须在案由、案件来源和审理过程这个部分写明中止审理的原因和法律依据。(2) 在裁定主文部分写明“本案中止审理”。(3) 本裁定书的案号应当根据审级的不同确定。

(五) 补正裁判文书失误用的刑事裁定书

补正裁判文书失误用的刑事裁定书适用于改正、补充刑事判决书、刑事裁定书或者刑事调解书中文字技术上的失误，不涉及实体（包括金额或数额）和程序问题的处理。所以，对于有关裁判文书在认定案件事实、证据或者适用法律上存在的问题，不能适用本文书，只能通过第二审程序、死刑复核或者审判监督程序处理。

补正裁判文书失误用的刑事裁定书的内容要点非常简单，主要是指出发现的问题，如“原××书……（写明错、漏的字句及其所在页次和行数)”，同时，表明更正情况，如“现更正为……”(写明更正、补充的字句)。

注意：本裁定书的案号与被补正的裁判文书案号一致。

第二节 第二审刑事裁判文书

第二审刑事裁判文书是指人民法院依照刑事诉讼法规定的第二审程序，在审理刑事案件时，根据已经查明的事实、证据和有关法律的规定，就案件涉及的实体问题或程序问题作出处理意见而制作的法律文书。

第二审刑事裁判文书既包括第二审刑事判决书，也包括第二审刑事裁定书。人民法院的第二审刑事判决书是针对原审判决在认定事实、适用法律或者量刑方面的错误作出改判时所制作的。第二审刑事裁定书主要适用于维持原判、发回重审，以及对原审刑事裁定的维持、变更和撤销等。本节主要介绍几种常见的第二审刑事裁判文书。

一、第二审刑事判决书

第二审刑事判决书，是指人民法院根据刑事诉讼法规定的第二审程序，对当事人上诉或者人民检察院抗诉的，第一审人民法院未生效的刑事判决进行审查后作出处理决定时制作的法律文书。

根据《刑事诉讼法》第236条：“第二审人民法院对不服第一审判决的上诉、抗诉案件，经过审理后，应当按照下列情形分别处理：(一) 原判决认定事实和适用法律正确、量刑适当的，应当裁定驳回上诉或者抗诉，维持原判；(二) 原判决认定事实没有错误，但适用法律有错误，或者量刑不当的，应当改判；(三) 原判决事实不清楚或者证据不足的，可以在查清事实后改判，也可以裁定撤销原判，发回原审人民法院重新审判。”由此可见，人民法院的第二审刑事判决书是针对原审判决在认定事实、适用法律或者量刑方面的错误作出改判时所制作的。

第二审刑事判决书与第一审刑事判决书的结构相似，但由于是重审，第二审刑事判决书既要指出第一审刑事判决书的错误，又要指出上诉或抗诉的理由，所以在具体内容和制作要求上与第一审刑事判决书有一定的区别。

（一）首部

1. 制作机关名称和文书名称

分两行写明人民法院名称和文书名称，如“××人民法院刑事判决书”。

2. 案号

由于第二审是终审程序，所以其案号应当表述为“（××）×刑终××号”，如（20××）沪01刑终23号。

3. 公诉机关和各主要诉讼参与人

（1）在公诉案件中，如果是被告人提出上诉的，首先写“原公诉机关”项，其次写“上诉人（原审被告人）”项和辩护人项；被告人的近亲属或辩护人经过被告人同意而提出上诉的，第一项“原公诉机关”不变，第二项改为“上诉人（原审被告人的××）”，第三项写“原审被告人”，第四项写“辩护人”；如果是人民检察院提起抗诉的，首先写“抗诉机关”项，其次写“原审被告人”项及辩护人项；如果上诉、抗诉同时存在，先写“抗诉机关”项，再写“上诉人（原审被告人）”项及其“辩护人”项。例如：

> 原公诉机关云南省昭通市人民检察院。
>
> 上诉人（原审被告人）李某奎，男，19××年6月17日生，汉族，云南省巧家县人，小学文化程度，农民，住巧家县××乡鹦哥村放牛坪社××号。20××年5月20日因本案被刑事拘留，同年6月3日被逮捕。现押于巧家县看守所。
>
> 指定辩护人王某权，云南省××律师事务所律师。

（2）在自诉案件中，如果是自诉人提出上诉的，第一项写“上诉人（原审自诉人）”，第二项写“原审被告人”；如果是被告人提出上诉的，第一项写“上诉人（原审被告人）”，第二项写“原审自诉人”；如果双方都提出上诉，先写“上诉人（原审自诉人）”项，再写“上诉人（原审被告人）”项；如果原审自诉人有诉讼代理人或者被告人有辩护人的，均应在各自的项下续写。

（3）如果自诉人、被告人系未成年人，其法定代理人或指定代理人提出上诉的，应把“上诉人（原审××人的×定代理人）”项增写在被代理人之前，随后续写“原审自诉人”或“原审被告人”项。

（4）共同犯罪案件的多名被告人中，有的上诉，有的未上诉，先将上诉的被告人写为“上诉人（原审被告人）”，再写辩护人项，随后续写未上诉的“原审被告人”项。

（5）在刑事附带民事诉讼案件中，如果是当事人提出上诉的，公诉案件中的“原公诉机关”项和“上诉人”项与一般公诉案件写法一致，只是上诉人称谓后面的括号中应注明是原审附带民事诉讼原告人还是原审被告人。自诉案件中先写“上诉人（原审自诉人兼附带民事诉讼原告人或被告人）”项，再写“原审××人”项。如果是检察机关抗诉的，先写“抗诉机关”项，再续写其他项目。

上列当事人基本情况及拘留、逮捕情况的写法，与第一审刑事判决书的相应项目相同。

4. 案由、案件来源和审判经过等

这部分一般可以套用格式："××人民法院审理××人民检察院指控原审被告人××犯××罪一案，于××年××月××日作出（××）×刑初××号刑事判决。原审被告人××不服，提出上诉。本院依法组成合议庭，公开（或者不公开）开庭审理了本案。××人民检察院指派检察员××出庭履行职务，上诉人（原审被告人）××及其辩护人××、证人××等到庭参加诉讼。本案现已审理终结。"

如果公诉机关和主要诉讼参与人与该表述不相符合的，应作相应的变动。例如：

> 云南省昭通市中级人民法院审理昭通市人民检察院指控原审被告人李某奎犯故意杀人罪、强奸罪，原附带民事诉讼原告人王某礼、陈某金提起附带民事诉讼一案，于20××年7月15日作出（20××）云06刑初××号刑事附带民事判决书。原审附带民事诉讼原告人服判，不上诉。原审被告人李某奎不服，提出上诉。本院依法组成合议庭，开庭审理了本案。云南省人民检察院指派检察员苏某轩、胡某斌出庭履行职务。原审被告人李某奎及其辩护人王某权到庭参加诉讼。现已审理终结。

（二）正文

第二审刑事判决书的正文部分与第一审刑事判决书相比，有其自身的特点：第一，第二审刑事判决书中的正文部分，是对第一审刑事判决书进行全面审查的结果。根据《刑事诉讼法》的规定，第二审必须对第一审的判决作全面审查，不受上诉或抗诉范围的限制。所以，第二审刑事判决书对事实的认定和法理的阐述以及所作结论，是以对第一审判决的全面审查为基础的。第二，第二审刑事诉讼是由上诉或者抗诉引起的，因此，第二审刑事判决书要强调针对性，即针对上诉或抗诉的主要理由和第一审判决中的错误，有重点地进行叙事论理。

1. 事实和证据

第二审刑事判决书的事实和证据部分有以下要点：

（1）控辩双方的意见。首先，概述原审判决认定的事实、证据、理由和判处结果；其次，概述上诉、辩护的意见；最后，概述人民检察院在第二审中提出的新意见。

（2）人民法院查明的事实、证据和认证意见等。首先，写明经第二审审理查明的事实；其次，写明第二审据以定案的证据；最后，针对上诉理由中与原审判决认定的事实、证据有异议的问题进行分析、认证。

具体制作这部分内容时，要针对各种案件的不同情况，采取不同的写法，做到突出重点、详略得当。一般来说，可以采取以下方法：

第一，如果上诉或者抗诉只是对第一审判决适用法律和量刑有意见，对第一审判决认定的事实没有异议，经第二审审查也认为第一审判决认定事实正确，那么，第二审刑事判决书中事实部分只需概括地转述原审判决认定的事实和情节，表示予以同意即可。但是，如果经第二审审理，发现原审判决认定事实确有错误，则应当写明第二审所查明的正确事实。

第二，如果上诉或者抗诉对第一审判决所认定的事实部分有异议，第二审刑事判决书应当针对有异议的部分予以详细叙述，并针对上诉人或者抗诉机关提出异议的根据，阐明观点，予以分析、论证。

第三，如果上诉或者抗诉对第一审判决所认定的事实予以全部否认，第二审判决书中应当针对上诉人或抗诉机关提出的主要理由，根据第二审查明的事实和证据，有根据地逐项予以详细论证，提出认定或者否定原审判决所认定事实的根据。

总之，第二审刑事判决书的事实叙述，应有的放矢，详述上诉或者抗诉有异议的事实，略述没有异议的事实，以明确重点，为说理提供根据。

2. 理由

第二审刑事判决书的理由应当针对原判决是否正确、上诉或者抗诉是否合理进行分析、论证。上诉或者抗诉理由正确的，予以支持；无理的，予以批驳。对于原审判决中正确的部分应予以维持，对于错误的部分应纠正，并运用事实和法律指出其错误和不当之处。论证应当全面、合法，使改判的具体理由客观、公正、符合法理。

（1）如果上诉或者抗诉对第一审判决认定的事实有异议，对适用的法律并无异议，但经过第二审审理确认原审判决认定事实正确，适用法律和定罪量刑错误，则第二审刑事判决书理由部分，就应当根据第二审所确认的事实，依照法律的规定，对于第一审判决中适用法律、定罪量刑的不当之处予以分析、论证，阐明改判的理由。

（2）如果上诉或者抗诉对第一审判决认定的事实无异议，却对适用法律和定罪量刑有异议，经第二审审理后，认为原审判决事实不清或者证据不足，则第二审刑事判决书应指明原审判决事实不清或者证据不足之处，并论述依法予以改判的理由。

（3）如果上诉或者抗诉对第一审判决认定事实、适用法律和定罪量刑均有异议，经第二审审理，确认原审判决认定事实和适用法律均属不当，则第二审刑事判决书的理由应当针对原审判决的错误之处予以全面论证，并充分说明否定原审判决并予以改判的根据和理由。

第二审刑事判决书在理由论证完毕后，应当完整地适用有关法律依据，使改判具有合法性。在顺序上，应当先引用《刑事诉讼法》关于改判的规定，再引用改判所依据的实体法条文。

例如李某奎强奸、故意杀人一案第二审刑事判决书的理由部分为：

本院认为，上诉人李某奎目无国法，将王某飞掐致昏迷后对其实施奸淫，而后又将王某飞、王某红姐弟杀害的行为，分别构成强奸罪、故意杀人罪，应依法严惩。被告人李某奎在犯罪后到公安机关投案，并如实供述其犯罪事实，属自首；在归案后认罪、悔罪态度好，并赔偿了被害人家属部分经济损失，故上诉人李某奎及其辩护人所提被告人具有自首情节且认罪、悔罪态度好，积极赔偿被害人家属的上诉理由和辩护意见属实，本院予以采纳。鉴于此，对李某奎应当判处死刑，但可以不立即执行。

综上所述，原判认定事实清楚，定罪准确，审批程序合法，但对被告人李某奎量刑失重。检察机关针对李某奎的量刑意见，本院不予支持。据此，依照《中华人民共和国刑事诉讼法》第二百三十六条第（一）（二）项之规定，判决如下：……

3. 判决结果

第二审刑事判决书的判决结果，实际上就是改判的具体内容。它有以下两种情况：

（1）全部改判的，表述为：

一、撤销人民法院（××）×刑初××号刑事判决。

二、上诉人（原审被告人）……（写明改判的具体内容）

（2）部分改判的，表述为：

一、维持××人民法院（××）×刑初××号刑事判决的第××项（写明维持的具体内容）。

二、撤销××人民法院（××）×刑初××号刑事判决的第××项，即……（写明撤销的具体内容）

三、上诉人（原审被告人）……（写明改判的具体内容）

改判的内容有多项的，则应逐项写明，如：

一、维持云南省昭通市中级人民法院（20××）云06刑初52号刑事附带民事判决第二项中对被告人李某奎强奸罪的定罪量刑及故意杀人罪的定罪部分；撤销第一项中对故意杀人罪的量刑部分。

二、上诉人（原审被告人）李某奎犯故意杀人罪，判处死刑，缓期二年执行，剥夺政治权利终身。

（三）尾部

在判决结果下方，应当写明尾部的内容。

（1）写明“本判决为终审判决”。此外，如果改判的结果中有判处被告人死刑的，则应写“由本院依法报送最高人民法院核准以后发生法律效力”。

（2）合议庭人员署名等项内容的书写，与第一审刑事判决书相同。

二、第二审维持原判用的刑事裁定书

第二审维持原判用的刑事裁定书，是指第二审人民法院在受理当事人不服第一审法院判决提出上诉或者人民检察院提出抗诉的刑事案件后，经审理确认第一审判决在认定事实和适用法律上没有错误，量刑适当，审判程序合法，依法驳回上诉、抗诉，维持原判时制作的法律文书。

第二审维持原判用的刑事裁定书适用于第一审人民法院的判决在认定事实和适用法律上没有错误，量刑适当，第二审人民法院依法应予维持原判，驳回上诉或者抗诉的案件。

（一）首部

1. 制作机关名称和文书名称

分两行写明人民法院名称和文书名称，如“××人民法院刑事裁定书”。

2. 案号

由于第二审是终审程序，所以其案号应当表述为“（××）×刑终××号”，如

(2019）沪01刑终67号。

3. 控辩双方的基本情况

（1）被告人提出上诉的，第一项为“原公诉机关”，第二项为“上诉人（原审被告人）”，第三项为辩护人。例如何某娟故意杀人罪第二审刑事裁定书的表述为：

原公诉机关甘肃省白银市人民检察院。

上诉人（原审被告人）何某娟，女，汉族，198×年8月23日出生，甘肃景泰县人，初中文化，景泰县凯尔亮超市出纳，住甘肃省景泰县。因本案于202×年8月3日被刑事拘留，同年8月17日被逮捕。现羁押于白银区看守所。

辩护人荆某人，甘肃仁泽律师事务所律师。①

（2）检察机关提出抗诉的，第一项为“抗诉机关”，第二项为“原审被告人”，第三项为“辩护人”。

（3）既有被告人上诉，又有检察机关抗诉的，第一项为“抗诉机关”，第二、三项与第一种情况的写法相同。控辩双方的基本情况写作事项与第一审刑事判决书相同。

（4）共同犯罪案件的数个被告人中，有的上诉、有的不上诉，先列写“上诉人（原审被告人）”项，再续写未上诉的其他的“原审被告人”项。

4. 案由、案件来源和审理过程等

第二审维持原判用的刑事裁定书对案由、案件来源和审理过程等的基本表述方法为：“××人民法院审理××人民检察院指控原审被告人××犯××罪一案，于××年××月××日作出（××）×刑初××号刑事判决。原审被告人××不服，提出上诉（如因检察院提出抗诉而引起二审的，写为‘××人民检察院不同意原判向本院提出抗诉’）。本院依法组成合议庭，公开（或者不公开）开庭审理了本案。××人民检察院指派检察员××出庭履行职务。上诉人（原审被告人）××及其辩护人××等到庭参加诉讼。现已审理终结。”

在上述基本表述的基础上，根据不同的情形作适当的调整：

（1）对于第二审人民法院依照刑事诉讼法的规定未开庭审理的，将“本院依法组成合议庭”与“现已审理终结”之间的内容改写为“经过阅卷，讯问被告人，听取其他当事人、辩护人、诉讼代理人的意见，认为事实清楚，决定不开庭审理”。

（2）对于被害人及其法定代理人请求人民检察院提出抗诉，人民检察院根据《刑事诉讼法》第228条的规定决定抗诉的，应把审理过程一段中的“原审被告人××不服，提出上诉”一句，改写为“被害人（或者其法定代理人）××不服，请求××人民检察院提出抗诉。××人民检察院决定并于××年××月××日向本院提出抗诉”，以体现对被害人合法权利的保护。

（3）对于被告人的辩护人或者近亲属经被告人同意而提出上诉的，上诉人仍为原审被告人，但应将审理过程一段中的“原审被告人××不服，提出上诉”一句，修改为“原审被告人××的近亲属（或者辩护人）××经征得原审被告人××同意，提出上诉”，

① 改编自甘肃省高级人民法院（2023）甘刑终2号刑事裁定书。

以全面体现对被告人上诉权利的保护。

注意： 如果是第二审自诉案件，除首部中当事人的称谓、案件由来和审理过程一段的表述应作相应变动外，其余各项也应根据具体情况作相应的增删或者修改。

（二）正文

正文部分由事实和证据、理由，以及判决结果构成。

1. 事实和证据

这一部分包括控辩双方的意见和人民法院查明的事实、证据和认证意见等。

（1）控辩双方的意见。

第二审维持原判用的刑事裁定书仍应对抗诉机关的抗诉理由和上诉人及其辩护人的上诉和辩护理由进行逐一列举，以充分尊重控辩双方的诉讼权利。首先概述原审判决认定的事实、证据、理由和判处结果；其次概述上诉、辩护的意见；最后概述人民检察院在第二审中提出的新意见。

（2）人民法院查明的事实、证据和认证意见等。

以"经审理查明"引导，首先写明经第二审审理查明的事实，其次写明第二审据以定案的证据，最后针对上诉理由中与原审判决认定的事实、证据有异议的问题进行分析、认证。

由于维持原判用的刑事裁定书，在通常情况下不涉及对原审判决认定事实、证据的原则分歧，所以在叙述原审判决和第二审法院认定的事实和证据时，可根据案件具体情况，采取"此繁彼简"或者"此简彼繁"的方法，以避免文字上不必要的重复。比如，在详细叙述第一审判决认定的事实、证据的前提下，经第二审审理确认了第一审的事实和证据，且控辩双方对此并无异议的，对第二审认定的事实、证据可一笔带过，简要表述为"经第二审审理查明的事实、证据与第一审相同"。

2. 理由

以"本院认为"引导，首先根据第二审查明的事实、证据和有关法律规定，论证原审判决认定的事实、证据和适用法律的正确性；其次对上诉人、辩护人或者出庭履行职务的检察人员等在适用法律、定性方面的意见逐一作出回答，阐述不予支持或不予采纳的理由；最后写明裁定的法律依据。例如何某娟故意杀人罪刑事二审刑事裁定书的理由为：

> 本院认为，原审判决认定上诉人何某娟犯故意杀人罪的事实清楚，证据确实、充分，定罪量刑及适用法律均正确，审判程序合法。经本院讨论决定，依照《中华人民共和国刑事诉讼法》第二百三十六条第一款第（一）项和第二百四十四条之规定，裁定如下：……①

3. 裁定结果

依照《刑事诉讼法》第236条第1款第1项之规定，裁定结果应当表述为"驳回上诉（或者抗诉），维持原判"。

---

① 改编自甘肃省高级人民法院（2023）甘刑终2号刑事裁定书。

（三）尾部

尾部写明“本裁定为终审裁定”，并由审判人员和书记员署名，在审判人员和书记员署名之间写明裁定日期，同时在日期上加盖人民法院印章。最后，盖“本件与原本核对无异”印戳。

注意：如果本裁定书的制作机关是高级人民法院，并且维持的是一审死刑判决的，依照我国刑事诉讼法的有关规定，应当在裁定书的尾部写明：“本裁定依法报送最高人民法院核准。”

三、第二审发回重审用的刑事裁定书

第二审发回重审用的刑事裁定书是指第二审人民法院在受理当事人不服第一审判决的上诉或者检察机关的抗诉后，经审理认为，原判决事实不清或者证据不足，或者违反法律规定的诉讼程序，依法撤销原判，发回重新审判时制作的法律文书。

第二审发回重审用的刑事裁定书的格式、主要内容和写作方法与第二审维持原判用的刑事裁定书基本相同，但在具体制作时应当注意以下四点：

(1) 发回重审的裁定只解决程序问题，没有涉及对案件实体问题的处理，因此，不需要具体叙述原审判决认定的事实、证据、理由以及上诉、抗诉的意见和理由等。对核心内容，也只需用最精练的文字，在案件由来部分表述，如“以……为由，提出上诉(或抗诉)”。例如：

××人民法院审理被告人××……（写明姓名和案由）一案，于××年××月××日作出（××）×刑初××号刑事判决……认定被告人××犯××罪，判处……（简写判处结果）被告人××不服，以……（简写上诉的主要理由）为由，提出上诉。本院依法组成合议庭审理了本案（经过开庭审理的，还应写明庭审形式和到庭参加诉讼的人员）。

(2) 制作第二审发回重审用的刑事裁定书时原则上应当具体写明发回重审的理由，对于以违反法律规定的诉讼程序为由发回重审的，应当按照我国《刑事诉讼法》第238条规定的五种情形具体写明，不再向原审人民法院另行附函说明，特殊情况除外。这五种情形包括：违反《刑事诉讼法》有关公开审判的规定的；违反回避制度的；剥夺或者限制了当事人的法定诉讼权利，可能影响公正审判的；审判组织的组成不合法的；其他违反法律规定的诉讼程序，可能影响公正审判的。

在表述发回重审的情形和理由时，务必做到全面、具体和精练。所谓全面，是指凡是涉及“发回重审”的法定事项不得遗漏。所谓具体，是指对引起发回重审的情形要表述得有事实、有证据。所谓精练，是指在坚持全面、具体的前提下，尽量从文字方面进行高度概括，切忌冗长。例如，某中级人民法院在对一起故意伤害案件经过第二审后决定发回重审的裁定书中写道：

本院认为，原判认定被告人王某木犯有故意伤害罪的主要证据之一即三名现场目击证人的证词未在法庭上质证，违反了刑事诉讼法有关定案证据必须经过法庭查证属实的规定，依照……规定，裁定如下：……

(3) 对发回重审适用的法律依据应当根据不同情形表述；对于因事实不清、证据不足而发回重审的，应当引用《刑事诉讼法》第236条第1款第3项的规定；对于因程序违法而发回重审的，则应当引用《刑事诉讼法》第238条中相应的规定。

(4) 裁定结果部分应当先写明所撤销判决的判决书案号，再表述发回重审的事项，如：

一、撤销××人民法院（××）×刑初××号刑事判决。

二、发回××人民法院重新审判。

四、第二审准许撤诉用的刑事裁定书

第二审准许撤诉用的刑事裁定书，是指第二审人民法院在受理上诉、抗诉案件后，对于上诉人申请撤回上诉或者抗诉机关的上级人民检察院决定撤回抗诉等情况的案件，经审查准许撤回上诉、抗诉时制作的法律文书。

准许撤回上诉、抗诉的刑事裁定书是供中级人民法院审理案件的时候使用的，它适用于以下四种情况：第一，在第二审过程中上诉人要求撤回上诉并经准许的案件；第二，在第二审过程中提起抗诉的人民检察院要求撤回抗诉的案件；第三，提起抗诉的人民检察院的上级人民检察院认为下级人民检察院抗诉不当，决定撤回抗诉的案件；第四，接到开庭通知后人民检察院不派员出庭，人民法院裁定按人民检察院撤回抗诉处理的抗诉案件。

准许撤回上诉、抗诉的刑事裁定书的格式、内容和写法与第二审人民法院维持原判用的刑事裁定书的格式、内容和写法基本相同，但是在具体制作时应当注意以下五点：

(1) 准许撤回上诉、抗诉的刑事裁定书样式原本是按照上诉人申请撤回上诉的模式设计的，所以，如果用于人民检察院撤回抗诉，则要根据不同情形变通有关事项，比如，将“原公诉机关”改为“抗诉机关”，将“上诉人”改为“原审被告人”等。对于“案由、案件来源和审理过程”部分，就应当根据撤回上诉、抗诉的不同情形具体写明，如以“××人民检察院认为抗诉不当，向本院撤回抗诉”替代“上诉人××申请撤回上诉”。

(2) 第二审人民法院对于接到开庭通知后人民检察院不派员出庭的抗诉案件裁定按人民检察院撤回抗诉处理的，其裁定结果应当表述为“本案按××人民检察院撤回抗诉处理”，而不可表述为“准许××人民检察院撤回抗诉”。具体表述如下：本案按××人民检察院撤回抗诉处理。××人民法院（××）×刑初××号刑事判决自本裁定送达之日起发生法律效力。

(3) 如系自诉案件的自诉人提出上诉后，不仅要求撤回上诉，而且要求撤回原诉（自诉），经审查予以准许时，裁定结果则应当表述为：准许上诉人×××撤回上诉和自诉。××人民法院（××）×刑初××号刑事判决自本裁定送达之日起即视为撤销。在裁定书中“上诉人（原审自诉人）××申请撤回上诉”一句之后增写“和自诉”。

(4) 准许撤回上诉或者撤回抗诉后原审判决即发生法律效力，因此，无论第二审人民法院是准许撤回上诉还是准许撤回抗诉，都应当在准许撤诉的文字表述之后，再写明第一审法院的判决“自本裁定送达之日起发生法律效力”。但是，对于在上诉、抗诉期满前，上诉人或者人民检察院撤回上诉或者抗诉的，第一审判决、裁定在上诉、抗诉期满之日起生效，所以，裁定结果中应当将“自本裁定送达之日起”，改为“自本裁定确定之日起”发生法律效力。

（5）不准许上诉人撤诉的，可以口头裁定，不再制作裁定书。

第三节　再审刑事裁判文书

再审刑事裁判文书是指人民法院依照刑事诉讼法规定的再审程序，在审理刑事案件时，根据已经查明的事实、证据和有关法律的规定，就案件涉及的实体问题或程序问题作出处理意见而制作的法律文书。

再审刑事裁判文书既包括再审刑事判决书，也包括再审刑事裁定书。人民法院根据我国刑事诉讼法规定的审判监督程序，对于已经发生法律效力但又确有错误的判决和裁定，通过重新审理，加以纠正，使有罪的人得到应有的法律制裁，使无罪的人不致再受错误的刑事处罚，从而维护法律的严肃性。

一、再审刑事判决书

再审刑事判决书即指审判监督程序的刑事判决书，它是指人民法院依照我国刑事诉讼法规定的审判监督程序，对于已经发生法律效力的判决，经发现其在认定事实或者适用法律上确有错误，进行重新审理后，就案件的实体问题作出处理决定时而制作的法律文书。

再审刑事判决书适用于以下案件：第一，原判决、裁定认定事实没有错误，但适用法律有错误，或者量刑不当的；第二，数罪并罚的案件，原判决没有分别定罪量刑的；第三，原判决认定事实不清、证据不足，经再审查清后改判的。

如果再审案件是按第一审程序审理的，其再审刑事判决书的格式与第一审刑事判决书的格式基本相同；如果再审案件是按第二审程序审理的，其再审刑事判决书的格式与第二审刑事判决书的格式基本相同。

（一）首部

1. 制作机关名称和文书名称

这一内容与第一审、第二审刑事判决书相同，分两行写明“××人民法院刑事判决书”。

2. 案号

再审刑事判决书的案号要体现再审程序的特点，如（××）豫01刑再1号。

3. 诉讼各方的基本情况

诉讼各方的基本情况应当按照其审理程序的不同写明：

（1）按第一审程序再审的刑事判决书，应写明：在公诉案件中，第一项写“原公诉机关”，第二项写“原审被告人”；如本案系由上级人民检察院抗诉而提起再审的，第一项写“抗诉机关”。在自诉案件中，第一项写“原审自诉人”，第二项写“原审被告人”。再审时原审被告人如有辩护人，应在其后增写“辩护人”项；再审时原审自诉人如有委托代理人，应在其后增写“委托代理人”项。由于申诉不是再审的法定条件，所以申诉人不在诉讼参与人之列，不应列写。

（2）按第二审程序再审的刑事判决书，应写明：在公诉案件中，原审系被告人上诉的，第一项写“原公诉机关”，第二项写“原审上诉人/原审被告人”；原审系人民检察院抗诉的，第一项写“原抗诉机关”，第二项写“原审被告人”；如果原审既有上诉，又有抗诉的，第一项写“原抗诉机关”，第二项写“原审上诉人（原审自诉人/原审被告人）”；但如本案系由上级人民检察院抗诉而提起再审的，第一项均应写“抗诉机关”。在自诉案件中，原审系自诉人上诉的，第一项写“原审上诉人（原审自诉人）”，第二项写“原审被告人”；原审系被告人上诉的，第一项写“原审上诉人（原审被告人）”，第二项写“原审自诉人”；如果双方都上诉的，双方均应写为“原审上诉人（原审自诉人或原审被告人）”。再审时原审被告人有新的辩护人的，应在其后增写“辩护人”项；再审时原审自诉人有委托代理人的，应在其后增写“委托代理人”项。同样，如果有申诉情形的，申诉人不应列写。

4. 案由、案件来源和审判经过等

（1）按第一审程序再审的，表述为：

原审被告人……（写明姓名和案由）一案，本院于××年××月××日作出（××）×刑初××号刑事判决，已经发生法律效力……［此处写明提起再审的经过。第一审法院本院决定再审的，写“××年××月××日本院作出（××）×刑监××号刑事裁定，对本院提起再审”；上级法院指令再审的，写“××年××月××日××人民法院作出（××）×刑监××号刑事裁定，指令本院对本案进行再审”］本院依法另行组成合议庭，公开（或不公开）开庭审理了本案。××人民检察院检察长（员）××出庭执行职务（如是自诉案件，此句改为“原审自诉人”），原审被告人××及其辩护人××等到庭参加诉讼。本案现已审理终结（未开庭的，改为“本院依法另行组成合议庭，审理了本案，现已审理终结”）。

（2）按第二审程序再审的，表述为：

原审被告人……（写明姓名和案由）一案，××人民法院于××年××月××日作出（××）×刑初××号刑事判决……（此处写明对原判的上诉、抗诉和本院第二审作出的裁定或判决及其年月日和字号。按审判监督程序提审的原第一审案件无此段）已经发生法律效力……［此处写明提起再审的经过。第二审法院本院决定再审的，写“××年××月××日本院作出（××）×刑监××号刑事裁定，对本院提起再审”；上级法院指令第二审法院再审的，写“××年××月××日××人民法院作出（××）×刑监××号刑事裁定，指令本院对本案进行再审”；向下级法院提审的，写“××年××月××日本院作出（××）×刑监××号刑事裁定，提审了本案”；同级人民检察院对下级法院审理的案件，按照审判监督程序提出抗诉的，写“××年××月××日××人民检察院按照审判监督程序向本院提出抗诉”］……（写明再审经过，与按第一审程序再审的刑事判决书相同）

（二）正文

再审刑事判决书的正文由事实和证据、理由，以及判决结果构成。

1. 事实和证据

事实和证据部分是再审判决书一项非常重要的内容，其基本要点是：（1）概述原审生效判决的基本内容，包括认定的事实、证据、判决理由及结论。（2）概述再审中原审被告人的辩解和辩护人的辩护意见以及人民检察院在再审中提出的新意见。（3）写明再审查明的事实和证据，并就双方对原判决有异议的事实、证据作出分析、认证。

注意：在制作这部分内容时，应当以原审生效判决的内容为基础，分不同情况进行表述：原审生效判决认定的事实正确，只是定性处理不当的，再审应对原审生效判决认定的事实予以简要的肯定；原审生效判决认定的事实全部错误的，应当将全面否定其认定事实的根据叙述清楚；原审生效判决认定的事实部分正确、部分错误的，首先应对其正确部分予以肯定，然后重点写明否定其错误部分的根据；对于抗诉、申诉和辩护等方面的主要意见和理由，应当在叙述中予以分析答复。

2. 理由

在理由部分，应当根据再审确认的事实、情节和当时的法律规定，首先论述被告人是否犯罪、犯什么罪，一案多人的还应分清各被告人的地位、作用和刑事责任；其次阐述应否从宽或从严处理，指出原审生效判决的定罪量刑中哪些是正确的、哪些是错误的或者全部是错误的，并写明理由。对于申诉人及有关各方关于定罪量刑方面的主要意见和理由，应当有分析地表示采纳或予以批驳。然后，引用有关的法律条文，作为再审改判的依据。例如闫某朋盗窃一案再审刑事判决书的理由部分的表述为：

本院认为，原审被告人闫某朋捡拾他人遗失手机后占为己有，在失主打电话联系时采取关机的手段不予归还，其行为尚不构成盗窃罪，理由如下：

其一，现有证据不足以证明涉案手机仍在被害人蔡某有效控制或支配之下。盗窃罪的犯罪对象系他人实际控制或占有的公私财物，其特征是他人在客观上对财物实际控制或支配，在主观上已经形成了控制或支配财物的意识，而涉案手机并不具备上述特征。首先，本案中，案发现场系人流量较大的公共场所，涉案手机属小件物品，失落在人来人往的非机动车道上，虽然被害人蔡某在旁边与他人聊天，距离手机较近，但不足以以此认为涉案手机仍在其有效控制或支配之下。其次，被害人蔡某的陈述、证人高某的证言均反而证实，蔡某并不知道其手机掉落到马路上，其目睹了闫某朋骑车停车后折回捡拾手机的完整过程，仍然没有意识到其手机已经遗失，未作出任何反应，直到准备进地铁站时方发现手机丢失。以上事实表明，失主蔡某客观上已经失去了对涉案手机的实际控制或支配，主观上也没有形成对失落的涉案手机控制或支配的意识。

其二，闫某朋没有秘密窃取他人财物的客观行为。闫某朋看到失落在非机动车道上的手机后予以捡拾，其行为发生于公共场所，一旁的被害人蔡某与证人高某均证实二人目睹了全过程，均知晓闫某朋捡拾手机，故闫某朋的行为不具有秘密窃取的性质。

其三，现有证据不足以证明闫某朋具有盗窃他人财物的主观故意。闫某朋捡拾手机发生在人流量较大的非机动车道上，一旁的被害人蔡某虽然看到了也未予制止，本案无证据证明闫某朋看到了被害人蔡某丢失手机，故闫某朋认为涉案手机是遗失物，可能是被害人的也可能是其他路人的这一供述符合一般社会公众的认知，具有可信度。现有证据证明闫某朋有非法占有他人遗失财物的目的，但不足以证明闫某朋具有盗窃他人财物的主观故意。

综上，原审判决认定其通过秘密窃取的手段占有他人财物，证据不确实、不充分，闫某朋及其辩护人提出的这一辩解、辩护意见成立，本院予以采纳。

三、本案闫某朋的行为属于非法侵占他人遗失物，但不构成犯罪。

本案涉案手机属于遗失物，与遗忘物没有本质差别。闫某朋拾得他人手机，在失主电话联系后关机以达到不予归还的目的，其行为属于非法侵占他人遗失物的行为，但鉴于涉案手机价值未达犯罪数额标准，且其在失主报案后主动将手机加价购回并返还失主，在诉讼过程中亦认识到自身行为的错误，表示后悔，对其可不予刑事处罚。

综上，原一、二审裁判认定原审被告人闫某朋的行为构成盗窃罪，属于适用法律错误，应当依法纠正。①

3. 判决结果

再审刑事判决书的判决结果的表述，与第二审刑事判决书的判决结果的表述基本相同：既要写明撤销原判决，又要写明改判的结果。在部分维持、部分撤销的判决书中，维持和撤销的结果都要写明。如果维持部分和撤销部分的界限不明确或有交错复杂的情况的，都应一并撤销，重新改判。要注意的是，由于是再审案件，其判决结果中的撤销、维持所针对的都是原审已生效的判决，应当具体写明。例如：

一、撤销江苏省南京市建邺区人民法院（2019）苏0105刑初133号刑事判决和江苏省南京市中级人民法院（2019）苏01刑终818号刑事裁定；

二、原审被告人闫某朋无罪。②

（三）尾部

尾部的各项内容，应当根据按第一审程序再审和按第二审程序再审的不同情况书写。如果再审依照第一审程序进行，则依照第一审刑事判决书写明上诉事项；如果再审依照第二审程序进行，则应在尾部写明“本判决为终审判决”。其余内容写法同第一审或第二审刑事判决书，只是合议庭人员必须是另行组成的。

二、再审刑事裁定书

再审刑事裁定书，即审判监督程序的刑事裁定书，是指人民法院根据我国刑事诉讼

①②　改编自江苏省高级人民法院（2021）苏刑再1号刑事判决书。

法规定的审判监督程序，对于已经发生法律效力的刑事判决或裁定，进行重新审理后，就案件的实体和程序问题作出处理意见时制作的法律文书。

再审刑事裁定书的格式、写法与再审刑事判决书相似。

（一）首部

首部应写明人民法院名称、文书名称和案号等内容，写法与再审刑事判决书一致。决定再审、提审或指令再审的刑事裁定书无须写诉讼各方的情况等内容，直接写正文。维持原判的再审刑事裁定书的首部各项内容与相应的再审刑事判决书的首部写法相同。例如按第一审程序再审维持原判的再审刑事裁定书的首部为：

××人民法院

刑事裁定书

（××）×刑再××号

原公诉机关××人民检察院。

原审被告人……（写明姓名、性别、出生年月日、民族、籍贯、职业或工作单位和职务、住址等，现在何处）

辩护人……（写明姓名、性别、工作单位和职务）

原审被告人……（写明姓名和案由）一案，本院于××年××月××日作出（××）×刑初/终××号刑事判决（或裁定），已经发生法律效力……（此处写明提起再审程序的经过）本院依法另行组成合议庭，公开（或不公开）开庭审理了本案。××人民检察院检察长（或员）××出庭执行职务，原审被告人××及其辩护人××等到庭参加诉讼。本案现已审理终结（未开庭的，改为“本院依法另行组成合议庭，审理了本案，现已审理终结”）。

（二）正文

正文应分不同情况书写：

（1）本院决定再审的，表述为：

原审被告人××……（写明姓名和案由）一案，本院于××年××月××日以（××）×刑初/终××号刑事判决（或裁定），认定被告人××犯××罪，判处……（写明判处内容）判决（或裁定）已经发生法律效力……（简述引起本院决定提起再审的由来和理由）依照……（写明裁定所依据的法律条款项）的规定，经本院院长提交审判委员会（第××次会议）讨论决定裁定如下：

本案由本院另行组成合议庭进行再审。

（2）上级法院指令再审的，表述为：

原审被告人××……（写明姓名和案由）一案，××人民法院于××年××月××日以（××）×刑初/终××号刑事判决（或裁定），认定被告人××犯××罪，判处……（写明判处内容）判决（或裁定）已经发生法律效力……（此处写明引起本院决定指令再审的由来和理由）依照……（写明裁定所依据的法律条款项）的规定，裁定如下：

指令××人民法院另行组成合议庭对本案进行再审。

（3）上级法院决定提审的，其书写内容与上级法院指令再审的一致，只是裁定结果应写明："本案由本院进行提审。"

（4）再审维持原判的刑事裁定书，应在事实部分写明原审生效判决的基本内容，要将其认定的事实、证据和理由写清。在写第二审查明的事实时，对前述事实概括地予以确认，对有异议的部分，应着重加以分析论定。在理由部分，应根据再审查证属实的事实，以及当时的法律规定，分析原审生效判决的主要意见和理由，阐明原审生效判决的正确性。同时，引用有关法律条文，作为维持原审生效判决的依据。在裁定结果部分，具体写明维持的是哪一法院的哪一刑事判决。在按第二审程序再审维持原判的刑事裁定书中，如系第二审维持原判的，还应写明"维持第二审刑事裁定"。

（三）尾部

提起再审程序的刑事裁定书尾部由院长署名。再审维持原判的刑事裁定书，按第一审程序裁定维持原判的，尾部应交代上诉事项；按第二审程序裁定维持原判的，尾部应写明"本裁定为终审裁定"。最后由审判人员署名。其余内容均与第二审刑事裁定书一致。

问题与思考题

一、简答题

1. 第一审公诉案件刑事判决书的判决结果有哪几种情况？文字上分别怎样表述？
2. 刑事裁定书与刑事判决书有何不同？
3. 简述第一审刑事判决书和第二审刑事判决书的结构和内容之区别。
4. 再审刑事判决书适用于哪些案件？再审刑事判决书有几种？
5. 刑事判决书的正文一般包括哪些要点？

二、文书制作

根据以下材料制作第一审刑事判决书，有关必要事项可自行合理模拟：

20××年1月10日24时20分许，张某酒后驾车沿着上海市松江区嘉松南路快速行驶。在行驶至新松江路附近时，一辆奔驰车快速超越张某驾驶的面包车，并在超越时扔下一啤酒瓶。为了避让啤酒瓶张某急打方向拐弯，致使面包车侧翻，车辆受损，张某受轻伤。

此时，不远处的行人胡某听到动静，见发生事故，好奇上前驻足观看。张某从受损的面包车中爬出后，见到旁边站立的胡某，就认为胡某是奔驰车上下来的人，张某遂掏出随身携带的匕首冲向胡某。胡某见状拔腿就跑，张某在后面穷追不舍。追上胡某之后，张某以胡某与开奔驰车的人是一伙的为由，对胡某拳打脚踢。在踢打的过程中，胡某反复对张某说他只是路过看热闹的，与奔驰车车主不是一伙的，但张某对此置之不理。

此后，张某将胡某强行带至松江某宾馆。在宾馆内，张某持刀威胁胡某，逼迫其交出10 000元，声称："如不拿钱，就将你扔进黄浦江喂鱼。"经过胡某的再三苦苦恳求，张某后来同意将数额降至8 000元。1月11日凌晨5时许，胡某以“急需资金，请速送来”为由打电话向其朋友郭某借款8 000元，并让不明就里的郭某将钱送至地中海商业中心某处，有人在那里等候拿钱。张某把8 000元钱拿走后，将胡某放走。

胡某在获得人身自由之后报案。上海市公安局松江分局以张某涉嫌抢劫罪立案侦查。经侦查机关查得，张某无固定职业，19××年4月8日出生于安徽省安庆市，高中文化。20××年2月28日，张某被刑事拘留，同年3月15日被逮捕，现羁押于松江区看守所。

上海市松江区人民检察院以松检刑诉［20××］78号起诉书指控被告人张某犯绑架罪，于20××年6月20日向松江区人民法院提起公诉。松江区人民法院对此案进行公开开庭审理。开庭审理之日被告人及其辩护人等到庭，检方当庭出示了指认现场的照片、被告人张某的供述、证人郭某的证言、平安上海路面监控系统拍下的案发现场视频材料等证据。庭审中张某的辩护律师认为，被告人的行为构成敲诈勒索罪，不构成绑架罪。理由是，被告人在发生交通事故后，误认为被害人与致使其翻车的人是一伙的，其索要赔偿、强行勒索财物的行为，符合敲诈勒索罪的构成要件。辩护律师还认为张某归案之后认罪态度较好，请求法庭酌情轻判。

附参考法条：

《中华人民共和国刑法》

第239条（绑架罪）以勒索财物为目的绑架他人的，或者绑架他人作为人质的，处十年以上有期徒刑或者无期徒刑，并处罚金或者没收财产；情节较轻的，处五年以上十年以下有期徒刑，并处罚金。

第263条（抢劫罪）以暴力、胁迫或者其他方法抢劫公私财物的，处三年以上十年以下有期徒刑，并处罚金。

第274条（敲诈勒索罪）敲诈勒索公私财物，数额较大或者多次敲诈勒索的，处三年以下有期徒刑、拘役或者管制，并处或者单处罚金；数额巨大或者有其他严重情节的，处三年以上十年以下有期徒刑，并处罚金；数额特别巨大或者有其他特别严重情节的，处十年以上有期徒刑，并处罚金。

第七章 人民法院民事、行政裁判文书

内容导读

习近平总书记强调："一纸判决，或许能够给当事人正义，却不一定能解开当事人的'心结'，'心结'没有解开，案件也就没有真正了结。"提升民事、行政裁判文书的释法说理性，让人们在案件中感受到公平正义，就是要求法官能够解开当事人的心结，达到案结事了的目的。人民法院的民事裁判文书和行政裁判文书都是人民法院的重要和主要的法律文书。自1992年《法院诉讼文书样式（试行）》公布以来，随着国家司法政策和审判实践的发展，最高人民法院又公布了《法院刑事诉讼文书样式（试行）》《民事简易程序诉讼文书样式（试行）》《海事诉讼文书样式（试行）》《民事审判监督简易程序裁判文书样式（试行）》《一审行政判决书样式（试行）》《行政诉讼证据文书样式（试行）》《国家赔偿案件文书样式（试行）》等司法文件，对人民法院裁判文书制作水平的提升起到了较大的推动作用，并为人民法院民事、行政裁判文书改革提供了框架和方向。2006年6月27日，最高人民法院《关于加强民事裁判文书制作工作的通知》强调："要严格按照《人民法院五年改革纲要》的原则要求，加强民事裁判文书的制作工作。各级人民法院要在1992年民事裁判文书样式的基础上，根据民事案件的特点，积极探索民事裁判文书的改革。"2011年4月21日，最高人民法院印发了《民事申请再审案件诉讼文书样式》，进一步规范了各地各级人民法院民事再审裁判文书的制作。2016年6月28日，最高人民法院发布了《人民法院民事裁判文书制作规范》和《民事诉讼文书样式》，共修订、起草诉讼文书样式568个，其中人民法院用的文书样式463个，当事人参考文书样式105个。

本章在介绍这两类裁判文书的内容和制作方法的基础上，着重阐述了有关裁判文书制作方面改革的内容。

第一节　第一审民事裁判文书

第一审民事裁判文书，是人民法院代表国家行使审判权，依据我国民事诉讼法规定的第一审程序依法审理民事案件时，为解决诉讼双方当事人之间民事权益争议的实体问题或程序问题，而作出的具有法律效力的诉讼文书。

根据解决纠纷的方式不同，第一审民事裁判文书可以分为：第一审民事判决书、第一审民事裁定书和第一审民事调解书等。本节将逐一介绍这几种民事裁判文书的规范格式、内容要点和制作方法。

一、第一审民事判决书

第一审民事判决书，是指第一审人民法院依据我国民事诉讼法规定的第一审程序，对审理终结的第一审民事案件的实体问题作出处理决定时，所制作的具有法律效力的民事诉讼文书。

第一审民事判决书是民事裁判文书中最重要的法律文书之一。制作好第一审民事判决书既有利于及时解决民事纠纷和经济纠纷，化解当事人之间的权利、义务之争，也对其他程序民事裁判文书的制作有借鉴作用。

根据我国民事诉讼法的规定，第一审程序包括普通程序、简易程序和特别程序三种，简易程序和特别程序均由审判员一人独任审判，其中，特别程序实行一审终审。具体而言：

简易程序第一审民事判决书，是基层人民法院依照我国民事诉讼法规定的简易程序，对于事实清楚、权利义务关系明确、争议不大的第一审简单的民事案件，就其当事人之间的实体权利、义务争议问题作出书面处理决定时制作的法律文书。和普通程序第一审民事判决书相比较，简易程序第一审民事判决书具有以下特点：第一，它只适用于基层人民法院（包括基层人民法院的派出法庭）。第二，它只适用于事实清楚、权利义务关系明确、争议不大的简单民事案件。第三，它必须依法在案件立案之日起 3 个月内作出。第四，它是由审判员一人独立审判时所作出的处理意见。必须注意的是：前面所谓的“事实清楚”，是指当事人双方对争议的事实陈述基本一致，并能提供可靠的证据，人民法院无须另外调查收集证据即可判明事实，分清是非；“权利义务关系明确”，是指享有权利的人和承担义务的人一目了然，关系明确；“争议不大”，是指当事人对于案件的是非责任、诉讼标的的争执无原则分歧。从格式要点上来看，除内容较为简单之外，简易程序第一审民事判决书和普通程序第一审民事判决书区别不大。

特别程序实行一审终审，所以其第一审民事判决书也就是终审判决书，它是人民法院依照我国民事诉讼法规定的特别程序，审理特殊类型的民事案件，并针对其中某种法律事实是否存在或某种权利的实际状态如何，作出处理决定时所制作的民事诉讼实务文书。这里所说的“特殊类型”，是不具有民事权益争议内容，起诉人或申请人不要求追究民事责任的，包括宣告失踪或宣告死亡案件、撤销失踪或死亡宣告案件、确认民事行为能力案件、撤销有关民事行为能力的宣告案件、指定监护人案件、认定财产无主案件和撤销认定财产无主案件。

因此，特别程序的民事判决书与其他民事裁判文书相比，在格式、内容和写法上均有很大的不同。在特别程序的民事判决书中，当事人称谓一般是“申请人”，但在选民资格案件和指定监护人案件的判决书中称当事人为“起诉人”，而且没有对方当事人的列项。特别程序的民事判决书不要求严格区分事实和理由，没有争议的事实，只有申请人或起诉人提供的事实和法院确认的事实，法院可直接依照法律判决，无须分析、论证判决理由。特别程序的民事判决书一经送达当事人即发生法律效力。

限于篇幅的原因，本节将重点介绍普通程序第一审民事判决书和简易程序第一审民事判决书的有关内容。

（一）普通程序第一审民事判决书

普通程序第一审民事判决书，是指第一审人民法院依据我国民事诉讼法规定的第一审普通审理程序，对于审理终结的第一审民事案件的实体问题作出处理决定时，所制作的具有法律效力的民事诉讼文书。

第一审普通程序民事判决书由首部、正文和尾部三部分构成。

1. 首部

（1）标题。

一般分两行写明制作主体（人民法院）的名称和文书的名称，第一行为“××人民法院”，第二行写“民事判决书”，如“上海市长宁区人民法院”“民事判决书”。若属于涉外民事案件，应当在“××人民法院”前面再冠以“中华人民共和国”的字样。

注意：人民法院的名称必须与其院印相一致。

（2）案号。

案号由立案年度、制作单位、案件性质、审判程序的代字和案件的顺序号组成，表述为：（××）×民初××号。以上海市松江区人民法院的民事判决书为例，如果是松江区人民法院2024年立案的民事案件，其案件的顺序号为“23”的话，那么判决书案号可以表述为“（2024）沪0117民初23号”。

注意：这里的“民”字代表一般意义的民事案件，如果这个案件是经济纠纷案件，则应当写“经”；如果这个案件是知识产权纠纷案件，那么应当写“知”。而“初”字是代表第一审的意思。另外，还必须注意案号应该写在文书名称下一行的右端，其最末一字与下面的正文右端各行看齐。而且，案号上下各空一行。

（3）诉辩当事人的身份事项。

这里所指的当事人包括原告、被告和第三人，原告是指提起民事诉讼的一方。被告是指被人民法院通知应诉的一方。第三人则包括两种：一种叫有独立请求权的第三人，简称“有独三”。有独立请求权的第三人是指认为对双方当事人的诉讼标的有独立请求权，有权提起诉讼的当事人。另一种叫无独立请求权的第三人，简称“无独三”。无独立请求权的第三人是指虽然对于当事人双方的诉讼标的没有独立请求权，但是案件的处理结果同他有法律上的利害关系的当事人。由于每个当事人在民事诉讼中所处的法律地位不同，享有的诉讼权利和承担的诉讼义务不同，所以对他们的称谓也不完全相同。对于这些当事人的身份情况，也要视具体情形而定：

第一，如果当事人是自然人，应该写明其姓名、性别、出生年月日、民族、职业或者工作单位和职务、住址。其中，住址应当写明当事人的住所地；住所地和经常居住地不在同一个地方的，写其经常居住地。例如：

> 原告王××，女，汉族，19××年××月××日出生，××市××区××水暖器材经营部业主，住××省××县××镇××村五组。

第二，如果当事人是法人，先写明法人的名称和所在地址，另起一行写明法定代表人的姓名和职务。例如：

被告××日用品有限公司，住所地上海市长宁区××路××号。

法定代表人刘××，董事长。

第三，如果当事人是其他组织或起有字号的个人合伙单位，应该先写明其名称或字号以及所在地址，另起一行写其代表人的姓名和职务。

第四，如果当事人是个体工商户，则写明业主的姓名、性别、出生年月日、民族、住址；对于起字号的，必须在其名字后面注明，如“系……（字号）业主”。

注意：被告提起反诉的案件，如果反诉成立，人民法院就会将本诉与反诉合并审理。因为在这类案件中，当事人的诉讼地位具有双重性，所以在制作民事判决书说明当事人身份事项时，必须在本诉当事人的称谓后面用括号注明其在反诉中的称谓，如“原告（反诉被告）、被告（反诉原告）”。

在写当事人的身份事项时，如遇到一些特殊情况，可以适当予以变通。比如，有些边远山区或者少数民族居住的区域，有的当事人对自己确切的出生年月日说不清楚，采用其他方法也难以确定，在这种情况下，可以直接写年龄。

（4）诉讼代理人的身份事项。

诉讼代理人是以被代理人的名义，在代理权限内，为了维护被代理人的民事利益而实施诉讼行为、进行诉讼活动的人。《民事诉讼法》第60条规定：“无诉讼行为能力人由他的监护人作为法定代理人代为诉讼。法定代理人之间互相推诿代理责任的，由人民法院指定其中一人代为诉讼。”该法第61条又规定：“当事人、法定代理人可以委托一至二人作为诉讼代理人。下列人员可以被委托为诉讼代理人：（一）律师、基层法律服务工作者；（二）当事人的近亲属或者工作人员；（三）当事人所在社区、单位以及有关社会团体推荐的公民。”可见，诉讼代理人分为：法定代理人、委托代理人和指定代理人三种。

诉讼代理人的身份事项包括：姓名、性别、职业或者工作单位和职务、住址。另外，法定代理人姓名后面还应该用括号注明其与当事人的关系。如果是当事人的近亲属作为委托代理人的，也应该在其姓名后面用括号注明其与当事人的关系。如果诉讼代理人是律师，则只需写明三项，即姓名、所在事务所的名称及职务。

（5）案由、审判组织、审判方式和开庭审理过程。

这部分的文字表述比较固定，主要要把案件性质、人民法院受理案件的情况以及当事人、诉讼代理人出庭的情况写清楚，一般可以表述为：

原告××诉（或“与”）被告××……一案，本院于××年××月××日受理后，依法组成合议庭（或者依法由审判员独任审判），公开（或者不公开）开庭进行了审理，原告××、被告××、第三人××和他们的诉讼代理人××、××（如果当事人本人未出庭而由代理人出庭的，应写明“×告的××代理人××”）、证人××等到庭参加诉讼。本案现已审理终结。

当然，上述内容必须与实际情况相吻合。例如：

原告王某芝与被告许某鹤道路交通事故人身损害赔偿纠纷一案，本院受理后，依法组织合议庭，公开开庭进行了审理。原告王某芝及其委托代理人王某萍，被告许某鹤及其委托代理人许某到庭参加诉讼。本案现已审理终结。

如果当事人经合法传唤未到庭的，应该写明：×告经本院合法传唤无正当理由拒不到庭。如果当事人未经法庭许可中途退庭的，应该写明：×告未经法庭许可中途退庭。

2. 正文

正文部分由事实和证据、理由和主文几部分构成。

（1）事实和证据。

事实是判决的基础，是判决理由和判决结果的根据。事实部分必须写明的要点包括两个方面：一是当事人争议情况；二是人民法院判决认定的事实、证据和认证意见。

第一，当事人争议情况。

民事案件是当事人之间的民事权益之争，在民事诉讼中，当事人各方的诉讼地位是平等的。为了充分体现并依法保障当事人平等地行使诉讼权利，人民法院在制作民事判决书的时候必须实事求是地将各方当事人的意见反映清楚。具体而言：

一是根据原告提交的民事起诉状，以及原告在诉讼中增加或者变更的诉讼请求内容，写明原告希望通过诉讼达到的目的和为达到这些目的而提供的事实、证据和法律依据，引导词为“原告诉称”。例如：

原告王某芝诉称：20××年 10 月 21 日 11 时 45 分许，原告在天津市红桥区红星美凯龙家具装饰广场附近的红旗路上由西向东跨越中心隔离护栏后，遇被告许某鹤驾驶津 HAK2××号轿车沿红旗路由南至北行驶，被告所驾车辆前部撞到原告腿部，原告被撞弹起后，趴在该车前部，又倒在地上。事发后，被告送原告至人民医院治疗，但后来被告否认其车撞到了原告，交通队也没有作出责任认定，原告认为被告应承担本起事故的全部责任。

事发后，原告经指定至人民医院治疗，伤情经诊断为右胫骨平台骨折，右膝盖内外侧半月板损伤等症，医院建议手术治疗，但因原告没有钱做手术，只住院 5 天就出院了。

出院后，原告经交通队口头许可至其他医院治疗。现原告的经济损失有医疗费 12 329.26 元、住院伙食补助费 300 元、交通费 723.6 元、营养费 5 000 元、护理费 50 000 元、残疾赔偿金 100 000 元、鉴定费 1 000 元及鉴定检查费 90 元，要求被告全部予以赔偿。

为了支持其诉讼请求，原告王某芝向法庭提供如下证据：

1. 原告拍摄的津 HAK2××号车辆的照片，证明当时原告与被告车辆有接触，车上有掉漆皮的部位。

2. 指定医院就诊证明信，人民医院住院病案、影像报告书、医疗费票据，天穆骨科医院、咸阳路医院、中国人民解放军 93756 部队医院医疗费票据、处方笺及费用清单，证明原告的伤情及医疗花费。

3. 护理人员王某萍与其夫孟某杰的结婚证、孟某杰的身份证、“某萍时装店”的个体工商户营业执照复印件，证明王某萍工作性质系个体经营者，每月收入 3 000

元，护理时间为从原告事发起16个月；天津市金矛梳理器材有限公司出具的护理人员王某娟的务工证明，证明王某娟护理原告1个月误工损失为2 000元。

4. 司法鉴定意见书、鉴定费、检查费票据，证明原告伤情构成八级伤残及因鉴定花费鉴定费1 000元、检查费90元。

二是根据被告提交的民事答辩状，以及被告在诉讼中增加或者变更的诉讼请求内容，写明被告的答辩意见，引导词为“被告辩称”。对于没作答辩的，依然应当写清楚。例如：

被告许某鹤辩称：津HAK2××号车辆系其所有，上一年度交强险保险期间期满后，因故导致事发时未及时投保交强险。

事发时，被告驾驶津HAK2××号轿车沿红旗路由南向北行驶至红星美凯龙家具装饰广场附近，发现原告在红旗路上由西向东跨越中心隔离护栏，在跨越过程中原告不慎摔倒在红旗路南向北第一条机动车道内。

被告发现情况后立即采取制动措施并向左打转向，车辆在原告身前停住，双方无接触。

被告从未承认过碰撞过原告，为此，被告主动申请进行车辆痕迹鉴定，鉴定结果为不能确定津HAK2××号车辆与人体接触。原告伤情与被告没有任何关系，本案亦不属于交通事故，不同意赔偿原告的损失。

三是写明第三人的主要意见，引导词为“第三人述称”。

在表达上述当事人争议情况时，必须具体、全面、无遗漏，如果内容比较多，还可以分项写明。对于原告在诉讼过程中增加或变更诉讼请求的，以及被告提起反诉的，也必须在这一部分内容中加以反映。如果反诉成立，还应当写明反诉的内容。

值得注意的是，目前各地各级人民法院都在进行民事裁判文书的改革。虽然每个人民法院改革的具体情况不完全相同，但改革的重点都是放在如何充分体现民事诉讼中当事人举证、质证和人民法院认证过程及内容上。比如，不少人民法院将当事人举证、质证情况反映在当事人争议事实部分。一般做法是先在每个当事人争议事实后面分别列举其提供的相应证据材料以及每一证据拟证明的事项，然后在所有当事人争议事实和证据表述清楚之后，另起一个自然段反映当事人相互质证的情况。如果有人民法院查证的，对查证的证据材料也一并质证。

第二，人民法院判决认定的事实、证据和认证意见。

这部分内容的引导词是“经审理查明”，详细叙述人民法院所认定的案件事实，以及认定这些事实所依据的证据，在对证据材料加以认证的基础上同时必须说明这些证据的可靠来源。具体叙述事实的时候，首先应当写明当事人之间的法律关系，纠纷发生的时间、地点及法律关系等内容，其次应当写明产生纠纷的原因、经过、情节和后果，在这个基础上，再对相应的证据进行列举、分析，具体可以在叙述事实的过程中一并分析列举，也可以单独分段分析列举。

叙述事实应当注意以下问题：首先，认定的事实必须是经人民法院查证属实的事实，也就是经当事人双方举证、质证后所认定的事实。其次，认定的事实要符合客观性，叙述时要突出双方争议的焦点，抓住关键情节和因果关系详细叙述，而对双方当事人质证后没有异议的事实则可以略写。最后，要保守国家秘密，对个人隐私和商业秘密不具体描述、泄露。

值得指出的是，在当前的民事裁判文书改革浪潮中，第一审民事判决书人民法院查明事实部分特别要求注重对相应证据的认定意见。一方面，在事实部分充分展示认定这些事实的证据，体现了人民法院严格依法办事的好作风，确保了事实认定的客观性和真实性；另一方面，也可以增强人民法院审判人员的责任心，减少办案的随意性，从而提高第一审民事判决书的制作质量。

（2）理由。

理由是判决的灵魂，是将事实和判决结果联系在一起的纽带。理由部分应当根据事实和法律，对当事人之间争议的是非曲直进行公正、合理的评定。从内容上看，理由分两部分，即判决的理由和所适用的法律条文。

第一，判决的理由。

这一部分主要要根据认定的事实和有关法律、法规和政策，阐述人民法院对民事纠纷的性质、当事人的责任以及如何解决纠纷的看法。然后，要根据民事案件的不同情况，针对当事人的争议和诉讼请求等，摆事实，讲道理，分清是非责任。对于当事人合理、合法的诉讼请求和主张予以支持；对于当事人不合理、不合法的诉讼请求不予以支持；对于违反法律的民事行为应当严肃指明，必要时给予适当批驳。例如：

> 本院认为：夫妻应以感情为基础，原、被告双方经人介绍相识后不到半年就办理了结婚证，且双方又不在一起，因此造成双方相处时间短，了解不够，婚后又不注重感情培养，特别是因被告怀疑原告有外遇后采取过激措施，无端伤害他人被判处5年有期徒刑，导致夫妻感情确已破裂，故原告要求离婚符合法律规定，本院予以支持。被告要求原告返还彩礼。因双方已登记结婚又进行了共同生活而被告又有劳动能力，且原告收取的彩礼已购置成洗衣机等财物，现存于被告家，故不符合退还彩礼的条件，本院不予支持。被告要求分割本人工资及原告在老板处的入股因无证据证实，原告也不认可，故对被告的此项请求不予支持。被告致人重伤被判决的赔偿款因系其本人的违法行为而产生的债务，没有用于夫妻共同生活，亦不符合要求原告共同承担的法律规定，对被告要求原告承担此部分债务的请求亦不予支持。

在审判实际中，第一审民事判决书阐述理由的方法一般有：1）从民事法律关系构成要件入手进行分析，如分析债权、人身权等法律关系的共同构成要件，并结合案件具体情况进行说理；2）根据过错责任的归责原则，通过分析当事人的过错责任充分阐述理由；3）采用排除的方法，将不构成案件争议焦点的事实加以排除，分清主次，重点分析争议的焦点问题，依次论理。

第二，判决适用的法律。

民事判决书是实施民事法规的一个重要的载体，第一审民事判决书是民事判决书的主要组成部分，其判决结论的作出更应该以民事法规为依据，从而确保民事（经济）案件的正确处理。但是，目前我国民事法律、法规还不够健全，对有些问题的处理还没有明确的法律依据。因此，第一审民事判决书在适用法律的问题上有以下几种处理方法：1）凡是有直接的法律依据的，必须准确引用有关的法律条文，如《民法典》以及各种专门的民事法律和其他民事、经济法规。2）凡是没有法律明文规定的，可以援引一些法律原则和弹性条款来进行阐述。3）可以将有关政策的精神作为案件的判决依据。

有相应法律依据可以援引的，文字上一般表述为“根据《××法》第××条的规定判决如下”；没有相应法律依据可以援引的，文字上一般表述为“据此，判决如下”。引用法律条文必须准确、具体、全面。另外，如果特别法有明文规定的，应当援引特别法，无须引用普通法；只有当特别法没有明文规定时，才援引普通法。

（3）主文。

民事判决书的主文也就是民事（经济）判决的结果。第一审民事判决书的主文是第一审人民法院依据事实、证据和法律对民事争议所作出的第一审判决结果，即第一审的最后处理意见。主文的表述必须做到明确、完整，便于履行和执行。

所谓明确，就是指所作出的处理意见必须清楚、明了，不含糊其词，不模棱两可。判决结果是当事人享受民事权利、履行民事义务的依据，如果判决结果不明确，民事判决就很难得到执行。而判决结果无法执行的话，民事判决本身也就失去了实际的意义。如对婚姻纠纷的判决，应当清楚地说明是否准许当事人离婚。若不准许离婚的，必须写明驳回原告的离婚诉讼请求；若判决离婚的，除了明确说明准许原、被告离婚外，还必须就子女抚养、财产分割情况表述清楚。

所谓完整，就是指判决主文只有一项的话，不必使用序号；判决主文若有两项以上的话，则必须使用序号分项表述。判决主文必须根据确认之诉、变更之诉和给付之诉的不同情况完整表述，不可遗漏。如对于给付之诉的判决结果，应该具体写明所给付的标的物名称、给付数额、给付时间、给付方法以及给付的对象等。对于不能支持的诉讼请求，要表明驳回其诉讼请求。例如：

> 一、本判决书生效之日起十日内由被告许某鹤赔偿原告王某芝经济损失 108 606.34 元；
> 二、驳回原告其他诉讼请求。

3. 尾部

（1）写明案件受理费的负担情况，如“本案受理费××元，由被告（或原告）××负担。自本判决生效后×日内交纳”。

（2）交代上诉事项，包括上诉期限、上诉状的递交以及上诉审法院等情况。文字上可以表述为：“如不服本判决，可在判决书送达之日起十五日内向本院递交上诉状，并按对方当事人的人数提出副本，上诉于人民法院。”

（3）审判人员署名。独任审判的，由审判员一人署名；合议庭审理的，由合议庭组成人员署名；助理审判员参加合议庭或独任审判的，署名为“代理审判员”。

（4）判决日期。写明作出判决的年月日。

（5）书记员署名，并加盖“本件与原本核对无异”印戳。

（二）简易程序第一审民事判决书

简易程序第一审民事判决书，是指基层人民法院和它派出的人民法庭依照民事诉讼法规定的简易程序，审理事实清楚、权利义务关系明确、争议不大的第一审简单的民事案件后作出处理决定时制作的法律文书。

人民法院适用简易程序有如下几个特点：一是只能由基层人民法院和它的派出法庭适用；二是只能适用于第一审程序；三是适用简易程序的前提只能是案件事实清楚、权利义务关系明确、争议金额不大的简单民事案件；四是适用简易程序审理的案件应当在立案之日起 3 个月内审结；五是适用简易程序审理的案件，由审判员一人独任审判。[①]

简易程序第一审民事判决书的主要内容及制作方法与适用普通程序第一审民事判决书基本相同，但也有自己的特点：

（1）首部中的审判组织形式由“组成合议庭”改为“独任审判”，但实践中也不尽一致，例如：

> 原告上海某叉车有限公司与被告厦门市某物流有限公司买卖合同纠纷一案，本院于 20××年 5 月 24 日受理后，依法适用简易程序，由代理审判员庄某平独任审判，于 20××年 6 月 20 日公开开庭进行了审理。原告的委托代理人王某到庭参加诉讼，被告经本院合法传唤无正当理由拒不到庭，本院依法缺席审理。本案现已审理终结。[②]

（2）正文中对事实、理由部分的表述，更为简单和概括，文字也更加精练。

这是因为，简易程序第一审民事判决书的适用范围是事实清楚、权利义务关系明确、争议不大的简单民事案件。所谓“事实清楚”通常是指当事人双方对争议的事实陈述基本一致，并能提供可靠的证据，无须人民法院调查收集证据即可判明事实、分清是非。“权利义务关系明确”是指谁是责任的承担者、谁是权利的享有者，关系明确。“争议不大”是指对案件的是非责任以及诉讼标的不存在原则性的分歧。

（3）尾部审判人员的署名只表述独任审判员的姓名。

注意：下列案件不适用简易程序审理：一是起诉时被告下落不明的，二是发回重审的，三是当事人一方人数众多的，四是适用审判监督程序的，五是涉及国家利益、社会公共利益的，六是第三人起诉请求改变或者撤销生效判决、裁定、调解书的，七是其他不宜适用简易程序的案件。它们应当适用普通程序进行审理。

（三）特别程序民事判决书

特别程序第一审民事判决书，是指人民法院依法行使审判权，依照民事诉讼法规定的特别程序，审理选民资格案件、宣告失踪或宣告死亡案件、确认民事行为能力案件、认定财产无主案件和指定监护人案件，就某种法律事实是否存在或者某种权利的实际状态如何依法作出确认时制作的法律文书。

依照特别程序审理的案件都不具有民事权益争议的内容，起诉人或申请人并不要求追究民事责任，因此和一般民事判决书相比，特别程序第一审民事判决书是对某种法律事实是否存在和对某种权利的实际状态进行确认，而非对民事权益纠纷作出处理；其适

---

① 参见马宏俊主编：《法律文书写作与训练》，5 版，63 页，北京，中国人民大学出版社，2023。

② 改编自上海市普陀区人民法院（2012）普民二（商）初字第 594 号民事判决书。

用范围是由民事诉讼法所规定的特殊类型案件，而非一般民事案件；判决发生法律效力的时间也不同于一般民事判决书，而是实行一审终审制，判决书送达后即发生法律效力。此外，判决书中的称谓、事实与理由等方面的写法，也和一般民事判决书有较为明显的区别。

特别程序的民事判决书，主要有选民资格案件的民事判决书、宣告失踪或宣告死亡案件的民事判决书、确认民事行为能力案件的民事判决书、认定财产无主案件的民事判决书以及指定监护人案件的民事判决书。

1. 选民资格案件的民事判决书

选民资格案件的民事判决书，是指人民法院依照民事诉讼法规定的特别程序，审理选民资格案件后，就公民是否享有选举权问题，依法作出的具有法律效力的书面决定。

（1）首部。

首部应依次写明：人民法院名称和文书名称，写法同其他民事判决书；案号，写明“××人民法院（××××）×民特×号”；当事人，应称为“起诉人”，其基本情况应与公民作为当事人的基本情况一致；案件的由来和审判经过，应表述为：

起诉人××不服××选举委员会关于……（写明决定的标题）决定，向本院起诉。本院受理后，依法组成合议庭，于××年××月××日公开开庭审理了本案。起诉人××、××选举委员会的代表××以及公民××到庭参加诉讼。本案现已审理终结。

上文中列写的到庭参加诉讼的“公民××”是指起诉人认为选民名单中漏掉的有选举权的公民或者选民名单中列入的不应有选举权的公民，如果起诉人本人就是其认为选民名单中漏掉的有选举权的公民的话，“公民××”无须再写。

（2）正文。

正文包括下列内容：

第一，概括写明起诉人起诉的理由和请求，开头写“起诉人××诉称”。

第二，写明法院经审理查明的事实。该部分内容包括两个方面：1）查明的选举委员会对选民资格的申诉所作的处理决定及其依据和理由。2）法院经审理认定的事实。这一事实应当明确写明公民的确切年龄和该公民是否被剥夺政治权利，以明确该公民是否具有选举权。

第三，判决理由。判决理由主要写明两个方面的内容：1）该公民是否有选举权。2）引用判决所适用的法律条款。该法律条款是指《选举法》的有关规定。

第四，判决结果。判决结果应写明“公民（或起诉人）×××有（或无）选举权”。

（3）尾部。

尾部要点：1）写上“本判决为终审判决”；2）根据民事诉讼法的相关规定，选民资格案件应由审判人员组成合议庭进行审理，所以应由合议庭组成人员署名；3）写明判决日期、书记员署名，加盖院印和“本件与原本核对无异”的印戳。

2. 宣告失踪或宣告死亡案件的民事判决书

宣告失踪或宣告死亡案件的民事判决书，是指人民法院依照民事诉讼法规定的特别程序，审理宣告失踪或宣告死亡案件时，依法宣告某一公民为失踪人或已死亡，或者在已判决宣告失踪或死亡的公民重新出现后撤销宣告判决的书面决定。

（1）首部。

标题和案号与选民资格案件的民事判决书相同。因为此类案件是由利害关系人申请而发生的，所以当事人称为“申请人”，申请人基本情况也与一般公民的写法一致。案件的由来和审判经过的内容，可表述为：“申请人××要求宣告××失踪（或死亡）一案［或申请人××要求撤销对××（或其本人）的失踪宣告（或死亡宣告）一案］，本院依法进行了审理，现已审理终结”。

（2）正文。

宣告失踪或宣告死亡案件的民事判决书与撤销失踪宣告或死亡宣告的民事判决书的正文写法不完全相同，后者相对简单一些。

宣告失踪或宣告死亡案件的民事判决书的正文应包括：1）事实部分，应写明：申请人申请的主要内容，即写明申请人所诉下落不明人下落不明的事实、时间和请求的内容。法院查明的事实，应写明法院查实的失踪人的姓名、性别、出生年月日、籍贯、与申请人的关系及其下落不明的事实。可表述为：“根据《民事诉讼法》第一百九十二条第一款的规定，于××年××月××日在……（写明公告方式）发出寻找××的公告。法定公告期间为三个月（或一年），现已届满，××仍然下落不明。”其中，公告方式应写明是在××报刊上刊登，还是在法院公告栏张贴，或是在失踪人××住所地张贴等。如果是驳回申请人申请的判决，此部分应写明公民下落不明得不到确认的事实及根据。2）判决理由部分，应当阐明为什么要作出宣告失踪或者宣告死亡的判决，或者为什么要驳回申请人的申请。论述时应针对法院查明的失踪人确已下落不明或下落不明得不到确认的情况进行。然后写明判决依据的法律条款。3）判决结果部分，应分别写明：宣告失踪的，写“一、宣告××为失踪人；二、指定××为失踪人××的财产代管人”；宣告死亡的，写“宣告××死亡”；驳回申请的，写“驳回××的申请”。

撤销失踪宣告或死亡宣告的民事判决书的正文包括：原判决的案号和判决结果，新判决的事实根据、适用的法律条文和判决结果。可作如下表示：

> 本院于××年××月××日作出（××）×民特××号民事判决，宣告××失踪（或死亡）……（写明被宣告失踪人已重新出现或已确知其下落，或者被宣告死亡人已重新出现或已确知其没有死亡的事实）依照……（写明判决所依据的法律条款项）的规定，判决如下：
>
> 撤销本院宣告××失踪（或死亡）的（××）×民特××号民事判决。

（3）尾部。

尾部应写明“本判决为终审判决”，审判人员署名，其余内容与其他民事判决书一致。

3. 确认民事行为能力案件的民事判决书

确认民事行为能力案件的民事判决书，是指人民法院依照民事诉讼法规定的特别程序，审理确认民事行为能力案件，依法作出的确认自然人民事行为能力状况或者依据申请而撤销原确认判决的书面决定。

（1）首部。

标题和案号与其他特别程序民事判决书一致。当事人称“申请人”，并依自然人、法人或其他组织的不同情况写明申请人的基本情况；有委托代理人的，写明委托代理人的基本情况。写法均与一般民事判决书相同。案件的由来和审判经过，可以表述为“申请人××要求宣告××为无民事行为能力人（或限制民事行为能力人）一案［或申请人要求撤销对××（或其本人）无民事行为能力（或限制民事行为能力）的宣告一案］，本院依法进行了审理，现已审理终结”。

（2）正文。

确认民事行为能力案件的民事判决书和撤销有关民事行为能力宣告案件的民事判决书的正文写法也不一致，它们的具体内容分别是：

确认民事行为能力案件的民事判决书的正文包括：1）事实与理由。先写明被申请宣告无民事行为能力或限制民事行为能力的自然人的姓名、性别、出生年月日、籍贯、住址及其与申请人的关系，以及申请人所述该自然人不能辨认或者不能完全辨认自己行为的具体事实、根据和申请人的请求；然后写明鉴定结论或者审查情况，以及判决依据的法律条款。2）判决结果。有两种情况：A. 准许申请的，写“一、宣告××为无民事行为能力人（或限制民事行为能力人）；二、指定××为××的监护人”。B. 不准许申请的，写“驳回××的申请”。

撤销有关民事行为能力宣告案件的民事判决书，可表述为：

> 本院于××年××月××日作出（××）×民特××号民事判决，宣告××为无民事行为能力人（或限制民事行为能力人）……（写明宣告自然人无民事行为能力或限制民事行为能力的原因已经消除的事实）依照……（写明判决所依据的法律条款项）的规定，判决如下：
>
> 撤销本院宣告××为无民事行为能力人（或限制民事行为能力人）的（××）×民特××号民事判决。

（3）尾部。

尾部的各项写法与其他特别程序民事判决书相同。

4. 认定财产无主案件的民事判决书

认定财产无主案件的民事判决书，是指人民法院依照民事诉讼法规定的特别程序，审理财产无主案件后，依法作出的确认该财产归属或者撤销原认定财产无主判决的书面决定。

（1）首部。

首部中的标题、案号、申请人的基本情况及委托代理人的基本情况的写法均与确认民事行为能力案件的民事判决书相同。案件的由来和审判经过，可表述为“申请人××要求认定财产无主一案（或申请人××要求撤销认定财产无主的判决一案），本院依法进行了审理，现已审理终结”。

（2）正文。

认定财产无主案件的民事判决书与撤销认定财产无主判决案件的民事判决书的正文

也有所不同。

认定财产无主案件的民事判决书的正文包括：1）事实与理由。先写明申请人要求认定的无主财产的名称、数量及根据；然后写明法院审理核实的情况，这一内容主要是写明法院根据申请人的申请，对财产现状的核实情况；再写明法院发出公告的情况，其表述为“本院根据《中华人民共和国民事诉讼法》第二百零三条的规定，于××年××月××日在……（写明公告方式）发出认领上述财产的公告，法定公告期间为一年，现在已经届满，上述财产无人认领”；最后写明判决依据的法律条款项。2）判决结果。写明财产的名称、数量（财产多的只写明其概况，详情另列清单附后），并明确写明该财产“为无主财产，收归国家所有［或收归××（集体单位名称）所有］”。

撤销认定财产无主判决案件的民事判决书，可表述为：

> 本院于××年××月××日作出（××）×民特××号民事判决，认定……（写明财产的名称、数量等）为无主财产，收归××所有，现申请人××……（写明要求撤销认定财产无主判决的理由及请求）。
>
> 经本院审理……（写明撤销原判决的理由）依照……（写明判决所依据的法律条款项）的规定，判决如下：
>
> 撤销本院（××）×民特××号民事判决。

（3）尾部。

尾部各项与其他特别程序民事判决书相同。

5. 指定监护人案件的民事判决书

指定监护人案件的民事判决书，是指人民法院比照民事诉讼法规定的特别程序，审理指定监护人案件后，依法作出的撤销原指定，同时另行指定监护人的书面决定。

该判决书的内容较为简单，可以参照特别程序的其他民事判决书进行制作。首部中的当事人应称为“起诉人”；案件的由来和审判经过，可表述为“起诉人××不服指定监护一案。本院依法进行了审理，现已审理终结”。正文中应先写明起诉的理由和请求，然后论证撤销原指定监护的理由并写明判决所依据的法律条款项。判决结果应分两项写明，即“一、撤销××（单位名称）指定××为××的监护人的指定；二、指定××为××的监护人”。尾部各项与其他特别程序的民事判决书相同。

如果是维持原指定的，应当用裁定驳回起诉，不应使用判决书。

二、第一审民事裁定书

第一审民事裁定书是指人民法院在审理第一审民事案件的过程中，为解决程序问题而作出书面处理决定时制作的民事法律文书。

第一审民事裁定书适用于以下案件：（1）不予受理的案件；（2）对管辖权有异议的案件；（3）驳回起诉的案件；（4）保全和先予执行的案件；（5）准许或者不准许撤诉的案件；（6）中止或者终结诉讼的案件；（7）补正判决书中的笔误的案件；（8）中止或者终结执行的案件；（9）撤销或者不予执行仲裁裁决的案件；（10）不予执行公证机关赋予强制执行效力的债权文书的案件；（11）其他需要裁定解决的事项。

和其他民事法律文书一样，第一审民事裁定书也是由首部、正文和尾部三部分组成的。但是，由于第一审民事裁定书种类繁多，各种不同的民事裁定书因为解决的问题不同，所以内容要点也各不相同，尤其正文部分各有特色。下面我们介绍几种常见的第一审民事裁定书。

（一）不予受理起诉的民事裁定书

不予受理起诉的民事裁定书是指人民法院在依法收到当事人的民事起诉状或者当事人口头起诉后，经审查认为当事人的起诉不符合起诉条件，决定不予受理时所制作的书面民事法律文书。

不予受理起诉的民事裁定书是民事诉讼第一审程序中最初涉及的民事裁定书，它的发出是基于人民法院对当事人提出的诉讼请求进行审查后所作出的不予受理的决定。不予受理起诉的民事裁定书一旦生效，就意味着当事人的起诉不能成立，人民法院不予以立案，该案不可能进入后面的民事诉讼程序。不予受理起诉的民事裁定书必须在人民法院收到当事人起诉后 7 日内发出。当事人（原告）对不予受理起诉的裁定结果不服的，可以提起上诉。

不予受理起诉的民事裁定书适用于以下三种情形：第一，当事人的起诉不符合法律规定之起诉条件的；第二，依法在一定期限内不得起诉的；第三，判决不准离婚和调解和好的离婚案件，判决、调解维持收养关系的案件，没有新情况、新理由，原告在 6 个月内又起诉的。

不予受理起诉的民事裁定书内容虽然比较简单，但仍然由首部、正文和尾部构成。

1. 首部

（1）标题。分两行写明制作机关名称和文书名称，即“××人民法院”“民事裁定书”。

（2）案号。案号的编写与民事判决书相同，写明“（××）×民初××号”。

（3）当事人身份事项。不予受理起诉的民事裁定书对当事人的称谓是“起诉人”。当事人身份事项的具体项目写法和第一审民事判决书写法相同，不再重复介绍。

2. 正文

正文是整个裁定书的核心内容，包括：案由和事实、理由、主文。

（1）案由和事实。

不予受理起诉的民事裁定书的案由和事实部分内容比较简单，而且是放在同一自然段中加以叙述的，主要写明人民法院是在什么时间收到起诉人民事起诉状的、起诉要求解决什么纠纷以及诉讼请求的具体内容。文字表述为：“××年××月××日，本院收到××的起诉状，诉称：……（写明起诉的事由）”

（2）理由。

阐明当事人的起诉不符合有关法律规定的具体什么起诉条件，为什么人民法院不予受理；并进一步援引裁定所依据的法律条文。制作要求简明扼要。文字表述为：“经审查，本院认为……（写明不符合起诉条件而不予受理的理由）依照《中华人民共和国民事诉讼法》第一百二十六条的规定，裁定如下：……”

（3）主文。

主文即裁定结果。不予受理起诉的民事裁定只有一个结果，就是“不予受理”，所以，裁定主文可表述为："对××的起诉，本院不予受理。"

3. 尾部

(1) 交代上诉事项。

此项内容包括上诉的期限、上诉状递交的情况以及接受上诉的人民法院。文字上可以表述为："如不服本裁定，可在裁定书送达之日起××日内，向本院递交上诉状，上诉于××人民法院。"根据有关法律规定：一般裁定的上诉期为10日；至于在中华人民共和国领域内没有住所的当事人，裁定的上诉期为30日。

(2) 落款。

由审判人员署名，并在写明裁定的日期之后，由书记员署名。另外，必须在相应的部位盖上人民法院的院印，以及"本件与原本核对无异"印戳。

(二) 对管辖权提出异议的民事裁定书

对管辖权提出异议的民事裁定书是指人民法院针对当事人提出的管辖权异议，经审理依法作出驳回异议或者确认异议成立时制作的民事法律文书。

《民事诉讼法》从第18条到第39条专门就民事诉讼案件的管辖问题作了具体的规定，包括级别管辖、地域管辖、移送管辖和指定管辖，所以，每个人民法院审理民事案件都不得超出自己的管辖权范围。如果当事人依法对人民法院的受理提出管辖权异议，人民法院应当进行审查，对于管辖权异议成立与否作出相应的裁定。异议成立的，裁定将案件移送有管辖权的人民法院；异议不成立的，裁定驳回异议。所以，对管辖权提出异议的民事裁定书的结果有两种：或引起管辖权的转移，或被裁定驳回。当事人对管辖权提出异议的民事裁定结果不服的，可以上诉。

对管辖权提出异议的民事裁定书的结构由首部、正文和尾部三部分组成。

1. 首部

(1) 标题。分两行写明"××人民法院""民事裁定书"。

(2) 案号。案号由年度、法院代号等组成，表示为"(××)×民初××号"。

(3) 当事人身份事项等。对当事人的称谓是"原告""被告"。其具体身份事项内容的写法和第一审民事判决书的写法相同。如果有其他诉讼参加人，那么其他诉讼参加人的列项写法亦可参照第一审民事判决书的有关内容。

2. 正文

作为全文的核心内容，正文部分包括案由和事实、理由、主文。

(1) 案由和事实。

和不予受理起诉的民事裁定书一样，对管辖权提出异议的民事裁定书的案由和事实也是在同一自然段中，主要写明案件的性质和来源，叙述被告在提交答辩状期间对管辖权提出异议的具体内容及理由，实际上也就是对"管辖权异议申请书"的内容加以充分反映。文字上可以表述为："本院受理……(写明当事人姓名或名称和案由)一案后被告在提交答辩状期间对管辖权提出异议，认为……(写明异议的内容及理由)"例如：

被告陶某军在提交答辩状期间，对管辖权提出异议认为：1. 陶某军的户籍所在地和居住地均不在垫江法院辖区，陶某军于2017年12月4日在成都购买房屋后，一直居住在四川省成都市高新区尚锦路，并已于2021年3月15日将户籍迁至该地；2. 本案另一被告王某连也不在垫江法院辖区居住，王某连与陶某军系夫妻关系，二人于2017年12月4日在成都购买房屋后，一直居住在四川省成都市高新区尚锦路；3. 案涉合同的履行地也不在垫江法院辖区，案涉合同约定投资项目在四川省广安市。因此垫江法院对本案无管辖权，根据《中华人民共和国民事诉讼法》第二十二条等规定，本案应移送至被告住所地所属四川省成都高新技术产业开发区人民法院管辖。①

（2）理由。

这一项主要写明当事人异议是否成立的根据以及是否成立的理由，文字表述与不予受理起诉的民事裁定书相类似。例如：

本院经审查认为，本案为合伙合同纠纷，依据《中华人民共和国民事诉讼法》第二十四条规定："因合同纠纷提起的诉讼，由被告住所地或者合同履行地人民法院管辖。"本案中，被告陶某军所提供的居住证明、结婚证、户口簿等证据，能够证明被告陶某军、王某连的经常居住地均为四川省成都市高新区尚锦路。另根据原被告双方签订的《广安格瑞尔医院蝶变医疗美容健康管理中心（原始股东合作协议）》，协议约定原被告双方合伙经营的管理中心在四川省广安市，故本案的被告住所地和合同履行地均不在重庆市垫江县，本院对本案不具有管辖权。被告陶某军提出的管辖异议成立，本案应移送四川省成都高新技术产业开发区人民法院处理。

依照《中华人民共和国民事诉讼法》第二十二条、第二十四条、第三十七条、第一百五十七条之规定，裁定如下：……②

（3）主文。

对管辖权提出异议的民事裁定有两种结果：一种是异议成立的裁定结果，写明"被告××对管辖权提出的异议成立，本案移送××人民法院处理"。另一种是异议不成立的裁定结果，写明"驳回被告××对本案管辖权提出的异议"。

3. 尾部

（1）交代上诉期限、上诉状的递交情况和受理上诉的人民法院，文字上可表述为："如不服本裁定，可在裁定书送达之日起××日内，向本院递交上诉状，并按照对方当事人的人数提出副本，上诉于××人民法院。"

（2）落款。落款部分的写法和前面的民事裁定书写法一样。

（三）驳回起诉的民事裁定书

驳回起诉的民事裁定书，是指人民法院在受理民事案件后，经审查发现原告的起诉不符合案件受理的法定条件，从而驳回其起诉请求时制作的民事法律文书。

驳回起诉的民事裁定书和不予受理起诉的民事裁定书一样，其发出的原因都是当事人的起诉不符合法律规定的条件。二者的不同是：第一，两种裁定书发出的时间不同。不予受理起诉的民事裁定书在立案前发出，驳回起诉的民事裁定书的发出是在立案后、

①② 改编自重庆市垫江县人民法院（2023）渝0231民初488号民事裁定书。

民事案件审理过程中。第二，两种裁定书所列当事人不完全相同。不予受理起诉的民事裁定书中当事人为“起诉人”，即民事纠纷的原告；驳回起诉的民事裁定书中当事人为“原告”和“被告”。

《民事诉讼法》第157条是制作驳回起诉的民事裁定书的法律依据，该条也对当事人不服驳回起诉的民事裁定时是否可以上诉的问题作了明确规定。上述法律规定明确了以下两点：一是驳回起诉的民事裁定书是人民法院对民事案件立案后制作的，二是驳回起诉的民事裁定书的制作和发出是基于当事人的起诉不符合受理条件。另外，当事人如果对驳回起诉的民事裁定结果不服，可以上诉。

驳回起诉的民事裁定书由三部分构成，即首部、正文和尾部。

1. 首部

驳回起诉的民事裁定书首部的内容包括标题、案号、当事人及其他诉讼参加人的身份事项，其内容要点和具体写法与对管辖权提出异议的民事裁定书首部的内容要点相同，写法也一样。

但是，除上述内容外，驳回起诉的民事裁定书首部还必须写案由及案件审理情况。例如：

> 原告王××诉被告××公司××合同纠纷一案，本院受理后，依法组成合议庭，公开开庭进行了审理。原告王××、被告××公司的委托代理人到庭参加了诉讼。本案现已审理终结。

2. 正文

正文内容包括事实、理由、主文。

（1）事实。

这一部分内容主要是简述原告提起民事诉讼的事实，写明原告诉讼请求的具体内容，文字表述要求明确、概括。例如：

> 陈某高向本院提出诉讼请求：判令被告支付原告农民工工资4 500元（12.5天，360元/天）。事实和理由：201×年6月，原告经被告运营负责人李某涛介绍到被告经营的酒店从事装修工作，工作地点在黄河路和成功街交汇处。原告工资标准为每天360元，被告至今尚拖欠原告4 500元工资未足额支付。202×年6月8日，被告木工班长季某文、第三人出具《欠条》一份，载明欠原告12.5个工天的工资未足额支付。综上，为维护原告权益，诉至法院。①

（2）理由。

写明驳回原告起诉的理由，并写明裁定所依据的法律条款。具体而言，要根据案件的不同情况，分别写明原告的起诉请求不属于人民法院管辖，或者虽属人民法院管辖但依法在一定期限内不能起诉，或者原告的起诉不符合《民事诉讼法》第122条规定的起诉条件，或者原告是不符合条件的当事人等。文字表述为：“本院认为……（写明驳回起诉的理由）依照……（写明裁定所依据法律条文）的规定，裁定如下……”例如：

① 改编自辽宁省大连市西岗区人民法院（2023）辽0203民初2218号民事裁定书。

本院经审查认为，原告诉请要求被告支付工资 4 500 元，已向本院提起诉讼，案件正在审理程序中。现原告又以相同的诉讼请求、相同的事实理由再次提起诉讼，属于重复诉讼，人民法院不得重复裁判，故应予以驳回起诉。

依照《中华人民共和国民事诉讼法》第一百五十七条第一款第三项、《最高人民法院关于适用〈中华人民共和国民事诉讼法〉的解释》第二百零八条第三款规定，裁定如下：……①

（3）主文。

主文的写法非常简单，表述为“驳回××的起诉”。

3. 尾部

（1）诉讼费的负担。驳回起诉的民事裁定书还必须写明诉讼费的负担情况，例如：“案件受理费五十元（原告已预交），由其自行负担。”

（2）交代上诉事项。其内容和文字表述可以参照对管辖权提出异议的民事裁定书的具体写法。

（3）落款。写法与前述民事裁定书的落款部分写法一致。

（四）诉讼保全的民事裁定书

诉讼保全的民事裁定书，是指人民法院在审理民事案件的过程中，针对当事人一方所提出的保全申请或者依职权书面决定采取财产保全措施时所制作的民事法律文书。

诉讼保全的民事裁定书制作的法律依据是《民事诉讼法》第 103 条，该条规定：“人民法院对于可能因当事人一方的行为或者其他原因，使判决难以执行或者造成当事人其他损害的案件，根据对方当事人的申请，可以裁定对其财产进行保全、责令其作出一定行为或者禁止其作出一定行为；当事人没有提出申请的，人民法院在必要时也可以裁定采取保全措施。人民法院采取保全措施，可以责令申请人提供担保，申请人不提供担保的，裁定驳回申请。人民法院接受申请后，对情况紧急的，必须在四十八小时内作出裁定；裁定采取保全措施的，应当立即开始执行。”

诉讼保全的民事裁定书由首部、正文和尾部组成。

1. 首部

首部包括标题、案号、当事人及其他诉讼参加人的身份事项，其内容要点和写法与第一审民事判决书相同。

2. 正文

正文部分包括案由和事实、理由、主文。

（1）案由和事实。

案由和事实部分根据保全的提出不同而内容要点不完全相同。

第一，如果是当事人提出保全申请，这一部分主要写明当事人提出申请的情况，包括申请时间、申请的具体内容。如果提供了担保，必须写明已经提供担保。

第二，如果是人民法院依职权采取保全措施的，只需要写明人民法院采取保全措施

① 改编自辽宁省大连市西岗区人民法院（2023）辽 0203 民初 2218 号民事裁定书。

的事实根据。

（2）理由。

根据两种不同的情况写明采取保全措施的理由和所依据的法条。当事人提出申请的，理由写法相对简单，只需写明“×告××的申请符合法律规定。依照……（写明裁定所依据的法律条款）的规定裁定如下”；人民法院决定依职权采取保全措施的，文字表述为“本院为了……（写明需要采取保全的理由）依照……（写明裁定所依据的法律条款）的规定，裁定如下”。

（3）主文。

主文部分必须写清楚采取保全的具体内容，即写明对诉讼所涉及的财产采取查封、扣押、冻结或者法律规定的其他保全措施的内容。

3. 尾部

（1）写明：“本裁定书送达后立即执行。”

（2）交代复议事项。文字上可以表述为：“如不服本裁定，可以向本院申请复议一次。复议期间不停止裁定的执行。”

（3）落款。落款部分写法与第一审民事判决书的落款写法相同。

（五）先予执行的民事裁定书

先予执行的民事裁定书，是指人民法院在民事判决作出前，根据民事案件的当事人的申请，依法书面责令被申请人履行一定义务时所制作的民事法律文书。

先予执行的民事裁定书和诉讼保全的民事裁定书一样，也是民事诉讼的一种应急措施的书面凭证。两者不同的是，诉讼保全的民事裁定书发出的目的是保证日后民事判决的可执行性；而先予执行的民事裁定书发出的目的是满足民事案件权利人一方的迫切需要。

先予执行的民事裁定书由首部、正文和尾部三部分构成。

1. 首部

本裁定书的首部也是由标题、案号、当事人及其他诉讼参加人的身份事项组成，写法与第一审民事判决书的相关项写法相同。

2. 正文

正文部分包括案由和事实、理由、正文。

（1）案由和事实。

写明案件的来源，以及当事人提出先予执行的时间、请求事项和有无担保的情况。文字上可表述为：

本院在审理……（写明当事人的姓名或名称和案由）一案中，×告于××年××月××日向本院提出先予执行的申请，要求……（概括写明申请人请求的具体内容）并已提供担保（未提供担保的，不写此句）。

（2）理由。

依据相关法律，阐明先予执行的理由，并援引相关法律条文说明裁定的依据。文字表述为：

本院认为……（写明决定先予执行的理由）依照……（写明裁定所依据的法律条款）的规定，裁定如下：

（3）主文。

主文写明先予执行的具体内容、时间和先予执行的方式。

3. 尾部

（1）说明“本裁定书送达后立即执行”。

（2）交代复议事项，文字表述同诉讼保全的民事裁定书。

（3）落款。写明审判人员署名的情况、裁定书正本发出的年月日、书记员署名的事项等，以及加盖院印和“本件与原本核对无异”印戳。具体文字表述和第一审民事判决书相同。

三、第一审民事调解书

第一审民事调解书，是指人民法院依照第一审程序处理民事案件，通过调解的方式，主持当事人根据自愿与合法的原则达成解决实体权利、义务争议协议时，所制作的具有法律效力的民事法律文书。

第一审民事调解书的格式和第一审民事判决书相似，也由首部、正文和尾部构成。但是第一审民事调解书的内容比第一审民事判决书的内容简单。

（一）首部

1. 标题

分两行写明制作机关名称和文书名称，如“××人民法院”“民事调解书”。

2. 案号

案号写法与第一审民事判决书的相同，文字表述为“（××）×民初××号”。

3. 当事人及其诉讼代理人的身份事项

这一栏具体内容的要点和写法与第一审民事判决书的相同。

4. 案由

写明案件的性质，如可以表述为“案由：离婚”。

（二）正文

正文部分包括事实、调解协议的内容和诉讼费的负担。

1. 事实

事实部分主要写当事人的诉讼请求和案件的事实经过。当事人的诉讼请求包括原告、被告及第三人的主要意见。案件的事实经过内容则要根据调解协议达成的阶段不同而定。前面我们已经说过，民事调解是贯穿在整个民事诉讼的过程中的，只要符合“自愿与合法”的原则，在任何诉讼阶段当事人都可以在人民法院的主持下达成调解协议，从而引发民事调解书的制作。第一审民事调解书也不例外，它在第一审程序的任何阶段都可能制作。正因为如此，其事实的经过就必须视各种情形来叙述。例如：人民法院对案件已进行开庭审理，并查明了纠纷事实，在这种情况下，主持调解双方当事人自愿达成调解协议，且调解协议合法的，案件的事实经过主要是写明人民法院查证确认的事实；如果人民法院对案件受理后还没开庭审理，只是经过审查认为法律关系明确、事实清楚，在这种情况下，主持调解双方当事人自愿、合法地达成调解协议的，案件的事实经过主要是叙述当事人争议的事实。

第一审民事调解书的事实与理由部分要求叙述简洁、明了，例如：

原、被告经人介绍相识，于20××农历12月12日举行结婚仪式，20××年6月3日在鹿邑县民政局办理结婚登记手续。××××年××月××日生育女儿刘某2。由于原、被告婚前缺乏了解，婚后没有建立起夫妻感情。原、被告各自在不同的城市打工，经常聚少离多。被告不尽作为妻子和母亲的义务，对原告父女漠不关心。原、被告的夫妻关系早已名存实亡，夫妻感情确已彻底破裂，无法共同生活且无和好可能。①

2. 调解协议的内容

调解协议是双方当事人经过协商，确认当事人之间权利义务关系的协议。它是当事人处分自己实体权利和诉讼权利的一种方式。第一审民事调解书的调解协议的内容也就是调解的结果，是在人民法院主持调解下，民事案件双方当事人根据自愿与合法的原则所达成的解决民事纠纷的共同意思表述。对于第一审民事调解书来说，调解协议的内容是其核心部分。如果调解协议的内容比较多，可以分项具体写明，并且每一项调解协议的表述和民事判决书的处理意见一样，必须做到清楚、明确，便于执行。

正因为调解协议的内容是在自愿与合法的原则下达成的，为了充分体现这一原则，在调解协议之前和调解协议之后分别写明两句话：

（1）在调解协议之前，单独一个自然段，写明“本案在审理过程中，经本院主持调解，双方当事人自愿达成如下协议”。这句话体现了民事调解的自愿原则。

（2）在调解协议之后，单独一个自然段，写明：“上述协议，符合有关法律规定，本院予以确认。”这句话体现了民事调解的合法原则。如果双方当事人达成的协议内容没有相应的法律明文规定，那么这一句话可以改为：“上述协议，不违背法律规定，本院予以确认。”

3. 诉讼费的负担

《诉讼费用交纳办法》第31条规定：经人民法院调解达成协议的案件，诉讼费用的负担由双方当事人协商解决；协商不成的，由人民法院决定。根据这一规定，民事调解书在写诉讼费的负担时有两种表达方式：一是由双方当事人协商解决的，可以作为调解协议的一项内容，写在最后项；二是由人民法院决定的，可以作为正文的单独内容，另起一行写在调解协议之后。例如：

一、原告刘某1与被告侯某自愿离婚；

二、原、被告婚生女儿刘某2由原告刘某1抚养，原告刘某1不要求被告侯某支付子女抚养费；

三、原告刘某1自愿支付被告侯某共同财产分割款20 000元，202×年1月15

---

① 改编自四川省金堂县人民法院（2022）川0121民初1156号民事调解书。

日前支付 5 000 元，202×年 2 月 16 日前支付 5 000 元，下余 10 000 元定于 202×年 3 月 16 日前付清；

四、被告侯某可以探视女儿，原告刘某 1 应予以协助；

五、原、被告无其他纠纷。

案件受理费 300 元，减半收取计 150 元，由原告刘某 1 负担。①

上述协议，不违反法律规定，本院予以确认。

（三）尾部

（1）写明生效的条件和效力，文字表述为："本调解书经双方当事人签收后，即具有法律效力。"

（2）落款，具体内容的要点和写法与第一审民事判决书相同。

四、第一审民事决定书

第一审民事决定书，是指第一审人民法院就民事诉讼中的特殊事项依照法律规定作出决定时制作的法律文书。

这里所指的"特殊事项"既非实体问题，又非纯程序性事项，但又是在诉讼程序中发生，而且必须立即予以解决，否则，以下的审判程序将无法正常进行的情节。

民事决定书不同于民事判决书和民事裁定书：民事决定书是对案件在诉讼程序中或者诉讼结束之后的某种特殊事项进行的处理，民事判决书和民事裁定书主要是解决案件的实体问题和程序性事项；对民事决定书不能提出上诉，对民事判决书和民事裁定书依法可以提起上诉（法律另有规定的除外）。

民事决定有口头和书面两种。民事决定书的种类有：对申请回避的决定书，适用拘留、罚款等民事强制措施的决定书等。

第一审民事决定书也是由首部、正文、尾部三部分组成。对于不同的决定书，当事人的称谓不同。申请审判人员等回避及申请延期审理的当事人，称为"申请人"；被民事制裁的称为"被制裁人"。但是，相对于第一审民事判决书和第一审民事裁定书而言，第一审民事决定书的内容比较简单，其首部和尾部的制作方法与民事判决书和民事裁定书基本相同，在此不多重复。本节重点介绍几种不同类型的第一审民事决定书的正文部分的内容要点和写作要求。

（一）对申请回避所作的决定书

对申请回避的决定书，是各级人民法院决定准许或者驳回回避申请时制作的法律文书。

人民法院对申请回避所作的决定，可以采取口头的或者书面的形式。采取口头形式的，应当记录在卷；采取书面形式的，在写明"申请人"的基本情况之后，可表述为：

本院在审理……（当事人姓名或名称和案由）一案中，申请人……（申请人要求回避的审判人员或者书记员、翻译人员、鉴定人员姓名和要求其回避的理由）本

① 改编自四川省金堂县人民法院（2022）川 0121 民初 1156 号民事调解书。

院院长认为……（准许或者驳回回避申请的理由）依照《中华人民共和国民事诉讼法》第××条第××款的规定，决定如下：……（写明决定结果）

如不服本决定，可以向本院申请复议一次。

（二）民事制裁决定书

民事制裁决定书，是指各级人民法院在审理民事案件中，发现当事人有与本案有关的违法行为，需要依法作出收缴、罚款、拘留的民事制裁时制作的法律文书。

在写明“被制裁人”的基本情况之后，可表述为：

本院在审理……（当事人姓名或名称和案由）一案中，查明……（被制裁人违法行为的事实，应当给予民事制裁的理由）依照……（据以作出民事制裁的法律条款项）的规定，决定如下：

…… ……（决定结果）

如不服本决定，可在收到决定书的次日起十日内，向××人民法院申请复议一次，复议期间，本决定暂不执行。

本决定书的叙事和理由部分，应着重写明被制裁人违法行为的事实，包括行为的时间、地点、情节和后果，以及应当给予制裁的理由，并引用相应的法律依据。①

（三）复议决定书

复议决定书，是指上级人民法院对于当事人不服下级人民法院作出的拘留、罚款等民事制裁决定所提出的复议申请，进行审查后作出复议决定时制作的法律文书。

在写明“申请复议人”的基本情况后，可表述为：

申请复议人不服××人民法院××年××月××日××号决定，向本院提出复议申请。申请复议人提出……（申请的理由和复议请求）

经审查，本院认为……（作出复议决定的理由）依照……（法律依据）的规定，决定如下：

…… ……（决定内容）

复议决定的内容包括维持原决定和撤销原决定两种。

注意：如果是向作出原决定（如对申请回避的决定）的人民法院申请复议的，正文开头的用语应改为“申请复议人不服本院”，并将“经审查”改为“经复议”。

第二节　第二审民事裁判文书

一、第二审民事判决书

第二审民事判决书，是指第二审人民法院根据我国民事诉讼法规定的第二审程序，对当事人不服第一审民事裁判提出上诉的民事、经济案件进行审理后，就实体问题作出

① 参见马宏俊主编：《法律文书写作与训练》，75页，北京，中国人民大学出版社，2005。

处理意见时，制作的民事法律文书。

第二审人民法院根据当事人的上诉请求，对没有生效的第一审民事（经济）案件判决、裁定进行审理，及时纠正下级人民法院错误的裁判，从而维护当事人的合法民事权益，提高审判工作的质量。

《民事诉讼法》第177条规定："第二审人民法院对上诉案件，经过审理，按照下列情形，分别处理：（一）原判决、裁定认定事实清楚，适用法律正确的，以判决、裁定方式驳回上诉，维持原判决、裁定；（二）原判决、裁定认定事实错误或者适用法律错误的，以判决、裁定方式依法改判、撤销或者变更；（三）原判决认定基本事实不清的，裁定撤销原判决，发回原审人民法院重审，或者查清事实后改判；（四）原判决遗漏当事人或者违法缺席判决等严重违反法定程序的，裁定撤销原判决，发回原审人民法院重审。原审人民法院对发回重审的案件作出判决后，当事人提起上诉的，第二审人民法院不得再次发回重审。"

第二审民事判决书，除发回重审的以外，一经作出即具有法律效力，所以，一旦制作完毕，人民法院便将其送达有关当事人。当事人接到第二审民事判决书之后，依照判决主文的内容履行应尽的义务或享有应得的权利。如果当事人不履行其义务的，人民法院可强制执行。

第二审民事判决书由首部、正文和尾部三部分构成。

（一）首部

1. 标题

第二审民事判决书的标题与第一审民事判决书的标题写法相同，也是分两行写明制作主体和文种名称，如"上海市第一中级人民法院""民事判决书"。

2. 案号

案号的编写方法与第一审民事判决书相似，但其反映审级的代号不同。第一审为"初"，第二审为"终"。第二审民事判决书案号可表述为"（××）×民终××号"。

3. 当事人的身份事项

当事人的身份事项的具体写法和第一审民事判决书相一致，不同的是，对当事人的称谓有区别。第二审民事判决书对当事人的称谓是"上诉人""被上诉人"。上诉人是指提起上诉的原告、被告或第三人，被上诉人是指与之相对应的对方当事人。具体表述时，还必须在"上诉人""被上诉人"后用括号分别注明其在原审中所处的地位，如"上诉人（原审被告）""被上诉人（原审原告）"等。

在列举当事人时，必须注意以下问题：

第一，如果原审的原告、被告、第三人都提起上诉的话，则均列为"上诉人"。

第二，如果当事人是无民事行为能力人或限制民事行为能力人，依法由其法定代理人或指定代理人提起上诉的，仍然应列该当事人为"上诉人"。

第三，在必要共同诉讼中，如果当事人一人或部分人提起上诉的，应当视具体情况列举当事人：（1）该上诉是对对方当事人之间权利、义务的分担有意见，但不涉及其他共同诉讼人的利益的，则对方当事人应列为被上诉人，未上诉的同一方当事人仍然按在原审中所处的诉讼地位列举；（2）该上诉如果仅仅是对共同诉讼人之间权利、义务的分担有意见而不涉及对方当事人的利益的，则未上诉的同一方当事人为被上诉人，对方当事人仍然按其在原审中所处的诉讼地位列举；（3）该上诉如果是对双方当事人之间以及共同诉讼人之间权利、义务的承担均有意见的，则未提起上诉的其他当事人均为被上诉人。

4. 诉讼代理人身份事项

如果当事人有委托诉讼代理人的话，则在每一当事人身份事项写完之后，分别写上其诉讼代理人的身份事项，具体各项的写法与第一审民事判决书相同。

5. 案由、审判组织和审判方式

《民事诉讼法》第 176 条第 1 款规定："第二审人民法院对上诉案件应当开庭审理。经过阅卷、调查和询问当事人，对没有提出新的事实、证据或者理由，人民法院认为不需要开庭审理的，可以不开庭审理。"所以，第二审民事判决书的案由、审判组织和审判方式部分有两种不同的表述：

（1）开庭审理的，可表述为：

上诉人××（姓名）因……（写明案由）一案，不服××人民法院（××）×民初××号民事判决，向本院提起上诉。本院依法组成合议庭，公开（或不公开）开庭审理了本案。原告××、被告××、第三人××和他们的诉讼代理人××、证人××等到庭参加了诉讼。本案现已审理终结。

（2）未开庭审理的，可表述为：

上诉人××（姓名）因……（写明案由）一案，不服××人民法院（××）×民初××号民事判决，向本院提起上诉。本院依法组成合议庭审理了本案。现已审理终结。

（二）正文

正文部分由事实（包括证据）、理由和判决主文组成。

1. 事实

第二审民事判决书的事实（包括证据）是指第二审人民法院认定的事实和证据，主要应该写明：（1）原审针对当事人之间的争议而认定的主要事实和判决结果；（2）上诉人的上诉请求和上诉理由、被上诉人答辩的主要内容、第三人的意见；（3）第二审法院认定的事实和证据。例如：

育达医疗公司上诉请求：依法改判驳回黄某斌的诉讼请求。事实与理由：黄某斌与北京起航在线教育科技有限公司（简称"起航教育公司"）达成培训合同及退费协议，合同是否真实存在，育达医疗公司作为起航教育公司的股东并不知情，并不了解和掌握。作为股东，在起航教育公司的注销清算过程中，黄某斌也并没有主动申报债权，导致育达医疗公司无法掌握起航教育公司的上述合同纠纷及债权债务，已严重影响了育达医疗公司的决策。育达医疗公司在黄某斌起诉之后才了解到存在上述合同纠纷及债权债务情况，育达医疗公司因为了解到有债权债务未清理完毕，说明注销过程存在一定瑕疵，已经就此向国家机关申请启动撤销注销起航教育公司的行为。如果起航教育公司主体恢复，育达医疗公司只是起航教育公司的股东，真正的合同主体是起航教育公司，育达医疗公司并不是适格的被告。

黄某斌辩称，不认可育达医疗公司的上诉请求。

黄某斌向一审法院起诉请求：依法判令育达医疗公司返还黄某斌所交初级药师证协助申请费 3 000 元。

一审法院经审理认定事实如下：20×0 年 11 月，黄某斌通过微信聊天的方式与起航教育公司工作人员王老师（微信号×××）进行沟通办理药师资格证事宜。沟通中，双方对于办理条件、时间、费用等问题进行了沟通。起航教育公司王老师将起航教育信息对黄某斌进行了公示。20×0 年 11 月 9 日下午 2：04，黄某斌向起航教育王老师发送信息："王主任，确认一下：1. 是国家人力资源与社会保障部发的初级证书吧？2. 是不是广东省出的证？3. 如果万一不来证是不是 4 000 块钱全额退款？下证时间是 3～5 个月能拿到吗？"起航教育王老师回复："对的，这个您可以放心。"20×2 年 11 月 9 日，黄某斌向起航教育公司付款 4 000 元。之后，黄某斌未取得资格证，其多次与起航教育公司人员联系，但发现王老师微信已将其删除。之后，黄某斌又与起航教育公司的其他人员联系，均未解决取得资格证书问题。20×2 年 6 月 13 日，黄某斌诉至法院，要求育达医疗公司退还费用 3 000 元。截至 20×2 年 12 月 31 日，黄某斌仍然未取得初级药师资格证书。

另查，起航教育公司于 20×2 年 4 月 28 日申请注销，注销原因为决议解散，其向北京市市场监督管理局出具《清算报告》显示公司已成立清算组，清算组对其资产进行了全面清算核查，已清算完毕，报告如下：（1）债权债务已清理完毕；（2）各项税款、职工工资已经结清；（3）已于 20×2 年 2 月 9 日在国家企业信用信息公示系统上发布注销公告。股东会决议显示：1. 同意清算报告内容；2. 同意注销本公司。股东中软天辰信息科技（北京）股份有限公司的法定代表人熊某在《清算报告》、股东会决议上签字。20×2 年 5 月 5 日，起航教育公司经北京市市场监督管理局核准注销。黄某斌在起航教育公司注销前未收到清算组关于债权申报的通知。

再查，中软天辰信息科技（北京）股份有限公司为育达医疗公司的曾用名，截至起航教育公司注销，中软天辰信息科技（北京）股份有限公司为起航教育公司的全资股东。

一审法院认为，民事主体从事民事活动，应当遵循诚信原则，秉持诚实、恪守承诺。依法成立的合同，对当事人具有法律约束力，当事人应当按照约定全面履行自己的义务。当事人一方不履行合同义务或者履行合同义务不符合约定的，应当承担继续履行、采取补救措施或者赔偿损失等违约责任。本案中，黄某斌与起航教育公司工作人员在微信中达成的约定系双方真实意思表示，不违反法律、行政法规的强制性规定，亦不违背公序良俗，应属合法有效。黄某斌按照约定支付费用后，起航教育公司应按约履行协助黄某斌取得资格证书，但起航教育公司未按承诺协助黄某斌在约定时间内取得证书，因此，起航教育公司应当返还黄某斌所交纳的 3 000 元费用。

关于育达医疗公司应否对起航教育公司注销后的上述债务承担清偿责任。法院认为，根据《公司法》的相关规定，公司清算时，清算组应当将公司解散清算事宜书面通知全体已知债权人，并根据公司规模和营业地域范围在全国或者公司注册登记地省级有影响的报纸上进行公告。清算组未按照前款规定履行通知和公告义务，导致债权人未及时申报债权而未获清偿，债权人主张清算组成员对因此造成的损失承担赔偿责任的，人民法院应依法予以支持。本案中，起航教育公司明知与黄某斌的协议未履行完毕而决定注销公司，一方面未履行向黄某斌等学员的书面通知义务，另一方面其向北京市市场监督管理局提交的《清算报告》显示"债权债务已清理完毕"不真实，因此起航教育公司被核准注销，导致黄某斌等学员未能在起航教育公司注销前申报债权，黄某斌等学员的债权因债务人主体的消亡而无法获得清偿，给其造成损失。育达医疗公司作为起航教育公司的全资股东及清算组成员，应当对起航教育公司未履行完的债务承担清偿责任。据此，黄某斌主张育达医疗公司退还报名费的诉讼请求，具有事实及法律依据，法院予以支持。对育达医疗公司关于起航教育公司系具有独立法人资格的子公司，应自行承担相应债务的抗辩意见，法院不予采信。

一审法院依照《中华人民共和国民法典》第七条、第一百一十九条、第五百零九条、第五百七十七条，《中华人民共和国公司法》（2018 年修正）第一百八十三条、第一百八十五条，《中华人民共和国民事诉讼法》（2021 年修正）第四十条第二款，《最高人民法院关于适用〈中华人民共和国公司法〉若干问题的规定（二）》第十一条之规定，判决：北京育达医疗科技集团股份有限公司于判决生效后七日内退还黄某斌交纳费用 3 000 元。

二审中，当事人没有提交新证据。

本院经审理查明，二审中，黄某斌表示其于 20×2 年 11 月 9 日支付的款项 4 000 元系其与其兄两人办理初级药师资格证书的费用，于 20×2 年 11 月 22 日支付的 2 000 元系其与其嫂子报考执业药师的费用。经本院询问，育达医疗公司代理人表示一审期间看到了缴费的两张单子，经了解确认黄某斌名下有 3 000 元，另外的 3 000 元不知道。

一审法院查明的其他事实属实，本院予以确认。[①]

第二审民事判决书中所认定的事实，是第二审维持原判或者改判的依据，它是根据当事人的上诉是否合理，针对第一审民事判决所认定的事实、证据和适用的法律是否正确而写的。所以，其内容不得超出上诉人的上诉请求范围，而且针对性很强。正因为如此，在制作时更应该注意叙述详略恰当。

第一，如果第一审民事判决认定事实清楚，上诉人对此也无异议的，第二审民事判决书的事实部分可以简述。

第二，如果第一审民事判决所认定的主要事实有错误或者部分事实有错误，那么第二审民事判决书的事实部分应该详述，并且要运用证据指出第一审民事判决认定事实的不当。

① 改编自北京市第一中级人民法院（2023）京 01 民终 2344 号民事判决书。

第三，如果第一审民事判决认定事实有遗漏，第二审民事判决书的事实部分必须对此加以补充叙述。

第四，如果第一审民事判决认定的事实没有错误，但是上诉人提出异议的，则第二审民事判决书的事实部分应该把有异议的部分叙述清楚，并且要有针对性地列举相关的证据进行分析，论证异议不能成立。

2. 理由

第二审民事判决书的理由部分是根据第二审查证属实的事实，针对当事人的上诉请求和上诉理由，就第一审民事判决所认定的事实和证据以及适用的法律是否正确而展开论证的。在阐述理由时，应当紧紧围绕第一审民事判决是否正确、上诉理由是否合理这两点来进行。具体可以从以下四个方面说理：

（1）分析第一审民事判决，对其是否正确作出结论。

如果第一审民事判决是正确的，阐明其正确的理由；认定第一审民事判决部分正确的，要分别论证其正确的部分为什么正确、错误的部分为什么错误；认定第一审民事判决全部错误的，应当全面阐述其错误之处，并指出其错误的原因。

（2）分析上诉人的上诉理由，对其是否正确进行论证。

针对上诉人的上诉理由，分析其正确与否。如果认为上诉理由正确，则必须阐明其正确的理由；如果认为上诉理由错误，则必须阐明其错误的理由；对于上诉理由部分正确、部分错误的，要分别说理。

（3）就第二审判决结论阐明理由。

第二审民事判决有两种结果——维持第一审判决或改判，所以，第二审民事判决书的理由部分应当就维持原判或改判充分论证，阐明理由。这一内容实际上必须结合上述两点综合分析，层层深入。

（4）援引相关的法律依据。

如果说前面三个要点阐明的是第二审判决的事理的话，那么援引法律依据则是阐明第二审判决的法理。这里所指的相关法律既包括实体法，也包括程序法。如果同时引用实体法和程序法的话，要先引用程序法后引用实体法。应当注意的是，对于判决驳回上诉、维持原判的，只需要引用《民事诉讼法》第 177 条第 1 款第 1 项，而不必引用实体法的有关条款。例如，腾讯诉奇虎不正当竞争纠纷案第二审民事判决书的理由部分为：

> 三、关于上诉人是否在经营扣扣保镖时将其产品和服务嵌入 QQ 软件界面，是否取代了被上诉人 QQ 软件的部分功能以推广自己的产品，从而构成不正当竞争的问题。
>
> 本院认为，正当的市场竞争是竞争者通过必要的付出而进行的诚实竞争。不付出劳动或者不正当地利用他人已经取得的市场成果，为自己谋取商业机会，从而获取竞争优势的行为，属于食人而肥的不正当竞争行为。本案中，根据现已查明的事实，上诉人相关行为的顺序为：首先在相关网站上宣传扣扣保镖保护隐私让 QQ 安全、快速、好用，引导用户安装扣扣保镖；在用户安装运行扣扣保镖后，以红色警示用户 QQ 存在严重的健康问题，并将没有安装 360 安全卫士的电脑处于危险之中列为危险项目；查杀 QQ 木马时，显示“如果您不安装 360 安全卫士，将无法使用

木马查杀功能”，并以绿色功能键提供360安全卫士的安装及下载服务；经过一键修复，扣扣保镖将QQ软件的安全沟通界面替换成扣扣保镖界面。本院认为，根据前述行为之具体表现，上诉人的前述行为是一个有计划、有步骤的方案：首先通过贬损QQ软件来引导用户安装扣扣保镖；其次，在用户安装和运行扣扣保镖过程中，通过有计划的行为引导，帮助用户安装上诉人的产品360安全卫士，并通过扣扣保镖的一键修复功能，将QQ软件的安全沟通界面替换成扣扣保镖界面。由此，本院认定上诉人在经营扣扣保镖时，将自己的产品和服务嵌入QQ软件界面，取代了被上诉人QQ软件的部分功能，其根本目的在于依附QQ软件的强大用户群，通过对QQ软件及其服务进行贬损的手段来推销、推广360安全卫士，从而增加上诉人的市场交易机会并获取市场竞争优势，此行为本质上属于不正当地利用他人市场成果，为自己谋取商业机会从而获取竞争优势的行为。因此，一审法院认定上诉人在给被上诉人造成经济损失的同时推销自己的产品，增加自己的交易机会，违反了诚实信用和公平竞争原则，构成不正当竞争并无不当。

…… ……

综上，本院认为，一审判决认定事实清楚，适用法律正确。依照《中华人民共和国反不正当竞争法》（1993年）第二条、第十四条、第二十条，《中华人民共和国民事诉讼法》（2012年修正）第一百七十条第一款第（一）项之规定，判决如下：……①

3. 判决主文

根据我国民事诉讼法的规定，第二审民事判决书的处理意见有四种：

（1）维持原判。写明：驳回上诉，维持原判。

（2）全部改判。写明：

一、撤销××人民法院（××）×民初××号民事判决；

二……（写明全部改判的内容）

（3）部分改判。写明：

一、维持××人民法院（××）×民初××号民事判决第××项；

二、撤销××人民法院（××）×民初××号民事判决第××项；

三……（写明部分改判的内容）

（4）维持原判，又有加判内容。写明：

一、维持××人民法院（××）××民初××号民事判决；

二……（写明加判的内容）

（三）尾部

我国民事诉讼实行两审终审制，所以第二审民事判决书的处理意见是终审的结论。正因为如此，在其尾部写明案件受理费的负担情况之后，必须另起一行写明“本判决为

① 改编自最高人民法院（2013）民三终字第5号民事判决书。

终审判决”。

尾部其他内容的写法和第一审民事判决书尾部的写法相同。

二、第二审民事裁定书

第二审民事裁定书，是人民法院在审理第二审民事案件的过程中，为解决程序问题而作出书面处理决定时制作的民事诉讼实务文书。

第二审民事裁定书适用于以下案件：第一，驳回上诉的案件；第二，发回重审的案件；第三，准许上诉人撤诉的案件；第四，保全和先予执行的案件；第五，中止或者终结诉讼的案件；第六，补正判决书中的笔误的案件；第七，其他需要裁定解决的事项。

第二审民事裁定书由首部、正文和尾部三部分构成。与第一审民事裁定书相同，第二审民事裁定书的种类虽然多，但其格式内容也比较简单。下面介绍几种常见的第二审民事裁定书。

（一）首部

第二审民事裁定书的首部包括标题、案号、当事人身份事项、诉讼代理人身份事项以及案由、审判组织和审判方式等。其每一项内容要点和第二审民事判决书相同，只是文种名称用“民事裁定书”，案号可表述为“（××）×民终××号”。

（二）正文

第二审民事裁定书的正文内容要点根据每一种具体的裁定书所要解决的问题不同而写法各有差别。

1. 对原审不予受理的上诉案件用的民事裁定书

对原审不予受理的上诉案件用的民事裁定书，是第二审人民法院在收到民事（经济）案件当事人不服第一审不受理起诉的裁定而提起的上诉之后，根据审理查明的具体情况，作出驳回上诉或撤销原裁定的决定时所制作的民事法律文书。

《最高人民法院关于适用〈中华人民共和国民事诉讼法〉的解释》第330条规定：第二审人民法院查明第一审人民法院作出的不予受理裁定有错误的，应当在撤销原裁定的同时，指令第一审人民法院立案受理；查明第一审人民法院作出的驳回起诉裁定有错误的，应当在撤销原裁定的同时，指令第一审人民法院审理。

2. 发回重审用的民事裁定书

发回重审用的民事裁定书，是第二审人民法院在收到当事人不服第一审民事判决的上诉之后，经审理认为第一审民事判决认定事实不清、证据不足或者违反法定程序等可能影响案件正确判决，依法应撤销第一审判决，发回原审人民法院重审时所制作的民事法律文书。

根据我国有关的法律规定，第二审程序中发回重审的原因有许多种，所以，在制作发回重审用的民事裁定书时，必须将笔墨重点放在作出裁定的理由部分，论理要充分，并同时援引相应的法律条文。具体而言，制作发回重审用的民事裁定书的法律依据是《民事诉讼法》第177条第1款第3项、第4项和第2款的规定，即“第二审人民法院对上诉案件，经过审理，按照下列情形，分别处理：……（三）原判决认定基本事实不清的，裁定撤销原判决，发回原审人民法院重审，或者查清事实后改判；（四）原判决遗漏当事人或者违法缺席判决等严重违反法定程序的，裁定撤销原判决，发回原审人民法院重审。原审人民法院对发回重审的案件作出判决后，当事人提起上诉的，第二审人民法院不得再次发回重审”。

发回重审用的民事裁定书的主文一般分两项表述：第一项写明撤销原审民事判决的处理决定，文字表述为“撤销××人民法院（××）×民初××号民事判决”；第二项写明发回重审的处理决定，文字表述为“发回××人民法院重审”。

3. 维持或者撤销第一审裁定的民事裁定书

主要写明上诉人不服第一审裁定的主要理由以及被上诉人的答辩理由，第二审维持或者撤销第一审裁定的理由以及法律依据。

4. 准许或者不准许撤回上诉的民事裁定书

主要写明上诉人不服第一审判决的主要理由以及提起上诉后又要求撤回上诉的主要理由，概述第二审人民法院裁定准许撤回上诉或者不准许撤回上诉的理由及法律依据。

（三）尾部

尾部写法可以参照第二审民事判决书的写法，只要将“判决”改为“裁定”即可。

三、第二审民事调解书

第二审民事调解书，是人民法院依照第二审程序处理民事上诉案件，根据自愿与合法的原则主持双方当事人达成调解协议时所制作的，具有法律效力的民事诉讼实务文书。

《民事诉讼法》第179条规定：第二审人民法院审理上诉案件，可以进行调解。调解达成协议，应当制作调解书，由审判人员、书记员署名，加盖人民法院印章。调解书送达后，原审人民法院的判决即视为撤销。

第二审民事调解书由首部、正文和尾部组成。

（一）首部

首部包括标题、案号、当事人和其他诉讼参加人的身份事项等。

(1) 标题，写明“××人民法院”“民事调解书”。

(2) 案号，表述为“（××）×民终××号”。

(3) 当事人和其他诉讼参加人的身份事项的内容与第一审民事调解书的相关内容相同，只不过对当事人的称谓为“上诉人”和“被上诉人”。

（二）正文

正文包括案由、原审情况、上诉事由请求、案件事实、理由和调解结果。

(1) 上诉事由和上诉请求。上诉事由应写“上诉人××不服××人民法院（××）×民初××号民事判决，向本院提起上诉”，接着，应写“请求……”简要写明上诉请求的内容。

(2) 案件的事实。一般应写明法院认定的事实，叙述时应注意简洁、概括。

(3) 调解协议的内容和对调解协议的确认，写法与第一审民事调解书相同。

（三）尾部

尾部各项的书写与第一审民事调解书尾部各项的书写一致。

第三节　再审民事裁判文书

一、再审民事判决书

再审民事判决书，是人民法院依照我国民事诉讼法规定的审判监督程序，对已经发生法律效力的确有错误的民事判决或调解协议，进行重新审理后，就诉讼当事人之间的权利义务关系等纠纷作出处理决定时，制作的民事法律文书。

再审民事判决书适用于以下案件：第一，对于已经发生法律效力的判决，人民法院发现确有错误决定再审或者上级人民法院提审或指令再审的案件；第二，对于已经发生法律效力的判决或调解协议（已经发生法律效力的解除婚姻关系的民事判决除外），当事人申请再审后，人民法院经审查，认为申请符合法定条件，决定再审的案件；第三，人民检察院对于已经发生法律效力的判决，发现确有错误而按照审判监督程序提出抗诉，人民法院进行再审的案件。

因为审理再审民事案件的人民法院审级不同，所以再审民事判决书制作完毕后，由人民法院送达当事人。如果人民法院是按第一审程序审理的，则当事人可以对不服的再审民事判决书提出上诉；如果人民法院是按第二审程序审理的，则该判决为终审判决，当事人必须执行其判决结果的各项内容，不得提出上诉。

和第一、二审民事判决书相同，再审民事判决书也由首部、正文和尾部构成，其中正文是其核心内容，包括事实和证据、理由以及判决主文三部分内容。

（一）首部

1. 标题

再审民事判决书中制作文书的机关名称、文书名称的主要内容和制作方法与第一、二审民事判决书相同。

2. 案号

和第一、二审民事判决书不同的是审级代字不同，为了反映再审这一特殊程序，应用“民再”字，如“（2019）×民再××号”。

3. 当事人身份情况

因为我国实行的是两审终审制，审判监督程序不是一个独立的审级，而是为了纠正人民法院民事裁判的错误而设立的一种补救措施的特别程序。根据《民事诉讼法》第41条的规定，审理再审案件应当分别按照第一审程序或第二审程序审理，因此，当事人在再审中仍处于原审的诉讼地位，享有在原审中的诉讼权利和承担在原审中的诉讼义务。鉴于此，无论以何种形式提出民事再审，其再审民事判决书对当事人的称谓都应当视各当事人在原审中的诉讼地位而定：

（1）如果原审是第一审结案的，当事人称谓是原审原告/原审被告/原审第三人。

（2）如果原审是第二审结案的，当事人称谓是原审上诉人/原审被上诉人/原审第三人，并且必须在称谓后面分别用括号注明其在第一审中的地位，如原审上诉人（原告）/

原审被上诉人（被告）。（注意：在上诉中未涉及其利益的当事人或第三人，仍写为原审原告/原审被告/原审第三人。）

（3）如果是因人民检察院抗诉提起再审的，则应在当事人前，先写明“抗诉机关××人民检察院”。

关于当事人身份情况各项内容的写法，可参看第一审民事判决书。

4. 诉讼代理人的身份事项

再审案件有诉讼代理人的，应分别在该当事人项下另起一行写明，其写法与第一审民事判决书的写法相同。

5. 案件来源、审判组织和审理经过

再审民事判决书中案件来源的写法有其特殊性，与第一、二审民事判决书案件来源的写法不同，具体应当根据再审来源的不同作不同的表述：

（1）本院决定再审的，表述为：

> ……（写明原审当事人的姓名或名称和案由）一案，本院于××年××月××日作出（××）×民初/终××号民事判决，已经发生法律效力。××年××月××日，本院以（××）×民初/终××号民事裁定，决定对本案进行再审。

（2）上级人民法院指令再审的，表述为：

> ……（写明原审当事人的姓名或名称和案由）一案，本院于××年××月××日作出（××）×民初/终××号民事判决，已经发生法律效力。××年××月××日，××人民法院以（××）×民初/终××号民事裁定，指令本院对本案进行再审。

（3）上级人民法院提审的，表述为：

> ……（写明原审当事人的姓名或名称和案由）一案，本院于××年××月××日作出（××）×民××号民事判决，已经发生法律效力。××年××月××日，××人民法院以（××）×民初/终××号民事裁定，决定对本案进行提审。

（4）当事人申请再审的，表述为：

> ……（写明原审当事人的姓名或名称和案由）一案，本院于××年××月××日作出（××）×民初/终××号民事判决（或调解协议），已经发生法律效力。××年××月××日，原审×告（或原审第三人，或原审上诉人，或原审被上诉人）××向本院申请再审，经审查该申请符合法律规定的再审条件。

（5）由人民检察院抗诉而再审的，表述为：

> ……（写明原审当事人的姓名或名称和案由）一案，本院于××年××月××日作出（××）×民初/终××号民事判决，已经发生法律效力。××人民检察院于××年××月××日对本案提出抗诉。

上述案件来源表述完毕之后，接着必须写明：

本院依法组成合议庭（本院决定再审，指令再审，当事人申请再审的写为“本院另行组成合议庭”），公开（或不公开）开庭审理了本案……［抗诉案件的，写××人民检察院检察长（员）××出庭支持抗诉。写明参加再审的当事人及其诉讼代理人等］到庭参加诉讼。本案现已审理终结。（未开庭的，写“本院依法组成合议庭审理了本案，现已审理终结。”）

例如以下一案系当事人申请再审的，表述为：

再审申请人广西现代物流集团有限公司（原广西物资集团有限责任公司，简称“广西物资公司”）因与被申请人中铁十八局集团第二工程有限公司（简称“中铁十八局二公司”）买卖合同纠纷一案，不服河北省高级人民法院（20×9）冀民终784号民事判决，向本院申请再审。本院于20×1年3月29日作出（20×0）最高法民申571号民事裁定提审本案，本院提审后依法组成由审判员李某担任审判长，审判员周某军、审判员杜某参加合议的合议庭公开开庭审理了本案，法官助理周某宇协助办理本案，书记员任某正担任法庭记录，再审申请人广西物资公司的委托诉讼代理人晏某春，被申请人中铁十八局二公司的委托诉讼代理人到庭参加了诉讼。本案现已审理终结。[①]

（二）正文

正文包括事实和证据、理由以及判决主文。

1. 事实和证据

（1）概括已经生效的原审判决等所认定的主要事实、理由和判决结果。

（2）简述当事人提起再审的主要意见、理由和具体请求。

例如：

广西物资公司申请再审称，一、原判决认定的基本事实缺乏证据证明。（一）中铁十八局二公司并非本案所涉及项目的中标单位，不是业主海南如意岛旅游度假投资有限公司建筑施工合同的相对方，业主支付工程款对象系中铁十八局，而不是中铁十八局二公司，因此案涉合同第6.6.1条约定所附的条件不可能发生，该条款应无效，原审判决认定该条款合法有效错误。（二）中铁十八局二公司提供的海口海事法院（20×8）琼72民初232号《受理通知书》证明，是中铁十八局起诉了业主海南如意岛公司，并不是中铁十八局二公司，原审判决将中铁十八局的起诉等同于中铁十八局二公司的起诉，并据此认定中铁十八局二公司没有怠于行使权利、没有违约是错误的。（三）根据案涉《钢筋买卖合同》第14.6条、第6.2条关于付款时间、方式的约定和对账单、银行汇款凭证等证据证明，中铁十八局二公司在供货的第四个月开始付款，支付货款金额为100%，不同时间点分别为70%、5%、25%，而非原审判决认定第6.6.1条系付款比例约定，即应支付的货款占合同履行金额的比例。二、原判决适用法律确有错误。（一）原判决将第6.6.1条的约定认定为付款条件错误，

① 改编自最高人民法院（2021）最高法民再238号民事判决书。

违反了合同相对性原则，违背了当事人真实意思表示，不符合《合同法》（已失效）第一百二十五条关于合同解释的相关规定。该条款实际上系在付款金额、时间上对出卖人权利保障的兜底条款或者最低承诺，即使约定有效，也属于履行期限不明确的约定，根据《合同法》（已失效）第六十二条相关规定，可以随时要求债务人履行，但应给予对方必要的准备时间。（二）司法实践中，对于履行期限不明确的约定，法院应根据诚实信用原则，以商业人士的合理预期为标准确定合理期限为履行期限，该期限经过后，债务人仍未履行，债权人即可请求履行。双方对账后共同签署的《企业询证函》确认了欠款金额而不是货款金额，而欠款是到期债权，债权人广西物资公司可以随时主张权利，并且发送律师函已经给予对方足够履行时间。三、原判决认定中铁十八局二公司不存在违约行为进而不承担违约责任错误。（一）中铁十八局二公司未对业主提起诉讼，怠于行使权利，已经构成违约，应承担违约责任。（二）中铁十八局二公司以第三人未付款为由拒绝履行案涉剩余货款，违反合同相对性原则和《合同法》（已失效）第一百二十一条规定。（三）案涉合同系中铁十八局二公司单方提供的格式合同，亦未尽合理提示及说明义务，第6.6.1条后半部分系中铁十八局二公司免除其责任、排除广西物资公司主要权利的条款，违反公平原则，根据《合同法》（已失效）第三十九条、第四十条之规定，应为无效。（四）合同仅约定广西物资公司放弃业主延误支付行为造成的违约责任，但并未放弃案涉合同第11.1条约定的逾期付款违约责任。此外，案涉保理费、律师费等均系中铁十八局二公司违约所产生，亦应由其承担。故依据《中华人民共和国民事诉讼法》（2021年修正）第二百条第二项、第六项之规定，请求依法撤销河北省高级人民法院（20×9）冀民终784号民事判决和唐山市中级人民法院（20×8）冀02民初315号民事判决；依法改判为：1. 中铁十八局二公司向广西物资公司支付所欠货款26 306 765.32元及违约金800 993.16元（违约金暂计算至20×8年5月15日，此后违约金按合同约定计算至实际支付之日止）；2. 中铁十八局二公司向广西物资公司支付保理费用77 000元、律师费260 900元；3. 本案保全费、保函费，一审、二审案件受理费由中铁十八局二公司承担。

被申请人中铁十八局二公司答辩称，原审判决认定事实清楚，适用法律正确，请求驳回再审申请。

河北省唐山市中级人民法院一审查明：中铁十八局二公司为承建海口东海岸如意岛跨海大桥工程向广西物资公司采购钢筋等货物。双方于20×6年10月27日、12月12日签订《临购钢筋买卖合同》与《钢筋买卖合同》。该两份合同约定，由乙方广西物资公司向甲方中铁十八局二公司出卖钢筋等货物，合同总价为51 360 935元。关于货款的支付，均约定在该两份合同的第六条，内容相同。具体为“第6.6条，甲方付款需要下列条件成就后付款：（1）双方履行合同事实；（2）乙方提供完整履行合同资料（包括但不限于产品合格证、试验资料、权属证书、收款人授权委托书、收款账号、足额合法发票等）；（3）经甲方有权签认人签认的合同履行金额。以上三个条件都具备后，甲方承担付款义务”。第6.6.1条，“甲方支付乙方价款的比例与本工程业主同期计量支付甲方工程进度款比例一致。如业主延误支付甲方工程进度款，乙方愿意充分理解，并放弃追究甲方因此造成的违约责任（包括但不限于违约金、逾期付款利息等）”。关于违约责任，《临购钢筋买卖合同》第11.1条约定：“如因甲方上级或业主拨款不及时、不到位导致甲方不能按时支付乙方货款时，乙方应予以充分理解，保证本合同的正常履行。乙方承诺不因此要求甲方承担任何违约金、利息等损失赔偿责任。”合同签订后，广西物资公司向中铁十八局二公司提供钢筋等货物。截至20×8年5月15日，广西物资公司累计向中铁十八局二公司提供货物金额为40 806 765.32元，中铁十八局二公司已付款14 500 000.00元，现尚欠货款26 306 765.32元。

另查明，中铁十八局二公司承建的海口东海岸如意岛跨海大桥工程现已被海口市建设工程质量安全监督站责令停工。中铁十八局二公司为索要工程款现已向海口海事法院起诉业主海南如意岛旅游度假投资有限公司。

广西物资公司向一审法院起诉请求：1. 中铁十八局二公司向广西物资公司支付尚欠货款26 306 765.32元。2. 中铁十八局二公司向广西物资公司支付违约金800 993.16元（违约金从20×7年9月8日起暂计至20×8年5月15日，此日后至判决生效前另计）。3. 中铁十八局二公司向广西物资公司支付保理费用77 000元。4. 中铁十八局二公司向广西物资公司承担本案律师服务费用260 900元。以上四项共计人民币27 445 658.48元。5. 本案保全费用和保函费用、诉讼受理费用全部由中铁十八局二公司承担。

河北省唐山市中级人民法院一审认为：（一）中铁十八局二公司现是否应向广西物资公司支付货款。从合同整体分析，还需满足6.6.1的约定即“甲方支付乙方价款的比例与本工程业主同期计量支付甲方工程进度款比例一致”。现工程业主海南如意岛旅游度假投资有限公司未按期向中铁十八局二公司支付相关工程进度款，且中铁十八局二公司未怠于向海南如意岛旅游度假投资有限公司行使自己的权利，现正以诉讼方式积极向海南如意岛旅游度假投资有限公司索要工程款，故按照合同约定中铁十八局二公司现不应向广西物资公司支付相关货款。（二）中铁十八局二公司是否违约、应否承担违约金。现工程业主海南如意岛旅游度假投资有限公司未按期向中铁十八局二公司支付相关工程进度款，且中铁十八局二公司未怠于向海南如意岛旅游度假投资有限公司行使自己的权利，现正以诉讼方式积极向海南如意岛旅游度假投资有限公司索要工程款，故中铁十八局二公司不存在违约行为。同时根据合同6.6.1“如业主延误支付甲方工程进度款，乙方愿意充分理解，并放弃追求甲方因此造成的违约责任（包括但不限于违约金、逾期付款利息等）”及《临购钢筋买卖合同》11.1“如因甲方上级或业主拨款不及时、不到位导致甲方不能按时支付乙方货款时，乙方应予以充分理解，保证本合同的正常履行。乙方承诺不因此要求甲方承担任何违约金、利息等损失赔偿责任”的约定，中铁十八局二公司亦不承担违约责任。据此，一审法院判决驳回广西物资公司的诉讼请求。

广西物资公司不服一审判决，上诉请求撤销一审判决，改判支持其一审诉讼请求。

二审法院对一审查明的事实予以确认。

…………

综上，广西物资公司的上诉理由不能成立，一审判决认定事实清楚，适用法律正确。该院于20×9年7月23日作出（20×9）冀民终784号民事判决：驳回上诉，维持原判。二审案件受理费179 028.29元，由广西物资公司负担。①

注意：上述两项内容表述的详略应当视具体情况而定。

第一，如果当事人提出再审申请，且对原判决认定的事实有异议的，则必须简要叙述原审判决认定的事实和判决结论，并进一步着重写明当事人申请再审的主要理由和具体请求。

第二，如果当事人对原审判决认定的事实没有异议的，则可以在简要叙述原审判决认定的事实之后，表明当事人对此没有异议的态度，然后再写明原审判决的结果，最后阐述当事人就适用法律等方面所提出的理由和具体请求。

第三，如果是上级人民法院提审或指令再审，或本院决定再审的，若认为原审判决认定事实没有错误，可以在简要叙述原审判决认定的事实和判决结论之后，明确肯定原审判决认定事实的正确性；若原审判决认定事实不清，或认定事实错误的，则在简要叙述原审判决认定的事实和判决结果之后，必须指出原审判决认定事实的错误所在。

第四，如果是人民检察院抗诉的案件，那么应当写明检察机关提出抗诉的理由，具体可参照当事人申请再审案件的写法。

（3）叙述再审人民法院再审认定的事实和证据。

再审人民法院认定事实可以从以下三个方面来展开叙述：首先，介绍当事人之间法律关系产生的时间、地点和内容；其次，叙述当事人之间纠纷产生的原因、经过、情节和结果；最后，列举分析认定事实的证据。可以分段表述，也可以一并分析。例如：

本院再审查明，广西物资公司与中铁建商业保理有限公司签订了《中国铁建供应链金融服务平台银信商业保理融资协议》，约定广西物资公司作为融资人以其合法持有的银信（指应收账款经审核通过后平台自动生成的保理融资凭证）向中铁建商业保理有限公司申请融资。20×8年3月，广西物资公司开出《铁建银信转让凭证》，将其对中铁十八局二公司到期日为20×8年11月13日的150万元应收账款转让给中铁建商业保理有限公司，20×8年3月22日，中铁建商业保理有限公司在扣除了贴息及其他费用7.7万元之后，向广西物资公司支付142.3万元。为提起本案诉讼，广西物资公司与广西同望律师事务所于20×8年5月30日签订《委托代理合同》，约定律师服务费用为260 900元。20×8年9月25日，广西物资公司转账支付律师费用182 630元，广西同望律师事务所出具了收款发票。②

制作这部分内容必须注意的是：第一，这部分叙述的事实必须是人民法院认定的事实，其引导词为“经再审查明”；第二，叙述事实不能平铺直叙，而要突出重点，尤其突出当事人争议的焦点；第三，列举证据时，必须注意保守国家机密、当事人隐私等。

①② 改编自最高人民法院（2021）最高法民再238号民事判决书。

2. 理由

阐述理由必须具有针对性。总体上说，再审民事判决书的理由主要针对两个目标：抗诉或当事人申请的主张和原审判决。具体可以从三个方面展开阐述：一是根据再审查明的事实、证据，阐明作出处理决定的理由。在这一要点中，必须着重论证原审生效判决的定性是否正确：如果不正确，则要分析哪些不正确；如果认为其全部错误，也要阐明理由。二是分析当事人提出再审的理由和再审的请求，指出该理由是否成立、该请求是否合法，并表明人民法院的态度。三是有针对性地进行分析论证，阐明对原审判决应当予以改判和如何改判或者应当维持原审判决的具体理由，并写明判决所依据的法律依据，包括实体法和程序法。例如：

本院认为，本案双方当事人对于中铁十八局二公司尚欠广西物资公司货款本金数额没有异议，争议集中在中铁十八局二公司支付广西物资公司价款的比例与业主同期计量支付中铁十八局二公司工程进度款比例一致这一合同条款是否构成约定付款条件。因本案纠纷发生在《中华人民共和国民法典》施行之前，应当适用当时的法律和司法解释的相关规定。《中华人民共和国合同法》（已失效）第一百二十五条规定，在当事人对合同条款的理解有争议时，应当按照合同所使用的词句、合同的有关条款、合同的目的、交易习惯以及诚实信用原则，确定该条款的真实意思。根据原审法院查明的事实，中铁十八局二公司与广西物资公司先后签订了《临购钢筋买卖合同》和《钢筋买卖合同》，两份合同均在第六条约定了“结算与货款支付”条款，其中第 6.6 条均约定：“甲方付款需下列条件成就后付款：(1) 双方履行合同事实；(2) 乙方提供完整履行合同资料（包括但不限于产品合格证、试验资料、权属证书、收款人授权委托书、收款账号、足额合法发票等）；(3) 经甲方有权签认人签认的合同履行金额。以上三个条件都具备后，甲方承担付款义务。”第 6.6.1 条约定“甲方支付乙方价款的比例与本工程业主同期计量支付甲方工程进度款比例一致。如业主延误支付甲方工程进度款，乙方愿意充分理解，并放弃追究甲方因此造成的违约责任（包括但不限于违约金、逾期付款利息等）”。从第 6.6 条约定看，双方对于货款支付的成就条件约定了三点内容，并且明确在三个条件具备后，中铁十八局二公司则承担付款义务。而第 6.6.1 条关于进度款比例一致的约定虽然约定在货款支付条款项下，但并未像第 6.6 条那样明确约定三项付款条件，也难以从字面文义上得出该条款系付款条件之一。从合同目的来看，广西物资公司向中铁十八局二公司提供货品钢筋系为取得相应货款，双方形成买卖合同法律关系，而中铁十八局二公司购买货品钢筋系为承揽海南如意岛旅游度假投资有限公司工程项目所需，其目的是取得工程价款。中铁十八局二公司作为独立的商事主体，应当独立承担业主方不能支付工程款的商业风险，在没有证据证明广西物资公司愿意为中铁十八局二公司承担业主单位海南如意岛旅游度假投资有限公司不能支付工程价款的商业风险的情况下，将业主单位支付款项作为案涉货款的支付条件并不符合广西物资公司的合同目的。且从第 6.6.1 条的内容来看，除了约定付款比例一致之外，还约定如业主延误支付中铁十八局二公司工程进度款，广西物资公司愿意充分理解并放弃追究其因此造成的违约责任（包括但不限于违约金、逾期付款利息等），由此可见，双方当事人关于进度款比例一致的约定应理解为对中铁十八局二公司及时付款的基本要求，以确保相应支付得到切实履行，在业主不支付工程进度款的情况下，广西物资公司愿意放弃追究中铁十八局二公司的违约责任，但并未约定中铁十八局二公司可以因此不向广西物资公司支付货款。因此，案涉合同第6.6.1条关于“进度款比例一致”的约定不能认定为货款支付条件。申请人广西物资公司关于付款比例一致的约定不构成付款条件的申请事由成立，本院予以支持。原审判决将案涉合同第6.6.1条的约定认定为关于付款条件的约定不当，本院予以纠正。

关于中铁十八局二公司是否违约并承担违约责任的问题。根据原审查明事实，中铁十八局二公司所欠广西物资公司剩余货款的付款条件已经成就，其逾期不付行为已经违约，理应承担相应的违约责任。但双方在案涉合同第6.6.1条后半部分明确约定广西物资公司愿意充分理解并放弃追究中铁十八局二公司因此造成的违约责任（包括但不限于违约金、逾期付款利息等）。《临购钢筋买卖合同》第11.1条亦约定“如因甲方上级或业主拨款不及时、不到位导致甲方不能按时支付乙方货款时，乙方应予以充分理解，保证本合同的正常履行。乙方承诺不因此要求甲方承担任何违约金、利息等损失赔偿责任”。按照双方约定，如果中铁十八局二公司未能及时付款系第三方业主延误等原因引起，则广西物资公司将放弃追究相应违约责任。案涉合同内容经过双方商议拟定，并不适用格式条款认定规则，广西物资公司明确放弃追究违约金，属于处分自身权利的行为，也未损害国家利益、社会公共利益或第三人合法权益，应认定为合法有效。目前，双方均认可中铁十八局二公司未能支付剩余货款主要系第三方业主延误所造成，广西物资公司亦未提交任何证据证明中铁十八局二公司因其他原因导致的违约行为。因此，广西物资公司要求中铁十八局二公司承担违约责任的申请理由，并无相应的事实和法律依据，本院不予支持。关于广西物资公司所主张的保理费用77 000元，系其与案外人中铁建商业保理有限公司之间的保理融资商业安排中为提前实现账款所支出的费用，要求中铁十八局二公司承担的理据不足，本院不予支持。关于广西物资公司所主张的保理费用问题，并无证据证明未提供账款催收服务，本院不予支持。关于广西物资公司为本案诉讼聘请律师实际支出律师服务费用182 630元，属为维护自身合法权益的必要支出，依法应由中铁十八局二公司负担。此外，广西物资公司虽然在诉讼请求中要求中铁十八局二公司承担保函费用，但在一审中并未提交相关的证据，本院再审中不再予以理涉。

综上，申请人广西物资公司的申请成立，本院予以支持。原审判决认定事实基本清楚，但由于适用法律错误，导致案件处理结果不当，本院予以纠正。根据《中华人民共和国民事诉讼法》第二百条第二项、第六项规定的情形，依照《中华人民共和国民事诉讼法》（2021年修正）第一百七十七条第一款第二项、第二百一十四条之规定，判决如下：……①

在阐述理由时，必须注意以下三点：

（1）原审判决认定事实错误或者部分错误的，阐述理由时，主要指出由于认定事实

① 改编自最高人民法院（2021）最高法民再238号民事判决书。

上的错误，导致适用法律的错误和判决结果的错误。

（2）原审判决认定事实正确，由于适用法律不当，造成判决结果错误的，要引用有关法律的具体规定，加以阐述，有理有据地指出原审判决哪些部分适用法律不当。

（3）对于抗诉或者当事人申请再审所提出的理由，阐明是全部有理还是部分有理，部分无理的，在理由中必须加以论证。对于有理的部分加以采纳，对于无理的部分予以逐一批驳。

另外，由于我国民事诉讼法中关于审判监督程序的规定比较原则，依照第一审程序再审的民事判决，没有规定处理原则的法律条款可供引用，所以在实践中：对于依照第二审程序再审的民事判决，可引用《民事诉讼法》第177条的有关内容；但是对于依照第一审程序审理的再审案件，则不应当引用《民事诉讼法》第177条的规定。对于依照第一审程序再审改判的案件，可以不援引程序法条文，只需要援引判决所依据的实体法。

3. 判决主文

对于再审民事判决书的判决主文，不论是维持原判、全部改判还是部分改判，或者既维持原判又加判的，其内容要点和制作方法均可参照第二审民事判决书判决主文的写法进行。例如：

> 一、中铁十八局集团第二工程有限公司在本判决生效后十日内向广西现代物流集团有限公司支付货款26 306 765.32元；
>
> 二、中铁十八局集团第二工程有限公司在本判决生效后十日内向广西现代物流集团有限公司支付律师费182 630元；
>
> 三、驳回广西现代物流集团有限公司的其他诉讼请求。①

注意：在制作判决主文时，对原来经过第二审改判的案件，在再审中又改判的，只撤销原生效裁判即可。

（三）尾部

再审民事判决书的尾部，应根据人民法院进行再审所适用的程序而定，具体写法可分别参照第一审或第二审民事判决书相关尾部内容的写法。

（1）如果是按照第一审程序再审的，必须在尾部交代上诉事项等。其写法与第一审民事判决书尾部的写法相同。

（2）如果是按照第二审程序再审的，则尾部应写明“本判决为终审判决”。

尾部其他各项内容的写法也分别和第一审民事判决书、第二审民事判决书的相应项写法相同。

二、再审民事裁定书

再审民事裁定书，是指人民法院对于已经发生法律效力的民事裁定，发现确有错误，决定再审时所作出的书面决定。

再审民事裁定书可以分为两类：一类是提起再审程序的民事裁定书，另一类是再审

① 改编自最高人民法院（2021）最高法民再238号民事判决书。

过程中解决程序问题的民事裁定书。本节主要讲述第一类民事裁定书的内容和制作方法，至于第二类民事裁定书可分别参照第一审或第二审民事裁定书的制作。

再审民事裁定书的适用范围是：各级人民法院的审判委员会对于本院已经发生法律效力的裁定，发现确有错误，认为需要再审而决定再审的案件；最高人民法院对于地方各级人民法院，上级人民法院对于下级人民法院已经发生法律效力的裁定，发现确有错误提审或指令下级人民法院再审的案件；当事人对于已经发生法律效力的裁定，认为确有错误而向原审人民法院或者上一级人民法院申请再审，其申请符合法定条件，人民法院决定再审的案件；最高人民检察院对于下级人民法院已经发生法律效力的裁定，发现按法律规定应当提出抗诉情形的，按照审判监督程序提出抗诉后，人民法院进行再审的案件。具体而言，再审民事裁定书适用于以下案件：第一，中止原判执行的案件；第二，保全和先予执行的案件；第三，中止或者终结诉讼的案件；第四，补正判决书中笔误的案件；第五，其他需要裁定解决事项的案件。

再审民事裁定书在结构上由首部、正文和尾部组成。

（一）首部

首部各项与第二审民事判决书基本相同，应写明标题、案号。案号中的审级代字，为区分提起再审和进行再审这两个不同的阶段，前一个用“监”字，后一个用“再”字。

（二）正文

再审民事裁定书是就程序问题作出的书面决定，其内容与写法都比较简单，主要应写明：案由、原判作出的时间案号、提起再审的原因及理由、适用的法律条文、裁定结果。具体分为以下几种情形：

(1) 本院决定再审的，写为：

原审原告（或原审上诉人）××与原审被告（或原审被上诉人）××……（案由）一案，本院于××年××月××日作出（××）×民初/终××号民事裁定，发生法律效力。经本院院长提交审判委员会讨论认为……（简要写明本案应当提起再审的理由）依照《中华人民共和国民事诉讼法》第二百零九条第一款、第二百一十七条之规定，经本院审判委员会决定，裁定如下：

一、本案由本院另行组成合议庭进行再审；

二、再审期间，中止原判决（或裁定）的执行。

(2) 指令下级人民法院再审或提审的，写为：

原审原告（或原审上诉人）××与原审被告（或原审被上诉人）××（案由）一案，本院于××年××月××日作出（××）×民初/终××号民事判决（或裁定），发生法律效力。本案经本院复查认为……（简要写明指令再审或提审的理由）。依照《中华人民共和国民事诉讼法》第二百零九条第二款、第二百一十七条的规定，裁定如下：

一、……（决定提审的，写为“本院对本案进行提审”；指令下级人民法院再审的，写为“本院指令××人民法院另行组成合议庭对本案进行再审”）

二、再审期间，中止原判决（或裁定）的执行。

（3）根据当事人申请再审或检察院抗诉决定再审的，写为：

原审原告（或原审上诉人）××与原审被告（或原审被上诉人）××（案由）一案，本院于××年××月××日作出（××）×民初/终××号民事裁定，已经发生法律效力。××年××月××日原审××（写明当事人的称谓和姓名）提出再审的申请（或××人民检察院提出抗诉）。本院决定依照《中华人民共和国民事诉讼法》第二百一十条、第二百一十七条的规定，裁定如下：

一、本案由本院另行组成合议庭进行再审；

二、再审期间，中止原判决（或裁定）的执行。

（三）尾部

再审民事裁定书的尾部与再审民事判决书的相同。

三、再审民事调解书

再审民事调解书，是指人民法院依照民事诉讼法规定的审判监督程序，在审理再审的民事纠纷案件过程中，依法进行调解，在双方当事人自愿、合法地达成解决有关实体权利、义务争议的协议后，予以确认而制作的具有法律效力的书面决定。

我国《民事诉讼法》审判监督程序一章没有对调解作出明确规定，这是因为人民法院按照审判监督程序审理的案件，原来是一审的，按照第一审程序审理；原来是二审的，或者是上级人民法院提审的，按照第二审程序审理。法律明确规定在第一审和第二审程序中都可以进行调解，故无须在审判监督程序中另作规定。因此，制作再审民事调解书的法律依据仍然是《民事诉讼法》及《最高人民法院关于适用〈中华人民共和国民事诉讼法〉的解释》中第一审程序、第二审程序对调解所作的相关规定。

再审民事调解书的适用范围是：已经进入审判监督程序审理的再审民事纠纷案件，经人民法院主持调解，当事人双方自愿达成调解协议的案件。

再审民事调解书的写法与第一审、第二审民事调解书基本相同，不同的是首部中当事人的称谓和案号（案号用“民再字”）。

（一）首部

再审民事调解书的首部，除当事人的称谓与再审民事判决书一致外，其余内容与第一审、第二审民事调解书的相同。

案件的由来可表述为：

原审原告（或原审上诉人）××与原审被告（或原审被上诉人）××……（案由）一案，本院于××年××月××日作出（××）民初/终××号民事判决（或调解协议），已经发生法律效力。××年××月××日本院作出裁定，决定对本案进行再审（或决定本案由本院进行提审，或××年××月××日××人民法院指令本院对本案进行再审）。

（二）正文

对于再审民事调解书正文中当事人的请求、案件的事实、调解协议的内容以及协议的确认，可参照第一审、第二审民事调解书的写法。例如某高级人民法院审理某再审纠纷案件的调解书正文为：

在原审原告××省××县建筑安装工程总公司（简称“安装公司”）诉原审被告××县××建筑有限公司（简称“××公司”）、原审第三人××县××电影发行放映有限公司（简称“放映公司”）建筑工程承包合同纠纷一案中，××公司与放映公司签订“××影视大厦”联建开发协议书后又与安装公司签订建筑工程承包合同，由××公司将“××影视大厦”土建及附属工程发包给安装公司，工程竣工验收后，三方对工程结算不能达成一致意见，引起纠纷，安装公司即诉至某县人民法院。某县人民法院作出一审判决后，××公司不服，向中级人民法院提起上诉，××公司对该二审判决不服，向××高级人民法院申请再审，××高级人民法院提审后，在审理过程中，经主持调解，各方当事人自愿达成如下协议：

一、由××公司于20××年11月30日以前一次性付给安装公司工程结算尾款13万元，××公司对该款不再支付利息，如××公司超过20××年11月30日付款，则按月息千分之二十五计付利息；

二、该工程结算属各方一次性协商清结，安装公司不得再以任何借口翻悔；

三、安装公司应缴纳的工程税费，由××公司缴纳；

四、各方在诉讼中交纳的工程费和其他费用在本协议签订后已全部处理清结，任何一方不得再以任何借口翻悔；

五、放映公司不承担任何经济责任；

六、第一审案件受理费、财产保全费和其他诉讼费计24 630元，工程造价鉴定费23 000元，共计47 630元，由××公司负担15 800元，安装公司负担31 830元；第二审诉讼费20 000元及鉴定费20 000元，共计40 000元，由××公司负担15 000元，安装公司负担25 000元。

（三）尾部

再审民事调解书尾部中的各项内容均与第一审、第二审民事调解书中相应项相同。

制作再审民事调解书应注意的问题是：第一，在制作民事调解书时，对原判决、裁定的效力问题，无须再作交代。第二，当事人双方达成协议的内容，不得违背有关法律、政策的规定或者损害国家、集体和他人的合法权益。第三，协议内容应是有法律上的实在意义并能予以执行的；如属于说服教育性质的词句，不应写在调解书中。第四，因协议内容是双方在自愿基础上达成的，故用字遣词应反映出自愿的语气，不应使用强制性的语气。

第四节 第一审行政裁判文书

一、第一审行政判决书

第一审行政判决书是指人民法院依照行政诉讼法规定的第一审程序，对于审理终结的第一审行政案件，依照法律、行政法规和地方性法规，以及参照有关行政规章，就案件的实体问题作出处理决定时制作的法律文书。

依据《行政诉讼法》第69至第78条的规定，行政判决书解决的是当事人之间争议的实质性的问题，即对被诉行政行为是否合法、正确作出的公正判决。如果是解决审理过程中的某些程序问题，则只能使用行政裁定书，不能使用行政判决书。

第一审行政判决书是人民法院最重要的行政裁判文书，是制作其他行政裁判文书的基础。它通过对被诉的行政行为作出公正、合法的处理，体现人民法院对行政机关行政行为的司法监督和司法审查。第一审行政判决书有三种样式，分别适用于行政作为类案件、行政不作为类案件和行政赔偿类案件。

第一审行政判决书由首部、正文和尾部组成。

（一）首部

1. 人民法院名称、文书名称和案号

应分两行写明“××人民法院行政判决书”，在其右下方写明案号，即（××）×行初××号。行政赔偿类判决书的标题为“××人民法院行政赔偿判决书”。

2. 当事人及诉讼代理人的称谓及基本情况

第一审行政判决书的制作要求与第一审民事判决书一致，只是被告应写明被诉的行政机关名称、所在地址，另起一行写明行政机关的法定代表人的姓名和职务；如有第三人的，也应列明。例如：

原告：××金钥匙城市环境设计工程有限公司，住所地：××省××市××区民营科技园内。

法定代表人：徐××，董事长。

委托代理人：汪××，男，汉族，19××年3月19日出生，××知识产权代理有限责任公司职员，住北京市朝阳区××里××号。

委托代理人：田××，男，汉族，19××年3月28日出生，××知识产权代理有限责任公司职员，住北京市海淀区××里××楼。

被告：国家知识产权局专利复审委员会，住所地：北京市海淀区北四环西路9号银谷大厦10～12层。

法定代表人：廖××，副主任。

委托代理人：钟××，国家知识产权局专利复审委员会外观申诉处审查员。

委托代理人：程××，国家知识产权局专利复审委员会行政诉讼处审查员。

第三人：张××，男，汉族，19××年4月15日出生，住××省×××市××区××北里20栋3单元101室。

第三人：房××，男，汉族，19××年11月2日出生，住××市××区××街215号楼1005号。

第三人：娄××，男，汉族，19××年10月23日出生，住××市××区××北区12栋21号。

上述三第三人之共同委托代理人：陈××，北京××知识产权代理有限公司专利代理人。

上述三第三人之共同委托代理人：宁××，男，汉族，19××年9月13日出生，北京××知识产权代理有限公司职员，住北京市朝阳区××3号院1楼103号。

3. 案件由来和审判经过

(1) 第一审作为类行政案件可表述为：

原告××不服××（行政主体名称）……（行政行为），于××年××月××日向本院提起行政诉讼。本院于××年××月××日受理后，于××年××月××日向被告送达了起诉状副本及应诉通知书。本院依法组成合议庭，于××年××月××日公开（或不公开）开庭审理了本案……（写明到庭参加庭审活动的当事人、诉讼代理人、证人、鉴定人、勘验人和翻译人员等）到庭参加诉讼……（写明发生的其他重要程序活动，如被批准延长本案审理期限等情况）本案现已审理终结。

(2) 第一审不作为类行政案件可表述为：

原告××因要求被告××（行政主体名称）履行法定职责（或者其他行政义务），于××年××月××日向本院提起行政诉讼。本院于××年××月××日受理后，于××年××月××日向被告送达了起诉状副本及应诉通知书。本院依法组成合议庭，于××年××月××日公开（或不公开）开庭审理了本案……（写明到庭的当事人、诉讼代理人、证人、鉴定人、勘验人和翻译人员等）到庭参加诉讼……（写明发生的其他重要程序活动，如被批准延长本案审理期限等情况）本案现已审理终结。

(二) 正文

正文包括事实和证据、理由以及判决结果。

1. 事实和证据

(1) 当事人之间行政讼争的内容。

第一，详细叙述被告实施行政行为的行政程序和行政行为的主要内容（包括认定的事实、适用的法律规范和处理结果），使需要进行合法性审查的"事实"得到充分展示。如被诉行政行为系非要式行为，可结合被告作出行政行为时的内部报告或庭审中双方认可的结论确定行政行为的内容。对于被告行政不作为的，则写明被告行政不作为的具体情况。

第二，根据《行政诉讼法》及《最高人民法院关于行政诉讼证据若干问题的规定》的规定，被告对作出的行政行为负有举证责任。为了突出体现这一原则，在被诉行政行为得到展示之后，随之需将被告主张被诉行政行为合法性的证据一一列举在后。列举的证据应写明证据的名称及内容，写明证据的证明目的（可以按被告举证顺序归类概括证明目的；也可以根据案情，从法定职权、执法程序、认定事实、适用法律等方面，分类列举有关证据和依据；还可以综合列举证据，略写无争议部分）。为体现被告必须在法定期限内向法院提供证据的要求，应当写明被告提供证据的时间。对于经法院批准延期提供证据的，应当予以说明。

第三，简明扼要地写明原告的诉讼请求及理由，避免照抄起诉状或者详细叙述诉讼请求中的具体理由。在原告的诉讼请求之后，写明原告提供的证据。如有第三人参加诉讼，概括写明第三人的意见和其提供的证据。

第四，概述被告的答辩理由和要求，注意避免与已有内容重复。

第五，法院依职权或者依原告、第三人的申请而调取证据的，应当予以说明。

例如：

区公安局于202×年9月10日作出京公朝行罚决字［202×］56317号《行政处罚决定书》（简称《处罚决定书》），认定202×年9月9日21时许，原告在北京市朝阳区惠新西街南口地铁站附近占道经营，扰乱公共场所秩序，后被民警抓获。根据《中华人民共和国治安管理处罚法》（简称《治安管理处罚法》）第二十三条第一款第（二）项之规定，决定给予原告行政拘留五日的处罚。原告不服该决定，向区政府申请行政复议。区政府于202×年11月12日作出朝政复字［202×］241号《行政复议决定书》（简称《复议决定书》），根据《中华人民共和国行政复议法》（简称《行政复议法》）第二十八条第一款第（一）项的规定，决定维持区公安局对原告作出的《处罚决定书》。

原告诉称，202×年9月9日晚8时30分，原告在健安东路口卖少许菜，小关派出所及其有关人员强行将原告采用双手铐住带到小关派出所。其后判5日拘留，说什么违反公共场所秩序罪，罪名根本不成立，这应是城管的职责，被告滥用职权。如果说摆地摊卖点菜也算占道经营，两家摆摊卖点菜也构成违反公共场所秩序罪，那么法律也显得太不公正了，判得重了点儿吧。原告认为区公安局作出的对原告拘留5日的决定，在认定事实、运用法律上以及在程序上，均存在十分严重的错误或缺失。在决定书签字时根本不让看，也未告知。原告于202×年9月14日向区政府申请行政复议，区政府于202×年11月12日作出了《复议决定书》，现不服区政府作出的《复议决定书》，向朝阳区人民法院提出行政诉讼。请求法院判决：1. 撤销区公安局作出的《处罚决定书》；2. 撤销区政府作出的《复议决定书》。

原告在指定期限内向本院提交如下证据材料：1.《处罚决定书》；2.《复议决定书》；3. 摆摊地点地图截图，证明原告摆地摊的位置距离地铁口较远，旁边也不存在警示牌，区公安局作出的处罚认定事实错误。

区公安局辩称，202×年9月9日21时许，原告在北京市朝阳区惠新西街南口地铁站附近占道经营，扰乱公共场所秩序，后被民警抓获。区公安局于202×年9月10日依据《治安管理处罚法》第二十三条第一款第（二）项之规定，对原告作出行政拘留五日的行政处罚。上述事实，有本人陈述、证人证言等证据证实，足以认定。本案中原告承认在朝阳区惠新西街南口地铁站附近占道经营，扰乱了公共场所秩序，自愿认错认罚，且有本人陈述、证人证言等证据证实其违法行为。现有证据足以认定案件事实，执法程序符合法律规定。综上，区公安局认为原告作出行政拘留五日的行政处罚，认定事实清楚、证据充分、适用法律准确、程序合法、处罚适当，请求人民法院驳回原告诉讼请求。

区公安局在法定期限内向本院提交如下作出处罚决定的证据材料和法律法规依据：

（一）证据材料：1. 对原告询问制作的《询问笔录》，证明原告承认违法行为；2. 对王某玲询问制作的《询问笔录》，证明王某玲证实原告违法行为；3. 对王某伟询问制作的《询问笔录》，证明王某伟证实原告违法行为；4. 对王某红询问制作的《询问笔录》，证明王某红证实原告违法行为；5. 对宋某询问制作的《询问笔录》，证明宋某证实原告违法行为；6. 照片及照片制作说明，证明原告摆摊地区为重点地区；7.《工作记录》，证明在原告处起获其售卖物品；8.《现场执法文书》，证明在原告处起获其售卖物品去向；9.《网上比对工作记录》，证明查询在逃、前科情况；10.《受案登记表》，证明公安机关依法受理案件；11.《行政案件快速办理告知书》，证明行政案件快速办理告知；12.《工作记录》，证明对原告进行口头传唤；13. 到案经过，证明原告到案情况；14.《被传唤人员家属通知书》，证明传唤嫌疑人通知家属情况；15.《公安行政处罚告知笔录》，证明行政处罚前对原告进行了告知；16.《处罚决定书》，证明作出行政处罚决定书并送达；17.《被行政拘留人员家属通知书》及《工作记录》，证明嫌疑人拘留已通知家属。

（二）法律依据：1.《中华人民共和国人民警察法》；2.《治安管理处罚法》。区公安局提交以上法律证明其作出的处罚决定合法、程序正当。

区政府辩称，区政府具有作出《复议决定书》的法定职权，作出《复议决定书》符合程序规定，认定事实清楚、证据确凿、适用法律正确，请求法院驳回原告的诉讼请求。

区政府在法定期限内向本院提交如下作出复议决定的证据材料和依据：

（一）证据材料：1.《行政复议接待室接待笔录》《当事人送达地址确认书》《行政复议申请书》及有关材料；2.《行政复议申请受理通知书》、送达回证、邮寄凭证及邮寄查询记录单；3.《行政复议答复通知书》及送达回证；4.《行政复议答复意见书》及区公安局提交的证据材料；5.《复议决定书》《〈行政复议决定书〉更正通知》、送达回证、邮寄凭证及邮寄查询记录单。以上证据证明区政府作出的复议决定认定事实清楚、证据确凿、适用法律正确、程序合法。

（二）法律法规依据：1.《行政复议法》；2.《中华人民共和国行政复议法实施条例》。区政府提交以上法律法规证明其作出的复议决定合法。[1]

注意：行政不作为案件的审理对当事人双方的举证要求与行政作为案件的审理对当事人双方的举证要求有所区别，应在判决书中有所体现。原告应提供其已经向被诉行政机关提出申请的事实以及被诉行政机关不作为的证据和依据。被告应提供证据证明原审原告的申请事项是否属于其法定职责或者法定义务，其是否在法定期限内已经履行法定职责或者义务以及其不作为是否符合法律规定等。判决书要围绕行政实体法预先设定的有关条件一一列举有关证据，分别对双方当事人所举证据予以认证，在认证的基础上进行充分说理、论证，最后明确被告不作为是否合法、原告的申请是否成立。

（2）人民法院认定的事实和证据。

这是经法院审理查明的案件事实和据以认定的证据，是审查被诉行政行为是否合法

① 改编自北京市朝阳区人民法院（2020）京0105行初701号行政判决书。

的基本事实。认定的事实要客观真实，表达要准确、具体，要把时间、地点、情节和因果关系等交代清楚，并注重证据的表达，强调被告的举证责任，写明人民法院对证据的审查结果。

叙述事实时，一般可按案情发展的时间顺序进行，重点突出争议焦点的关键情节，写明案情的前后过程。对于原告不服行政处罚或者行政强制措施的，应具体写明原告是否存在应受行政处罚或行政强制措施的行为；原告认为行政机关违法要求其履行义务，或者认为行政机关侵犯其经营自主权、人身权或财产权的，要写明行政机关要求被告履行何种义务，原告是否应当履行该义务，是否有事实根据和法律、法规根据，是否存在侵犯原告合法权益的行为等；对于原告认为行政机关应履行法定职责而未履行的，应写明原告何时提出某项申请、该申请是否符合法定条件、手续是否完备、被告是如何履行法定职责的等。例如：

经庭审质证，本院对各方当事人提交的证据作如下认定：1. 原告提交的证据能够证明区公安局作出处罚决定及区政府作出复议决定的情况，但不具有证明涉诉行政行为违法的效力，对该证明目的本院不予采信。2. 区公安局提交的证据系作出被诉处罚决定过程中依法定程序收集的，具备关联性、合法性、真实性，本院予以采纳。3. 区政府提交的证据能够证明其受理复议申请并作出决定的情况，本院予以采纳。

202×年9月10日，区公安局分别对原告、王某玲、王某伟、王某红、宋某进行询问并制作《询问笔录》，笔录中载明原告陈述，2020年9月9日21时许，原告在北京市朝阳区惠新西街南口地铁站外卖菜，影响了惠新西街南口地铁站外交通秩序和行人正常的通行，一起被抓的还有一对夫妇在其旁边卖菜。其自愿认错认罚。王某玲陈述，事发时其在北京市朝阳区惠新西街南口地铁站南侧路边人行道上摆摊向过往路人售卖蔬菜，半小时后其就被民警抓获。一起摆摊的还有其丈夫和一个卖菜男子。当时人比较多应该影响了过往路人及交通。王某伟陈述，其在惠新西街南口地铁站外影响了交通秩序和行人正常的通行。小关派出所民警王某红、宋某陈述，二人在北京市朝阳区惠新西街地铁站D口附近巡逻时发现原告、王某玲、王某伟在占道经营，向行人售卖蔬菜，还有一男子在B口处售卖鲜花。其二人将上述违法行为人抓获并传唤到所。其中一名卖菜男子即为原告。当日，原告签署《行政案件快速办理告知书》，原告签字表示同意快速办理。同日，区公安局对原告制作《公安行政处罚告知笔录》，告知拟对其作出的行政处罚的事实、理由及依据。原告在该笔录上签名，并捺指印。后来，区公安局作出《处罚决定书》，原告签字按捺指印予以签收。家属袁某玲到所询问情况时，民警将处罚决定及执行地点向其家属予以告知。

另查，小关惠新西街地铁站周边为北京市朝阳区人民政府确定的扰乱社会秩序整治重点地区。惠新西街南口地铁站附近设立的警示牌载明："本地区为清理整治重点地区，严禁在本地区及周边实施扰乱公共场所秩序行为（非法运营、趴活儿揽客、无照游商、散发小广告等），如不听劝阻，继续实施扰乱公共场所秩序等违法行为，公安机关将依法予以处理。"

原告不服该处罚决定于202×年9月14日向区政府提出行政复议申请。区政府于202×年9月17日受理并作出《行政复议申请受理通知书》。同日，区政府向区公安局作出《行政复议答复通知书》。202×年9月26日，区公安局向区政府提交《行政复议答复意见书》及作出处罚决定的证据等材料。202×年11月12日，区政府作出《复议决定书》维持了区公安局作出的处罚决定。202×年12月8日，因决定书文号存在笔误，区政府作出《〈行政复议决定书〉更正通知》，将文号由"朝政复字［202×］341号"更正为"朝政复字［202×］241号"。①

注意：

第一，各地人民法院在制作这类文书的时候，特别重视对证据的分析以及对诉辩双方争议焦点的归结，以提高行政判决书的质量。

第二，原告对行政行为提起行政诉讼时一并提起行政赔偿诉讼的，可以分别制作判决书，也可以只制作一份判决书。制作一份判决书时，可将行政赔偿作为原告的一个诉讼请求来处理。另外，审理行政赔偿案件，应当以被诉行政行为违法为前提。原告因事实行政行为提起赔偿诉讼的，判决书应当以被告的举证确定被诉事实行政行为是否存在为判决依据；原告对行政行为提起行政诉讼时一并提起行政赔偿诉讼的，判决书应当以行政判决书确认的被诉行政行为是否合法为判决依据。在赔偿诉讼中，证明因受被诉行政行为侵害而遭受损失的事实，适用"谁主张，谁举证"的举证规则。

2. 理由

针对行政诉讼的特点，第一审行政判决书的理由部分要根据查明的事实及有关法律、法规和法学理论，就行政主体所作的行政行为是否合法、原告的诉讼请求是否有理进行分析论证，阐明判决的理由。论述被诉行政行为的合法性，包括：(1) 被告是否具有法定职权；(2) 被诉行政行为是否符合法定程序；(3) 被诉行政行为认定事实是否清楚、主要证据是否充分；(4) 适用法律、法规、司法解释、规章以及其他规范性文件是否正确；(5) 被告是否超越职权、滥用职权，行政处罚是否显失公正。

围绕法律规范展开法律分析，对法律条文的援引要做到准确。最终判决应分别适用《行政诉讼法》第69～81条的规定以及相关司法解释的规定，在引用时要写明具体规定的条、款、项、目。

例如：

本院认为，依据《治安管理处罚法》第七条，县级以上地方各级人民政府公安机关负责本行政区域内的治安管理工作。《公安机关办理行政案件程序规定》(2018年修正) 第十条规定，行政案件由违法行为地的公安机关管辖。本案违法行为地位于朝阳区，属区公安局的管辖范围，其具有作出被诉处罚决定的法定职权。根据《行政复议法》(2017年修正) 第十二条的规定，对县级以上地方各级人民政府工作部门的具体行政行为不服的，由申请人选择，可以向该部门的本级人民政府申请行政复议，也可以向上一级主管部门申请行政复议。区政府作为区公安局同级人民政

① 改编自北京市朝阳区人民法院（2020）京0105行初701号行政判决书。

府，具有受理原告的复议申请，经审查作出复议决定的法定职权。

《治安管理处罚法》第二十三条第一款第（二）项规定，扰乱车站、港口、码头、机场、商场、公园、展览馆或者其他公共场所秩序的，处警告或者二百元以下罚款；情节较重的，处五日以上十日以下拘留，可以并处五百元以下罚款。本案中，现有证据能够形成完整的证据链，足以证明202×年9月9日21时许，原告在北京市朝阳区惠新西街南口地铁站附近实施了占道经营、向过往行人售卖蔬菜的行为，本院对此予以确认。因当时行人较多，原告的行为直接影响惠新西街南口地铁站附近交通秩序，故区公安局所作决定认定事实清楚，本院予以支持。关于处罚幅度一节，本院认为，设立的警示牌已经提醒小关惠新西街地铁站周边为扰乱社会秩序整治重点地区，且案发时人流量较大，区公安局结合该地区特定情形及危害后果作出拘留五日的处罚决定无明显不当，本院亦予以支持。区公安局作出被诉行政处罚决定前履行了受案、传唤、告知等程序，其履行程序合法，本院予以支持。

区政府在接到原告的复议申请后，经审查予以受理，在法定期限内通知区公安局，作出复议决定并履行了送达程序，区政府作出的《复议决定书》并无不当，本院亦予以支持。

综上，依照《中华人民共和国行政诉讼法》第六十九条、第七十九条之规定，判决如下：……[①]

注意：行政赔偿判决书论证的重点是被诉事实行政行为是否存在，被诉行政行为是否合法；原告是否存在合法权益，原告的合法权益是否被侵害，被侵害的程度和后果及其与被诉行政行为、事实行政行为的因果关系，原告是否应得到赔偿。对于未经确定的事实行政行为，应当根据被告的举证确定该行为是否存在；对于经确认违法的行政行为，只需写明“××机关已经确认该行为违法”，无须进行分析论证。行政赔偿判决书在适用法律时，不仅要适用《行政诉讼法》，还应适用《国家赔偿法》及《最高人民法院关于审理行政赔偿案件若干问题的规定》等行政赔偿司法解释的规定。

3. 判决结果

它是人民法院对当事人之间的行政争议作出的实体性处理结论，表述要准确、具体。

（1）第一审行政作为类案件的判决结果有以下九种情况：

第一，维持被诉行政行为的，写：“维持××（行政主体名称）××年××月××日作出的（××）××号……（行政行为名称）”。例如：

维持被告长垣县公安局于2009年1月14日作出的长公（东）决字［2009］第00××号公安行政处罚决定书。

第二，撤销被诉行政行为的，写：

一、撤销××（行政主体名称）××年××月××日作出的××（××）××号……（行政行为名称）

① 改编自北京市朝阳区人民法院（2020）京0105行初701号行政判决书。

二、责令××（行政主体名称）在××日内重新作出行政行为（不需要重新作出的，此项不写；不宜限定期限的，期限不写）。

第三，部分撤销被诉行政行为的，写：

一、维持××（行政主体名称）××年××月××日作出的（××）××号……（行政行为名称）的第××项，即……（写明维持的具体内容）

二、撤销××（行政主体名称）××年××月××日作出的××（××）××号……（行政行为名称）的第××项，即……（写明撤销的具体内容）

三、责令××（行政主体名称）在××日内重新作出行政行为（不需要重作的，此项不写；不宜限定期限的，期限不写）。

第四，判决变更行政处罚的，写：

变更××（行政主体名称）××年××月××日作出的××（××）××号行政处罚决定（或行政复议决定，或属行政处罚等性质的其他行政行为），改为……（写明变更内容）。

第五，驳回原告诉讼请求的，写：

驳回原告要求撤销（或变更、确认违法等）××（行政主体名称）××年××月××日作出的（××）××号……（行政行为名称）的诉讼请求。

第六，确认被诉行政行为合法或有效的，写：

确认××（行政主体名称）××年××月××日作出的××（××）××号……（行政行为名称）合法（或有效）。

第七，确认被诉行政行为违法（或无效）的，写：

一、确认××（行政主体名称）××年××月××日作出的××（××）×字第××号……（行政行为名称）违法（或无效）。

二、责令××在……（限定的期限）内……（写明采取的补救措施，不需要采取补救措施的，此项不写）

第八，驳回原告赔偿请求的，写：

驳回原告××关于……（赔偿请求事项）的赔偿请求。

第九，判决被告予以赔偿的，写：

××（行政主体名称）于本判决生效之日起××日内赔偿原告××……（写明赔偿的金额）

（2）第一审行政不作为类案件的判决结果有以下有五种情况：

第一，判决驳回原告诉讼请求的，写：

驳回原告××要求被告××（行政主体名称）……（申请事项）的诉讼请求。

第二，判决被告履行法定职责的，写：

责令被告××（行政主体名称）……（写明被告应当在一定期限内履行法定职责，因特殊情况难以确定期限的，可不写履行期限）

第三，判决确认被告不履行法定职责行为违法的，写：

确认被告××（行政主体名称）……（不履行法定职责的行为）违法。

第四，驳回原告赔偿请求的，写：

驳回原告××关于……（赔偿请求事项）的赔偿请求。

第五，判决被告予以赔偿的，写：

被告××（行政机关名称）于本判决生效之日起××日内赔偿原告××……（写明赔偿的金额）

（三）尾部

尾部应写明诉讼费用的负担，上诉权利、上诉方法、上诉期限和上诉法院，合议庭组成人员的署名，判决日期及书记员署名；盖好“本件与原本核对无异”的印戳。

注意：行政赔偿诉讼不收取诉讼费。

二、第一审行政裁定书

行政判决书与行政裁定书，都是人民法院行使国家审判权，对行政诉讼案件依法作出处理的决定。两者的主要区别是：一是解决的问题不同。判决书解决当事人争议的实体问题，裁定书只解决某一程序问题。二是制作文书的时间不同。判决书在案件审理终结时制作，裁定书则可在办案过程中的某一阶段制作。三是制作文书的具体要求不同。裁定书比判决书简单，叙述和说明一般可以合写一段；有的裁定书首部、尾部的写法也与判决书不同，有特定的规范要求。①

行政裁定书适用于以下案件：（1）不予受理的案件；（2）驳回起诉的案件；（3）管辖权异议的案件；（4）终结诉讼的案件；（5）中止诉讼的案件；（6）移送或指定管辖的案件；（7）诉讼期间停止行政行为的执行或者驳回停止执行申请的案件；（8）财产保全的案件；（9）先予执行的案件；（10）准许或者不准许撤诉的案件；（11）补正裁判文书中的笔误的案件；（12）中止或者终结执行的案件；（13）提审、指令再审或者发回重审的案件；（14）准许或者不准许执行行政机关的行政行为的案件；（15）其他需要裁定事项的案件。

第一审行政裁定书，是指第一审人民法院按照我国《行政诉讼法》及相关司法解释的规定，在审理行政诉讼案件的过程中，为解决有关程序问题作出处理决定时制作的法律文书。

第一审行政裁定书首、尾部的写法与第一审行政判决书首、尾部的写法相同，其正

① 参见马宏俊主编：《法律文书写作与训练》，89页，北京，中国人民大学出版社，2005。

文部分有以下特点：

（一）不予受理的裁定书

（1）对于起诉人起诉的事由，可表述为：

××年××月××日，本院收到××的起诉状……（概括写明起诉的事由）

（2）对于人民法院不予受理的理由，可表述为：

经审查，本院认为……（写明不予受理的理由，比如，原告所诉事项不属于人民法院行政诉讼的受案范围，或者不属于受诉法院管辖，或者当事人主体资格不合格等）依照……（写明引用的法律条款）的规定，裁定如下：……

注意：阐述法院不予受理的理由应当从行政诉讼法规定的受案范围、诉讼主体、起诉期限、是否经过复议等方面入手。

（3）对于裁定的结果，可表述为：

对××的起诉，本院不予受理。

（二）驳回起诉的裁定书

应在当事人及诉讼代理人基本情况的下方，写明案由和审理经过，即：

原告××不服××（行政机关名称）××年××月××日××（××）××号处罚决定（复议决定或其他行政行为），向本院提起诉讼。本院受理后，依法组成合议庭，公开（或不公开）开庭审理了本案。

相对于同一用途的民事裁定书来说，驳回起诉的行政裁定书的这一部分相对要写得详细一些。

（三）准许或不准许撤诉的裁定书

（1）案由、案件来源和原告提出撤诉的请求与理由。一般可合写为一段，表述为：

原告××诉被告××（行政主体名称）××年××月××日×（××）××号处罚决定（复议决定或其他行政行为），向本院提起诉讼．本院已依法受理。在审理过程中，原告××……（简要写明原告提出撤诉的请求和理由）

（2）法院认为应准许撤诉或不准许撤诉的理由和据以作出裁定的法律条款。应当根据两种情况阐述准许或不准许撤诉的理由：一是原告在行政机关未改变原行政行为的情况下，自动要求撤回起诉的；二是在行政机关改变原行政行为的情况下，原告同意并申请撤回起诉的。注意具体分析，防止千篇一律。

（3）裁定结果可分为两种情况表述：

第一，准许撤诉的，可表述为：

准许原告××撤回起诉。

第二，不准许撤诉的，可表述为：

不准许原告××撤诉，本案继续审理。

（四）停止执行行政行为或者驳回停止执行申请的裁定书

（1）案由、案件来源和申请事项。应当简要写明申请停止执行行政行为的名称和理由，一般可合写为一段，表述为：

原告××诉被告××（行政主体名称）××年××月××日×（××）××号处罚决定（复议决定或其他××行政行为），向本院提起诉讼，本院已于××年××月××日依法受理。现原告以……（简写申请停止执行行政行为的理由）为由，向本院申请停止执行……（写明申请停止执行行政行为的名称）

（2）法院认为应当停止执行或者驳回申请的理由和据以作出裁定的法律条款。文字上可表述为：

经审查，本院认为……（写明应当停止执行行政行为或者驳回申请的理由）依照《中华人民共和国行政诉讼法》第四十四条（裁定停止执行的，尚需写明“第×项”规定），裁定如下：……

（3）裁定结果有两种情况：

1）停止执行的，可表述为：

在本案诉讼期间，停止……（写明停止执行行政行为的名称）

2）驳回申请的，可表述为：

驳回原告××的申请。

注意：停止执行行政行为或者驳回停止执行申请的行政裁定书的尾部必须先交代复议事项，即“如不服本裁定，可以向本院申请复议一次，复议期间不停止裁定的执行”；再由合议庭成员署名，写明裁定日期、书记员署名等。

（五）行政非诉讼执行案件的裁定书

（1）案由、案件来源、申请事项和理由。一般可表述为：

申请执行人××（行政主体名称）因……（案由）一案，于××年××月××日向本院申请强制执行。本院于××年××月××日受理后，于××年××月××日依法组成合议庭对申请执行的行政行为的合法性进行了审查，此案现已审查完毕。

（2）裁定理由。一般可表述为：

本院认为，申请人申请执行的行政行为……（从行政执法主体、认定事实、适用法律、行政程序四个方面简要论证申请执行的行政行为的合法性）因此，该行政行为认定事实（是否）清楚、证据（是否）充分、适用法律（是否）正确、行政程序（是否）合法，依照《中华人民共和国行政诉讼法》第九十五条，裁定如下：……

（3）裁定结果。一般可表述为：

准予执行（或不准予执行）××（行政主体名称）于××年××月××日作出的××行政决定。

三、第一审行政赔偿调解书

第一审行政赔偿调解书，是第一审人民法院在审理行政赔偿案件的过程中，通过调解促使当事人达成赔偿协议后，依法予以确认所制作的司法文书。

根据我国行政诉讼法的规定，人民法院审理行政案件，不适用调解。这是行政诉讼特有的一项基本原则，也是其与民事诉讼的重要区别。因为行政诉讼的被告是国家行政机关，行政机关依法拥有行政权力。行政机关及其工作人员同行政管理相对人之间在行政法律关系中所处的地位是不平等的。行政机关行使行政权，既是一种权力，同时也是一种义务，只能依法行使，不能随意处分。而民事诉讼的双方当事人在民事法律关系中所处的地位是平等的，他们有权在法律规定的范围内处分自己的民事权利和诉讼权利。但是，《行政诉讼法》第 76 条规定："人民法院判决确认违法或者无效的，可以同时判决责令被告采取补救措施；给原告造成损失的，依法判决被告承担赔偿责任。"第 60 条明确规定："人民法院审理行政案件，不适用调解。但是，行政赔偿、补偿以及行政机关行使法律、法规规定的自由裁量权的案件可以调解。调解应当遵循自愿、合法原则，不得损害国家利益、社会公共利益和他人合法权益。"

行政赔偿诉讼，就是人民法院在诉讼参与人的参加下，依照法定程序，解决行政赔偿争议的活动。行政赔偿诉讼可以适用调解，也可以直接判决维持或者改变行政赔偿决定。法律之所以规定行政赔偿诉讼可以适用调解，是因为行政侵权赔偿是国家赔偿的一部分，在性质上属于民事赔偿的范围。赔偿诉讼的原告可以放弃或者处分自己的赔偿权利，被告在一定范围内和一定程度上也有自由裁量余地。同时，以调解的方式解决赔偿争议，有利于当事人彻底解决争议，使政府与群众的关系更加密切；也有利于人民法院提高办案效率。调解不仅适用于第一审程序，也适用于第二审程序和审判监督程序。人民法院在审理行政赔偿案件的过程中，可以对当事人双方进行调解，对于调解达成协议的，应制作调解书。

第一审行政赔偿调解书由首部、正文和尾部三部分构成。

（一）首部

标题应写明"××人民法院行政赔偿调解书"、案号、当事人及诉讼代理人的称谓和基本情况，以及案由、案件来源等内容，与行政判决书相应项写法相同。

（二）正文

（1）写明案由，即"行政侵权赔偿案"。

（2）简要写明当事人的诉讼请求和案件的事实。

（3）写明协议内容和诉讼费用的负担。协议内容要明确、具体，便于当事人履行。一般是以"经本院调解，双方当事人达成如下协议"来引出协议的具体内容。

（4）写明法院对上述协议的确认。应写"上述协议，符合有关法律规定，本院予以确认"。

（三）尾部

写明调解书的效力，即"本调解书经双方当事人签收后，即具有法律效力"；由合议庭成员署名，写明制作日期、书记员署名，加盖院印。

第五节　第二审行政裁判文书

一、第二审行政判决书

第二审行政判决书，是指中级以上人民法院按照第二审程序的规定，对当事人不服第一审行政判决而提出上诉的案件，经审理终结后，依照法律、行政法规和地方性法规，以及参照行政规章，对案件的实体问题作出终审处理时所制作的司法文书。第二审行政诉讼程序，是人民法院对第一审行政判决的重新审查，并依法作出维持原判或改判的判决。

第二审行政判决书与第一审行政判决书的不同点是：第一，适用的程序不同。第一审行政判决书适用第一审程序作出，第二审行政判决书适用第二审程序作出。第二，处理的内容不同。第一审行政判决书是对被诉行政行为的合法性进行审查后作出的书面处理决定，而第二审行政判决书是对第一审判决的正确性和被诉行政行为的合法性进行全面审查后作出的书面处理决定。第三，审查的重点不同。第一审行政判决书侧重于对被诉行政行为的合法性进行法律审查，而第二审行政判决书侧重于对第一审判决的正确性进行法律审查。

第二审行政判决书包括首部、正文和尾部，其格式与第二审民事判决书的相似，只是由于案件性质不同，写法也略有不同。

（一）首部

1. 标题、案号

标题、案号的写法同于第二审民事判决书，只是将“民”字改为“行”字，如案号应写为“（××）×行终××号”。

2. 当事人及其他诉讼参加人的身份事项

除当事人的称谓外，列项和基本情况与第一审行政判决书的相同。当事人应称为“上诉人（原审×告）”和“被上诉人（原审×告）”；原审有第三人的，除提出上诉者称为“上诉人（原审第三人）”外，仍写“第三人”。

3. 案由、案件来源和审判组织、审判方式等

根据《行政诉讼法》第86条的规定，人民法院对上诉案件，应当组成合议庭，开庭审理。经过阅卷、调查和询问当事人，对没有提出新的事实、证据或者理由，合议庭认为不需要开庭审理的，也可以不开庭审理。因此，第二审程序的审理方式有开庭审理和书面审理两种，具体写为：

上诉人×××因……（写明案由）一案，不服××人民法院（××）×行初××号行政判决，向本院提起上诉。本院依法组成合议庭，公开（或不公开）开庭审理了本案……（写明到庭的当事人、诉讼代理人等）到庭参加诉讼。本案现已审理终结。（未开庭的，写“本院依法组成合议庭，对本案进行了审理，现已审理终结。”）

（二）正文

1. 事实和证据

第二审行政判决书的事实和证据部分，由以下两方面内容构成：

（1）上诉争议的内容。

首先，概括写明原审判决认定的事实和判决的结果；其次，归结上诉人的上诉请求和上诉理由；最后，写明被上诉人的主要答辩意见。叙述要概括、简练，抓住争议焦点，防止照抄原审判决书、上诉状和答辩状，但又要不失原意。例如：

一审法院认为，根据《北京市实施城市管理相对集中行政处罚权办法》（北京市人民政府令第197号）第五条第（十二）项的规定，城市管理综合行政执法机关行使法律、法规、规章规定的城市规划管理方面对违法建设的有关处罚权。根据《北京市禁止违法建设若干规定》（2011年）第九条的规定，城市管理综合行政执法机关负责查处未取得建设工程规划许可证、临时建设工程规划许可证以及未取得建设工程规划许可证但已经取得选址意见书、规划条件或者建设工程设计方案审查同意意见等规划文件的城镇建设工程。区城管执法局作为一级城市管理综合执法机关，对本行政区内未经规划部门批准建设的建筑物，可以集中行使城市规划方面对违法建设的有关处罚权。

《中华人民共和国城乡规划法》第四十条及《北京市城乡规划条例》（2019年修订）第二十三条规定，各项建设用地和建设工程应当符合城乡规划，依法取得规划许可。涉案建筑物位于城市规划区内，应当取得建设工程规划许可证。涉案建筑物经规划部门认定未取得规划许可，已被认定为违法建设。

程序合法是行政法的基本原则之一，行政机关作出任何行政行为，均应按照相应的法定程序进行。《中华人民共和国行政强制法》对行政机关实施强制拆除行为应当遵循的法定程序作了明确、具体的规定，行政机关拆除违法建筑应当严格依照相关规定履行。本案中，东城区城管执法局在2017年7月18日对涉案建筑物实施强制拆除前，没有作出责令改正通知书、限期拆除决定或强制拆除决定；没有在现场公告强制拆除的决定，告知冯某、李某、郝某实施强制拆除的具体时间、相关依据和当事人的权利义务等，因此，应当认定东城区城管执法局对涉案建筑物实施强制拆除的行为违反了法定程序。鉴于冯某、李某、郝某的涉案建筑物已被拆除，东城区城管执法局实施的强制拆除行为已不具备可撤销内容，故应当确认东城区城管执法局对涉案建筑物实施强制拆除的行为违法。综上，一审法院依据《中华人民共和国行政诉讼法》第七十四条第二款第（一）项之规定，判决确认东城区城管执法局于2017年7月18日对冯某、李某、郝某位于北京市东城区兴隆都市馨园4号楼7门X号房屋南侧的涉案建筑物实施强制拆除的行为违法。[①]

（2）二审查明认定的事实和证据。

这一部分应当结合不同类型的案件，并根据第一审判决认定的事实是否正确、上诉

① 改编自北京市第二中级人民法院（2019）京02行终1364号行政判决书。

人有无异议的不同情况进行叙述。如果是原审判决事实清楚，上诉人亦无异议的，就只需简要地确认原审判决认定的事实即可；如果是原审判决认定的事实清楚，但上诉人提出异议的，则应对有异议的问题进行重点叙述，表明是否确认；如果是原审判决认定的事实不清、证据不足，经第二审查清事实后改判的，则应具体叙述查明的事实和有关证据，予以澄清。例如：

本院经审理认定，原审法院质证程序合法，予以确认。

本院根据确认的合法有效证据认定的事实与原审判决认定的事实相同。

2. 理由

（1）维持或者改判的理由。

理由部分首先应针对上诉人的上诉请求和理由，就原审判决认定的事实是否清楚，适用法律、法规是否正确，有无违反法定程序，上诉理由是否成立，上诉请求是否应予支持，以及被上诉人的答辩是否有理等，进行分析、论证，阐明维持原审判决或者撤销原审判决、予以改判的理由。例如：

本院认为，东城区城管执法局作为区一级城市管理综合执法机关，对本行政区内未经规划部门批准建设的建筑物，可以集中行使城市规划方面对违法建设的有关处罚权。

本案中，东城城管执法局在 2017 年 7 月 18 日对涉案建筑物实施强制拆除前，没有作出责令改正通知书、限期拆除决定或强制拆除决定；没有在现场公告强制拆除的决定，告知冯某、李某、郝某实施强制拆除的具体时间、相关依据和当事人的权利义务等，因此，应当认定东城区城管执法局对涉案建筑物实施强制拆除的行为违反了法定程序。鉴于冯某、李某、郝某的涉案建筑物已被拆除，东城区城管执法局实施的强制拆除行为已不具备可撤销内容，故应当确认东城区城管执法局对涉案建筑物实施强制拆除的行为违法。一审判决认定事实清楚，适用法律正确，本院予以维持。冯某、李某、郝某的上诉请求缺乏事实及法律依据，本院不予支持。依照《中华人民共和国行政诉讼法》第八十九条第一款第（一）项之规定，判决如下：……①

（2）判决所依据的法律条款。

在上述理由阐述完毕之后，第二审行政判决书应当引用《行政诉讼法》第 89 条的规定。其中，全部改判或者部分改判的，除先引用《行政诉讼法》的有关条款外，还应同时引用改判所依据的实体法的有关条款。例如：

据此，根据《中华人民共和国行政诉讼法》第六十一条第一款第（二）项、第七十条第（三）项之规定，判决如下：……

3. 判决结果

判决结果可作如下表述：

---

① 改编自北京市第二中级人民法院（2019）京 02 行终 1364 号行政判决书。

（1）维持原判的，写：

驳回上诉，维持原判。

（2）对原判决部分维持、部分撤销的，写：

一、维持××人民法院（××）×行初××号行政判决第×项，即……（写明维持的具体内容）

二、撤销××人民法院（××）×行初××号行政判决第×项，即……（写明撤销的具体内容）

三、……（写明对撤销部分作出的改判内容。如无须作出改判的，此项不写）

（3）撤销原审判决，维持行政机关的行政行为的，写：

一、撤销××人民法院（××）×行初××号行政判决；

二、维持××（行政机关名称）××年××月××日××（××）××号处罚决定（复议决定或其他行政行为）。

（4）撤销原审判决，同时撤销或变更行政机关的行政行为的，写：

一、撤销××人民法院（××）×行初××号行政判决；

二、撤销（或变更）××（行政机关名称）××年××月××日××（××）××号处罚决定（复议决定或其他行政行为）；

三、……（写明第二审法院改判结果的内容。如无须作出改判的，此项不写）

（三）尾部

尾部应写明诉讼费用的负担、"本判决为终审判决"的说明以及审判人员的署名等。其写法可参照第二审民事判决书的相关内容。

二、第二审行政裁定书

第二审行政裁定书是指中级以上人民法院按照第二审程序，对当事人不服第一审行政判决或裁定提起上诉的案件审理终结，就程序问题依法作出处理决定时制作的法律文书。

第二审行政裁定书与第二审行政判决书的不同在于：第一，解决的问题不同。第二审行政判决书是按照第二审程序审理后就实体问题作出处理的书面决定，而第二审行政裁定书是按照第二审程序审理后就程序问题作出处理的书面决定。第二，表述的对象不同。第二审行政判决书表述的对象是第一审行政判决书的正确性和被诉行政行为的合法性，而第二审行政裁定书表述的对象不仅包括第一审行政判决书的正确性或第一审行政裁定书的正确性，而且包括在第二审程序中出现的终止诉讼程序的问题。

由于个案的不同，第二审行政裁定书也有不同的种类，而且不同的种类的第二审行政裁定书的主要内容和制作方法也有所不同。

（一）发回重审或驳回起诉的第二审行政裁定书

1. 首部

发回重审或驳回起诉的第二审行政裁定书首部的内容和制作方法与第二审行政判决

书的基本相同，不同的是，应当将文书名称改为“行政裁定书”，且“案由、案件来源及审理经过等”也略有不同，其可表述为：

上诉人××因……（案由）一案，不服××人民法院（××）×行初××号行政判决，向本院提起上诉。本院依法组成合议庭，公开（或不公开）开庭审理了本案。

2. 正文

由于第二审行政裁定书是对第二审行政诉讼案件的程序问题作出处理决定，所以其与第二审行政判决书不同，第二审行政判决书应当在正文中写明“当事人的诉辩主张”和“经审理查明的事实”两部分内容，但是第二审行政裁定书没有此两部分内容的表述，只有对裁定理由、法律依据及裁定主文的表述。

（1）裁定理由。

本裁定书的裁定理由应该表述为：“本院认为……（简要写明原审原告提起的行政诉讼不符合法定的起诉条件，第一审法院不应当受理；或概括地指明第一审判决认定事实不清、证据不足或违反法定程序可能影响案件的正确判决）”

（2）法律依据。

第二审行政裁定有两种处理结果，即“发回重审”和直接“驳回起诉”。由于结果的不同，所适用的法律依据自然也不同。

（3）裁定主文。

因审理结果和适用的法律依据不同，裁定书的主文部分有两种处理结果。

第一，发回重审的，表述为：

一、撤销××人民法院（××）×行初××号行政判决；

二、发回××人民法院重审。

第二，驳回起诉的，表述为：

一、撤销××人民法院（××）×行初××号行政判决；

二、驳回起诉。

3. 尾部

尾部各项内容的写法可参照第二审行政判决书的尾部的表述。但是必须注意：“发回重审”的第二审行政裁定书没有诉讼费的负担情况和“本判决为终审判决”的表述。“驳回起诉”的第二审行政裁定书应当将“本判决为终审判决”改为“本裁定为终审裁定”。

（二）维持或撤销第一审裁定的第二审行政裁定书

1. 首部

首部其他各项可参照上述裁定书的写法，其案由、案件来源和审理过程等则表述为：

上诉人××不服××人民法院（××）×行初××号行政裁定，向本院提起上诉，本院依法组成合议庭，审理了本案。

2. 正文

正文内容较为简洁，可表述为：

本院认为……（对上诉人上诉的理由是否成立，上诉人提起的行政诉讼是否符合法定的起诉条件，原裁定是否正确等，进行分析论证，阐明第二审法院的观点）依照……（写明引用的法律条、款、项）的规定，裁定如下：……（写明裁定结果）

维持或撤销第一审裁定的第二审行政裁定书的裁定主文有三种不同的裁定结果。

第一，驳回上诉，维持原裁定的，表述为：

驳回上诉，维持原裁定。

第二，撤销原裁定，应予立案受理的，表述为：

一、撤销××人民法院（××）×行初××号行政裁定；

二、本案由××人民法院立案审理。

第三，撤销原裁定，继续审理的，表述为：

一、撤销××人民法院（××）×行初××号行政裁定；

二、本案由××人民法院继续受理。

3. 尾部

本裁定书的尾部各项内容的表述和“驳回起诉”的第二审行政裁定书的尾部表述基本相同，只是本裁定书没有诉讼费负担情况的表述。

（三）终结诉讼或准许撤回上诉的第二审行政裁定书

1. 首部

除“案由、案件来源及审理经过”的表述方法不同外，终结诉讼或准许撤回上诉的第二审行政裁定书其他各项内容的表述方法与“发回重审”的第二审行政裁定书的基本相同。

其“案由、案件来源及审理经过”可表述为：

上诉人××因……（案由）一案，不服××人民法院（××）×行初××号行政判决（或行政裁定），向本院提起上诉。本院在审理过程中，上诉人××又以……（简要写明申请撤回上诉的理由）为由，申请撤回上诉。

2. 正文

正文首先要写明准许撤回上诉的理由或本案终结诉讼的理由，其次援引本裁定所依据的法律条款，最后写裁定结果。文字上可表述为：

经审查认为……（准许撤回上诉的理由或本案终结诉讼的理由）依照……（本裁定所依据的法律条款）的规定，裁定如下：

…… ……（写明裁定结果）

终结诉讼或准许撤回上诉的第二审行政裁定书的裁定主文涉及两种情形。

第一，准许撤回上诉的，表述为：

准许上诉人××撤回上诉，双方当事人按原审判决（或裁定）执行。

第二，终结诉讼的，表述为：

本案终结诉讼。

3. 尾部

可参照终结诉讼或准许撤诉的第一审行政裁定书进行表述，并在写明诉讼费负担后写明“本裁定为终审裁定”。

（四）管辖权异议的第二审行政裁定书

1. 首部

管辖权异议的第二审行政裁定书首部的写法与维持或撤销第一审裁定的第二审行政裁定书首部的写法基本相同。

2. 正文

正文部分简要写明第二审驳回上诉或者撤销原裁定的事实根据和理由，以及法律依据和裁定结果。文字上可表述为：

本院经过审查认为……（简要写明第二审驳回上诉或者撤销原裁定的事实根据和理由）依照……（法律依据）的规定，裁定如下：

…… ……（写明裁定结果）

管辖权异议的第二审行政裁定书的主文有两种写法：

第一，维持原裁定的，表述为：

驳回上诉，维持原裁定。

第二，撤销原裁定的，表述为：

一、撤销××人民法院（××）×行初××号行政裁定；

二、本案由××人民法院管辖。

3. 尾部

尾部各项内容的写法与驳回起诉的第二审行政裁定书的相应项写法基本相同，但是，管辖权异议的第二审行政裁定书的尾部没有诉讼费负担情况的表述。

第六节　再审行政裁判文书

一、再审行政判决书

再审行政判决书是人民法院按照审判监督程序，对已经发生法律效力的行政判决，发现违反法律、法规的规定，经依法再审终结，就案件实体问题作出处理决定时所制作的具有法律效力的诉讼文书。行政再审程序是一种无独立审级意义的特殊审查程序，是对已生效的错误判决的一种补救措施。

再审行政判决书适用于以下案件：第一，人民检察院对人民法院已经发生法律效力的行政裁判提起抗诉的行政诉讼案件；第二，原审人民法院对已经发生法律效力的行政裁判发现确有错误而决定再审的行政诉讼案件；第三，上级人民法院对下级人民法院已经发生法律效力的行政裁判发现确有错误而提审或指令下级人民法院再审的行政诉讼案件；第四，当事人申请再审，原审人民法院或上级人民法院认为申请再审的理由成立而决定再审或指令再审或提审的行政诉讼案件。

再审行政判决书仍由首部、正文和尾部三部分组成，其内容和写法可以参照第一审、第二审行政判决书的写法。

（一）首部

1. 标题和案号

分两行写明机关名称和文书名称，如"××人民法院""行政判决书"；案号表述为"（××）×行再××号"。

2. 抗诉机关、当事人及其他诉讼参加人的基本情况

当事人法律称谓应该与适用的审判程序一致：(1) 适用第一审程序审理的，当事人的法律称谓为：原审原告、原审被告、原审第三人（没有的，不写）。(2) 适用第二审程序审理的，当事人的法律称谓为：原审上诉人（原一审×告或第三人）、原审被上诉人（原一审×告）、原一审×告（没有的，不写）、原一审第三人（没有的，不写）。

应当注意的是：原一审×告是指第一审时×告为两个以上，上诉时仅部分×告提起上诉，因此，在第二审程序中，没有提起上诉的×告称为原审×告，而在再审程序中其称谓应该变为原一审×告。原一审第三人是指第一审时列有第三人，上诉时第三人没有提起上诉，在第二审程序中称其为原审第三人，因此，在再审程序中应变为原一审第三人。

如果再审案件是因检察机关抗诉而引起的，应该在当事人的前面先列写抗诉机关××人民检察院。例如：

抗诉机关××人民检察院（未抗诉的，此项不写）。

原审原告（或原审上诉人）……（写明姓名或名称等基本情况）

第三人……（写明姓名或名称等基本情况）

（当事人及其他诉讼参加人的列项和基本情况的写法，除当事人的称谓外，与第一审行政判决书的相同。）

3. 案由、案件来源和审理过程等

这部分要写明对本案进行再审的根据，可分为三种情况表述：

(1) 原审人民法院决定再审或上级人民法院指令再审的，表述为：

原审原告（或原审上诉人）××与原审被告（或原审被上诉人）××……（写明案由）一案，本院于××年××月××日作出（××）×行初/终××号行政判决（或行政裁定），已经发生法律效力。××年××月××日，本院（或××上级人民法院）以（××）×行再××号行政裁定，决定（或指令本院）对本案进行再审。本院依法另行组成合议庭，公开（或不公开）开庭审理了本案……（写明到庭的当事人、代理人等）到庭参加诉讼。本案现已审理终结。

（2）上级人民法院提审的，表述为：

原审原告（或原审上诉人）××与原审被告（或原审被上诉人）××……（写明案由）一案，××人民法院于××年××月××日作出（××）×行初/终××号行政判决（或行政裁定），已经发生法律效力。××年××月××日，本院以（××）×行再××号行政裁定，决定对本案进行提审。本院依法组成合议庭，公开（或不公开）开庭审理了本案……（写明到庭的当事人、代理人等）到庭参加诉讼。本案现已审理终结。

（3）因检察机关抗诉，上级人民法院指令再审或提审的，表述为：

原审原告（或原审上诉人）××与原审被告（或原审被上诉人）××……（案由）一案，本院（或××人民法院）于××年××月××日作出（××）×行××号行政判决（或行政裁定），已经发生法律效力。××人民检察院于××年××月××日对本案提出抗诉，××人民法院（或本院）于××年××月××日以（××）×行再××号行政裁定指令本院对本案进行再审（或决定提审本案）。本院依法另行组成合议庭，公开（或不公开）开庭审理了本案……（写明到庭的当事人、代理人等）到庭参加诉讼。本案现已审理终结。

（二）正文

正文包括事实和证据、理由和判决结果。

1. 事实和证据

首先，写明原审生效裁判的主要内容。对原审生效裁判要点的表述主要是对原审生效裁判认定事实、裁判理由和裁判结果的高度概括，可参照第二审行政判决书对第一审行政判决要点的表述。例如：

…… ……（概括一审、二审当事人诉争情况）

广西壮族自治区玉林市玉州区人民法院一审判决认为：本案争议的新联红砖厂土地在“四固定”时虽由桥头组管理，但后来当时新联大队（现新联村委会）为了发展村集体经济，增加收入，改善群众生活，通过多次召开党员、生产队长、村民代表会议的形式，抽调了包括桥头组管理的黄泥岭（本案争议地）在内的各生产队的土地开办集体副业和公益事业，并经上级批准调整了公购粮、油料任务，对此各生产队并无异议，且以后又经过现争议的双方协商签订了相关协议再次确认本案争议地归新联村委会所有。玉州政府基于以上事实作出5号处理决定，认定事实清楚，证据充分，程序合法，适用法律、法规正确，依法予以维持。桥头组及七一村22组的诉讼主张均缺乏事实根据。请求撤销5号处理决定的诉讼请求的理由不成立，对其诉讼请求不予支持。遂判决：维持玉林市玉州区人民政府于2010年5月31日作出的玉区政决（2010）5号《关于南江街道新联红砖厂土地权属纠纷的处理决定》。案件受理费50元，由原告桥头组负担。

桥头组和七一村22组均不服，向本院提起上诉。

本院二审判决查明：一审判决和5号处理决定认定的主要事实清楚，所采信的证据确实，对一审判决和5号处理决定认定的事实予以认定。

本院二审判决认为，根据《中华人民共和国土地管理法》（2004年修正）第十六条规定，被上诉人玉州政府对本案土地权属纠纷具有作出处理决定的法定职责和职权。玉州政府调解处理土地山林水利纠纷办公室是玉州政府负责调处“三大纠纷”的职能部门，其对本案纠纷进行调查、调解，由玉州政府作出处理决定，并没有违反法律规定，不存在程序违法的问题。上诉人桥头组与七一村22组讼争的位于新联村辖区内的新联红砖厂的土地，原来虽由桥头组管理使用，但后来新联大队（现新联村委会）为了发展村集体经济，改善群众生活，经多次召开党员、生产队长和村民代表会议，决定抽调包括现争议地在内的各生产队的部分土地开办村集体副业和公益事业，对此各生产队均无异议。尔后，又经过现争议的双方协商签订了相关协议和进行经济补偿，再次确认本案争议地归新联村委会所有。上述事实，有已经发生法律效力的广西区高院（2009）桂民一终字第17号民事裁定书予以确认。依照有关规定，已发生法律效力的裁判文书确认的事实，可以作为认定事实的依据。5号处理决定将现讼争的新联红砖厂的土地确权为新联村委会所有，由新联村委会管理使用，认定事实清楚，证据确实充分，适用法律法规正确，程序合法，一审判决维持5号处理决定并无不当。桥头组和七一村22组上诉主张现讼争的土地权属，没有法律依据，上诉理由不成立，依法予以驳回。一审判决正确，依法予以维持。判决：驳回上诉，维持原判。二审案件受理费50元，由桥头组、七一村22组均担。[①]

其次，概括当事人陈述或申诉要点。对于人民检察院提出抗诉的，要概括其抗诉的主要理由。在检察机关抗诉或当事人申诉而决定再审（或提审）的案件中，对于原审生效裁判认定事实提出异议的，叙写检察机关或当事人提出的异议，并列举证据；检察机关或当事人对原审生效裁判认定事实无异议的，应叙写检察机关或当事人对原审生效裁判认定的事实没有异议，并写明检察机关或申请人针对适用法律等方面提出的请求和理由。例如：

广西壮族自治区人民检察院抗诉提出，经审查查明的事实与一、二审法院查明的事实基本一致。另查明：一、二审法院认定1983年12月双方进行协商后达成协议约定：(1) 关于大队红砖厂占用桥头队山池（除原建厂范围外），按晒砖场、水池、机房为界其余的大队同意办理征用手续，卖断归大队所有；(2) 每亩单价为870元；(3) 双方同意不用丈量，准为35亩；(4) 大队与桥头队办理征用土地的面积35亩，如果以后国家或单位征用，每亩单价超过870元的，多超部分归桥头队所有；(5) 赔木薯青苗款300元；(6) 补偿红砖35 000块，1984年12月前付完；(7) 征地款项1984年付1万元，其余1985年12月份前（付清）。协议签订后，双方已按协议履行。但新联村委会仅提供日期为1985年2月5日收款收据2张和账本1页，收据载明是新联村委会交来赔砖机房以上推土款10 000元和赔砖厂1979年损坏木茹款300元，有桥头组欧某兴、欧某寿签字。账本载明赔偿桥头组红砖33 813

① 改编自广西壮族自治区玉林市中级人民法院（2015）玉中行再终字第2号行政判决书。

块和 1 690.65 元，但没有桥头组代表签字确认。桥头组在一、二审均否认曾经收到赔偿款项和红砖。根据谁主张谁举证的证据规则，新联村委会未能证明自己已按协议约定完全履行，因此，一、二审法院认定双方已按协议履行证据不足。

广西壮族自治区人民检察院抗诉审查认为，玉林市中级人民法院（2011）玉中行终字第 25 号行政判决适用法律、法规错误。理由如下：本案诉争的黄泥岭 52.2 亩地的权属，因所处历史阶段不同、适用法律不同，应当分属不同时期依据土地调整、管理、使用、收益不同，确定归属。

（一）关于争议黄泥岭 17.2 亩土地建新联红砖厂权属。本案争议黄泥岭 17.2 亩地原属桥头组（当时的桥头队）。1976 年“四清”工作后期新联村委会（当时的新联大队）为发展村集体经济，多次召开党员、生产队长和村民代表会议，抽调了各生产队的部分土地开办集体企业，其中包括抽调了桥头组黄泥岭 17.2 亩土地建新联红砖厂。为此，新联村委会经上级批准，调整了桥头组公购粮、油料任务，桥头组并无异议。1979 年红砖厂建成。2008 年 9 月 10 日，桥头农经社（现桥头组）以新联村委会违法侵占其 70 亩山地建砖厂为由，诉至法院。经法院二级院审理，广西区高院于 2009 年 3 月 26 日作出（2009）桂民一终字第 17 号民事裁定书，认为桥头农经社与新联村委会讼争的砖厂土地权属纠纷应首先由当地人民政府处理，桥头农经社直接向法院提起诉讼不符合法律规定，裁定撤销玉林市中级人民法院（2008）玉中民一初字第 31 号民事判决，驳回桥头农经社的起诉。2010 年 5 月 31 日，玉州政府作出 5 号处理决定，依据国发（1980）135 号文“（二）关于证据问题，根据中央和自治区的各项政策、规定、法律、法令，一般应以土改、合作化、‘四固定’时的定论为依据。对于解放后党政机关的处理决定和双方商定的协议，应当维护”的要求，将 1979 年建成红砖厂时的 17.2 亩土地确权给新联村委会。经审查，依据国家土地管理局《关于确定土地权属问题的若干意见》〔（1989）国土［籍］字第 73 号、1989 年 7 月 5 日〕第十“村农民集体所有的土地，一般按该村农民目前实际使用的本集体土地的界线确定所有权。根据《六十条》确定的农民集体土地所有权，由于下列原因发生变更的，按变更后的现状确定集体土地所有权：1. 由于村、队、社、场合并或分割等管理体制的变化引起土地所有权变更的；2. 由于土地开发、国家征地、集体兴办企事业或者自然灾害等原因进行过土地调整的”，本案确权给新联委会 17.2 亩的土地，符合《关于确定土地权属问题的若干意见》中属集体兴办企事业原因进行过土地调整的，按变更后的现状确定集体土地所有权，因此，玉州政府将 17.2 亩土地确权给新联村委会符合当时规定。

（二）关于争议扩建新联红砖厂黄泥岭 35 亩土地权属。由于 1979 年砖厂建成投产时未达原计划 100 亩，为扩大新联红砖厂生产经营，1983 年 12 月，新联村委会与桥头组就砖厂取土问题进行了协商，当时参与协商的桥头组组长欧某兴，其他桥头组村民欧某寿、张某英、陈某兴、陈某雄、欧某超、欧某昭、欧某佑均在记录上签名。新联村委会认为桥头组就 35 亩地双方达成协议，一直经营、管理该砖厂。玉州政府作出 5 号处理决定，同样依据国发（1980）135 号文确权给新联村委会。但由于扩建砖厂时是 1983 年 12 月，也就是向桥头组增加征用 35 亩地时国务院已颁布

《村镇建房用地管理条例》(1982年2月13日施行)，该条例第五条第一款规定“在村镇内，个人建房和社队企业、事业单位建设用地，都应按照本条例的规定，办理申请、审查、批准的手续。任何机关、企业、事业单位和个人不准擅自占地建房、进行建设或越权批准占用土地”。新联村委会于1983年12月就扩建新联红砖厂与桥头组协商，新联红砖厂用地属于社队企业建设用地，属于该条例的适用范围。依该条例第十六条“农村社队企业、事业单位申请建设用地，经社员代表大会讨论通过后，报县级以上人民政府批准。省、地、县三级的具体审批权限和土地补偿的标准，由省级人民政府根据占用土地的质量、数量等具体情况作出规定。社队企业、事业单位申请建设用地，必须送交县级以上业务主管机关批准的建设项目文件和建设项目占地平面图。如果是公社、生产大队占用生产队土地的，还须送交双方签订的土地补偿协议书。如果是有污染的建设项目，还须送交治理方案。”及第二十条“未经批准擅自占用集体土地建房或进行建设的，限期将土地退回集体，并处以罚款。造成经济损失的，责令赔偿。对于社队干部和国家工作人员，还应根据情节给予行政处分。”的规定，新联村委会虽与桥头组就扩建新联红砖厂达成会议记录，但因新联村委会未对黄泥岭35亩土地申请建设用地审批，违反了上述规定。玉州政府作出5号处理决定时，对扩建征用的35亩地没有依据已生效实施的《村镇建房用地管理条例》(已失效) 显属不当。

(三) 玉州政府作出的5号处理决定适用法律错误。玉州政府于2010年5月31日作出处理决定时，依已于1987年1月施行的《土地管理法》第十条“依法改变土地的所有权或者使用权的，必须办理土地权属变更登记手续，更换证书”、第十三条“土地所有权和使用权争议，由当事人协商解决；协商不成的，由人民政府处理。全民所有制单位之间、集体所有制单位之间、全民所有制单位和集体所有制单位之间的土地所有权和使用权争议，由县级以上人民政府处理”、第三十九条“乡（镇）村企业建设需要使用土地的，必须持县级以上地方人民政府批准的设计任务书或者其他批准文件，向县级人民政府土地管理部门提出申请，按照省、自治区、直辖市规定的批准权限，由县级以上地方人民政府批准。”以及国家土地管理局《关于确定土地权属问题的若干意见》〔(1989) 国土［籍］字第73号、1989年7月5日实施〕、1995年3月11日发布的国家土地管理局《确定土地所有权和使用权的若干规定》(1995年5月1日实施) 第二条“土地所有权和使用权由县级以上人民政府确定，土地管理部门具体承办。土地权属争议，由土地管理部门提出处理意见，报人民政府下达处理决定或报人民政府批准后由土地管理部门下达处理决定。”的规定，争议地在发生变更时，新联村委会没有进行申报审批，玉州政府将争议地确权给新联村委会，违反上述规定。根据《中华人民共和国行政诉讼法》第五十四条第（二）项“具体行政行为有下列情形之一的，判决撤销或者部分撤销，并判决被告重新作出具体行政行为：1. 主要证据不足的；2. 适用法律、法规错误的；3. 违反法定程序的……”的规定，生效判决维持玉州政府作出的5号处理决定属适用法律错误。

综上，玉林市中级人民法院 (2011) 玉中行终字第25号行政判决适用法律、法规错误。

最后，写明经再审认定的事实和证据。对再审查明的事实和证据的表述可参照第二审行政判决书的写法。如果再审查明的事实和证据与原审生效裁判认定的事实和证据没有差别，可省略该部分内容，只简要叙述原审裁判认定的事实，并肯定原审裁判认定事实正确。例如：

本院对当事人提供证据的认证。（一）对桥头组提供的证据，因玉州政府、新联村委会对证据真实性有异议，且其主张证明事实超出本案诉请，不予采信。（二）对新联村委会提供的证据，对证据1，仅可作为桥头组曾向本院申请再审经复查被驳回的事实依据，不影响本院再审本案。对证据2～12，因主张证明的事实，特别是政府征地行为发生于二审判决生效之后，本院再审不予处理。

再审中，桥头组于2015年8月25日书面申请本院实地丈量争议地面积。因玉州政府及一审法院均已组织各方当事人实地核查，且玉州政府也制作有争议地52.2亩的现状图作为5号处理决定的附件，故本院再审决定不再丈量，并于再审开庭时当庭答复桥头组。

经再审查明，原一、二审判决查明的事实属实，再审予以确认。[①]

2. 理由

对原审生效裁判在适用法律、法规上的正确与否加以分析论证，阐明当事人申诉或人民检察院抗诉理由是否成立，说明改判和维持原判的理由，同时援引相应的法律条文。例如：

本院认为，桥头组与七一村22组、新联村委会争议的新联红砖厂土地原虽由桥头组管理使用，但在“四清”工作后期，新联村委会（当时的新联大队）为发展村集体经济，改善群众生活，通过多次召开党员、生产队长、村民代表会议的形式，决定从各生产队抽调部分土地开办集体副业和公益事业，并经上级批准调整了公购粮、油料任务，对此各生产队并无异议。检察院抗诉书也予以认定。当时新联村委会决定从桥头组（当时的桥头队）抽调黄泥岭约100亩土地用于筹建新联红砖厂，现经玉州政府5号处理决定确权争议地为52.2亩。本案中，检察院抗诉认为玉州政府确权黄泥岭52.2亩中的17.2亩给新联村委会符合当时的规定，确权35亩土地给新联村委会不符合法律、法规的规定。而35亩土地是新联村委会与桥头组于1983年12月经协商自愿达成书面协议转让的，是桥头组自行将其土地所有权转让给新联村委会和对“四清”后期会议决定抽调其组黄泥岭土地即争议地用于新联村委会开办集体副业和公益事业的再次确认，且该协议的有效性也得到生效的广西区高院（2009）桂民一终字第17号民事裁定书的确认。签订协议后，新联村委会已进行了补偿，桥头组也将35亩土地交付新联村委会，之后一直由新联村委会对协议转让的35亩土地和1979年新联红砖厂投产时使用的17.2亩土地一并进行管理收益至双方发生争议，据此可认定桥头组已按协议将争议地交付新联村委会占有使用二十多年。桥头组再审以协议未履行主张争议地未转让，与事实不符。玉州政府根据国发

① 改编自广西壮族自治区玉林市中级人民法院（2015）玉中行再终字第2号行政判决书。

(1980) 135 号文“（二）关于证据问题，根据中央和自治区的各项政策、规定、法律、法令一般应以土改、合作化、‘四固定’时的定论为依据。对于解放后党政机关的处理决定和双方商定的协议，应当维护”的规定作出 5 号处理决定，将争议地确权给新联村委会所有，由新联村委会管理使用，认定事实清楚，适用法律正确，程序合法。本案争议的是争议地权属，不是争议地的使用是否合法，依法不适用《村镇建房用地管理条例》（已失效）等行政管理法规。因此，检察机关和桥头组以玉州政府 5 号处理决定及二审判决适用法律错误提出抗诉和申诉，理由均不成立，再审不予采纳。桥头组再审请求撤销 5 号处理决定和一、二审判决，没有事实和法律依据，再审不予支持。二审判决维持一审作出维持玉州政府 5 号处理决定的判决正确，再审予以维持。依照《中华人民共和国行政诉讼法》（2014 年修正）第八十九条第一款第（一）项的规定，并经本院审判委员会讨论决定，判决如下：……①

3. 判决结果

判决结果的写法因案件具体情况的不同而不同，可分为改判和维持原判两种，而改判又可分为全部改判和部分改判。具体可作如下表述：

第一，维持原判的，表述为：

维持本院（或××人民法院）××年××月××日（××）×行初/终××号行政判决。

第二，部分改判的，表述为：

一、维持本院（或××人民法院）××年××月××日（××）×行初/终××号行政判决第×项，即……（写明维持的具体内容）

二、撤销本院（或××人民法院）××年××月××日（××）×行初/终××号行政判决第×项，即……（写明撤销的具体内容）

三、……（写明对撤销部分作出的改判内容）

第三，全部改判的，表述为：

一、撤销本院（或××人民法院）××年××月××日（××）×行初/终××号行政判决。[或撤销本院××年××月××日（××）×行初×号行政裁定。]

二、……（写明改判的内容。内容多的可分项写）

（三）尾部

根据案件再审程序的不同，尾部的写法也不同。按第一审程序进行再审的，尾部的写法与第一审行政判决书的相同；而按照第二审程序进行再审的，尾部的写法与第二审行政判决书的相同。

注意：对再审结果维持原判的案件，不写诉讼费用负担的项目。对于再审改判案件，由于败诉方责任的变化，原判确定的诉讼费负担也要作相应的改变。

---

① 改编自广西壮族自治区玉林市中级人民法院（2015）玉中行再终字第 2 号行政判决书。

二、再审行政裁定书

再审行政裁定书是指各级人民法院按照审判监督程序，对于已经发生法律效力的行政判决或者裁定，发现确有错误，或因检察机关提出抗诉而对案件进行再审，审理终结后，根据再审查明的事实、证据和法律规定，就程序问题作出处理决定时制作的法律文书。

制作再审行政裁定书的法律依据、适用范围与再审行政判决书相同，其主要内容和写作方法是：

（一）首部

除文书名称改为“行政裁定书”外，其余法院名称、案号、当事人的基本情况等与行政判决书相同。案由、案件来源和审理过程部分可表述为：

> 原告（或上诉人）××与被告（或被上诉人）××……（写明案由）一案，本院（或××人民法院）于××年××月××日作出（××）×行初/终××号行政判决（或裁定），已经发生法律效力。当事人××现向本院申诉（未申诉的，不写此句）。

（二）正文

再审行政裁定书的正文部分与第一、二审行政裁定书的正文部分所要表述的内容基本相同，包括再审理由、法律依据和裁定结果。

（1）再审理由及法律依据。再审行政裁定书的再审理由及法律依据因再审的结果不同而有所区别。如维持或者撤销原审生效裁定的再审行政裁定书的裁定理由就应当写明当事人或者检察机关的申请再审或者抗诉理由不能成立的理由和法律依据，发回重审的再审行政裁定书的裁定理由就应当写明当事人或者检察机关的申请再审或者抗诉理由是否成立、应当发回重审的裁定理由和法律依据。文字上可表述为：

> 本院经复查认为……（简要写明提起再审的理由）经本院院长提交审判委员会讨论决定（上级人民法院提审或指令再审的，此句不写），依照《中华人民共和国行政诉讼法》第九十二条第×款的规定，裁定如下：……

（2）裁定结果。分别表述为“维持原判、驳回再审申请或者抗诉”“撤销原判、发回重审”等。

（三）尾部

按照第一审程序进行再审的，应当交代不服本裁定可以上诉的权利。按照第二审程序进行再审的，写明本裁定为终审裁定。

问题与思考题

一、简答题

1. 第一审民事判决书的事实部分包含哪些要点？

2. 第一审民事判决书的理由从哪几个方面阐述？

3. 第二审民事判决书在格式和内容上与第一审民事判决书有什么不同？

4. 民事调解书是如何体现“自愿与合法”原则的？其生效的条件是什么？

5. 民事裁定书与民事判决书有什么不同？

6. 第一审行政判决书有哪几种样式？其内容有何区别？

7. 第一审行政判决书的正文由哪几部分构成？其具体要点有哪些？

二、文书制作题

根据下列材料，制作一份第一审民事判决书。材料中不明确的事项，可自行合理模拟：

2014 年 3 月，上海市长宁区人民法院审理了一起案件。庭审中，原告叙述 2014 年 2 月 18 日 18 点 30 分左右，被告付××驾驶牌照为沪××3825 的迈腾轿车，在上海市长宁区长宁路靠近江苏路处将骑行助动车的原告毛××撞倒并致其受伤。经交警部门认定，被告付××对事故承担全部责任。事发后，原告被送往上海市华东医院进行住院治疗，共住院 18 天。在治疗期间，原告已经承担了相当数额的合理费用。为处理该交通事故，原告及其家属根据交警部门作出的责任认定，多次联系被告付××和被告中国人民财产保险公司履行赔付责任。但两被告未能在客观公正的基础上向原告赔付已发生的相关损失。为此原告请求法院判令被告赔偿原告医疗费人民币 17 279.72 元、误工费 42 000 元、原告妻子护理原告的误工损失4 500 元、住院期间护理费 517 元、交通费 585 元、住院伙食补助费 360 元、营养费 600 元、车辆修理费 1 450 元、停车费 240 元、车辆评估费 140 元、律师费 5 000 元、鉴定费 1 800 元，上述费用由被告中国人民财产保险公司在交强险限额范围内直接赔付，不足部分由被告付××承担；本案诉讼费由被告承担。

被告付××在庭审中对事故发生经过、事故责任认定及鉴定结论均无异议；对医疗费、住院期间护理费、营养费、停车费、评估费、鉴定结论及鉴定费均无异议；认为原告主张的误工费过高，请求法院依法判决；对原告妻子护理原告的误工损失不认可，因为原告是可以聘请护工的，对此请求法院依法判决；对交通费有异议，原告于 2014 年 3 月 6 日出院，但 3 月 11 日发生了 4 次交通费、3 月 13 日发生了 3 次，此外 1 月没有发生事故的时候也有交通费，故请求法院依法审核；对住院伙食补助费有异议，原告住院天数为 16 天，因此只确认 320 元；对车辆修理费，只认可物损评估意见书确认的 800 元；原告主张的律师费过高，具体数额请求法院依法判决；此外，被告为原告垫付过 1 162.30 元医疗费，请求本案一并处理。

被告中国人民财产保险公司也在庭审中对事故发生经过、事故责任认定及鉴定结论均无异议，被告付××驾驶的牌照为沪××3825 的迈腾轿车确实在被告公司处投保交强险，事故发生时仍在保险期内，同意在交强险范围内承担直接赔偿责任；对医疗费没有异议，但是住院期间的伙食费 270 元应当扣除，自费和非医保部分的费用也应当扣除，对于被告付××垫付的医疗费也应扣除自费和非医保部分的费用；对于误工费，原告无法提供诸如劳动合同、工资签收单或税单等证据予以证明，也不能提供收入减少情况的证明，因此不予认可；对原告妻子陪护的误工损失有异议，因为无法确定陪护人员的身份，而且也没有证据证明其妻子有误工的发生；对住院期间的护理费没有异议；对交通费有异议，很多交通费与本案没有关联，鉴于原告的伤情和就诊情况，被告愿意赔付100元；对于住院伙食补助费，因为原告实际住院16天，故只认可320元；对于营养费被告愿意赔付450元；对于车辆修理费认可物损评估意见书确认的800元；对于原告主张的停车费、评估费、律师费、鉴定费，认为不属于交强险赔偿范围。

法院根据道路交通事故认定书、司法鉴定科学技术研究所司法鉴定中心鉴定意见书，华东医院门诊病历、出院小结、住院医药费专用收据，上海市华东医院病人住院费用清单、医疗费发票、护工费发票、交通费发票、律师费发票、鉴定费发票、评估费及资料费发票、停车费及装运费发票、机动车保险财产损失确认书、机动车交通事故责任强制保险单及当事人当庭陈述等确认以下基本事实：

2014年2月18日18点30分左右，被告付××驾驶牌照为沪××3825的迈腾轿车（该车辆在被告中国人民财产保险公司投保交强险，受益人为被告付××，事故发生时在保险期内），在上海市长宁区长宁路靠近江苏路处将骑行助动车的原告毛××撞倒致原告受伤并导致助动车损坏。经交警部门认定，被告付××对事故承担全部责任。事故发生后，原告被送往上海市华东医院进行住院治疗，共住院16天。2014年3月24日，司法鉴定科学技术研究所司法鉴定中心对原告伤情出具司法鉴定意见书，鉴定意见为原告因交通事故受伤，致全身多处软组织损伤等。其损伤后遗症尚未构成交通事故伤残程度。该损伤后的休息期为30日，护理期15日，营养期15日。原告毛××在上海从事的职业为泥瓦工，其与妻子及女儿目前居住于上海。事故发生后，被告付××曾为原告垫付医疗费共计1 162.30元（该费用未包含在原告的医疗费诉请金额中）。2014年3月16日，原告诉来本院，要求判如所请。

第八章
人民法院执行法律文书

内容导读

法律的生命力在于实施。执行工作关系权利实现，关系国家法制权威，关系社会和谐稳定。在以习近平同志为核心的党中央坚强领导下，人民法院执行工作取得长足进步，解决了一批群众反映强烈的突出问题，朝着切实解决执行难的目标不断迈出坚实步伐。2009年2月12日，最高人民法院发出关于印发《执行文书样式（试行）》的一系列通知，对人民法院的执行文书予以规范。2016年最高人民法院制定并印发《民事诉讼文书样式》，对人民法院的执行文书进一步调整并规范。随着《民事诉讼法》进行第五次修正，执行文书引用的法律条文相应发生了变化，法院根据最新民事诉讼法对执行文书样式进行了系统修订，共分为执行实施、执行审查以及执行协调监督三大类共计163份常用文书。本章重点介绍人民法院执行业务中涉及的有关裁定书、决定书及通知书的制作要求。

第一节　执行裁定书

一、对当事人或者案外人异议的裁定书

对当事人或者案外人异议的裁定书是指人民法院在执行程序中，依法对案外人或者被变更者追加的被执行主体的异议进行审查，并根据审查情况作出处理意见时所制作的法律文书。人民法院根据申请执行人的申请或者依照职权，在对被执行人的财产采取强制执行措施时，有时会涉及案外人的利益，或者在变更或追加被执行主体的过程中被变更或追加的被执行主体完全有可能提出异议，此时，人民法院就应当依法对案外人或者被变更或者追加的被执行主体的异议进行审查，并根据审查情况制作裁定书。

按照《民事诉讼法》第238条的规定，执行过程中，案外人对执行标的提出书面异议的，人民法院应当自收到书面异议之日起15日内审查，理由成立的，裁定中止对该标的的执行；理由不成立的，裁定驳回。案外人、当事人对裁定不服，认为原判决、裁定错误的，依照审判监督程序办理；与原判决、裁定无关的，可以自裁定送达之日起15日内向人民法院提起诉讼。

对当事人或者案外人异议的裁定书由首部、正文和尾部三部分构成。

（一）首部

1. 人民法院名称、文书种类、案号

人民法院名称和案号的写法与人民法院的其他裁判文书基本相同，不同的是案号及文书种类中要体现出执行程序的特点，例如标题表述为“××××人民法院执行裁定书”，案号表述为“（××）××执异××号”，如上海市第一中级人民法院执行裁定书（2019）沪01执异××号。

2. 执行当事人

执行当事人包括异议人、申请执行人、被执行人、利害关系人、案外人，必须写明姓名及有效证件和号码等基本情况；当事人为法人或其他组织的，写明其单位名称、住所地、法定代表人（或代表人）的姓名和职务。

3. 案由、案件来源和审查经过等

写明在执行某一具体案件的过程中，案外人对人民法院的查封、扣押等执行措施提出了异议，并依照法律规定进行了审查。例如：

> 本院依据已经发生法律效力的（2016）川01民初2555号民事判决，受理哈尔滨银行股份有限公司成都分行（简称“哈行成都分行”）申请执行成都众意置业发展有限公司（简称“众意公司”）、杨某鸿金融借款合同纠纷一案，案号：（2018）川01执844号。执行中，案外人×××对执行位于成都市××区××街××号“釜山国际”1栋1层257号商业用房（简称“争议房屋”）向本院提出书面异议。本院受理后，依法组成合议庭进行了审查，现已审查终结。

（二）正文

1. 案外人异议

写明案外人在人民法院执行过程中提出异议的具体内容、请求和依据，如提出人民法院在执行程序中所采取的查封、扣押等执行措施所涉及的财产属于案外人所有的事实根据。例如：

> ×××提出异议称：一、成都市中级人民法院作出的（2016）川01民初2555号民事判决确认哈行成都分行享有位于成都市××区××层商业房产的优先受偿权，严重损害案外人的合法权益。二、案外人于2008年12月19日与众意公司签订“商品房买卖合同”，购买众意公司开发的争议房屋。案外人已支付全部购房款17.78万元，众意公司也已将争议房屋交付案外人。后案外人与众意公司、成都佳境资产管理有限责任公司（简称“佳境公司”）签订“委托租赁协议”，约定由案外人将争议房屋委托佳境公司经营使用。案外人从2008年12月19日开始收取租金。后经了解，“釜山国际”一楼商业房产已于2013年11月6日抵押给哈行成都分行，但该抵押在案外人购房之后发生，故该抵押无效。综上，请求中止对成都市××区×××街××号“釜山国际”1栋1层4000号、4001号房屋（权证号：权15××53）的查封和拍卖，确认抵押行为无效或撤销抵押合同，将争议房屋返还给案外人。

2. 人民法院查证属实的事实

写明人民法院在执行程序中对案外人提出的异议进行审查的结果，即查证属实的客观情况。这样，既依法保护了案外人的合法权益，也切实保障了已经生效的法律文书被依法执行。例如：

本院查明，2017年12月12日本院对哈行成都分行诉众意公司、杨某鸿金融借款合同纠纷一案作出（2016）川01民初2555号民事判决书，判决：一、众意公司向哈行成都分行归还借款本金57 927 924.62元并支付利息（包括复利和罚息）；二、若众意公司未按本判决第一条规定归还借款本息，哈行成都分行有权对众意公司位于成都市××区××层的商业房产（权证号：权15××53，他权证号：成房他证他权字第××号）折价或者拍卖、变卖的所得价款在上述债权范围内优先受偿；三、杨某鸿对众意公司的上述第一项债务承担连带清偿责任，并在承担责任后有权在承担责任的范围内向众意公司追偿；四、驳回哈行成都分行的其他诉讼请求。本案案件受理费338 295.42元、公告费260元，合计338 555.42元，由众意公司、杨某鸿负担。该判决生效后，本院立案受理哈行成都分行申请强制执行一案，案号：（2018）川01执844号，执行标的：58 605 035.40元。执行中，本院于2018年4月10日作出（2018）川01执844号执行裁定书，裁定：查封众意公司位于成都市××区的2 098.81平方米商业用房（权15××53），查封期间，该房产不得转让、出租、设定抵押，查封期限三年（自2018年4月12日起至2021年4月11日止）。争议房屋在上述查封范围内。

另查明：1.2008年12月19日××与众意公司签订“商品房买卖合同”，约定××购买众意公司开发的争议房屋，房屋总价款17.78万元。双方同时明确：该商品房分摊的土地使用权及在建工程均未设定抵押。××于当日支付了全部购房款。同时，众意公司作为担保方、××作为委托方、佳境公司作为受托方，签订“委托租赁协议”，约定由××将争议房屋委托佳境公司独家全权运营，委托期间，佳境公司有权以其名义将商铺自营或转租第三方；委托租赁期限：自2008年12月19日起至2023年12月18日止，共计十五年。三方并就委托租赁收入的确定、分配及支付方式进行了约定。

上述事实，有“商品房买卖合同”、“委托租赁协议”、专用收据等证据在案为证。

3. 裁定理由

以“本院认为”引导，阐明案外人异议是否成立的理由和法律依据。无论案外人的异议是否成立，为了使当事人和案外人都能够心服口服，裁定书的制作应当以理服人并阐明具体的法律依据。例如：

本院认为，《最高人民法院关于人民法院办理执行异议和复议案件若干问题的规定》第二十八条规定：“金钱债权执行中，买受人对登记在被执行人名下的不动产提出异议，符合下列情形且其权利能够排除执行的，人民法院应予支持：（一）在人民法院查封之前已签订合法有效的书面买卖合同；（二）在人民法院查封之前已合法占有该不动产；（三）已支付全部价款，或者已按照合同约定支付部分价款且将剩余价款按照人民法院的要求交付执行；（四）非因买受人自身原因未办理过户登记。”本案中，案外人×××提交的证据能够证明其在本院查封争议房屋之前已签订合法有效的书面买卖合同，支付全部购房款，且已合法占有争议房屋，未能办理产权过户登记非因案外人自身原因所致。故案外人×××排除执行的异议请求符合前述司法解释第二十八条的规定，本院予以支持。关于案外人×××所提“确认抵押行为无效或撤销抵押合同、将争议房屋返还给案外人”等请求均不属于执行异议案件的审查范围，本院在本案中不作审查。据此，依照《中华人民共和国民事诉讼法》第二百二十七条，《最高人民法院关于人民法院办理执行异议和复议案件若干问题的规定》第二十八条之规定，裁定如下：……

4. 裁定结果

根据案件的具体情况和审查意见，写明驳回异议、异议成立，是否中止执行的结论。如上述案例中，其裁定书的裁定结果部分可表述为：“中止对涉案房屋的执行。”

（三）尾部

写明本裁定的效力，如“本裁定送达后立即生效”；由作出裁定的审判人员、书记员署名，并在日期上加盖法院印章。最后再加盖“本件与原本核对无异”的印戳。

二、执行被执行人到期债权裁定书

执行被执行人到期债权裁定书是人民法院根据当事人的申请，强制执行被执行人对第三人享有的到期债权时所制作的法律文书。

根据《最高人民法院关于适用〈中华人民共和国民事诉讼法〉的解释》和《最高人民法院关于人民法院执行工作若干问题的规定（试行）》的有关规定，执行被执行人到期债权裁定书的制作条件是：第一，被执行人享有对第三人的到期债权，即依据合同或已经生效的法律文书，被执行人的到期债权是其对第三人享有的。但注意不能扩大到第三人对他人享有的到期债权。第二，当事人提出申请。执行被执行人到期债权工作是因当事人的申请而启动，而不是依人民法院的职权而启动。这里所说的“当事人”既可以是债权人，也可以是被执行人。第三，第三人对债务无异议，即第三人对该债务的存在本身并无异议，只是在指定期限内不履行债务，因此必须由人民法院强制执行。第四，被执行人没有其他可供执行的财产。虽然到期债权是被执行人的一种到期财产权利，但由于申请执行人是基于代位权而主张到期债权的，所以，为保护第三人的合法权益，执行被执行人到期债权的裁定必须是在被执行人确实没有其他财产可供执行的情况下才能作出。

执行被执行人到期债权裁定书由首部、正文和尾部三部分构成。

（一）首部

1. 标题和案号

写明人民法院（执行机关）的名称和文书种类“执行裁定书”。在标题的右下方（空一行）写案号，如“（××）×执××号”。

2. 当事人情况介绍

写明申请执行人、被执行人和第三人的姓名及有效证件和号码等基本情况；当事人为法人或其他组织的，写明其单位名称、住所地、法定代表人（或代表人）的姓名和职务。

3. 案由和案件来源等

这是一个内容相对固定的段落，主要写明本案是如何引发的，例如：

本院在执行……（写明当事人姓名或名称、案由和案号）一案中，依法于××年××月××日向第三人××送达了履行到期债务通知。第三人××在指定期限内对全部到期债务（或……债务）没有提出（或部分提出）异议，并未自动履行。

（二）正文

正文包括审查情况和执行理由、裁决结果。

1. 审查情况和执行理由

这两项内容可合在一起介绍，先说明审查情况，再阐述执行理由。文字上一般可表述为：

本案执行中，××（写明申请执行人的个人/单位的姓名或名称）申请本院执行××（写明被执行人的个人/单位的姓名或名称）对第三人××（写明第三人个人/单位的姓名或名称）享有的到期债权。经查，该到期债权确实存在。据此，本院于××年××月××日向第三人××发出履行到期债务通知书，但第三人××未在通知指定期间内提出异议，也未自动履行债务。因被执行人已无财产可供执行（或“因被执行人的财产不足以清偿债务”），为保护申请执行人的合法权益，依照《最高人民法院关于人民法院执行工作若干问题的规定（试行）》第四十八条、第四十九条的规定，裁定如下：……

2. 裁定结果

写明人民法院裁定的结果，如：对被执行人××在第三人××的到期债权中（未提出异议）的××元予以强制执行。

注意：第三人对债务部分承认、部分有异议的，可以对其承认的部分强制执行。制作裁定书时，应在执行理由部分将有关没有异议部分的内容阐述清楚，并据此作出裁定。

（三）尾部

（1）写明裁定书的效力，如“本裁定送达后即发生法律效力”。

（2）审判人员署名。

（3）写明制作日期，并加盖法院印章。

（4）书记员署名，并加盖“本件与原本核对无异”印戳。

三、不予执行裁定书

不予执行裁定书是指人民法院根据当事人的申请或者依照职权，在执行仲裁裁决和公证机关依法赋予强制执行效力的债权文书等非诉讼法律文书的过程中，依法决定不予执行时制作的法律文书。

人民法院制作不予执行裁定书主要有以下三类：

（1）对国内仲裁裁决裁定不予执行的法定情形。根据《民事诉讼法》第248条第2～5款的规定，被申请人提出证据证明仲裁裁决有下列情形之一的，经人民法院组成合议庭审查核实，裁定不予执行：1）当事人在合同中没有订有仲裁条款或者事后没有达成书面仲裁协议的；2）裁决的事项不属于仲裁协议的范围或者仲裁机构无权仲裁的；3）仲裁庭的组成或者仲裁的程序违反法定程序的；4）裁决所根据的证据是伪造的；5）对方当事人向仲裁机构隐瞒了足以影响公正裁决的证据；6）仲裁员在仲裁该案时有贪污受贿、徇私舞弊、枉法裁判行为的人民法院认定执行该裁决违背社会公共利益的，裁定不予执行。裁定书应当送达双方当事人和仲裁机构。仲裁裁决被人民法院裁定不予执行的，当事人可以根据双方达成的书面仲裁协议重新申请仲裁，也可以向人民法院起诉。

（2）对涉外仲裁裁决裁定不予执行的法定情形。根据《民事诉讼法》第291条的规定，对中华人民共和国涉外仲裁机构作出的裁决，被申请人提出证据证明仲裁裁决有下列情形之一的，经人民法院组成合议庭审查核实，裁定不予执行：1）当事人在合同中没有约定仲裁条款或者事后没有达成书面仲裁协议的；2）被申请人没有得到指定仲裁员或者进行仲裁程序的通知，或者由于其他不属于被申请人负责的原因未能陈述意见的；3）仲裁庭的组成或者仲裁的程序与仲裁规则不符的；4）裁决的事项不属于仲裁协议的范围或者仲裁机构无权仲裁的。人民法院认定执行该裁决违背社会公共利益的，裁定不予执行。《民事诉讼法》第292条规定，仲裁裁决被人民法院裁定不予执行的，当事人可以根据双方达成的书面仲裁协议重新申请仲裁，也可以向人民法院起诉。

（3）对公证债权文书不予裁定执行的法定情形。《民事诉讼法》第249条第2款规定，公证债权文书确有错误的，人民法院裁定不予执行，并将裁定书送达双方当事人和公证机构。

不予执行裁定书有两种：一种适用于不执行仲裁裁决，另一种适用于不执行公证债权文书。这两种不予执行裁定书均由首部、正文和尾部三部分构成。

（一）首部

1. 标题和案号

写明人民法院名称、文书种类和案号。写法与一般民事裁定书的内容和写法基本相同，只是案号中必须体现“执行”的特点，如表述为“（××）××执××号”。

2. 当事人的基本情况

依次写明申请人、被申请人的姓名及有效证件和号码等基本情况；当事人为法人或其他组织的，写明其单位名称、住所地、法定代表人（或代表人）的姓名和职务。

3. 案件由来及审查经过

写明申请执行人与被执行人因为什么案件，根据仲裁机构的裁决或者公证机关赋予强制执行效力的债权文书等执行依据，于何时向人民法院申请执行。法院立案受理后，被执行人对仲裁裁决或公证债权文书提出异议，请求不予执行。

（1）对于不执行仲裁裁决的，可表述为：

……（写明申请人与被申请人的姓名或名称和案由）一案，××仲裁委员会于

××年××月××日作出（××）×仲裁字第××号裁决，因××不履行，申请人于××年××月××日向本院申请强制执行。被申请人认为本案有不执行的情形，并提供了证据予以证明。

（2）对于不执行公证债权文书的，可表述为：

申请执行人××于××年××月××日向本院申请强制执行××公证处于××年××月××日制发的赋予强制执行效力的（××）××字第××号债权文书。

（二）正文

1. 审查情况

写明经审查认为对仲裁裁决或公证债权文书应当不予执行的理由及法律依据。

（1）对于不执行仲裁裁决的，可表述为：

经审查……（简要写明有关事实）。本院认为……（写明不予执行的理由）依照《中华人民共和国民事诉讼法》第二百三十七条第二款第（×）项［注：对涉外仲裁依照《中华人民共和国民事诉讼法》第二百七十四条第一款第（×）项］的规定，裁定如下：……

（2）对于不执行公证债权文书的，可表述为：

经审查……（简要写明有关事实）本院认为……（写明不予执行的理由）依照《中华人民共和国民事诉讼法》第二百三十八条第二款的规定，裁定如下：……

2. 裁定内容

（1）对于不执行仲裁裁决的，可表述为：

对××仲裁委员会（××）×仲裁字第××号裁决，不予执行。

（2）对于不执行公证债权文书的，可表述为：

对××公证处（××）×证字第××号公证书，不予执行。

（三）尾部

（1）写明裁定书的效力，如“本裁定送达后即发生法律效力”。

（2）审判人员署名。

（3）写明制作日期，并加盖法院印章。

（4）书记员署名，并加盖“本件与原本核对无异”印戳。

第二节　执行决定书

一、对妨害执行行为予以处罚的决定书

对妨害执行行为予以处罚的决定书是指人民法院对妨害执行行为的行为人依法采取拘留等强制措施时使用的法律文书。

我国《民事诉讼法》第十章、《最高人民法院关于人民法院执行工作若干问题的规定（试行）》第57条等规定了在执行程序中对妨害执行行为予以处罚的决定书适用的各种情形。

对妨害执行行为予以处罚的决定书和其他法律文书一样，由首部、正文和尾部构成。

（一）首部

（1）标题和案号。写明人民法院名称、文书种类以及案号。标题表述为“××人民法院拘留决定书”“××人民法院罚款决定书”等，案号表述为：（××）××执××-××号。

（2）被处罚人的姓名及有效证件和号码等基本情况；当事人为法人或其他组织的，写明其单位名称、住所地、法定代表人（或代表人）的姓名和职务。

注意：对县级以上的各级人民代表大会代表，如果采取法律规定的其他限制人身自由的措施，应当经该级人民代表大会主席团或者人民代表大会常务委员会许可。乡、民族乡、镇的人民代表大会代表，如果被逮捕、受刑事审判或者被采取法律规定的其他限制人身自由的措施，执行机关应当立即报告乡、民族乡、镇的人民代表大会。行为人系多级人大代表，应逐级获得许可。

（3）案由、案件来源和执行过程。写明：本院在执行……（写明当事人姓名或名称、案由和案号）一案中……

（二）正文

1. 被处罚人的违法事实和实施处罚的理由

写明被处罚人妨害执行的事实以及实施处罚的理由。在写这部分内容时，应当注意抓住以下特点叙述事实、阐明理由：第一，被处罚人必须有妨害的行为存在。比如，拘留决定书应当写明被拘留人妨害民事诉讼行为或者妨害行政诉讼行为的具体事实，包括行为的时间、地点、情节和后果等。第二，被处罚人的行为是违法的，即行为人实施了旨在阻碍人民法院的执行正常进行的法定违法行为。第三，被处罚人对妨碍行为主观上存在故意。这种故意落实在行为方式上可以是作为，也可以是不作为。第四，被处罚人的妨碍行为发生在人民法院执行过程中。

只要行为人实施了符合上述特征的行为，即使没有发生其所期待的阻止执行的后果，也属于妨害执行的行为，应当追究相应的法律责任。例如，行为人隐藏、转移被人民法院查封的财产后，被人民法院追回的，仍然要依法追究行为人的责任。但是，行为人仅有行为的意图不能认定是妨害执行；行为人的合法行为，如依法提出执行异议，也不能认定是妨害执行。

2. 处罚的法律依据

应阐明必须予以处罚的理由，列举适用的法律条款项。例如：

> 依照《中华人民共和国民事诉讼法》第××条、第××条、第××条××款［或根据妨害执行的具体情况引用《最高人民法院关于适用〈中华人民共和国民事诉讼法〉的解释》第四百八十二条，《最高人民法院关于人民法院执行工作若干问题的规定（试行）》第五十七条］的规定，决定如下：……

3. 处罚的内容

写明处罚的种类、期限、数量、执行方式等，如“对××拘留××日”或“对××罚款××元，限在××年××月××日前交纳”。

(三) 尾部

(1) 交代被处罚人复议的有关事项，写明“如不服本决定，可以在收到决定书后，向××人民法院申请复议一次”。

(2) 写明决定的效力，表述为“复议期间，不停止决定的执行”。

(3) 注明决定日期，并加盖人民法院印章。

二、暂缓执行决定书

暂缓执行决定书是指人民法院在执行程序中，根据被执行人的申请或者依职权，根据我国《民事诉讼法》和《最高人民法院关于适用〈中华人民共和国民事诉讼法〉的解释》以及《最高人民法院关于正确适用暂缓执行措施若干问题的规定》等，决定对某一项或者某几项执行措施在规定的期限内暂缓实施时制作的法律文书。

《民事诉讼法》第 242 条规定：“在执行中，被执行人向人民法院提供担保，并经申请执行人同意的，人民法院可以决定暂缓执行及暂缓执行的期限。被执行人逾期仍不履行的，人民法院有权执行被执行人的担保财产或者担保人的财产。”这是暂缓执行决定书制作的基本依据。除此之外，《最高人民法院关于人民法院执行工作若干问题的规定(试行)》第 76、77 条规定：上级法院在申诉案件复查期间，决定对生效法律文书暂缓执行的，有关审判庭应当将暂缓执行的通知抄送执行机构。上级法院通知暂缓执行的，应同时指定暂缓执行的期限。暂缓执行的期限一般不得超过三个月。有特殊情况需要延长的，应报经院长批准，并及时通知下级法院。暂缓执行的原因消除后，应当及时通知执行法院恢复执行。期满后上级法院未通知继续暂缓执行的，执行法院可以恢复执行。《最高人民法院关于正确适用暂缓执行措施若干问题的规定》第 3 条规定：有下列情形之一的，经当事人或者其他利害关系人申请，人民法院可以决定暂缓执行：(1) 执行措施或者执行程序违反法律规定的；(2) 执行标的物存在权属争议的；(3) 被执行人对申请执行人享有抵销权的。第 7 条第 1 款也规定：有下列情形之一的，人民法院可以依职权决定暂缓执行：(1) 上级人民法院已经受理执行争议案件并正在处理的；(2) 人民法院发现据以执行的生效法律文书确有错误，并正在按照审判监督程序进行审查的。

综上，暂缓执行决定书的制作条件是：第一，必须由被申请执行人或者利害关系人向人民法院提出申请或法院依职权启动。第二，必须有法定的事由。第三，被执行人必须向人民法院提供充分可靠的财产担保。第四，人民法院已经作出暂缓执行决定。

根据法律规定，暂缓执行的法定事由可以区分为当事人申请事由和依职权启动事由两种。具体而言，当事人申请事由包括：(1) 执行措施或者执行程序违反法律规定；(2) 执行标的物存在权属争议；(3) 被执行人对申请执行人享有抵销权。上述三种申请事由，根据申请人的不同，可以具体区分为被申请执行人的申请事由和利害关系人的申请事由。前者为执行措施或者执行程序违反法律规定及被执行人对申请执行人享有抵销权两种，后者为执行标的物存在权属争议。

依职权启动事由包括：（1）上级人民法院已经受理执行争议案件并正在处理；（2）人民法院发现据以执行的生效法律文书确有错误，并正在按照审判监督程序进行审查。

暂缓执行决定书包括首部、正文和尾部三个部分。

（一）首部

（1）标题。写明人民法院名称和文书种类，如“××人民法院暂缓执行决定书”。

（2）案号。写明案号，如“（××）××执××-××号”。

（3）申请执行人、被执行人及担保人的基本情况或下级人民法院名称。

（二）正文

正文是暂缓执行决定书的核心内容，在这部分要用概括的语言写明暂缓执行的理由、法律依据和暂缓执行的决定内容。

1.暂缓执行的理由和法律依据

根据暂缓执行提出者（当事人申请暂缓执行或人民法院依职权启动暂缓执行）的不同，暂缓执行的理由和法律依据的表述也不尽相同。

（1）本院决定暂缓执行的，可表述为：

本院在执行……（写明当事人姓名或名称和案由）一案中，担保人××自愿为被执行人××提供担保……（具体明确有关担保的财产情况和期限等），该担保已经申请执行人××同意。依照《中华人民共和国民事诉讼法》第二百四十二条的规定，决定如下：……

（2）上级人民法院通知下级人民法院暂缓执行的，可表述为：

你院正在执行的……（写明当事人姓名或名称和案由）一案，在执行中作出的（××）××执××-××号执行裁定（决定、通知或具体执行行为）不当（或有错误），……（写明依法应当不予执行的事实和理由）。依照《最高人民法院关于人民法院执行工作若干问题的规定（试行）》第七十二条第一款、第七十五条的规定，决定如下：……

2.暂缓执行的决定内容

写明人民法院作出的暂缓执行决定的内容，并注明暂缓执行的期限。例如：

暂缓执行……（写明当事人姓名或名称和案由、案号），暂缓执行至××年××月××日。被执行人在暂缓期满后仍不履行的，本院将依法执行担保财产。[或暂缓执行你院正在执行的……（写明当事人姓名或名称和案由、案号）一案，期限自××年××月××日至××年××月××日。期满后本院未通知继续暂缓执行的，你院可恢复执行。]

（三）尾部

注明日期，并加盖法院印章等。

暂缓执行决定书为拟制式，打印后应当送达当事人、利害关系人以及人民法院的审判、执行机构并存档。

三、上级人民法院协调执行争议决定书

上级人民法院协调执行争议决定书，是指上级人民法院依据《最高人民法院关于人民法院执行工作若干问题的规定（试行）》第70条的规定，在协调下级人民法院之间的执行争议、作出处理决定时制作的法律文书。

上级人民法院协调执行争议决定书由首部、正文和尾部三个部分组成。

（一）首部

（1）标题。写明人民法院名称和文书种类，如"××人民法院协调决定书"或"××人民法院协调划款决定书"。

（2）案号。在标题右下方再写明案号，如"（××）××执××-××号"。

（3）写明下级人民法院名称。

（二）正文

作为核心内容部分，上级人民法院协调执行争议决定书的正文必须写明上级人民法院作出协调处理的事实和理由，并写明相关的法律依据以及决定内容。

1. 事实、理由及法律依据

例如：

本院协调处理的……（写明执行争议法院名称）执行争议一案，……（写明作出协调处理的事实和理由）。依照《最高人民法院关于人民法院执行工作若干问题的规定（试行）》第七十条的规定，决定如下：……

上级人民法院处理执行争议案件协调划款决定书此部分的表述为：

本院正在协调处理的……（写明争议法院名称和案由）执行争议一案，……（写明划款的事实和理由）。依照《最高人民法院关于人民法院执行工作若干问题的规定（试行）》第六十九条的规定，决定……

2. 决定内容

写明协调处理结果或开户行名称、账户名称及账号。

（三）尾部

注明日期，并加盖法院印章等。

第三节　执行通知书

一、协助执行通知书

协助执行通知书是指人民法院根据案情的需要，在执行过程中通知有关单位或者自然人完成人民法院指定的协助事项的一类法律文书的总称。

协助执行通知书本身可以成为一种独立的法律文书，也可以根据协助执行事项的不

同分别称为不同的文书，如协助查询存款通知书、协助冻结存款通知书、解除冻结存款通知书、责令责任人追回财产通知书等。

协助执行通知书由首部、正文和尾部三个部分组成。

（一）首部

（1）标题。写明人民法院名称和文书种类，如“××人民法院协助执行通知书”。

（2）案号。在标题右下方再写明案号，如“（××）××执××-××号”。

（3）写明协助执行的有关单位名称。

（二）正文

协助执行通知书的正文部分内容相对比较固定。

（1）写明请求协助的事由、原因以及法律依据，例如：

关于……（写明当事人姓名或名称和案由）一案，……（本院或其他机关）作出的（××）××字第××号……（写明法律文书的名称）已经发生法律效力。因……（写明请求协助执行的原因）根据……（写明根据的法律条款项）的规定，请协助执行以下事项：……

（2）写明协助执行的有关事项。

（三）尾部

（1）附注执行依据的生效法律文书案号及份数。

（2）注明日期，并加盖法院印章。

（3）写明法院地址、邮编、联系人姓名及联系电话。

二、提供被执行人财产状况通知书

提供被执行人财产状况通知书，是人民法院受理执行案件后，责令申请人向人民法院如实提供被执行人财产状况时制作的法律文书。其制作依据是《最高人民法院关于人民法院执行工作若干问题的规定（试行）》第18条。

人民法院在制作本通知书时还应当同时制作“提供被执行人财产状况表”，并同时送达被执行人。

提供被执行人财产状况通知书亦由首部、正文和尾部三个部分组成。

（一）首部

（1）标题。写明人民法院名称和文种名称，如“××人民法院提供被执行人财产状况通知书”。

（2）案号。在标题右下方再写明案号，如“（××）××执××-××号”。

（3）写明申请人姓名或名称。

（二）正文

提供被执行人财产状况通知书的正文部分内容相对比较固定。

（1）要求写明提供被执行人财产状况的事由和法律依据等，表述为：

你（单位）申请本院执行的……（写明当事人姓名或名称、案由和字号）一案，依照《最高人民法院关于人民法院执行工作若干问题的规定（试行）》第十八条第一款的规定，通知你向本院执行局提供被执行人的财产状况。

（2）写明如果不能提供被执行人财产状况的后果等，表述为：

如不能提供有关被执行人的财产状况的证据或线索，本院又未能查到可供执行的财产，将依照《中华人民共和国民事诉讼法》第二百六十七条第一款第（五）项的规定中止执行。

（三）尾部

（1）注明“特此通知”字样。

（2）注明日期，并加盖法院印章。

（3）写明法院的地址、邮编、联系人的姓名及联系电话。

问题与思考题

一、简答题

1. 简述对当事人或者案外人异议的裁定书的正文要点。

2. 执行被执行人到期债权裁定书的制作条件是什么？

3. 在制作对妨害执行行为予以处罚的决定书，写明被处罚人妨害执行的事实以及实施处罚的理由时应当注意哪些特点？

4. 暂缓执行决定书的制作条件是什么？

5. 上级人民法院协调执行争议决定书的正文包括哪些内容要点？

二、文书制作题

根据下列案例，制作一份人民法院的执行裁定书：

赵××系餐饮企业××中餐馆的实际经营人，其与××市××文化娱乐有限公司（简称“文化娱乐公司”）于2020年8月10日签订了商铺租赁合同，合同约定：租赁地点：××市××新区××文化广场内街××号位置，租赁面积：2 092平方米，租赁期限：10年，租金标准：1 527 160元，租金支付至文化娱乐公司在建设银行的银行账户内（账号：********）。因赵××未足额支付租金，文化娱乐公司向××仲裁委员会申请仲裁，裁决结果为赵××应当支付租金160余万元。现文化娱乐公司已经向黑龙江省××市人民法院申请强制执行，案号：（2023）黑××执××号。在法院执行文化娱乐公司与赵××租赁合同纠纷一案中，黑龙江××置业有限公司（简称“置业公司”）称其与文化娱乐公司于2018年12月17日签订了租赁合同，约定由文化娱乐公司代置业公司经营管理租赁标的物（××购物广场），代置业公司收取、缴纳租金。同时，在经营过程中文化娱乐公司代置业公司与租户签订商铺租赁合同并实际收取了商户的租金。故赵××应当支付的房屋租金系置业公司的债权，请求法院停止对（2023）黑××执××号中赵××财产的执行。其向本院提交如下证据：1. 企业基本注册信息查询单；2. 租赁合同。

经法院审理查明，文化娱乐公司与赵××租赁合同纠纷一案，××仲裁委员会于2023年6月25日作出［2022］×仲裁字第03××号裁决（简称“03××号裁决”），主要内容如下：一、赵××自收到本裁决书之日起15日内向文化娱乐公司支付租金1 597 242元；二、文化娱乐公司自收到本裁决书之日起15日内向赵××依法开具数额为6 878 496元的租金发票。

法院依据已发生法律效力的03××号裁决，于2023年7月19日立案执行，案号：(2023) 黑××执××号。立案后依法向赵××发出执行通知书、报告财产令。执行中，通过网络执行查控系统发现赵××持有××科技53500股证券，因赵××未履行生效法律文书所确定的义务，于2023年11月20日委托××证券变卖赵××所持有的上述证券，变卖所得款共计604 504.26元已发放至文化娱乐公司账户。于2023年12月8日扣划赵××在中国平安人寿保险股份有限公司黑龙江分公司的保险现金价值共计261 547.02元，并发放至文化娱乐公司账户。置业公司于2024年1月向法院提出执行异议。

法院认为，置业公司请求停止对赵××财产的执行于法无据，其异议请求不予支持。

请根据以上案情完成一份执行裁定书。

第九章 检察机关的法律文书

内容导读

检察机关是国家的法律监督机关，担负着侦查[①]、批准逮捕、提起公诉，以及依法对刑事诉讼、民事诉讼、行政诉讼实行法律监督等重要职责。法治国家建设，是国家长治久安的重要保障，也是构建和谐美丽公平社会的重要保障，更是我们党带领人民在新时代新征程上以中国式现代化实现中华民族伟大复兴的重要保障。在党的二十大报告中，习近平总书记强调，加强检察机关法律监督工作。在全面深化政法改革的实践中，要发挥检察机关审前把关、过滤作用，加强对刑事立案、侦查活动的监督。检察法律文书是检察机关依法履行职责、进行诉讼活动必不可少的法律工具，也是国家司法文书的重要组成部分。本章介绍了检察机关的常用文书如通知立案书、起诉书、公诉意见书及抗诉文书的写法。

第一节 检察机关的法律文书概述

一、检察法律文书的概念和特征

检察法律文书，是指人民检察院在行使侦查、提起公诉以及法律监督职能时，依据法律规定所制作的具有法律效力的司法公文。它是国家司法文书的重要组成部分，具有以下主要特征：

（1）检察法律文书的制作主体是特定的、唯一的。检察法律文书的制作主体是依法行使法律监督职权的人民检察院，其他任何机关、团体和个人均无权制作检察法律文书。

（2）检察法律文书的功能是特定的。检察法律文书的目的和作用是保证人民检察院履行和实现其各项法律监督职能。制作检察法律文书，是保证国家法律的正确实施、依法开展法律监督工作的具体体现。检察法律文书是人民检察院依法实施各项诉讼行为的重要书面凭证，人民检察院及其检察人员进入每一道诉讼程序、依法实施各项诉讼行为，均应制作相应的法律文书，以保证其行为合法、有效。

---

① 2018年3月《中华人民共和国监察法》颁布后，反贪案件的侦查职能已经从人民检察院转隶到监察委员会，但是目前人民检察院仍然负责少数自侦案件。

（3）检察法律文书的制作必须严格依法进行。检察法律文书是根据宪法和有关法律制作的，每一种法律文书均有相应的法律规定作为依据。人民检察院在制作检察法律文书时，必须严格按照有关法律规定和司法解释的要求进行。

（4）检察法律文书是具有法律效力的文书。检察法律文书是依据有关法律的授权而制作的，是国家强制力保证实施的，具有法律效力，即具有普遍的约束力，任何单位和个人都必须遵守，否则，要承担相应的法律责任。

（5）检察法律文书属于国家公文，受法律保护。检察法律文书是国家机关公文的一种，除了特定的国家机关即人民检察院外，其他任何单位和个人均不得制作。对于伪造、变造、买卖或者盗窃、抢夺、毁损检察法律文书的行为，应当依照《刑法》第280条的规定依法追究刑事责任。

二、检察法律文书的种类

现行的《人民检察院法律文书格式（样本）》所规定的文书共159种，其将检察法律文书分为以下三个种类：

（一）刑事法律文书

刑事法律文书共有139种，又可分为下述7类：

（1）立案法律文书。此类文书共有12种，如答复举报人通知书、制定管辖决定书、提请批准直接受理书等。

（2）侦查法律文书。此类文书共有69种，如回避决定书、回避复议决定书、批准聘请律师决定书等。

（3）公诉法律文书。此类文书共有36种，如补充侦查决定书、提供法庭审判所需证据材料决定书（公诉部门使用）、报送（移送）案件意见书等。

（4）执行法律文书。此类文书共有5种，如停止执行死刑意见书、撤销停止执行死刑意见通知书、纠正不当假释裁定意见书等。

（5）刑事申诉法律文书。此类文书共有4种，如刑事申诉审查结果通知书、刑事申诉复查决定书和纠正案件错误通知书等。

（6）刑事赔偿法律文书。此类文书共有10种，如刑事确认书、审查刑事赔偿申请通知书与重新确认通知书等。

（7）其他刑事法律文书。此类文书共有3种，分别为复议决定书、复核决定书、纠正案件决定错误通知书。

（二）民事、行政法律文书

此类文书共有15种，如民事（行政）案件申诉书、民事（行政）检察立案决定书、民事（行政）检察不立案决定书等。

（三）通用法律文书

此类文书共有5种，分别为调（借）阅案卷通知书、纠正违法通知书、检察意见书、检察建议书、送达回证。

第二节　常用刑事检察法律文书

公诉文书是指人民检察院在依法履行审查起诉和出庭支持公诉职责的过程中所制作的各种法律文书。公诉文书分为审查起诉文书、提起公诉文书、不起诉文书、适用简易程序文书、出席法庭文书等。本章重点介绍几种常用的文书，包括通知立案书、起诉书、公诉意见书。

一、通知立案书

（一）概述

通知立案书，是指人民检察院对于公安机关应当立案侦查的案件而不立案侦查的，在要求公安机关说明不立案的理由后，经审查认为公安机关不立案的理由不能成立，而通知公安机关立案时所制作的法律文书。

通知立案书是人民检察院行使立案监督权、履行法律监督职责的重要法律文书之一。通知立案书的法律效力体现为，人民检察院一经发出通知立案书，公安机关就必须在接到通知后 15 日内立案，并将立案决定书送达人民检察院。根据刑事诉讼法的规定，国家安全机关、军队保卫部门、监狱也是刑事案件的侦查机关，其立案活动也应接受人民检察院的监督。在立案监督中，人民检察院需要通知立案的，也适用本文书。

本文书应一式三份，一份送达公安机关，一份报上一级人民检察院备案，一份附卷。

（二）写法

通知立案书为叙述式文书，由首部、正文、尾部三部分组成。

1. 首部

首部包括制作文书的人民检察院的名称、文书种类（通知立案书）以及文书编号，文书编号中的空余地方依次填写人民检察院简称、具体办案部门简称、年度及顺序号。

2. 正文

正文包括以下内容：

（1）发往单位的具体名称，如“北京市公安局东城分局”。

（2）发出“要求说明不立案理由通知书”的时间与文书编号，以及侦查机关回复的“不立案理由说明书”的时间和文书编号，例如：

> 本院于 20××年 1 月 14 日以××检××不立通（20××）××号“要求说明不立案理由通知书”要求你局说明对王某某滥伐森林一案不立案的理由，并于 20××年 1 月 19 日收到你局说明不立案理由的××公刑字（20××）××号“不立案理由说明书”。

（3）应当立案的事实基础和法律根据。先写明人民检察院经审查认为公安机关说明的不立案理由不成立，然后叙述人民检察院查明的案件事实，分析犯罪嫌疑人行为的特征，引用犯罪嫌疑人所触犯的刑法条文和涉嫌的罪名，并指出本案符合刑事诉讼法规定的立案条件。在必要之时，还可以列举证据证明所认定的案件事实。

（4）通知立案的法律依据和要求事项。法律依据即《刑事诉讼法》第113条，可表述为："根据《中华人民共和国刑事诉讼法》第一百一十三条的规定，本院现通知你局立案。"要求事项主要是指人民检察院要求公安机关立案的期限以及将立案决定反馈给检察机关的要求，一般可表述为"请你局在××年××月××日以前立案，并将立案决定书副本送达我院"。其中，要求公安机关立案的时间，应当按照公安机关收到"通知立案书"15日内立案的期限确定，不能超过15日。

3. 尾部

注明制作本文书的日期，并加盖检察院印章。

二、起诉书

（一）概述

起诉书，是指人民检察院对公诉案件经过审查，认为犯罪嫌疑人的犯罪事实已经查清，证据确实、充分，依法应当追究刑事责任，代表国家将犯罪嫌疑人提起公诉，交付人民法院审判时所制作的法律文书。起诉书是人民检察院在刑事诉讼中制作和使用的最重要的法律文书之一，集中反映了人民检察院对公诉案件进行审查后的结论性意见，是人民检察院行使公诉权的集中体现。

起诉书在刑事诉讼中具有十分重要的意义：对侦查机关来说，起诉书是确认侦查终结的案件犯罪事实清楚，证据确实、充分，侦查活动合法的凭证；对检察机关来说，起诉书既是代表国家对被告人追究刑事责任以交付审判的文书，又是出庭支持公诉、发表公诉意见、参加法庭调查和辩论的基础；对审判机关来说，起诉书引起第一审程序的刑事审判活动，是人民法院对公诉案件进行审判的依据，其划定了法院审理的基本范围；对被告人及其辩护人来说，起诉书既是告知已将被告人交付审判的通知，又是公开指控被告人犯罪行为的法定文书。此外，起诉书还决定了提起公诉的内容：一是明确了提起公诉的对象，即人民检察院要求予以追究刑事责任的被告人的具体身份；二是明确了人民检察院对被告人指控的具体内容，包括被告人涉嫌犯罪的事实和罪名等；三是明确了人民检察院对被告人提起公诉的根据和理由，包括人民检察院据以提起公诉的刑法和刑事诉讼法依据，以及人民检察院认定犯罪的性质和要求追究刑事责任的理由等；四是通过对犯罪性质、犯罪情节、共同犯罪中各被告人的地位和作用作出认定以及引用相关刑法条款，明确人民检察院对于适用刑罚的概括性意见，行使公诉机关的追诉权。

（二）写法

基于案件类型、适用程序的不同，起诉书的格式分为四种，分别适用于普通程序案件、单位犯罪案件、简易程序案件和刑事附带民事诉讼案件，各种格式在内容侧重上有所不同。与适用于普通程序案件的起诉书相比，适用于单位犯罪案件的起诉书主要在诉讼参与人的具体情况、对起诉理由的表述等方面有所不同。这是基于单位犯罪主体和单位犯罪行为的表现均比较复杂而作出的特殊要求。适用简易程序审理的案件应同时向法院移送全部案卷和证据材料，因此适用于简易程序案件的起诉书在起诉理由和根据部分仍须对量刑情节进行认定，以完整体现定罪、量刑两方面的公诉意见。而对于适用于普通程序案件的起诉书，不再要求对量刑情节作出认定。

适用于刑事附带民事诉讼案件的起诉书将民事起诉方面单独列出，主要是考虑到以下几个要素：一是民事部分的被告人可能与刑事部分的被告人不尽相同，二是提起民事诉讼的事实可能只是公诉事实的一部分，三是诉讼的理由和依据特殊，四是民事诉讼可能单独审理。因此，如果将民事部分与刑事部分放在同一起诉书中，就很容易出现内容混杂、案件事实与诉讼主张脱节等现象，不利于诉讼的顺利进行。

起诉书为叙述式文书，由首部、被告人（被告单位）的基本情况、案由和案件的审查过程、案件事实、证据、起诉的理由和根据以及尾部组成。

1. 首部

（1）制作文书的人民检察院名称，一般应当与院印上的名称一致。除最高人民检察院外，各地方人民检察院的名称前应当冠以所在的省（自治区、直辖市）的名称。对涉外案件提起公诉时，各级人民检察院名称前还应当冠以“中华人民共和国”字样，如“中华人民共和国北京市人民检察院第一分院”。

（2）文书名称，即“起诉书”。

（3）文书编号，由制作文书的人民检察院的简称、案件性质（刑事诉讼）、起诉年度、案件顺序号组成，其中，年度必须用四位数字表述。文号写在该行的最右端，上下各空一行。

2. 被告人（被告单位）的基本情况

一案有两名以上被告人的，应当按照先主犯后从犯、胁从犯的顺序书写。不分主、从犯的，应当按照被告人在犯罪中的作用从大到小进行排列。对于单位犯罪案件，应当先写被告单位的基本情况，再写明对被告人直接负责的主管人员和其他直接责任人员的基本情况，包括姓名、性别、年龄、工作单位、职务。当自然人犯罪与单位犯罪并存时，应当先叙写被告单位、法定代表人和有关责任人员的情况，再叙述一般的自然人被告人的基本情况。同时，在起诉理由和根据部分，也应按照先单位犯罪后自然人犯罪的顺序叙写。

被告人的姓名应当使用身份证等法定身份文件中使用的正式姓名。如果被告人有与案情相关的别名、化名或绰号的，应当在其正式姓名后面用括号加注；如果被告人是外国人的，应当在其中文译名后面用括号加注外文姓名。被告人的真实姓名、年龄、住址无法查清的，应当按照其绰号或者自报的姓名、自报的年龄、住址制作起诉书，并在该文书中注明。被告人自报的姓名可能造成损害他人名誉、败坏道德风俗等不良影响的，可以以编号替代被告人的姓名，并按照编号制作起诉书，同时附具被告人的照片。单位的名称，应当写其依法成立时上级批准的或者登记注册的全称。

被告人的出生日期一般应以公历为准。除未成年人外，如果确实查不清出生日期的，可以只注明年龄。对于尚未办理身份证的，如未成年人，可以不写身份证号码，但应注明。民族应当写全称而不宜简写。文化程度应当写经正规教育所达到的受教育程度，不识字的，则写为“文盲”；略识一些文字的，写为“初识字”。

被告在企事业单位、机关、团体工作的，应当写明具体工作单位及职务。制作文书时已经被免职的，应当在工作单位和职务前注明“原任”字样；从事农业生产或个体经营的，写为“务农”或“从事个体经营”；城镇无业者，写为“无业”。

被告人的住址应写被告人的经常居住地，当经常居住地与户籍所在地不一致时，应当在其后用括号注明户籍所在地。对于流窜犯，无固定住所的，户籍所在地、经常居住地不明的，写其暂住地或自报的住址。住址应当尽可能具体、明确：农村的住址应当具体到自然村，城镇的住址应当具体到门牌号。单位所在住址，应当写其主要机构所在地。

被告人是外国人的，应注明其国籍、护照号码和国外居所。

被告人受过刑事处罚的，应当写明曾受到处罚的时间、缘由、种类、决定机关、释放时间等有关情况；被告人曾受过行政处罚对定罪量刑有影响的，也应当叙写，并注明处罚的时间、种类和处罚单位。一般应当先写受到行政处罚的情况，再写受到刑事处罚的情况。

叙写所采取的强制措施时，应当注明采取强制措施的原因、种类、批准或决定的时间、执行的机关和时间。被告人被采取多种强制措施的，应当按照执行时间的先后分别叙写。

3. 案由和案件的审查过程

要求写明案件移送审查起诉、退回补充侦查、延长审查起诉期限、改变管辖等诉讼活动的时间和缘由，并载明是否依法告知被告人、被害人诉讼权利以及是否依法讯问被告人和听取被害人及诉讼代理人、辩护人意见的情况。

对于因没有被害人、找不到被害人、被害人不愿陈述或者没有委托诉讼代理人或辩护人等而无法告知或听取其意见的，应当在起诉书中注明。涉及两次退回补充侦查的，两次退回补充侦查的日期应分别表述，否则容易产生歧义。

4. 案件事实

案件事实部分是起诉书的重点，对事实的叙述必须做到客观、准确，要素完整，层次分明。在具体叙写案件事实时，应当围绕犯罪构成，详细写明案件发生的时间、地点，犯罪动机、目的、手段，行为的经过、危害结果和被告人的认罪态度以及有关的人和事等与定罪量刑有关的事实要素。指控犯罪事实的必备要素应当明确、完整，既要避免发生遗漏，也要避免将没有证据证明的或者证据不足以证明的以及与定罪量刑无关的事项写入起诉书，做到层次清楚、重点突出。

对于起诉书指控的所有犯罪，无论是一人一罪、多人一罪还是一人多罪、多人多罪，都必须逐一列举，把重罪放在前面，把次罪、轻罪放在后面；多人多罪的，应当按照主犯、从犯或者重罪、轻罪的顺序叙述，突出主犯、重罪。

对于重大案件、具有较大影响的案件以及检察机关直接受理立案侦查的案件，都必须详细写明具体犯罪的时间、地点，实施行为的经过、手段、目的、动机、危害结果和被告人在案发后的表现及认罪态度等内容，特别是要将属于犯罪构成要件或者与定罪量刑有关的事实要素列为重点。对于一般刑事案件，通常也应当详细写明案件事实，但对于其中作案多起且犯罪手段、危害后果等方面相同的案件事实，可以先对相同的情节进行概括叙述，然后再逐一列举每起事实的具体时间、结果等情况，而不必详述每一起犯罪事实的过程。如多次盗窃的，可叙述为：

被告人××于××年××月期间，先后窜至……采取……手段作案×起，窃得现金××元、物资××，现金及物资折款共计××元。具体犯罪事实如下：……

对于共同犯罪案件中有同案犯在逃的，应当在其后写明“另案处理”字样，而不应写成“在逃”。

5. 证据

要求在起诉书中写明主要证据的名称、种类，虽不必对证据与事实、证据与证据之间的关系进行具体的分析、论证，但不能简单叙述为“有书证、物证、证人证言、被告人供述、鉴定结论和视听资料等证据证实”，而应当具体化，即什么书证、什么物证、证人××的证言等。对于鉴定意见、勘验检查笔录和物证、书证等证据的制作，应写出出具机关的名称，如“××人民检察院对被害人××所作的伤情鉴定”“××公安局刑侦大队制作的现场勘验笔录”等。这样叙写有利于说明证据收集主体的合法性。证据种类的叙述顺序可根据具体案情灵活决定，如对于杀人、伤害等普通刑事犯罪，可根据破案的自然经过，按现场勘查、被害人陈述、证人证言、作案工具等物证、刑事科学技术鉴定、法医鉴定和被告人供述等大致顺序排列；对于贪污、受贿等职务犯罪，可以根据主、客观要件内容，按主体身份证明、利用职务之便谋利类证据、行贿人证言、账单等书证、扣押清单和被告人供述等大致顺序排列。

叙写证据时，一般应当采取“一事一证”的方式，即在每一起案件后，写明据以认定的主要证据。对于作案多起的一般刑事案件，如果案件事实是概括叙述的，证据叙写也可以采取“一罪一证”的方式，即在该项犯罪之后概括写明主要证据的种类，而不再指出认定每一起案件事实的证据。

6. 起诉的理由和根据

写作本部分时要结合犯罪的各构成要件，对行为性质、危害程度、情节轻重等进行概括性描述，突出本罪的特征。语言要精练、准确，引用法律条文须准确、完整、具体，所依据的刑法规定应当全部引用，且写明条、款、项。一人犯数罪的，应当逐罪引用刑法分则条文。共同犯罪案件中多人触犯同一罪名的，可以集中引用法律条文；不同被告人罪名不同的，应当分别引用。

对于适用简易程序审理的案件，对量刑情节的认定，应当遵循如下原则：（1）对于具备不同法定量刑情节的，应当在起诉书中作出认定。（2）对于酌定量刑情节的，可以根据案件的具体情况，从有利于出庭支持公诉的角度出发，决定是否在起诉书中作出认定。对于适用普通程序审理的案件，对作为量刑情节的事实，可以在案件事实之后作客观表述，例如可在案件事实部分叙述为“被告人××于××年××月××日在亲友的劝说下到公安机关投案”，而非“投案自首”。因为认定自首还必须有被告人如实供述自己罪行这一条件，一旦被告人在庭上翻供，即影响自首情节的成立。

7. 尾部

应当在起诉书的尾部写明起诉书主送的人民法院全称，写名具体承办案件的公诉人的法律职务和姓名、制作文书的年月日（为签发起诉书的日期），并加盖人民检察院印章。

三、公诉意见书

（一）概述

公诉意见书，是指受人民检察院指派出席法庭支持公诉的公诉人，在法庭上就案件事实、证据和适用法律等集中发表意见时使用的法律文书。

根据我国《刑事诉讼法》第189条的规定，人民法院审理公诉案件，应当派员出席法庭支持公诉。在公诉人出席法庭支持公诉的情况下，法庭调查结束后，依法应当首先由公诉人发表公诉意见。公诉意见书就是出庭支持公诉的国家公诉人，在第一审程序法庭调查结束后、法庭辩论开始时，在起诉书提出的指控的基础上，根据法庭的调查情况，对指控的犯罪事实进一步说明论证，对证据、案件情况以及定罪量刑和适用法律问题发表综合性意见。公诉意见书只适用于第一审程序，检察人员参加上诉案件、抗诉案件在法庭发表的意见称为“出庭检察员意见书”。这是因为检察人员出席第一审法庭与出席上诉、抗诉案件法庭的任务有所不同，前者主要是支持公诉，后者主要是对审判活动进行监督。

公诉人发表的公诉意见书，是第一审法庭审理公诉案件的必备内容，是公诉人对起诉书中指控被告人罪行和适用法律等重要问题的进一步阐发和论证，也是法庭听取国家公诉人对法庭调查的事实的认定和如何定罪量刑等问题的总体性意见的重要形式，同时也成为辩方提出辩护意见的参照体，因此它对于法庭正确审理案件、准确定罪量刑具有重要意义。此外，公诉意见书也会对旁听群众产生一种法治宣传的作用。

一般来说，为了保证出庭支持公诉取得良好效果，公诉人应当在出庭前，根据阅卷及对案件的分析研究情况，预先制作公诉意见书草稿，庭审中再根据法庭调查的情况进行必要的修改、调整或补充。

（二）写法

公诉意见书是叙述式文书，由首部、正文和尾部三部分组成。

1. 首部

首部包括制作文书的人民检察院的名称和文书种类（公诉意见书）。

2. 正文

正文依次写明下列事项：

（1）案件有关情况，包括被告人姓名、案由与起诉书文号。

（2）抬头，即对法庭审判人员的称呼语，具体可根据法庭的组成情况写为“审判长、审判员”“审判长、审判员、人民陪审员”“审判长、人民陪审员”。

（3）检察人员出庭支持公诉的法律根据、出席法庭的身份与职责。

（4）支持公诉的具体意见。这是公诉意见书的核心部分，应当根据具体的案件情况重点从以下几个方面加以阐述：一是根据法庭的调查情况，对法庭的质证情况进行总结和评论，对本案事实、证据情况进行综述，并运用各证据之间的逻辑关系论证被告人的犯罪事实清楚，证据确实、充分。这一部分内容的详略程度，应当根据案件的具体情况来确定。如果在法庭调查时对事实和证据基本上没有分歧，可以作简要概括；如果被告人不供、翻供、避重就轻或者对事实、证据提出了较多异议，则必须进行充分论证。二是要根据起诉书所指控罪名的犯罪构成要件，结合案件事实、情节，论证被告人的行为已经构成所指控的犯罪，应当负刑事责任，并根据其犯罪情节，提出从重、从轻或减轻处罚的意见。三是根据庭审情况，可以在分析被告人犯罪行为的危害性、犯罪原因的基础上，进行必要的法治宣传和教育工作。

（5）总结性意见。一般表述为：

综上所述，起诉书认定本案被告人××的犯罪事实清楚，证据确实、充分，依法应当认定被告人有罪，并应从重/从轻/减轻处罚。

3. 尾部

尾部须写明公诉人的姓名，注明当庭发表公诉意见的时间。

（1）公诉意见书的任务主要在于有力地证明起诉书的指控成立，因此，其内容应重点围绕本案证据及犯罪成立进行论证，包括阐述本案的犯罪事实、证据、犯罪的成立、法律适用以及量刑情节等问题。公诉意见书要论点鲜明突出，论证有理有据，分析透彻深入，语言准确有力。

公诉意见书与起诉书相辅相成：起诉书是将被告人交付法院审判的一种法律凭证，其主要定位是定罪的申请书，因而应突出其客观性，且只要将指控的内容说清楚，为庭审的展开提供基础即可，至于进一步的分析论证，就可交由公诉意见书来解决。严格来说，起诉书并没有提出任何证据证明公诉机关的指控，它只是表述犯罪的实施过程，从逻辑上讲，只是给出了一个推论，而论据和逻辑推理是通过对庭审进行举证、质证和辩论来完成的。而在法庭调查中，出示的单个证据本身仅能证明案件的某一事实或事实的某一方面，只有由证据的相互结合才能必然推断出犯罪事实。因此，作为在法庭辩论开始时对起诉指控的犯罪事实进一步说明、论证的公诉意见书，其最重要的任务就是对证据的相互印证、相互结合必然推断出犯罪事实作出阐述，从而有力地证明起诉书的指控成立。

（2）公诉意见书是要通过论点、论据来推断出必然性结论，即利用现有证据证明被告人的犯罪事实成立，所以它的总体逻辑结构是假言推理，而且一般是必要条件假言推理。其大前提一般再分为四个小前提即犯罪构成四要件，分别进行阐述和论证。当然，也不必对每个定罪构成要件都详细论述，而应根据案件情况，对存在争议、分歧的要件进行重点阐述。

在论证的深度上：首先，要证明证据的确实、充分，包括某一个或某一组证据证明了什么，证据之间在哪些方面足以印证等。对于当事人在举证阶段就证据提出的异议都要加以论证，而不能无视举证阶段被告人、辩护人等对证据的质疑。其次，要证明构成什么性质的犯罪，要根据有关法理和法律依据进行深入的分析论证，必要时区分罪与非罪、此罪与彼罪的界限，反驳被告人、辩护人提出的相异观点；有时对于被害人可能提出的相异观点也可简单地论证。这种以立论为主，加以适当的驳论，能使公诉意见书的论证更具深度和说服力，更易为法庭所采信。最后，对法律适用与量刑情节进行论证。对于量刑档次、从重或从轻情节等，一般在论证这些情节成立的基础上，明确公诉人的观点是应从重还是应从轻或减轻，以弥补起诉书中对量刑情节的不确定表述。

第三节　抗诉文书

抗诉文书是指人民检察院对于人民法院的判决或者裁定，认为确有错误，依法向人民法院提出抗诉时所制作和使用的法律文书。根据案件性质的不同，抗诉文书分为刑事抗诉书、民事抗诉书和行政抗诉书；按照程序的不同，抗诉书分为二审程序的抗诉书和审判监督程序的抗诉书。

一、刑事抗诉书

（一）概述

刑事抗诉书是人民检察院认为人民法院的刑事判决或裁定确有错误时，按照法定的抗诉程序或审判监督程序向人民法院提出抗诉，要求重新审理、纠正错误时制作的司法文书。

刑事抗诉书是检察机关行使审判监督职权的重要工具，是引起人民法院第二审程序或再审程序的法律文书之一。刑事抗诉书对于纠正确有错误的刑事判决或裁定，保证法律的准确实施，起着十分重要的作用。

根据我国《刑事诉讼法》第 256 条的规定，抗诉有两种：一是按照第二审程序提出的抗诉，二是按照审判监督程序提出的抗诉。虽然这两种抗诉手段的目的都是确保人民法院的办案质量，使国家法律得到准确实施，但由于第二审程序和审判监督程序在程序和时限上的不同，相应地，对两种抗诉书的要求也不尽相同。

（二）内容和写法

对第二审程序所适用的抗诉书在内容上可分为七个部分：

（1）首部。标题部分要求写明制作抗诉书的人民检察院的名称和文书种类（刑事抗诉书）以及文号。文号由制作本文书的人民检察院简称、年度和抗诉书编号构成，如“晋检刑抗（2013）6 号”。制作单位应当注明所在省（自治区、直辖市）的名称，不能只写地（县）级市、县、区名。如果是涉外案件，还应冠以“中华人民共和国”字样。

（2）原审判决、裁定的情况。写明被告人的姓名、案由，一审、二审法院名称，作出判决或裁定的时间，裁判文书的文号和裁判结果等。对于案由，如果人民检察院与人民法院认定的罪名不一致，应当分别表述清楚。如果侦查、起诉、审判阶段没有超越办案期限等不法现象，则不必写明公安机关、人民检察院和人民法院的办案经过，只需简单说明人民法院的判决、裁定情况（结果）即可。

（3）审查意见。要求简明扼要地写明人民检察院对原判决、裁定的审查意见，明确指出原判决、裁定的错误所在，向第二审法院明示检察机关抗诉的重点是什么。要做到观点鲜明，语言简练。

（4）抗诉理由。抗诉理由是抗诉书的核心部分，应当针对原判决、裁定认定事实确有错误、适用法律不当和量刑畸轻畸重或者审判程序严重违法等不同情况来叙写抗诉理由，可以适当地分段分项叙写。叙写抗诉理由时，应当强调说理性，对判决、裁定可能存在的错误进行具体、充分的论证，这样才能表明观点、分清是非，促使人民法院采纳人民检察院的主张，纠正错误的裁判。对案件事实的分析、论证，必须结合证据进行，切忌脱离证据谈事实，避免抗诉意见给人以主观色彩浓厚的印象。

如果法院认定的事实有误，则须针对原审裁判的错误之处，提出纠正意见。对于有多起“犯罪事实”的抗诉案件，只叙述原判决（裁定）认定事实不当的部分，认定没有错误的，可以只作出“对……事实的认定无异议”的肯定，突出检、法两家的争议焦点，体现抗诉的针对性。对于共同犯罪案件，也可以作类似处理，即只对原判决、裁定遗漏或错误的部分被告人犯罪事实作重点叙述，对其他被告人的犯罪事实可简写或不写。此外，还应该在论述事实时有针对性地列举证据，说明证据的内容要点及与犯罪事实的联系。如有自首、立功等情节，应在抗诉书中予以论述。

如果法院适用法律有误，应当主要针对犯罪行为的本质特征，从引用罪状、量刑情节等方面论述应该如何认定被告人行为的性质，从而正确地适用法律。

如果法院审判程序严重违法，抗诉书就应该主要根据刑事诉讼法及有关司法解释的规定，逐一论述原审法院违反法定诉讼程序的事实情况，再写明影响公正审判的现实后果或者可能性，最后阐述法律规定的正确的诉讼程序。

抗诉理由的论证方法因案而异，关键是要把人民检察院认为原判决、裁定确有错误的理由叙说清楚，做到逻辑清晰、观点明确、依据充分、文字简练。

（5）结论性意见、法律根据、决定和要求事项。叙写结论性意见时，应当做到简洁、明确。人民检察院按照第二审程序向人民法院提出抗诉的法律依据是《刑事诉讼法》第228条的规定，应当在抗诉书中引用这一条文。在决定和要求事项部分，应写明：“特提出抗诉，请依法判处。”

（6）尾部。写明文书的送达对象，即上一级人民法院名称、制作文书的人民检察院名称、文书的签发时间，并加盖人民检察院印章。

（7）附注。包括被告人现羁押或居住处所，新的证人名单或者证据目录。对于未被羁押的原审被告人，应当写明其住所或居所。人民检察院按照第二审程序提出抗诉时，案卷、证据材料已经按照有关规定，在一审开庭后移送人民法院，因此，如果没有新的材料需要移送的，证据目录和证人名单可以不另附。

与对第二审程序适用的抗诉书相比，对审判监督程序所适用的抗诉书在结构上有一些区别，它由首部，原审被告人基本情况，诉讼过程、生效判决或裁定概况，对生效判决或裁定的审查意见（含事实认定），抗诉理由，结论性意见、法律依据、决定和要求事项，尾部和附注共八个部分组成。

（1）首部。与对第二审程序适用的抗诉书写法相同。

（2）原审被告人基本情况。包括原审被告人的姓名、性别、出生年月日、民族、出生地、职业、单位及职务、住址和服刑情况。原审被告人有数个的，应当按照其地位和作用从轻到重列明。应当注意，再审被告人的姓名要与原审文书中的姓名一致，如果原审文书有误，应在抗诉书中注明。

（3）诉讼过程、生效判决或裁定概括。应当将有关的诉讼经过叙写清楚。如果是一审生效判决或裁定，不仅要写明一审判决或裁定的主要内容，还要写明一审判决或裁定的生效时间。如果是二审终审判决或裁定，应该分别写明一审和二审判决或裁定的主要内容。此外，还应写明提起审判监督程序抗诉的原因，如是否是当事人不服判决请求抗诉等。

（4）对生效判决或裁定的审查意见（含事实认定）。包括两部分：一是事实认定和证据。此部分应当叙写抗诉所认定的案件事实，着重写清楚提出抗诉的检察机关对争议的事实如何认定。对于原审判决、裁定认定的事实或新发现的事实、证据，应当作比较详细的介绍。关于证据的情况也可以在此部分概括，而在抗诉理由部分结合论证具体列举。二是审查意见，即叙述检察机关对原判决（裁定）的审查意见，目的是明确指出原判决（裁定）的错误所在，告知再审人民法院人民检察院抗诉的重点是什么。这部分要观点鲜明、简明扼要。

（5）抗诉理由。与对第二审程序适用的抗诉书写法相同。

（6）结论性意见、法律根据、决定和要求事项。与对第二审程序适用的抗诉书写法相同。

（7）尾部。写明文书的送达对象，即再审人民法院的名称、制作文书的人民检察院名称、文书的签发时间，并加盖人民检察院印章。

（8）附注。包括被告人现服刑或居住处所、新的证人名单或者证据目录。对于人民检察院按照审判监督程序提出抗诉的案件，由于案卷、证据材料是人民检察院向有关人民法院调取或借阅的，提出抗诉时要向人民法院移送，因此，在抗诉书的附项中需要如实注明移送的材料名称和数量等情况。

二、民事行政检察提请抗诉报告书

（一）概述

民事行政检察提请抗诉报告书，是指地方各级人民检察院发现同级人民法院已经发生法律效力的判决、裁定确有错误，向上一级人民检察院提请抗诉时制作的法律文书。

《民事诉讼法》第 219 条第 2 款规定，地方各级人民检察院对同级人民法院已经发生法律效力的判决、裁定，发现有本法第二百一十一条规定情形之一的，或者发现调解书损害国家利益、社会公共利益的，可以向同级人民法院提出检察建议，并报上级人民检察院备案；也可以提请上级人民检察院向同级人民法院提出抗诉。《行政诉讼法》第 93 条第 1、2 款规定，最高人民检察院对各级人民法院已经发生法律效力的判决、裁定，上级人民检察院对下级人民法院已经发生法律效力的判决、裁定，发现有本法第九十一条规定情形之一，或者发现调解书损害国家利益、社会公共利益的，应当提出抗诉。地方各级人民检察院对同级人民法院已经发生法律效力的判决、裁定，发现有本法第九十一条规定情形之一，或者发现调解书损害国家利益、社会公共利益的，可以向同级人民法院提出检察建议，并报上级人民检察院备案；也可以提请上级人民检察院向同级人民法院提出抗诉。最高人民检察院于 2004 年发布的《最高人民检察院关于最高人民检察院检察委员会审议民事行政抗诉案件范围的规定》规定，现将需提交检察委员会审议决定的民事行政抗诉案件范围确定如下：(1) 一方或者双方当事人人数众多，反映强烈，事关社会稳定的；(2) 行政诉讼中被告是国务院部委或者省级人民政府的；(3) 涉讼标的额巨大，对当地经济将产生重大影响的；(4) 拟对最高人民法院生效判决、裁定提出抗诉的；(5) 涉嫌民事、行政审判人员枉法裁判的；(6) 涉案法律关系较为典型，对全国检察机关办案有指导意义的；(7) 新闻媒体、社会公众广泛关注，事关司法工作社会评价的；(8) 上级领导机关督办以及全国人大代表、政协委员广泛关注的重大案件；(9) 分管检察长认为需要提交检察委员会讨论的其他案件。除上运九类案件之外，拟由最高人民检察院依法提出抗诉的，原则上由民事行政检察厅报请分管检察长审批。

（二）内容和写法

1. 首部

(1) 标题和编号。标题包括制作文书的人民检察院的名称及文书种类（民事行政检察提请抗诉报告书）。文书编号即“检　民行提抗（　）号”，除“检”“民”之间的空白处因为技术和美观原因而留出、无须填写内容外，“抗”字后填写制作文书的人民检察院简称，括号内填写制作文书的年度，括号后填写文书序号。

(2) 案件来源。这部分根据案件的不同来源，分别有如下不同表述：

如果是当事人向检察机关提出申诉的，表述为：

××（申诉人）因与××（对方当事人）……（案由）纠纷一案，不服××人民法院××（生效判决、裁定文号）判决（或裁定），向我院提出申诉。

如果是检察机关自行发现的，表述为：

我院对××人民法院对××与××纠纷案的××（生效判决、裁定文号）判决（或裁定）进行了审查。

如果是案外人向检察机关提出申诉的，则表述为：

我院受理了××（申诉人）的申诉后，对××人民法院对××与××纠纷案的××（生效判决、裁定文号）判决（或裁定）进行了审查。

审查的经过统一表述为：

我院对该案进行了审查……（简述审查过程，如审查了原审卷宗，进行了调查等）现已审查终结。

2. 正文

(1) 当事人的基本情况，包括申诉人和对方当事人的基本情况。如果当事人是自然人的，要写明其姓名、性别以及居住地等详细情况；如果当事人是单位的，则应写明单位的名称、地址以及法定代表人的姓名和住址等详细情况。如果是检察机关自行发现的案件，可直接写明各方当事人在一、二审中的诉讼身份。

(2) 审查认定的案件事实。此部分应写明提请抗诉的人民检察院经审查认定的案件事实。

(3) 诉讼过程。此部分应写明该案的全部诉讼过程。如果该案是一审后生效的，应写明一审判决、裁定的判决、裁定结果；如果该案是二审后生效的，应分别写明一审、二审判决、裁定的理由和判决、裁定结果；如果该案是经过审判监督程序再审的，也要将有关情况一并写明。法院判决、裁定认定的事实与检察机关认定的事实不一致的，应简要写明二审判决、裁定认定的事实。如果一审判决、裁定认定的事实正确，二审判决、裁定认定事实错误的，应简要写明二审判决、裁定认定的事实；如果一、二审判决、裁定认定的事实均错误，则对于一、二审判决、裁定认定的事实均须简要写明。

（4）申诉主张和反驳意见。此部分应摘要写明申诉人的申诉理由，如果对方当事人提出反驳意见的，也应摘要写明。如果是检察机关自行发现的案件，则取消此部分。

（5）提请抗诉的理由。此部分应首先阐明本院审查后得出的结论，明确指出人民法院生效判决或裁定存在哪些问题，并结合案件的具体情况，分别论证生效判决、裁定存在的问题与错误。人民法院生效判决或裁定存在的问题主要包括四个方面：一是原判决、裁定认定事实的主要证据不足；二是原判决、裁定适用法律错误；三是原审人民法院违反法定程序，可能影响案件正确判决、裁定；四是审判人员在审理该案时有贪污受贿、徇私舞弊或枉法裁判行为。实践中，生效判决、裁定可能存在上述一个方面或者几个方面的问题，应当根据案件的不同情况，逐一指出并加以分析论证。

（6）处理意见。此部分应写明："经本院检察委员会讨论通过（未经检察委员会讨论的，可不写），依照《中华人民共和国民事诉讼法》（《中华人民共和国行政诉讼法》）的规定，提请上一级检察院向同级人民法院提出抗诉。"在叙写检察委员会讨论通过的情况时，要写清通过提请抗诉决定的检察委员会的届、次；叙写提请抗诉的法律依据时，应具体写明所依据的《民事诉讼法》或《行政诉讼法》的条、款、项。

3. 尾部

尾部包括制作文书的年月日和提请抗诉的人民检察院印章，并注明随案移送的卷宗及有关材料情况。

4. 注意事项

（1）本文书同时适用于对民事案件的提请抗诉和行政案件的提请抗诉。本应分别设计民事案件提请抗诉报告书和行政案件提请抗诉报告书，为了减少法律文书的种类，同时考虑到此类文书用于检察机关上下级之间，而且承办部门都是民事行政检察部门，因而统一规定为一种文书。实践中应一案一报，一份文书中既不能对多起民事或行政案件提请抗诉，也不能同时对民事或行政案件提请抗诉，文书名称均应写为"民事行政检察提请抗诉报告书"。

（2）本文书分为正本和副本。正本加盖"正本"印章，正本除按规定份数报送上一级人民检察院外，应存检察正卷；副本加盖"副本"印章，存检察副卷。

（3）本文书尾部的日期应为检察长或者检察委员会决定提请抗诉的日期，而不是具体制作该文书的日期。

三、民事抗诉书

（一）概述

民事抗诉书是指人民检察院对人民法院作出的已经发生法律效力的判决、裁定，发现确有错误，向人民法院提出抗诉时使用的司法文书。

《民事诉讼法》第219条第1、2款规定，最高人民检察院对各级人民法院已经发生法律效力的判决、裁定，上级人民检察院对下级人民法院已经发生法律效力的判决、裁定，发现有本法第二百一十一条规定情形之一的，或者发现调解书损害国家利益、社会公共利益的，应当提出抗诉。地方各级人民检察院对同级人民法院已经发生法律效力的判决、裁定，发现有本法第二百一十一条规定情形之一的，或者发现调解书损害国家利益、社会公共利益的，可以向同级人民法院提出检察建议，并报上级人民检察院备案；也可以提请上级人民检察院向同级人民法院提出抗诉。《民事诉讼法》第223条明确规定："人民检察院决定对人民法院的判决、裁定、调解书提出抗诉的，应当制作抗诉书。"

（二）写法

民事抗诉书为叙述式文书，分为首部、正文和尾部三部分。

1. 首部

首部包括制作文书的人民检察院名称、文书种类（民事抗诉书），还包括文书编号即"检　民抗（　）号"，除"检""民"之间的空白处无须填写内容外，"抗"字后填写制作文书的人民检察院简称，括号内填写制作文书的年度，括号后填写文书序号。

2. 正文

（1）案件来源和审查经过。案件来源有四种不同的表述方式：

如果是当事人向检察机关提出申诉的，表述为：

××（申诉人）因与××（对方当事人）……（案由）纠纷一案，不服××人民法院××（生效判决、裁定文号）民事判决（或裁定），向我院提出申诉。

如果是由下级人民检察院提请抗诉的，表述为：

××（申诉人）因与××（对方当事人）……（案由）纠纷一案，不服××人民法院××（生效判决、裁定文号）民事判决（或裁定），向××人民检察院提出申诉，××人民检察院提请我院抗诉。

如果是检察机关自行发现的，表述为：

我院对××人民法院对××（原审原告）与××（原审被告）……（案由）纠纷一案的××（生效判决、裁定文号）民事判决（或裁定）进行了审查。

如果是案外人向检察机关提出申诉的，表述为：

我院受理××（申诉人）的申诉后，对××人民法院对××（原审原告）与××（原审被告）……（案由）纠纷案的××（生效判决、裁定文号）民事判决（或裁定）进行了审查。

审查经过情况统一表述为：

我院对该案进行了审查……（简述审查过程，如审查了原审卷宗，进行了调查等）现已审查终结。

（2）审查认定的案件事实。此部分应写明检察机关审查认定的事实，并写明由谁提起诉讼。对于审判人员在审理该案时有贪污受贿、徇私舞弊或者枉法裁判行为以及人民法院违反法定程序的，也在此一并写明。

（3）诉讼过程。此部分应按时间顺序写明一审法院、二审法院判决、裁定的作出日期、文号、理由、主文及诉讼费负担等情况。如果法院的判决、裁定与检察机关认定事实有不同之处，要在此部分简要写明。如果该案件经过了再审，还要将再审情况写明。对于人民法院审理所认定的事实，应区分以下几种情况处理：法院一审、二审和再审判决、裁定与检察机关认定的事实相同的，就无须单独写明法院认定的事实；法院一审、二审和再审判决、裁定与检察机关认定的事实不一致的，应重点叙述生效判决、裁定认定的事实；法院一审、二审判决、裁定与检察机关认定的事实一致，再审判决、裁定与检察机关认定的事实不一致的，应重点叙述再审判决、裁定认定的事实。

（4）抗诉理由。此部分应结合案件的具体情况，分析、论证生效判决、裁定存在的问题及错误。

（5）处理意见。此部分应首先指出生效判决、裁定存在的问题，然后写明："经本院检察委员会讨论通过（未经检察委员会讨论的，可不写），依照《中华人民共和国民事诉讼法》第二百一十九条的规定，向你院提出抗诉，请依法再审。"在叙写检察委员会讨论通过的情况时，应写明具体的届、次；在叙写抗诉的法律依据时，应具体写明所依据的《民事诉讼法》的条、款、项。

3. 尾部

尾部包括文书送达的人民法院名称，并加盖院印，附注写明随案移送的卷宗及有关材料情况。

4. 注意事项

（1）《民事诉讼法》第219条第1、2款规定，最高人民检察院对各级人民法院已经发生法律效力的判决、裁定，上级人民检察院对下级人民法院已经发生法律效力的判决、裁定，发现有本法第二百一十一条规定情形之一的，或者发现调解书损害国家利益、社会公共利益的，应当提出抗诉。地方各级人民检察院对同级人民法院已经发生法律效力的判决、裁定，发现有本法第二百一十一条规定情形之一的，或者发现调解书损害国家利益、社会公共利益的，可以向同级人民法院提出检察建议，并报上级人民检察院备案；也可以提请上级人民检察院向同级人民法院提出抗诉。实践中，应当根据案件的具体情况，准确适用相关规定。

（2）民事抗诉书应当由检察长签发，加盖人民检察院印章，文章结尾处的日期应为检察长签发的日期而非具体制作文书的日期。抗诉书的编号应按照抗诉的时间先后排序。

（3）本文书分为正本和副本，正本加盖"正本"印章，副本加盖"副本"印章。其中，正本送同级人民法院，同时按当事人人数送副本，并报送上一级人民检察院备案。《最高人民检察院关于抗诉案件向同级人大常委会报告的通知》规定，抗诉书副本还应报同级人大常委会备案。留下的副本应存检察副卷。抗诉书正本上不写"本件与原本核对无异"，而应将其制作成专用印章，加盖在正文末页的年月日的左下方、附项的上方。抗诉书的个别涂改之处应加盖校对章。

第四节　公益诉讼法律文书

一、概述

（一）公益诉讼

公益诉讼分为行政公益诉讼和民事公益诉讼，行政公益诉讼只能由检察机关提起，民事公益诉讼可以由自然人、法人、其他组织以及检察机关提起。《行政诉讼法》第25条第4款规定："人民检察院在履行职责中发现生态环境和资源保护、食品药品安全、国有财产保护、国有土地使用权出让等领域负有监督管理职责的行政机关违法行使职权或者不作为，致使国家利益或者社会公共利益受到侵害的，应当向行政机关提出检察建议，督促其依法履行职责。行政机关不依法履行职责的，人民检察院依法向人民法院提起诉讼。"《民事诉讼法》第58条规定："对污染环境、侵害众多消费者合法权益等损害社会公共利益的行为，法律规定的机关和有关组织可以向人民法院提起诉讼。人民检察院在履行职责中发现破坏生态环境和资源保护、食品药品安全领域侵害众多消费者合法权益等损害社会公共利益的行为，在没有前款规定的机关和组织或者前款规定的机关和组织不提起诉讼的情况下，可以向人民法院提起诉讼。前款规定的机关或者组织提起诉讼的，人民检察院可以支持起诉。"

（二）公益诉讼法律文书

1. 概念与作用

公益诉讼法律文书，是指检察机关在依法提起公益诉讼过程中所制作的法律文书。公益诉讼法律文书在行政诉讼和民事诉讼中意义重大。

第一，公益诉讼法律文书是检察机关行使法律监督权的重要凭证。公益诉讼法律文书是证明检察机关所提起的行政及民事公益诉讼符合法律规定的权限和程序的重要证据，是检察机关参与公益诉讼并作为公益诉讼当事人参加法庭调查和法庭辩论的重要基础。这有利于发挥检察机关的法律监督职能，使检察机关在行政诉讼中能够依法监督有关机关在生态环境、资源保护等方面依法履行职责，保护自然人、法人、非法人组织的合法权益。

第二，公益诉讼法律文书可以促使行政机关依法履行职责。公益诉讼法律文书能够将有关行政机关的名称、权责以及没有依法履行保护生态环境等法定职责的事实和证据完整、清晰地表述出来，从而能够督促行政机关为维护公信力而依法履行法定职责。

第三，公益诉讼法律文书可以保护公益环境及公共利益。在市场经济迅速发展过程中，各地发生了不少掠夺性开发、杀鸡取卵式的开发行为，对水、土地、矿藏资源造成了极大破坏，这都涉及公共的利益。行政公益纠纷主要集中于行政规划、行政公产、公共服务、国有资产保护、行业竞争、自然资源、公共工程建设、政策性行政垄断、产品质量监管、环境监管、医疗损害等领域。因此，要建立公益诉讼制度，通过公益诉讼文书，提起公益诉讼，对此类案件进行审理。公益诉讼法律文书不仅是凭证和依据，也是维护公共利益的有效保障。

2. 种类

按照案件的性质，公益诉讼法律文书分为行政公益诉讼法律文书和民事公益诉讼法律文书。民事公益诉讼法律文书分为民事公益诉讼立案决定书、民事公益诉讼终结审查决定书、民事公益诉讼检察建议书、民事公益诉讼诉前公告、民事公益诉讼支持起诉意见书、民事公益诉讼起诉书、撤回民事公益诉讼起诉决定书等。行政公益诉讼法律文书分为行政公益诉讼立案决定书、行政公益诉讼终结审查决定书、行政公益诉讼检察建议书、行政公益诉讼结案决定书、行政公益诉讼起诉书、撤回行政公益诉讼起诉决定书等。

二、公益诉讼法律文书的制作及写法

本部分重点介绍民事公益诉讼诉前公告、行政公益诉讼检察建议书和民事公益诉讼起诉书、行政公益诉讼起诉书。

（一）民事公益诉讼诉前公告

1. 公告的发布

公告是检察机关在提起民事公益诉讼之前，在全国范围发行的媒体上发布的，告知有关组织提起民事公益诉讼的法律文书。公告适用的条件包括：（1）行为人在破坏生态环境和资源保护、食品药品安全领域侵害众多消费者合法权益等损害社会公共利益的基本事实已查清、基本证据已收集到位；（2）在提起民事公益诉讼之前发布；（3）在全国范围的媒体上公告；（4）公告内容是告知法律规定的机关和社会组织提起民事公益诉讼；（5）公告期为 30 日。

2. 公告的对象

（1）法律规定的机关。目前，“法律规定的机关”中有明确规定的是行使海洋环境监督管理权的部门。根据《海洋环境保护法》第 114 条第 2 款的规定，对污染海洋环境、破坏海洋生态，给国家造成重大损失的，由依照本法规定行使海洋环境监督管理权的部门代表国家对责任者提出损害赔偿要求。根据生态环境损害赔偿制度改革的相关规定，国务院授权的省级人民政府或者市级人民政府及其指定的相关职能部门，可作为赔偿权利人提起生态环境损害赔偿诉讼。

（2）社会组织。一是环保组织。根据《环境保护法》第 58 条第 1 款的规定，环保组织是指依法在设区的市级以上人民政府民政部门登记、专门从事环境保护公益活动且连续 5 年以上且无违法记录的社会组织。二是消费者协会。根据《消费者权益保护法》第 47 条的规定，消费者协会是指中国消费者协会以及在省、自治区、直辖市设立的消费者协会。

3. 公告的内容与写法

（1）首部。首部包括标题和编号。标题居中分两行写明检察机关的名称和文书名称，例如：

××人民检察院
公告

××检××民公告〔20××〕×号

（2）正文。正文部分一般包括以下内容：检察机关在履行职责中发现的行为人在破坏生态环境和资源保护、食品药品安全领域损害社会公共利益或者有重大损害危险的基本事实，建议法律规定的机关和有权提起诉讼的有关组织在公告期内向有管辖权的人民法院提起诉讼。一般表述为：

> 本院在履行职责中发现……（检察机关查明的违法行为造成社会公共利益受损的基本情况）根据《中华人民共和国民事诉讼法》第五十八条规定，符合条件的社会组织可以提起民事公益诉讼。有关组织提起诉讼的，人民检察院可以支持起诉。现根据最高人民检察院《人民检察院公益诉讼办案规则》第九十一条规定发出民事公益诉讼公告，请符合条件的社会组织在本公告发出三十日内将有关情况书面反馈本院。

（3）尾部。尾部包括公告期、联系人、联系地址、联系电话、公告单位、日期等，并写上“特此公告”的字样。

（二）行政公益诉讼检察建议书

行政公益诉讼检察建议书分为首部、正文和尾部三部分。

1. 首部

首部包括制作检察建议书的检察机关的名称、文书种类（检察建议书）、文书编号（“××检××行公建××号”），以及被建议机关的名称。检察机关的名称应当使用全称。

2. 正文

（1）被监督对象的名称。被监督对象的名称要写清楚、写全，不要简称。

（2）写明案件来源或提出检察建议的起因。

（3）事实与证据。写明检察机关认定的行政机关的法定职责、行政机关违法行使职权或者不作为的事实、国家利益或者公共利益受到侵害或者有重大侵害危险的事实和有关证据等。此部分写明检察机关调查查明的案件基本情况以及检察机关认定的被监督行政机关违法行使职权或者不作为的事实，并列明证据。

（4）理由。写明被监督行政机关的行政行为构成违法行使职权或者不作为的理由和法律依据以及检察机关提出检察建议的法律依据，通常表述为：

> 现根据《中华人民共和国行政诉讼法》第二十五条第四款和《最高人民检察院关于人民检察院办理公益诉讼案件的规定（试行）》第××条，向你单位提出如下检察建议：……

（5）建议的内容。建议的具体内容要详细阐述，并告知被监督行政机关在收到检察建议书后2个月内依法履行职责并书面回复办理情况，但出现国家利益或者社会公共利益损害继续扩大等紧急情形时，检察机关可以要求行政机关在15日内依法履行职责；还应告知其他需要说明的情形。

3. 尾部

（1）交代有关事项。通常表述为：

请于收到本检察建议书后三十日内依法办理，并将办理情况及时书面回复本院。

（2）检察建议书的制作、送达日期。

（3）加盖提出检察建议的检察机关印章。

（三）民事公益诉讼起诉书

检察机关经过诉前公告等程序，法定机关和有关组织没有提起民事公益诉讼，或者没有作为适格主体提起诉讼的法定机关和有关组织，但是社会公共利益持续处于受侵害状态的，可以以公益诉讼起诉人的身份依法提起民事公益诉讼，并制作民事公益诉讼起诉书。民事公益诉讼起诉书分为首部、正文、尾部三个部分。

1. 首部

（1）制作起诉书的检察机关的名称。

分两行居中写明检察机关名称的全称和文书的名称，文书的名称是“民事公益诉讼起诉书”，不要写成“民事公益诉讼起诉状”。

（2）文书编号。

右下角写编号，即“××检××民公诉〔××〕××号”，写明检察机关的简称，六角括号里面是年度，最后是案件的序号，注意直接写序号，不要写“第××号”。

（3）当事人的基本信息。

首部应当列明双方当事人并写明其基本信息。民事公益诉讼的原告是检察机关，称为“公益诉讼人”，即检察机关的名称。被告是其行为可能损害社会公共利益的当事人（自然人、法人、非法人组织），写明被告的姓名、性别、出生日期、身份证号码、民族、职业等；如果有多名被告的，依次列明。

（4）诉讼请求。

诉讼请求包括停止侵害、排除妨害、消除危险、返还财产、赔礼道歉等。诉讼请求一定要具体、明确，不能抽象、含糊。

2. 正文

正文部分即事实与理由，主要包含以下三个方面的内容：

（1）提起公益诉讼的检察机关所查明的和认定的被告人的违法行为，社会公共利益可能遭受损害或者损害危险的事实和相关证据材料。写明案件线索来源、检察机关审查认定的被告的违法行为、公共利益受到损害或者有重大损害危险的事实和有关证据、诉前程序履行及回复情况等内容。

（2）检察机关审查认定被告人的行为可能损害社会公共利益并应当承担民事责任的理由。首先概述被告的违法行为造成公共利益受到损害并应承担民事责任的理由；其次引用被告应承担民事责任的法律条款，如《民法典》《环境保护法》等实体法；再次写明检察机关起诉前进行的诉前程序；最后说明没有适格主体提起诉讼，社会公共利益仍处于受损害（或者有重大损害危险）状态的。

（3）提起民事公益诉讼的法律依据。法律依据主要是《民事诉讼法》第58条以及最高人民检察院《人民检察院公益诉讼办案规则》。

3. 尾部

尾部包括受理公益诉讼的人民法院，起诉书的制作日期，加盖检察机关印章，附件(附送全部案卷材料)，民事公益诉讼起诉书的副本份数，证人、鉴定人、需要出庭的具有专门知识的人员名单以及其他需要附注的事项。

（四）行政公益诉讼起诉书

检察机关在经过检察建议程序后，即检察建议回复期满，行政机关没有纠正违法行为或者没有依法全面履行职责，或者没有回复，国家利益或者社会公共利益持续处于受侵害状态的，检察机关以公益诉讼起诉人的身份依法提起行政公益诉讼。

检察机关决定提起行政公益诉讼应提交如下材料：行政公益诉讼起诉书，并按照被告人数提出副本；被告违法行使职权或者不作为，致使国家利益或者社会公共利益受到侵害的证明材料；检察机关已履行诉前程序，行政机关仍不依法履行职责或者纠正违法行为的证明材料，包括检察建议书以及行政机关的书面回复等材料。检察机关提起行政公益诉讼无须提供组织机构代码证、法定代表人身份证明、授权委托书等材料。

行政公益诉讼起诉书分为首部、正文、尾部三部分。

1. 首部

(1) 检察机关的名称、标题的写法同民事公益诉讼起诉书，文书编号为："××检××行公诉〔20××〕××号"。

(2) 当事人的基本信息。起诉机关，需要列明起诉的检察机关，无须注明检察长、单位地址、组织机构代码、委托权限等；被告单位的名称、地址、法定代表人或负责人姓名、职务等。

(3) 诉讼请求。行政公益诉讼的诉讼请求的内容应当与检察建议书的建议内容相匹配，检察机关可以向人民法院提出撤销或部分撤销违法行政行为、在一定期限内履行法定职责、确认行政行为违法或者无效等诉讼请求。

2. 正文

正文即事实和理由，包括以下三个部分：

(1) 案件线索来源、检察机关审查认定的被告违法行使职权或者不作为的事实、国家利益或者社会公共利益受到侵害的事实和有关证据、检察机关诉前程序及被告回复情况等。注意这一部分不仅要写明事实，还要写明对事实的证据支持。检察机关要对以下事实提出证据：①证明起诉符合法定条件；②行政机关违法行使职权或者不作为，致使国家利益或者社会公共利益受到侵害的事实；③检察机关已履行诉前程序，行政机关仍不依法履行职责或者纠正违法行为的事实。

(2) 被告行政行为构成违法行使职权或者不作为的理由和法律依据。该部分引用实体法，说明被告行政行为构成违法行使职权或者不作为。

(3) 检察机关提起行政公益诉讼的法律依据等，包括《行政诉讼法》第25条和《最高人民检察院关于人民检察院办理公益诉讼案件的规定（试行)》。

3. 尾部

同民事公益诉讼起诉书部分。

问题与思考题

一、简答题

1. 起诉书与起诉状有哪些不同？

2. 起诉书中叙述被告人的犯罪事实时应当注意哪些问题？

二、文书制作题

根据下列案情，制作一份起诉书：

王××，男，20××年3月15日出生，汉族，××省××县人，初中毕业，无业，家住××区××路4号，2018年7月10日因涉嫌盗窃、抢劫被刑事拘留，同年7月12日被逮捕，现羁押于××区看守所。王××在××市谋职不成，自2017年6月开始盗窃，先后窜入××区××大学家属宿舍××号楼、××工厂宿舍楼，在一个月内连续入室盗窃十多次。王××冒充煤气公司管理人员，假借检查煤气设施，进入住户室内，或利用老年家属疏于防范之机，或利用室内人少之机，采取顺手牵羊的办法，先后窃得手表3块、照相机1台、衣物20余件，在最后一次作案时，被住户李××抓住，该犯竟然用手中的钳子击打李××的头部，造成颅骨裂伤，并抢走其一把电熨斗，仓皇逃窜，后被××工厂的居委会干部及附近群众抓获，扭送公安机关。被害失主李××经邻居送往医院抢救，已脱离危险。××区公安分局于当天将王××拘留，两天后经××区人民检察院批准逮捕，经××区公安局移送××区人民检察院，××区人民检察院审查后以盗窃、抢劫、故意伤害罪向××区人民法院提起公诉。王××对自己的罪行供认不讳，但辩称，打伤事主是因为事主抓住不放，怕被其扭送公安局，情急之下干的。

第十章 公安机关的法律文书

内容导读

习近平总书记在党的二十大报告中明确指出：规范司法权力运行，健全公安机关、检察机关、审判机关、司法行政机关各司其职、相互配合、相互制约的体制机制。法律文书制作是实现规范执法的代表性司法活动。掌握法律文书的制作方法是检验公安机关的人民警察（简称“民警”）是否具备法律应用能力的标识，也是落实规范执法的基础保障。公安机关法律文书是法律文书的重要组成部分，伴随侦查工作的始终，因此，公安机关的法律文书根据办案的程序，就有立案、侦查、破案、结案等多种文书。本章分别介绍了立案、管辖、回避、律师参与诉讼文书，强制措施文书，延长羁押期限文书和侦查取证文书。

第一节 公安机关的法律文书概述

一、公安机关的法律文书概念

公安机关法律文书（简称“公安法律文书”）是指公安机关的民警依照法定授权，在查处各类案件过程中，记载实施某项法律规定的格式化书面材料的总称。这里所指的法律包括法律、法规和相关的规章。公安法律文书具有以下特点：

1. 文书制作者的主体特定性

公安法律文书的制作者是公安机关的执法办案人员，即公安民警，非此范畴的人员不能作为该法律文书的制作者，因此，公安法律文书制作主体还具有法定的排他性。

2. 依据法定授权制作

公安机关的民警依照法定程序制作相关的法律文书。这里所说的法定程序指的是相关程序法或法律中有关程序方面的规定。

3. 法律文书内容的专有性

公安法律文书的制作严格依照汉字使用的要求，但由于受到法律的限制，严格区别于其他公文的写作，更异于文学创作，以法律专有语言对实施法定程序的准确叙述与记载。

4. 严格的审核环节

严格的审核环节是公安机关严格审批程序依法履职的体现，主要表现在由上级领导审核该法律文书中法定程序运用是否符合法律要求、是否符合实施条件等诸多环节，如发现问题及时变更、纠正或不批准实施该法律程序。

5. 文书的格式化

法律文书格式化是法律文书受到法律强制性影响的具体体现：法律文书应绝对体现法律的严肃性，应绝对体现法律要求设定的不可变更性，应绝对体现法定要求履行时的正确性。

二、公安法律文书的分类和文书样式

（一）广义上的公安法律文书的分类

广义概念的公安法律文书，是对公安机关在执法办案工作中，涉及记载或表述具体法律、法规和相关规章适用的所有格式化书面材料的泛称。这一概念包括该书面材料的制作与使用。

1. 从法律适用的角度分类

由于法律适用的不同，公安法律文书可分为：行政案件法律文书和刑事案件法律文书。

（1）行政案件法律文书，是指公安机关在查处行政案件执法工作中，就有关法律适用制作的法律文书。这一法律文书又分为查处治安案件时制作的治安法律文书与查处一般行政案件时制作的法律文书。

（2）刑事案件法律文书，是指公安机关在查处刑事案件执法工作中，就有关法律适用制作的法律文书。

2. 从案件查处的法定程序和法律授权的角度分类

法律授予公安机关查处行政案件的权限和查处刑事案件的权限不同，这一不同表现在：法律授予了公安机关对行政案件的调查权与裁决权，但是，法定授权的调查时限以及相关法定强制措施时限较短。而法律只授予了公安机关对刑事案件的侦查权，公安机关对刑事案件没有裁判权，但是，法律授权公安机关对案件侦查适用的法定强制措施时限相对较长，导致公安机关在适用相应的调查或侦查程序时，与之相应的法律文书在运用形式上有所差别。

（1）调查行政案件适用程序的法律文书，可分为：案件调查初期阶段法律文书、案件调查后期阶段法律文书。

（2）调查刑事案件适用程序的法律文书，可分为：前期侦查阶段法律文书、中期侦查阶段法律文书、后期侦查阶段法律文书。

3. 从法律救济途径分类

（1）行政案件法律救济阶段法律文书是指行政案件进入行政复议或诉讼法律程序时涉及的法律文书。

（2）在刑事案件侦查阶段，当事人对公安机关的刑事执法工作有异议，依法提出相关的法律救济申请，例如，对不予立案向检察院提出复议申请。所以公安法律救济措施的适用，只能是在案件侦查阶段。

（二）狭义上的公安法律文书的分类

（1）针对法律强制措施使用的文书，如呈请传唤批示表、呈请刑事拘留报告书、提请批准逮捕书、提请批准延长侦查羁押期限意见书等。

（2）适用某一法定程序的文书，如接受刑事案件登记表、呈请立案报告书、移请起诉意见书、呈请搜查报告书等。

（3）专项工作文书，如讯问笔录、询问笔录、治安调解笔录等。

（4）公安通用文书。公安通用文书是指适用于不同类别法律的执法工作，同时适用于履行不同法律要求的同类法律执法工作。

上述公安文书并非严格意义上的法律文书，但对于公安机关日常查处各类案件确有重要意义，其制作、审批等制作过程和作用均和公安法律文书等同。

（三）从公安法律文书的使用角度看，可分为内部审批与对外使用两大部分

1. 内部审批是指各类报告书、审批表和各种请示

这类法律文书的特点是：（1）基本上是格式化的文书，制作者可根据需要在制作时有限度地自由发挥。（2）各种项目预先设置，以栏目的形式体现，案件承办人（制作者）根据需要依照项目设置填写相关内容。（3）项目内容相对固定，包括违法犯罪嫌疑人的基本情况、主要事实、承办人意见及法律依据等。（4）由上级领导逐级审批，依照内部规定直至最终一级领导审阅。各级领导审阅后，签署是否实施的具体意见，或者作出变更的具体指示。

2. 对外使用是指各类法律凭证、通知书、告知书等

这类法律文书的特点是：（1）典型的格式化文书，制作者只能依照要求进行填写。（2）项目内容固定。凭证或送达通知等类型的法律文书还要加盖负责查办案件单位的公章，一般由存根、正页、副本等组成。公章加盖在正页，根据需要有时还要加盖执法单位法人名章，同一组法律凭证的连接处要加盖骑缝章。（3）公安机关在执法工作中向执法对象或相关人员出示法律文书，通知或告知其应履行的法定义务或执行某项法律规定等法定事宜。（4）法律凭证等类型的法律文书一般配有相应的审批表，即在上级领导许可执行后，才能制作相应的法律凭证。（5）现在一些执法单位对违法犯罪嫌疑人出示的权利义务告知书，是综合各项违法犯罪嫌疑人应履行义务、所享有权利相关各项法律条款的宣传材料，不应属于法律文书。

（四）公安法律文书格式分类

1. 格式化的法律文书

这里所说的格式化法律文书，是指法律凭证、送达通知类的法律文书，以及主题固定的各类审批表，如传唤通知书、搜查证、讯问笔录、提请批准逮捕书、要求复议意见书等。

2. 相对格式化的法律文书

相对格式化的法律文书常被称为万能表。

（1）万能表的概念：万能表是执法民警根据与查办案件有关工作的具体事项，对文书进行命名，注明工作事项及其内容，由上级进行审批决定是否进行该项工作的法律文书。

（2）万能表的特点：在刑事侦查工作中，经常需要适用各种法律程序开展相关的调查取证工作，万能表能够以灵活的形式，适应法律文书制作过程中文书名称与启动法律

程序理由的变化。

（3）万能表的基本格式：在公安法律文书中，有关违法犯罪嫌疑人的主体身份，可事先格式化统一印制，而法律文书的名称，是制作文书的关键。这一关键问题，是由简要案情——这一文书正文部分的核心决定的，但简要案情只是其文书核心的组成部分，不宜以简要案情命名其正文核心部分，也不可能将有关的工作事项，事先以格式化的形式统一印制成相应的法律文书。因此，需要有一种事先相对格式化的文书范本。其基本格式是：第一，文书名称：呈请××报告书。根据具体工作内容的需要予以命名。第二，领导批示：本项内容用横线分为两层，首层由分（县）局领导签署意见、姓名、日期，次一层由科（所）级领导签署意见、姓名、日期。第三，正文部分：正文部分只印刷了黑线横格、有关栏目及内容，均由制作者根据需要设定、填写。此种万能表正文部分由以下几个方面组成：违法犯罪嫌疑人基本情况、简历、家庭成员（根据实际情况使用制作本项内容）、处理理由及依据（文书的核心部分）。第四，结尾：执法单位名称、承办人姓名、日期。

3. 请示类公文

该类文书不是真正意义上的法律文书。其特点是无明确的格式内容，完全依据工作需要设定应表述的内容，其内容涉及实际执法工作，一般是下级单位或者同级某一部门向职能权威部门就某一具体执法问题如何处置请求具体答复的文书。

注意：该类文书在制作时应严格区别于一般的公安机关公文写作。制作者应运用专用术语（法言法语），重点阐明问题的焦点或者不宜把握事项的具体内容，避免在琐碎问题上过分纠缠。

三、制作公安法律文书应注意的问题

1. 严格依照汉字使用的标准和相关要求

法律文书制作是通过汉字的使用表达法律的内容，从任何一个角度看，都是一项极为严肃的工作过程，不能出现丝毫的瑕疵。但是在实际工作中，由于种种原因，这方面存在的问题较为突出，有些还相当严重并造成不良影响。在这里要强调的是：（1）杜绝错别字。（2）不能随意借用其他字词来代替另一个字词。（3）避免用词欠妥，造成意思表达不准确或者大相径庭。（4）字迹要工整。

2. 体现法律文书的严肃性

这一问题既包含法律本身的严肃性，也包含法律文书的制作意味着对人身自由的剥夺乃至生命的终止，还包含是否能以高度的责任心对待被害人或者死者。每一名执法者在制作法律文书时，特别是在制作笔录时，必须将严谨、缜密的态度体现在字里行间，不得有丝毫大意。

3. 突出“有则繁、无则简”的原则

对该原则应理解为：

（1）“有则繁”，即：对于与案件有关的问题应详细记录。这里所说的详细记录并非一字不漏，而是有重点地以书面语言予以记录、予以体现，特别是在制作询问、讯问笔录时，以及制作呈请××报告书和其他请示类的法律文书时，尤应注意。

（2）“无则简”，即：对于与案件无关的内容应简要记录，或者不予记录。例如：在制作讯问笔录时，对于简历部分不必从违法犯罪嫌疑人上小学时起逐一表述；对于过去从事的与违法犯罪无关的职业，或者本人没有违法犯罪记录的，应以最简单的书面语言予以表述。

4. 不能使用任何词汇渲染案情

法律文书制作绝不是一般的公文写作，更不同于记叙文。制作者（执法人员）在制作时不能掺杂任何辞藻予以点缀，防止夸大或者缩小等可能影响案件认定的现象发生，更不允许标新立异。

5. 准确体现法定情节、适当体现酌定情节

（1）对于法定情节要准确地体现在呈请审批类法律文书中，如抢劫罪适用死刑的具体规定，同时在制作问话笔录以及相关的取证工作中，要形成严谨的证据体系，将其作为依法处罚的基础。

（2）酌定情节应当是自由裁量权适用的基础和依据，在行使自由裁量权时要做到既不放纵罪犯，充分保护被侵害人的利益，又不使违法犯罪嫌疑人被冤枉，除了执法者有高度的责任心外，还要有相应的证据，以使在法定程序的全过程中便于监督执法者自由裁量权的依法行使。

（3）笔录是最基本的公安法律文书。笔录是基础的法律文书，所有的各类公安执法案卷的建立，均以笔录为基础。笔录也是其他法律文书的制作依据，是取证工作的基础环节，所有的证据均由笔录“缝合”在一起，织成一个严密的“证据网”。笔录制作是公安执法工作的基本技能，每一名公安民警均应熟练掌握。

第二节　立案、管辖、回避、律师参与诉讼文书

一、立案环节的主要法律文书

（一）受案登记表

受案登记表是公安机关在日常执法办案工作中，依据相关刑事法律的规定，记载接受案件及相关工作内容的法律文书，用于记载接受举报违法事实的基本情况，以及报请批示是否作为治安案件开展初步调查工作（初查）。受案登记表一式两份，一份由受理单位留存，一份附入案卷。该法律文书的制作方法如下：

（1）首部：法律文书名称、接受举报违法事实的公安机关名称（加盖接受举报违法事实的公安机关的公章）、文书编号。

（2）案件来源：按照文书设定的 7 项内容，在相应的方框处打钩儿（√）即可。

（3）报案人的基本情况：姓名、性别、出生日期、身份证件种类、证件号码、工作单位、联系电话、现住址。

（4）移送单位、移送人、联系方式：如该类案件非本单位直接受理的，而是外单位受理后移送的转来案件，按该项目设置要求，注明移送单位情况。（**注意**：记录电话时应记载能够尽快与报案人联系的电话号码。）

（5）接报民警、接报时间、接报地点。

（6）简要案情（或报案记录），即正文部分的核心内容，包括：

1）报案时间（对于现案应为发案时间）、发现（或发生）案件的地点、发现（或发生）案件的经过；

2）涉案人员的基本情况、受害情况（具体损失）和其他需要表述的重要内容；

3）报案人提供的证据情况。（**注意**：此处记录的内容应当与本案中“接受证据清单”的内容相一致。）

（7）受案意见：制作时按照文书设定的5项内容，在相应的方框处打勾（√）即可；移送外单位的，注明接受单位名称；处置方式不属于本栏目设定的前4项内容的，予以简要说明。

（8）受案审批：一般是接受案件单位主管领导根据现有的证据，决定是否采纳“受案意见”，并作出具体审批意见的相关文字表述，并签署姓名、时间。

具体范例如下：

受案登记表

（单位名称及印章）××公（××刑）受案字〔20××〕321号

<table>
<tr><td colspan="2">案件来源</td><td colspan="6">☑110指令 □工作中发现 □报案 □投案 □移送 □扭送 □其他</td></tr>
<tr><td rowspan="4">报案人</td><td>姓名</td><td>王××</td><td>性别</td><td>男</td><td>出生日期</td><td colspan="2">19××年10月21日</td></tr>
<tr><td>身份证件种类</td><td>身份证</td><td colspan="2">证件号码</td><td colspan="3">××××××××××××</td></tr>
<tr><td>工作单位</td><td colspan="2">××区×小区物业临时工</td><td>联系方式</td><td colspan="3">133××××××1144</td></tr>
<tr><td>现住址</td><td colspan="6">××市××区××小区14号楼104号</td></tr>
<tr><td colspan="2">移送单位</td><td>无</td><td>移送人</td><td>无</td><td>联系方式</td><td colspan="2">无</td></tr>
<tr><td colspan="2">接报民警</td><td>刘××、王××</td><td>接报时间</td><td>20××年2月19日22时0分</td><td>接报地点</td><td colspan="2">××派出所</td></tr>
<tr><td colspan="8">简要案情或者报案记录（发案时间、地点，简要过程、涉案人基本情况、受害情况等）以及是否接受证据：
20××年2月19日22时许，王××打“110”报案称：当日21时40许在××小区22号楼附近，被2名男子抢走手提联想牌笔记本电脑一部。接报后民警即带报案人赶赴现场，经报案人在现场及附近查找，未发现符合该2名男子特征的嫌疑人。2名男子特征为：
一、年龄在25岁左右，寸头，圆脸，身高在1.75米左右，着深色上衣
二、年龄在25岁左右，长发，方脸，身高在1.80米左右，着深色上衣
（因天黑其他情况不详）
被抢物品：联想牌笔记本电脑，外有黑色尼龙提包。该电脑于一年前购买，价值人民币11 000元。</td></tr>
<tr><td colspan="2">受案意见</td><td colspan="6">□属本单位管辖的行政案件，建议及时调查处理
☑ 属本单位管辖的刑事案件，建议及时立案侦查
□不属于本单位管辖，建议移送____________________处理
□不属于公安机关职责范围，不予调查处理并当场书面告知当事人
□其他____________________
受案民警：刘××、王×× 20××年2月19日</td></tr>
<tr><td colspan="2">受案审批</td><td colspan="6">受理，立案侦查。
受案部门负责人：金×× 20××年2月19日</td></tr>
</table>

★一式两份，一份留存，一份附卷。

（二）呈请立案报告书

呈请立案报告书是用于请示是否将报案人所报内容列为刑事案件并开展侦查工作的法律文书。该法律文书系相对格式化的法律文书，是典型的万能表格式在公安法律文书中的运用，由以下几部分组成：

（1）审核批示部分。由办案单位意见、领导批示等组成。

1）办案单位意见，一般是指刑警队的领导，即职能部门的领导对承办案件侦查员提出具体意见。

2）领导批示。本项目是指县一级公安机关的领导，经审阅案卷（听取汇报）后，对基层领导意见的核准。领导批示同样包括三个方面：同意、变更或否定基层领导意见。由于领导批示栏目是决策层意见，作出变更或否定决策时，均应由领导作出具体批示或工作指示。

（2）法律文书名称。该栏目事先印制“呈请______报告书”字样，法律文书的具体名称由制作者根据侦查工作需要填写。本法律文书是万能表的具体使用。

（3）正文部分。由于前期侦查工作的特点，“呈请立案报告书”具体分为：接报案情和初步工作情况、简要案情（能够认定的案件事实）和侦查员意见两部分。

1）接报案情和初步工作情况。制作本项目时，要向报案人或有关证人全面了解案情，同时仔细且全面地对现场情况进行勘查，提取证物与痕迹，在确定或拟定侦查工作方向的基础上，使用简练的文字予以表达。特别是对于具有现场的案件，必须做到一次性现场勘查，防止因勘查不细影响侦查方向。

2）简要案情（能够认定的案件事实）和侦查员意见。本项目是对案件进行初步调查后，对于能够确认的案件事实进行的表述。所谓能够确认的案件事实，是指足以表明、能够确认本案件为刑事案件的事实。

（4）结尾。写明承办单位、承办人（不得少于2人，案件主责警官姓名在第一位）、法律文书制作日期。

注意：在制作呈请立案报告书以及其他类似公安文书时，鉴于法律文书的格式限制，文字表述应以突出法律文书主题为基础，以描述内容能够达到相关要求或标准为依据，不必对案件事实进行逐一描述。详细情况可翻阅侦查（执法）案卷中的相关材料。

具体范例如下：

领导批示	同意。 金× 20××年5月19日
审核意见	经审核案卷材料，拟立案，请局领导审批。 丰×× 20××年5月19日
办案单位意见	提议立案侦查，请局领导审批。 刘×× 20××年5月19日

呈请立案报告书

20××年5月19日9时许，我队接事主王××（男，61岁，住××区××小区12号楼2门206号，系××工厂退休职工）报案称：于当日9时发现家中被盗，丢失人民币现金、首饰等物品。接报后即组织有关侦查人员赶赴现场，会同已先期赶到现场的××派出所民警开展现场勘查及初步调查工作。

简要案情及立案理由：

据事主王××称：案发当日买菜回家后，发现防盗门被撬，室内物品散乱，经本人确认，放在写字台内的人民币现金五千余元以及放在组合柜内的两条金项链和数码摄像机丢失，据事主估计丢失物品共价值人民币两万余元。

经勘查：被盗现场位于××区××小区12号楼2门206号，房屋内结构为三居室。防盗门及屋门有被撬痕迹，室内被翻动迹象明显。

根据《中华人民共和国刑事诉讼法》第一百零九条之规定，此案符合立案条件，提议立为重大刑事案件立案侦查。

妥否，请批示。

××分局刑侦支队

办案人：尹××、武××

20××年5月19日

（三）立案决定书

立案决定书与呈请立案报告书、受案登记表、接受证据清单、受案回执配合使用，系典型的格式化公安法律文书。该文书由两联组成：存根联和附卷联。目前，凭证式法律文书一般由电子打印制作，为使读者了解法律文书制作的发展历程，体味法律文书制作过程中的严谨性，本章保留了对存根联的介绍，供读者参考。

（1）存根联。

1）首部。包括：①文书名称：法律文书名称前部冠以县级公安机关名称。②编号：县级公安机关对外使用的刑事案件立案决定书统一编号，一般以年度为一个编号周期。

2）正文。包括：①案件名称：一般将嫌疑人的姓名与案件性质作为案件名称。②犯罪嫌疑人的基本情况，包括姓名、性别、住址、单位。对于犯罪嫌疑人尚未明确的案件，可暂不填写。③立案批准人：填写呈请立案报告书“领导批示”栏目中的批准人姓名。④批准时间：填写呈请立案报告书“领导批示”栏目中批准人签批的时间。⑤办案人：也即案件承办人，与呈请立案报告书中办案人姓名一致。⑥办案单位：填写案件承办人所在单位，一般是各单位刑侦部门。⑦填发时间：本法律文书的制作时间，应与呈请立案报告书中的领导批示时间一致。⑧填发人：本文书制作者的姓名。

（2）附卷联。

1）首部。包括：①县级与县级以上公安机关名称。不得标注县级与县级以上公安机关下属具体承办部门名称。②文书名称。③编号。与存根联编号一致。

2）正文。包括：①立案适用的法律依据。制作文书时将不用部分以斜线划去。②填注案件名称。要求与存根联填注的案件名称相一致。③加盖县级与县级以上公安机关公章。

④日期。与存根联部分填发时间一致。此处应加盖县级与县级以上公安机关的行政公章。

（3）制作时应注意的问题。本法律文书存根联与附卷联之间的衔接处为法律文书的组成部分，应依照要求以汉字书写法律文书编号，并加盖县级与县级以上公安机关的行政公章作为骑缝章。

具体范例如下：

××公安局

立案决定书

××公刑立字［20××］0198号

根据《中华人民共和国刑事诉讼法》第一百一十二条之规定，决定对王××被盗窃案立案侦查。

（公安局印）

20××年11月21日

（附卷联）

（四）呈请不予立案报告书

呈请不予立案报告书是用于对报案人所举报内容经初步甄别后，公安机关认为不属于刑事案件，报请上级领导批准不予立案侦查的法律文书。该法律文书是典型的万能表格式，由以下几部分组成：

（1）审核批示部分（略）。

（2）法律文书名称。由制作者填写“不予立案”字样。

（3）正文部分。具体分为：接报案件认定的简要案情、不予立案的理由和法律依据。

1）接报案件认定的简要案情。简要叙述接报案件和初步侦查所认定的事实。

2）不予立案的理由和法律依据。简要叙述经过进一步侦查与甄别发现的情况，一般是与法定立案标准不相符的事实或者是法定不予立案的情节。

（4）结尾。结尾包括承办单位、承办人（不得少于二人，案件主责警官姓名在第一位）、法律文书制作日期。

具体范例如下：

领导批示	同意。 方×× 20××年6月29日
审核意见	经审核案卷材料，拟不予立案，请局领导审批。 恒×× 20××年6月29日
办案单位意见	提议不予立案，请局领导审批。 张×× 20××年6月29日

呈请不予立案报告书

20××年6月26日9时许，我队接事主王××（女，44岁，住××区××小区8号楼12门2106号，系××公司职工）报案称：于当日10时发现家中被盗，丢失人民币现金4 000元。接报后刑侦支队即组织有关侦查人员赶赴现场并开展调查工作。

不予立案理由与依据：

经勘查：被盗现场位于××区××小区8号楼12门2106号，房屋内结构为三居室，屋门有被撬痕迹，室内被翻动迹象明显，写字台（存放现金处）提取指纹一枚，经过比对与报案人王××之子刘××（19××年×月×日出生，现年13岁）右手食指指纹特征相符。经与刘××谈话，该人承认于20××年6月26日8：00时许撬锁盗窃家中现金4 000元（已缴获3 000元，其余挥霍）的事实。

鉴于刘××未达到法定刑事责任年龄且情节显著轻微，根据《中华人民共和国刑事诉讼法》第一百一十二条之规定，提议不予立案。

妥否，请批示。

××分局刑侦支队

办案人：尹××、武××

20××年6月29日

（五）不予立案通知书

不予立案通知书是在呈请不予立案报告书的基础上，与呈请不予立案报告书相配合且对外使用的完全格式化法律文书，由存根联、附卷联、交控告人留存联三部分组成。现以副本为例简要介绍其内容。

1. 首部

（1）县级与县级以上公安机关名称。不得标注县级与县级以上公安机关下属具体承办部门名称。（2）文书名称。（3）编号。县级公安机关对外使用的刑事案件不予立案决定书统一编号，一般以年度为一个编号周期。

2. 正文部分

（1）横线部分填注控告人（移送单位）姓名（名称）。（2）控告人向公安机关指控相关情况的时间。（3）接受案件的方式。制作时将不用部分用斜线划去。（4）指控问题的名称表述。（5）由制作者填写不予立案的简要理由，制作时一般填注“不符合刑事案件立案标准”或“不构成刑事案件”。（6）申请法律救济的时间。制作时将不用部分用斜线划去。（注意：该法律文书中此处设定的时限，系公安部制定的《公安机关办理刑事案件程序规定》中设定的时限，而非《刑事诉讼法》就当事人申请法律救济设定时间方面的限制。）（7）受理法律救济单位的名称。填注申请人依法选择的可受理其法律申请相关司法机关的名称。（8）县级（或以上）公安机关印章。（9）时间：应填写呈请不予立案报告书中领导批示的时间，且要求存根、副本、正本的相关栏目填写一致。

3. 尾部

由控告人在“本通知书已收到”字样后亲自签名并注明日期。

4. 注意事项

本法律文书存根联与附卷联之间的衔接处为法律文书的组成部分，应依照要求以汉字书写法律文书编号，并加盖县级公安机关的行政公章作为骑缝章。

具体范例如下：

×××公安局

不予立案通知书

（副本）

（副本）×公（×）不立字［20××］12号

王××：

你（单位）于20××年6月29日提出控告/移送的　　　刘××盗窃一案　　　，我局经审查认为　　　刘××的行为不构成犯罪行为　　　，根据《中华人民共和国刑事诉讼法》第一百一十二条之规定，决定不予立案。

如不服本决定，可以在收到本通知书之日起三日/七日内向××市公安××分局　　　申请复议。

公安局（印）

20××年6月29日

本通知书已收到。

签收人：王××

20××年6月29日

此联附卷

二、管辖环节的主要法律文书

（一）呈请移送案件报告书

呈请移送案件报告书是经侦查所受理的案件不属于本局所管辖，或者不属于公安机关管辖，须移交有管辖权的公安机关或者有管辖权的其他司法机关（包括其他行政执法机关），将上述情况写明后，报请上级批准的法律文书。该法律文书是万能表的具体运用形式。其包括以下组成部分：

（1）审核批示部分（略）。

（2）法律文书名称。该栏目事由部分空白，法律文书的具体名称由制作者根据侦查工作需要填写。

（3）正文部分。根据犯罪嫌疑人的移送和案卷移送两部分（或者只涉及案卷的移送），呈请移送案件报告书的正文可具体分为以下部分：犯罪嫌疑人基本情况、简要案情、移送案件理由与依据。

（4）结尾。结尾包括承办单位、承办人（不得少于二人，案件主责警官姓名在第一位）、法律文书制作日期。

具体范例如下：

领导批示	同意。 金× 20××年3月9日
审核意见	经审核案卷材料，同意移送案件，请局领导审批。 刘×× 20××年3月9日
办案单位意见	拟移送案件，请局领导审批。 刘×× 20××年3月9日

呈请移送案件报告书

犯罪嫌疑人邱××，19××年6月22日出生，身份证号码（略），汉族，高中毕业，××市××区××公司职工，住址：××市××区××小区18号楼1221号。

简历：自幼读书，高中毕业待业，20××年到现单位工作至今。

移送案件理由与依据：

20××年2月23日20时许，犯罪嫌疑人邱××在××市××路12号××公司办公室，盗窃人民币5 000元（赃物已缴获）。犯罪嫌疑人邱××于当日被抓获并予刑事拘留。

经讯问，犯罪嫌疑人邱××供认上述事实。经进一步讯问，犯罪嫌疑人邱××供述于20××年2月13日，在××省××市伙同孙××、李××（均被××省××市公安局抓获在押）……的犯罪事实。

根据《中华人民共和国刑事诉讼法》第一百一十条之规定，特呈请将犯罪嫌疑人邱××及相关案卷移送××省××市公安局。

妥否，请批示。

××分局刑侦支队

办案人：易××、武××

20××年3月9日

（二）移送案件通知书

移送案件通知书即对外移交案卷以及留存备查的凭证式法律文书。

该法律文书是事先印制的纸质凭证式法律文书，共有四联：存根联，交报案、控告、举报人或移送单位联，交送往单位联，送往单位填写后退回附卷联。现以送往单位填写后退回附卷联为例说明制作方法。

送往单位填写后退回附卷联由下列部分组成：

（1）首部：制作本法律文书的公安机关名称、法律文书名称及编号。

（2）正文部分：接受案件公安机关的名称、移送案件法律文书文号、案件名称。

（3）尾部：1）接受案件公安机关（送往单位）的印章、日期（实际接受案件的时间）；2）随案移送的案卷册数与全部页数的登记。

注意：本联应由接受案件公安机关工作人员填写，且移送案件的时间应在针对犯罪嫌疑人采取的法定强制措施的时限之内。

具体范例如下：

××市公安局

移送案件通知书

（回执）

×公刑移字［20××］12号

××市公安局：

你局于20××年3月9日以×公刑移字［20××］12号移送案件通知书移送我单位的邱××抢劫案已收到。

（送往单位印）

20××年3月10日

附：收到案件材料共贰卷87页。

此联由送往单位填写后退回附卷。

三、回避环节的主要法律文书

回避主要是指公安机关侦办案件的侦查员可能与所承办的案件或案件当事人有利害关系，可能影响案件侦查工作的公正，影响案件的查处时，有关侦查人员应当回避。在实际工作中回避是指某侦查人员不得介入某案件的侦查，或者已经介入案件侦查工作的不得再参与侦查工作。

《公安机关办理刑事案件程序规定》规定：回避可由侦查人员本人提出回避申请，也可由案件当事人及其法定代理人提出回避要求。侦查人员的回避由县级以上公安机关负责人决定，县级以上公安机关负责人的回避，由同级人民检察院检察委员会决定。

（一）呈请驳回申请回避报告书

呈请驳回申请回避报告书是驳回当事人申请侦查人员回避某案件侦查的法律文书，是万能表的具体运用。实际执法工作中可能出现两种情况：决定侦查人员回避，或驳回回避申请。

呈请驳回申请回避报告书由下列部分组成：

（1）审核批示部分（略）。

（2）法律文书名称（略）。

（3）正文部分。正文包括犯罪嫌疑人基本情况、简要案情与申请回避的理由、驳回申请回避的理由与依据。

（4）结尾。结尾包括承办审查回避事项的单位、承办人（不得少于二人，主责警官姓名在第一位）、法律文书制作日期。

具体范例如下：

领导批示	同意。 关× 20××年5月15日
审核意见	经审查案卷材料，拟驳回回避申请，请局领导审批。 和×× 20××年5月15日
办案单位意见	拟驳回回避申请，请局领导审批。 陈×× 20××年5月15日

呈请驳回申请回避报告书

犯罪嫌疑人邱××，19××年6月22日出生，身份证号码（略），汉族，高中毕业，×××市××区××公司职工，住址：××市××区××小区18号楼1221号。

简历：自幼读书，高中毕业待业，20××年到现单位工作至今。

简要案情及申请回避的理由：

20××年5月7日20时许，犯罪嫌疑人邱××在××市××路12号××餐馆内，将被害人焦××打伤（法医鉴定暂定为轻伤）。犯罪嫌疑人邱××于20××年5月8日被拘传到××市公安局刑警大队接受讯问，经讯问，犯罪嫌疑人邱××供认上述事实，并于当日被取保候审。20××年5月11日，犯罪嫌疑人邱××之妻方××以该案侦查员苏××与被害人焦××系近亲属，可能影响案件公正处理为由，申请苏××回避该案件的侦查。

驳回申请回避的理由与依据：

20××年5月11日我局受理了方××的回避申请。经调查，侦查员苏××并非被害人焦××近亲属，且调查结果表明苏××与本案无任何利害关系。依据《中华人民共和国刑事诉讼法》第二十九、三十一条之规定，呈请驳回方××的回避申请。

妥否，请批示。

××市局刑侦支队
办案人：房×、古××
20××年5月15日

（二）回避/驳回申请回避决定书

这是与呈请驳回申请回避报告书配合使用，用于通知申请人驳回其申请回避要求的法律文书。该法律文书的正文事实部分与呈请驳回申请回避报告书基本相同，该法律文书在标题部分事先印制“回避/驳回申请回避”字样，制作者根据实际需要，以横线将不需要的部分划除。该法律文书由以下部分组成：存根联、附卷联、交申请人联、交被申请人联。

（1）存根联，由以下部分组成：

1）制作本法律文书的公安机关名称、法律文书名称及编号。

2）案件编号：该案件在年度刑事案件中的具体序号。

3）申请人姓名。

4）被申请人姓名。

5）决定内容。

6）决定理由：简要填写针对申请内容的调查结果。

7）决定人、批准时间：与呈请驳回申请回避报告书的领导批示相关栏目内容一致。

8）办案人：承办调查回避事宜的工作人员姓名，不得少于二人。

9）办案单位：可以是公安机关的刑事侦查部门，也可以是督查部门。

10）填发时间、填发人：写明法律文书的制作时间与制作者姓名。

（2）附卷联（向申请人宣布后附入案卷），由以下部分组成：

1）首部：制作本法律文书的公安机关名称、法律文书名称及编号。

2）正文部分：申请人基本情况（依照法律文书项目设置填写）、被申请人基本情况、提交申请回避的日期、案件名称、申请回避的理由、调查结果（简要注明）、决定人姓名、决定内容、事先印制的法律救济条款。

3）尾部：作出决定的公安机关行政公章、作出决定的日期。左下方由申请人注明“本决定书已收到”字样，申请人签字，写明收到决定书的日期。

（3）交申请人联（略）。

（4）交被申请人联（略）。

注意：本法律文书各联之间的衔接处为法律文书制作的组成部分，应依照要求以汉字书写法律文书编号，并加盖县级（或以上）公安机关的行政公章作为骑缝章。

具体范例如下：

××市公安局

回避/驳回申请回避决定书

（副本）

×公驳回字［20××］3号

申请人：方××，性别：女，出生日期：19××年2月21日，单位：××市××物业公司经理，本案中的身份：犯罪嫌疑人邱××之妻。

被申请人：苏××，单位与职务：××市公安局刑侦支队侦查员。

申请人方××于20××年5月11日以苏××系被害人焦××近亲属为由提出要求办理邱××伤害案的苏××回避的申请，经审查，认为苏××并非焦××之近亲属，且与本案无利害关系。根据《中华人民共和国刑事诉讼法》第二十九、三十一条之规定，由本局研究决定驳回方××提出的要求侦查人员苏××回避的申请。

如不服本决定，申请人可以在收到本决定书五日以内，向××局申请复议。

（公安局）印

20××年5月15日

本决定书已收到。

申请人：方××

20××年5月15日

此联附卷

四、律师在公安机关侦查阶段参与诉讼的主要法律文书

《刑事诉讼法》第34条第1款规定：犯罪嫌疑人自被侦查机关第一次讯问或者采取强制措施之日起，有权委托辩护人；在侦查期间，只能委托律师作为辩护人。被告人有权随时委托辩护人。第35、278条还对律师提供法律援助作出具体规定。现选择律师参与公安机关侦查阶段司法活动涉及的主要法律文书予以介绍。

（一）呈请提供法律援助报告书

呈请提供法律援助报告书是公安机关依据《刑事诉讼法》第34、35、278条的规定，报请批准通知法律援助机构，为犯罪嫌疑人提供辩护律师的法律文书。该法律文书是万能表的具体运用，组成部分与制作方法介绍如下：

（1）审核批示部分(略)。

（2）法律文书名称。由制作者填写法律文书名称。

（3）正文部分。正文包括犯罪嫌疑人基本情况、简要案情与申请法律援助的理由、法律依据。

（4）结尾。结尾包括承办单位、承办人（不得少于二人，主责警官姓名在第一位)、法律文书制作日期。

具体范例如下：

领导批示	同意。 金×× 20××年9月3日
审核意见	拟通知法律援助机构指派律师提供法律援助，请局领导审批。 成×× 20××年9月3日
办案单位意见	拟通知法律援助机构指派律师提供法律援助，请局领导审批。 成×× 20××年9月3日

呈请提供法律援助报告书

犯罪嫌疑人周××，男，19××年1月20日生，汉族，户籍：××省××市××镇前南里村二组61号，现住：××区万柳园小区西里地下室012号，身份证：×××××××001205594。

理由及依据：

20××年8月31日23时许，嫌疑人周××受嫌疑人区××、向××（均在押）纠集，在××市城区环路××立交桥西侧内环100米处，抢劫事主周××和刘××人民币共计两千余元。嫌疑人周××于作案当日被抓获并于20××年9月1日被刑事拘留。经讯问：该

人能够如实供述犯罪事实。

鉴于该人实施犯罪行为时系未成年人，根据《中华人民共和国刑事诉讼法》第278条之规定，拟通知××区司法局为周××指定律师提供法律援助。

以上妥否，请批示。

××公安局刑侦支队
承办人：丰××、弟××
20××年9月3日

（二）提供法律援助通知书

该法律文书与呈请提供法律援助报告书配合使用，是通知有关部门依据《刑事诉讼法》为符合法定条件的援助对象指定律师提供法律援助的凭证式法律文书。该法律文书为事先印制的书面法律文书，分为存根联、附卷联、交法律援助机构联。其制作方法（以存根联、附卷联为例）介绍如下：

（1）存根联，由以下部分组成：

1）制作本法律文书公安机关的名称、法律文书的名称及法律文书的编号。

2）案件名称：按实际情况填写。

3）案件编号：该案件在年度刑事案件中的具体序号。

注意：以下4）和5）项为犯罪嫌疑人基本情况，按照问话笔录中已核实的情况填写，保持填写内容的一致。不用部分以斜线划去。

4）犯罪人姓名、性别。

5）出生日期。

6）住址。

7）法律援助机构：填写办案单位所在区相关法律援助机构名称。

8）批准人、批准时间：与呈请提供法律援助报告书中的领导批示相关栏目内容一致。

9）办案人：承办工作人员姓名，不得少于二人。

10）办案单位：公安机关具体承办案件部门名称。

11）填发时间、填发人：法律文书的制作时间与制作者姓名。

（2）附卷联，由提供法律援助单位工作人员签收后，附入案卷。附卷联由以下部分组成：

1）首部。制作本法律文书的公安机关名称、法律文书名称及法律文书编号。

2）正文部分。提供法律援助单位的名称，案件名称（依照要求填写），嫌疑人姓名、性别、出生日期（按照已核实的主体身份填写），要求提供法律援助的理由、法律依据（不用部分用斜线划去），犯罪嫌疑人羁押处所，联系人、联系方式（填写执行羁押单位负责律师会见工作人员的姓名和联系电话）。

3）尾部。内容包括：作出要求提供法律援助决定的公安机关行政公章和作出决定的日期，由接收单位工作人员签字，注明收到该法律文书的日期。

注意：本法律文书各联之间的衔接处为法律文书的组成部分，应依照要求以汉字书写法律文书编号，并加盖县级（或以上）公安机关的行政公章作为骑缝章。

具体范例如下：

×××公安局

提供法律援助通知书

（副本）

×公（刑）法援字［20××］021 号

××区司法局：

我局办理的＿＿周××涉嫌抢劫一案＿＿，犯罪嫌疑人＿＿周××＿＿（性别＿男＿，出生日期19××年 1 月 20 日）因其＿实施犯罪行为时系未成年人＿＿，符合《中华人民共和国刑事诉讼法》第三十四条/第二百七十八条规定的情形，请依法指派律师为其提供辩护。

犯罪嫌疑人羁押处所：＿＿××区看守所＿＿

联系人、联系方式：＿＿邢××　　电话：××××××＿＿

公安局（印）

20××年 9 月 3 日

本通知书已收到。

法律援助机构收件人：沈××

20××年 9 月 4 日

此联附卷

（三）会见犯罪嫌疑人申请表

此表是依据《刑事诉讼法》第 39 条之规定，对于涉及国家安全犯罪、恐怖活动犯罪、特别重大贿赂犯罪的案件，在办理律师会见被监视居住的犯罪嫌疑人时制作的，是否批准律师会见犯罪嫌疑人的法律文书，由法律文书名称、正文部分组成。

该法律文书为事先印制完成的纸质法律文书，法律文书名称已预先设定并印制完成。下面介绍正文部分的制作方法：

（1）申请人的基本情况，包括申请人的姓名、性别、出生日期、单位、律师执业证编号。制作时按照相关人员所持证件填写。

（2）犯罪嫌疑人的基本情况，包括姓名、性别、出生日期。按照已核实的犯罪嫌疑人主体身份填写。

（3）犯罪嫌疑人涉案罪名、被采取强制措施的名称与时间，按要求填写。

（4）委托人姓名、法律依据、申请人签字、注明申请日期。

委托人包括犯罪嫌疑人本人或其亲属，以及提供法律援助的有关部门。

注意：第一，该法律文书第（1）项至第（4）项应当由受委托的律师作为申请人填写。第二，填写采取强制措施的时间时，应当以犯罪嫌疑人在相关法定强制措施凭证式法律文书上的签字时间为准。受委托律师原则上应当以家属递交的公安机关书面通知为依据，如果不能准确说明该项目的时间，做到近似准确即可。

（5）侦查机关的意见。

1）办案人的意见：简要表述同意或不同意的理由，注意文字使用简洁明了，不宜烦琐。

2）办案人单位的意见：为案件承办部门负责人意见，表述同意或不同意承办人意见。

3）领导批示为县级以上公安机关负责人批示的最终决定意见。

具体范例如下：

会见犯罪嫌疑人申请表

<table>
<tr><td>申请人</td><td>邯××</td><td>性别</td><td>女</td><td>出生日期</td><td>19××年2月12日</td></tr>
<tr><td>单位</td><td>××市××律师事务所</td><td>律师执业证编　　号</td><td colspan="3">××××</td></tr>
<tr><td>犯罪嫌疑人</td><td>章××</td><td>性别</td><td>男</td><td>出生日期</td><td>19××年2月12日</td></tr>
<tr><td>涉嫌罪名</td><td>寻衅滋事</td><td>拘留时间</td><td colspan="3">20××年5月22日被刑事拘留</td></tr>
<tr><td colspan="6">我受<u>　章××　</u>委托，为犯罪嫌疑人提供辩护。根据《中华人民共和国刑事诉讼法》第三十九条第一款之规定，特申请会见犯罪嫌疑人。

申请人：邯××
20××年5月26日</td></tr>
<tr><td rowspan="3">侦查机关意见</td><td colspan="5">办案人意见：
拟同意律师邯××会见犯罪嫌疑人章××。
关××
20××年5月26日</td></tr>
<tr><td colspan="5">办案单位意见：
拟同意，请局领导批示。
强××
20××年5月26日</td></tr>
<tr><td colspan="5">领导批示：
同意。
金××
20××年5月26日</td></tr>
</table>

（四）准予会见犯罪嫌疑人决定书

准予会见犯罪嫌疑人决定书与会见犯罪嫌疑人申请表配合使用，律师以此作为会见犯罪嫌疑人的法律凭证，是通知对犯罪嫌疑人执行强制措施的执行单位同意律师会见的凭证式法律文书。该法律文书系预先设置项目内容并印制完成、由制作者填写的法律文书，由存根联、附卷联、交申请人联、交看守所或者执行监视居住单位联组成。

（1）存根联，由以下部分构成：

1）制作本法律文书的公安机关名称、法律文书名称及编号。

2）案件名称。

3）案件编号：该案件在年度刑事案件中的具体序号。

4）犯罪嫌疑人的基本情况：姓名、性别（不用部分用斜线划去）、出生日期，按已核实的主体身份内容填写；尚未核实身份按照实际内容填写。

5）申请人姓名：填写会见犯罪嫌疑人申请表中的申请人姓名。

6）执业证编号、所在律师事务所名称：与会见犯罪嫌疑人申请表内容相一致。

7）会见时间：申请人提出的会见时间，或者公安机关安排律师会见的时间。

8）批准人、批准时间：与会见犯罪嫌疑人申请表中的领导批示栏目相关内容一致。

9）办案人：案件承办侦查人员姓名，不得少于二人。

10）办案单位：案件承办侦查人员所在单位名称。

11）填发时间、填发人：法律文书的制作时间与制作者姓名。

（2）附卷联（向申请人出示，并由申请人签字注明日期后附入案卷），由以下部分组成：

1）首部：制作本法律文书的公安机关名称、法律文书名称及法律文书编号。

2）正文部分：申请人的基本情况（依照法律文书项目设置填写），包括律师姓名、所在律师事务所名称、律师执业证编号；相关法律依据，如《刑事诉讼法》第39条；接受会见犯罪嫌疑人的姓名，负责犯罪嫌疑人强制措施执行单位的名称。

3）尾部：作出决定的公安机关行政公章、作出决定的日期（与会见犯罪嫌疑人申请表中领导批示栏目相关内容一致），由申请人签字、注明收到决定书的日期。

（3）交申请人联（略）。

（4）交看守所或者执行监视居住单位联（略）。

注意：本法律文书各联之间的衔接处为法律文书的组成部分，应依照要求以汉字书写法律文书编号，并加盖县级（或以上）公安机关的行政公章作为骑缝章。

具体范例如下：

×××公安局

准予会见犯罪嫌疑人决定书

（副本）

×公（刑）准见字〔20××〕250号

申请人：邯××，××律师事务所律师，律师执业证编号××××××。

根据《中华人民共和国刑事诉讼法》第三十九条第五款之规定，决定同意申请人会见犯罪嫌疑人章××。请持此决定书与××公安局刑侦支队联系会见事宜。

公安局（印）

20××年5月26日

本决定书已收到。

申请人：章××

20××年5月28日

此联附卷

第三节　强制措施文书

一、呈请拘传报告书

呈请拘传报告书是在被传唤人无正当理由未在要求的时间内接受传唤时，报请批准使用拘传强制犯罪嫌疑人到公安机关接受讯问，或者为进一步查明案情而对犯罪嫌疑人直接适用拘传，强制其接受讯问的公安机关内部审批用法律文书。

拘传与刑事传唤有以下区别：第一，刑事传唤不是法定意义上的强制措施。依据《刑事诉讼法》第119条第2款之规定，刑事传唤一般不得超过12小时，案情特别重大，需要对犯罪嫌疑人采取刑事拘留或逮捕的，可延长至24小时。第二，对当事人采取刑事传唤或拘传的法律手续，应制作讯问笔录。如果是涉及本案的第一次讯问，应向被传唤人讲明应享有的法定权利与应尽的法定义务。

呈请拘传报告书是万能表的具体运用，由以下几部分组成：

(1) 审核批示部分（略）。

(2) 法律文书名称。该栏目事先印制“呈请______报告书”字样，由制作者填写“拘传”字样。

(3) 正文部分。正文由犯罪嫌疑人的基本情况、拘传理由与依据组成。

(4) 结尾。结尾包括承办单位、承办人（不得少于二人，案件主责警官姓名在第一位）、法律文书制作日期。

具体范例如下：

领导批示	同意。 胡× 20××年8月10日
审核意见	经审核案卷材料，同意拘传。请局领导审批。 丰×× 20××年8月10日
办案单位意见	提议拘传，请局领导审批。 陈×× 20××年8月10日

呈请拘传报告书

犯罪嫌疑人的基本情况：

犯罪嫌疑人邱××，19××年6月22日出生，身份证号码（略），汉族，高中毕业，职业：××市××区××公司职工，住址：××市××区××小区18号楼1221号。

简历：自幼读书，高中毕业待业，20××年到现单位工作至今。

处理理由与依据：

20××年3月23日20时许，举报人焦××（男，56岁，××市××公司职工，住××区××大街12号院）来分局报案称：邱××以××公司名义对其合同诈骗150万元。

经初步甄别，××公司已于3年前（20××年5月）在工商局注销，且涉案合同使用公章与工商局预留印鉴不符。为进一步查明案情，根据《中华人民共和国刑事诉讼法》

第一百一十九条之规定，呈请对犯罪嫌疑人邱××拘传。

妥否，请批示。

××市公安局经侦支队

办案人：苏××、吴××

20××年8月10日

二、拘传证

拘传证与呈请拘传报告书配合使用，是对当事人执行拘传时出示的凭证式法律文书，由存根联、附卷联两部分组成。

（1）存根联，由以下项目组成：

1）制作本法律文书的公安机关名称、法律文书名称及编号；

2）案件名称：一般将犯罪嫌疑人姓名及案件性质作为案件名称；

3）案件编号：该案件在年度刑事案件中的具体序号。

注意：以下4）～6）项为犯罪嫌疑人基本情况，制作者依照已核实的犯罪嫌疑人主体身份填写。

4）犯罪嫌疑人的姓名、性别（不用部分以斜线划去）；

5）出生日期；

6）（犯罪嫌疑人）住址；

7）单位及职业；

8）拘传原因：依照涉案性质填写；

9）批准人：县级（或以上）公安机关负责人姓名；

10）批准时间：与呈请拘传报告书中的领导批示栏目时间一致；

11）执行人：执行拘传侦查人员姓名，不得少于二人；

12）办案单位：执行拘传侦查人员所在公安机关的名称；

13）填发时间、填发人：法律文书的制作时间与制作者姓名。

（2）附卷联，由以下三部分组成：

1）首部：制作本法律文书的公安机关名称、法律文书名称及编号。

2）正文部分：①被拘传人基本情况：姓名、性别、出生日期、住址；②批准执行拘传的公安机关印章、日期（与存根联批准日期一致）。

3）尾部：由被拘传人依照项目要求填写。①接到拘传证时间，签字；②拘传到案时间（被拘传人到达公安机关的时间）、签字；③拘传（讯问）结束时间、签字。

注意：

第一，上述时间栏目均应由被拘传人本人填写。第二，注意拘传结束时间与讯问笔录时间应保持一致，以及与下一法定强制措施时限的衔接。第三，被拘传人不能签字时，应当由执行人在法律文书上注明，并在讯问笔录中对此情节予以表述。第四，本法律文书存根联与附卷联之间的衔接处为法律文书的组成部分，应依照要求以汉字书写法律文书编号，并加盖县级（或以上）公安机关的行政公章作为骑缝章。

具体范例如下：

<table>
<tr><td>

××公安局

拘传证

×公（刑）拘传字［20××］119 号

根据《中华人民共和国刑事诉讼法》第六十六条之规定，兹决定对邱××（性别男，出生日期19××年 6 月 22 日，住址××市××区××小区 18 号楼 1221 号）执行拘传。

公安局（印）
20××年 8 月 10 日

本证已于20××年8月11日3时向我宣布。
被拘传人：邱××（捺指印）
拘传到案时间 20×× 年 8 月 11 日 5 时。
被拘传人：邱××（捺指印）
拘传结束时间 20×× 年 8 月 11 日 14 时。
被拘传人：邱××（捺指印）

</td></tr>
</table>

此联附卷

三、呈请刑事拘留报告书

呈请刑事拘留报告书是报请领导批准对犯罪嫌疑人执行刑事拘留的公安机关内部说明式通用法律文书，是万能表在公安实际执法工作中的应用，一般由以下几部分组成：

（1）审核批示部分（略）。

（2）法律文书名称（略）。

（3）正文部分。由于在刑事拘留环节犯罪嫌疑人主体身份基本确定，对犯罪事实有了初步的了解，故在正文部分应简明扼要地对相关问题予以表述，可分为犯罪嫌疑人基本情况、拘留理由与依据。

（4）结尾。结尾包括承办单位、承办人（不得少于二人，案件主责警官姓名在第一位）、法律文书制作日期。

具体范例如下：

领导批示	同意。 胡× 20××年 8 月 11 日
审核意见	经审核案卷材料，同意刑事拘留。请局领导审批。 丰×× 20××年 8 月 11 日

办案单位意见	提议刑事拘留，请局领导审批。 陈×× 20××年8月11日

呈请刑事拘留报告书

犯罪嫌疑人的基本情况：犯罪嫌疑人邱××，男，19××年6月22日出生，身份证号码（略），汉族，高中毕业，职业：××市××区××公司职工，住址：××市××区××小区18号楼1221号，户籍所在地：同住址。

简历：自幼读书，高中毕业待业，20××年到现单位工作至今。

简要案情：20××年3月23日10时许，犯罪嫌疑人邱××在××市××大街112号××公司办公室，利用伪造的公章签订购买钢材合同，诈骗事主焦××人民币150万元（赃款部分缴获）。犯罪嫌疑人邱××于20××年8月10日被抓获。经讯问，犯罪嫌疑人邱××供认上述事实。

综上所述，犯罪嫌疑人邱××的行为触犯了《中华人民共和国刑法》第二百二十四条之规定，涉嫌合同诈骗罪。为进一步查明案情，根据《中华人民共和国刑事诉讼法》第八十二条之规定，呈请对犯罪嫌疑人邱××刑事拘留。

妥否，请批示。

××市公安局经侦支队

办案人：苏××、吴××

20××年8月11日

四、拘留证

拘留证是与呈请刑事拘留报告书配合使用，对当事人执行刑事拘留时出示的凭证式法律文书，由存根联、附卷联、交看守所联（副本）三部分组成。

（1）存根联，由以下项目组成：

1）制作法律文书的公安机关名称、法律文书名称及编号；

2）案件名称：一般将犯罪嫌疑人姓名及案件性质作为案件名称；

3）案件编号：该案件在年度刑事案件中的具体序号。

注意：以下4）～6）项填注犯罪嫌疑人的基本情况。

4）犯罪嫌疑人姓名、性别（不用部分用斜线划去）；

5）出生日期；

6）住址；

7）拘留原因：涉案性质；

8）批准人：县级（或以上）公安机关负责人姓名；

9）批准时间：与呈请刑事拘留报告书中的领导批示栏目时间一致；

10）执行人：执行拘留的侦查人员姓名，不得少于二人（对犯罪嫌疑人执行拘留必须由公安民警执行）；

11）办案单位：执行拘留的侦查人员所在单位名称；

12）填发时间、填发人：法律文书的制作时间与制作者姓名。

（2）附卷联，由以下三部分组成：

1）首部：制作本法律文书的公安机关名称、法律文书名称及编号。

2）正文部分：①执行刑事拘留的法律依据；②犯罪嫌疑人基本情况，包括：姓名、性别、出生日期、住址；③执行刑事拘留强制措施的单位名称；④加盖批准执行刑事拘留的公安机关公章并注明日期。

3）尾部：①由被拘留人依照项目要求填写被宣布刑事拘留的时间、签字（捺指印）；②由看守所民警依照项目要求填写被拘留人姓名、执行收押民警的姓名、看守所行政公章（或者是收押专用章）、执行收押的日期。

（3）交看守所联（略）。

注意：

第一，依照《刑事诉讼法》第39条的规定，本联法律文书结尾注明“属于律师会见需经许可的案件：是/否”字样，目的在于提示执行部门按照要求执行律师会见，对于不属于律师会见须专门审批的案件，应将相应本部分用斜线划去。

第二，本法律文书各联之间的衔接处为法律文书的组成部分，应依照要求以汉字书写法律文书编号，并加盖县级（或以上）公安机关的行政公章作为骑缝章。

具体范例如下：

×××公安局

拘留证

×公（刑）拘字［20××］321号

根据《中华人民共和国刑事诉讼法》第八十二条之规定，兹决定对犯罪嫌疑人邱××（性别男，出生日期19××年6月22日，住址××市××区××小区18号楼1221号）执行拘留，送××区看守所羁押。

公安局（印）

20××年8月11日

本证已于20××年8月11日14时向我宣布。

被拘留人：邱××（捺指印）

本证副本已收到，被拘留人邱××于20××年8月11日15时送至我所。

接收民警：祝××（看守所印）

此联附卷

五、拘留通知书

拘留通知书与呈请刑事拘留报告书、拘留证配合使用。依据法律规定，对犯罪嫌疑人执行拘留后应当在24小时内通知其家属，本法律文书是用于通知被拘留人家属的凭证式法律文书，由存根联、附卷联、交被拘留人家属联三部分组成。

（1）存根联，包括：1）制作本法律文书的公安机关名称、法律文书名称及编号；

2）案件名称：一般将犯罪嫌疑人姓名及案件性质作为案件名称；

3）案件编号：该案件在年度刑事案件中的具体序号；

4）被拘留人姓名、性别、出生日期；

5）拘留原因：涉案性质；

6）拘留时间：以实际执行拘留（犯罪嫌疑人签字）的时间为准；

7）羁押处所：看守所名称；

8）家属姓名：讯问笔录记载的直系家属名称；

9）地址：被拘留人家属或单位所在地址；

10）办案人：该案件侦查人员姓名，不得少于二人；

11）办案单位：一般是公安机关的刑事侦查部门；

12）填发时间、填发人：法律文书的制作时间与制作者姓名。

（2）附卷联，由以下三部分组成：

1）首部：制作本法律文书的公安机关名称、法律文书名称及编号。

2）正文部分：①法律依据，即《刑事诉讼法》具体条款项；②犯罪嫌疑人被执行刑事拘留的实际时间、涉嫌的罪名、犯罪嫌疑人姓名、执行刑事拘留的场所名称；③批准拘留的公安机关行政公章或专用章、日期（填写执行拘留时间）。

3）尾部：①被拘留人家属于接收通知书时签字、注明实际接收日期；②如未在法定时限内执行本法定程序，应注明原因，并由承办人签字，注明日期。

（3）交被拘留人家属联。注明执行场所的所在地址，其余项目制作方法此处省略。

注意：本法律文书各联之间的衔接处为法律文书的组成部分，应依照要求以汉字书写法律文书编号，并加盖县级（或以上）公安机关的行政公章作为骑缝章。

具体范例如下：

×××公安局

拘留通知书

（副本）

×公（刑）拘通字［20××］321 号

白××：

根据《中华人民共和国刑事诉讼法》第八十二条之规定，我局已于20××年8月11日12时将涉嫌合同诈骗罪的邱××刑事拘留，现羁押在××区看守所。

（公安局印）

20××年8月11日

本通知书已收到。

被拘留人家属：白××（签名）

20××年 8 月 12 日 11 时

如未在拘留后 24 小时内通知被拘留人家属，注明原因：______________________________

____。

办案人：

年　月　日　时

此联附卷

六、提请批准逮捕书

对于犯罪事实基本清楚，符合《刑事诉讼法》第81条的规定，应当追究刑事责任的犯罪嫌疑人，公安机关应当向检察机关办理提请逮捕的法律手续。逮捕的目的是对犯罪事实进一步审查，为移请起诉做好准备。检察机关对于公安机关提请逮捕案件的书面检查，是履行其刑事侦查监督职能的重要手段。

提请批准逮捕书由以下三部分组成：

（1）首部。包括制作本法律文书的公安机关名称、法律文书名称及编号。

（2）正文部分。以下按照公安部法律文书制作的相关要求，介绍制作方法：

1）犯罪嫌疑人的基本情况。①包括犯罪嫌疑人姓名（别名、曾用名、绰号等），性别，出生日期，出生地，身份证件种类及号码，民族，文化程度，职业或工作单位及职务，居住地（包括户籍所在地、经常居住地、暂住地），政治面貌（如是人大代表、政协委员，一并写明具体级、届）；②违法犯罪经历以及因本案被采取强制措施的情况（时间、种类及执行场所）；③案件有多名犯罪嫌疑人的，应逐一写明。

2）如有辩护律师，写明其姓名、所在律师事务所或者法律援助机构名称、律师执业证编号。

3）犯罪嫌疑人涉嫌××（罪名）一案，由××举报（控告、移送）至我局（写明案由和案件来源，具体为单位或者公民举报、控告、上级交办、有关部门移送、本局其他部门移交以及工作中发现等）。简要写明案件侦查过程中各个法律程序开始的时间，如接受案件、立案的时间。具体写明犯罪嫌疑人归案情况。

4）简要案情。以"经依法侦查查明"为引言，以下根据具体案件情况，详细叙述经侦查认定的犯罪事实，并说明应当逮捕的理由：①对于只有一个犯罪嫌疑人的案件，应逐一列举犯罪嫌疑人实施多次犯罪的犯罪事实；同时触犯数个罪名的犯罪嫌疑人的犯罪事实应该按照主次顺序分别列举。②对于共同犯罪案件，写明犯罪嫌疑人的共同犯罪事实及各自在共同犯罪中的地位和作用后，按照犯罪嫌疑人的主次顺序，分别叙述各个犯罪嫌疑人的单独犯罪事实。

5）以"认定上述事实的证据如下"为引言，叙述涉案证据，制作时分列相关证据，并说明证据与犯罪事实的关系。

（3）结尾部分。以"综上所述，犯罪嫌疑人"为引言，注明：

1）根据犯罪构成简要说明罪状；

2）按照文书设置要求填注对应的法律条款、罪名；

3）承办案件公安机关所在地人民检察院名称；

4）提请逮捕公安机关法人名章、公安机关行政公章、法律文书制作日期；

5）附注：涉案卷宗数量及全部页数。

具体范例如下：

×××公安局

提请批准逮捕书

×公刑提捕字［20××］234号

犯罪嫌疑人邱××，19××年6月22日出生，身份证号码（略），汉族，高中毕业，

××市××区××公司职工，住址：××市××区××小区18号楼1221号。

简历：自幼读书，高中毕业待业，20××年到现单位工作至今。

犯罪嫌疑人邱××抢劫一案，由被害人孙××于20××年3月23日到我分局报案。我分局于当日立案侦查，并将犯罪嫌疑人邱××抓获归案。

经依法审查现已查明：20××年3月23日20时许，犯罪嫌疑人邱××在××市××区幸福大街南口，持刀（已缴获）抢劫被害人孙××黑色挎包一个，内有人民币现金五千余元、诺基亚手机一部（赃物均已缴获，经物价部门鉴定共价值人民币6 700元）。

上述事实有报案记录、被害人孙××陈述、犯罪嫌疑人邱××供述、缴获作案工具、赃物及物价部门鉴定结论证明。

综上所述，犯罪嫌疑人邱××抢劫他人财物，其行为已触犯《中华人民共和国刑法》第二百六十三条之规定，涉嫌抢劫罪。根据《中华人民共和国刑事诉讼法》第八十二条之规定，特提请批准对犯罪嫌疑人邱××逮捕。

此致

××区人民检察院

公安局（印）

20××年3月27日

附：本案卷宗2卷77页。

七、逮捕证

逮捕证与提请批准逮捕书配合使用。在检察机关批准逮捕后，由提请批准逮捕的公安机关制作逮捕证，作为执行逮捕和羁押犯罪嫌疑人的法律凭证。逮捕证由存根联、附卷联、交看守所联三部分组成。

（1）存根联，由以下项目组成：

1）制作本法律文书的公安机关名称、法律文书名称及编号；

2）案件名称：一般将犯罪嫌疑人姓名及案件性质作为案件名称；

3）案件编号：该案件在年度刑事案件中的具体序号；

4）犯罪嫌疑人姓名、性别、出生日期、住址；

5）逮捕原因：涉案性质；

6）批准（人民检察院）或决定（人民法院）逮捕时间：以人民检察院批准（人民法院决定）逮捕的时间为准；

7）批准（人民检察院）或决定（人民法院）逮捕机关：相关单位的全称；

8）执行人：执行逮捕的侦查人员姓名，不得少于二人；

9）办案单位：一般是公安机关的刑事侦查部门；

10）填发时间、填发人：法律文书的制作时间与制作者姓名。

（2）附卷联，由以下三部分组成：

1）首部：制作本法律文书的公安机关名称、法律文书名称及编号。

2）正文部分：①批准（或决定）逮捕检察机关（或法院）的全称（制作时注意批准

或决定的司法权限使用方式不同，所对应的单位不同，用斜线划去不用部分时不能出现失误)；②涉案罪名；③依照法律文书设置填写犯罪嫌疑人的基本情况；④注明执行强制措施的场所名称；⑤制作法律文书和对嫌疑人执行逮捕的公安机关公章、制作日期（与存根联批准时间一致)。

3）尾部。①由被逮捕人依照项目要求填写：被执行逮捕的时间、签字（捺指印)；②由执行强制措施的看守所民警依照项目要求填写被逮捕人姓名、执行收押民警的姓名、执行收押的日期，加盖看守所行政公章（或者是收押专用章)。

(3）交看守所联（略)。

依照《刑事诉讼法》第39条的规定，本联法律文书结尾注明“属于律师会见需经许可的案件：是/否”字样，目的在于提示执行部门按照要求执行律师会见，对于不属于律师会见须专门审批的案件，应将相应本部分用斜线划去。

注意：本法律文书各联之间的衔接处为法律文书的组成部分，应依照要求以汉字书写法律文书编号，并加盖县级（或以上）公安机关的行政公章作为骑缝章。

具体范例如下：

×××公安局

逮捕证

×公（×）捕字［20××］101号

根据《中华人民共和国刑事诉讼法》第九十条之规定，经××人民检察院批准，兹由我局对涉嫌合同诈骗罪的邱××（性别 男，出生日期19××年6月22日，住址××市××区××小区18号楼1221号）执行逮捕，送××区看守所羁押。

公安局（印）

20××年9月15日

本证已于20××年9月15日12时向我宣布。

被拘留人：邱××（捺指印）

本证副本已收到，被拘留人邱××已于20××年8月15日送至我所。(如先行拘留的，填写拘留后羁押时间)

犯罪嫌疑人邱××已于20××年8月11日被执行刑事拘留

接收民警：祝××（看守所印）

20××年9月15日

此联附卷

八、逮捕通知书

依据《刑事诉讼法》第93条的规定，对犯罪嫌疑人执行逮捕后应当在24小时内通知其家属或所在单位。本法律文书是执行通知被逮捕人家属的凭证式法律文书。该法律文书与逮捕证配合使用，由存根联、附卷联、交被逮捕人家属或单位联三部分组成。

(1）存根联，包括：

1）制作本法律文书的公安机关名称、法律文书名称及编号；

2）案件名称：一般将犯罪嫌疑人姓名及案件性质作为案件名称；

3）案件编号：该案件在年度刑事案件中的具体序号；

4）被逮捕人的基本情况，包括姓名、性别、出生日期；

5）逮捕原因：涉案性质；

6）逮捕时间：人民检察院批准逮捕时间；

7）羁押处所：看守所名称；

8）家属姓名：参照讯问笔录对直系亲属的记录；

9）地址：参照犯罪嫌疑人住址；

10）办案人：该案件侦查人员姓名，不得少于二人；

11）办案单位：该案件侦查人员所在单位名称；

12）填发时间、填发人：法律文书的制作时间与制作者姓名。

（2）附卷联，由以下三部分组成：

1）首部：制作本法律文书的公安机关名称、法律文书名称及编号。

2）正文部分：①被逮捕人家属姓名；②批准逮捕检察机关名称；③对被逮捕人执行逮捕的时间：应当以被逮捕人实际签字时间为准；④被逮捕人姓名、涉案性质、羁押处所；⑤执行逮捕的公安机关公章或专用章、日期（与存根联日期相同）。

3）尾部：①由被逮捕人家属签字、注明日期；②如未在法定时限内执行本法定程序，应注明原因，并由承办人签字、注明日期。

（3）交被逮捕人家属或单位联。注意填写看守所所在地址，其余项目制作方法此处省略。

注意：本法律文书各联之间的衔接处为法律文书的组成部分，应依照要求以汉字书写法律文书编号，并加盖县级（或以上）公安机关的行政公章作为骑缝章。

具体范例如下：

×××公安局

逮捕通知书

（副本）

×公（×）捕通字［20××］121号

白××：

经××区人民检察院批准，我局于20××年8月15日12时对涉嫌合同诈骗罪的邱××执行逮捕，现羁押在××区看守所。

公安局（印）

20××年8月15日

本通知书已收到。

被逮捕人家属：白××（签名）

20××年8月15日15时

如在逮捕后24小时内无法通知，请注明原因：________________________________

____。

办案人：

年　月　日　时

此联附卷

九、呈请取保候审报告书

呈请取保候审报告书是报请领导批准，根据案件侦查需要对犯罪嫌疑人适用取保候审强制措施，或者在侦查工作中对犯罪嫌疑人变更强制措施的公安机关内部说明式法律文书。在侦查工作中，可以对犯罪嫌疑人直接采取取保候审的法定强制措施，也可以变更法定强制措施。该法律文书是万能表的具体运用，一般由以下四部分组成：

（1）审核批示部分（略）。

（2）法律文书名称。该栏目事先印制“呈请____报告书”字样，由制作者填写“取保候审”字样。

（3）正文部分。正文由犯罪嫌疑人的基本情况、取保候审理由与依据组成。

（4）结尾。结尾包括承办单位、承办人（不得少于二人，案件主责警官姓名在第一位）、法律文书制作日期。

具体范例如下：

领导批示	同意。 林× 20××年3月22日
审核意见	经审核案卷材料，提议取保候审，请局领导审批。 金× 20××年3月22日
办案单位意见	提议取保候审，请局领导审批。 黄×× 20××年3月22日

呈请取保候审报告书

犯罪嫌疑人：巩××，19××年6月20日出生，身份证号码（略），汉族，大专毕业，职业：××市××区××公司职工，现住址：××区××大街11号院13号楼1001号，户籍所在地：××省××县××乡红星村达成自然村二组。

简历：自幼读书，大专毕业后到现单位工作至今。

处理理由及依据：

20××年3月20日16时许，犯罪嫌疑人巩××在××区××大街12号院，因琐事与被害人孙××发生口角，后用木棍将孙××头部打伤（经法医鉴定为轻伤），犯罪嫌疑人巩××将被害人孙××送往医院救治并向公安机关投案自首。上述事实由被害人孙××陈述，证人王××、赵××、华××证言，犯罪嫌疑人巩××供述，缴获木棍，法医鉴定意见在案佐证。

综上所述，犯罪嫌疑人巩××的行为触犯了《中华人民共和国刑法》第二百三十四条，涉嫌故意伤害罪。鉴于犯罪嫌疑人巩××能够投案自首，且积极赔偿被害人损失，根据

《中华人民共和国刑事诉讼法》第六十六条之规定，呈请对犯罪嫌疑人巩××取保候审。

妥否，请批示。

××市公安局刑侦支队
办案人：舒××、乌××
20××年3月22日

十、取保候审决定书

公安机关在作出取保候审决定后，制作取保候审决定书。取保候审决定书是用于告知犯罪嫌疑人被采取取保候审的法定强制措施和通知负责执行的相关单位的法律凭证，与呈请取保候审报告书配合使用，由存根联、附卷联、交被取保候审人联、交执行单位联四部分组成。

（1）存根联，由以下项目组成：

1）制作本法律文书的公安机关名称、法律文书名称（印制“决定、执行通知书”字样，适用时以斜线将不用部分划去）及编号；

2）案件名称：一般将犯罪嫌疑人姓名及案件性质作为案件名称；

3）案件编号：该案件在年度刑事案件中的具体序号；

4）被取保候审人的基本情况：包括姓名、性别（不用部分用斜线划去）、出生日期；

5）取保候审原因：涉案性质；

6）起算时间：向被取保候审人宣布对其采取取保候审法定强制措施的时间，取保候审的法定时限为12个月；

7）保证人的基本情况：姓名、性别（不用部分用斜线划去）、出生日期（执行财物保证时，本栏目不必填写）；

8）保证金：注明保证金数额（采用担保人担保方式时本栏目不必填写）；

9）办案单位：承办案件公安机关的具体名称；

10）执行机关：负责执行取保候审任务的公安机关（派出所）的名称；

11）批准人、批准时间：与呈请取保候审报告书中的领导批示栏目一致；

12）填发时间、填发人：法律文书的制作时间与制作者姓名。

（2）附卷联，由以下三部分组成：

1）首部：制作本法律文书的公安机关名称、法律文书名称及编号。

2）正文部分：

①犯罪嫌疑人的基本情况，包括姓名、性别、出生日期、住址、单位及职业、联系方式（按照已核实的主体身份内容填写）。

②案件名称、取保候审原因。制作此项内容时：a. 按公安部统一要求填写案件名称。b. 在填写取保候审理由时注意以下问题：第一，建议一般情况下填写“涉案情况侦查需要”字样，也可以对被取保候审人具备的法定减轻或从轻情节进行简要表述，例如，能够主动投案自首；第二，不宜填写能够揭发他人的表述；第三，不宜过多涉及具体侦查工作的相关内容；第四，与此相对应在引用《刑事诉讼法》的具体条款时，建议一般适用第67条。

③法律依据、起算时间、担保方式：a. 法律依据：一般适用《刑事诉讼法》第64条。

b. 起算时间应当与被取保候审人在本法律文书中签注的时间一致。c. 担保方式：担保人担保和保证金担保只能选取其一，不得双选，制作时以斜线划去不用部分，注明保证人姓名或者保证金金额；法律文书事先印制被取保候审人应遵守的法律规定的内容和法律责任。d. 加盖作出取保候审决定的公安机关公章，注明日期（与存根联相应栏目一致）。

3）尾部。①由被取保候审人亲笔签字（捺指印）。②由被取保候审人亲笔注明日期，该日期为取保候审起算时间。

注意：如被取保候审人不能签字，则应由侦查人员向其宣读，并由侦查人员在法律文书中相应栏目注明。宣读的过程应在相对应的讯问笔录中予以表述。

（3）交被取保候审人联（略）。

（4）交执行单位联（略）。

注意：

第一，取保候审决定书应当与被取保候审人义务告知书配合使用。

第二，在制作讯问笔录、向犯罪嫌疑人宣布采取（或变更）法定强制措施时，应当注明将义务告知书交予本人，并根据案件侦查工作需要结合《刑事诉讼法》第 71 条的规定，在笔录中表述被取保候审人应当遵守的有关事项。

第三，依据《刑事诉讼法》第 71 条的规定，在义务告知书中注明被取保候审人应当遵守的规定，无特殊规定的应在相应栏目中填注“无”，不得空缺；责令被取保候审人在义务告知书下方签字。

第四，制作保存证件清单中注明予以保存证件的具体名称。

第五，本法律文书各联之间的衔接处为法律文书的组成部分，应依照要求用汉字书写法律文书编号，并加盖县级（或以上）公安机关的行政公章作为骑缝章。

具体范例如下：

×××公安局

取保候审决定书

（副本）

×公（×）取保字［20××］121 号

犯罪嫌疑人巩××，性别男，出生日期19××年 7 月 12 日，住址××区××大街 11 号院 21 号楼 1 门 201 号，单位及职务××区××公司职工，联系方式152×××××××××。

我局正在侦查巩××故意伤害案，因犯罪嫌疑人投案自首，能够如实交代犯罪事实，且积极赔偿被害人损失，根据《中华人民共和国刑事诉讼法》第六十七条之规定，决定对其取保候审，期限从20××年3 月21 日起算。犯罪嫌疑人应当接受保证人白××的监督，交纳保证金（大写）××元。

公安局（印）

20××年 3 月 21 日

本决定书已收到。

被取保候审人：巩××（捺指印）

20××年 3 月 22 日

此联附卷

十一、取保候审保证书

此为在适用取保候审法定强制措施时，对被取保候审人采取保证人担保时，告知担保人履行相关法律义务的法律文书。该法律文书一式二份，一份附卷，另一份交保证人，由以下三部分组成：

（1）法律文书名称。

（2）正文部分。正文部分由以下三部分组成。

1）保证人的基本情况：姓名、性别、出生日期、住址、身份证件名称与号码、单位及职务、联系方式、犯罪嫌疑人姓名、与犯罪嫌疑人的关系（无亲属关系的，可注明“朋友”字样）。

2）事先印制的保证人应履行的法律责任。

3）注明依据《刑事诉讼法》第71条，被取保候审人应遵守的规定（填注内容与取保候审义务告知书中对应项目保持一致）。

（3）尾部。尾部包括作出取保候审决定公安机关的名称、保证人签字、日期（取保候审起算时间）。

具体范例如下：

取保候审保证书

我叫白××，性别女，出生日期19××年6月1日，现住××区××大街11号院21号楼1门201号，身份证件名称身份证，号码××××××，单位及职业××区××公司经理，联系方式134×××××××××，与犯罪嫌疑人巩××是夫妻关系。

我自愿作如下保证：

监督犯罪嫌疑人在取保候审期间遵守下列规定：

（一）未经执行机关批准不得离开所居住的市、县；

（二）住址、工作单位和联系方式发生变动的，在二十四小时以内向执行机关报告；

（三）在传讯的时候及时到案；

（四）不得以任何形式干扰证人作证；

（五）不得毁灭、伪造证据或者串供。

监督犯罪嫌疑人遵守以下规定：

（一）不得进入＿＿（无）＿＿等场所；

（二）不得与＿＿（无）＿＿会见或者通信；

（三）不得从事＿＿（无）＿＿等活动；

（四）将＿＿驾驶证＿＿证件交执行机关保存。

本人未履行保证义务的，愿承担法律责任。

此致

＿＿××＿＿公安局

保证人：＿＿白××＿＿

20××年3月22日

一式两份：一份附卷，一份交保证人

十二、呈请监视居住报告书

此为报请领导批准，对犯罪嫌疑人采取监视居住强制措施的公安机关内部法律文书，在侦查工作中用于法定强制措施的变更，也可以用于对犯罪嫌疑人直接采取监视居住的法定强制措施。该法律文书是万能表的具体运用，一般由以下四部分组成：

（1）审核批示部分（略）。

（2）法律文书名称。该栏目事先印制“呈请____报告书”字样，由制作者填写“监视居住”字样。

（3）正文部分。正文由犯罪嫌疑人的基本情况、监视居住理由与依据组成。

（4）结尾。结尾包括承办单位、承办人（不得少于二人，案件主责警官姓名在第一位）、法律文书制作日期。

具体范例如下：

领导批示	同意。 郑×× 20××年9月21日
审核意见	经审核案卷材料，提议监视居住，请局领导审批。 金× 20××年9月21日
办案单位意见	提议监视居住，请郑副局长审批。 朱×× 20××年9月21日

呈请监视居住报告书

犯罪嫌疑人基本情况：

犯罪嫌疑人富××，男，19××年7月23日出生，身份证号码（略），汉族，高中毕业，无业，住址：××区××大街19号院-1号，户籍所在地：同住址。

简历：自幼读书，高中毕业后服兵役，20××年复员后无业至今。

处理理由及依据：

20××年3月间，犯罪嫌疑人富××利用作废的××公司公章，在××区××大街12号与被害人刘××、张××先后签订买钢材的虚假合同，诈骗刘××、张××货款共计人民币二百五十余万元。经被害人刘××、张××举报，犯罪嫌疑人富××于同年8月28日被抓获予以刑事拘留。上述事实由被害人刘××、张××陈述，证人王××证言，犯罪嫌疑人××供述，缴获作废的××公司公章，鉴定结论在案佐证。

犯罪嫌疑人富××于20××年8月28日被刑事拘留。同年9月1日我局以富××触犯《中华人民共和国刑法》第二百二十四条，涉嫌合同诈骗罪向××区人民检察院提请批准逮捕。××区人民检察院以事实不清、证据不足为由不批准逮捕。经研究，拟向××区人民检察院要求复议。依据《中华人民共和国刑事诉讼法》第六十六条之规定，呈请对犯罪嫌疑人富××监视居住。

妥否，请批示。

××市公安局刑侦支队
办案人：张××、章××
20××年9月7日

十三、监视居住决定书

此系公安机关作出监视居住决定后制作的，用于告知犯罪嫌疑人被采取监视居住法定强制措施，通知执行机关执行监视居住的凭证式法律文书。该法律文书由存根联、附卷联、交被监视居住人联、交执行单位联四部分组成。

（1）存根联，由以下项目组成：

1）公安机关名称、法律文书名称（印制“决定、执行通知书”字样，使用时以斜线将不用部分划去）及编号；

2）案件名称：一般将犯罪嫌疑人姓名及案件性质作为案件名称；

3）案件编号：该案件在年度刑事案件中的具体序号；

4）被监视居住人的基本情况：包括姓名、性别（不用部分以斜线划去）、出生日期、住址；

5）监视居住原因：涉案性质或者其他符合监视居住条件的理由；

6）监视居住地点：实际执行地点（不得以监视居住名义对被监视居住人变相羁押）；

7）指定居所：该栏目印制了“是/否”，使用时将不用部分以斜线划去；

8）起算时间：向被监视居住人宣布对其采取监视居住法定强制措施的时间（监视居住法定时限为6个月）；

9）执行机关：负责执行监视居住任务的单位名称；

10）批准人、批准时间：与呈请监视居住决定书中的领导批示栏目一致；

11）办案人、办案单位：承办案件的侦查员姓名；

12）填发时间、填发人：法律文书的制作时间与制作者姓名。

（2）附卷联，由以下三部分组成：

1）首部：制作本法律文书的公安机关名称、法律文书名称及编号。

2）正文部分：

①犯罪嫌疑人的基本情况，包括姓名、性别、出生日期、住址（按照已核实的犯罪嫌疑人主体身份填写）。

②适用法律内容的相关项目：a. 案由。b. 监视居住的原因：简要注明，可参照取保候审决定书中相关部分的制作方法。c. 法律依据：一般适用《刑事诉讼法》第六十六条。d. 执行监视居住的地点：如在其居住地执行，则填写居住地地址；如在指定地点，则填写指定地地址。e. 法律文书中设定了“监视居住/指定居所监视居住”的内容，以斜线将不用部分划去。f. 执行监视居住的起算时间：被监视居住人在决定书中签注的日期。

③法律文书事先印制被监视居住人应遵守的法律规定的内容和法律责任。

注意：在向犯罪嫌疑人宣布被采取监视居住强制措施制作讯问笔录时，应记录向其宣读该内容的文字表述。

④作出监视居住决定的公安机关行政公章、批准日期（与呈请监视居住决定书中的领导批示栏目一致）。

3）尾部：被监视居住人签字（捺指印）、日期（监视居住起算时间）。

（3）交被监视居住人联（略）。

（4）交执行单位联即监视居住执行通知书。该联在法律文书尾部设置有“属于律师会见需经许可的案件：是/否”的栏目内容，根据法律规定，如该案件属于经过办案机关同意才能允许犯罪嫌疑人会见律师，则应再次予以标注，即以斜线将不用的部分划去。

注意：本法律文书各联之间的衔接处为法律文书的组成部分，应依照要求用汉字书写法律文书编号，并加盖县级（或以上）公安机关的行政公章作为骑缝章。

具体范例如下：

×××公安局

监视居住决定书

（副本）

×公（×）监居字［20××］12号

犯罪嫌疑人富××，性别男，年龄19××年7月23日，住址××区××大街19号院-1号。我局正在侦查的富××涉嫌合同诈骗一案，因刑事案件侦查工作需要，根据《中华人民共和国刑事诉讼法》第六十六条，决定在××区××大街19号院-1号对犯罪嫌疑人指定居所监视居住，由××公安局××分局××派出所负责执行，监视居住期限从20××年9月7日起算。

在监视居住期间，被监视居住人应当遵守下列规定：

一、未经执行机关批准不得离开执行监视居住的处所；

二、未经执行机关批准不得会见他人或者通信；

三、在传讯的时候及时到案；

四、不得以任何形式干扰证人作证；

五、不得毁灭、伪造证据或者串供；

六、将护照等出入境证件、身份证件、驾驶证件交执行机关保存。

如果被监视居住人违反以上规定，情节严重的，可以予以逮捕；需要予以逮捕的，可以先行拘留。

公安局（印）

20××年9月7日

本决定书已收到。

被监视居住人：富××（签名，捺指印）

20××年9月7日

此联附卷

第四节　延长羁押期限文书

羁押是指对被刑事拘留、逮捕的犯罪嫌疑人执行看管，羁押的场所是看守所。羁押期限是指对被羁押人看管的期限，由于法定强制措施不同，法定的羁押期限也有所不同。习近平总书记指出：司法是维护社会公平正义的最后一道防线。为保证刑事侦查工作能够顺利进行，同时保证公民合法权益不受侵害，在法定时限内延长羁押期限，需要严格的审批程序，以确保法律程序适用的公平公正。公安法律文书中涉及延长羁押期限的法律文书主要有以下几种：

一、呈请延长拘留期限报告书

延长刑事拘留期限必须符合《刑事诉讼法》第91条的法定条件，呈请延长拘留期限报告书是报请领导批准对犯罪嫌疑人延长刑事拘留期限的法律文书，一般由以下几部分组成：

（1）审核批示部分（略）。

（2）法律文书名称（略）。

（3）正文部分。正文一般由犯罪嫌疑人基本情况、延长拘留期限理由与依据组成。

（4）结尾。结尾包括承办单位、承办人（不得少于二人，案件主责警官姓名在第一位）、法律文书制作日期。

具体范例如下：

领导批示	同意。 关×× 20××年4月10日
审核意见	经审核案卷材料，提议延长刑事拘留期限至30日，请局领导审批。 陈×× 20××年4月10日
办案单位意见	提议刑事拘留期限至30日，请局领导审批。 金× 20××年4月10日

呈请延长拘留期限报告书

犯罪嫌疑人基本情况：

犯罪嫌疑人邱××，男，19××年11月22日出生，身份证号码（略），汉族，高中毕业，×××市××区××公司职工，住址：×××市××区××小区18号楼1221号，户籍所在地：同住址。

简历：自幼读书，高中毕业待业，20××年到现单位工作至今。20××因诈骗被××判处有期徒刑2年10个月。

延长拘留期限的理由与依据：

20××年3月23日10时许，犯罪嫌疑人邱××伙同孙××、秦×、韩×（均在押），在××市××路12号××公司办公室，利用签订购买钢材合同，诈骗事主焦××人民币150万元（赃款未缴获）。犯罪嫌疑人邱××于20××年4月7日被拘留。经讯问，犯罪嫌疑人邱××供认上述事实。

综上所述，犯罪嫌疑人邱××的行为触犯了《中华人民共和国刑法》第二百二十四条之规定，涉嫌合同诈骗罪。鉴于犯罪嫌疑人邱××系团伙作案，为进一步查明案情，根据《中华人民共和国刑事诉讼法》第九十一条之规定，呈请延长犯罪嫌疑人邱××刑事拘留期限至30日。

妥否，请批示。

××市公安局刑侦支队

办案人：苏×、古××

20××年4月10日

二、延长拘留期限通知书

延长拘留期限通知书是用于告知犯罪嫌疑人被延长刑事拘留期限和通知看守所执行延长刑事拘留期限的法律凭证，与呈请延长拘留期限报告书配合使用，由存根联、附卷联、交看守所联三部分组成。

（1）存根联，由以下项目组成：

1）制作本法律文书的公安机关名称、法律文书名称及编号。

2）案件名称：一般将犯罪嫌疑人姓名及案件性质作为案件名称。

3）案件编号：该案件在年度刑事案件中的具体序号。

4）犯罪嫌疑人基本情况，包括姓名、性别（不用部分用斜线划去）、出生日期。

5）羁押处所。

6）执行拘留时间：犯罪嫌疑人在刑事拘留证上签字的日期及时间。

7）延长拘留的期限：根据适用刑事拘留延长的条件填注“延长至七日”或“延长至三十日”。

8）延长拘留期限原因：依照法定延长条件填写。

9）批准人、批准时间：与呈请延长拘留期限报告书中领导批示栏目时间一致。

10）办案人、办案单位：案件侦查人员姓名（不得少于二人）及所在单位。

11）填发时间、填发人：法律文书的制作时间与制作者姓名。

（2）附卷联（向被拘留人宣布后附入案卷），由以下三部分组成：

1）首部。制作本法律文书的公安机关名称、法律文书名称及编号。

2）正文部分。①看守所所在地区名称。②案由及延长羁押期限原因。③《刑事诉讼法》第91条的具体款项。④犯罪嫌疑人基本情况（依照法律文书设定栏目填写）。⑤被执行拘留的日期、延长的拘留期限。[**注意：**对被刑事拘留人实际执行拘留的时间应当从被刑事拘留人签字的日期与时间开始计算，案件承办人与法律文书制作人应当仔细计算。由于法定时限以日为单位进行计算，注意区分大月（31天）和小月（30天），防止出现衔接上的失误导致非法限制人身自由。]⑥作出延长决定的公安机关行政印章、制作日期（与存根联批准时间一致）。

3）尾部。①左侧由犯罪嫌疑人签字（捺指印），填写收到通知书的日期。②右侧由看守所值班民警加盖看守所行政公章，填写收到通知书的日期。

（3）交看守所联（略）。

注意：本法律文书各联之间的衔接处为法律文书的组成部分，应依照要求以汉字书写法律文书编号，并加盖县级（或以上）公安机关的行政公章作为骑缝章。

具体范例如下：

××公安局

延长拘留期限通知书

×公（×）延拘字［20××］313号

××区看守所：

因邱××伙同他人进行结伙犯罪活动，根据《中华人民共和国刑事诉讼法》第九十一条第三款之规定，决定延长对犯罪嫌疑人邱××（性别 男，出生日期19××年11月22日，于20××年4月7日被执行拘留）的拘留期限，时间从20××年4月10日至20××年5月6日。

公安局（印）

20××年4月10日

本通知书已向我宣布。
被拘留人：邱××
20××年4月10日

本通知书已收到。
（看守所印）
20××年4月10日

此联向被拘留人宣布后附卷

三、呈请延长侦查羁押期限报告书

依据《刑事诉讼法》第156、158、159条的规定，提请批准对犯罪嫌疑人执行逮捕后的侦查羁押期限不得超过2个月。案情复杂、期限届满不能终结的案件，可以经上一级人民检察院批准延长1个月。下列案件在《刑事诉讼法》第156条规定的期限届满不能侦查终结的，经省、自治区、直辖市人民检察院批准或者决定，可以延长2个月：（1）交通十分不便的边远地区的重大复杂案件；（2）重大的犯罪集团案件；（3）流窜作案的重大复杂案件；（4）犯罪涉及面广，取证困难的重大复杂案件。对犯罪嫌疑人可能判处10年有期徒刑以上刑罚，依照《刑事诉讼法》第158条规定延长期限届满，仍不能侦查终结的，经省、自治区、直辖市人民检察院批准或者决定，可以再延长2个月。“呈请延长侦查羁押期限报告书”一般由以下几部分组成：

（1）审核批示部分（略）。

（2）法律文书名称（略）。

（3）正文部分。正文由犯罪嫌疑人的基本情况、延长侦查羁押期限的理由与依据组成。

（4）结尾。结尾包括承办单位、承办人（不得少于二人，案件主责警官姓名在第一位）、法律文书制作日期。

具体范例如下：

领导批示	同意。 关×× 20××年7月10日
审核意见	经审核案卷材料，提议延长羁押期限一个月，请局领导审批。 谢×× 20××年7月10日
办案单位意见	提议延长羁押期限一个月，请局领导审批。 陈×× 20××年7月10日

呈请延长侦查羁押期限报告书

犯罪嫌疑人基本情况：

犯罪嫌疑人邱××，男，19××年6月22日出生，身份证号码（略），汉族，高中毕业，职业：××市××区××公司职工，住址：××市××区××小区18号楼1221号，户籍所在地：同住址。

简历：自幼读书，高中毕业待业，20××年到现单位工作至今。20××因诈骗被××判处有期徒刑2年10个月。

延长侦查羁押期限理由与依据：

20××年3月23日20时许，犯罪嫌疑人邱××伙同孙××、秦×、韩×（均在押），在××市××路12号××公司办公室，利用签订购买钢材合同，诈骗事主焦××人民币150万元（赃款未缴获）。经讯问，犯罪嫌疑人邱××供认上述事实。20××年5月17日经××区人民检察院批准，以涉嫌合同诈骗罪被执行逮捕。

鉴于犯罪嫌疑人邱××系结伙作案，案情复杂且涉案金额巨大，为进一步查明赃款去向并追缴相关款项，根据《中华人民共和国刑事诉讼法》第一百五十六条之规定，呈请延长犯罪嫌疑人邱××侦查羁押期限一个月。

妥否，请批示。

××市公安局经济案件侦查支队
办案人：金×、古××
20××年7月10日

四、提请延长侦查羁押期限意见书

提请延长侦查羁押期限意见书由公安机关制作，是用于送请同级人民检察院转报上一级人民检察院批准延长羁押期限的法律文书，与呈请延长侦查羁押期限报告书配合使用，由存根联、附卷联、交检察院联三部分组成。

（1）存根联，包括以下部分：

1）制作本法律文书的公安机关名称、法律文书名称及编号。

2）案件名称：一般将犯罪嫌疑人姓名及案件性质作为案件名称。

3）案件编号：该案件在年度刑事案件中的具体序号。

4）犯罪嫌疑人的基本情况：包括姓名、性别、出生日期、住址、单位及职业（依照已核实的主体身份填写）。

5）逮捕时间：填写实际执行逮捕（嫌疑人在逮捕证上签字）的时间。

6）延长原因：填写引用法律条款的相关理由。

7）提请延长期限。

8）送往单位：同级人民检察院名称。

9）批准人、批准时间：与呈请延长侦查羁押期限报告书中的相关项目一致。

10）办案人：该案件侦查人员姓名，不得少于二人。

11）办案单位：承办案件侦查人员所在单位。

12）填发时间、填发人：法律文书的制作时间与制作者姓名。

（2）附卷联，由以下三部分组成：

1）首部：制作本法律文书的公安机关名称、法律文书名称及编号。

2）正文部分：①同级人民检察院名称。②批准逮捕的时间及文号、犯罪嫌疑人姓名、被执行逮捕的时间。③延长侦查羁押期限的理由、法律条款、延长羁押的期限。④提请延长侦查羁押期限的公安机关行政公章、日期。（注意：a. 此处填写呈请延长侦查羁押期限报告书中的领导批示时间。b. 该时间应当在逮捕的法定羁押时限届满时间之前。制作本法律文书及呈请延长侦查羁押期限报告书时，应适当提前几日。c. 在计算羁押期限的法定时间时，应注意日期的衔接，避免出现计算失误。）⑤作出延长决定的公安机关行政印章、制作日期（与存根联批准时间一致）。

3）尾部：由同级人民检察院收件人签字、注明日期。

（3）交检察院联（略）。

注意：本法律文书各联之间的衔接处为法律文书的组成部分，应依照要求以汉字书写法律文书编号，并加盖县级（或以上）公安机关的行政公章作为骑缝章。

具体范例如下：

×××公安局

提请批准延长侦查

羁押期限意见书

×公（×）提延字［20××］029号

××区人民检察院：

你院于20××年5月16日以××［20××］132号决定书批准逮捕的犯罪嫌疑人邱××已于20××年5月17日被执行逮捕，邱××系结伙作案，案情复杂且涉案金额巨大，需进一步查明赃款去向并追缴其余款项，羁押期限届满不能侦查终结。根据《中华人民共和国刑事诉讼法》第一百五十六条之规定，特提请批准对其延长羁押期限一个月。

公安局（印）

20××年7月12日

本意见书已收到。

检察院收件人：金××

20××年7月12日

此联附卷

五、延长侦查羁押期限通知书

延长侦查羁押期限通知书是用于告知犯罪嫌疑人被延长羁押期限和通知看守所执行延长羁押期限的法律凭证，与提请延长侦查羁押期限意见书配合使用，由存根联、附卷联、交看守所联三部分组成。

（1）存根联，包括以下内容：

1）制作本法律文书的公安机关名称、法律文书名称及编号；

2）案件名称：一般将犯罪嫌疑人姓名及案件性质作为案件名称；

3）案件编号：该案件在年度刑事案件中的具体序号；

4）犯罪嫌疑人的基本情况：包括姓名、性别、出生日期、住址、单位及职业（依照已核实的主体身份填写）；

5）逮捕时间：填写实际执行逮捕（嫌疑人在逮捕证上签字）的时间；

6）延长原因：填写引用法律条款的相关理由；

7）延长时间；

8）送往单位：执行羁押的看守所名称；

9）批准人、批准时间：与呈请延长侦查羁押期限报告书中的领导批示时间一致；

10）办案人：该案件侦查人员姓名，不得少于二人；

11）办案单位：承办案件侦查人员所在单位；

12）填发时间、填发人：法律文书的制作时间与制作者姓名。

（2）附卷联，由以下三部分组成：

1）首部：制作本法律文书的公安机关名称、法律文书名称及编号。

2）正文部分：①执行羁押的看守所名称。②执行逮捕的时间：填写逮捕证上犯罪嫌疑人签字的日期。③犯罪嫌疑人姓名、出生日期。④延长侦查羁押期限的理由、法律条款。⑤批准延长侦查羁押期限的人民检察院名称：填写批准逮捕人民检察院上级单位的名称。⑥延长羁押的期限和延长期限具体日期。⑦提请延长羁押期限的公安机关行政公章、日期（与呈请延长侦查羁押期限报告书中的领导批示时间一致）。制作法律文书计算羁押期限的法定时限时，应注意日期的衔接，避免出现计算失误。

3）尾部。①左侧：由犯罪嫌疑人签字（捺指印），填写收到通知书的日期。②右侧：由看守所值班民警加盖看守所行政公章，填写收到通知书的日期。

（3）交看守所联（略）。

注意：本法律文书各联之间的衔接处为法律文书的组成部分，应依照要求以汉字书写法律文书编号，并加盖县级（或以上）公安机关的行政公章作为骑缝章。

第五节　侦查取证文书

一、呈请搜查报告书

依据《刑事诉讼法》第136条的规定，为进一步获取证据，依据法律规定可以对犯罪嫌疑人以及可能隐藏罪犯或者隐匿犯罪证据的人的身体、物品、住处和其他有关的地方进行搜查。呈请搜查报告书是报请领导批准适用搜查这一法定侦查程序的公安机关法律文书。

依据《刑事诉讼法》第138条的规定，进行搜查，必须向被搜查人出示搜查证。在执行逮捕、拘留的时候，遇有紧急情况，不另用搜查证也可以进行搜查。

依据《刑事诉讼法》第140条的规定，搜查的情况应当写成笔录，由侦查人员和被搜查人或者他的家属，邻居或者其他见证人签名或者盖章。如果被搜查人或者他的家属在逃或者拒绝签名、盖章，应当在笔录上注明。

呈请搜查报告书是万能表的具体运用，一般由以下四部分组成：

（1）审核批示部分（略）。

（2）法律文书名称（略）。

（3）正文部分：犯罪嫌疑人基本情况、搜查理由与依据。

（4）结尾：承办单位、承办人（不得少于二人，案件主责警官姓名在第一位）、法律文书制作日期。

具体范例如下：

领导批示	同意。 关×× 20××年4月10日

审核意见	经审核该案卷，同意搜查，请局领导审批。 霍×× 20××年4月10日
办案单位意见	提议搜查，请局领导审批。 陈×× 20××年4月10日

呈请搜查报告书

犯罪嫌疑人基本情况：

犯罪嫌疑人邱××，男，19××年6月22日出生，身份证号码（略），汉族，高中毕业，职业：××市××区××公司职工，住址：××市××区××小区18号楼1221号，户籍所在地：同住址。

简历：自幼读书，高中毕业待业，20××年到现单位工作至今。20××年因诈骗罪被××法院判处有期徒刑2年10个月。

搜查理由与依据：

20××年3月23日10时许，犯罪嫌疑人邱××伙同孙××、秦××、韩××（均在押），在××市××路12号××公司办公室，利用签订购买钢材合同，诈骗事主焦××人民币150万元（赃款部分缴获）。犯罪嫌疑人邱××于20××年4月7日被拘留。经讯问，犯罪嫌疑人邱××供认上述事实。

据犯罪嫌疑人邱××供述：其进行犯罪活动所伪造的公章以及部分赃款，藏匿于××市××区××大街1号楼11号的暂住地。为进一步查明案情，根据《中华人民共和国刑事诉讼法》第一百三十六条之规定，呈请对××市××区××大街1号楼11号进行搜查。

妥否，请批示。

××市公安局经侦支队

办案人：粟××、古××

20××年4月10日

二、搜查证

搜查证与呈请搜查报告书、搜查笔录配合使用（如需在现场调取证据，还应当制作接受证据材料清单），是执行搜查时对外出示的凭证式法律文书，由存根联和附卷联两部分组成。

（1）存根联，存根联由以下项目组成：

1）制作本法律文书的公安机关名称、法律文书名称及编号；

2）案件名称：一般将犯罪嫌疑人姓名及案件性质作为案件名称；

3）案件编号：该案件在年度刑事案件中的具体序号；

4）犯罪嫌疑人的基本情况，包括姓名、性别（不用部分以斜线划去）、出生日期、住址、单位及职业；

5）搜查原因：简要注明搜查理由；

6）搜查对象：具体的地址或其他搜查对象名称；

7）批准人、批准时间：与呈请搜查报告书中的领导批示栏目内容一致；

8）办案人：案件侦查人员的姓名，不得少于二人；

9）办案单位：案件侦查人员所在单位；

10）填发时间、填发人：法律文书的制作时间与制作者姓名。

（2）附卷联，附卷联由以下三部分组成：

1）首部：制作本法律文书的公安机关名称、法律文书名称及编号。

2）正文部分：事先印制的法律条款，由制作者填写搜查的具体地址（或相关处所、对象的具体名称）、批准执行搜查的公安机关行政印章、制作日期（与呈请搜查报告书中的领导批示时间一致）。

3）尾部：由被搜查人或其家属依照栏目设置注明执行搜查的具体时间，签署姓名。

注意：

第一，在执行刑事拘留或逮捕时附带进行搜查，应制作工作记录予以说明，随附搜查笔录和接受证据材料清单，不必另行开具搜查证。

第二，执行搜查时应当由被搜查人或其家属在场。如系被搜查人亲属在场，应由执行搜查的侦查员在搜查证下方注明签字人与犯罪嫌疑人的关系。如搜查人或其家属无法到达搜查现场，必须聘请第三方证人在场见证搜查情况，并由证人在搜查证下方和搜查笔录上签字。

第三，执行搜查后如获取了相关证据，应当及时制作讯问笔录，在笔录中将嫌疑人藏匿证据、发现的涉案证据特征，以及客观媒介在案件中的具体表象予以表述清楚。

第四，本法律文书存根联与附卷联之间的衔接处为法律文书的组成部分，应依照要求用汉字书写法律文书编号，并加盖县级（或以上）公安机关的行政公章作为骑缝章。

具体范例如下：

×××公安局

搜查证

×公（×）搜字［20××］98号

因侦查犯罪需要，根据《中华人民共和国刑事诉讼法》第一百三十六条之规定，我局依法对犯罪嫌疑人邱××在××市××区××大街1号楼11号的暂住地进行搜查。

公安局（印）

20××年4月10日

本证已于20××年4月12日15时向我宣布。

被搜查人或其家属或其他见证人：

搜查时被搜查人妻子王××在场。

王××（签字）

见证人：许××

此联附卷

三、搜查笔录

此为与呈请搜查报告书、搜查证配合使用，用于记录搜查过程的法律文书，是执行搜查这一法定程序的具体体现。如果在搜查中发现了与案件有关的线索或证据，要予以提取作为证据使用。实际工作中还要注意本文书与接受证据材料清单配合使用。本文书属于通用法律文书范围，适用于检查、复验复查、侦查实验、搜查、查封、扣押、辨认、提取的相关环节。本文书由以下两部分组成：

（1）首部：首部法律文书名称，在横线上注明实际执行的相关法律措施作为该法律文书名称。

（2）正文部分。

1）搜查的起止时间：按照实际工作情况填写。

2）执行搜查的侦查人员（包括记录员）的姓名、所在单位名称（侦查人员不得少于二人）。

3）当事人姓名：填写嫌疑人姓名。

4）对象：依据工作需要填写相关工作对象，在本法律文书中填写被搜查的对象。

5）见证人：填写第三方见证人姓名。

6）其他在场人员：可视情况填写下列人员姓名：①填写在场的与嫌疑人有关的亲属姓名；②如果嫌疑人能够到场，则加注嫌疑人姓名。

7）事由和目的：依据报告书内容简要填写实施该法定措施的理由，本法律文书中填写实施搜查的理由。

8）地点：填写执行相关法律程序的具体地点，本法律文书中填写实施搜查的具体地址。

9）过程和结果：结合实施的相关法律程序进行具体表述。在执行搜查工作中应表述的内容包括：①执行搜查单位名称、工作人员姓名；②对外出示的凭证式法律文书（搜查证）记载的基本情况，如批准单位、批准文号；③搜查证批准的日期、文号、法律依据、执行地点等；④执行搜查的过程是否对物品造成损坏，对于需要调取的证据等物品一般记录为“详见接受证据材料清单”，注明接受证据材料清单的交付情况。

10）正文结尾部分：①相关人员亲笔签字，包括侦查人员、记录人、当事人、见证人、其他在场人员；②注明笔录的页数。

具体范例如下：

搜查笔录

时间：20××年4月11日10时20分至20××年4月11日15时0分

侦查人员姓名、单位：粟×、古××，××公安分局经侦支队

记录人姓名、单位：汪××，××公安分局经侦支队

当事人：犯罪嫌疑人邱××

对象：犯罪嫌疑人邱××在××市××区××大街1号楼11号的暂住地

见证人：曲××，××区××街道居委会工作人员

其他在场人员：王××（邱××之妻）

事由和目的：查找邱××进行犯罪活动所伪造的公章以及相关赃款

地点：××市××区××大街1号楼11号

过程和结果：××公安分局经侦支队工作人员粟××、古××，持××公安分局20××年4月10日签发的×公（×）搜字［20××］98号搜查证，在见证人曲××等人的见证下，对××市××区××大街1号楼11号进行搜查，搜查中未损坏任何物品。

获取证物详见接受证据材料清单。接受证据材料清单已交王××收执。

侦查人员：粟××、古××（签字）

记录人：汪××（签字）

当事人：邱××（签字）

见证人：曲××（签字）

其他在场人员：王××（签字）

第1页共1页

四、接受证据材料清单

本文书与呈请搜查报告书、搜查证、搜查笔录配合使用，用于登记执行搜查时接受的证物情况。本文书一式三份：一份附卷，一份交证据提交人，一份交公安机关保管人员。本文书的制作方法如下：

（1）首部。首部包括文书具体名称（已事先印制）。

（2）正文部分。

1）编号：按照报案人提供的证据数量由制作者分类依次编写号码。

2）名称：证物的具体名称。制作时注意以下问题：①严格按照物品生产国家或厂家的统一标准予以登记表述。②没有统一标准的，尽量采用能为大众熟识或广泛应用的称谓。③对于特殊或没有明确称谓的物品，要求制作者对该物品用简洁的字样予以尽量精确的涵盖性表述。

（3）结尾部分。

1）提交人：被搜查人或其家属。制作时应注意以下问题：①必须由本人签名，该签名字样应当同对应的问话笔录上本人签名使用字样做到绝对一致。②本人不能签字时，可参照下列方式：由制作法律文书的工作人员注明“以上登记内容已向本人宣读，经本人确认无误”字样，并签制作者之姓名，注明日期（相关情节应当在相关笔录中予以表述）。

2）保管人：接受案件的执法办案单位负责证物管理人员签字，注明日期。

具体范例如下：

接受证据材料清单

编号	名称	数量	特征	备注
1	××公司合同专用章	壹枚	红色圆形，刻有“××公司合同专用章”字样	
2	××公司财务章	壹枚	红色长方形，刻有“××公司财务章”字样	
3	人民币	50万元	百元面值	待鉴定
4	美元	5万元	百元面值	待鉴定
提交人： 王×× 20××年4月11日	保管人： 海×× 20××年4月11日	办案单位（盖章） 办案人：粟××、古×× 20××年4月11日		

本清单一式三份：一份附卷，一份交证据提交人，一份交公安机关保管人员

五、呈请辨认报告书

在侦查过程中，在讯问和询问笔录不能够准确描述犯罪嫌疑人或涉案证据（物品）特征的情况下，为确定犯罪嫌疑人主体身份、明确法律责任或涉案证据情况，可以由被害人或证人对犯罪嫌疑人进行辨认。辨认也可以在共同犯罪嫌疑人之间进行。辨认的对象既可以是行为人，也可以是涉案物品、文件、场所、尸体等。呈请辨认报告书是用于报请领导批准进行辨认的说明式法律文书，由以下四部分组成：

（1）审核批示部分（略）。

（2）法律文书名称（略）。

（3）正文部分。正文由犯罪嫌疑人的基本情况、处理理由（呈请辨认的理由）与依据组成。

（4）结尾。结尾包括承办单位、承办人（不得少于二人，案件主责警官姓名在第一位）、法律文书制作日期。

具体范例如下：

领导批示	同意。 关×× 20××年4月9日
审核意见	经审核该案卷，同意辨认，请局领导审批。 黄×× 20××年4月9日
办案单位意见	提议辨认，请局领导审批。 陈×× 20××年4月9日

呈请辨认报告书

犯罪嫌疑人基本情况：

犯罪嫌疑人邱××，男，19××年6月22日出生，身份证号码（略），汉族，高中毕业，职业：××市××区××公司职工，住址：××市××区××小区18号楼1221号，户籍所在地：同住址。

简历：自幼读书，高中毕业待业，20××年到现单位工作至今。20××年因诈骗被××区人民法院判处有期徒刑2年10个月。

处理理由与依据：

20××年3月23日10时许，犯罪嫌疑人邱××伙同秦××、韩××（均在押），在××市××路12号××公司办公室，利用伪造的××商贸公司的印章签订购买钢材合同，诈骗事主焦××人民币150万元。犯罪嫌疑人邱××于20××年7月8日被刑事拘留。经讯问，犯罪嫌疑人邱××拒不供认上述事实。

为进一步查明案情，根据《中华人民共和国刑事诉讼法》第五十条之规定，呈请由被害人焦××对犯罪嫌疑人邱××进行辨认。

妥否，请批示。

××市公安局经侦支队
办案人：苏×、古××
20××年4月9日

六、辨认笔录

辨认笔录是用于记录辨认过程和辨认结果的法律文书，与呈请辨认报告书配合使用。该类法律文书由“笔录”模式转化而成，其设置类似于万能表，但与万能表有所不同，属于公安机关在执法过程中制作的具有说明性质的法律文书。辨认笔录由以下三部分组成：

（1）首部。

1）执行公安机关的名称；

2）通过填写执行具体法定程序的名称，完成法律文书的命名。

（2）正文部分。

1）辨认的起止时间：具体实施辨认的起止时间。

2）辨认地点：辨认嫌疑人应当在公安机关的指定地点进行，一般情况下辨认物品或其他证物也应当在公安机关进行（特殊情况下根据具体条件确定辨认地点）。

3）办案民警或者勘验、检查人姓名及工作单位：①填写执行辨认办案人员姓名；②如果执行此项工作的执法人员是专业技术工作人员，并非案件承办人，则填写实际执行人；③填写实际执行人的工作单位。

4）检查或者辨认对象：执行检查时，检查对象应当与检查地点表述一致。制作时用斜线划去不用的部分。

5）当事人/辨认人基本情况：姓名、性别、身份证件种类及号码，用斜线划去不用的部分。

6）见证人的基本情况：姓名、性别、身份证件种类及号码，依照见证人的实际情况填写。

7）事由和目的：填写适用或执行相关法定程序的理由，或者要完成任务的具体指向。

8）过程和结果：表明执行辨认的具体过程，以及完成辨认后指向的表现结果。

（3）按照项目设置要求，由相关人员亲笔签署姓名、日期，不得代签。

具体范例如下：

××市公安局××分局

辨认笔录

时间：20××年4月9日10时20分至20××年4月9日10时50分

地点：××区公安分局刑侦支队辨认室

办案民警或者勘验、检查人姓名及工作单位：苏××、顾××，××市公安局××分局刑侦支队

检查或者辨认对象：共9人，均为男性，自东至西排列

当事人/辨认人基本情况（姓名、性别、身份证件种类及号码）：焦××，男，身份证号码（略）

见证人基本情况（姓名、性别、身份证件种类及号码）：汪××，男，身份证号码（略）；仉××，男，身份证号码（略）

事由和目的：确认被辨认对象中有无对辨认人实施诈骗行为的犯罪嫌疑人

过程和结果：被辨认人自东至西排列，经辨认人焦××辨认，指出从西数第四人为对其实施诈骗行为的犯罪嫌疑人。实施上述辨认过程时，见证人汪××、仉××在场全程见证。

办案民警或者勘验、检查人：苏××、顾××　20××年4月9日

当事人、辨认人或者见证人：汪××　20××年4月9日

仉××　20××年4月9日

七、呈请鉴定报告书

为查明案情，公安机关根据侦查需要可以对案件中的涉案物证进行专项说明或进行鉴定，用以确定犯罪嫌疑人的责任。呈请鉴定报告书是用于报请领导批准就某一问题进行鉴定的说明性质的法律文书，由以下四部分组成：

（1）审核批示部分（略）。

（2）法律文书名称（略）。

（3）正文部分。正文一般分为犯罪嫌疑人的基本情况、呈请鉴定的理由与依据。

（4）结尾。结尾包括承办单位、承办人（不得少于二人，案件主责警官姓名在第一位）、法律文书制作日期。

具体范例如下：

领导批示	同意。 关×× 20××年4月15日
审核意见	经审核该案卷，提议鉴定，请局领导审批。 金×× 20××年4月15日
办案单位意见	提议鉴定，请局领导审批。 陈×× 20××年4月15日

呈请鉴定报告书

犯罪嫌疑人邱××，男，19××年6月22日出生，身份证号码（略），汉族，高中毕业，职业：×××市××区××公司职工，住址：××市××区××小区18号楼1221号，户籍所在地：同住址。

简历：自幼读书，高中毕业待业，20××年到现单位工作至今。20××年因诈骗被××区人民法院判处有期徒刑2年10个月。

处理理由与依据：

20××年3月23日10时许，犯罪嫌疑人邱××伙同孙××、秦××、韩××（均在押），在××市××路12号××公司办公室，利用伪造的××商贸公司的印章签订购买钢材合同，诈骗事主焦××人民币150万元（赃款部分缴获）。犯罪嫌疑人邱××于20××年4月10日被刑事拘留。经讯问，犯罪嫌疑人邱××供认上述事实。

综上所述，犯罪嫌疑人邱××的行为触犯了《中华人民共和国刑法》第二百二十四条之规定，涉嫌合同诈骗罪。为进一步查明案情，根据《中华人民共和国刑事诉讼法》第一百四十六条之规定，呈请对邱××涉案使用的××商贸公司印章进行鉴定。

妥否，请批示。

××市公安局经侦支队

办案人：苏××、古××

20××年4月15日

八、鉴定聘请书

此系与呈请鉴定报告书配合使用，为查明案情，公安机关根据侦查需要委托专业人员对案件中涉案物证进行专项说明或进行鉴定的凭证式法律文书。就鉴定结论应当通知被害人及犯罪嫌疑人，通知时需要与鉴定意见通知书配合使用。该法律文书由存根联、附卷联、交被聘请人联三部分组成。

（1）存根联，包括：

1）制作本法律文书的公安机关名称、法律文书名称及编号；

2）案件名称：一般将犯罪嫌疑人姓名及案件性质作为案件名称；

3）案件编号：该案件在年度刑事案件中的具体序号；

4）犯罪嫌疑人的基本情况：姓名、性别（不用部分用斜线划去）、出生日期；

5）鉴定内容：简要注明鉴定的具体事宜；

6）被聘请人姓名、单位及职务：按实际情况填写；

7）鉴定意见提交时间：根据侦查工作需要，指定作出鉴定意见的时间；

8）批准人、批准时间：与呈请鉴定报告书中的领导批示栏目一致；

9）办案人、办案单位（略）；

10）填发时间、填发人：法律文书的制作时间与制作者姓名。

（2）附卷联，由以下三部分组成：

1）首部：制作本法律文书的公安机关名称、法律文书名称及编号。

2）正文部分：①被聘请人姓名；②案件名称、鉴定的具体事宜（简要叙述）；③提交鉴定意见的时间；④批准鉴定的公安机关行政公章、日期。

3）尾部：由被聘请人签字，注明日期。

（3）交被聘请人联（略）。

注意：本法律文书各联之间的衔接处为法律文书的组成部分，应依照要求用汉字书写法律文书编号，并加盖县级（或以上）公安机关的行政公章作为骑缝章。

具体范例如下：

×××公安局

鉴定聘请书

（副本）

××公（××）鉴聘字［20××］223号

金××：

为了查明邱××涉嫌合同诈骗一案，根据《中华人民共和国刑事诉讼法》第一百四十六条之规定，特聘请你对邱××作案所使用的涉案物证××商贸公司印章进行鉴定。请于20××年4月20日前将鉴定情况和结论写成书面材料送交我局。

公安局（印）

20××年4月15日

本聘请书已收到。

被聘请人：金××（签字）

20××年4月15日

此联附卷

九、鉴定意见通知书

此系根据法律规定，将有关鉴定意见通知被害人或其法定代理人、犯罪嫌疑人的凭证式法律文书，与呈请鉴定报告书、鉴定聘请书配合使用，由存根联、附卷联、交被害人或其法定代理人联、交犯罪嫌疑人联四部分组成。

（1）存根联，包括：

1）制作本法律文书的公安机关名称、法律文书名称及编号；

2）案件名称：一般将犯罪嫌疑人姓名及案件性质作为案件名称；

3）案件编号：该案件在年度刑事案件中的具体序号；

4）犯罪嫌疑人的基本情况：包括姓名、性别（不用部分用斜线划去）、出生日期；

5）被害人的基本情况：包括姓名、性别（不用部分用斜线划去）、出生日期；

6）鉴定内容：鉴定的具体事宜；

7）鉴定结论：简要摘记有关专业人员出具的具体意见；

8）批准人、批准时间：与呈请鉴定报告书中相关项目一致；

9）办案人：同鉴定聘请书中存根联相关栏目；

10）办案单位：同鉴定聘请书中存根联相关栏目；

11）填发时间、填发人：法律文书的制作时间与制作者姓名。

（2）附卷联，由以下三部分组成：

1）首部。制作本法律文书的公安机关名称、法律文书名称及编号。

2）正文部分。①被害人或其法定代理人、犯罪嫌疑人姓名；②法律文书中设置了“指派/聘请”栏目，制作时以斜线将不用部分划去；③简要填写鉴定事宜；④鉴定的相关专业学科名称，如人身伤害的医学，如不便填写，可注明“相关”字样；⑤简要摘记鉴定意见的主要内容；⑥批准鉴定的公安机关行政公章、日期。

3）尾部。事先印制“本通知书已收到”字样，左下方由被害人或其法定代理人签字，注明日期；右下方由犯罪嫌疑人签字，注明日期（注意：应在收到鉴定意见后及时通知）。

（3）交被害人或其法定代理人联（略）。

（4）交犯罪嫌疑人联（略）。

注意：本法律文书各联之间的衔接处为法律文书的组成部分，应依照要求用汉字书写法律文书编号，并加盖县级（或以上）公安机关的行政公章作为骑缝章。

具体范例如下：

×××公安局

鉴定意见通知书

×公（×）鉴通字［20××］223号

孙××、邱××：

我局指派/聘请有关人员对邱××合同诈骗一案使用的××商贸公司印章进行了真伪鉴定，鉴定意见是：经与原件比对，邱××涉嫌合同诈骗一案使用的××商贸公司印章系伪造。根据《中华人民共和国刑事诉讼法》第一百四十八条之规定，如果你对该鉴定意见有异议，可以提出补充鉴定或者申请重新鉴定的申请。

公安局（印）

20××年4月18日

本通知书已收到。	本通知书已收到。
被害人或其法定代理人：	犯罪嫌疑人：
孙××	邱××（捺指印）
20××年4月18日	20××年4月18日

此联附卷

问题与思考题

一、简答题

1. 简述公安法律文书的概念、特征。

2. 从案件查处程序的角度看，公安法律文书分为哪几类？

3. 简述公安机关行政执法文书中万能表的概念与特点。

4. 简述公安机关行政执法文书中万能表的基本格式。

5. 从案件查处程序的角度看，公安刑事法律文书一般分为哪几类？请简要叙述具体分类。

6. 为什么说笔录是最基本的公安法律文书？

二、论述题

试述制作公安法律文书应注意的问题。

下篇

其他法律文书的制作

第十一章 行政执法的法律文书

内容导读

习近平总书记在党的二十大报告中强调“扎实推进依法行政”，对转变政府职能、深化行政执法体制改革、强化行政执法监督机制和能力建设等作出重点部署。行政执法的法律文书，简称行政执法文书，是指行政执法机关依照法定的授权、依照一定的程序制作的用于处理行政违法行为以及办理行政许可、行政复议、行政诉讼案件和其他事务时制作的具有法律效力或者法律意义的法律文书。行政执法文书是贯彻、执行法律、法规和规章的工具，是执法活动的书面形式，包括公安机关的行政执法文书、司法行政机关的行政执法文书、安全生产行政执法文书、市场监督行政执法文书等。由于行政执法行为种类繁多、范围广，目前一些执法文书还没有统一的格式，如行政许可文书等。此外，一些执法文书的格式和要求散落在不同的规章或者规范性文件中。规范行政执法文书的制作，提高行政执法文书的质量，应该引起足够的重视。

第一节 行政许可文书

行政许可文书是行政机关根据自然人、法人或者其他组织的申请，经依法审查，准予其从事特定活动时使用的法律文书。一般行政许可办理过程可以分为申请、受理、审查、决定、送达、变更与延续几个阶段，行政许可文书就存在于行政机关实施行政许可的各个环节中，行政许可程序是否合法、规范都可以通过文书体现出来。行政许可文书也是行政复议机关和人民法院在行政复议、行政诉讼中定案的重要证据。

一、行政许可申请书

1. 概念

行政许可申请书，是指行政许可申请人或者委托代理人向行政机关提出其拟从事某种需要取得行政许可的事项的活动时所递交的文书。《行政许可法》第 29 条第 2、3 款规定：行政许可申请人可以委托代理人提出行政许可申请。但是，依法应当由申请人到行政机关办公场所提出行政许可申请的除外。行政许可申请可以通过信函、电报、电传、传真、电子数据交换和电子邮件等方式提出。

如果申请书需要采用格式文本，行政机关应当向申请人提供行政许可申请书格式文本。申请书格式文本不得包含与申请行政许可事项没有直接关系的内容。申请人申请行政许可，应当如实向行政机关提交有关材料和反映真实情况，并对其申请材料实质内容的真实性负责。行政机关不得要求申请人提交与其申请的行政许可事项无关的技术资料和其他材料。

2. 内容及范例

内容包括申请人要求行政机关准予其从事某种特定活动的意思表示，还包括行政机关要求申请人提供的申请人是否符合行政许可的条件和标准的有关信息。

如果申请书所要包含的事项较多，申请人填写申请书时，还需注意不能丢项、漏项。

具体范例如下：

行政许可申请书
（临时用地申请书）

申请人：×××

住址：××××

法定代表人：×××

受委托人：×××

申请事项：临时用地申请

提交材料目录：

1. 行政许可申请书（原件1份）；

2. 身份证明；

3. 因建设工程施工申请临时用地的，还需提供“土地使用权出让合同书”、付清地价款证明、“建设工程规划许可证”以及项目用地总平面图（说明因建设项目需要确需另行申请临时用地。复印件各1份，验原件）。

提交材料页数：××页

申请人联系电话：××××

联系人：×××

其他联系方式（如电子邮箱）：×××××××××

申请人（委托代理人）：××（签章）

××年××月××日

本文书是针对申请临时用地所写的一份申请书，对申请人的基本情况和申请事项等都进行了交代，但是没有提及关于申请的事实和理由，欠缺合理性。

二、行政许可申请受理通知书

1. 概念

行政许可申请受理通知书是指行政机关收到申请材料后，经形式审查，认为申请事项属于本行政机关职权范围，申请材料齐备、符合法定形式，或者申请人按照行政机关的要求提交全部补正申请材料，决定受理行政许可申请的文书，属于填写式文书。行政机关决定受理行政许可申请，应当在收到申请材料次日起5日内，制作本文书送达申请人。

2. 范例

具体范例如下：

(行政机关名称)

行政许可申请受理通知书

受通字［××］第××号

(申请人)：

你（单位）于××年××月××日提出的行政许可申请收悉。经初步审查，符合行政许可申请的受理条件，本机关决定自××年××月××日起受理。

(行政机关公章)

××年××月××日

三、不予受理行政许可申请决定书

1. 概念

不予受理行政许可申请决定书是行政机关经过审查申请人提出的行政许可申请及相关材料，不同意其申请要求的法律文书。该法律文书既是正式的书面通知，也是法律凭证，申请人可以此为凭据寻求法律救济。

2. 格式及范例

不予受理行政许可申请决定书由首部、正文和尾部组成。

(1) 首部：机关名称、法律文书名称、文书编号。

(2) 正文部分：

1) 申请人（法人、其他组织）的名称。

2) 申请内容：填写申请的具体事由。

3) 不予受理的理由：填写法律、法规所规定的具体内容，例如，该申请依法不需要取得行政许可、不属于该机关管辖、不属于该机关管辖范围。应注意：对于不属于该机关管辖或不属于该机关管辖范围的，应在本法律文书内注明有管辖权的行政机关名称。

4) 法律救济条款。

5) 行政机关公章、日期（作出不予受理决定的日期）。

(3) 尾部：由申请人签字并签署日期（收到本决定书的日期）。

本文书第一联存档，第二联交申请人。

具体范例如下：

××市市场监督管理局

不予受理行政许可申请决定书

(×) 市监许不受［××］(××) 号

(申请人姓名或名称)：

经审查，你（单位）于××年××月××日提出的（行政许可事项名称）申请，因存在下列第××种情形，根据《中华人民共和国行政许可法》第三十二条第一款第（××）项和（法律依据名称）第××条第××款第××项规定，决定不予受理：

1. 该事项依法不需要取得行政许可；

2. 该事项依法不属于本市场监督管理部门职权范围，你（单位）可以向（有管辖权的主管部门名称）申请行政许可；

3. 申请材料不齐全或者不符合法定形式，经补正后仍不齐全或者不符合法定形式的；

4. 申请人隐瞒有关情况、提供虚假材料；

5. 不具备法定的申请主体资格；

6.（法律、法规、规章规定其他不予受理的情形）。

如不服本决定，可以自收到本决定书之日起六十日内向（本级人民政府或者上一级主管部门）申请行政复议，也可以在六个月内直接向××人民法院提起行政诉讼。

××市市场监督管理局（印章）
××年××月××日

四、受理行政许可申请决定书

受理行政许可申请决定书是指行政机关经审查申请人提出的行政许可申请及相关材料，同意其申请要求的法律文书。该法律文书是正式的书面通知，申请人可以此为凭监督行政机关依法行政。

受理行政许可申请决定书由以下三部分组成：

（1）首部：机关名称、法律文书名称、文书编号。

（2）正文部分：

1）申请人（法人、其他组织）名称。

2）申请内容：填写申请的具体事由。

3）法律赋予行政机关作出的行政行为。

（3）尾部：行政机关公章、日期（决定受理的日期）。

具体范例如下：

××市质量技术监督局
受理行政许可申请决定书

××质监工许（×）受字［××］第××号

××眼镜店：

你（单位）提出眼镜（验配眼镜）产品生产许可证的申请和所提供（出示）的材料，符合该项目申请条件。根据《行政许可法》第三十二条第一款第（五）项的规定，决定予以受理。

××市质量技术监督局（印章）
××年××月××日

五、行政许可听证告知书

1. 概念

行政许可听证告知书是指行政机关接受行政许可申请人、利害关系人的申请，在作出许可决定之前通知申请人、利害关系人参加听证会的文书。它属于填写式文书。行政机关收到听证申请后，应当在20日内组织听证，并于听证的7日前制作本文书，将举行听证的时间、地点通知申请人、利害关系人，必要时予以公告。

2. 范例

具体范例如下：

××市自然资源与规划局
行政许可听证告知书

××听告字［××］第××号

××海房地产开发有限公司向我局申请××市××路39号住宅工程的规划选址行政许可，我局已依法受理并进行了公示。因该许可直接涉及申请人与其他人之间的重大利益关系，根据《中华人民共和国行政许可法》第四十七条之规定，利害关系人享有要求听证的权利。下列利害关系人可以依法申请听证，对于申请听证的，我局将依申请依法举行规划选址行政许可听证。现将有关听证事项告知如下：

一、利害关系人范围：××市××路39号和××路15号的居民。

二、听证时间：××年4月14日下午14：30。

三、听证地点：××市规划局15楼会议室。

四、听证主持人：市规划局法规监察处工作人员。

五、申请参加听证的方式和要求：

1. 参加听证人数5人。申请人超过5人的，由申请人推选1～5名作为听证代表人；不能推选产生的，抽签决定。代表人填写登记表并在本次公告发布之日起5日内报本机关。

2. 听证公开举行，可以参加旁听。要求旁听的，5日内到申请受理地点领取旁听证（限20人，以领取时间先后为序）。

3. 听证参加人不足法定人数或无故不来（因故不能前来，请在听证2日前通知本机关），本机关将依法取消听证会。

六、申请受理地点：××市规划局政务办理大厅（地址：××市××西路××号）。

特此公告。

××市自然资源与规划局（公章）

联系、咨询电话：××××。

××年××月××日

六、行政许可决定书

1. 概念

行政许可决定书，是指行政机关对申请人的申请，经依法审查，认为符合该项行政许可的法定条件、标准，依法作出准予行政许可决定的文书。

2. 制作方法

由于行政许可决定书的种类不同，所以其结构也不一样，但一般由首部、正文、尾部构成。

(1) 首部，包括标题、文书编号。文书编号写在标题的右下方。

(2) 正文。由于行政许可事项不同，正文内容差异较大，一般有行政许可事项名称、事项特征或者要素、行政许可内容，被许可人名称或者姓名、地址，行政许可期限或者证件的有效期限等。

(3) 尾部。要注明文书签发时间，并盖上发文机关的公章。

3. 范例

具体范例如下：

××省司法厅

行政许可决定书

××司许字［××］第××号

××省××律师事务所：

你（你单位）于××年××月××日向本机关提出了律师事务所设立审核登记、执业（设立）申请并提交申请材料。

经审查，认为你（你单位）提出的该项申请，符合法定条件（标准），根据《中华人民共和国律师法》第十四条的规定，本机关决定：准予××省××律师事务所设立合伙制律师事务所。

请你（你单位）自收到本决定书之日起10日内，持本决定书和本人身份证件（或单位信函）到本机关行政许可受理中心领取行政许可证件（律师事务所执业许可证）。

××省司法厅（印章）

××年××月××日

七、不予行政许可决定书

1. 概念

不予行政许可决定书，是指行政机关对申请人的申请，经依法审查，认为不符合该项行政许可的法定条件、标准，依法作出不予行政许可决定的文书。

2. 制作方法

(1) 首部，包括标题、文书编号、申请人的基本情况。文书编号写在标题的右下方，申请人基本情况应当尽量具体。

(2) 正文。由于申请的行政许可事项不同，正文中事实、依据差异较大，一般包括申请事项名称，不符合法定条件、标准的事实和依据，不予该项行政许可的理由、结论或决定，救济途径等。

(3) 尾部。写明文书签发时间，并盖上发文机关的公章。

3. 范例

具体范例如下：

××县生态环境局
不予行政许可决定书

×环许决字［××］××号

××：

你单位于××年××月××日向本机关提出了××AAAA级景区创建基础设施建设工程项目环境影响评价行政许可申请。因未按××县环境保护局（×环许补［××］××号）要求及时补正相关材料，本机关决定不予行政许可。

如不服本决定，可在收到本决定书之日起60日内，依法向××市环境保护局或××县人民政府申请行政复议；也可以在6个月内直接向××县人民法院提起行政诉讼。

××县生态环境局（印章）
××年××月××日

八、行政许可延续决定书

1. 概念

行政许可延续决定书是指对于接近有效期的行政许可，被许可人申请延续的，行政机关经依法审查，认为符合该项行政许可的法定条件、标准的，依法作出准予延续行政许可决定的文书。

2. 范例

具体范例如下：

××市城市管理和综合执法局
准予延续行政许可决定书

×城综许准［××］××号

××公司：

你（单位）于××年××月××日提出的砼车作业临时占道申请，本机关已于××年××月××日受理。经审查：

你（单位）申请在新华南路与胜利路交叉口西南面人行道50米处占用15m＊6m，共$90m^2$进行砼车作业，符合法定条件、标准。

依照《中华人民共和国行政许可法》第五十条第二款之规定，决定准予延续你（单位）砼车作业临时占道行政许可。

许可期限及要求：有效期××年××月××日—××月××日，共3天，每天7：30～8：45和16：30～17：45期间不得占道施工。占道期间应严格按规范施工，确保施工区域道路安全畅通。砼车占道施工时应按申请位置占道，车头离新华路50米，车身离工地20米。支撑脚接触路面处做好有效铺垫防止损坏路面，施工过程中要采取有效措施防止混凝土渗漏污染地面。

需要延续有效期的，应当在有效期届满前向我机关提出延续申请。逾期不提出申请的，视作不延续。

××市城市管理和综合执法局（印章）
××年××月××日

九、行政许可不予延续决定书

1. 概念

行政许可不予延续决定书是指对于接近有效期的行政许可，被许可人申请延续，行政机关经依法审查，认为不符合该项行政许可的法定条件、标准的，依法作出行政许可不予延续决定的文书。

2. 范例

具体范例如下：

××省粮食和物资储备局
行政许可不予延续决定书

××粮储［××］第××号

××粮食储备库：

你单位于××年××月××日提出的（许可证编号）行政许可延续申请，本局已于××年××月××日受理。

你库中央储备粮代储资格认定申请经国家粮食和物资储备局审核，因企业综合情况和仓房条件未达标，依照《中华人民共和国行政许可法》第五十条第二款、《××××法》之规定，决定不予延续你（你单位）行政许可，不再授予你库中央储备粮代储资格。

如你（你单位）不服本决定，可于收到本决定书之日起60日内向国家粮食和物资储备局申请行政复议，或者三个月内直接向人民法院提起诉讼。

××省粮食和物资储备局（印章）
××年××月××日

第二节　行政处罚文书

行政处罚的立法旨在规范行政处罚行为，使执法主体依法行使职权。行政处罚的法律文书是行政处罚立法宗旨的具体体现，同时也为保障和监督有权机关行政执法提供法律依据。行政执法部门较多，行政处罚的法律文书类型也较多，按制作主体不同，可以分为工商管理类文书、卫生类文书、环境保护类文书、税务类文书等；按制作形式不同，可以分为填空式文书、笔录式文书和文字叙述式文书；按行政处罚案件的办案流程，可以分为立案类文书、调查取证类文书、告知类文书、决定类文书、执行类文书、结案类文书、其他文书。

（1）立案类文书：包括行政处罚案件举报登记表、行政处罚案件立案审批表。

（2）调查取证类文书：包括现场笔录、询问通知书、询问笔录、陈述笔录、先行登记保存通知书、抽样取证通知书、采取（解除）强制措施审批表、封存（查封、暂扣、扣押）物品通知书、封存（查封、暂扣、扣押）物品清单、收缴物品清单、案件调查终结审批表。

（3）告知类文书：包括行政处罚事先告知书、行政处罚听证通知书、行政处罚听证笔录。

（4）决定类文书：包括行政处罚决定审批表、当场行政处罚决定书、行政处罚决定书、没收物品清单。

（5）执行类文书：包括罚款催缴通知书、延期（分期）缴纳罚款审批表、延期（分期）缴纳罚款批准书、强制执行申请书、强制执行通知书、强制执行决定书。

（6）结案类文书：包括结案审批表、案件移送审批表、案件移送函。

（7）其他文书：包括责令改正通知书、送达回证。

常用的行政处罚文书有以下几种：

一、行政处罚事先告知书

1. 概念

行政处罚事先告知书，是指行政机关在作出行政处罚之前，依法告知当事人给予行政处罚决定的事实、理由及依据和享有陈述权、申辩权的通知性文书。

2. 格式及范例

行政处罚事先告知书包括首部、正文和尾部。

（1）首部：包括标题、文书编号、相对人名称。

（2）正文：简要叙述违法事实、违反的法律条款和依法应享有的权利（事先印制完成）。拟作出的行政处罚种类以及处罚幅度。

（3）尾部：包括告知事项、被告知人的意见、被告知人签名、执法人员或机关签署。

具体范例如下：

××市市场监督管理局
行政处罚事先告知书

×市场监管×告字［××］第××号

××公司：

由本机关立案调查的你（单位）涉嫌开业后自行停业连续六个月以上一案，已经调查终结。

经查，你（单位）开业后自行停业连续六个月以上。

上述行为违反了《中华人民共和国公司法》第二百六十条规定。依据《中华人民共和国公司法》第二百五十九条的规定，拟对你（单位）给予以下行政处罚：吊销营业执照。

对上述拟给予的行政处罚，你（单位）可以主张以下权利：

一、1. 依据《中华人民共和国行政处罚法》第四十五条的规定，你（单位）有陈述和申辩的权利。

2. 依据《中华人民共和国行政处罚法》第六十三条第一款的规定，你（单位）还有要求举行听证的权利。

如果主张以上权利，你（单位）应当自公告之日起五日内向本机关提出。到期未提出的，视为放弃权利。

××市市场监督管理局（印章）

××年××月××日

二、行政处罚听证告知书

1. 概念

行政处罚听证告知书是指行政机关在作出行政处罚决定之前，对于符合听证条件的案件告知当事人作出行政处罚决定的事实、理由、依据及要求举行听证的权利的法律文书。

行政处罚听证告知书是在行政机关作出较大数额罚款、责令停产停业、吊销许可证件等行政处罚决定之前使用的。听证告知程序是行政处罚事先告知程序的特殊形式。使用了行政处罚听证告知书，就不必再使用行政处罚事先告知书。

填制行政处罚听证告知书必须在案件调查终结，且拟作出的行政处罚决定的事实、理由、依据和具体处罚意见确定的情况下进行，以免出现在行政处罚听证告知书发出之后，因办案机关自身内部原因有关处罚事项又有改变的情况。填制行政处罚听证告知书应注意两点：一是须在举行听证 7 日前将确定的听证时间通知当事人；二是要考虑通知送达和当事人前往听证的路途时间，即听证举行时间的可行性。

2. 范例

具体范例如下：

××市市场监督管理局
行政处罚听证告知书

××监督告［××］××号

××房地产有限公司：

本局依法调查的关于你公司涉嫌虚报注册资本一案，已经本局调查终结。根据《中华人民共和国行政处罚法》第四十四条、第四十五条、第六十三条、第六十四条和《市场监督管理行政处罚听证暂行办法》第六条的规定，现将本局拟对你公司作出行政处罚的事实、理由及依据告知如下：

经查：你公司在××年××月××日登记注册时，将以 A 房地产开发有限公司××分公司名义竞得的两宗土地使用权（已办理财产权转移手续），及已向××国有资产监督管理委员会交纳购买上述两宗土地使用权出让款 433.443 6 万元（其收据 5 张由××国有资产监督管理委员会出具），以 1 000 万元人民币为注册和实收资本进行登记。你公司将已属于国家所有的 433.443 6 万元土地出让款作为公司股东个人出资进行登记。你公司的上述行为，依据《中华人民共和国公司法》第三十九条的规定，已构成虚报注册资本取得公司登记的违法行为。根据《中华人民共和国公司法》第二百五十条“违反本法规定，虚报注册资本、提交虚假材料或者采取其他欺诈手段隐瞒重要事实取得公司登记的，由公司登记机关责令改正，对虚报注册资本的公司，处以虚报注册资本金额百分之五以上百分之十五以下的罚款……”的规定，本局拟作行政处罚如下：

1. 责令改正上述违法行为；

2. 罚款人民币 40 万元。

根据《中华人民共和国行政处罚法》的有关规定，在本局作出行政处罚决定前，你公司有陈述、申辩的权利，也可以要求举行听证。如要求陈述、申辩或举行听证，请在收到本通知之日起五日内向本局提出。逾期未提出的，视为放弃此权利。

××市市场监督管理局
××年××月××日

三、行政处罚决定书

1. 概念

行政处罚决定书，是指行政机关根据当事人违反法律、法规或者规章的事实和证据，按照行政处罚法的规定，对当事人实施行政处罚时制作的文书。

凡行政处罚，必须制作和送达行政处罚决定书。行政处罚决定书是整个行政执法过程中最重要的，也是最关键的法律文书，具有严肃性、强制性和对当事人的拘束力。要求履行行政处罚决定，或者当事人不服行政处罚的，皆以行政处罚决定书为凭据并针对行政处罚决定书载明的行政处罚决定而提起行政复议或者行政诉讼。行政处罚决定书的规范化制作，是行政执法规范化要求最基本的要素，体现着行政执法队伍的综合素质和行政执法队伍的执法水平。

2. 制作要求

行政处罚决定书由首部、正文、尾部构成。

(1) 首部。包括标题、文书编号、当事人的基本情况。当事人包括自然人、法人或者其他组织。对自然人的行政处罚，应当写明当事人的基本情况，包括其姓名、地址等；对法人或者其他组织的行政处罚，应当写明法人或者其他组织的名称、地址。

(2) 正文。包括下列四项：

1) 违反法律、法规或者规章的事实和证据。违法事实与证据是实施行政处罚的根据，行政处罚决定书应当予以载明。

2) 行政处罚的种类和依据。行政机关给予当事人何种行政处罚，以及行政机关作出行政处罚决定所依据的法律、行政法规、地方性法规或者规章的规定，应当在行政处罚决定书上载明。

3) 行政处罚的履行方式和期限。行政处罚的履行方式是指当事人以什么行为履行行政处罚，如到指定银行缴纳罚款、拆除违章建筑等。期限是法律规定的或者由行政机关要求的，限定当事人履行行政处罚决定的期间。例如当事人应当在 15 日内到指定的银行缴纳罚款，当事人应当在行政机关要求的 1 个月内拆除违章建筑等。当事人不按照履行方式和限定的期限履行行政处罚决定，即属于违法，行政机关可以采取执行措施，强制当事人履行行政处罚决定。

4）救济的途径。这是指当事人不服行政处罚决定，申请行政复议或者提起行政诉讼的途径和期限。行政机关在作出行政处罚决定的同时，应向当事人说明不服行政处罚决定的法律救济途径，同时，要告知当事人申请行政复议或者提起行政诉讼的期限，即当事人应当在宣告行政处罚决定之日起多少天内申请行政复议或者提起行政诉讼。

（3）尾部。包括作出行政处罚决定的行政机关名称和作出决定的日期。这是任何法律文书都不可缺少的载明事项。行政处罚决定书必须盖有作出行政处罚决定的行政机关的印章。

行政处罚决定书应当由行政机关统一印制，有预定的格式，编有号码，依照法律规定填写，向当事人宣告并当场交付当事人，即对当事人产生法律约束力。

3. 范例

具体范例如下：

××市××区生态环境局
行政处罚决定书

××环罚字〔××〕第××号

××水泥预制品厂：

地址：××市××区××镇××村××空地

经营者：××红 统一社会信用代码：××××

你厂未批先建一案，经我局调查，现已审查终结。

一、环境违法事实和证据

经查实，你厂未依法报批环境影响评价文件，擅自于××年××月开始建设水泥预制品生产项目，至检查时，已安装混凝土搅拌机2套、自动变径滚焊机2台和电动单梁起动机2台。

你厂上述行为，违反了《中华人民共和国环境影响评价法》第三条和第二十二条第一款的规定。

××年××月××日，我局依法向你厂送达了××环罚告字［××］第××号“环境保护行政处罚告知书”，指出你厂的违法事实及证据，告知我局的拟行政处罚意见，并明确告知你厂依法享有听证或者陈述、申辩的权利、途径及时限。在规定期限内，你厂没有申请听证，也未提出陈述、申辩。

上述事实有我局现场检查（勘察）笔录、调查询问笔录、现场照片、你厂评估报告书和××环罚告字［××］第××号“环境保护行政处罚告知书”及送达回证等证据为凭。

二、行政处罚的依据、种类

依据《中华人民共和国环境影响评价法》第三十一条第一款的规定，我局决定对你厂处以违建项目总投资额（529 952.00元）2%的罚款，计人民币壹万零伍佰玖拾玖元整（10 599.00元）。

三、处罚决定的履行方式和期限

根据《中华人民共和国行政处罚法》和《罚款决定与罚款收缴分离实施办法》的规定，你厂应于接到本处罚决定书之日起十五日内，持我局出具的“非税收入罚没缴款书”到银行缴交罚款。逾期不交罚款的，我局将每日按罚款数额的3%加处罚款。

四、申请复议或者提起诉讼的途径和期限

如不服本处罚决定，你厂可在收到本处罚决定书之日起六十日内向××市环境保护局或者××区人民政府申请复议，也可在六个月内向××区人民法院起诉。申请行政复议或者提起行政诉讼期间，不停止行政处罚决定的执行。逾期不申请行政复议，不提起行政诉讼，又不履行本处罚决定的，我局将申请人民法院强制执行。

××市××区生态环境局（印章）

××年××月××日

四、当场行政处罚决定书

1. 概念

当场行政处罚决定书是指行政机关在违法行为发生的现场，按照行政处罚法规定的简易程序，对违法行为人给予行政处罚时制作的法律文书。执法人员当场作出行政处罚决定的，应当向当事人出示执法身份证件，填写预定格式、有执法人员签名或盖章并编有号码的行政处罚决定书。行政处罚决定书应当当场交付当事人。执法人员当场作出的行政处罚决定，必须报所属行政机关备案。

2. 范例

具体范例如下：

××县住房和城乡建设局
当场行政处罚决定书

××住建简罚字［××］第××号

当事人：××　　　　单位：

法定代表人：　　　　地址：

当事人因：在市场门口违章占道经营水果，已违反《××××自治区市容环境卫生管理条例》第五十条第五款的规定。

根据《××××自治区市容环境卫生管理条例》第四十九条第二款的规定，决定给予你（单位）　50.00元　行政处罚。

履行方式：现金支付

如不服本处罚决定，可以自接到处罚决定之日起60日内向上级主管部门或者××县人民政府申请行政复议，或在90日内直接向××县人民法院起诉。逾期不申请行政复议或不向人民法院起诉又不履行本处罚决定，本机关有权申请人民法院强制执行。

处罚地点：××县住房和城乡建设局监察大队

处罚时间：××年××月××日

执法人员：贾××　　陈××

当事人签收：××

××县住房和城乡建设局（印章）

××年××月××日

五、责令改正通知书

1. 概念

责令改正通知书是指行政机关在进行案件调查时，对于已有证据证明有违法行为的，责令行为人改正或者限期改正违法行为时制作的文书。在表述上避免将责令改正表述成行政处罚。

2. 范例

具体范例如下：

××市××区市场监督管理局
责令改正通知书

×市监（责改）字［××］××号

××：

经查，你在采购所经营的食品过程中没有查验供货者的许可证和食品合格的证明文件，该行为违反了《中华人民共和国食品安全法》第五十三条第一款“食品经营者采购食品，应当查验供货者的许可证和食品出厂检验合格证或者其他合格证明”的规定。依据《中华人民共和国食品安全法》第一百二十六条“违反本法规定，有下列情形之一的，由县级以上人民政府食品安全监督管理部门责令改正，给予警告；拒不改正的，处五千元以上五万元以下罚款；情节严重的，责令停产停业，直至吊销许可证：……（三）食品、食品添加剂生产经营者进货时未查验许可证和相关证明文件……”的规定，现对你予以警告，并责令你立即改正上述违法行为。如果对本责令改正通知不服，可以在收到本通知之日起60日内向××市市场监督管理局申请复议，也可以在3个月内依法向人民法院提起诉讼。

××市××区市场监督管理局
××年××月××日

第三节　行政复议文书

一、行政复议文书概述

行政复议是解决行政争议的一种手段。自然人、法人或其他组织认为行政机关的行政行为侵犯其合法权益，可以依法请求对行政行为重新进行审查并作出决定。行政复议是国家行政机关为了及时解决行政争议，更好地实施行政管理而建立起来的一项重要的行政制度，是国家行政机关重要的职能之一。行政复议文书是在行政复议阶段所使用的公务文书。

行政复议文书一般分为决定书类、通知书类、函件类三大类。决定书类包括行政复议决定书、不予受理决定书、停止执行行政行为决定书；通知书类包括行政复议答复通知书、补充复议申请材料通知书、行政复议案件调查通知书、行政复议受理机关告知书、责令受理行政复议申请通知书、责令履行行政复议决定通知书、参加行政复议通知书、行政复议中止通知书、行政复议延期通知书、行政复议终止通知书；函件类包括转送处理规范性文件函等。

行政复议文书存在于海关、工商、商品检疫、税务等行政行为中。

二、行政复议申请书

1. 概念

行政复议申请书是作为行政管理相对人的公民、法人或者其他组织，认为行政机关的行政行为直接侵犯其合法权益而向有管辖权的行政机关申请复议时提交的，据以引起行政复议程序发生的法律文书。

申请人提出的行政复议申请书，必须是针对行政行为的，并应在法定时间内提出，否则，不属于行政复议申请范围，行政复议机关也不会受理。由于行政复议实行不告不理原则，即行政相对人不申请行政复议，行政复议机关不能主动进行行政复议，因而行政相对人的行政复议申请是行政复议的前提和基础。

根据《行政复议法》第22条的规定，申请人申请行政复议可以采用书面形式，也可以采用口头形式。采用书面形式的，应当向行政复议机关提交行政复议申请书。行政复议机关经审查认为符合条件的，予以受理，行政复议程序正式启动。行政复议申请书一般由申请人自行书写。在实际执法工作中，为了方便当事人依法维护自身合法权益，一些单位依据法律、规章的要求设置了“行政复议申请书”表格。

2. 制作要求

行政复议申请书由首部、正文、尾部组成。

(1) 首部。首部包括标题和申请人与被申请人的相关情况。标题中要写明“行政复议申请书”，不能只写申请书，“行政复议”四字标明了申请书的性质。对于申请人的有关情况，如果申请人是自然人的，要写明姓名、性别、年龄、民族、籍贯、住址；如果是法人或其他组织，要写明单位或组织的全称、地址，法定代表人的姓名、职务；此外要写明委托代理人的姓名、电话。被申请人的有关情况要写明行政复议机关的全称、地址，法定代表人或负责人的姓名、职务。

(2) 正文。正文内容主要由两部分构成：一是行政复议申请的要求，二是理由。要求部分写明要求撤销、变更被申请人的行政行为，或者确认行政行为违法，或者要求责令被申请人作出何种行政行为。理由部分要写明支持行政复议请求的事实和法律依据等。这部分要写清楚申请人所主张的事实与其行政复议请求之间的逻辑关系，因而属于行政复议申请书的核心部分。事实和证据的表述，采用夹叙夹议的写法。理由部分应该依据事实，引用有关法律、法规进行分析说理。

(3) 尾部。尾部包括三项内容：一是致送的机关，分两行写。二是写明申请人和申请时间，并由申请人签名或者盖章。三是如有附件，可附在正文之后。

3. 范例

具体范例如下：

行政复议申请书

申请人：李××，男，汉族，××年××月××日出生，户籍在××省××县××镇××行政村李村组，系××市××灯饰电器厂业主。

被申请人：××省发展和改革委员会，地址：××市东风中路305号。

法定代表人：××，职务：主任。

复议请求：

请求撤销被申请人作出的《关于省道S268线××市岐江路段改建工程项目申请报告的核准意见》（××发改［××］788号）的行政行为。

事实和理由：

××年10月19日，申请人知悉，被申请人于××年9月29日作出了《关于省道S268线××市岐江路段改建工程项目申请报告的核准意见》（××发改［××］788号）的行政行为，核准省道S268线××市岐江路段改建工程项目。因该建设项目用地范围内包括申请人享有合法使用权的厂房，故与申请人存在法律上的利害关系。申请人认为该行政行为违法、错误，依法应予撤销。具体理由如下：

一、涉案行政行为违反有关立项的法律、法规

1. 未经用地预审核准立项，程序严重违法

《国务院关于深化改革严格土地管理的决定》第九条规定，“……发展改革等部门要通过适当方式告知项目单位开展前期工作，项目单位提出用地预审申请后，国土资源部门要依法对建设项目用地进行审查。项目建设单位向发展改革等部门申报核准或审批建设项目时，必须附国土资源部门预审意见；没有预审意见或预审未通过的，不得核准或批准建设项目”。

《××省企业投资项目核准暂行办法》第十条规定，“项目申请单位向项目核准机关提交申请报告时，应根据国家和省法律法规规定，附送以下文件：……（二）国土资源行政主管部门出具的项目用地预审意见……”

然而，被申请人作出《关于省道S268线××市岐江路段改建工程项目申请报告的核准意见》（××发改［××］788号）的行政行为前，国土资源行政主管部门并没有出具建设项目用地预审意见，这严重违反上述法律、法规的规定。

2. 欠缺环境影响评估文件、城市规划意见等核准立项的法定要件

《××省企业投资项目核准暂行办法》第十条规定：“项目申请单位向项目核准机关提交申请报告时，应根据国家和省法律法规规定，附送以下文件：（一）环境保护行政主管部门出具的环境影响评价文件审批意见……（三）城市规划行政主管部门出具的城市规划意见；（四）根据法律、法规应提交的其他文件……”

被申请人作出《关于省道S268线××市岐江路段改建工程项目申请报告的核准意见》（××发改［××］788号）的行政行为前，并未取得环境保护行政主管部门出具的环境影响评估文件审批意见和城市规划行政主管部门出具的城市规划意见，属于程序严重违法。

二、未履行听证，也未告知利害关系人申请听证，违反法定程序

《中华人民共和国行政许可法》第四十六条规定，“法律、法规、规章规定实施行政许可应当听证的事项，或者行政机关认为需要听证的其他涉及公共利益的重大行政许可事项，行政机关应当向社会公告，并举行听证”。第四十七条第一款规定，“行政许可直

接涉及申请人与他人之间重大利益关系的，行政机关在作出行政许可决定前，应当告知申请人、利害关系人享有要求听证的权利；申请人、利害关系人在被告知听证权利之日起五日内提出听证申请的，行政机关应当在二十日内组织听证”。但××省发展和改革委员会作出××发改［××］788号《关于省道S268线××市岐江路段改建工程项目申请报告的核准意见》的行政行为时并没有告知利害关系人享有要求听证的权利，程序严重违法。

综上，被申请人作出的《关于省道S268线××市岐江路段改建工程项目申请报告的核准意见》（××发改［××］788号）的行政行为违法、错误，应予撤销。申请人为维护自身合法权益、纠正被申请人的违法行为，特根据《中华人民共和国行政复议法》《中华人民共和国行政复议法实施条例》之规定，向贵委申请行政复议，望支持申请人的复议请求。

此致

中华人民共和国国家发展和改革委员会

申请人：李××

××年××月××日

三、行政复议不予受理决定书

1. 概念

行政复议不予受理决定书是指行政机关经过审查，认为行政复议申请不符合法定条件，而作出不予受理决定时制作的文书。它属于填写式文书。行政复议不予受理决定书邮寄送达时，应当采取挂号方式，有条件的地方要使用送达回证。

2. 范例

具体范例如下：

××市住房和城乡建设局

行政复议不予受理决定书

××住建行复字［××］第××号

申请人：王××

住址：××市××区××路××宾馆

被申请人：××市城市建设管理监察支队

住址：××市××区××路5号

申请人对被申请人的拆除违法搭建房屋决定不服，提出了行政复议申请，经审查，本机关认为：申请人提出复议申请的时间已超过法定期限。根据《中华人民共和国行政复议法》第二十一条的规定，决定不予受理。

××市住房和城乡建设局（印章）

××年××月××日

四、行政复议受理通知书

1. 概念

行政复议受理通知书是指行政机关收到行政复议申请后，在法定期限内进行审查，认为行政复议申请符合法定条件而作出受理决定时制作的文书。它属于填写式文书。

2. 范例

具体范例如下：

××市规划与自然资源局
行政复议受理通知书

××土规资行复［××］3号

××：

你对××县规划与自然资源局于××年××月××日作出的关于要求公开××县××乡××年至今的集体土地征用信息的答复不服，向本机关提起行政复议申请，本机关已收悉。经审查，该行政复议申请符合《中华人民共和国行政复议法》和《中华人民共和国行政复议法实施条例》的有关规定，本机关决定予以受理。

特此通知。

××市规划与自然资源局（印章）
××年××月××日

五、行政复议答辩书

1. 概念

行政复议答辩书是在行政复议过程中，被申请人收到行政复议申请书副本后，针对申请人所提出的行政复议申请事实和理由，在法定期限内进行答复和辩解所使用的一种法律文书。

根据《行政复议法》第48条的规定，行政复议机构应当自行政复议申请受理之日起7日内，将行政复议申请书副本或者行政复议申请笔录复印件发送被申请人。被申请人应当自收到行政复议申请书副本或者行政复议申请笔录复印件之日起10日内，提出书面答复，并提交作出行政行为的证据、依据和其他有关材料。

如果被申请人不提出书面答复，不提交当初作出行政行为的证据、依据和其他有关材料，依照《行政复议法》第70条的规定，视为该行政行为没有证据、依据，行政复议机关将决定撤销该行政行为。被申请人提交行政复议答辩书是行使阐明自己行为的合法性、合理性意见，维护自己所作出的行政行为的权利，有助于行政复议机关全面查清案情，作出正确的行政复议决定。

2. 制作要求

（1）首部。应写明标题、答辩人即被申请人的基本情况、案件的来源。须写明答辩人的全称、所在地址以及法定代表人的姓名、职务、联系电话等。

（2）正文。应针对申请人所提出的事实与理由，明确地阐明自己对案件的意见和理由。如果认为申请人在行政复议申请书中所述事实准确，提供的证据确实、充分，请求合法或者部分合法，则可以表示接受或者部分接受其请求。如果认为申请人的请求是不合法的，则应使用自己掌握的证据阐述案情，澄清事实真相，依照法律、法规的规定反驳申请人的请求，说明自己作出的行政行为是合法的、适当的。阐述观点依具体情况可以综合论辩，也可以逐条论辩。

（3）尾部。应写明致送的行政复议机关的名称和做成答辩书的时间，并加盖答辩人的印章。

3. 范例

具体范例如下：

××市住房保障和房屋管理局

行政复议答辩书

答辩人：××市住房保障和房屋管理局

法定代表人：陆××　　职务：局长

住所地：××路××号

我局就申请人××花园城××小区业主委员会要求对××花园城××小区会所的产权进行重新确权的行政复议申请作如下答复：

××花园城××小区会所系我局原下属××市经济实用住房发展中心所建，其后××市经济实用住房发展中心被批准改制（改制后的名称为××万恒房地产开发有限公司，该资产从改制资产中剥离，由我局收回交××房产经营总公司管理）。××房产经营总公司于××年××月××日向我局申请该房屋的产权登记，并提交了××市经济实用住房发展中心开发建设该项目的立项批复、开工批复、土地使用证、建设工程规划许可证、竣工验收证明、协议、接管通知、申请报告、法人代码证、授权委托书等相关材料。我局根据《××市城镇房屋权属登记条例》第八条、第二十一条第一款第（一）项的规定，向××房产经营总公司颁发了××转字第××号房屋所有权证。

申请人要求对××花园城××小区会所的产权进行重新确权，却未能提供相关事实和法律的证据，因此，申请人的申请无事实根据和法律根据，故恳请××市人民政府复议委员会驳回申请人的申请。

此致

××市人民政府复议委员会

××市住房保障和房屋管理局（印章）

××年××月××日

六、行政复议决定书

1. 概念

行政复议决定书是指行政复议机关对申请复议的案件进行审理，对原行政行为重新审理后作出决定使用的公务文书。行政复议决定书是行政公文，也具有司法文书的性质。行政复议行为可以说是一种行政司法行为。与行政诉讼相比，行政复议的主体是行政机关，适用行政程序，复议决定一般不具有终局效力。这反映了行政复议的行政性。但复议决定同样具有法律效力。行政复议决定书也是对行政复议申请的答复。行政复议是解决行政争议的，是由行政行为相对人提出申请，行政复议机关依法进行审理，作出决定答复的一种行为，适用准司法程序。

2. 制作要点

（1）首部。首部包括标题、编号、申请人和被申请人的有关情况。

（2）正文。正文需要写明下列四项内容：

1）引述申请复议的主要事实和理由。如果申请人的行政复议申请内容简短、明确，应原文引用。如果申请人的行政复议申请内容冗长、烦琐，应全面、准确归纳、概括申请人申请复议的事实、理由及请求，力求准确、真实地反映申请人的原意。如果申请人是口头申请复议的，应根据行政复议机关制作的口头申请复议笔录的内容书写申请人申请复议的事实、理由及请求。

2）引述被申请人答辩的主要事实和理由。应全面、准确归纳、概括被申请人答复的事实、理由及依据，力求准确、真实地反映被申请人答复的原意。两个以上被申请人分别进行答辩的，应加上被申请人的名称，如被申请人×××答复称，分别予以叙述。

3）行政复议机关认定的事实和理由。行政复议机关的意见应以认定的事实为根据，一般包括对案件中当事人有争议的事实的认定、法律的适用、复议机关作出决定的内容等方面。行政复议机关根据案件的情况，阐明被申请人对所作的行政行为是否享有法定职权或应否履行该法定职责，然后根据相关的实体法律及程序法律规范进行分析论证，作出评价，对被申请人作出该行政行为的合法性和适当性作出结论，即依法应予维持（撤销、变更等）。行政复议机关根据案件的情况和需要对申请人、第三人的复议请求、复议理由作出回应，说明依法予以支持或不予支持的理由，以增强行政复议决定书的说理性。

4）行政复议的决定。行政复议决定书正文的最后部分是“决定”的内容，该部分是案件的最终处理结果，故应当明确、具体，具有可执行性。

（3）尾部。尾部包括文书签发的时间等内容。

3. 范例

具体范例如下：

××市生态环境局

行政复议决定书

××复决字〔××〕××号

申请人：L区××玻璃加工厂

地址：××

负责人：××

委托人：××，××律师事务所律师

被申请人：H区生态环境局

地址：H区双林路57号

法定代表人：邱××　职务：局长

申请人不服被申请人H区生态环境局于2018年9月24日对其作出的“行政执法限期整改决定书”（简称“决定书”），于2018年11月22日向本机关申请行政复议，本机关依法予以受理，现已审理终结。

申请人请求：撤销被申请人于2018年9月24日对其作出的“决定书”。

申请人称：申请人的经营场所位于××市L区大面街道办东洪路××号，被申请人却对其在经营场所的合法经营进行处罚。被申请人在“决定书”中依据的《中华人民共和国环境影响评价法》（简称《环境影响评价法》）中没有“停止生产”这样的处罚规定，“决定书”作为行政处罚缺乏法律依据，也未体现教育与处罚相结合的原则。

申请人提交了以下证据材料：（1）行政复议申请书；（2）授权委托书；（3）“决定书”复印件。

被申请人答复称：申请人营业执照上的地址虽然在××市L区大面街道办东洪路××号，但于2016年10月在H区保和街道办事处××社区××组租用厂房从事钢化玻璃加工，并未办理任何相关手续。被申请人根据《中华人民共和国环境保护法》（简称《环境保护法》）第七条第二款的规定对其进行监督管理，于2018年5月16日下达“限期整改决定书”，要求在6月6日前补办环保手续，但申请人未按时完成整改。同年7月20日，被申请人以申请人未依法办理环评、环保竣工验收等手续即投入生产违反了《环境影响评价法》和《建设项目环境保护管理条例》（简称《环境保护管理条例》）为由，责令其立即停止违法行为，并罚款人民币2万元。申请人在被处罚后依然未补办任何环保手续而继续进行生产加工，被申请人依据《环境行政处罚办法》（已失效）第十一条、第十二条的规定对其作出停止生产加工的“决定书”是恰当有效的。“决定书”属于行政命令而非行政处罚，且符合《环境影响评价法》第三十一条和《环境保护管理条例》第二十八条的规定，有法律依据。被申请人已考虑申请人已咨询了解到其不能办理环评及相关环保手续，且未造成严重的危害后果，按照处罚与教育相结合的原则，仅对其作出“停止生产加工”的行政命令是恰当的，请求复议机关予以维持。

被申请人为证明上述观点，提交了以下证据材料：（1）行政复议答辩状；（2）“决定书”复印件及送达回证；（3）“执法约见通知书”及送达回证；（4）调查笔录；（5）申请人经营者身份证复印件；（6）申请人组织机构代码证复印件；（7）申请人税务登记证复印件；（8）申请人营业执照复印件。

经查：申请人营业执照注册地为××市L区大面街道办东洪路××号。其于2016年10月在H区保和街道办事处××社区××组租用厂房，在未办理环评手续、环保设施未验收的情况下即从事钢化玻璃加工生产。被申请人于2018年5月16日下达“限期整改决定书”，同年9月21日去现场检查整改落实情况，发现申请人未按要求予以整改，被申请人即制作了调查笔录并于同日向申请人送达了“执法约见通知书”，要求其于同月24日前往被申请人处协助调查。9月24日，被申请人对申请人进行了询问，申请人承认无法办理环评及相关环保手续。被申请人制作了询问笔录，并于当日下达“决定书”，要求申请人在同月25日前停止钢化玻璃生产加工。

本行政复议机关认为：根据《环境保护法》第七条第二款的规定，被申请人是对本辖区的环境保护工作实施统一监督管理的行政机关，有权对申请人在本行政区域内的环境违法行为进行监督管理，而不受申请人营业执照注册地的限制。根据被申请人的调查笔录及询问笔录，申请人确实存在环境违法行为，证据确凿。根据《环境影响评价法》第三十一条和《建设项目环境保护管理条例》第二十八条以及《环境行政处罚办法》（已失效）第十一条、第十二条的规定，被申请人有权对申请人作出责令停止生产的行政命令。故被申请人2018年9月24日作出的“决定书”主体适格，程序合法，适用法律正确，应予维持。

综上，根据《行政复议法》第七十条的规定，本机关决定如下：

维持被申请人H区生态环境局2018年9月24日作出的“决定书”。

申请人如不服本行政复议决定，可以自收到本行政复议决定书之日起15日内，依法向××区人民法院提起行政诉讼。

×市生态环境局（印章）

2019年1月10日

问题与思考题

一、简答题

1. 简述行政执法文书的概念。
2. 简述制作行政处罚决定书的意义。
3. 简述行政复议决定书的基本内容。

二、文书制作题

根据以下材料制作行政复议申请书：

××生物科技发展有限公司于××年××月××日经××市市场监督管理局××分局核准登记设立，住所是××市××区某地，法定代表人朱某，经营范围是：研究、开发生物保健食品、生物制药技术及相关技术成果转让，食品项目投资，项目投资的策划、管理，药品信息咨询，销售日用化妆品，批发兼零售预包装食品……××生物科技发展有限公司为推售“××浓缩饮料”，在网站（www.××.com）和食品说明书上宣传“以扶正固本法扶助气血不足，协调阴阳盛衰，补益人体正气，以此来增强抵御和祛除病邪的能力，是中国古代最早采用强化体内免疫以抗击疾病的食医疗配方”，能有效恢复部分患者骨髓的造血功能，利用患者作宣传，吸引消费者购买该饮料。以上事实有现场笔录、现场照片、申请人网站发布虚假宣传内容截图、“××浓缩饮料”说明书、询问笔录等证据证明。××月××日，××市市场监督管理局××分局作出××市监督××处字［××］×号行政处罚决定书。××市市场监督管理局××分局认为申请人的上述行为违反了《反不正当竞争法》第8条第1款，即：“经营者不得对其商品的性能、功能、质量、销售状况、用户评价、曾获荣誉等作虚假或者引人误解的商业宣传，欺骗、误导消费者。”该法第20条规定：“经营者违反本法第八条规定对其商品作虚假或者引人误解的商业宣传，或者通过组织虚假交易等方式帮助其他经营者进行虚假或者引人误解的商业宣传的，由监督检查部门责令停止违法行为，处二十万元以上一百万元以下的罚款；情节严重的，处一百万元以上二百万元以下的罚款，可以吊销营业执照。经营者违反本法第八条规定，属于发布虚假广告的，依照《中华人民共和国广告法》的规定处罚。”××市市场监督管理局据此对该公司作出责令立即停止虚假宣传违法行为、罚款 300 000 元的处罚。申请人收到后，不服该处罚决定，向××市市场监督管理局申请行政复议。

第十二章

监察法律文书

内容导读

习近平总书记在二十届中央纪委二次全会上发表重要讲话指出，深入推进全面从严治党，要坚决打赢反腐败斗争攻坚战持久战。国家监察体制改革是事关全局、影响深远的重大政治体制改革，是国家监督制度的重大顶层设计，是推进国家治理体系和治理能力现代化的重要改革。纪检监察法律文书（简称“监察法律文书”）是纪检机关、监察机关在对纪检、监察对象履行纪检、监察职责的过程中依法制作的文书。监察法律文书具有特定强制性、规范性、政策性的特点，其格式遵循一般党政文书格式的要求。监察法律文书的种类多样，涉及领域、阶段甚多。本章主要介绍了两类主要监察法律文书，即处分决定书和建议书。本章要求在了解和掌握监察法律文书的基础上，掌握处分决定书和建议书的特点、制作依据、适用范围以及具体的制作方法。

第一节　监察法律文书概述

监察法律文书是纪检机关、监察机关在履行本机关法定职责过程中所形成的，具有法定效力和规范体式的文书，是纪检机关、监察机关依法行政和进行公务活动的重要文字工具。监察法律文书的制作是纪检、监察工作的重要环节，其制作水平是考察纪检、监察工作的重要标准，是纪检机关、监察机关贯彻从严治党、依法行政方针，坚持实事求是原则，依法办好案件的重要保障。本节主要介绍监察法律文书的特点、要求、格式，以提高监察法律文书的制作水平。

一、监察法律文书的特点

监察法律文书是纪检机关、监察机关在对纪检、监察对象履行纪检、监察职责的过程中依法制作的文书。正是由于纪检、监察工作的特殊性，监察法律文书具有自身的特点。

（一）特定强制性

特定或者法定效力是监察法律文书的一个重要特点。这一特点是由党的纪律检查工作和监察工作的性质以及其在国家工作中所处的地位决定的。

根据《中国共产党章程》（简称《党章》）的规定，党的各级纪律检查委员会的职责是监督、执纪、问责，要经常对党员进行遵守纪律的教育，作出关于维护党纪的决定；对党的组织和党员领导干部履行职责、行使权力进行监督，受理处置党员群众检举举报，开展谈话提醒、约谈函询；检查和处理党的组织和党员违反党的章程和其他党内法规的比较重要或复杂的案件，决定或取消对这些案件中的党员的处分；进行问责或提出责任追究的建议；受理党员的控告和申诉；保障党员的权利。《监察法》对监察机关的职责、监察范围与管辖、权限、监察程序等事项作了明确规定。监察委员会是履行国家监察职能的专责机关，依照《监察法》对公职人员进行监察，调查职务违法和职务犯罪，开展廉政建设和反腐败工作，维护宪法和法律的尊严。监察委员会依照法律规定独立行使监察权，不受行政机关、社会团体和个人的干涉。监察委员会依照《监察法》和有关法律规定履行监督、调查、处置职责：对公职人员开展廉政教育，对其依法履职、秉公用权、廉洁从政从业以及道德操守情况进行监督检查；对涉嫌贪污贿赂、滥用职权、玩忽职守、权力寻租、利益输送、徇私舞弊以及浪费国家资财等职务违法和职务犯罪进行调查；对违法的公职人员依法作出政务处分决定；对履行职责不力、失职失责的领导人员进行问责；对涉嫌职务犯罪的，将调查结果移送人民检察院依法审查、提起公诉；向监察对象所在单位提出监察建议。各级监察委员会可以向本级中国共产党机关、国家机关、法律法规授权或者委托管理公共事务的组织和单位以及所管辖的行政区域、国有企业等派驻或者派出监察机构、监察专员。监察机构、监察专员对派驻或者派出它的监察委员会负责。派驻或者派出的监察机构、监察专员根据授权，按照管理权限依法对公职人员进行监督，提出监察建议，依法对公职人员进行调查、处置。

上述规定决定了监察法律文书具有强制性。纪检机关代表党的代表大会，监察机关代表国家，依据党章、法律等对纪检对象或者监察对象进行纪律检查或者监察。监察法律文书是纪检机关和监察机关在履行上述职责过程中形成的，一旦生效，任何个人、任何组织都不能以任何借口加以违反，否则，就要受到党纪、法律更为严厉的约束。

同时，上述规定也决定了监察法律文书具有特定强制性，即监察法律文书在特定范围内对特定对象具有强制性：纪检文书对于违反党纪的党的组织、党员、党员领导干部具有特定强制力，监察文书对监察对象具有特定强制力。

（二）规范性

监察法律文书属于公文语体，属于公文应用文。为保证文书的完善性、统一性、严肃性和科学性，便于文书的制作和掌握，提高工作效率和质量，监察法律文书具有规范性。

1. 结构的规范性

纪检、监察工作的特点决定了监察法律文书具有实用性，因而其在结构上比一般法律文书要求得更为严格。一是监察法律文书由首部、正文、尾部三部分组成，缺一不可。二是监察法律文书的主要结构、格式必须由中国共产党中央纪律检查委员会和国家监察委员会统一制定、统一制作，文书的规格、标定的尺寸、文字大小、使用字体、文书具有的事项内容等都必须严格按照统一格式，不允许制作机关或者个人随意变更。

2. 内容的规范性

监察法律文书不仅具有形式上的结构规范性，而且在内容上也具有规范性，二者相辅相成。内容的规范性，是指监察法律文书必须写清每项内容的要素。例如，处分决定必须有被处分人的基本情况、主要错误事实、本人态度、处分意见这几部分内容，而每一部分又必须按照一定写作要求叙述，如被处分人的基本情况包括姓名、性别、年龄、民族、籍贯、学历、政治面貌、工作单位等。

3. 用语的规范性

在填空式的监察法律文书中，有些项目、内容是提前印刷好的，只需在空白处填写固定用语即可。在一般的监察法律文书中，无论是开头，还是承上启下的连接，抑或在收尾部分，都有一些相对固定的规范化用语。

（三）政策性

监察法律文书的政策性很强，不同于一般的党政文书。纪检机关按照《党章》《中国共产党党内监督条例》《中国共产党纪律处分条例》《中国共产党巡视工作条例》《中国共产党党员权利保障条例》《中国共产党组织处理规定（试行）》等对违反党的纪律的党的组织、党员进行处理，监察机关按照《监察法》《监察法实施条例》《监察官法》《公职人员政务处分法》对公职人员进行监察。监察法律文书的制作主要依据的是党的方针、政策、法规，以及有关监察法律、法规、规章。

二、监察法律文书的一般格式

监察法律文书的格式遵循一般党政文书格式的要求。根据《党政机关公文处理工作条例》第 9 条第 1 款的规定，公文一般由份号、密级和保密期限、紧急程度、发文机关标志、发文字号、签发人、标题、主送机关、正文、附件说明、发文机关署名、成文日期、印章、附注、附件、抄送机关、印发机关和印发日期、页码等组成。许多监察法律文书不具有上述所有党政文书的格式要素，但是所有监察法律文书必须具备如下要素：

1. 秘密等级

绝大多数监察法律文书都有密级限制，因此，必须在监察法律文书首页的左上角标出“秘密”“机密”“绝密”。其中，绝密、机密级文书还应当标明份数、序号。

2. 版头

版头即发文机关标识，应当使用发文机关的全称或者规范化简称；联合行文的主办机关排列在前，如人发（2024）10 号。

3. 发文字号

监察法律文书按其所反映的内容和公文种类，按年度、类型分别列出公文字号，并按照一定的顺序号进行排列，例如，（2024）汉监建字第 9 号。两个以上机关联合发文的，只标明主办机关发文字号。

4. 标题

监察法律文书的标题一般由内容和文种两部分组成，如关于给予王××处分的建议。

5. 主送机关或者领导

主送机关或领导是指监察法律文书受理的机关或者领导。主送机关的名称应当用全称、规范化简称或者同类型机关的统称，位于正文上方，顶格排印。

6. 正文

正文是监察法律文书的主体，用来表述文书的内容，位于标题或者主送机关的下方。

7. 附件

附件是指与监察法律文书的主件有直接关系，对正文予以补充、解释、说明的文件材料。附件位于正文之后、发送机关名称之前，与主件装订在一起。监察法律文书中的通报、调查报告、处分决定、审理报告等文种使用的附件比较多。

8. 发文机关

发文机关署名应当用全称或者规范化简称，位于正文的右下方。如系多个机关、个人联合行文的，都必须署名。

9. 成文日期

对于成文日期而言，正式文件应以文件签发或者会议通过的日期为准，其他形式的文书应以最后领导审批或者部门报出的日期为准。成文日期应当写明年月日，位于发文机关署名右下方。

部分监察法律文书必须标注主题词、抄送机关、印制版记。主题词按上级机关的要求和《国务院公文主题词表》标注，位于抄送机关上方。抄送机关是指除主送机关以外其他需要告知文书内容的上级、下级和不相隶属的机关；抄送机关的名称应当使用全称或者规范化简称，位于印制版记上方。印制版记由文书印发机关的名称、印发日期和份数组成，位于文书末页下端。

监察法律文书文字从左至右横写。在民族自治地方，可以并用汉字和通用的少数民族文字（按其习惯书写、排版）。

三、监察法律文书的写作要求

监察法律文书是纪检、监察专业知识与写作学、语言学、逻辑学等学科的基本原理和技巧的具体、综合运用。监察法律文书的写作是一门技能性很强的学问，纪检、监察工作的特殊性质决定和制约了监察法律文书的如下写作要求

1. 情况确实

监察法律文书所叙述的情况是否确实，直接影响到纪检、监察机关所作出的决定是否正确，也直接关系到纪检、监察对象的政治前途，关系到纪检、监察机关能否正确履行纪检、监察职责。因此，监察法律文书所反映的问题必须客观、真实，准确无误。

2. 观点明确

监察法律文书以党和国家的方针、政策、法律法规及具有约束力的决定为依据，观点必须十分明确，旗帜鲜明地表明主题思想，有理有据地论述问题，不回避、不遮掩，切忌模棱两可。

3. 语言规范

监察法律文书属于公文，要使用标准的现代汉语，具体包括：要使用现代汉语、普通话、书面语，而不能是口头语、方言、俚语等；要使用现代汉语语法规范，掌握句子的基本成分，即主语和谓语，熟练使用句子附加成分，即宾语、定语、状语、补语，不能省略的主语、宾语及必要的名词必须保留。要正确使用句子的基本类型，包括陈述句、

判断句、疑问句，以及单句和复句。

4. 用词准确

监察法律文书用词的要求近乎苛刻，这是由纪检、监察工作的性质和监察法律文书的特点所决定的。监察法律文书除了要求在使用人员、地名、时间、数字、引文时要准确之外，更要求准确使用监察法律文书的专业用词，这种专业用词有以下三类：

(1) 监察法律文书的专业词汇，属于纪检、监察工作的基本业务术语，如立案、审理、违纪、揭发、检举、打击报复、以权谋私、党纪处分、政纪处分、留党察看、开除党籍等。

(2) 监察法律文书的法律词汇和其他专业词汇，如证据、受害人、辩护、伪造证据、索贿受贿、敲诈勒索、挪用公款、徇私枉法、从轻处理等。

(3) 普通词汇，主要是和上述基本词汇配合使用，如保护伞、拉关系、走后门、一言堂、特殊化、家长制、执迷不悟、铤而走险、欺行霸市、哄抬物价等。

在监察法律文书的写作中，常容易混淆的是意义相似或者相近的词语，如"违反"和"违犯"、"权利"和"权力"、"后果"和"结果"，或者感情色彩不同的词语，如"公开"和"公然"、"鼓动"和"煽动"、"同"和"伙同"等。这需要监察法律文书的制作者在准确区分、掌握各种词汇的基础上，针对案情特点和打击力度，有针对性地使用。

5. 文风朴实

监察法律文书用来阐述党和国家的路线、方针、政策，传达党和政府的有关决定、决议和法规，具有文件性质，因此，不需要华丽辞藻和精美句式，力求文风通俗、朴实。例如，描述受害人为利器所伤，就应当具体叙述受伤部位、伤口长度、缝合针数，而不能用"血流如注""血流满面"来形容。监察法律文书文风朴实并不意味着语言僵硬、套话连篇、千篇一律，而是要根据具体案情和理由，进行准确表达。

6. 结构规范

监察法律文书必须按照既定的结构来制作，不能任意发挥。例如，监察决定书必须先写受处分人的基本情况，再写处分依据、理由、证据，最后写处分决定。

7. 逻辑清晰

监察法律文书必须符合逻辑的要求，符合事物发展规律和人的思维的规律，要把观点、论据、事实和证据、法律法规、依据等合乎逻辑地联系起来，做到有理有据、有步骤有层次。

8. 篇幅简洁

监察法律文书要求篇幅简洁，就是要求言简意赅，用最少的文字把意思表达清楚，不拖泥带水，不说空话、套话。当然，这也不是一味求"简"，而应是当详则详、该略则略。篇幅的简洁便于突出文书的主要问题、主要观点，也便于阅读对象的阅读和理解，同时也能避免文字上过多的疏漏。

四、监察法律文书的分类

掌握监察法律文书的不同分类，有助于了解监察法律文书的大体覆盖范围，有助于了解纪检、监察工作的特殊性。

（一）依据制作机关不同的分类

监察法律文书依据制作机关的不同，可以分为纪检机关依据党的政策、方针、法规制作的纪检文书和监察机关依据法律、法规、规章制作的监察文书。

常用的纪检文书包括：案件审理报告、请示、批复、党纪处分决定书、免予处分决定书、处分决定通知书、免予处分决定通知书、纪律检查建议书、备案报告以及备案案件审查表、案件审理意见书、函。

常用的监察文书包括：立案报告，案件调查报告，案件审理报告，重要检查事项立项备案表，重要复杂案件立案备案表，重要复杂案件撤销备案表，（不）回避决定书，（不）回避复议决定书，监察通知书，责令作出解释和说明通知书，查询存款通知书，提请保全书，提请解除保全书，提请协助书，延长办案期限备案表，监察建议书，监察决定书，没收、追缴财物清单，责令退赔财物清单，复查决定书，复审决定书，复核决定书，监察裁决书，送达回证，案件移送书。

（二）依据使用范围不同的分类

监察法律文书根据使用范围的不同，可以分为如下四种：

（1）监督检查文书。监督检查文书是指纪检监察机关依规依纪依法对党的组织、党员、干部以及行使公权力的公职人员遵守党章党规党纪、宪法法律法规，履行责任和义务情况进行监督检查所制作的法律文书。监督检查文书包括函询通知书（关于请作出书面说明的函）、委托谈话函、采信了结函、澄清正名函、党风廉政意见回复函、廉政提醒函、纪律检查建议书、监察建议书、诫勉处理决定书、诫勉处理通知书、不予政务处分决定书、问责决定书、问责通知书、问责申诉处理决定书等 14 种。

（2）审查调查文书。审查调查文书是纪检监察机关依据党章、宪法和有关纪律、法律规定，对党的组织、党员、干部以及监察对象涉嫌违纪或者职务违法、职务犯罪，需要追究纪律或者法律责任的行为，予以立案进行纪律审查和监督调查所制作的法律文书。审查调查文书包括委托初步核实通知书、立案通知书（政务）、谈话笔录、留置决定书、协助冻结财产通知书、调查证据通知书、调取干部人事材料公函、查封/扣押通知书、委托鉴定书、商请协助采取措施函、调查介绍信等 120 种。

（3）案件审理文书。案件审理文书是指纪检监察机关依据党章党规党纪和宪法法律法规，对涉嫌违纪或者职务违法、职务犯罪案件，在作出正式处理决定之前，按照规定的程序，对审查调查认定的事实，取得的证据，定性、处理建议，办案程序、手续，以及涉案财物等方面进行审核处理所制作的法律文书。案件审理文书包括报送上级纪委/监委的请示、党纪处分决定书、退休公职人员待遇调整决定书、起诉意见书、涉案财物清单、没收违法所得意见书、从宽处罚建议书、党纪复查决定书等 40 种。

（4）内部决策文书。内部决策文书是指纪检监察机关在开展监督监察、审查调查、案件审理工作过程中所制作的对内文书。监督检查内部决策文书包括谈话函询报批请示、谈话函询情况报告暨处置意见、问责调查报告；审查调查内部决策文书包括初步核实情况报告、立案审查调查呈批报告、审查调查报告、涉案财物报告、补正情况报告、起诉建议书、没收违法所得建议书等 20 种；案件审理内部决策文书包括提前介入审理意见、审理报告、检察机关提前介入反馈意见的审核意见。

（三）依据适用案件不同的分类

监察法律文书依据适用案件的不同，可以分为给予违纪的党的各级委员会委员、候补委员纪律处分的文书，监察机关、纪检机关建议罢免或者撤销违法、违纪党员所任人大代表职务的文书，监察机关给予违纪公职人员处分的文书，监察机关、纪检机关建议撤销违法、违纪党员所任政协职务、政协委员、常务委员资格的文书，监察机关、纪检机关建议给予人民法院的违法、违纪党员撤职以上纪律处分并依法罢免、撤换、撤销、免除其所任法官职务的文书，监察机关、纪检机关建议给予人民检察院的违法、违纪党员撤职以上检察纪律处分并依法罢免、撤换、撤销、免除其所任检察官职务的文书，纪检机关给予违纪的党的机关工作者降级、开除公职的文书。

（四）依据适用对象不同的分类

监察法律文书根据适用对象的不同，可以分为以下三种：

1. 请示

请示是下级机关向上级机关请求指示、批准时所适用的文书，通常是针对特定事项呈请有审批权的上级机关批准，所请示的事项须由被请示机关批复后方可办理。

制作请示的主要依据是《党章》、《中国共产党纪律处分条例》、《监察法》第 42 条第 2 款以及《党政机关公文处理工作条例》的有关规定。

请示的使用范围包括：呈报审批的案件，呈报比照处理的案件，监察机关作出重要监察决定和提出重要监察建议、应当报上一级监察机关同意的案件，本级纪检、监察机关就案件的事实、定性、处理以及适用法规等问题征求上级纪检、监察机关意见的案件，需报同级党委同意或批准的作出组织处理的案件。

2. 批复

批复是上级机关用于答复下级机关请示时所使用的文书，通常是针对请示作出的，一经作出，对呈报请示的机关或者部门处理所请示事项具有约束力。

3. 函

函是不相隶属的机关或部门之间洽谈工作、询问、答复问题等进行公务联系时使用的文书。上下级机关之间询问、答复有关问题，也可使用函。函在纪检、监察机关的工作中较为普遍。函的格式简单，写作简便、灵活，使用广泛，易于掌握。

根据函的特点和审理工作的需要，函可分为征询类函和答复类函两种。

（1）征询类函，是指案件审理部门在办理案件过程中就案件的事实认定、定性、处理等问题，征询有关机关及其工作部门的意见，并请求答复时使用的文书。有些征询类函是案件审理部门代本纪检、监察机关制作的。

征询类函的使用范围包括：就有关案件的定性、处理等问题向上级纪检、监察机关的案件审理部门征求意见，纪检、监察机关就对被调查人的处理意见等问题征求有关组织或单位的意见，纪检、监察机关就有关案件事项征询党委和政府的其他工作部门以及人大、政协机关、司法机关的意见，案件审理部门就对某类违纪行为的定性、处理以及有关政策问题等咨询上级纪检、监察机关有关部门的意见，案件审理中其他需要使用征询类函的情况。

（2）答复类函，是指上级纪检、监察机关及其案件审理部门对下级机关或部门在征询类函或请示中所提出的问题作出答复的文书。

答复类函的使用范围包括：需对下级纪检、监察机关征求意见的请示作出答复的情况，案件审理部门对下级机关及其案件审理部门就有关案件事项征询意见作出答复的情况，其他需要使用答复类函的情形。

五、纪检、监察机关的内部文书

通过以上分类，我们可以看出监察法律文书种类多，涉及领域广、阶段多。多数文书属于纪检、监察机关的内部文书，多数为不公开的文件，如案件的初步核实、立案、调查、措施、结案、备案等多种文书。此处简单介绍纪检、监察工作中四类常用的内部文书。

1. 初步核实情况报告

初步核实情况报告，简称初核报告、初查报告，是调查人员根据批示对违纪、违法线索进行初步了解、核实后，向有关组织或领导写出的书面报告。初核报告是对需要立案调查的案件作出立案决定的重要依据，是对经初核而不存在的违纪行为予以澄清并了结违纪线索的重要依据，是对存在违纪行为但不需要立案调查的问题作出结论和处理的重要依据。初核报告包括标题、导语、被初核对象的简况、初步核实的事实、处理建议、署名。

2. 立案呈批报告

立案呈批报告，是纪检、监察机关建议对犯有违纪错误并需要给予纪律处分的被检查对象进行立案调查的请示。

立案呈批报告的内容包括：

（1）文号和编号，如《中共南阳市宛城区纪律检查委员会立案呈批报告》，编号为“宛纪请［2024］6号”。

（2）标题，通常写为“关于对××违纪问题的立案请示”。

（3）主送单位，顶格写明立案批准机关。

（4）正文，包括被检查人的基本情况、案件线索来源（简明扼要地说明何时何人反映了什么问题，根据什么批示在何时间段进行了初步核实）、初步核实认定的主要违纪问题、呈报立案的依据、呈报单位的意见。

（5）落款，写明呈报单位的名称和日期。

3. 案件审理报告

案件审理报告，是纪检、监察机关案件审理部门就移送审理或者呈报审批案件的事实、证据、定性、处理及办案程序等提出审理意见时制作并使用的文书，是案件审核处理阶段的重要审理文书，是纪检、监察机关的领导班子审议案件的主要依据，是案件审理部门审理意见的综合反映，是制作请示、批复、处分决定等相关文书的基础。

案件审理报告的使用范围包括：本级纪检、监察机关案件检察部门调查终结，按规定移送审理的案件；本监察委员会的派出机构根据有关规定呈报本监察委员会审查批准的案件；下级纪检、监察机关呈报审批的案件；上级纪检、监察机关调查后提出处理意见，按处分权限，交由本级纪检、监察机关作出处分决定的案件；司法机关移送纪检、监察机关处理的案件。

4. 错误事实材料

错误事实材料，又称错误事实见面材料，是在案件检查工作中，调查组经过立案调查后，把所认定的错误事实与被调查人进行核对的文字材料，也是纪检、监察机关或党组织对犯错误的党员干部作出处分所依据的事实材料。

撰写错误事实材料时应注意：

（1）材料的事实要清楚，定性要准确。错误事实材料应客观、公正地反映被调查人所犯的错误，实事求是，不夸大，不缩小。

（2）要注意保护检举人、控告人和证人。不允许在材料中出现举报人和证人的名字、单位以及任何可能反映出、推测出他们自然情况的文字表述。

（3）要注意材料写作方法和表达方式。错误事实材料一律采用平实的叙述方式，角度要客观，表达要清楚，文字要精练，结构要严谨，语气要平和。

（4）要注意材料内容的取舍。一般来讲，只有事实清楚、证据确凿的错误事实才能作为材料内容与本人见面。至于那些经过调查暂时不能认定又不能否定的问题，不要写到材料中去。

第二节　处分决定书

处分决定书是指纪检、监察机关依据有关法律、法规，对违法、违犯纪律的对象作出处分决定（包括党纪处分决定和政务处分决定）、免予处分决定，并依据程序向对象宣布执行处分、处理决定事项时使用的通知书。具体内容如下所述①：

一、党纪处分决定书

（一）概述

1. 概念

党纪处分决定书是指纪检机关对于违犯党的纪律的党组织或党员作出党纪处分决定时所使用的文书。

2. 特点

党纪处分决定书是按照特定的程序制作的，具有约束力。党纪处分决定书一经批准即发生效力，有关党组织和党员必须无条件地执行，其效力不受被处分的党组织或党员的申诉的影响。

3. 制作依据

（1）依据《党章》第40条，坚持惩前毖后、治病救人，执纪必严、违纪必究，抓早抓

① 关于党纪处分决定书、政务处分决定书等的写作，可参见本书编写组：《纪检监察常用文书制作与运用》，268～272页，北京，中国方正出版社，2022。

小、防微杜渐，按照错误性质和情节轻重，给以批评教育、责令检查、诫勉直至纪律处分。

(2)《中国共产党纪律处分条例》第44条规定，党纪处分决定作出后，应当在1个月内向受处分党员所在党的基层组织中的全体党员及其本人宣布，是领导班子成员的还应当向所在党组织领导班子宣布，并按照干部管理权限和组织关系将处分决定材料归入受处分者档案；对于受到撤销党内职务以上处分的，还应当在1个月内办理职务、工资、工作及其他有关待遇等相应变更手续；涉及撤销或者调整其党外职务的，应当建议党外组织及时撤销或者调整其党外职务。特殊情况下，经作出或者批准作出处分决定的组织批准，可以适当延长办理期限。办理期限最长不得超过6个月。

(3)《中国共产党纪律处分条例》第45条规定，执行党纪处分决定的机关或者受处分党员所在单位，应当在6个月内将处分决定的执行情况向作出或者批准处分决定的机关报告。党员对所受党纪处分不服的，可以依照党章及有关规定提出申诉。

(4)《中国共产党党员权利保障条例》第18条第1款规定，党员有党内申诉权，对于党组织给予本人的处理、处分或者作出的鉴定、审查结论不服的，有权按照规定程序逐级向本人所在党组织、上级党组织直至中央提出申诉。

(5)《中国共产党党员权利保障条例》第35条第2款规定，处理、处分所依据的事实材料应当同本人见面。处理、处分的决定应当向本人宣布，并写明党员的申诉权以及受理申诉的组织等内容。事实材料和决定应当由本人签署意见，对签署不同意见或者拒不签署意见的，应当作出说明或者注明情况。

(6)《中国共产党纪律检查机关监督执纪工作规则》第56条第2款规定，处分决定作出后，纪检监察机关应当通知受处分党员所在党委（党组），抄送同级党委组织部门，并依照规定在1个月内向其所在党的基层组织中的全体党员以及本人宣布。处分决定执行情况应当及时报告。

(7)《中国共产党纪律检查机关监督执纪工作规则》第59条规定，对不服处分决定的申诉，由批准或者决定处分的党委（党组）或者纪检监察机关受理；需要复议复查的，由纪检监察机关相关负责人批准后受理。申诉办理部门成立复查组，调阅原案案卷，必要时可以进行取证，经集体研究后，提出办理意见，报纪检监察机关相关负责人批准或者纪委常委会会议研究决定，作出复议复查决定。决定应当告知申诉人，抄送相关单位，并在一定范围内宣布。坚持复议复查与审查审理分离，原案审查、审理人员不得参与复议复查。复议复查工作应当在3个月内办结。

4. 使用范围

凡有决定或批准权限的纪检机关决定给予党员警告、严重警告、撤销党内职务、留党察看、开除党籍，给予党组织改组、解散处分的，均需制作党纪处分决定书。

（二）写法

1. 首部

党纪处分决定书的首部由版头、发文字号、标题三部分组成。

(1) 版头。党纪处分决定书的版头，由发文机关全称或规范化简称加括号标明文种（决定）组成，用套红大字居中印在决定书首页上部，如“中共××省纪律检查委员会（决定）”。

（2）发文字号。党纪处分决定书发文字号，由发文机关代字、发文年度和发文顺序号组成，标注于版头下方居中位置，如“晋纪（2024）29号”。

（3）标题。党纪处分决定书的标题，一般由受处分人的姓名、处分种类及文种组成，如“关于给予董××开除党籍处分的决定”。

2. 正文

党纪处分决定书的正文，主要由以下四部分内容组成：

（1）被处分人的基本情况。主要包括被处分人的姓名、性别、出生年月、民族、籍贯、文化程度、参加工作时间、入党时间、主要任职情况，如果处理时需要，还应写明职称、职级。被处分人所任职务一项，主要应写明被处分人现任的职务。被处分人的违纪行为不是在任现职期间发生的，应写明违纪行为发生时所担任的职务及担任上述职务的时间。已经离退休的，应写明离退休的时间及当时所任的职务。被处分人是现任人民代表大会代表、政治协商会议委员的，也应写明。被处分人曾经受过处分或刑罚处罚的，应写明被处分人何时因何原因受到何种处分或刑罚处罚。

（2）违纪事实。党纪处分决定书中的违纪事实，是指经过纪检机关审定的、作为处分依据的违纪事实。在叙述违纪事实时，应根据违纪构成要件，完整表述违纪行为发生的时间、地点、情节、后果等内容。如果被处分人具有从轻、减轻或从重、加重处分的情节，应当写明。

违纪事实中如果涉及党和国家秘密或其他不宜公开的内容，不要详加描述，应主要围绕被处分人的违纪行为概述事实经过。在叙述中应尽量避免涉及他人，如果必须出现相关人员的姓名时，可保留其姓氏隐去人名，如张××。

违纪事实作为处分决定的依据，是党纪处分决定书的重要组成部分，表述要求用词准确、逻辑严谨、详略得当、符合法规要求，切忌渲染、夸张。

（3）处理决定及法律、法规依据。应写明处理决定的具体内容及法律、法规依据。应用概括、规范的用语写明违纪行为的性质、决定给予的处分种类及定性量纪的法规依据，引用法律、法规时要完整引用题目。给予撤销党内职务处分的，要写明是撤销党内一切职务还是撤销某个职务。给予留党察看处分的，要写明留党察看期限（一年或两年）。对于经过上级机关批准后生效的处分决定，应写明批准的机关及时间。如果有责令退赔或收缴等处理事项的，应一并写明。

（4）结束语。处分决定的生效时间涉及党纪处分的影响期限问题，因此，党纪处分决定书的结束语应写明处分决定生效的时间（一般是有最终决定权或批准权的机关决定或批准的时间），如“本决定自2024年3月25日起生效”。

3. 尾部

党纪处分决定书的尾部由署名，成文日期，印章，主题词，主、抄送机关及人员，印制版记组成。

（1）署名。党纪处分决定书应署发文的纪检机关的全称或规范化简称，标注于正文的右下方。

（2）成文日期。党纪处分决定书的成文日期应署纪检机关领导签批的日期，应写明年、月、日，标注于发文机关署名的下方。

（3）印章。应在署名和成文日期的位置上，加盖发文机关的印章。

（4）主题词。党纪处分决定书的主题词，由党纪处分、具体的处分种类、被处分人的姓名和文种（决定）四个部分组成，如“党纪处分开除党籍李×决定”。

（5）主、抄送机关及人员。纪检机关的党纪处分决定书，应主送被处分人及其所在单位或主管单位，同时抄送对被处分对象有管理权的党组织、人事部门。应使用主送、抄送机关的全称或规范化简称，标注于主题词下方。

（6）印制版记。一般由党纪处分决定书印制机关及部门名称、印制日期、印制份数组成，标注于抄送机关的下方。党纪处分决定书的印制份数根据实际需要确定。

（三）范例及评析

具体范例如下：

中共Y市纪律检查委员会（决定）

Y纪发〔2024〕9号

关于给予李××开除党籍处分的决定

李××，女，1974年9月出生，回族，××省阳广市人，大学文化，1995年9月参加工作，1999年6月加入中国共产党。2021年6月起，任Y市交通运输局副局长。

2023年3月，李××同志联系投标交通运输局老干部活动中心装修工程的某装修公司吴经理，由该公司专门派遣工程队为李××个人自购商品房进行装修，装修工程款、材料款等合计××万元，李××在明知实价的情况下，只付款××元，少付款××元。

李××身为领导干部，利用职务上的便利，由为交通运输局装修工程投标方之一的某装修公司为其个人自购商品房进行装修，只付了少量钱款，已构成非法占有错误，情节严重。依据《中国共产党纪律处分条例》第七十二条的规定，经纪委常委会决定，并经市委常委会2024年2月5日批准，给予李××开除党籍处分，责令其退赔少付款××元。

本决定自2024年2月5日起生效。

中共Y市纪委（印章）
2024年2月5日

主题词：党纪处分开除党籍李××决定

主送：市直属机关工委、李××

抄送：市委组织部、市人力资源社会保障局

中共Y市纪委办公室　　　2024年2月5日印发

共印8份

从整体上看，本党纪处分决定书的写法符合党纪处分决定书的结构要求，基本要素齐备、规范，但在有关表述上不符合规定，如在给予开除党籍处分的人员姓名后面不得再加“同志”称谓。另外，制作党纪处分决定书时，还要注意以下四点：

（1）对于需要呈报上级机关审批的案件，应根据上级机关批复的内容制作或修改党纪处分决定书，不能用批复代替党纪处分决定书。

（2）如果对同一违纪人员，既要给予党纪处分，又要给予政务处分，要分别制作党纪处分决定书和政务处分决定书。

（3）对共同违纪案件，应对每一个违纪人员分别制作党纪处分决定书。

（4）委托有关单位代为宣布执行党纪处分决定及办理其他有关事项的，还应同时制作处分决定通知书。处分决定通知书的制作详见本节第四部分。

二、政务处分决定书

（一）概述

1. 概念

政务处分决定书，是指各级监察机关对违法的监察对象作出政务处分决定时使用的文书。

2. 特点

政务处分决定书，是按照特定的程序制作的，具有法律约束力。政务处分决定书一经批准送达，即发生效力，被处分对象及所在的单位必须执行，其效力不受被处分对象申诉的影响。

3. 制作依据

《监察法》第 45 条第 1 款第 2 项规定：对违法的公职人员依照法定程序作出警告、记过、记大过、降级、撤职、开除等政务处分决定。

4. 使用范围

凡有决定或批准权限的监察机关决定给予监察对象警告、记过、记大过、降级、撤职、开除等政务处分的，均需制作政务处分决定书。

（二）写法

1. 首部

政务处分决定书是监察决定书的一种，根据《监察部关于实行监察文书格式标准文本的通知》的规定，其首部由版头、发文文号、标题组成，格式和要求与党纪处分决定书的首部基本相同，例如，版头为“××省监察厅监察决定书”，发文字号为“（20××）×监决字第 12 号”，标题为“关于给予王××行政撤职处分的决定”。略有不同的是，政务处分决定书的版头由发文的监察机关全称或规范化简称加“监察决定书”字样组成，分两行居中印在政务处分决定书首页上部。

2. 正文

政务处分决定书的正文，主要由被处分人的基本情况、违纪事实、结束语三部分组成，与党纪处分决定书的要求基本相同。不同之处在于：（1）违纪事实是经过监察机关审定的。（2）法律依据仅是行政法律、法规。（3）结束语应根据《监察法》第 49 条的规定写明：“监察对象对监察机关作出的涉及本人的处理决定不服的，可以在收到处理决定之日起一个月内，向作出决定的监察机关申请复审，复审机关应当在一个月内作出复审决定；监察对象对复审决定仍不服的，可以在收到复审决定之日起一个月内，向上一级监察机关申请复核，复核机关应当在二个月内作出复核决定。复审、复核期间，不停止原处理决定的执行。复核机关经审查，认定处理决定有错误的，原处理机关应当及时予以纠正。”

3. 尾部

政务处分决定书的尾部由署名，成文日期，印章，主题词，主、抄送机关及人员，印制版记组成。其中，主题词一般由监察、处分种类、被处分人的姓名和文种（决定）组成，其余部分与政务处分决定书的尾部基本相同。

此外，制作政务处分决定书还要注意以下三点：

(1) 对同一违纪人员既要给予政务处分又要给予党纪处分的，要分别制作政务处分决定书和党纪处分决定书。

(2) 对共同违纪案件，应对每一违纪人员分别制作政务处分决定书。

(3) 委托有关单位代为宣布、执行政务处分决定及办理其他有关事项的，还应同时制作处分决定通知书。

三、免予处分决定书

(一) 概述

1. 概念

免予处分决定书（包括免予党纪处分决定书和免予政务处分决定书），是指具有一定纪律处分权限的党组织、行政机关或纪检、监察机关，依据法律、法规，对于违犯纪律同时又具备免予处分条件的对象，作出免予处分决定时使用的文书。

2. 特点

虽然免予处分不属于党的纪律或行政纪律的处分种类，但它是纪检、监察机关依据法律、法规，对违纪对象作出的正式处理结论。所以，免予处分决定书同样具有党的纪律或行政纪律的约束力。

3. 制作依据

(1)《中国共产党纪律处分条例》第 19 条规定：对于党员违犯党纪应当给予警告或者严重警告处分，但是具有本条例第 17 条规定的情形之一或者本条例分则中另有规定的，可以给予批评教育、责令检查、诫勉或者组织处理，免予党纪处分。对违纪党员免予处分，应当作出书面结论。

(2)《公务员法》第 61 条第 1 款规定：公务员因违纪违法应当承担纪律责任的，依照本法给予处分或者由监察机关依法给予政务处分；违纪违法行为情节轻微，经批评教育后改正的，可以免予处分。

(3)《公职人员政务处分法》第 12 条规定，公职人员违法行为情节轻微，且具有本法第 11 条规定的情形之一的，可以对其进行谈话提醒、批评教育、责令检查或者予以诫勉，免予或者不予政务处分。公职人员因不明真相被裹挟或者被胁迫参与违法活动，经批评教育后确有悔改表现的，可以减轻、免予或者不予政务处分。

4. 使用范围

符合下列条件，纪检、监察机关决定免予处分的，应制作免予处分决定书：(1) 依照《中国共产党纪律处分条例》第 19 条具有免予处分条件的正式党员；(2) 依照《公务员法》第 61 条等有关规定具有免予政务处分条件的公务员；(3) 具有免予处分条件的其他纪检、监察对象。

（二）写法

免予处分决定书由首部、正文和尾部三部分组成。

1. 首部

免予处分决定书的首部由版头、发文字号和标题组成，具体写法与对应决定书的首部的写法相同。其中，标题一般由被免予处分人员的姓名（于免予党纪处分决定书，在姓名后应加“同志”）、决定事项和公文种类（决定）组成，如“关于免予周××同志党纪处分的决定”“关于免予孟××政务处分的决定”。

2. 正文

免予处分决定书的正文，主要由被免予处分人的基本情况、违纪事实、处理决定及法律、法规依据组成，具体写法与党纪处分决定书、政务处分决定书的写法基本相同。不同的是，在处理决定及法律、法规依据部分，须写明减轻处分情节或其他免予处分的条件、违纪行为的性质以及定性和适用的法律、法规依据。

3. 尾部

免予处分决定书尾部由署名，成文日期，印章，主题词，主、抄送机关及人员，印制版记组成，其中，署名、成文日期、印章、印制版记与党纪处分决定书和政务处分决定书基本相同。

免予党纪处分决定书的主题词，由纪律检查、免予处分、被免予处分人员的姓名和文种（决定）四个部分组成，标注于抄送机关上方，如“纪律检查免予处分李××决定”。免予政务处分决定书的主题词，由监察、免予政务处分、被免予处分人员的姓名和文种（决定）组成，标注于主、抄送机关上方，如“监察免予政务处分王××决定”。

免予党纪处分决定书的主、抄送机关及人员部分，应主送被免予处分人所在单位或主管单位及被免予处分人，同时抄送对被免予处分人有管理权的组织人事部门及其他有关单位，应用主、抄送机关的全称或规范化简称，标注于印制版记的上方。

此外，写作免予处分决定书还要注意以下三点：

(1) 虽然免予处分不属于党的纪律或行政纪律的处分种类，但它是纪检、监察机关的正式处理结论，所以，免予处分决定书同样具有党的纪律或行政纪律的约束力。免予处分决定书的制发，应与制作处分决定书一样，履行有关审批程序。

(2) 免予处分决定应在一定范围内宣布，免予处分决定书应装入本人档案。

(3) 委托有关单位代为宣布执行免予处分决定或办理其他事项的，应同时制作免予处分决定通知书。

四、处分决定通知书和免予处分决定通知书

（一）概述

1. 概念

处分决定通知书和免予处分决定通知书，是指纪检、监察机关需要委托被处分对象

或被免予处分对象所在组织或单位宣布执行处分、处理决定事项时使用的文书。它包括党纪处分、政务处分决定通知书和免予党纪处分、政务处分决定通知书。

2. 特点

处分决定通知书和免予处分决定通知书，是与处分决定书或免予处分决定书相配套的文件，一般不单独使用。

3. 使用范围

凡纪检、监察机关委托下级党组织或单位，代为宣布、执行处分决定事项或免予处分决定事项的，均需制作处分决定通知书或免予处分决定通知书。

（二）写法

1. 首部

处分决定通知书和免予处分决定通知书的首部，由版头、发文字号、标题、主送机关组成，其格式与对应决定书的首部基本相同。其中，处分决定通知书和免予处分决定通知书的标题一般由被处分人或被免予处分人的姓名、处分种类或免予处分的类别、公文种类（通知）组成，如“关于给予李××开除党籍处分的通知”“关于给予王××行政记过处分的通知”“关于免予罗××同志党纪处分的通知”“关于免予张××政务处分的通知”等。

2. 正文

处分决定通知书或免予处分决定通知书的正文一般比较简短，主要应写明所决定的事项及要求受文单位办理的事项。一般由以下三部分组成：

（1）决定事项。决定事项应完整表述所决定的各项内容。在写决定事项的具体内容之前，应简要交代该决定的审议或批准情况，如“经省纪委常委会讨论，并经省委批准，决定给予省民政厅副厅长张××同志留党察看两年处分”。

（2）委托受文单位办理的具体事项。需要受文单位办理的事项，应在通知书中写明，如“现将《关于给予××同志留党察看两年的处分决定》发给你们，请宣布执行”“建议市人大罢免李××人民代表大会代表职务”“建议移送司法机关依法处理”等内容。这部分还应写明要求受文单位将处分执行情况或建议办理情况及时回告发文的纪检、监察机关，如“请将执行情况及时回告省监察厅”“请将处分执行情况及建议办理情况及时回告市纪委”。

这里需要说明的是，通知书中表述的决定事项，有的不能在处分决定书中表述，如决定移送司法机关或提出组织处理建议等情况；有的与处分决定书的表述角度不一样，如对违法违纪所得的处理，处分决定书针对的是被处分人本人，可能表述为“责令退赔”或“予以收缴”，而通知书可能表述为“由你们负责追缴李××的违纪所得××元，上缴国库”或“由你们负责将胡××退还的人民币××元上缴国库”。

（3）结束语。通知的结束语一般写“特此通知”。

3. 尾部

通知书的尾部与处分决定书的尾部基本相同，均由署名、成文日期、主题词、抄送机关、印制版记组成，主要不同之处在于主题词。

（1）党纪处分决定通知书的主题词，由党纪处分、处分种类、被处分人的姓名、通知四部分组成，如“党纪处分开除党籍胡××通知”。免予党纪处分通知书的主题词，由纪律检查、免予处分、被免予处分人的姓名、通知四部分组成，如“纪律检查免予处分张××通知”。

(2) 政务处分决定通知书的主题词，由监察、处分种类、被处分人的姓名、通知四部分组成，如“监察行政撤职马××通知”。免予政务处分决定通知书的主题词由监察、免予政务处分、被免予处分人姓名、通知四部分组成，如“监察免予政务处分刘××通知”。

（三）范例及评析

具体范例如下：

中共Y市纪律检查委员会（通知）

Y纪发（20××）15号

关于给予王××开除党籍处分的通知

市交通运输局党委：

市纪委常委会研究决定，并经市委批准，给予王××开除党籍处分；责令其退赔违纪所得××元，现将《关于给予王××开除党籍处分的决定》发给你们，请宣布执行，并由你们负责将责令其退赔违纪所得××元上缴财政。请将执行情况及时回告市纪委。

特此通知。

中共Y市纪委（印章）
20××年12月5日

主题词：党纪处分开除党籍王××通知
抄送：市委组织部、市直属机关工委
中共Y市纪委办公室　　20××年12月5日印发
共印8份

以上通知书符合党纪处分通知书的基本规范、格式要求。在实际制作和使用通知书时还应注意以下四点：

(1) 处分决定书或免予处分决定书是独立的文件，不能作为处分决定通知书或免予处分决定通知书的附件。

(2) 处分决定通知书、免予处分决定通知书是发给委托宣布执行的党组织或有关单位的，处分决定书、免予处分决定书也应同时发送上述单位。而对被处分人或被免予处分人，只发给处分决定书或免予处分决定书。

(3) 违纪人员同时受到党纪、政纪处分的，一般要分别制发相应的通知书。同一案件涉及同一单位两个以上人员的，可以使用同一通知书委托宣布、执行。

(4) 处分决定通知书和免予处分决定通知书与批复是两个不同的文种。批复是针对下级纪检、监察机关的请示所作的答复，处分决定通知书和免予处分决定通知书则是委托有关党组织或单位办理与处分或免予处分相关的事项，二者不能混用。

第三节　建议书

根据制作机关和制作依据的不同，建议书可以分为纪律检查建议书和监察建议书两种。

一、纪律检查建议书

（一）概述

1. 概念

纪律检查建议是纪检机关根据检查结果，就检查涉及的人员或组织，向有关单位提出处理建议的活动。纪律检查建议书，是纪律检查建议的书面表现形式。

2. 特点

建议权是纪律检查机关的重要职权。纪检机关根据检查结果，就检查涉及的人员或组织的处理，向有关单位提出建议，这是纪律检查机关行使建议权的形式之一。纪律检查建议书对接受建议的党组织具有较强的约束力。接受建议的党组织，无正当理由的，对纪律检查建议应予采纳，并应将对建议的办理情况和处理结果及时报告或告知提出建议的纪检机关。

3. 制作依据

《中国共产党纪律处分条例》规定，纪检机关根据检查结果区别不同情况，向有关单位提出纪律检查建议。

4. 使用范围

纪律检查建议书的使用范围比较广泛，按照规定，有下列情形之一，纪检机关决定提出纪律检查建议的，应当制作纪律检查建议书：(1) 对于受到撤销党内职务处分，并在党外组织担任职务的，应当建议党外组织依照规定作出相应处理。(2) 对于应当受到撤销党内职务处分，但是本人没有担任党内职务的，应当给予其严重警告处分。同时，在党外组织担任职务的，应当建议党外组织撤销其党外职务。(3) 党员受到留党察看处分，其党内职务自然撤销。对于担任党外职务的，应当建议党外组织撤销其党外职务。(4) 对于违纪行为所获得的职务、职称、学历、学位、奖励、资格等其他利益，应当由承办案件的纪检机关或者由其上级纪检机关建议有关组织、部门、单位按照规定予以纠正。

纪律检查建议书的接受单位，应是中国共产党的党组织、党组织的工作部门或派出机构。

（二）写法

1. 首部

纪律检查建议书的首部由版头、份号、密级、发文字号、标题、主送机关组成。版头、发文字号、主送机关与党纪处分决定书基本相同。

份号是指纪律检查建议书印制份数的顺序号，标注于纪律检查建议书首页的左上角。标注密级的文书应当标注份号。

密级是指纪律检查建议书的秘密等级。纪律检查建议书应根据建议的内容按照有关规定确定相应的密级，标注于份号的下方。

纪律检查建议书的标题一般由建议相对人（被检查人员或被检查部门）的姓名或名称、建议内容和文种（建议）组成，如“关于给予刘××同志撤销行政职务处分的建议”“关于改组市中心医院党总支的建议”。

2. 正文

纪律检查建议书的正文按内容的繁简程度，通常可分为详写和简写两种。简写适用于给予党纪处分同时需要提出纪律检查建议的情形。由于处分决定书可以作为纪律检查建议书的附件，所以案件事实部分可以省略。详写通常适用于不给予党纪处分而提出纪律检查建议的情形。

详写的纪律检查建议书的正文包括以下内容：

（1）导语。导语包括提起建议的起因、建议涉及案件及人员或党组织的调查简况等。

（2）建议相对人的基本情况。建议相对人是党员的，建议相对人的基本情况主要包括姓名、性别、出生年月、民族、籍贯、文化程度、入党时间、参加工作时间、主要任职情况等。主要任职情况应写明建议相对人在行为发生时所任和现任的职务。如果建议相对人还担任其他职务，如人民代表大会代表、政治协商会议委员等，也应写明。

建议相对人是党组织的，建议相对人的基本情况主要包括该党组织的名称、组成人员及其基本情况等。

（3）纪检机关检查后所认定的事实。案件事实是纪检机关提出纪律检查建议的基础。纪律检查建议书陈述的事实，是指经过审核确有把握认定的事实。应写清案件事实发生的时间、地点、情节、后果以及有关人员应负的责任等内容。

（4）提出的建议及法律法规、党纪条规依据。纪检机关提出的纪律检查建议，一般经过纪检机关常委会议讨论决定，代表着纪检机关的正式意见，因此一定要写得明确、具体，切忌抽象、模糊，使接受建议单位难以采纳办理。建议内容如涉及对人员的处分、职务调整（如免职、调离、降职安排、责令辞职、辞退等）、违纪款项物品的处理等，应一并写明。同时还应将提出建议的法律法规、党纪条规依据写明，使接受建议单位了解纪检机关提出建议的法律依据，如无正当理由应当采纳。

（5）结束语。这部分要求告知接受建议单位应将对建议的办理情况和处理结果及时报告或告知纪检机关。

由于简写方式适用于给予党纪处分同时需要提出纪律检查建议的情形，党纪处分决定书会作为纪律检查建议书的附件，附在建议书后面，所以，简写的纪律检查建议书正文部分的建议相对人基本情况、案件事实及定性均可以省略，着重写明提出的建议及法律法规、党纪条规依据，具体可按详写的纪律检查建议书对这部分内容的要求来写。

3. 尾部

纪律检查建议书的尾部由附件、署名、成文日期、印章、主题词、抄送机关、印制版记组成，其基本格式与党纪处分决定书的尾部相同。其中，附件应标注于正文之后、发文的纪检机关署名之前，顺序列出附件名称；纪律检查建议书的主题词一般由纪律检查、建议内容、建议相对人的姓名或名称、建议四部分组成，标注于抄送机关的上方，如“纪律检查责令辞职调离张××建议”“纪律检查改组市中心医院党总支建议”。

（三）范例及评析

具体范例如下：

中共H县纪律检查委员会纪律检查建议书

H纪发（20××）第7号

关于免除周××同志职务的建议

县人民法院：

根据周××同志在庭审活动中的违纪行为，我委已给予其党内严重警告处分。依照《中华人民共和国法官法》第十三条的规定，周××已不适合继续担任县人民法院民事审判庭庭长、审判委员会委员、审判员的职务。建议你们按程序提请县人大常委会免除其现任职务。

请将本建议的落实情况，书面报告本委。

附件：关于给予周××同志党内严重警告处分的决定

中共H县纪委（印章）

20××年3月8日

主题词：纪律检查免除职务周××建议

抄送：县委组织部、县人大常委会党组

中共H县纪委办公室　20××年3月8日印发

共印10份

从整体上看，本纪律检查建议书的写法符合纪律检查建议书的结构要求，基本要素齐备、规范，但在建议书适用对象即主送机关上写作有误。纪律检查建议书适用于向与纪检机关同级党组织的工作部门，如组织部、宣传部、统战部等；同级党组织的派出机构，如人大机关、政协机关、司法机关、人民团体的党组等；下级党组织；企事业等单位的党组织提出建议的情况。纪律检查建议书不适用于向同级党委提出建议，一般也不适用于纪律检查系统内部，如上级纪检机关向下级纪检机关作出指示或提出工作意见。而本建议书中的主送机关为“县人民法院”，应该修正为“县人民法院党组”。

此外，纪律检查建议书的制作还应注意：纪律检查建议的内容，应当属于接受该建议的单位职责范围内的事项；纪律检查建议书应当是在检查之后，根据检查的结果，提出纪律检查建议，制作纪律检查建议书；纪律检查建议应当以书面形式送达有关单位；纪检机关制作的纪律检查建议书，须经纪检机关主要负责人审核批准后，才能正式发出。

二、监察建议书

（一）概述

1. 概念

监察建议是监察机关根据检查、调查结果，就法定范围的部门、人员及事项，依照法定程序向有关部门提出处理建议的行政行为。监察建议书是具体体现监察建议内容的法定书面形式。

2. 特点

（1）具有强制执行力。

监察建议书一经送达，即具有强制执行的约束力。监察建议书的接受单位必须是国家机关，监察建议书的建议相对人应是作出该监察建议的监察机关有权管辖的单位或人员；提出的监察建议内容，应是接受监察建议的单位或部门职责范围内的事项。

监察建议书的内容靠法律的强制力保证实施。监察机关依法提出的监察建议，有关部门无正当理由应当采纳，否则，可以责令改正、通报批评或给予有关责任人员以政务处分。但监察建议书的强制力又与监察决定的强制力有一定区别。对监察建议有异议，可以在法定期限内提出。

监察机关依法制作的监察建议书，须经监察机关主要负责人审核批准后，才能正式发出。监察机关提出的重要监察建议，应当报上一级监察机关同意。

（2）建议事项超过监察权限。

监察建议书所建议的事项，是监察机关按照其权限不能直接决定，或者虽然有权直接决定，但采取提出监察建议的方式更为适宜的事项，因此，监察建议书的内容应主题明确、逻辑严密、措辞准确、理由充分、符合法律。

3. 制作依据

（1）《监察法》第 11 条第 3 项规定：监察机关依法向监察对象所在单位提出监察建议。

（2）《监察法》第 13 条规定：派驻或者派出的监察机构、监察专员根据授权，按照管理权限依法对公职人员进行监督，提出监察建议，依法对公职人员进行调查、处置。

（3）《监察法》第 45 条第 3、5 项规定：监察机关根据监督、调查结果，依法作出如下处置：对不履行或者不正确履行职责负有责任的领导人员，按照管理权限对其直接作出问责决定，或者向有权作出问责决定的机关提出问责建议；对监察对象所在单位廉政建设和履行职责存在的问题等提出监察建议。

（4）《监察法》第 62 条规定：有关单位拒不执行监察机关作出的处理决定，或者无正当理由拒不采纳监察建议的，由其主管部门、上级机关责令改正，对单位给予通报批评；对负有责任的领导人员和直接责任人员依法给予处理。

4. 使用范围

监察机关根据检查、调查结果，对于监察对象有下列情形之一的，可以使用监察建议书：（1）拒不执行法律、法规或者违反法律、法规，应当予以纠正的；（2）监察对象作出的决定、命令、指示违反法律、法规或者国家政策，应当予以纠正或者撤销的；（3）给国家利益、集体利益和公民合法权益造成损害，需要采取补救措施的；（4）录用、任免、奖罚决定明显不适当，应当予以纠正的；（5）按照有关法律、法规的规定，应当给予行政处罚的；（6）依法应当给予警告、记过、记大过、降级、撤职、开除等政务处分的；（7）依法应当没收、追缴或者责令退赔的；（8）其他需要提出监察建议的。

（二）写法

1. 首部

监察建议书的首部由版头、发文字号、标题、主送机关组成，其格式、要求与政务处分决定书的首部基本相同。其中，监察建议书的标题，一般由建议相对人姓名或名称、建议内容和公文种类（建议）组成，如“关于给予王××行政记大过处分的建议”“关于给予××市卫生局行政处罚的建议”。

2. 正文

监察建议书的正文包括以下内容。

(1) 导语。导语包括提起建议的起因、建议涉及案件与人员的调查简况等。

(2) 建议相对人的基本情况。建议相对人为被监察人员的，基本情况主要包括姓名、性别、出生年月、民族、籍贯、政治面貌、工作单位、职务等。建议相对人为被监察部门的，基本情况主要包括被监察部门的全称和地址及其他简要情况。

(3) 监察机关检查、调查后认定的事实。监察建议书中的违纪事实，主要是指经过监察机关检查、调查后认定的违反行政纪律的事实。在叙述违纪事实时，应根据违纪构成要件，完整表述违纪行为发生的时间、地点、情节、后果等内容。

(4) 提出的监察建议及有关法律法规依据。监察机关提出的监察建议代表着监察机关的正式意见，因此，一定要写得明确、具体，切忌抽象、模糊。案件审理部门代监察机关制作的监察建议书的内容，主要涉及应当给予政务处分，依法应当没收、追缴或者责令退赔的情形，这些内容应在建议中一一写明。同时还应写明提出建议的法律法规依据，无正当理由应予采纳。此外还应写明提出监察建议的机关及批准机关等内容。

(5) 结束语。在这部分应告知接受建议单位监察机关对监察建议执行实行监督的权利和接受建议单位提出异议的权利，如“请于收到本建议之日起三十日内将采纳本建议的情况通报本机关”“对监察建议有异议的，可自收到本监察建议书之日起三十日内向本机关提出”。

3. 尾部

监察建议书的尾部由附件、署名、成文日期、印章、主题词、抄送机关、印制版记组成。其中的主题词一般由监察、建议内容、建议相对人的姓名或名称和文种（建议）组成，标注于抄送机关的上方。

（三）范例及评析

具体范例如下：

A市监察委员会监察建议书

(2024) A监建字第7号

关于给予市交通运输局行政处罚的建议

市交通运输局：

经我局立案调查查明：在2022年8月至2023年4月期间，市交通运输局有隐瞒、截留收入××万元，违反规定滥发奖金、补贴××万元等严重的违反财政法规行为。我委已依据《中华人民共和国监察法》的有关规定，经市政府批准，给予该局局长王××

行政记大过处分，给予该局办公室主任张××行政降级处分。

建议你们根据《财政违法行为处罚处分条例》第四条之规定，对该局违反财政法规的钱款给予收缴等相应的行政处罚。

附件：

1. 关于给予王××同志行政记大过处分的决定

2. 关于给予张××同志行政降级处分的决定

A 市监察委员会（印章）
2024 年 3 月 6 日

主题词：监察行政处罚市交通运输局建议

抄送：市交通运输局

A 市监察委员会办公室　　2024 年 3 月 6 日印发

共印 8 份

从整体上看，该监察建议书的写法符合监察建议书的结构要求，基本要素齐备、规范。监察建议书是依法制作的法律文书，制作程序必须严格，即监察机关应在检查、调查之后，根据检查、调查的结果提出监察建议，按照法律法规规定的格式制作。由于监察建议书是具有强制执行力的法律文书，按照规定，接受建议单位应在收到监察建议书之日起 30 日内将对监察建议的采纳情况通报监察机关。接受建议单位无正当理由拒不采纳监察建议的，由主管机关或者监察机关责令改正，对单位给予通报批评，对负有直接责任的主管人员和其他直接责任人员依法给予政务处分。接受建议单位对监察建议有异议的，应在收到监察建议书之日起 30 日内向作出监察建议的监察机关提出。监察机关应当自收到异议之日起 30 日内回复。接受建议单位对回复仍有异议的，由提出监察建议的监察机关提请上一级监察机关决定。因此，该监察建议书应该在正文的最后增加一段表述：“请自收到本监察建议书之日起 30 日内将采纳监察建议的情况函告本监察委员会。对本监察建议如有异议，可自收到本监察建议书之日起 30 日内向本机关提出。”

问题与思考题

一、简答题

1. 简述监察法律文书的特点。
2. 比较党纪处分决定书与政务处分决定书的异同。
3. 简述免予处分决定书的使用范围。
4. 简述处分决定通知书和免予处分决定通知书的制作注意事项。

二、论述题

论述监察法律文书的主要种类。

第十三章 律师实务文书

内容导读

中国共产党二十大报告要求“加快建设法治社会”，律师及其执业文书制作，是法治社会建设的体现之一。律师实务文书是指律师接受当事人的委托，在办理诉讼和非诉讼业务的过程中，就委托人委托的事项，根据事实和法律，书写相关的具有法律意义的文书。本章主要介绍律师经常使用的几种文书的制作：(1) 诉状类文书，包括起诉状、上诉状、答辩状、申诉书（再审申请书）；(2) 律师的法庭演说词，包括辩护词和代理词；(3) 非诉讼文书，包括法律意见书、合同等。

第一节 起诉状

一、起诉状的概念

起诉状是自然人、法人或者其他组织在自身权益受到侵害或者与他人发生争议，向人民法院提出保护其合法权益的请求时使用的诉讼文书，包括提起民事诉讼和行政诉讼的起诉状。

二、起诉状的结构

起诉状的格式从形式上看，可以分为三大部分：首部、正文、尾部。

首部包括文书名称、原告、被告等。以自然人提起民事诉讼为例：原告应当写明姓名、性别、出生日期、民族、职业、工作单位、住所、联系方式。原告是无民事行为能力人或者限制民事行为能力人的，应当写明法定代理人的姓名、性别、出生日期、民族、职业、工作单位、住所、联系方式，在诉讼地位后括注与原告的关系；起诉时已经委托诉讼代理人的，应当写明委托诉讼代理人的基本信息；被告是自然人的，应当写明姓名、性别、工作单位、住所等信息；被告是法人或者其他组织的，应当写明名称、住所等信息；原告在起诉状中直接列写第三人的，视为其申请人民法院追加该第三人参加诉讼。是否通知第三人参加诉讼，由人民法院审查决定。

正文包括诉讼请求，事实和理由，证据、证据来源以及证人的姓名和住所等。

尾部包括致送人民法院、附项（如本诉状副本若干份等）、起诉人署名、起诉的年月日等。

三、制作起诉状需要注意的问题

（1）自然人提起民事诉讼，应当向人民法院递交起诉状，并按照被告人数提出副本。起诉状应当由本人签名。

（2）法人或者其他组织提起民事诉讼，应当向人民法院递交起诉状，并按照被告人数提出副本。起诉时已经委托诉讼代理人的，应当写明委托诉讼代理人的基本信息。被告是自然人的，应当写明姓名、性别、工作单位、住所等信息；被告是法人或者其他组织的，应当写明名称、住所等信息。原告在起诉状中直接列写第三人的，视为其申请人民法院追加该第三人参加诉讼。是否通知第三人参加诉讼，由人民法院审查决定。起诉状应当加盖单位印章，并由法定代表人或者主要负责人签名。

四、起诉状样式

民事起诉状

（公民提起民事诉讼用）

原告：×××，男/女，××年××月××日生，××族，……（写明工作单位和职务或职业），住所：……，联系方式：……

法定代理人/指定代理人：×××，……

委托诉讼代理人：×××，……

被告：×××，……

……

（以上写明当事人和其他诉讼参加人的姓名或者名称等基本信息）

诉讼请求：

……

事实和理由：

……

证据和证据来源，证人的姓名和住所：

……

此致

××人民法院

附：本起诉状副本××份

起诉人（签名）

××年××月××日

民事起诉状

（法人或者其他组织提起民事诉讼用）

原告：×××，住所……

法定代表人/主要负责人：×××，……（写明职务），联系方式：……

委托诉讼代理人：×××，……

被告：×××，……

……

（以上写明当事人和其他诉讼参加人的姓名或者名称等基本信息）

诉讼请求：

……

事实和理由：

……

证据和证据来源，证人姓名和住所：

……

此致

××人民法院

附：本起诉状副本××份

起诉人（公章和签名）

××年××月××日

第二节　上诉状

一、上诉状的概念

上诉状是自然人、法人或者其他组织在民事、行政案件中不服一审判决、裁定而提起上诉时使用的诉讼文书。上诉状包括提起刑事诉讼、民事诉讼和行政诉讼的上诉状。

二、上诉状的结构

上诉状的结构从形式上看，可以分为三大部分：首部、正文、尾部。

首部，以民事上诉状为例，自然人上诉表述为：

上诉人（原审诉讼地位）：×××，男/女，××年××月××日出生，××族，……（写明工作单位和职务或者职业），住所：……，联系方式：……

当事人是法人或者其他组织的，写明名称、住所。另起一行写明法定代表人、主要负责人及其姓名、职务、联系方式。

正文包括上诉请求和上诉理由。

尾部包括致送人民法院、附项（如上诉状副本若干份等）、上诉人署名、上诉的年月日等。

三、制作上诉状需要注意的问题

（1）当事人不服地方人民法院第一审判决的，有权在判决书送达之日起 15 日内向上一级人民法院提起上诉。当事人不服地方人民法院第一审裁定的，有权在裁定书送达之日起10日内向上一级人民法院提起上诉。在中华人民共和国领域内没有住所的当事人，不服第一审人民法院判决、裁定的，有权在判决书、裁定书送达之日起30日内提起上诉。

(2) 上诉状的内容，应当包括当事人的姓名，法人的名称及其法定代表人的姓名或者其他组织的名称及其主要负责人的姓名；原审人民法院名称、案件的编号和案由；上诉的请求和理由。

(3) 上诉状应当通过原审人民法院提出，并按照对方当事人或者代表人的人数提出副本。

(4) 有新证据的，应当在上诉理由之后写明证据和证据来源、证人的姓名和住所。

四、上诉状样式

民事上诉状

上诉人（原审诉讼地位）：×××，男/女，××年××月××日出生，×族，……（写明工作单位和职务或者职业），住所：……，联系方式：……

法定代理人/指定代理人：×××，……

委托诉讼代理人：×××，……

被上诉人（原审诉讼地位）×××，……

……

（以上写明当事人和其他诉讼参加人的姓名或者名称等基本信息）

上诉人×××因与被上诉人×××……（写明案由）一案，不服××人民法院××年××月××日作出的（××）×民初××号民事判决/裁定，现提起上诉。

上诉请求：

……

上诉理由：

……

此致

××人民法院

附：本上诉状副本××份

上诉人（签名或者盖章）

××年××月××日

第三节　答辩状

一、答辩状的概念

答辩状是自然人、法人或者其他组织在民事或行政诉讼案件中，针对原告的起诉状或者被上诉人针对上诉人的上诉状进行答复和辩驳的诉讼文书。

二、答辩状的结构

答辩状的结构从形式上看，可以分为三大部分：首部、正文、尾部。

首部包括文书名称（民事或行政答辩状）、答辩人以及案由。答辩状应当记明被告的姓名、性别、出生日期、民族、工作单位、职业、住所、联系方式。答辩时已经委托诉讼代理人的，应当写明委托诉讼代理人的基本信息。

正文写明答辩意见。

尾部包括致送人民法院、附项（如答辩状副本若干份等）、答辩人署名、答辩的年月日等。

三、制作答辩状需要注意的问题

（1）自然人对民事起诉提出答辩，被告应当在收到起诉状副本之日起 15 日内提交答辩状。被告在中华人民共和国领域内没有住所的，应当在收到起诉状副本后 30 日内提交答辩状。被告申请延期答辩的，是否准许，由人民法院决定。答辩状应当记明被告的姓名、性别、出生日期、民族、工作单位、职业、住所、联系方式。答辩时已经委托诉讼代理人的，应当写明委托诉讼代理人的基本信息。答辩状应当由本人签名。

（2）法人或者其他组织对民事起诉提出答辩，被告应当在收到起诉状副本之日起 15 日内提交答辩状。被告在中华人民共和国领域内没有住所的，应当在收到起诉状副本后 30 日内提交答辩状。被告申请延期答辩的，是否准许，由人民法院决定。答辩时已经委托诉讼代理人的，应当写明委托诉讼代理人基本信息。答辩状应当加盖单位印章，并由法定代表人或者主要负责人签名。

四、答辩状样式

民事答辩状

（自然人对民事起诉提出答辩用）

答辩人：×××，男/女，××年××月××日生，××族，……（写明工作单位和职务或职业），住所：……，联系方式：……

法定代理人/指定代理人：×××，……

委托诉讼代理人：×××，……

（以上写明答辩人和其他诉讼参加人的姓名或者名称等基本信息）

对××人民法院（×）×民初××号……（写明当事人和案由）一案的起诉，答辩如下：

……（写明答辩意见）

证据和证据来源，证人姓名和住所：

……

此致

××人民法院

附：本答辩状副本×份

答辩人（签名）

××年××月××日

民事答辩状

（法人或者其他组织对民事起诉提出答辩用）

答辩人：×××，住所：……

法定代表人/主要负责人：×××，……（写明职务），联系方式：……

委托诉讼代理人：×××，……

（以上写明答辩人和其他诉讼参加人的姓名或者名称等基本信息）

对××人民法院（××）×民初××号……（写明当事人和案由）一案的起诉，答辩如下：

……（写明答辩意见）

证据和证据来源，证人姓名和住所：

……

此致

××人民法院

附：本答辩状副本×份

答辩人（公章和签名）

××年××月××日

第四节　申请书

一、申请书的概念

申请书是自然人、法人或者其他组织作为当事人依法向人民法院申请撤诉、财产保全、复议、强制执行以及申请支付令和破产还债等时使用的法律文书。

二、申请书的结构

申请书的结构从形式上看，可以分为三大部分：首部、正文、尾部。

首部包括文书名称即申请书，当事人是公民的，表述为：

申请人：×××，男/女，××年××月××日出生，××族……（写明工作单位和职务或者职业）住所：……，联系方式：……

当事人是法人或者其他组织的，写明名称住所。另起一行写明法定代表人、主要负责人及其姓名、职务、联系方式。

正文包括请求事项、事实和理由。

尾部包括致送人民法院、附项、申请人署名、申请的年月日等。

三、制作申请书需要注意的问题

（1）回避申请，被申请回避人员可以是审判人员、执行员、书记员、翻译人员、鉴定人、勘验人等。其中，审判人员包括参与本案审理的人民法院院长、副院长、审判委员会委员、庭长、副庭长、审判员、助理审判员和人民陪审员。当事人提出回避申请，应当说明理由，在案件开始审理时提出；回避事由在案件开始审理后知道的，也可以在法庭辩论终结前提出。

（2）申请诉讼财产保全，当事人是法人或者其他组织的，写明名称住所。另起一行写明法定代表人、主要负责人及其姓名、职务、联系方式。在诉讼过程中，对于可能因当事人一方的行为或者其他原因，判决难以执行或者造成当事人其他损害的案件，当事人可以向人民法院申请诉讼财产保全。当事人是否应当提供担保以及担保的数额，由人民法院根据案件的具体情况决定。申请有错误的，申请人应当赔偿被申请人因保全所遭受的损失。

四、申请书样式

申请书

（申请回避用）

申请人：×××，男/女，××年××月××日出生，××族，……（写明工作单位和职务或者职业），住所：……，联系方式：……

法定代理人/指定代理人：×××，……

委托诉讼代理人：×××，……

（以上写明申请人和其他诉讼参加人的姓名或者名称等基本信息）

请求事项：

申请你院（××）×民/刑初××号（写明当事人和案由）一案的……（写明被申请回避人的诉讼地位和姓名）回避。

事实和理由：

……（写明申请回避的事实和理由）

此致

××人民法院

申请人（签名或者盖章）

××年××月××日

申请书

（申请诉讼财产保全用）

申请人：×××，男/女，××年××月××日出生，××族，……（写明工作单位和职务或者职业），住所：……，联系方式：……

法定代理人/指定代理人：×××，……

委托诉讼代理人：×××，……

被申请人：×××，……

……

（以上写明当事人和其他诉讼参加人的姓名或者名称等基本信息）

请求事项：

查封/扣押/冻结被申请人×××的……（写明保全财产的名称、性质、数量、数额、所在地等），期限为……年/月/日（写明保全的期限）。

事实和理由：

（××）×民初××号（写明当事人和案由）一案，……（写明申请诉讼财产保全的事实和理由）

申请人提供……（写明担保财产的名称、性质、数量、数额、所在地等）作为担保。

此致

××人民法院

申请人（签名或者盖章）

××年××月××日

第五节　辩护词

进行刑事辩护是国家法律赋予律师等辩护人的职责，也是正确适用法律，维护犯罪嫌疑人、被告人合法权益的保障。制作一份高质量的辩护词对刑事辩护具有十分重要的作用。

一、辩护词的概念与特征

辩护词是律师接受当事人委托或经人民法院指定，担任刑事被告人的辩护人，在刑事诉讼活动中，根据事实和法律，提出证明被告人无罪、罪轻或者减轻、免除其刑事责任的意见所形成的文字材料。它具有如下特征：第一，制作主体的特定性。辩护词的制作主体是辩护人，当然，可以被委托为辩护人的包括律师，人民团体或者犯罪嫌疑人、被告人所在单位推荐的人，犯罪嫌疑人、被告人的监护人、亲友。第二，合法性。辩护词的制作必须以事实为根据、以法律为准绳。内容必须以具体的案情事实为根据，必须具有客观真实性，还要适用具体的法律条款，反映和体现实体法与程序法的规定。第三，表述的准确性。表述准确性的总要求是：准确、精练、朴实、庄重。可以借鉴立法、应用术语推敲锤炼，还要避免语义含混，不能使用模棱两可的词语，如可能、大概、也许、或者、莫非、恐怕等。第四，使用特定的公文语体。公文语体同文艺语体、科技语体、政论语体比较起来有着自身的特点，具体要求如下：语言要朴实，使用非文学性语言，慎用文言，如“之”“其”等；使用公文句式，用肯定句、陈述句、判断句，慎用反问、疑问、设问、感叹等句式。

二、辩护词的格式与章法

辩护词的格式应当规范。辩护词的格式从形式上看，可以分为三大部分：首部、正文、尾部。

首部包括文书名称、对审判人员的称呼、辩护人辩护的法律依据以及当事人的授权与委托、开庭前的准备情况等项目。

正文要有针对性地提出辩护观点与理由。一般而言，先提出基本观点，然后加以分析论证，最后还可以提出裁判与量刑建议。

尾部是制作人署名及制作日期。

制作辩护词还要选择适当的章法。辩护词的常用章法有欲进先退、针锋相对、借题发挥等。[①] 欲进先退在有罪辩护中常常用到，如果罪名成立，则应当实事求是地予以承认，先退一步，然后找出情有可原的理由，达到辩护目的。针锋相对是指对于罪与非罪、事实有无、性质确定等方面存在原则分歧的案件，要据理力争，依法辩护。借题发挥就是在指控基本成立的情况下，如果没有法定从轻、减轻情节，运用酌定情节辩护，或者寻找社会原因等。

三、制作辩护词的基本思路

综合起来看，制作辩护词不外乎如下五种基本思路：

1. 定性辩护

定性辩护就是对被告人的行为是否构成犯罪进行辩护，明确罪与非罪。在刑事诉讼中，一般情况下，案件的侦查由公安机关进行，人民检察院负责审查起诉，人民法院进行审判，律师等辩护人进行辩护。在诉讼过程中，控方从追究犯罪的角度，辩方律师从为被告人辩护的角度进行诉讼，使人民法院正确裁判。由于控辩双方职责所系，定性冲突时有发生。例如：

20××年5月16日7时30分许，朱某在上海市浦东新区××路××号××广场南侧大门处与王某发生口角，后被劝开。当日7时58分许，王某持刀至××广场监控室对朱某等人进行挑衅，马某即持铁杆将其手中刀具打落，后朱某、马某分别采用持木棍击打头部、拳打头部的方法将王某殴打致伤倒地。经抢救无效，王某于2018年5月20日死亡。经鉴定，王某系被他人用钝器打击头部致颅脑损伤而死亡。20××年5月16日，朱某、马某明知他人报警仍在现场等待警察处警，到案后如实供述上述犯罪事实。审理过程中，朱某在家属帮助下赔偿王某家属经济损失人民币250 000元，取得王某家属的谅解；马某在家属帮助下赔偿王某家属经济损失人民币50 000元，取得王某家属的谅解。

一审法院认为，被告人朱某持械、被告人马某采用拳打的方式共同故意伤害他人身体，致人死亡，均已构成故意伤害罪。被告人朱某、马某有自首情节，均可以减轻处罚。鉴于被告人朱某、马某能赔偿被害人家属经济损失，取得谅解，及考虑到被告人朱某、马某在伤害过程中实施的殴打方式、暴力程度、被害人过错等，可以对两名被告人分别酌情从轻处罚，遂判定二人犯故意伤害罪，分别判处有期徒刑6年6个月和3年3个月。[②]

上诉人朱某的辩护人认为：（1）朱某的行为属于正当防卫；（2）根据《刑法》

① 参见宁致远主编：《司法文书学》，567～570页，北京，中国政法大学出版社，1992。

② 改编自上海市第一中级人民法院（2019）沪01刑终179号刑事判决书。

第二十条第三款之规定，朱某可以行使无限防卫权；（3）不能简单以“理性假设”来苛求普通群众作出最合理的选择。

上诉人马某的辩护人认为：（1）被害人拿刀进入监控室后，马某随手拿棍将刀打落，后用手制服被害人，没有进一步伤害被害人，因此不具有伤害故意；（2）两名上诉人事前没有预谋，事中没有犯意联络，不仅没有语言上的意思联络，连眼神都没有联络，不符合共同犯罪的规定；（3）朱某棍击被害人，马某并不知晓，在被害人倒地后才发现身后是朱某。

2. 事实与情节辩护

事实辩护就是对事实本身的认定、证据的采纳以及对事实分析的辩护。我国刑事诉讼法的基本原则之一就是以事实为根据、以法律为准绳，让事实和证据讲话。如果控方证据不足或者证据有疑点，辩方应当据实指出，以使没犯罪的人不受刑事追究，犯罪的人只对查证属实的罪行承担刑事责任。在对事实的分析上，观点、看法正确与否直接关系刑事责任的配置，甚至牵涉罪与非罪的是非问题。例如，对于某鞋业公司原董事长金某涉嫌贪污、贿赂一案，一审法院认为，被告人金某伙同受国家机关委托的人员，非法占有公共财物，其行为已构成贪污罪；被告人金某为了谋取不正当利益，向受国家机关委托的人员行贿，其行为已构成行贿罪，均应予处罚。二审法院认为，上诉人金某及其辩护人提出金某不构成贪污罪、行贿罪的上诉理由及辩护意见，经查，上诉人金某以及另案处理的李某均不具有国家工作人员身份，且认定拆迁补偿款为公共财物，事实不清，证据不足，故上诉人金某的行为不符合贪污罪的构成要件，不构成贪污罪，而金某给予李某 1 770 万元的行为没有侵犯国家工作人员职务的廉洁性，故上诉人金某及其辩护人提出的不构成贪污罪、行贿罪的上诉理由及辩护意见应予支持。由此可见，同一事实，分析观点不同，结果迥异。

情节辩护就是根据法律规定的从轻、减轻情节及酌定情节进行辩护，分为法定情节辩护和酌定情节辩护。

法定情节辩护就是根据法律明文规定的从轻、减轻情节进行辩护，如自首、缓刑等。我国《刑法》第 67 条规定：犯罪以后自动投案，如实供述自己的罪行的，是自首。对于自首的犯罪分子，可以从轻或者减轻处罚。其中，犯罪较轻的，可以免除处罚。被采取强制措施的犯罪嫌疑人、被告人和正在服刑的罪犯，如实供述司法机关还未掌握的本人其他罪行的，以自首论。因此，被告人如有自首情节，即可从这一角度辩护。对缓刑辩护也应重视。我国《刑法》第 72 条规定：对于被判处拘役、3 年以下有期徒刑的犯罪分子，根据犯罪分子的犯罪情节和悔罪表现，没有再犯罪的危险且宣告缓刑对所居住社区没有重大不良影响的，可以宣告缓刑。

酌定情节辩护就是根据那些虽然不是法律明文规定但又确实情有可原的情节进行辩护。我国《刑法》第 61 条规定：对于犯罪分子决定刑罚的时候，应当根据犯罪的事实，犯罪的性质、情节和对于社会的危害程度，依照本法的有关规定判处。《刑法》第 63 条第 2 款规定，犯罪分子虽然不具有本法规定的减轻处罚情节，但是根据案件的特殊情况，经最高人民法院核准，也可以在法定刑以下判处刑罚。可见，酌定情节辩护是有法律依据的。具体而言，酌定情节包括犯罪动机、犯罪主体的可塑性、犯罪时的环境和条件、一贯表现以及认罪态度等。

3. 人情事理辩护

人情事理辩护就是根据公认的道理来辩护。例如，安徽省歙县人民法院以吴某犯拒不执行判决、裁定罪，一审判处其有期徒刑 6 个月一案就是一例典型的人情事理辩护。[①]吴某在一起机动车交通事故责任纠纷中，被判决赔付原告医疗费等费用合计 8 万余元。判决生效后，因吴某未履行判决确定的义务，原告向法院申请强制执行。歙县人民法院依法向吴某送达执行通知书、报告财产令，但他以各种理由拒不履行法律文书确定的义务，致使判决无法执行。2009 年 1 月、2017 年 4 月，歙县人民法院曾两次对吴某予以司法拘留。拘留期间，吴某口口声声承诺会履行赔偿义务，但释放后，吴某照样拒不履行。法院经审理查明，2005 年以来，吴某常年在江苏省苏州市务工，每月有相对稳定的收入。从 2014 年 6 月以来，吴某工资收入累计有 25 万余元。2017 年 4 月，吴某的工资账户被法院冻结后，他将每月工资收入转移至其儿媳杨某的银行账户上，隐藏、转移自己可供执行的财产。2018 年 6 月，歙县公安局以吴某涉嫌拒不执行判决、裁定罪立案侦查，对他网上追逃。吴某主动投案后被逮捕。案件审理期间，吴某家属代为履行了生效判决确定的义务。法院经审理认为：被告人吴某有能力执行而拒不执行判决，通过隐藏、转移财产等手段，致使判决无法执行，其行为已构成拒不执行判决、裁定罪，犯罪事实清楚，证据确实、充分。被告人吴某主动投案，系自首，依法可从轻处罚。诉讼期间，其主动履行赔偿义务且自愿认罪，有悔罪表现，可酌情从轻处罚。法院遂作出上述判决。

4. 后果分析辩护

后果分析辩护就是通过分析本案处理的后果及对被告人的影响、对社会的影响来进行辩护。比如青少年犯罪、大学生犯罪，他们一般都是初犯、偶犯，世界观、人生观正在形成之中，可塑性很强，且刑事诉讼法的一个重要任务就是教育公民自觉遵守法律。因此，对他们应当给出路，从宽处理。如果处理不当，这些青少年可能会破罐子破摔，这样既毁了他们的一生，也给社会增加了不稳定因素。

5. 适用法律辩护

我国《刑法》第 12 条规定：中华人民共和国成立以后本法施行以前的行为，如果当时的法律不认为是犯罪的，适用当时的法律；如果当时的法律认为是犯罪的，依照本法总则第四章第八节的规定应当追诉的，按照当时的法律追究刑事责任，但是如果本法不认为是犯罪或者处刑较轻的，适用本法。这就是说，我国刑法实行“从旧兼从轻”的原则，对一个具体案件应当适用什么时候的法律，结果是有很大区别的。

综上所述，辩护词是律师等辩护人进行辩护的书面表现，制作一份高质量的辩护词十分重要。制作辩护词时要做到格式规范、内容恰当、章法流畅、思路明晰，这样才能从文书制作方面切实维护当事人的合法权益，高质量地履行辩护职责。

---

① 参见周瑞平、汪朝亮：《转移工资逃避执行 两次拘留仍不改》，载《人民法院报》，2018－10－18，3 版。

第六节　代理词

一、代理词的概念

代理词是律师等诉讼代理人在法律规定或者当事人授予的权限范围内，在法庭辩论环节，为维护当事人的利益，就案件的事实和法律适用等问题发表意见，以此为基础所形成的诉讼文书。

诉讼代理人可分为法定代理人和委托代理人。

1. 法定代理人

根据法律规定取得代理权，为没有诉讼行为能力的人代为诉讼行为的人就是法定代理人。法定代理人是法律规定为没有诉讼行为能力的人进行诉讼活动的人，基于亲权或监护权而产生。无诉讼行为能力人由他的监护人作为法定代理人代为诉讼。法定代理人之间互相推诿代理责任的，由人民法院指定其中一人代为诉讼。事先没有确定监护人的，可以由有监护资格的人协商确定，协商不成的，由人民法院在他们之间指定诉讼中的法定代理人。

2. 委托代理人

受当事人、法定代表人、法定代理人等的委托，代为诉讼行为的人就是委托诉讼代理人。除具有诉讼代理人的一般特征外，委托代理人还有如下特征：(1) 代理权的产生是基于当事人等的委托。诉讼代理权基于委托人的授权而发生，当然，委托人的授权也要为代理人所接受。(2) 委托代理的成立是一种合意行为，即由代理双方协商一致。这表明在委托人与代理人之间存在着代理诉讼的一种约定。这种约定，既有委托人授权委托的意思表示，也有受托人同意接受委托的意思表示，委托诉讼代理人便以此为基础而产生。所以，也可以说，委托诉讼代理权产生于委托人与受托人之间的合意。(3) 委托他人代为诉讼，必须向人民法院提交由委托人签名或者盖章的授权委托书。(4) 代理的双方当事人均要有诉讼行为能力。委托诉讼代理是建立在被代理人的授权委托的基础之上的，授权人必须具有行为能力，授权才有效。代理人要代为他人进行诉讼活动，应有诉讼行为能力自不必多言。

当事人、法定代理人可以委托一至二人作为诉讼代理人。律师、当事人的近亲属、有关的社会团体或者所在单位推荐的人、经人民法院许可的其他公民，都可以被委托为诉讼代理人。此外，当事人还可以委托其他公民为诉讼代理人。但无民事行为能力人、限制民事行为能力人或者可能损害被代理人利益的人以及人民法院认为不宜作为诉讼代理人的人，不能作为诉讼代理人。代理诉讼的律师和其他诉讼代理人有权调查收集证据，可以查阅本案有关材料，为制作代理词做准备。

二、代理词的格式

代理词的格式应当规范。代理词的格式从形式上看，可以分为三大部分：首部、正文、尾部。

首部包括文书名称、对审判人员的称呼、诉讼代理人代理的法律依据及当事人的授权与委托、开庭前的准备情况等项目。

正文要有针对性地提出代理观点与理由，一般而言，先提出基本观点，然后加以分析论证，可以从事实和法律适用等角度发表代理意见。事实分析包括分析实体事实和纠纷事实，实体事实就是民事、经济法律关系产生、发展、变更的事实，纠纷事实就是纠纷的发现、发生、协商等事实。法律适用意见包括实体法和程序法的适用意见。正文最后还可以提出裁判建议。

尾部是制作人的署名及制作日期。

三、制作代理词需要注意的问题

制作代理词应当注意以下五个问题：

（1）代理词要用钢笔、毛笔书写或印刷。

（2）代理词的制作要以事实为根据、以法律为准绳，尊重事实、忠于法律，不能歪曲事实、曲解法律、强词夺理。代理词要以理服人，晓之以理、动之以情。

（3）代理权限范围。代理人必须在代理权限范围内进行诉讼活动。诉讼代理人必须在代理权限内进行和接受诉讼行为，必须在当事人授权范围内即代理权限内行使权利。超越代理权限的行为，被代理人不予承担后果，是无效的。由于诉讼代理人的种类不同，代理权限也不同，法定代理人的代理权限基本上是全面的全权的代理，而委托代理人的代理权限以当事人的授权为准。

（4）“全权代理”问题。诉讼代理又可分为一般代理和特别代理两种。一般代理是指仅可代理当事人进行诉讼行为，而不涉及实体权利的处分。特别代理是指不仅可代为进行一般诉讼行为，也可代为处分实体权利。当事人向人民法院提交的授权委托书，应在开庭审理前送交人民法院，授权委托书仅写“全权代理”而无具体授权的，诉讼代理人无权代为承认、放弃、变更诉讼请求，进行和解，提起反诉或者上诉。因此，授权委托书仅写“全权代理”而无具体授权的，仍是一般代理，诉讼代理人无权代为承认、放弃、变更诉讼请求，进行和解，提起反诉或者上诉。

（5）授权委托书。委托诉讼代理权不是根据法律的直接规定而发生的，而是建立在委托人授权的基础上的，委托人出具的授权委托书便是诉讼代理人取得代理权的依据。授权委托书必须记明委托事项和权限。诉讼代理人代为承认、放弃、变更诉讼请求，进行和解，提起反诉或者上诉，必须有委托人的特别授权。诉讼代理事项和诉讼代理权限，除法律有特别规定外，一般由委托人自己决定。诉讼代理人只能根据委托人的意志进行诉讼代理活动，而不能违背委托人的意志。也就是说，委托人让诉讼代理人代理哪些事项，诉讼代理人就只能代理哪些事项；委托人让诉讼代理人在什么权限范围内代理这些事项，诉讼代理人就只能在这种权限范围内代理这些事项。侨居在国外的中华人民共和国公民从国外寄交或者托交的授权委托书，必须经中华人民共和国驻该国的使领馆证明；没有使领馆的，由与中华人民共和国有外交关系的第三国驻该国的使领馆证明，再转由中华人民共和国驻该第三国使领馆证明，或者由当地的爱国华侨团体证明。诉讼代理人的权限如果变更或者解除，当事人应当书面告知人民法院，并由人民法院通知对方当事人。

第七节　法律意见书

一、法律意见书的概念

法律意见书是律师或法律专家就当事人咨询的特定案件或事项从法律的角度出具的书面意见。党二十大报告要求“推进多层次多领域依法治理，提升社会治理法治化水平”，制作法律意见书是律师参与社会治理的重要手段，因此律师出具法律意见书，应当以事实为根据、以法律为准绳，进而推动法律的具体落实。

二、法律意见书的结构

法律意见书的格式从形式上看，可以分为三大部分：首部、正文、尾部。

首部包括文书名称（法律意见书）、咨询单位名称、咨询事项、审查材料与调查活动的概括、过渡语等。

正文包括出具法律意见书的政策、法律根据，针对当事人所咨询事项的分析与论证。

尾部包括特别说明（如本法律意见书正文共××页，附件若干份等）、出具法律意见书的律师署名、出具的年月日等。

三、制作法律意见书需要注意的问题

（1）法律意见书要用钢笔、毛笔书写或印刷。

（2）法律意见书副本份数，应按约定提交。

第八节　合同

一、合同的概念

合同是作为平等民事主体的自然人、法人或其他组织之间设立、变更、终止民事权利义务关系的协议。合同包括买卖合同，供用电、水、气、热力合同，赠与合同、借款合同、租赁合同、融资租赁合同、承揽合同、建设工程合同、运输合同、技术合同、保管合同、仓储合同、委托合同、行纪合同、居间合同等。

二、合同的制作

（一）合同的内容

我国《民法典》第470条规定，合同的内容由当事人约定，一般包括下列条款：

(1) 当事人的姓名或者名称和住所；(2) 标的；(3) 数量；(4) 质量；(5) 价款或者报酬；(6) 履行期限、地点和方式；(7) 违约责任；(8) 解决争议的方法。当事人可以参照各类合同的示范文本订立合同。

(二) 合同的格式

合同的格式从形式上看，可以分为三大部分：首部、正文、尾部。

以住房和城乡建设部、国家工商行政管理总局 2014 年 4 月 9 日印发的《商品房买卖合同示范文本》中的《商品房买卖合同（预售）示范文本》(GF-2014-0171) 为例：

首部包括文书名称即商品房买卖合同、合同编号、合同双方当事人。合同双方当事人包括出卖人、买受人。“出卖人”栏目应当明确出卖人的名称、通信地址、邮政编码、营业执照注册号、企业资质证书号、法定代表人及联系电话、委托代理人及联系电话。委托销售经纪机构：名称、通信地址、邮政编码、营业执照注册号、经纪机构备案证明号、法定代表人及联系电话。“买受人”栏目应当明确买受人的名称或姓名，如果是法人，应当明确名称、法定代表人、证件类型及证号、通信地址、邮政编码、联系电话等。如果是自然人，应当明确姓名、国籍、户籍所在地、证件类型及证号、出生日期、性别、通信地址、邮政编码、联系电话等。

正文包括：第一章“合同当事人”，第二章“商品房基本状况”，第三章“商品房价款”，第四章“商品房交付条件与交付手续”，第五章“面积差异处理方式”，第六章“规划设计变更”，第七章“商品房质量及保修责任”，第八章“合同备案与房屋登记”，第九章“前期物业管理”，第十章“其他事项”。

尾部包括双方当事人的签字盖章、时间以及附件等。

(三) 制作合同需要注意的问题

(1) 合同要用钢笔、毛笔书写或印刷。

(2) 当事人采用合同书形式订立合同的，自双方当事人签字或者盖章时合同成立。

(3) 依法成立的合同，自成立时生效。法律、行政法规规定应当办理批准、登记等手续生效的，依照其规定。

(4) 当事人对合同的效力可以约定附条件。附生效条件的合同，自条件成就时生效。附解除条件的合同，自条件成就时失效。

(5) 当事人对合同的效力可以约定附期限。附生效期限的合同，自期限届至时生效。附终止期限的合同，自期限届满时失效。

第九节 其他主要律师工作文书

一、反诉状

(一) 反诉状的概念

反诉状是民事案件被告或刑事自诉案件被告人提出反请求时使用的诉讼文书。这里重点谈民事反诉状。

（二）反诉状的结构

反诉状的格式从形式上看，可以分为三大部分：首部、正文、尾部。

首部包括文书名称（反诉状）、反诉人（本诉被告）、被反诉人（本诉原告）等。“反诉人”“被反诉人”栏，应写明姓名或名称等基本情况。自然人提起民事反诉的民事反诉状中，反诉原告应当写明姓名、性别、出生日期、民族、职业、工作单位、住所、联系方式。反诉原告是无民事行为能力人或者限制民事行为能力人的，应当写明法定代理人的姓名、性别、出生日期、民族、职业、工作单位、住所、联系方式，在诉讼地位后括注与原告的关系。反诉时已经委托诉讼代理人的，应当写明委托诉讼代理人的基本信息。反诉被告是自然人的，应当写明姓名、性别、工作单位、住所等信息；反诉被告是法人或者其他组织的，应当写明名称、住所等信息。

正文包括反诉请求、事实与理由、证据、证据来源以及证人的姓名和住址等。

尾部包括致送人民法院、附项（如本反诉状副本若干份等）、反诉人署名、反诉的年月日等。

（三）制作反诉状需要注意的问题

（1）公民提起民事反诉，应当向人民法院递交反诉状，并按照被反诉人数提出副本。反诉原告应当写明姓名、性别、出生日期、民族、职业、工作单位、住所、联系方式。反诉原告是无民事行为能力人或者限制民事行为能力人的，应当写明法定代理人的姓名、性别、出生日期、民族、职业、工作单位、住所、联系方式，在诉讼地位后括注与原告的关系。反诉时已经委托诉讼代理人的，应当写明委托诉讼代理人的基本信息。反诉被告是自然人的，应当写明姓名、性别、工作单位、住所等信息；反诉被告是法人或者其他组织的，应当写明名称、住所等信息。反诉状应当由本人签名。

（2）法人或者其他组织提起民事反诉，应当向人民法院递交反诉状，并按照被反诉人数提出副本。反诉时已经委托诉讼代理人的，应当写明委托诉讼代理人的基本信息。反诉被告是自然人的，应当写明姓名、性别、工作单位、住所等信息；反诉被告是法人或者其他组织的，应当写明名称、住所等信息。反诉状应当加盖单位印章，并由法定代表人或者主要负责人签名。

二、声明书

（一）声明书的概念

声明书是自然人、法人或其他组织声明某种事项时使用的诉讼文书。

（二）声明书的结构

声明书的格式从形式上看，可以分为三大部分：首部、正文、尾部。

首部，以当事人向人民法院声明放弃诉讼请求的声明书为例：根据《中华人民共和国民事诉讼法》第 54 条、第 62 条的规定，当事人向人民法院声明放弃诉讼请求，声明人是自然人的，表述为：

×××，男/女，××年××月××日出生，××族……（写明工作单位和职务或者职业）住所：……，联系方式：……，法定代理人/指定代理人：×××……，委托诉讼代理人：×××……

声明人是法人或者其他组织的，写明名称住所。另起一行写明法定代表人、主要负责人及其姓名、职务、联系方式。放弃诉讼请求的主体可以是原告、反诉原告、有独立请求权的第三人等，写明声明人和其他诉讼参加人的姓名或者名称等基本信息。

正文可表述为：

本人/本方在你院（××）×民初××号……（写明当事人和案由）一案中，放弃全部诉讼请求/放弃第×项诉讼请求：……（写明放弃诉讼请求的具体内容）特此声明。

尾部包括致送人民法院、声明人（签名或者盖章）、日期。

（三）制作声明书需要注意的问题

（1）当事人向人民法院声明放弃诉讼请求，声明人是法人或者其他组织的，写明名称住所。另起一行写明法定代表人、主要负责人及其姓名、职务、联系方式。放弃诉讼请求的，可以是原告、反诉原告、有独立请求权的第三人等。

（2）根据《环境保护法》第 58 条、《最高人民法院关于审理环境民事公益诉讼案件适用法律若干问题的解释》第 5 条和第 8 条第 3 项，社会组织提起环境民事公益诉讼时，声明无违法记录，社会组织在提起诉讼前 5 年内未因从事业务活动违反法律、法规的规定受过行政、刑事处罚的，可以认定为“无违法记录”。声明书应当由社会组织的法定代表人或者主要负责人签名并加盖公章。

三、授权委托书

（一）授权委托书的概念

授权委托书是自然人、法人或其他组织作为当事人委托参加诉讼的委托代理人时使用的诉讼文书。

（二）授权委托书的结构

授权委托书的格式从形式上看，可以分为三大部分：首部、正文、尾部。

首部包括文书名称（授权委托书），委托人、受托人的基本情况等。自然人当事人委托律师的，写明律师姓名和所在律师事务所即可。委托其他自然人的，写明受委托人的基本信息，如姓名、性别、年龄、工作单位、住址。

正文可表述为：

现委托×××在我与×××……（写明案由）一案中，作为我参加诉讼的诉讼代理人。委托事项与权限如下：……（写明委托事项及权限）

尾部包括委托人、受委托人、日期。

（三）制作授权委托书需要注意的问题

（1）自然人当事人委托律师的，写明律师姓名和所在律师事务所即可。委托其他自然人的，写明受委托人的基本信息，如姓名、性别、年龄、工作单位、住址。当事人可以委托近亲属或者工作人员，或者委托当事人所在社区、单位以及有关社会团体推荐的自然人，人民法院可以要求提供相应的证明材料。委托他人代为诉讼，必须向人民法院提交由委托人签名或者盖章的授权委托书。授权委托书必须记明委托事项和权限。诉讼代理人代为承认、放弃、变更诉讼请求，进行和解，提起反诉或者上诉，必须有委托人的特别授权。侨居在国外的中华人民共和国公民从国外寄交或者托交的授权委托书，必须经中华人民共和国驻该国的使领馆证明；没有使领馆的，由与中华人民共和国有外交关系的第三国驻该国的使领馆证明，再转由中华人民共和国驻该第三国使领馆证明，或者由当地的爱国华侨团体证明。

（2）法人或其他组织委托律师的，授权委托书应当写明几项必要内容：1）委托人与被委托人的基本信息；2）委托代理的事项和权限；3）签字确认和时间。当事人可以委托其工作人员，或者其所在社区、单位以及有关社会团体推荐的公民，人民法院可以要求提供相应的证明材料。

问题与思考题

一、简答题

1. 民事诉讼上诉状中“上诉人”栏应当写明哪些要素？
2. 民事答辩状的尾部包括哪些项目？
3. 申请书的主要使用范围是什么？
4. 合同包括哪些条款？
5. 起诉状的首部如何制作？

二、文书制作题

请根据以下案情制作民事起诉书。

案情如下：李××，女，50岁，汉族，籍贯为河北省××县，就职于北京市××公司，户口在××区××胡同××号，现住××大街××号。张××，男，52岁，北京市人，××厂工人，住××区××胡同××号。李××要求离婚：20××年8月15日经邻居介绍，我与被告结婚。婚后生子女二人：长女22岁，已工作；儿子16岁，上中学。被告有严重的大男子主义思想，对原告经常打骂，对孩子也不好。20××年第一个小孩得病抢救时，被告就要与原告离婚。后来又向原告提出离婚。感情日益恶化。自20××年10月至今，原告一直在娘家生活。被告不按时给子女抚养费，经常打骂原告。

第十四章
公证法律文书

内容导读

习近平总书记在2019年中央政法工作会议上强调，政法机关承担着大量公共服务职能，要努力提供普惠均等、便捷高效、智能精准的公共服务……要深化公共法律服务体系建设，加快整合律师、公证、司法鉴定、仲裁、司法所、人民调解等法律服务资源，尽快建成覆盖全业务、全时空的法律服务网络。公证制度是我国公共法律服务的重要组成。公证法律文书中最重要的是公证书。公证书是指公证机构根据当事人的申请，依照事实和法律，按照法定程序和规定或批准的格式和要求制作的，具有特殊法律效力的证明文书。公证书是公证机构证明活动的结果，是制作并发给当事人使用的法律文书；公证的效力和作用集中体现在公证书中。定式公证书已经难以满足经济的发展、社会的需求和要求，要素式公证书的使用逐渐成为一种趋势。要素式公证书的证词内容包括必备要素和选择要素，其灵活的适用性是要素式公证书相对于定式公证书的优越性。要素式公证书格式的范围为在国内使用的保全证据、现场监督、合同（协议）三类公证书，国内民事公证文书还包括提存公证书、抵押登记公证书、继承公证书、涉外和涉港澳台公证书及其他国内公证书。

第一节　公证法律文书概述

一、公证法律文书的概念和特征

（一）公证及公证法律文书的概念

公证是公证机构根据自然人、法人或者其他组织的申请，依照法定程序对民事法律行为、有法律意义的事实和文书的真实性、合法性予以证明的活动。

公证法律文书从广义上讲是指公证机构依法制作的各类法律文书的总称，具体包括公证书、公证复查决定书、公证申请表、公证受理通知书、公证送达回证、公证法律意见书等。从狭义上讲，公证法律文书主要是指各类公证书，即公证机构根据当事人的申请，依照事实和法律，按照法定程序制作的法律证明文书。本章所讲的是狭义的公证法律文书。

（二）公证法律文书的性质和法律特征

1. 公证法律文书由法定的证明机构出具

公证是由法定的证明机构和专业的公证人员进行的一种特殊的证明活动。我国《公证法》规定公证机构是法定的证明机构。《公证程序规则》第 3 条规定：“公证机构依法独立行使公证职能，独立承担民事责任，任何单位、个人不得非法干预，其合法权益不受侵犯。”这说明公证法律制度是司法制度的重要组成部分，公证机构是行使法定证明权的机构，有权独立行使其证明权。因此，法定证明机构出具的公证法律文书具有公信力。

2. 公证法律文书是严格按照法律程序出具的法律文书

公证证明活动是按照法律规定的程序进行的。《公证程序规则》第 23 条规定：公证机构受理公证申请后，应当根据不同公证事项的办证规则，分别审查下列事项：……因此，公证法律文书是经过严格审查的，按照法律程序出具的，具有特殊效力的法律文书。

3. 公证法律文书证明的内容应当遵循“真实、合法”的原则

公证的标准是真实性、合法性。“以事实为根据，以法律为准绳”是我国社会主义法治的基本原则，也是公证活动必须遵循的基本准则。公证的真实性是指公证的对象必须是客观存在的，通过直观或者人证、物证能为公证人员感知，而且事实的内容与公证证明的内容是相符的。公证的合法性是指公证对象的内容、形式和取得方式符合法律、法规、规章，不违反相关政策和损害社会公共利益。合法性包括内容合法与形式合法两个方面。公证的真实、合法是统一的，二者必须同时具备，缺一不可。因此，作为公证证明活动的记录和成果的公证法律文书所证明的内容也应遵循“真实、合法”的原则。

二、公证法律文书的效力

（一）公证法律文书效力的概念

公证法律文书的效力，是指公证证明在法律上的效能和约束力。根据《公证法》第 36 条、第 37 条、第 38 条的规定，公证法律文书具有三个基本法律效力，即证据效力、强制执行效力和法律行为成立要件效力。其中，证据效力是公证法律文书最基本的效力，任何公证法律文书都具有证据效力；强制执行效力和法律行为成立要件效力则不是普遍的，只有特定的公证法律文书或在特定的条件下才能产生。

公证法律文书不仅在国内具有法律效力，而且具有域外法律效力。公证法律文书是证明法律行为、有法律意义的事实和文书的真实性、合法性的可靠的证明文书，被广泛地运用在国际交往中，因此，在国际上公证法律文书也得到了广泛的承认，具有域外法律效力，是进行国际民事、经济交往不可缺少的法律文书。这也是公证法律文书的证据效力在空间上的延伸。

（二）公证法律文书的证据效力

证据效力是公证法律文书最基本的效力，任何公证法律文书都具有证据效力。这不仅体现在诉讼活动中，更主要的是表现在日常的民事、经济交往和行政管理活动中。

证据效力是指公证法律文书是一种可靠的证据，具有证明公证对象真实、合法的证明力，可直接作为认定事实的根据。《民事诉讼法》第 72 条规定：经过法定程序公证证明的法律事实和文书，人民法院应当作为认定事实的根据，但有相反证据足以推翻公证证明的除外。这是因为公证机构是法定的证明机构，在公证过程中，公证机构要对公证对象进行认真、全面的调查、核实。公证机构只有在确认申请公证的法律行为、有法律

意义的事实和文书真实、合法时才依法出具公证书。

（三）公证法律文书的强制执行效力

公证法律文书的强制执行效力是指债务人不履行或不适当履行债务时，债权人可以根据公证机构依法赋予强制执行效力的债权文书及执行证书，直接向有管辖权的人民法院申请强制执行，而不再经过诉讼程序。《公证法》第 37 条第 1 款规定：对经公证的以给付为内容并载明债务人愿意接受强制执行承诺的债权文书，债务人不履行或者履行不适当的，债权人可以依法向有管辖权的人民法院申请执行。《民事诉讼法》第 249 条规定：对公证机关依法赋予强制执行效力的债权文书，一方当事人不履行的，对方当事人可以向有管辖权的人民法院申请执行，受申请的人民法院应当执行。公证债权文书确有错误的，人民法院裁定不予执行，并将裁定书送达双方当事人和公证机关。

法律文书的执行效力是当事人权益最终得到实现的保障，具有执行效力的法律文书也是执行程序启动的条件之一。根据民事诉讼法的基本原则和民事执行的特点，民事诉讼中的执行应当遵循的原则之一即执行必须以法定机关制作的发生法律效力、有给付内容的法律文书为根据。由此可见公证法律文书执行效力的重要意义所在。

公证法律文书的强制执行效力是法律赋予公证机构的特殊职能。它对于充分发挥公证职能、规范民事经济活动、及时调整民事经济关系、维护正常的法律秩序和保护当事人的合法权益具有重要的作用，可以避免当事人因提起诉讼或仲裁而带来的人力、物力或时间上的损失。作为公证业的一项传统业务，强制执行公证随着社会认知度的提高，被越来越多的人认可。但目前我国法律对于公证机构赋予强制执行效力的公证法律文书的范围、适用条件及相关问题并未作出规定，在理论上和实践中还存在探讨余地。

（四）公证法律文书的法律要件效力

公证法律文书的法律要件效力，即公证的法律行为成立要件效力，是指依照法律、法规、规章的规定，当事人的约定或者国际惯例、协定、外国法律的规定，特定的法律行为必须经过公证证明后才能成立，并产生法律效力；不履行公证程序，该项法律行为就不能成立，不具有法律效力。

具有法律要件效力的公证法律文书主要有以下三种：

1. 根据我国法律、法规、规章规定应当办理公证的行为和文书

根据法律、法规和规章的规定，某些法律行为非经公证不能产生法律效力。在这种情况下，对公证的规定是一种强制性规范，当事人不能改变。《民法典》第 135 条对此有概括性规定："民事法律行为可以采用书面形式、口头形式或者其他形式；法律、行政法规规定或者当事人约定采用特定形式的，应当采用特定形式。"而公证就是一种特定形式。具体的如《民事诉讼法》第 275 条规定：在中华人民共和国领域内没有住所的外国人、无国籍人、外国企业和组织委托中华人民共和国律师或者其他人代理诉讼，从中华人民共和国领域外寄交或者托交的授权委托书，应当经所在国公证机关证明，并经中华人民共和国驻该国使领馆认证，或者履行中华人民共和国与该所在国订立的有关条约中规定的证明手续后，才具有效力。

我国法律、法规、规章中，有关应当公证的规定主要涉及以下内容：（1）抵押、担保、借款合同。（2）土地使用权的出让、转让、赠与、抵押、交换、继承。（3）房产、

股权、产权和票据的转让。(4) 招标投标、拍卖、提存。(5) 收养、继承、遗嘱、赠与、委托、房屋拆迁、出国留学协议等重要民事行为。(6) 重要经济合同、技术合同和劳动合同。(7) 重要的涉外、涉港澳台事务。

此类规定很多，总的来说，法律行为以公证为其成立要件体现了法律法规对重大法律行为的关注和必要监督，有利于经济秩序的维护。可以预见，随着我国法治建设的日益完善，法律、法规规定必须具备公证形式的法律行为的范围也将会不断扩大。

2. 根据当事人约定需要办理公证的法律行为或者文书

按照当事人的约定，某些法律行为必须办理公证。对于大多数法律行为，法律未规定其必须具备公证形式，但如果当事人约定必须经公证才能生效的，则公证成为该项法律行为的生效要件，如未按双方的约定办理公证，该项法律行为不能发生法律效力。如当事人约定合同经公证后生效，则该合同不经公证就不具有法律效力。

约定公证只能发生于双方或多方法律行为的情形，单方法律行为不存在约定公证的问题。实践中最常见的是当事人在合同中约定合同必须公证，如规定“本合同经公证机关公证后生效”。对有关法律行为约定公证，便于保证其真实、合法和避免以后发生纠纷。

3. 根据国际惯例、协定或者外国法律的规定，涉外法律行为或者文书非经公证不能生效

依有关国际惯例、条约和协定，自然人、法人、其他组织要在域外实施法律行为或要使在国内实施的法律行为在域外得到承认，一般必须提供履行了公证程序的有关证明或法律文书，且该有关证明或法律文书的公证还必须经使用国外事机关的认证方能在使用国产生法律效力。在这种情况下，公证直接关系有关自然人或法人、其他组织能否在域外实现其权益。具体如韩国法律规定，韩国公民或法人与中国签订的在中国投资的法律文件，须经中国公证机构公证，该投资协议不经公证就不具有法律效力。当然，如果两国间订有免于公证的协定，在协定范围内的有关证明或法律文书无须公证，当然也不产生认证的问题。

三、公证法律文书的种类

公证书是公证机构根据当事人的申请，依照事实和法律，按照法定程序和规定或批准的格式和要求制作的，具有特殊法律效力的司法证明文书。

公证书根据不同的划分方法，也可作出以下分类：按公证证明对象划分，可分为证明法律行为的公证书、证明有法律意义的行为的公证书、证明有法律意义的事实的公证书三种；按办理方式划分，可分为证明业务公证书与非证明业务公证书；按使用范围和用途划分，可分为国内经济公证书、国内民事公证书、涉外经济公证书、涉外民事公证书、涉港澳台经济公证书、涉港澳台民事公证书。

1. 实体审查类公证书

(1) 定式公证书。

为规范公证活动，保证公证质量，在公证制度恢复重建初期的1981年，司法部颁行了《公证书试行格式》，计有公证书格式24种；1992年经修改增加至111种。2011年推

行新的定式公证书共分三大类，共 35 式。其好处在于规范公证书格式并有利于提高工作效率，对简单明了或批量化的公证事项比较适用；缺点是格式繁多，僵化且严重束缚公证人员主观能动性的发挥。

(2) 要素式公证书。

要素式公证书相对于定式公证书而言，是一种全新的公证书格式。公证书证词的内容包括必备要素和选择要素两部分，其中“选择要素”为根据公证证明的实际需要或当事人的要求，酌情在公证书证词中写的内容。其特点是公证人员能够根据实际情况客观、全面地反映所公证的事项，与定式公证书相比更加全面、灵活，符合实际需要。

2. 认证类公证书

从理论上讲，在我国，公证与领事认证有很大区别。公证是公证人员运用自己的法律知识，通过调查、了解，分析、证明法律行为、有法律意义的文书、法律事件。认证是指有关机构、人员对相关法律文件给予认证，确保被认证文件的真实性。因此，二者的主体不同，公证的主体是公证机构，认证的主体是有关机构、人员。

然而基于不同的法律传统和经济、社会管理机制，当今世界各国形成的两大公证体制模式即英美法系模式和大陆法系模式对认证类公证书的规定又不尽相同。究其根本，是由公证活动中证明方式的不同所造成的。

英美法系国家奉行彻底的“私权自治”，其政府在经济上实行“自由主义”和“不干预政策”，因而在公证制度的功能设置上侧重于“形式证明”，即证明当事人在公证人面前签署文件的行为属实，而不对公证事项的实体内容的真实性负责，不期望公证制度对经济活动与公民的社会生活发挥“适度干预”和预防纠纷的功能，而就实际发生的纠纷寄希望于“事后救济”，即通过诉讼程序解决。大陆法系国家的公证制度即拉丁公证制度，奉行“实体证明”，出具的每一份公证书从程序到实体都遵循“真实、合法”的原则。我国的公证制度脱胎于大陆法系，公证活动以“真实、合法”为首要原则，要求对公证证明对象的形式与内容都进行审查。所以，实际上我国目前并没有正式确认公证认证制度。但在实践中，很多时候的公证就是一种类似认证的活动，而且这种认证式公证书大量存在，并普遍被使用，具体包括：证明文件上的签名、印鉴属实；证明文件的副本、节本、译本、影印件（也简称为副本）与原本相符；对于学历、结婚、职称等当事人有原件的，也可以证明副本与原本相符，原本印鉴属实。

四、公证法律文书的制作

根据有关规定，公证书为 16 开大小，由封面、正文、封底组成。公证书的格式由司法部统一规定，这对于保证公证书的质量和法律效力、维护当事人的合法权益具有重要意义。

根据《公证程序规则》第 42 条的规定，公证书包括以下主要内容：(1) 公证书编号，由年度、公证机构代码、公证书编码组成。(2) 当事人及其代理人的基本情况，包括姓名、性别、出生日期、住址等。当事人是法人或其他组织的，应写明单位全称、住所地、法定代表人（或负责人）姓名等。(3) 公证证词。这是公证书的核心内容，包括公证证明的对象，公证证明的范围和内容，证明所依据的法律、法规等。这部分内容要简明扼要、文字准确、通俗易懂。(4) 承办公证员的签名（签名章)、公证机构印章。(5) 出具日期。这个日期不是打印或送达的日期，而应是公证机构主任、副主任等负责人员审核批准的日期。

需要注意的是，有强制执行效力的公证书应在公证证词中注明，并注明债务人履行债务的期限以及强制执行标的名称、种类、数量等。公证证词中注明的文件也是公证书的组成部分。公证书不得涂改、挖补，必须修改的，应加盖公证机构校对章。制作公证书应使用中文；在少数民族聚居或多民族共同居住的地区，除涉外公证事项外，可使用当地通用的文字。根据需要或当事人的要求，公证书可附外文译文。

根据《公证程序规则》第 36 条第 1 款的规定，民事法律行为的公证，应当符合下列条件：(1) 当事人具有从事该行为的资格和相应的民事行为能力；(2) 当事人的意思表示真实；(3) 该行为的内容和形式合法，不违背社会公德；(4)《公证法》规定的其他条件。也就是说，当事人申请办理法律行为公证，必须具有与其实施的法律行为相适应的民事行为能力，并且是在没有外力强制或诱惑的情况下，根据自己的内心判断自主作出真实的意思表示。此外，无论内容还是形式，均不违反法律规定和公共利益。对这样的法律行为，才能出具公证书。

根据《公证程序规则》第 37 条第 1 款的规定，有法律意义的事实或者文书的公证，应当符合下列条件：(1) 该事实或者文书与当事人有利害关系；(2) 事实或者文书真实无误；(3) 事实或者文书的内容和形式合法，不违背社会公德；(4)《公证法》规定的其他条件。这里所讲的具有利害关系是指该事实或文书将对当事人的权利、义务或未来的活动产生法律上的影响；真实无误是指事实或者文书确实存在，内容与客观实际一致；合法则要求公证员依其职权作出评判，而不是依当事人对法律和事实的理解、认识。

根据《公证程序规则》第 39 条的规定，具有强制执行效力的债权文书的公证，应当符合下列条件：(1) 债权文书以给付为内容；(2) 债权债务关系明确，债权人和债务人对债权文书有关给付内容无疑义；(3) 债务履行方式、内容、时限明确；(4) 债权文书中载明当债务人不履行或者不适当履行义务时，债务人愿意接受强制执行的承诺；(5) 债权人和债务人愿意接受公证机构对债务履行情况进行核实；(6)《公证法》规定的其他条件。

五、公证法律文书的生效和送达

1. 公证书的生效时间

《公证程序规则》第 44 条规定：公证书自出具之日起生效。需要审批的公证事项，审批人的批准日期为公证书的出具日期；不需要审批的公证事项，承办公证员的签发日期为公证书的出具日期；现场监督类公证需要现场宣读公证证词的，宣读日期为公证书的出具日期。因此，一般公证的生效时间为公证审批之日，特殊事项的公证生效时间为公证证词宣读之时。

2. 公证书的送达

公证书的送达是指公证机构将制成的公证书按照法律的要求送交当事人或者有关人员的活动。公证书出具后，公证机构应当及时通知当事人领取。当事人或其代理人到公证机构领取有困难的，也可由公证机构发送。当事人或其代理人应在公证书送达回执上签名或盖章，并注明收到的日期、份数和公证书的编号。代理人代领时，送达人应核对代理人的身份和委托书。

第二节　要素式公证书

一、要素式公证书的概念

要素式公证书是相对于定式公证书而言的。随着公证法律服务领域的不断拓展，定式公证书的公证词相对简单、固定化、模式化，已不能适应社会发展的需要。实施和推广要素式公证书是适应社会经济发展要求的必经之路。

二、制作要素式公证书应当注意的问题

（1）对主体情况的描述应准确、全面。

（2）对公证事项归纳准确。

（3）对申请理由的描述应简明扼要。申请理由应当以申请人的语气描述。

（4）对公证程序的描述应力求严密。另外，现场记录、图像资料以及现场提取的其他证据均可附在公证词后，作为对公证词的补充，并在公证词中对各类附件加以确认。

（5）适用法律应力求准确。

（6）公证词最后的落脚点即证明结果应清楚，应当是肯定和确认。只有这样才能真正体现公证书的证明力和证据力。

要素式公证书要求公证词规范、严密、逻辑性强，对公证人员的文字表达能力提出了很高的要求。针对某一项具体业务，公证人员在受理阶段就应对自己所要出具的公证词有一个大概的模式和框架，避免在办证过程中疏漏某些重要环节而影响公证书的整体效力。

三、证据保全类公证书

证据保全类公证书是指公证机构根据自然人、法人或者其他组织的申请，依法对与申请人的权益有关的，有可能灭失或者以后难以取得的证据或行为过程加以提取、收存、固定、描述、监督所出具的公证法律文书。

（一）保全证人证言或当事人陈述公证书

此种公证书的具体内容包括：（1）申请人的基本情况，申请人为自然人时应写明姓名、性别、出生日期、住址，申请人为外国人时还应写明国籍；申请人为法人或其他组织时要写明全称、住所地，法定代表人或代理人的姓名、性别、出生日期。申请人有数人时，应一并列明。有代理人的，应当写明代理人的基本情况。身份证号码或护照号码可酌情写。应注明关系人的基本情况，没有关系人的可以不写。（2）公证事项为保全证人证言（当事人陈述）。

其公证证词应该包括必备要素和选择要素。

必备要素包括：(1) 申请人的姓名或全称，申请日期及申请事项。其中，申请人为自然人时写姓名，有代理人的还要写代理人的姓名；申请人为法人或其他组织时写全称，并再写法定代表人或代理人的姓名。(2) 证人的基本情况及行为能力。证人的基本情况包括自然人的数量、姓名、性别、出生日期、住址，申请人为外国人时还应写明国籍。行为能力指证人的智力、识别判断能力及精神健康状况。(3) 保全证人证言或当事人陈述的时间、地点。(4) 保全的方式方法，包括自书、他人代书、公证人员记录/录音/录像等方式，后四种方式的制作人等。(5) 保全证据的关键过程：第一，参与保全的人员，包括承办公证人员及在场的见证人、翻译等的人数、姓名。第二，告知证人（当事人）的权利和义务。第三，公证人员在保全过程中所做的主要工作，如就重要问题对何人进行了询问，对取得的证据履行了提示义务等。一般性、事务性工作可记入谈话笔录，但不用写入公证证词。第四，通过保全活动取得的证据数量、种类、形式。第五，证人（当事人）对取得的证据予以确认的方式和过程。(6) 公证结论，应包括：证人（当事人）的主体资格是否合法，意思表示是否真实，取得的证据的数量、种类以及取得日期，是否向证人宣读和经证人阅示，证人（当事人）在证据上的签名（或盖章或按手印）是否属实等。

选择要素包括：(1) 申请保全证据的原因、用途；(2) 办理该项公证的法律依据（公证法规或有关规章等）；(3) 对所取得的证据的保全方式及存放地点；(4) 公证书的正本和副本；(5) 有附件时，附件的名称、顺序号应在公证证词中列明。

（二）保全物证、书证公证书

此种公证书的具体内容包括：(1) 申请人的基本情况，申请人为自然人时应写明姓名、性别、出生日期、住址，申请人为外国人时还应写明国籍；申请人为法人或其他组织时要写明全称、住所地，法定代表人或代理人的姓名、性别、出生日期。申请人有数人时，应一并列明。有代理人的，应当写明代理人的基本情况。身份证号码或护照号码可酌情写。写明关系人的基本情况，没有关系人的可以不写。(2) 公证事项为保全物证（书证）。

其公证证词应该包括必备要素和选择要素。

必备要素包括：(1) 申请人的姓名或全称、申请日期及申请事项。申请人为自然人时写姓名，有代理人的还要写代理人的姓名；申请人为法人或其他组织时写全称，并要写法定代表人或代理人的姓名。(2) 保全标的的基本状况，包括：物证的名称、数量、表状特征等，书证的数量、名称、页数、标题、形成时间等。保全的物证为商品时，要注明商品的品牌、型号，生产厂家的名称、售价等。保全的物证为房屋等不动产时，要注明位置、坐落、四至、面积、结构、附属物等。物证不在公证机构的，应注明存放地点。(3) 保全物证或书证的时间、地点。(4) 保全的方式方法，包括申请人提交、公证人员提取、公证人员记录、现场勘验、照相、录像、技术鉴定等。(5) 保全证据的关键过程：第一，参与保全的人员，包括承办公证人员及在场的相关人员的人数、姓名，相关人员包括申请人、关系人、代理人、见证人、勘验人、鉴定人以及照相、录像、绘图人员等。第二，公证人员在保全过程中所做的主要工作，如对重要事实进行了现场勘验、询问，对取得的证据履行了提示义务等。一般性、事务性工作可记入谈话笔录，但不写入公证书的证词。第三，物证（书证）取得的时间、方式，或物证的存在方式、地点、现状等。第四，取得的证据的数量、种类、形式、存放处所等。第五，当事人对取得的证据予以确认的方式和过程。(6) 公证结论，包括保全证据的方式、方法、程序是否真实、合法，用于作证的书面文件（如发票、产地证明等）要同时证明这些书证的真实性；取得的证据的数量、种类、日期，取得的证据的存放方式及存放地点。

选择要素包括：(1) 申请保全证据的原因、用途；(2) 办理该项公证的法律依据（公证法规或有关规章等）；(3) 有书证能够证明物的来源或存在的，应写明书证的名称；(4) 保全拆迁房屋时，要写明与该房屋有关的所有权人或使用权人、代管人等；(5) 物品难以长期保存的，在结论中应写明保存期限，已采取变通保存措施的，结论中也应一并写明；(6) 公证书的正本和副本；(7) 有附件时，附件的名称、顺序号应在公证书的证词中列明。

（三）保全视听资料、软件公证书

此种公证书的具体内容包括：(1) 申请人的基本情况，申请人为自然人时应写明姓名、性别、出生日期、住址，申请人为外国人时还应写明国籍；申请人为法人或其他组织时要写明全称、住所地，法定代表人或代理人的姓名、性别、出生日期。申请人有数人时，应一并列明。有代理人的，应当写明代理人的基本情况。身份证号码或护照号码可酌情写。写明关系人的基本情况，没有关系人的可以不写。(2) 公证事项为保全视听资料（软件）。

其公证证词应该包括必备要素和选择要素。

必备要素包括：(1) 申请人的姓名或全称、申请日期及申请事项。申请人为自然人时写姓名，有代理人的还要写代理人的姓名；申请人为法人或其他组织时写全称，并要写法定代表人或代理人的姓名。(2) 保全标的的基本情况，包括保全视听资料、软件的名称、数量、表状特征，所有人或使用人、经营人、传播者、实验者的名称，视听资料或软件的播放、销售、使用、制作、运行的地点等。保全的标的为商品时，要注明商品的品牌、型号，生产厂家的名称、售价等。保全的标的不在公证机构的，应注明存放地点。对于运行中的软件要注明运行时间。(3) 保全视听资料、软件的时间、地点。(4) 保全的方式方法，包括申请人提交、公证人员提取、现场实验记录、技术鉴定、录音、录像、复制、下载等能够固定并再现证据的方式。(5) 保全证据的关键过程：第一，参与保全的人员，包括承办公证人员及在场的相关人员的人数、姓名。相关人员包括申请人、关系人、代理人、见证人、鉴定人以及照相、录像、复制人员等。第二，公证人员保全过程中所做的主要工作，如购买、拷贝、下载、复制、发送视听资料、软件的过程，对取得的证据履行了提示义务等。一般性、事务性工作可记入谈话笔录，但不用写入公证证词。第三，视听资料、软件取得的时间、方式、地点等。第四，取得的证据的数量、种类、形式、封存方式、存放处所等。第五，当事人对取得的证据予以确认的方式和过程。(6) 公证结论，包括：保全证据的方式、方法、程序是否真实、合法，用于作证的书面文件（如发票、产地证明等）要同时证明这些书证的真实性；取得的证据的数量、种类、日期，取得的证据的存放方式及存放地点。

选择要素包括：（1）申请保全证据的原因、用途或目的；（2）办理该项公证的法律依据（公证法规或有关规章等）；（3）有书证能够证明视听资料、软件的来源或存在的，应写明书证的名称；（4）重要的保全工作记录文书的名称；（5）公证书的正本和副本；（6）有附件时，附件的名称、顺序号应在公证证词中列明。

（四）保全行为公证书

此种公证书的具体内容包括：（1）申请人的基本情况，申请人为自然人时应写明姓名、性别、出生日期、住址，申请人为外国人时还应写明国籍；申请人为法人或其他组织时要写明全称、住所地，法定代表人或代理人的姓名、性别、出生日期。申请人有数人时，应一并列明。有代理人的，应当写明代理人的基本情况。写明关系人的基本情况，没有关系人的可以不写。（2）公证事项为保全行为。

其公证证词应该包括必备要素和选择要素。

必备要素包括：（1）申请人的姓名或全称、申请日期及申请事项。申请人为自然人时写姓名，有代理人的还要写代理人的姓名；申请人为法人或其他组织时写全称，并要写法定代表人或代理人的姓名。（2）保全标的的基本状况，包括活动的名称，参与人的数量、姓名（名称），活动的起止时间、地点及内容等。（3）保全的时间、地点。（4）保全的方式方法，包括现场记录、照相、录像等。（5）保全证据的关键过程：第一，保全时的在场人员，包括承办公证人员及在场的相关人员的人数、姓名，相关人员包括申请人、关系人、行为相对人、代理人、见证人以及照相、录像人员等。第二，公证人员对行为的时间、地点、方式、关键过程及行为结果的客观记述。一般性、事务性工作可记入谈话笔录，但不用写入公证证词。第三，取得的证据的数量、种类、形式、存放处所等。第四，行为当事人对取得的证据予以确认的方式和过程。（6）公证结论，包括：行为人的资格及行为能力，行为的内容和结果是否真实，取得的证据的数量、种类、日期，取得的证据的存放方式及存放地点，保全证据的方式、方法、程序是否真实、合法。

选择要素应包括：（1）申请保全证据的原因、用途及目的；（2）办理该项公证的法律依据（公证法规或有关规章等）；（3）行为的性质及法律意义；（4）有书证、物证能够证明行为根据的，应写明书证、物证的名称；（5）公证书的正本和副本；（6）有附件时，附件的名称、顺序号应在公证书的证词中列明。

四、现场监督类公证书

现场监督类公证书，是指公证机构根据当事人的申请，委派两名以上公证人员亲临现场，依照事先确定的章程、规则，依法证明所进行的法律行为或有法律意义的事件是真实、有效的所出具的公证法律文书。其范围较为广泛，包括：招标类公证书、拍卖类公证书、有奖活动类公证书、股份有限公司创立大会公证书等。

（一）招标类公证书的概念及制作方法

招标类公证书是指公证机构按照法定程序，对招标活动的程序和方法，招标人在招标、投标、开标、评标、决标过程中的行为进行现场监督和审查，并证明招标活动真实、合法所出具的公证书。招标公证是对招标活动实行的法律监督，是确保招标活动依法进行的必要法律管理手段，有利于从法律上完善招标程序，及时制止违反招标程序的行为和其他违法行为，保护招标方和广大投标人的合法权益。

招标类公证书的写法适用于公证机构对招标投标活动进行现场监督的公证。该类公证书的公证词应根据现场情况参考《司法部关于保全证据等三类公证书试行要素式格式的通知》中关于招标类公证书格式的证词要素撰写，语言要流畅，易于宣读，要与招标现场的气氛相吻合，并要有“对本次招标过程及招标结果的合法有效性，本公证处日后将以书面形式予以确认”的内容。公证书及公证词可根据招标活动的实际情况，分阶段予以宣读和证明。

招标类公证书的具体内容包括：（1）申请人，通常为招标人或其委托的招标代理机构。其基本情况包括：法人或其他组织的全称、住所地，法定代表人或代理人的姓名、性别、出生日期，外国组织应写明国籍。申请人有数人时，应一并列明。有代理人的，应当写明代理人的基本情况。营业执照编号可酌情写。（2）公证事项为××招标，写清招标项目的种类，如建设工程招标、政府采购招标、机电设备招标、世界银行贷款项目招标等。

其公证证词应该包括必备要素和选择要素。

必备要素包括：（1）申请人的全称，申请人为法人或其他组织时写明全称，并要写明法定代表人或代理人的姓名，以及申请日期及申请事项。（2）对招标人、招标代理机构及投标人资格的审查情况。招标人、招标代理机构的资格应符合《招标投标法》第二章的规定，投标人的资格应符合《招标投标法》第三章及招标公告的规定。（3）招标项目名称、招标方式（公开或邀请）及是否得到有关部门的批准（不需经批准的招标活动，不写此内容）。（4）招标公告或投标邀请书、招标文件的发布及送达情况。（5）对招标文件的审查结果。（6）标箱密封、投标文件封存情况及投标截止时间收到的投标文件情况。根据查验的时间顺序表述前述内容。投标文件封存情况如系在开标时查验，可将其并入要素（8）中。（7）承办公证机构名称、承办公证人员的姓名及公证的法律依据。法律依据是《招标投标法》《公证法》《公证程序规则》等。（8）开标的时间、地点及对开标程序的监督结果，对投标文件有效性的审查结果。（9）对评标委员会资格的审查及对评标程序的监督结果。未参与评标过程的，不写对评标程序监督的内容。（10）中标结果及公证结论，应包括以下内容：第一，当事人的资格是否合法，意思表示是否真实；第二，招标投标程序是否真实、合法；第三，对中标结果的确认：中标人名称、中标项目、中标价格、中标日期及地点等。

选择要素包括：（1）申请人提供的主要证据材料的真实性、合法性。（2）招标人对招标文件、投标人对投标文件的澄清或说明。（3）对评标原则、标准和方法的审查结果。（4）对招标投标活动中形成的重要工作记录、视听资料的真实性及封存情况的证明。（5）有调查取证情节的，可依据查证时间将查证认定的事实在公证书中逐项列出。（6）招标活动有见证人的，应将其民事主体资格状况连同“见证人××、××在场见证”字样一并在公证书中加以描述。（7）公证员认为需要认定的其他程序事项。一般性、事务性工作可记入谈话笔录，但不用写入公证书的证词。（8）公证生效日期。公证生效日期为公证员在招标现场宣读公证词的日期。（9）有附件时，附件的名称、顺序号应在公证证词中列明。附件包括中标通知书、招标现场获取的重要证据材料等。

（二）拍卖类公证书的概念及制作方法

拍卖类公证书是指公证机构依法对拍卖活动进行现场法律监督，并证明拍卖活动真实、合法所出具的公证书。拍卖公证有利于维持拍卖人与竞买人之间的利益平衡，明确拍卖各方当事人的责任，预防拍卖纠纷，减少不法行为，对于稳定拍卖市场秩序、保护拍卖各方当事人的合法权益大有益处。

拍卖类公证书的写法适用于公证机构对拍卖活动进行现场监督的公证。拍卖现场公证词应根据现场情况参考《司法部关于保全证据等三类公证书试行要素式格式的通知》中关于拍卖公证书格式的证词要素撰写，语言要流畅，易于宣读，要与拍卖现场的气氛相吻合，并要有“对本次拍卖过程及拍卖结果的合法有效性，本公证处日后将以书面形式予以确认”的内容。

拍卖类公证书的具体内容包括：（1）申请人，申请人通常为拍卖人或委托人。其基本情况包括：申请人为法人或其他组织时要写明全称、住所地，法定代表人或代理人的姓名、性别、出生日期；申请人为自然人时应写明姓名、性别、出生日期、住址，申请人为外国人时应写明国籍。申请人有数人时，应一并列明。有代理人的，应当写明代理人的基本情况。身份证号码或营业执照编号可酌情写。（2）公证事项为××拍卖，写清拍卖活动的名称或类别，如文物拍卖、土地使用权拍卖、小型企业拍卖、罚没物资拍卖等。

其公证证词应该包括必备要素和选择要素。

必备要素包括：（1）申请人的全称或姓名、申请日期及申请事项。申请人为法人或其他组织时写明全称，并要写明法定代表人或代理人的姓名；申请人为自然人时写明姓名，有代理人的还要写明代理人的姓名。（2）对委托人、拍卖人、拍卖师及竞买人资格的审查情况。委托人、拍卖人、拍卖师的资格应符合《拍卖法》第三章的规定，竞买人的资格应符合拍卖公告的规定。（3）拍卖标的的基本情况及对其所有权或处分权的审查结果。（4）拍卖公告及拍卖标的的展示情况。（5）对拍卖规则内容的审查结果。（6）拍卖活动是否得到有关部门的批准或许可（不需经批准或许可的拍卖活动，不写此内容），包括：第一，与拍卖标的有关的主管部门（如物品管理机构、国有资产管理机构、房地产管理部门等）；第二，拍卖标的的监管机关（如海关、人民法院、破产清算小组等）；第三，其他权利人（如抵押权人、拍卖标的的共有人、委托人的股东会、董事会等）。（7）承办公证机构名称、承办公证人员姓名及公证的法律依据。法律依据是《拍卖法》《公证法》《公证程序规则》等。（8）拍卖的时间、地点及拍卖过程（含拍卖方、竞价形式）是否符合拍卖规则。拍卖方式指拍卖标的有无保留价，是往上拍还是往下拍；竞价形式指采用何种方式报价（如举牌报价、口头报价、电话报价、按键报价等），竞价单位和币种（如最低竞价单位为100元人民币或50美元等）。（9）拍卖结果及公证结论。第一，当事人的资格是否合法，意思表示是否真实；第二，拍卖程序是否真实、合法；第三，对拍卖结果的确认：买受人的姓名、拍卖成交价格、成交标的物的名称、成交时间等。

选择要素包括：（1）申请人提供的主要证据材料的真实性、合法性。（2）拍卖人对拍卖标的来源、瑕疵及相关责任的说明。（3）有调查取证情节的，根据查证时间将查证认定的事实在公证书中逐项列出。（4）拍卖活动有见证人的，应将其民事主体资格状况连同“见证人××、××在场见证”字样一并在公证书中加以描述。（5）公证员认为需要认定的其他事实或情节。一般性、事务性工作可记入谈话笔录，但不用写入公证书的证词。（6）公证生效日期。公证生效日期为公证员在拍卖现场宣读公证词的日期。（7）有附件时，附件的名称、顺序号应在公证证词中列明。附件包括成交确认书、中买通知书、拍卖现场获得的重要证据材料等。

（三）有奖活动类公证书的概念及制作方法

有奖活动类公证书是公证机构依法对有奖活动进行法律监督，并当场证明有奖活动程序和中奖结果真实、合法所出具的公证书。有奖活动公证是对有奖活动实行的法律监督，是保证有奖活动依法进行的必要法律手段，有利于从法律上完善有奖活动程序，防止徇私舞弊等违法行为的发生。有奖活动种类很多，如有奖储蓄、有奖竞猜、有奖募捐、有奖比赛、有奖问答、有奖销售等。

有奖活动类公证书的写法适用于对各类有奖活动进行现场监督的公证。现场公证词应根据现场情况参考《司法部关于保全证据等三类公证书试行要素式格式的通知》中关于开奖公证书格式的证词要素撰写，语言要流畅，易于宣读，要与开奖现场的气氛相吻合，并要有“对本次开奖过程及开奖结果的合法有效性，本公证处日后将以书面形式予以确认”的内容。公证书及公证词可根据开奖活动的实际情况，分阶段予以宣读和证明。

有奖活动类公证书的具体内容包括：（1）申请人的基本情况。申请人通常为有奖活动的主办单位，其基本情况包括：法人或其他组织的全称、住所地，法定代表人和代理人的姓名、性别、出生日期。申请人有数人时，应一并列明。有代理人的，应当写明代理人的基本情况。营业执照编号可酌情写。（2）公证事项为××开奖，写明有奖活动的名称或类别，如体育彩票的开奖、某有奖销售活动等。

其公证证词应该包括必备要素和选择要素。

必备要素包括：（1）申请人的全称、申请日期及申请事项。法人或其他组织应写明全称，并要写明法定代表人或代理人的姓名。（2）对有奖活动主办单位资格的审查情况。（3）有奖活动名称、开奖方式及是否得到有关部门的批准。有关部门指对有奖活动有审批权的国家机关（不需经批准的有奖活动，不写此内容）。（4）对有奖活动规则（办法）的审查结果。（5）奖券发行总额、回收的有效奖券数额、未发出的奖券封存和销毁等情况。（6）开奖的时间、地点及对开奖器具的查验结果。（7）承办公证机构名称，承办公证人员姓名及公证的法律依据。法律依据是《民法典》及与有奖活动有关的法规、《公证法》、《公证程序规则》等。（8）对有奖活动程序及开奖方式的监督结果。（9）开奖结果及公证结论，应包括以下内容：第一，当事人的资格是否合法，意思表示是否真实；第二，有奖程序是否真实、合法；第三，对中奖结果的确认：中奖号码、中奖等级、中奖人姓名、奖品名称等。

选择要素包括：（1）申请人提供的主要证据材料的真实性、合法性。（2）有奖活动通知（公告）的发布情况，主办单位对有奖活动规则的澄清或说明。（3）需要进行评奖的，应写明对评奖人的资格及评奖原则、标准、方法的审查结果，以及对评标程序的监督结果（未参与评奖过程的，不写对评奖程序监督的内容）。(4) 对开奖活动中形成的重要工作记录及视听资料真实性和封存情况的证明。(5) 有调查取证情节的，可根据查证时间将查证认定的事实在公证书中逐项列出。(6) 开奖活动有见证人的，应将其民事主体资格状况连同“见证人××、××在场见证”的字样一并在公证书中加以描述。(7) 公证员认为需要认定的其他程序事项。(8) 公证生效日期。公证生效日期为公证员在开奖现场宣读公证词的日期。(9) 有附件时，附件的名称、顺序号应在公证证词中列明。

（四）股份有限公司创立大会公证书的概念及制作方法

股份有限公司创立大会公证书是公证机构对股份有限公司创立大会进行现场监督，以证明创立大会的真实性、合法性，从而赢得股民信任所出具的公证书，是公司上市的一个必备条件。

股份有限公司创立大会公证书的写法适用于公证机构对创立大会进行现场监督的公证。公司股东年会、临时股东会议的公证可参照此写法。投票活动需要现场宣读公证词的，应根据现场情况参考《司法部关于保全证据等三类公证书试行要素式格式的通知》中关于股份有限公司创立大会公证书格式的证词要素撰写。公证词语言要流畅且易于宣读，要与创立大会现场的气氛相吻合，并要有“对本次公司创立大会过程及公司创立大会结果的合法有效性，本公证处日后将以书面形式予以确认”的内容。公证书及公证词可根据公司创立大会的实际情况分阶段予以宣读和证明。

此种公证书的具体内容包括：(1) 申请人的基本情况。申请人通常为公司筹备委员会或公司发起人，基本情况包括：公司筹备委员会或公司发起人全称、住所地、批准成立文件（营业执照）的编号，筹备委员会负责人（发起人的法定代表人）或代理人的姓名、性别、出生日期。申请人有数人时，应一并列明。有代理人的，应当写明代理人的基本情况。(2) 公证事项为股份有限公司创立大会。

其公证证词应该包括必备要素和选择要素。

必备要素包括：(1) 申请人的全称、申请日期及申请事项。申请人为法人或其他组织时写明全称，并要写明法定代表人或代理人的姓名。(2) 对申请人及公司创立大会参加人资格的审查情况。依据《公司法》的规定进行审查。(3) 对创立公司有关文件、依据的审查情况。(4) 设立公司的有关批准文件。(5) 公司创立大会会议通知（公告）与有关议案的发布及送达情况。(6) 会议及其议程是否符合《公司法》的要求，包括：股东代表产生办法是否公正、公平，与会股东所代表的股权数是否达到法定数额，议事规则及议案通过程序、表决方式等是否合法等。(7) 承办公证机构的名称、承办公证人员姓名及公证的法律依据。法律依据是《公司法》《公证法》《公证程序规则》等。(8) 与会股东及其他代理人的资格情况。(9) 监票人、检票人、计票人的资格情况及监票、检票、计票过程的真实性、合法性。(10) 各项议案的表决结果。大会通过的各项决议及表决结果应逐项列明，表决结果应载明赞成、反对、弃权、无效的票数，以及其所代表的股权数。(11) 公证结论，应包括：第一，当事人的资格是否合法，意思表示是否真实；第二，创立大会程序是否真实、合法；第三，对会议结果的确认；第四，会议记录的真实性。

选择要素包括：(1) 申请人提供的主要证据材料的真实性、合法性。(2) 筹备委员会负责人委托他人主持会议的，证词中应写明委托代理的情况。(3) 公司创立大会主持人对表决文件的澄清或说明。(4) 对票箱或其他投票器具的查验结果。(5) 议案涉及董事会、监事会成员的，要说明对其资格的认定情况。(6) 对公司创立大会活动中形成的重要工作记录及视听资料真实性和封存情况的证明。(7) 公司创立大会有见证人的，应将其民事主体资格状况连同"见证人××、××在场见证"字样一并在公证书中加以描述。(8) 公证人员认为需要认定的其他程序事项。一般性、事务性工作可记入谈话笔录，但不用写入公证书证词。(9) 公证生效日期。公证生效日期为公证人员在公司创立大会现场宣读公证证词的日期。(10) 会议中形成的文件、材料、记录如需与公证一并使用，可作为公证书附件，但应将附件的名称、顺序号在公证证词中列明。

五、合同类公证书

合同类公证书，是公证机构根据法律的规定和当事人的申请，依法证明当事人之间签订合同的行为真实、合法所出具的公证法律文书。合同类公证是公证机构的一项重要业务，是预防经济纠纷、制止经济违法行为、保护合同当事人合法权益的重要法律手段。

合同类公证书是一项常用的重要公证文书，具体适用于：(1) 我国《民法典》合同编规定的 19 类有名合同和其他法律规定的有名合同；(2) 无名合同；(3) 混合合同。①

合同类公证书的写法适用于通用的合同公证。

此类公证书的具体内容包括：(1) 申请人的基本情况。申请人为合同当事人，其基本情况为：申请人为法人或其他组织时要写明全称、住所地，法定代表人或代理人的姓名、性别、出生日期；申请人为自然人时应写明姓名、性别、出生日期、住址，申请人为外国人时还应写明国籍。申请人有数人时，应一并列明。有代理人的，应当写明代理人的基本情况。身份证号码或营业执照编号可酌情写。(2) 公证事项为××合同。写清合同的名称或类别，如承包合同、租赁合同、借款合同等。

其公证证词应该包括必备要素和选择要素。

必备要素包括：(1) 申请人的全称或姓名、申请日期及申请事项。申请人为法人或其他组织时要写明全称，并要写明法定代表人或代理人的姓名；申请人为自然人时要写明姓名，有代理人的还要写明代理人的姓名。如果甲乙双方先后、分别申请公证的，具体的申请日期可以不表述。(2) 公证机构审查（查明）的事实，包括：第一，当事人的身份、资格及签订合同时的民事权利能力和行为能力；第二，代理人的身份及代理权限；第三，担保人的身份、资格及担保能力；第四，当事人签订合同的意思表示是否真实，是否对合同的主要条款取得了一致意见；第五，合同条款是否完备，内容是否明确、具体（可简述合同的关键性内容）；第六，是否履行了法律规定的批准或许可手续（不需经批准或许可的，不写此内容）。(3) 公证结论：第一，当事人签订合同的日期、地点、方式等；第二，当事人签订合同（协议）行为的合法性（引用《民法典》第 143 条的规定）；第三，合同（协议）内容的合法性（引用《民法典》或有关法律、法规的规定）；第四，当事人在合同（协议）上的签字、盖章的真实性。

---

① 参见潘庆云主编：《法律文书学教程》，304 页，上海，复旦大学出版社，2005。

选择要素包括：(1) 合同标的物的权属情况及相关权利人的意思表示。权属情况指所有权、使用权、担保物权、专有权、专用权等；相关权利人包括与合同标的物有关的共有权人、所有权人、使用权人、担保权人等。转让、承包或租赁合同标的物时，应按法律规定征得相关权利人的同意或认可。(2) 当事人对合同内容的重要解释或说明。(3) 当事人是否了解了合同的全部内容，尤其在签订格式合同时。(4) 合同生效日及条件等。如法律规定合同需经登记或批准方能生效的，公证书应予注明。(5) 公证人员认为需要说明的其他事实或情节。(6) 有附件时，附件的名称、顺序号应在公证证词中列明。

六、继承权公证书

(一) 继承权公证

继承权公证是指公证机构根据当事人的申请，依照法律规定证明哪些人对被继承人的遗产享有继承权并证明继承活动真实、合法。继承权公证对于稳定财产关系和家庭关系，妥善处理遗产继承事宜，保证继承法的贯彻、实施，保护公民财产上的合法权益，预防继承纠纷，维护家庭和睦与社会安定团结具有重要意义。

(二) 格式适用

继承权公证书适用于在我国境内发生的各种继承行为。继承行为分为遗嘱继承、法定继承，法定继承包含转继承、代位继承。公证证词的内容应根据不同的继承行为作相应的调整。

其公证证词包括必备要素和选择要素。

必备要素包括：(1) 继承人的姓名、申请日期、申请事项。(2) 当事人提供的证明材料。(3) 公证机构向当事人告知了继承权公证的法律意义和可能产生的法律后果。(4) 公证机构查明（审查核实）的事实，包括：被继承人的死亡时间、地点；继承人申请继承被继承人的遗产的情况；经向所有继承人核实，被继承人生前是否立有遗嘱、遗赠扶养协议；被继承人的全体继承人中有无死亡的继承人；继承人与被继承人的亲属关系；代位继承情况及其他继承人；继承人中有无丧失继承权的情况；有无放弃继承权的情况。(5) 公证结论，包括：法律事实与理由，被继承人遗留的个人财产为合法财产，被继承人的合法继承人，被继承人的遗产由何人继承、如何继承。

选择要素包括：(1) 被继承人的死亡原因。(2) 继承人提供的主要证据材料的真实性、合法性。(3) 适用遗嘱继承的，当事人是否了解遗嘱的内容。公证机构经向所有继承人核实，用于遗嘱继承的遗嘱为被继承人所立的最后一份有效遗嘱。(4) 对遗嘱见证人、执行人以及遗产的使用人、保管人等的说明。(5) 根据遗嘱信托办理继承权公证的，应当根据遗嘱的内容，列明受托人应当承担的义务。(6) 根据《公司法》《保险法》《合伙企业法》《个人独资企业法》等有关继承的特别法的规定办理继承权公证的，写明特别法的具体适用。(7) 被继承人生前未缴纳的税款和债务情况，继承人对此所作的意思表示。(8) 公证人员认为需要告知的有关继承的其他法律规定。(9) 公证人员认为需要说明的其他事实或情节。

七、具有强制执行效力类公证书

（一）具有强制执行效力类公证

具有强制执行效力类公证，是指公证机构根据当事人的申请，对于无疑义的追偿债款、物品的文书，赋予强制执行效力的公证。在债务人拒不履行债权文书中指定的义务时，债权人可以不经审判程序，直接向有管辖权的人民法院申请强制执行。证明债权文书并依法赋予强制执行效力是法律赋予公证机构的一项重要职能。具有强制执行效力的公证书有利于及时保护债权人的合法权益，可以避免因诉讼、仲裁带来的时间上的浪费，节约诉讼成本。

（二）格式适用

具有强制执行效力的公证适用于以下范围：（1）借款合同、借用合同、无财产担保的租赁合同；（2）赊欠货物的债权文书；（3）各种借据、欠条；（4）还款（物）协议；（5）以给付赡养费、抚养费、抚育费、学费、赔（补）偿金为内容的协议；（6）符合赋予强制执行效力的条件的其他债权文书。

（三）格式与写法

具有强制执行效力类公证书的格式与合同类公证书的格式无异，但公证书标题为“具有强制执行效力的债权文书公证书”，公证事项为赋予××合同强制执行效力。

正文中需要增加的必备要素有：（1）向各方当事人告知强制执行效力的法律意义和法律结果，并将告知情况写入证词。（2）债权文书当事人关于强制执行的约定及债务人、担保人自愿直接接受强制执行的意思表示。（3）债权文书当事人就“执行证书”出具前公证机构核查的内容、方式达成的在先约定。

八、执行证书

（一）签发执行证书的条件

当债务人不履行或不完全履行公证机构赋予强制执行效力的债权文书时，债权人可以向原公证机构申请执行证书。公证机构签发执行证书的条件为：（1）不履行或不完全履行的事实确实发生；（2）有债权人履行合同义务的事实、证据和债务人依照债权文书已经部分履行的事实；（3）债务人对债权文书规定的履行义务已无疑义。

（二）结构与写法

其公证证词的内容分为必备要素和选择要素。

必备要素包括：（1）申请执行人和被申请执行人的名称或姓名、申请日期及申请事项；（2）申请执行人申请执行所提交的证据材料；（3）公证机构查明的事实，包括：申请执行人与被申请执行人订立的债权文书经公证并被赋予强制执行效力的情况，申请执行人履行、被申请执行人不履行或履行不适当的事实，申请执行人与被申请执行人在债权文书中就公证机构核查的内容、方式所作的在先约定，公证机构签发本证书前进行核查的过程。（4）公证结论，包括：被执行人；具体执行标的，如违约金、利息、滞纳金等可列入执行标的；第三人对于申请出具本证书是否提出过异议；申请执行的期限。

选择要素包括：抵押物/质物的登记情况、可供执行标的物、有管辖权的人民法院、公证人员认为需要说明的其他情况、附件。

第三节 定式公证书

根据司法部 2011 年 3 月下发的《关于推行新的定式公证书格式的通知》，2011 年 10 月起全国适用新的定式公证书格式。根据格式目录的内容，新的定式公证书共分为三大类，共 35 式。第一类为民事法律行为类，共 8 式，包括委托、声明、赠与、受赠、遗嘱、保证、公司章程、认领亲子。第二类为有法律意义的事实类，共 24 式，包括出生、生存、死亡、身份、曾用名、住所地（居住地）、学历、学位、经历、职务（职称）、资格、无（有）犯罪记录、婚姻状况、亲属关系、收养关系、扶养事实、财产权、收入状况、纳税状况、票据拒绝、选票、指纹、不可抗力（意外事件）、查无档案记载。第三类为有法律意义的文书类，共 3 式，包括证书（执照）、文书上的签名（印鉴）、文本相符。下面列举其中比较重要和常见的几类定式公证书进行讲解。

一、单方法律行为类定式公证书

（一）单方法律行为公证

单方法律行为指基于当事人一方意思表示即可成立的法律行为。公证证明的单方法律行为很多，主要有委托、声明、赠与、受赠、遗嘱、保证。

（二）格式适用

(1) 此类公证书仅适用于证明当事人的单方委托（声明、赠与、受赠、保证）及遗嘱行为。仅仅证明当事人（声明人、赠与人、受赠人、保证人、立遗嘱人）在委托书（声明书、赠与书、受赠书、保证书、遗嘱）上的签名、盖章属实。

(2) 除遗嘱外，此类公证的申请人可以是自然人，也可以是法人或其他组织，并且应具备相应的民事行为能力和民事权利能力。自然人的单方意思表示由其本人作出，法人或其他组织的意思表示由其法定代表人或负责人作出。

（三）结构与写法

1. 首部

此类公证书的首部由公证书标题、公证书编号、申请人、公证事项四项内容构成。公证书编号，由出证公证机构根据本机构编号规则确定，不得有重号。鉴于单方法律行为均为亲务行为，申请人项应当为单方法律行为人的基本情况。

公证事项，为“委托”“声明”“赠与”“受赠”“保证”“遗嘱”。

2. 正文

正文主要由两部分构成：一是对委托（声明、赠与、受赠、保证、遗嘱）行为事实过程的表述，即对行为真实性的证明，包含了单方法律行为人的姓名（名称）、行为发生的时间和地点、行为的内容及表现形式（委托书、声明书、赠与书、受赠书、保证书、遗嘱）、签署形式，以及行为人对行为的法律意义和法律后果的了解程度等内容。二是对单方法律行为的合法性的表述，即对行为合法性的证明。普通的单方民事法律行为应符合《民法典》第143条的规定；对于专门法律、法规有特殊要求的行为，应当引用专门法的规定。

为了提高公证文书的适用性，便于使用者识别，防止利用公证书进行不当行为，可以根据需要，在上两部分之后，另起一行注明本公证书的用途，如“本公证书用于办理继承××在×国遗产的手续”。此外，不得随意增加内容，更不得通过加注的方式规避公证机构负有的法定义务。

3. 尾部

尾部的内容包括承办公证机构名称、承办公证人员的签名或签名章、公证书出具日期和公证机构印章等。公证书的出具日期以公证书的签发日期为准，与公证书正文中表述的日期不同，应当等于或者晚于单方法律行为作出的日期。

二、学历、学位公证书

（一）学历、学位公证

学历、学位公证是指公证机构根据当事人的申请，依照法定程序对当事人从入学至毕业（结业或肄业）的学习经历或者所获学位的真实性、合法性予以证明的活动。

（二）结构与写法

1. 首部

此类公证书的首部由公证书标题、公证书编号、申请人、公证事项共四项内容构成。(1) 申请人。此种公证的申请人只能是自然人，可以是我国公民，也可以是外国人。申请人的基本情况包括姓名、性别、居民身份证号码、住址。申请人为外国人的，将居民身份证号码换为国籍和护照号码。此种公证可以委托他人代办，此时，应当在申请人基本情况之后，另起一行列明代理人的基本情况。(2) 公证事项。公证事项为学历或学位。

2. 正文

此种公证书正文（证词）的要素包括：申请人姓名、学校名称、学习起止时间或者获得学位的时间、学习内容和结果或者所获学位的种类。

申请人姓名，应使用申请公证时的姓名。学习时的姓名与现名不一致的，用括号注明学习时的姓名。

学校名称，应当使用全称。此处的“学校”包括培养机构或其他教育机构。

学习起止时间或者获得学位的时间，以公历表示，精确到“月”；一般以毕业证书或者学位证书载明的时间为准。

学习内容和结果或者获得学位的种类，包括：所学专业，如“考古”专业；院系及学制；结业类别，指毕业、结业或肄业；获得的学历，如“高中”“职业高中”“本科”“研究生”等；获得的学位种类，依据证书表述为“法学学士”“经济学博士”等。

3. 尾部

尾部的内容包括申请人的照片、承办公证机构的名称、承办公证员的签名或者签名章、公证书出具日期和公证机构印章等。

学历公证书可以根据需要加贴申请人照片，发往域外使用的，一般应当加贴照片。

三、婚姻状况公证书

婚姻状况公证书根据公证的内容不同，又可具体分为未婚公证书、离婚或者丧偶（未再婚）公证书、已婚（初婚）公证书、已婚（再婚）公证书。

（一）未婚公证书

1. 未婚公证

未婚公证是指公证机构根据当事人的申请，按照法定程序对申请人从未结过婚的事实予以证明的活动。

2. 格式适用

本格式适用于申请人从未结过婚的情况。

3. 结构与写法

（1）首部，由公证书标题、公证书编号、申请人、公证事项四项内容构成。

1）申请人，为要求证明本人未婚事实的自然人，可以是我国大陆（内地）公民，或者我国港澳台地区居民，也可以是外国人。此种公证可以委托他人代办，由他人代办的，应当在申请人基本情况之后，另起一行表述代理人的基本情况。2）公证事项，为“未婚”。

（2）正文。其公证证词的要素包括：申请人姓名、时间、地域、未婚事实。

1）时间，指未婚事实的起止日期。一般只表述截止日期，以有关部门证明文件上确定的日期为准；但如果申请人未达到法定结婚年龄，可以直接表述为“至公证书出具之日未达到法定结婚年龄”；如果申请人在办理未婚公证时已经离境，则证词中的截止日期应为离境之日。如果申请人不在中国出生，又在中国居住过的，应当表述起止日期，为“从××年××月××日至××年××月××日止在中华人民共和国居住期间”。如果申请人在中国出生，但有长期出国记录的，其未婚事实的起止日期可以分段表述。

2）地域，指证明未婚事实的地域范围。一般表述为“中华人民共和国”。需要注意两种情况：一种情况是公证书使用地为我国香港、澳门地区的，证词中的地点应当表述为“中国内地”；公证书使用地为我国台湾地区的，证词中的地点应当表述为“中国大陆”。另一种情况针对 2003 年 10 月 1 日《婚姻登记条例》实施以后的情况，出具证明的婚姻登记机关仅证明申请人在其当地民政部门未登记结婚，可以采用“在中华人民共和国××省××市（县）××民政部门无婚姻登记记录”的表述方式。

3）未婚事实，即公证证明结论，一般表述为“未曾登记结婚”。申请人未达到法定结婚年龄的，直接表述为“未达到法定结婚年龄”。

（3）尾部，包括承办公证机构名称、承办公证人员的签名或者签名章、公证书出具日期和公证机构印章等内容。

此种公证书可应当事人或公证书使用者的要求加贴申请人的近期照片。照片应当加贴在正文后左下方空白处，并骑缝加盖公证机构钢印。

（二）离婚或者丧偶（未再婚）公证书

1. 离婚或者丧偶（未再婚）公证

离婚或者丧偶（未再婚）公证是指公证机构根据当事人的申请，按照法定程序对申请人曾经结过婚，但因离婚或者丧偶目前处于未婚状态的事实予以证明的活动。此种公证属于未婚状况公证的一种，分为因离婚未再婚公证和因丧偶未再婚公证两种情况。

2. 结构与写法

（1）首部，由公证书标题、公证书编号、申请人、公证事项四项内容构成。1）申请人，为要求证明本人未再婚事实的自然人，可以是我国大陆（内地）公民，或者我国港澳台地区居民，也可以是外国人。此种公证可以委托他人代办，由他人代办的，应当在申请人基本情况之后，另起一行表述代理人的基本情况。2）公证事项，表述为“未再婚”，也可细分为“离婚（未再婚）”或者“丧偶（未再婚）”。

（2）正文。公证证词的要素包括：申请人的姓名、离婚（丧偶）日期、未再婚时间、地域、未再婚事实。

1）离婚（丧偶）日期：离婚的，以离婚证书或者离婚判决上确定的时间为准；丧偶的，以配偶死亡证明文件上确定的时间为准。

2）未再婚时间，指未再婚状态的起止日期。一般只表述截止日期，以有关部门证明文件上确定的日期为准；如果申请人在办理离婚（未再婚）或者丧偶（未再婚）公证时已经离境，则证词中的截止日期应为离境之日。如果未再婚申请人为曾在中国临时居住者，可以表述为“从××年××月××日至××年××月××日止在中华人民共和国居住期间”。

3）地域，指证明未再婚事实的地域范围。基本表述同未婚公证书格式。

4）未再婚事实，即公证证明结论，一般表述为“未再次登记结婚”。

（3）尾部，包括承办公证机构的名称、承办公证人员的签名或者签名章、公证书出具日期和公证机构印章等内容。

此种公证书可应当事人或公证书使用者的要求加贴申请人的近期照片。照片应当加贴在正文后左下方空白处，并骑缝加盖公证机构钢印。

（三）已婚（初婚）、已婚（再婚）公证书

1. 已婚（初婚）、已婚（再婚）公证

已婚（初婚）、已婚（再婚）公证是指公证机构根据当事人的申请，按照法定程序对申请人已经结婚且为第一次结婚的事实或者因再次结婚而处于已婚状况的事实予以证明的活动。

2. 结构与写法

（1）首部，由公证书标题、公证书编号、申请人、公证事项四项内容构成。1）申请人，为要求证明已婚（初婚）事实的当事人或者要求证明已婚（再婚）事实的当事人，如果是夫妻双方共同申请，则将其二人均列为申请人。如果是夫妻一方作为申请人，则应将另一方列为关系人，分别表述其姓名、性别、出生日期、身份证件号码、住址等。2）公证事项，为“已婚（初婚）”或者“已婚（再婚）”。

（2）正文。其公证证词的要素包括：申请人和关系人的姓名、结婚或离婚（丧偶）并再婚日期、登记机构、已婚或再婚事实。

1）结婚（初婚）或再婚的日期，以婚姻登记机关登记的时间为准，即以民政部门颁发的结婚证书上记载的时间为准。离婚（丧偶）日期：离婚的，以离婚证书或者离婚判决上确定的时间为准；丧偶的，以配偶死亡证明文件确定的时间为准。具体日期难以确定的，可以以“年”为表述单位。

2）登记机构，登记机构的名称以结婚证书（夫妻关系证明书）上的印章为准。

3）已婚事实，即对婚姻状况的认定，表述为已经“登记结婚”。再婚事实，即原婚姻关系已经终止，建立了新的婚姻关系，表述为再次“登记结婚”。但要注意根据不同的情形作不同的描述，如1950年5月1日《婚姻法》施行前结婚的，证词应表述为“按照中国传统风俗习惯结婚”。

（3）尾部，包括承办公证机构名称、承办公证人员的签名或者签名章、公证书出具日期和公证机构印章等内容。

此种公证书可应当事人或公证书使用者的要求加贴申请人的近期照片，以合影为宜。照片应当加贴在正文后左下方空白处，并骑缝加盖公证机构钢印。

四、亲属关系公证书

亲属关系公证书根据公证内容划分为亲属关系公证书和用于继承的亲属关系公证书。

（一）亲属关系公证书

1. 亲属关系公证

亲属关系公证是指公证机构根据当事人的申请，依照法定程序证明当事人之间因婚姻、血缘或者收养而产生的亲属关系事实真实、合法的活动。

此种公证适用于公民因出国留学、旅游、探亲、工作、定居等确认亲属关系事实，以及应国内相关机构、部门的要求认定申请人的亲属关系事实。

2. 格式适用

此类公证适用于证明当事人之间具有某种亲属关系的事实，但不适用于证明办理涉外、涉港澳台继承手续的亲属关系公证。

3. 结构与写法

（1）首部，由公证书标题、公证书编号、申请人、公证事项四项内容构成。1）申请人和关系人：申请人，指为自己的利益申请公证的自然人。关系人是指与申请人有亲属关系的自然人。申请人及关系人可以是我国大陆（内地）公民，或者我国港澳台地区居民，也可以是外国人、无国籍人，其基本情况包括姓名、性别、居民身份证号码、住址等。申请人要求证明的亲属有两个以上的，应当逐一在关系人中列明。2）公证事项，即证明对象，一般表述为“亲属关系”，也可以细分为直系亲属、旁系亲属、姻亲。

（2）正文。公证证词要素包括：申请人及关系人的姓名、相互间的亲属关系称谓。

亲属关系称谓，应表述清楚申请人与关系人之间的亲属关系，使用我国法律规定的统一称谓，习惯称谓或者方言可用括号注明。

可以根据需要，另起一行注明亲属关系公证书的使用地区和用途。

（3）尾部，包括承办公证机构名称、承办公证人员的签名或者签名章、公证书出具日期和公证机构印章等内容。

此种公证书可应当事人或公证书使用者的要求加贴申请人的近期照片。照片应当加贴在正文后左下方空白处，并骑缝加盖公证机构钢印。

（二）用于继承的亲属关系公证书

1. 用于继承的亲属关系公证

用于继承的亲属关系公证是指为了办理涉外、涉港澳台地区继承事务，专为申请人制作的有特殊要求和内容的亲属关系公证。

2. 格式适用

此种公证专用于证明办理涉外、涉港澳台地区继承事务的亲属关系。

3. 结构与写法

（1）首部，由公证书标题、公证书编号、申请人、公证事项四项内容构成。1）申请人和关系人：申请人和关系人都是相对固定的，申请人应当是继承人之一，而关系人必须是被继承人。关系人应仅列一人，即被继承人。有多名被继承人的（如父母双亡），应分别出具公证书。2）公证事项，为“亲属关系”，可用括号注明“继承”，以与一般的亲属关系公证相区别。

（2）正文。此种公证书中所列亲属仅限于该继承关系所适用的继承法所规定的继承人的范围，并应将属于此范围的亲属全部列入证词中，按继承顺序排列。涉我国港澳台地区的，可根据其相关继承规定列亲属。如依照我国台湾地区的有关规定，遗产继承人除配偶外，还有四个顺序的法定继承人，第一顺序是直系血亲卑亲属，第二顺序是父母，第三顺序是兄弟姐妹，第四顺序是祖父母，办理赴台继承的亲属关系公证时应注明配偶及所有顺序的法定继承人。所列亲属中有死亡的，死亡时间应在其基本情况中注明。

可另起一行注明“本公证书用于在××××（使用地区）办理继承事务”。

（3）尾部，包括承办公证机构名称、承办公证人员的签名或者签名章、公证书出具日期和公证机构印章等内容。

五、财产权公证书

财产权公证书根据公证内容又可以具体分为以下四种：股权公证书、知识产权公证书、存款公证书、不动产物权公证书。其中常用的是存款公证书和不动产物权公证书两类。

（一）存款公证书

1. 存款公证

存款公证，是指公证机构根据自然人的申请，对申请人名下存款的真实性予以证明的活动。

2. 结构与写法

（1）首部，由公证书标题、公证书编号、申请人、公证事项四项内容构成。1）申请人，仅限于自然人，基本情况包括：姓名、性别、出生日期、居民身份证号码、住址；申请人为外国人的，应写明国籍、护照号码。2）公证事项，为“存款”。

（2）正文。公证证词要素包括：申请人姓名、开户银行、存款币种、数额、期限、公证书用途等。

1）银行名称，应表述银行全称，不能简略，但也无须表述至具体的经营网点。比如，应表述为中国工商银行股份有限公司，但无须表述至中国工商银行股份有限公司××省分行××支行××分理处。

2）存款币种，如实表述，如人民币、美元等。

3）存款期限，表述为“从××年××月××日至××年××月××日”。

在同一银行有多笔存款或者在多家银行均有存款的，可以一并证明，逐一表述，且可以增加存款合计的表述。

4）公证书用途，在上述内容之后，另起一行表述。在不影响当事人使用的前提下，应尽量注明公证书用途，如“本公证书仅证明申请人资信状况，不能作为存款提取、质押的凭证”。

（3）尾部，包括承办公证机构名称、承办公证人员的签名或者签名章、公证书出具日期和公证机构印章等内容。

（二）不动产物权公证书

1. 不动产物权公证

不动产物权公证，是指公证机构根据自然人、法人或者其他组织的申请，对其所享有的不动产物权的真实性、合法性予以证明的活动。

2. 格式适用

此种公证书适用于证明自然人、法人或者其他组织享有不动产物权的事实。

3. 结构与写法

（1）首部，由公证书标题、公证书编号、申请人、公证事项四项内容构成。

1）申请人。申请人为自然人的，基本情况包括姓名、性别、出生日期、身份证件号码、住址；申请人为外国人时应写明国籍、护照号码。申请人为法人或其他组织的，基本情况包括名称，住所地或地址，法定代表人或负责人的姓名、职务。

2）公证事项，即证明对象，根据不动产物权的不同种类和性质，如实表述，如房屋所有权、国有土地使用权、土地承包经营权、建设用地使用权、宅基地使用权、房地产抵押权等。

（2）正文。公证证词的要素包括：申请人姓名，不动产物权的名称、具体地址、面积、类别，权属证书等。

1）不动产的具体地址、面积、类别。不动产的具体地址，应按照不动产权属证书上的记载进行表述。

2）共有情况。不动产由两个以上权利人共有时，应对其共有情况进行表述：如为共同共有，可表述为“张××和李××对××房屋共同共有所有权”。如为按份共有，可表述为“张××与李××对××房屋按份共有，其中，张××享有20%的份额，李××享有80%的份额”。

3）权属证书名称和编号，应根据权属证书的记载完整表述，如“房屋所有权证”不能简单表述为“房产证”。

同一类型的数份不动产，如有多处房产的，可以一并证明、逐一表述。

（3）尾部，包括承办公证机构名称、承办公证人员的签名或者签名章、公证书出具日期和公证机构印章等内容。

六、文书上的签名（印鉴）公证书

（一）文书上的签名（印鉴）公证

文书上的签名（印鉴）公证是指公证机构根据当事人的申请，依照法定程序对文书上的签字、印鉴的真实性予以证明的活动。

（二）结构与写法

1. 首部

本类公证书由公证书标题、公证书编号、申请人、公证事项四项内容构成。1）申请人，可以是自然人，也可以是法人或者其他组织。2）公证事项，要根据具体签署形式如实表述，只有签名的表述为“签名”，签名、印鉴并存的表述为“签名、印鉴”；以捺指印形式签署的，表述为“指印”，以与指纹公证书的证明对象相区别。

2. 正文

此种公证的实质是对有法律意义的文书的签署形式的证明。证词要素包括：申请人姓名（名称）、文书名称、签署时间、签署地点、签署形式。

申请人为自然人时，直接写明申请人姓名；申请人为法人或者其他组织时，正文应表述为“××（全称）的法定代表人（或者委托代理人）×××”。

文书名称，应当如实表述，引用全名。如为无名文书，表述为“文书”，即“在前面的文书上……”。

签署的时间和地点，应当如实表述。不在公证人员面前签署的，签署时间和地点改为申请人确认签署形式的时间和地点。

签署形式，应当如实表述，仅有盖章的，表述为“盖章”；既签名又盖章的，表述为“签名、盖章”。申请公证前已经签署好的，表述为“在本公证员面前确认，前面的××（文件名称）上签名（印鉴）是其本人（机构）所为”。

3. 尾部

尾部包括承办公证机构名称、承办公证人员的签名或者签名章、公证书出具日期和公证机构印章等内容。

问题与思考题

一、简答题

1. 遗嘱公证书的制作应注意哪些问题？

2. 婚姻状况公证书的制作应注意哪些问题？

二、论述题

涉港澳台公证具有哪些特点？

第十五章
仲裁文书

内容导读

仲裁是定分止争的重要手段，司法部在2022年法治政府建设年度报告中强调，要完善仲裁体制机制以构筑更完善的公共法律服务体系，便民利民，深入贯彻习近平总书记关于仲裁工作的重要指示精神，提高仲裁工作水平。仲裁文书是仲裁过程中产生的具有法律意义和法律效力的文书，既包括仲裁委员会为处理案件而制作的文书，如仲裁裁决书、仲裁调解书等，又包括当事人申请仲裁及参加仲裁而制作的文书，如仲裁申请书、仲裁答辩书等。本章对这些文书的写法分别作了介绍。仲裁文书的写法与诉讼文书的写法有相似之处，但由于仲裁的特殊性，仲裁文书也有自己的特点。制作仲裁文书一方面要符合法律、法规的规定，仲裁法以及仲裁规则对仲裁文书如仲裁申请书、仲裁裁决书等的内容都作了具体的规定，制作时要严格遵守；另一方面要做到层次分明、结构严谨。

第一节　仲裁文书概述

一、仲裁文书的概念和种类

（一）仲裁文书的概念

从字面上讲，“仲裁”中的“仲”表示从中、地位居中，“裁”表示衡量、判断，“仲裁”即居中公断之意。作为解决社会纠纷的一种制度，仲裁是指平等主体之间自愿将争议，包括可能发生的争议和已经发生的争议，提交第三方公平裁断的一种制度。仲裁必须由独立于双方当事人的中立的第三方作出。仲裁文书则是仲裁过程中产生的法律文书，指仲裁机构和仲裁申请人依据仲裁法和仲裁规则制定的具有法律意义与法律效力的法律文书。仲裁文书具有如下特点：

（1）仲裁文书的制作主体包括仲裁申请人和仲裁机构。仲裁申请人为参加仲裁活动而制作仲裁文书，仲裁机构为处理争议事实和确定申请人之间的权利义务关系而制作仲裁文书。在我国，仲裁机构即仲裁委员会，包括中国国际经济贸易仲裁委员会、中国海事仲裁委员会以及依仲裁法组建的各种委员会。

（2）仲裁文书的制作必须符合仲裁法和仲裁规则的规定。仲裁机构和仲裁申请人只能依据仲裁法和仲裁规则所赋予的职权或者权利制作和使用仲裁文书。仲裁法或者仲裁规则对仲裁文书的格式、内容有明确要求的，应当按照相应的要求制作仲裁文书。

（3）仲裁文书具有法律意义或法律效力。仲裁文书是在仲裁过程中由仲裁机构和仲裁申请人依法制作和使用的法律文书，是如实反映和记录仲裁活动的专业文书，也是具体适用法律、实现权利或义务的结果。因此，无论是仲裁机构制作、使用的仲裁文书还是申请人制作、使用的仲裁文书，都具有一定法律意义或法律效力。仲裁机构制作的仲裁裁决书、仲裁调解书，依法生效后具有强制执行力和公定力，未经法定程序，任何人不得随意予以变更或撤销。

（二）仲裁文书的种类

仲裁文书根据不同的标准可以划分为不同的类型，主要有以下三种分类：

（1）根据制作主体的不同，仲裁文书可分为申请人制作的仲裁文书和仲裁机构制作的仲裁文书。申请人制作的仲裁文书包括仲裁协议书、仲裁申请书、仲裁反请求书、仲裁答辩书、仲裁保全措施申请书等；仲裁机构制作的仲裁文书，包括仲裁调解书、仲裁裁决书以及受理或不受理仲裁申请通知书等。

（2）根据案件是否具有涉外因素，可以将仲裁文书分为国内仲裁文书和涉外仲裁文书。国内仲裁文书是仲裁机构和申请人在国内纠纷案件的仲裁过程中，按照国内仲裁程序制作的具有法律效力的文书；涉外仲裁文书是仲裁机构和申请人在涉外经济贸易、运输和海事纠纷案件的仲裁过程中，按照涉外仲裁程序制作的具有法律效力的文书。

（3）根据文书制作时间的不同，仲裁文书可分为仲裁程序开始前的文书和仲裁程序开始后的文书。前者包括仲裁协议书和仲裁申请书，后者则包括受理或不受理仲裁申请通知书、仲裁反请求书、仲裁答辩书、仲裁决定书、仲裁调解书及仲裁裁决书等。

本章主要讲的是仲裁协议书、仲裁申请书、仲裁答辩书、仲裁反诉书、仲裁裁决书和仲裁调解书的写作方法与技巧。

二、制作仲裁文书的要求

仲裁文书的制作应当具有一定的规范性。仲裁文书的格式既要有别于行政文书的格式，也不能照搬民事诉讼文书的格式，而应当根据仲裁法的规定和仲裁工作的具体情况，制定出仲裁专用的文种和格式。所以仲裁文书的制作应符合以下要求：

1. 符合法律、法规

制作仲裁文书必须符合相关法律、法规的规定。我国《仲裁法》对仲裁申请书、仲裁庭的组成、仲裁裁决书的内容和要求都作了具体的规定，制作时要严格遵守。同时，制作仲裁文书的格式要求必须符合相关仲裁规则，对于程式化的文字，不得随意进行改变，叙述的事项应当齐全。

2. 客观、真实

根据《仲裁法》的规定，如果裁决所根据的证据是伪造的，申请人可以向人民法院申请撤销裁决；《仲裁法》和《民事诉讼法》规定，仲裁裁决认定事实的主要证据不足的，人民法院可裁定不予执行。可见，客观、真实是仲裁文书制作时必须遵循的最基本的要求，是仲裁文书的生命力所在。这既是对申请人的要求，也是对仲裁机构的要求。申请人在订立仲裁协议、申请仲裁时所提供的事实要客观、真实，不能捏造虚假的情况；

仲裁机构在制作仲裁文书时，也要以事实为依据。

3. 具体、明确

仲裁文书的内容应当具体、明确，应包含法律所规定的全部内容，同时内容应当明确，使申请人及相关机构能够理解或执行。仲裁文书的内容不具体、明确，就不能达到预期的法律后果。比如，根据《仲裁法》第 18 条的规定，仲裁协议对仲裁事项或者仲裁委员会没有约定或者约定不明确的，当事人可以补充协议；达不成补充协议的，仲裁协议无效。

第二节　仲裁协议书

一、仲裁协议书的概念和功能

（一）仲裁协议书的概念

仲裁协议书是申请人将已发生或将来可能发生的争议提交仲裁机构予以解决，并服从仲裁机构的裁决，以解决纷争为目的的书面协议。仲裁协议在整个仲裁制度中处于至关重要的位置，是仲裁的前提和依据。无论是国际公法上的仲裁还是国际商事仲裁抑或是海事仲裁，仲裁协议都是整个仲裁制度的基石。根据我国《仲裁法》第 16 条第 1 款的规定，仲裁协议包括合同中订立的仲裁条款和以其他书面方式在纠纷发生前或者纠纷发生后达成的请求仲裁的协议。根据该条规定，仲裁协议包括两种形式：合同中订立的仲裁条款和单独的仲裁协议书。前者是仲裁协议采用的最常用的和最主要的表现形式。所谓仲裁条款是指双方当事人在其所签订的合同中约定将来就合同的相关事项发生的争议提交仲裁机构解决的条款，作为合同的一项内容。仲裁协议则独立存在，主合同的变更、解除、终止或者无效，不影响仲裁协议的效力。仲裁条款的制作比较简单，通常是在合同中插入“凡因执行本合同而产生的或者与本合同有关的一切争议，双方申请人一致同意提请××仲裁委员会进行仲裁”这样的条款。仲裁协议的另一种重要的表现形式是专门性的单独订立的仲裁协议书。这是独立于主合同之外专门为解决争议，在没有仲裁条款的情况下而订立的合同。这种形式是本节介绍的内容。

（二）仲裁协议书的功能

（1）订立仲裁协议的双方均接受该协议的约束。仲裁协议书是申请人选择以仲裁方式解决纠纷的依据，如果发生争议，以仲裁方式解决，不得向法院起诉。任何一方如果违反协议向法院提起诉讼，另一方可以根据仲裁协议予以抗辩，要求法院停止诉讼程序、撤销诉讼立案。任何一方提请仲裁的，应向协议中约定的仲裁机构提起申请，不得任意改变仲裁机构或仲裁地点。

（2）赋予仲裁机构或仲裁庭管辖权。《仲裁法》第 4 条规定：当事人采用仲裁方式解决纠纷，应当双方自愿，达成仲裁协议。没有仲裁协议，一方申请仲裁的，仲裁委员会不予受理。由此可见，仲裁协议是仲裁机构受理仲裁申请的依据，申请人申请仲裁，应当向仲裁委员会递交仲裁协议书，仲裁庭便有权进行审理并裁决，否则，不予受理。

（3）排除法院的管辖权。《仲裁法》第5条规定：当事人达成仲裁协议，一方向人民法院起诉的，人民法院不予受理，但仲裁协议无效的除外。可见，仲裁协议还具有排除人民法院对有关案件行为管辖权的功能和效力，只要存在有效的仲裁协议，即使一方违反仲裁协议向法院提起诉讼，法院亦不得立案受理。如果对仲裁裁决不服，申请人向法院起诉或上诉的，法院也不得立案受理。

二、仲裁协议书的书写格式与方法

仲裁协议书由首部、正文和尾部三部分组成。

（一）首部

（1）标题。居中写明文书的全称“仲裁协议书”，不能简写成“协议书”。

（2）申请人与被申请人的基本情况，具体包括姓名、性别、年龄、职业、联系方式、工作单位和住所。申请人是法人或者其他组织的，写明法人或者其他组织的名称、住所和法定代表人或者主要负责人的姓名、职务。如果申请人委托律师或者其他人员作为代理人进行仲裁活动的，还应写明委托代理人的基本情况。

（二）正文

正文部分应写明仲裁协议书的具体内容。仲裁协议书的内容直接关系仲裁协议的效力，因而也就决定着争议能否通过仲裁方式予以解决，关系仲裁机构的管辖权。为了保证仲裁协议有效，仲裁协议书的内容必须全面、完整，清楚地表明申请人的仲裁意愿。根据《仲裁法》第16条第2款的规定，仲裁协议书应当具备以下内容：

（1）请求仲裁的意思表示，即各方申请人在订立合同或签订其他形式的仲裁协议时，一致同意将他们之间已发生或者将来可能发生的争议，通过仲裁方式予以解决的意思表示。请求仲裁的意思表示必须明确，也就是说，将争议提交仲裁解决的意思必须是肯定的，不允许含糊；同时请求仲裁的意思表示必须单一指向，不能既指向仲裁又指向诉讼。

（2）仲裁事项。仲裁事项决定了申请人提起仲裁的争议以及仲裁委员会受理的争议的范围，故仲裁协议中约定的仲裁事项要广泛、明确，常见的用语有“因本合同引起的争议”“与本合同有关的争议”“因本合同引起的与本合同有关的争议”等。

（3）选定的仲裁委员会。仲裁协议书必须写明申请人约定的有权解决争议的仲裁委员会的名称，该名称必须正确，同时，选定的仲裁委员会必须唯一、确定。

（三）尾部

由申请人或者其委托人签字，加盖公章，并写明仲裁协议书签订的日期和地点。

三、制作仲裁协议书的技巧及应注意的问题

（1）请求仲裁的意思表示必须明确、肯定，不得含混不清；同时，请求仲裁的意思表示必须是单一指向，不能既指向仲裁又指向诉讼。

（2）仲裁事项必须明确。《仲裁法》第18条规定：仲裁协议对仲裁事项或者仲裁委员会没有约定或者约定不明确的，当事人可以补充协议；达不成补充协议的，仲裁协议无效。

(3) 注意仲裁事项的可仲裁性。《仲裁法》第 2 条规定：“平等主体的公民、法人和其他组织之间发生的合同纠纷和其他财产权益纠纷，可以仲裁。”第 3 条规定：“下列纠纷不能仲裁：(一) 婚姻、收养、监护、扶养、继承纠纷；(二) 依法应当由行政机关处理的行政争议。”所以，申请人约定的仲裁事项必须属于法定的仲裁事项，否则，将导致仲裁协议无效。

(4) 选定的仲裁委员会的名称必须正确。最常见的错误一般是仲裁委员会的名称表述错误，例如“北京仲裁委员会”常常被表述为“北京市仲裁委员会”。此外，选定的仲裁委员会必须明确、单一。《仲裁法》规定，仲裁协议对仲裁委员会没有约定或者约定不明确的，申请人可以补充协议；达不成补充协议的，仲裁协议无效。因此，申请人选定仲裁委员会要明确且单一，不得重复选定两个以上的仲裁委员会。

第三节　仲裁申请书

一、仲裁申请书的概念和功能

仲裁申请书是指作为平等主体的自然人、法人或者其他组织在发生合同纠纷或者其他财产权益纠纷后，申请人一方或双方根据双方自愿达成的仲裁协议，向其所选定的仲裁委员会提出仲裁申请，要求通过仲裁解决纠纷的书面请求。我国《仲裁法》第 22 条规定，当事人申请仲裁，应当向仲裁委员会递交仲裁协议、仲裁申请书及副本。仲裁申请书是仲裁机构受理仲裁案件的前提和基础。申请人达成仲裁协议只是表明申请仲裁的可能，仲裁程序尚未启动。一份较高质量的仲裁申请书不仅有利于申请人完整、准确地陈述自己的意见和主张，也有利于案件的顺利受理。

二、仲裁申请书的书写格式、方法

仲裁申请书在格式上包括首部、正文、尾部三部分。

(一) 首部

(1) 居中写明文书的名称即“仲裁申请书”，不能简写为“申请书”。

(2) 写明申请人和被申请人的基本情况，具体包括姓名、性别、年龄、职业、联系方式、工作单位和住所。如果申请人是法人或者其他组织的，应写明法人或者其他组织的名称、住所和法定代表人或者主要负责人的姓名、职务。如果申请人委托律师或者其他人员作为代理人进行仲裁活动的，还应写明委托代理人的基本情况。

(二) 正文

(1) 申请仲裁的依据，即申请仲裁所依据的书面仲裁协议的内容。因为书面仲裁协议是仲裁机构得以行使管辖权、解决纠纷的依据，所以在仲裁申请书中必须写明当事人双方已经自愿达成了仲裁协议。

(2) 仲裁请求。仲裁请求即申请人要求仲裁机构予以评断、解决的具体事项，包括要求仲裁机构确认某种法律关系是否存在，裁决被申请人履行给付义务，变更某种法律关系等。仲裁请求应当合理合法、具体完整，语言表达力求言简意赅，如有多项请求，要逐项分行写明。同时注意，仲裁请求只能在仲裁协议约定的范围内且不能超出仲裁委员会有权裁决的事项范围。

（3）申请仲裁的事实与理由。这是仲裁申请书的核心内容，也是仲裁机构审理的对象和依据。事实与理由主要包括：申请人之间争议事项形成的事实；双方当事人争执的具体内容和焦点，被申请人应承担的责任并说明理由以及所适用的法律等。申请仲裁的案件大多为合同纠纷案，这类案件的仲裁申请书的事实部分应写明：订立合同的时间、地点和合同的主要内容；被申请人违反合同中的什么义务事项，给申请人造成了怎样的经济损失，被申请人以什么理由为借口拒不履行合同等内容。如果是在履行合同时产生纠纷，应着重写明履行合同的情况。

理由部分首先必须判明当事人存在何种法律关系及所存在的法律关系（如买卖合同关系）是否有效；其次，对违反合同的事实进行概括、归纳，使案情与分析衔接、呼应；最后，依据有关实体法、法规、政策等，联系上述事实，指明被申请人的行为违反合同的性质，说明申请人的正当权益应当受到保护。

（4）证据。与民事诉讼一样，如果要仲裁机构支持自己的主张，必须提供相应的证据，所以在仲裁申请书中应写明：1）有关证据的名称及所能证明的事实；2）有关证据的来源及取得方式；3）证人证言的内容及证人的姓名、住所。

（三）尾部

（1）写明致送的仲裁委员会的名称，即在仲裁协议中选定的仲裁委员会的名称。

（2）在右下方写明申请人的姓名或者名称，申请人是法人或者其他组织的，要加盖印章，并写明法定代表人的姓名和职务。另起一行写明制作文书的日期。

（3）附项。注明仲裁申请书副本的份数，提交证据的名称、份数，并按编号顺序附于申请书后。

三、制作仲裁申请书的技巧和应注意的问题

一份好的仲裁申请是获得有利的仲裁结果的前提和基础，但实践中申请人往往不太注重仲裁申请，或超越了合同的规定，而使本来有理的案件败诉，尤其是比较复杂的案件，应当对有关事实、证据以及合同内容和法律规定进行全面分析、判断，经过慎重考虑之后再提出仲裁申请。提出仲裁申请时应当注意以下问题：

（1）仲裁请求恰当。1）依据法律及合同规定确定恰当、合理的仲裁请求。提出仲裁请求时必须紧紧围绕法律与合同进行，所提仲裁请求一定要有相应的法律及合同依据，不能凭主观臆断，更不能感情用事。2）仲裁请求的内容不得超越特定合同的规定。申请人申请仲裁时，只能就合同中发生的争议事项提请仲裁，超出合同范围的请求，仲裁庭一律不予支持，也无权支持。3）仲裁请求赔偿的金额要适当。申请人确定赔偿数额时，不要盲目地扩大请求额。确定赔偿的数额时要根据法律的规定和具体的情况并要举出充足的证据。

（2）申请仲裁的事实。书写申请仲裁的事实时要注意以下几点：1）人称的一致性。

不要将第一人称与第三人称混用。2）事实要叙述清楚，围绕纠纷发生的起因、经过与结果，并突出双方的争执点或主要分歧。3）事实的客观性，运用证据以支持主张。

（3）申请仲裁的理由。对申请仲裁的理由的论证要充分、严密。首先，针对仲裁请求、主张或意见进行分析，有针对性地论证，做到有的放矢。其次，要运用法律论理，不能仅凭法律意识空发议论。

第四节　仲裁答辩书

一、仲裁答辩书的概念和功能

答辩权是被申请人所享有的一项重要权利，被申请人提交仲裁答辩书是其行使答辩权的重要体现。仲裁答辩书是指仲裁案件的被申请人针对申请人在仲裁申请书中提出的仲裁请求以及所依据的事实和理由作出辩解和反驳而制作的法律文书。根据《仲裁法》第 25 条第 2 款的规定，被申请人收到仲裁申请书副本后，应当在仲裁规则规定的期限内向仲裁委员会提交答辩书。仲裁委员会收到答辩书后，应当在仲裁规则规定的期限内将答辩书副本送达申请人。

仲裁答辩书具有如下功能：

（1）维护被申请人的合法权益。被申请人依法提出答辩书，针对申请人的仲裁请求进行答复和反驳，以表明自己对申请人的态度，维护自己的合法权益。

（2）有利于仲裁机构作出公正的裁决。仲裁答辩书可以使仲裁机构在全面了解、掌握双方当事人争议的焦点，查明案件事实之后作出裁决。因此，仲裁答辩书是一种非常重要的仲裁文书。当然，仲裁答辩书在仲裁程序中并非必不可少，被申请人未提交答辩书的，不影响仲裁程序的进行。

二、仲裁答辩书的书写格式与方法

仲裁答辩书包括首部、正文和尾部三个部分。

（一）首部

（1）标题。居中写明文书名称即“仲裁答辩书”。

（2）答辩人（被申请人）的基本情况，具体包括姓名、性别、年龄、职业、通信方式、工作单位和住所。如果申请人是法人或者其他组织的，应写明法人或其他组织的名称、住所和法定代表人或者主要负责人的姓名、职务。如果申请人委托律师或者其他人员作为代理人进行仲裁活动的，还应写明委托代理人的基本情况。

（二）正文

正文部分应载明以下内容：

（1）案由与案件的来源。写明答辩人进行答辩所针对的具体纠纷。这部分一般表述为：“我方就被答辩人××因与我方之间发生的××争议向你会提出的仲裁请求，提出如下答辩……”

（2）答辩理由和答辩意见。这是仲裁答辩书的核心内容。答辩人既可以从事实和法律方面对申请人的仲裁请求进行答复和反驳，也可以从实体和程序方面进行回复和辩驳。答辩人要清楚地表明自己的态度，对案件提出主张和理由。如果认为申请人提出的事实有误，要进行澄清并提供相应的证据。如果认为申请人适用法律错误，则援引自己认为正确的法律依据并阐明理由。同样，也可以从仲裁程序方面进行反驳，如指出仲裁协议无效或者仲裁委员会无权管辖双方之间的争议等。无论从哪个方面进行答辩，都要注意有理有据，合理、合法。最后要在充分反驳仲裁申请书的内容之后，提出自己的主张和要求。

（三）尾部

（1）写明致送的仲裁委员会的名称。

（2）在右下方写明答辩人的姓名或者名称。答辩人是法人或者其他组织的，要加盖印章，并写明法定代表人或主要负责人的姓名和职务。另起一行写明制作文书的日期。

（3）附项。注明仲裁答辩书副本的份数，提交证据的名称、份数，并按编号顺序附于答辩书后。

三、制作仲裁答辩书的技巧及应注意的问题

（1）围绕申请人的仲裁请求及双方签订的合同进行答辩。一方面，答辩书对事实及理由的陈述应紧紧围绕申请人的仲裁请求进行，证明申请人的仲裁请求哪些是不成立的、哪些是没有事实依据的、哪些是缺乏法律依据的。制作答辩书时切忌漫无目的，而应当有针对性，通过提供事实及法律依据，反驳对方的观点并提出自己的主张。另一方面，还要针对合同进行答辩。仲裁是对具体合同项下双方当事人因履行合同而产生的争议的审理，因此，合同中有明确约定的，当事人才能承担相应的义务。被申请人应对照合同，看对方提出己方如何违反合同、违反的是哪一条款，再结合实际情况进行答辩。

（2）事实和理由须有针对性地展开。答辩人要根据申请人在仲裁申请书中所叙述的事实和理由进行回答和反驳，不要脱离仲裁申请书所阐述的内容。反驳要有理有据，不能强词夺理。

（3）答辩书应当尽量全面、完整。不能对仲裁申请作简单的反驳，否则，会不利于被申请人；反驳对方的事实、主张时要举出充分的证据。

第五节　仲裁裁决书

一、仲裁裁决书的概念和功能

仲裁裁决书是指仲裁庭根据申请人的申请，依照法定的程序，对申请人与被申请人之间的纠纷进行审理后，根据查明的事实和认定的证据，适用相关的法律，最终在实体上对双方的权利、义务争议所作出的具有法律效力的文书。仲裁裁决分为中间裁决、部分裁决和最终裁决，这里主要指的是最终裁决，即在案件审理结束时所作出的具有终局

性的裁决。最终仲裁裁决书的作出标志着仲裁程序的终结，裁决对争议双方具有约束力和强制执行力。

仲裁裁决书的作用体现在以下三个方面：

（1）有助于纠纷的解决，维护当事人的合法权益。仲裁委员会在查明事实的基础上，确定当事人的责任，从而解决纠纷，确认他们之间的权利、义务关系，维护当事人的合法权益。

（2）有效地约束双方当事人。仲裁裁决书一经作出即发生法律效力。仲裁裁决书的效力与生效的民事判决书相同，非经法定程序，任何人不得随意予以变更。如果一方当事人不履行仲裁裁决的内容，那么另一方有权向人民法院申请强制执行。

（3）有利于提高仲裁员的素质。仲裁裁决书是仲裁委员会审理案件的全面反映，是仲裁活动的载体。仲裁裁决书记载了当事人的诉讼请求、事实的认定、裁决的理由和结论。一篇好的仲裁裁决书应当客观、全面地反映仲裁活动的全过程。

二、仲裁裁决书的书写格式与方法

我国《仲裁法》第54条规定："裁决书应当写明仲裁请求、争议事实、裁决理由、裁决结果、仲裁费用的负担和裁决日期。当事人协议不愿写明争议事实和裁决理由的，可以不写。裁决书由仲裁员签名，加盖仲裁委员会印章。对裁决持不同意见的仲裁员，可以签名，也可以不签名。"这是制作仲裁裁决书的法律依据。仲裁裁决书的格式与民事判决书的格式相似，尤其是正文部分，但是相比之下，仲裁裁决书制作的灵活性较大，对于争议事实和裁决理由当事人协议不愿写明的，可以不写。仲裁裁决书在格式上也包括首部、正文和尾部三部分。

（一）首部

（1）写明文书制作机关、文书名称和文书编号。制作机关和文书名称应居中分两行写，如"中国国际经济贸易仲裁委员会裁决书"。文书编号包括制作年度、仲裁机构名称、仲裁案件顺序号，在文书的右下方注明，如"（2024）惠仲裁字第××号"。

（2）申请人与被申请人的基本情况，包括申请人与被申请人的姓名或名称、地址和法定代表人的姓名以及双方的委托代理人。

（3）引言，包括如下内容：

1）受理案件的依据和适用的仲裁规则，例如：

惠州仲裁委员会（简称"本会"）根据申请人蔡××与被申请人胡××签订的"商铺租赁合同"（简称"合同"）第7条约定的仲裁条款以及申请人向本会提交的书面仲裁申请，于2019年3月18日受理了上列当事人之间的上述合同项下的争议仲裁案，受理案号为（2019）惠仲裁字第××号。本案的审理程序适用自2011年4月1日起施行的《惠州仲裁委员会仲裁规则》（简称《仲裁规则》）。

2）仲裁庭的产生和组成情况以及仲裁庭对案件审理情况等程序性事项，以表明仲裁程序的合法性以及仲裁裁决书据以依法作出的事实。例如：

根据《仲裁规则》的规定，本会秘书处向双方当事人送达了《仲裁规则》、"惠州仲裁委员会仲裁员名册”“当事人仲裁活动权利义务告知书”，同时，向双方当事人送达了“受理仲裁申请通知书”，向被申请人送达了“仲裁通知书”、“仲裁申请书”副本及证据材料等。被申请人在本案开庭前向本会提交了答辩状以及证据材料。在规定期限内，申请人与被申请人对独任仲裁员的选定未达成一致意见，本会主任指定秦××为本案独任仲裁员，2019 年 4 月 22 日由秦××组成独任仲裁庭审理本案。本会秘书处于开庭前将“仲裁庭组成通知书”和“开庭通知书”分别送达双方当事人。申请人和被申请人均不申请仲裁员和仲裁秘书回避。

（二）正文

该部分是仲裁裁决书的主体，包括案情、仲裁庭的意见和裁决结果三个部分。

1. 案情

首先，基本的案情介绍，如合同订立的经过。下面以商铺租赁合同为例介绍案情部分的书写：

2017 年 2 月 13 日，申请人与被申请人签订合同，合同约定申请人向被申请人承租美博城某某号商铺，租期为 2017 年 3 月至 2021 年 3 月 1 日。由于商铺每年 8 月都会涨租，合同约定 2017 年 3 月 1 日至 2017 年 8 月 1 日每月租金 3 240 元，2017 年 8 月 1 日至 2018 年 7 月 31 日、2018 年 8 月 1 日至 2021 年 3 月 1 日的租金，将视商铺租金涨幅情况双方进行重新协商，签订补充协议，但其中约定了给申请人“加租金不高于商场增加数额的 20%”。2018 年 6 月，被申请人要求涨租到至少 5 000 元，因租金过高，申请人不打算继续承租，但被申请人声称只同意申请人将商铺一次性转走，否则，将申请人的不续约行为作为违约处理。

注意：这一部分内容一定是双方都确认的、没有争议的事实，只需进行客观叙述。

其次，申请人陈述的事实和提出的仲裁请求以及据以支撑的证据材料。申请人在仲裁中还可以增加新的请求，裁决书中也要写明。

再次，被申请人的答辩、提出的要求和提交的证据材料。

最后，申请人对被申请人的答辩进行的反驳和被申请人作出的陈述等。如上述租赁合同纠纷案的该部分叙述为：

申请人认为：双方合同约定租期为 2017 年 3 月 1 日至 2021 年 3 月 1 日，同时在约定期间申请人按时、足额履行了租金缴交义务。因此，2018 年 7 月下旬被申请人与阿浩签订转让协议的时候，双方的合同既没有到期，也没有解除，申请人也没有任何违约行为。相反，被申请人的行为完全违反了合同约定，被申请人应当退还押金。又被申请人的违约致使其积压了 7 211 元的商品无法卖出，损失共计 15 211 元。申请人就此提出如下仲裁请求：（1）要求被申请人胡某某返还押金 6 000 元；（2）要求被申请人胡某某支付违约金 6 000 元；（3）要求被申请人胡某某支付经济损失 5 000 元；（4）要求被申请人胡某某支付本次仲裁全部费用。申请人为支持自己的仲裁请求提交如下证据材料：（1）双方协议合同，证明双方存在合同关系，支付了押金 6 000 元及合同未到期；（2）某某号店铺聘用劳动合同，证明申请人由于被申请人违约要向员工赔偿 5 000 元；（3）某某号店铺商品存货，证明被申请人违约造成申请人的商品积压、无法卖出的损失。

被申请人对申请人提交的证据1、证据2的真实性、合法性及合同内容无异议，但质疑聘用劳动合同是否是店铺经营时所签，认为其与本案无关联性；对证据3的真实性不认可。针对申请人的仲裁请求，被申请人当庭作了以下答辩意见：

（1）拒绝返还申请人押金6 000元。2017年2月，被申请人与申请人签订了租赁合同，租期为2017年3月至2021年3月1日，并在合同里注明了每年8月1日视商场涨租幅度重新协商租金增加数额。2018年6月申请人主动发短信询问租金涨幅情况，被申请人也以短信回复：今年商场租金上涨幅度较大，租金涨至5 000元/月。6月9日申请人主动发信息明确表明不会续租，而5 000元并没有超过合同约定的20%，因此，被申请人没有任何违约行为。

（2）拒绝支付申请人要求的违约金、经济损失费。申请人所提出的商品存货等经济损失都是申请人自己提前主动放弃续租商铺所产生的，他放弃时应当充分考虑这些因素，与被申请人无任何关系。

（3）要求申请人支付本次仲裁全部费用。被申请人为支持自己的答辩，提交了如下证据材料：1）商铺租赁合同，证明合同到期时间为2021年3月1日；2）租铺补充合同，证明商铺租金的计算时间；3）手机短信，证明对方主动放弃履行合同。

申请人对被申请人提交的上述证据进行了核对，并发表了如下质证意见：申请人对被申请人提交的上述证据的真实性与合法性均无异议，但对关联性有异议，认为证据1表明租赁期已到，证据3表明被申请人不同意收回店铺但同意转让。

仲裁裁决书的这一部分与改革后的法院的判决书相一致，对于诉辩双方的意见均写得较为详细：不仅写明双方当事人的主张，而且阐述双方陈述的理由，以及提供的据以支持的证据，以增强裁决书的说理性。

2. 仲裁庭的意见

先提出双方争议的焦点，对争议进行分析和判断，根据仲裁庭查明的事实和证据，依据有关的法律、法规，说明双方的哪些主张和请求是合法的、应予支持，哪些主张和请求是不合法的、不予支持或驳回。该部分要说理充分、有针对性，针对双方的争议焦点和仲裁请求，摆事实、讲道理，对申请人的每个仲裁请求都要明确表明态度。仲裁裁决书这部分的写法与民事判决书有所不同，仲裁裁决书通常列标题，对双方的争执焦点逐一进行分析、论述，比如对合同的效力问题、双方的责任问题以及适用法律问题，包括货物的质量问题、延期交付的问题等，进行细致的阐述。以下是上述租赁合同纠纷案有关这一部分的描述：

根据申请人和被申请人提交的证据以及庭审中双方陈述、质证、辩论、对仲裁庭询问的回答，就本案相关问题及申请人的仲裁请求，仲裁庭发表如下意见：

（一）关于合同的效力问题

申请人与被申请人于2017年2月13日签订的合同主体适格、内容合法，是双方当事人的真实意思表示，双方对合同效力均无异议，故仲裁庭确认合同合法有效，受法律保护。

（二）关于申请人的第一项请求

申请人请求裁决被申请人返还押金6 000元。仲裁庭注意到，申请人与被申请人于2017年签订的合同第7条约定，本合同如有不尽事宜，须经双方协商解决。而根据被申请人提交的证据3，即手机短信，被申请人已经同意申请人不再租铺并转租，也就是说双方均已同意终止合同，并且基于此项双方才有一系列后续行为。至于合同中另一条款“乙方（申请人）若提前解除合同义务，属违约行为，押金不予退还”，此处的“提前解除合同”应解释为单方提前解除合同，不再履行合同义务。但事实上合同双方已经对申请人不再租赁并转租一事协商一致，也意味着双方都同意终止合同，而不属于申请人单方提前解除合同，且在租赁合同中，承租人的义务主要有：(1) 支付租金；(2) 不得随意转租；(3) 妥善保管租赁物；(4) 返还租赁物。可见，本案申请人（承租人）并没有违反其中任何一项义务。最后，仅仅因为申请人没有接受被申请人单方提出的条件便认定申请人违约，这基于合同双方的权利、义务对等原则而言对申请人是不公平的，故不存在违约行为，违约金自然也就是不合情理的。至于押金，在一般情形下是指为了确保债务的履行，合同当事人约定由债务人提供与债务标的相当的金钱数额交与债权人占有，在债务人不履行债务时债权人即可取得该占有的金钱。根据合同，合同终止，申请人交清租金及水电、物业等相关费用后，被申请人即可退还申请人押金。可见，押金在此处的作用是担保租金、水电、物业等相关费用，而并无证据显示申请人在法定期间拖欠上述款项，故应认定押金应当退还。基于上述原因，仲裁庭认为，被申请人应当退还6 000元押金。

（三）关于申请人的第二项请求

申请人请求裁决被申请人胡某某支付违约金6 000元。仲裁庭认为根据申请人提供的证据3，即手机短信，可见被申请人已经同意申请人不再租铺并转租，也就是说双方均已同意终止合同，并且基于此项双方才有了一系列后续行为，即被申请人将店铺转让给阿浩，完成协议转让手续。虽然这一行为发生在未与申请人解除合约，也没让申请人知情同意的情况下，但这一行为完全是申请人可以预见的，并且从申请人先前的行为可以推定为默认。另外，申请人于2018年7月31晚才将商铺转交给阿浩，这与双方当事人签订的“租铺补充合同”和双方约定的交铺时间是一致的，并无不妥。故被申请人没有违约，自然也就无须支付违约金。而对于申请人提交的证据3，即因店铺被收回所造成的货物积压和货物贱卖的损失，被申请人不予认可，本仲裁庭亦认为证据3欠缺一定的真实性和关联性。因为这两类损失是申请人完全可以预见到，并且完全有时间采取措施避免的。当事人早在2018年6月13日就已经对不再租铺一事协商完毕，而于2018年7月31日才交铺。在长达一个半月的时间内，申请人明知可能产生损失，却没有采取任何补救措施，应自行承担责任，被申请人不应赔偿此两项损失。综上所述，被申请人同样没有违约行为，也无须对被申请人完全能够避免的损失负责，故不应支付违约金6 000元。

（四）关于申请人的第三项请求

申请人请求裁决被申请人胡某某支付经济损失5 000元。仲裁庭认为，手机短信这一双方均认可的证据显示，申请人于2018年6月13日与被申请人就不再租铺一事协商完毕，而此时距离交铺日期2018年7月31日已不足两个月，但由于是申请人主动提出不再租铺、找人转租，所以申请人应当预见这一行为可能带来的后果，即与员工解约需要支付违约金。应当注意，申请人租赁商铺的目的是交易，所以他应当为其经营行为所潜在的商业风险负责。同时，被申请人自始至终都没有违约行为，故被申请人无须对此承担责任，被申请人不应支付经济损失5 000元。

（五）关于申请人的第四项请求

申请人请求裁决被申请人胡某某支付本次仲裁全部费用。鉴于申请人的仲裁请求并未得到全部支持，故本案仲裁费按申请人仲裁请求被支持的情况，仲裁庭酌定由被申请人承担30%，由申请人承担70%。

上述仲裁裁决书中的仲裁庭意见针对合同效力和双方的权利、义务等问题进行分析论证，对于所作出的结论都以具体说明理由的方式赋予其针对性和说服力。

此外，书写仲裁庭的意见时还要注意以下三点：

第一，论证清楚申请人与被申请人之间的法律关系或双方行为的效力。有时案件比较复杂，申请人与被申请人之间存在多重的关系，因此，首先说明他们之间存在何种法律关系，其次说明法律关系是否有效，这是解决纷争的前提。论述时不能含混不清、似是而非，或不论述有效、无效及合法、违法的原因或理由。

第二，运用法律论理。对适用法律有争议时，须对为什么要适用此种法律规定而不适用彼种法律规定加以解释。至于具体的违约事实有哪些、当事人是否要承担违约责任以及具体理由，也要详细论证。如果裁决的结论是一果多因，为了论证充分，还需从多个角度进行分析，不能只选择其中一两项作说明。如果裁决书遗漏了某些重要的事项或理由，会使裁决书的理由显得不够充分。

第三，针对申请人的仲裁请求、主张或意见进行分析。仲裁裁决书应当认真分析当事人的请求、主张或意见是否合理和合法，有针对性地发表支持或否认的评论和理由。不能不针对当事人的仲裁请求、主张或意见说理，泛发议论，而要做到有的放矢，使论述的理由更具有准确性和说服力。

3. 裁决结果

裁决结果是对案件实体问题所作的处理决定，是根据仲裁庭查明的事实、证据和法律依据等，针对申请人的仲裁请求作出的仲裁裁决，明确双方的法律关系以及履行责任的方式和期限等。这部分的描述要清楚，对仲裁请求都要作出决定。同时，还应写明仲裁费用的数额及分担，确定是一方负担还是双方分担以及分担的理由。

（三）尾部

（1）写明仲裁裁决书的生效时间。根据《仲裁法》的规定，写明“本裁决为终局裁决，自作出之日起发生法律效力”。

（2）仲裁庭成员署名并加盖仲裁委员会印章，注明制作裁决书的日期。由3名仲裁员组成仲裁庭的，依序写明首席仲裁员及其他两名仲裁员的姓名；由1名仲裁员组成仲裁庭的，写明其姓名即可。对仲裁裁决持有不同意见的仲裁员，在仲裁书上可以签名，也可以不签名。

（3）仲裁秘书署名。

三、制作仲裁裁决书的技巧和应注意的问题

（1）仲裁裁决书的文字表达应清楚、明确，逻辑严谨，说理充分。仲裁裁决书是仲裁庭行使仲裁权的集中体现，也是当事人行使权利、履行义务的依据，所以表达要清楚、明确。

（2）一般情况下应写明争议事实和仲裁理由，但如果申请人不愿写明争议事实和理由，可以不写。这是仲裁裁决书与民事判决书的不同之处。

（3）仲裁裁决书的引言部分必须写明受理案件的依据，即当事人之间的仲裁协议和申请人的仲裁申请。因为依据法律规定，申请人可以以仲裁裁决是在没有仲裁协议的情况下作出的为由申请人民法院撤销该裁决。

（4）仲裁裁决书的案情部分，要概括双方当事人在仲裁申请书和仲裁答辩书中以及仲裁过程中提出的事实理由和仲裁请求。具体来说是先写申请人的主张和请求，再写被申请人的答辩理由和仲裁请求，要做到全面、客观，表达清楚以及抓住争执的焦点。

（5）对于仲裁结果，既要对双方的请求予以答复，或支持或驳回，分项表述；同时又不能超出仲裁请求，必须针对双方的请求事项作出。裁决结果必须明确、具体，便于申请人与被申请人执行。

第六节　仲裁调解书

一、仲裁调解书的概念和功能

仲裁调解书是在仲裁过程中，在仲裁庭的主持下，仲裁庭根据申请人与被申请人双方自愿达成的就相关诉诸仲裁的争议达成的协议所制作的具有法律效力的法律文书。调解并不是仲裁的必经程序，仲裁庭应当在查明案件事实、分清是非的基础上，以自愿、合法为原则，进行调解。我国《仲裁法》第 51 条规定：仲裁庭在作出裁决前，可以先行调解。当事人自愿调解的，仲裁庭应当调解。调解不成的，应当及时作出裁决。调解达成协议的，仲裁庭应当制作调解书或者根据协议的结果制作裁决书。调解书与裁决书具有同等法律效力。《仲裁法》第 52 条规定：调解书应当写明仲裁请求和当事人协议的结果。调解书由仲裁员签名，加盖仲裁委员会印章，送达双方当事人。调解书经双方当事人签收后，即发生法律效力。在调解书签收前当事人反悔的，仲裁庭应当及时作出裁决。这是制作仲裁调解书的法律依据。

根据我国《仲裁法》的规定，仲裁调解书只适用于国内仲裁。在涉外仲裁中，仲裁庭运用调解方式使双方当事人达成和解的，除非当事人另有约定，仲裁庭应根据当事人达成的书面和解协议的内容制作仲裁裁决书来结案。

二、仲裁调解书的书写格式与方法

（一）首部

（1）写明文书标题，包括文书名称和文书编号。文书名称包括制作机关名称，如“××仲裁委员会仲裁调解书”，文书编号在名称的右下方标明。

（2）写明申请人与被申请人的基本情况。

（3）引言，包括仲裁委员会受理案件的依据、仲裁庭的产生和组成情况以及仲裁庭对案件的审理情况等程序性事项，主要是为了表明仲裁程序的合法性。

（二）正文

（1）写明双方当事人争议的事实和仲裁请求。对于双方当事人争议的事实可以简要概括，但是对于仲裁请求则要根据仲裁申请书以及仲裁反请求书写清楚、完整。写明仲裁请求是法律要求的内容。

（2）写明双方当事人达成的调解协议的具体内容。《仲裁法》明确规定，调解书应当写明申请人与被申请人协议的结果，该部分是仲裁调解书的核心部分。这部分内容决定着双方的权利、义务，既包括就实体权利争议达成的协议内容，也包括有关仲裁费用的分担等内容。

（3）仲裁庭经过对调解协议的审查，表明对调解协议的态度。仲裁庭应当对双方当事人达成的协议的内容进行审查，确认其与事实相符，不违反法律规定，不损害他人的合法权益，从而对其予以确认。

（三）尾部

（1）写明仲裁调解书的生效时间。根据《仲裁法》的规定，可写为“本调解书与仲裁裁决书具有同等法律效力，自双方当事人签收之日起生效”。

（2）仲裁庭成员署名并加盖仲裁委员会印章，注明制作调解书的日期。由 3 名仲裁员组成仲裁庭的，依序写明首席仲裁员及其他两名仲裁员的姓名。由 1 名仲裁员组成仲裁庭的，只写明其姓名即可。

（3）仲裁秘书署名。

三、制作仲裁调解书的技巧及应注意的问题

（1）仲裁调解书的内容，一定是当事人双方达成协议的内容，同时，写入调解书的内容必须符合法律的相关规定。

（2）仲裁调解书对于争议的事实可以简要概括，但对于仲裁请求和协议内容一定要叙述具体、明确。同时，对于放弃仲裁请求的内容也应一并写明。协议的内容不止一项的，应分项列明，并记载履行的期限和履行方式，以使调解书具有可操作性。

（3）调解依据的写作必须实事求是。当事人达成的调解协议既可以依法而成，也可以依照一定的社会情理，应结合实际情况表明其依据。

问题与思考题

一、简答题

1. 制作仲裁文书的要求有哪些？

2. 制作仲裁协议书应注意哪些问题？

3. 仲裁申请书的正文部分包含哪些内容？

4. 仲裁答辩书的制作技巧有哪些？

5. 仲裁裁决书的正文应写明哪些内容？

二、文书制作题

1. 根据下列案情，代申请人制作一份仲裁申请书。

申请人：白某

被申请人：北京Z房地产开发有限公司

2017年3月4日，申请人与被申请人在北京签订了“商品房买卖合同”，约定由申请人（买受人）向被申请人（出卖人）购买Y花园6－602号房屋，总价为人民币4 123 000元；被申请人应于2017年8月31日前交付房屋。根据合同附件五“付款方式及期限的约定”，作为买受人，申请人应于2017年5月30日向出卖人即被申请人交纳定金30 000元，于2017年6月4日付清房款3 886 850元，于2017年8月31日（办理入住手续时）付清5%的房款206 150元。合同第9.1.2条约定，出卖人逾期交房超过30日后，买受人有权解除合同，买受人要求继续履行合同的，合同继续履行，自合同约定的最后交付期限的第二天起至实际交付之日止，出卖人按日向买受人支付已付房价款万分之二的违约金。

合同签订生效后，申请人向被申请人支付了定金和房款共计3 916 850元。被申请人未能按照合同约定的期限（2017年8月31日前）交付房屋，实际于2018年12月13日通知业主于2019年1月15日办理入住手续。申请人曾致函被申请人主张被申请人应当支付逾期交房违约金并抵销申请人应付的房屋尾款，被申请人反对，双方因此发生争议。协商未果，申请人遂根据合同中仲裁条款的约定提请仲裁。

2. 根据案情，制作仲裁裁决书。

2018年5月5日，甲公司与乙公司签订合作合同，共同举办××合作公司。合作公司经政府主管部门批准后于2018年7月7日领取营业执照，正式开业。合作期限为12年。2018年5月5日，双方还签订了一份“关于订购生产设备抵押金的协议”。协议约定，合作公司的生产设备均由乙公司提供，甲公司在乙公司订购设备时，先向乙公司交付30万元人民币的抵押金，待设备到达公司并投入生产一年后将30万元抵押金全部退还给甲公司。

经查，2018年5月5日，甲公司与乙公司还签订了一份补充协议，在补充协议中约定，利润分配方式为：合作公司每生产1吨产品，由合作公司向甲公司支付1万元人民币，其余利润乙公司不参加分红。而且，在合作合同签订以后，被申请人于2019年6月6日返还6万元。此后，双方在履行合作合同过程中发生纠纷，甲公司遂提请仲裁。

申请人甲公司提出如下仲裁请求：(1) 请求被申请人返还24万元人民币设备抵押金

及利息损失；(2）裁决被申请人向申请人支付2.49万元人民币产品加工利润及利息损失；(3）裁决被申请人向申请人赔偿因被申请人违约而给申请人造成的应得利润的部分损失60万元人民币；(4）裁决被申请人承担仲裁费及申请人办理仲裁发生的其他直接费用。

被申请人乙公司提出，补充协议约定申请人只享受固定的利润分配，而不承担任何风险和亏损，违反了《公司法》、《中外合作经营企业法》以及合作合同的约定，应属无效。

问题与思考参考答案

第一章

一、简答题

1. 规范性，合法性，连环性，时效性。

2. 用语准确，表述简约，行文朴实，讲求修辞。

3. 尊重事实，恪守法律，抓住焦点，要素完备，因果明确，叙述清楚。

4. 我国唐宋时期法律文书的发展概况：

隋唐两朝，我国古代的法律文书取得了长足的进步与发展。判词于此时真正成为一种成熟完备的文体。存留至今的唐代判词，既有专集也有汇编。唐朝保留下来的判词大部分为“试判”时的拟判，且多为骈判。在唐朝，当事人向官府告诉，应呈交“辞牒”，也就是诉状，诉状须明注年月，指陈事实，不得称疑。若对第一审衙门的判决不服，当事人需向原审衙门申请发给“不理状”，并以此为凭由下至上逐级向上一级衙门上诉。依照当时的律法，当事人的口供是最重要的证据，由此可以推断当时刑讯笔录的制作也较为成熟。

宋朝出现了中国科举史上的人才高峰，法律文书的制作也出现了新的动向。宋朝保留下来的判词绝大多数为实判，且已由骈体变为散体。《名公书判清明集》收有判词 117 篇，俱为散判和实判。宋朝对诉状的格式和内容进行了严格限定：诉状须注明年月，指陈事实，不得称疑；并且要写明告诉人的姓名，不能投匿名状。制作书状，必须使用官府颁发的印子。南宋末年已经有了诉状的范本，可见当时诉状制作的兴盛。

5. 古代法律文书萌芽的前提条件：（1）统一的国家；（2）完备的法制；（3）成熟的文字。

6. 先秦时期以语判为主，口头判决的记录由基本事实、量刑情节及法律责任等部分组成，语言简练晓畅，含义明白确定。

我国古代判词最为常见的分类是根据功用的不同分为实判和拟判：实判是真实案件的判词，拟判是虚构或模拟的判词。拟判虽无法律效力，但会对实判的制作产生影响或为实判所效仿。

从文体形式来划分，还可将古代判词分为骈判和散判：隋唐时期制作的拟判多采用骈体文写成，故为骈判，其文辞典雅庄重、表达清晰流畅、说理充分有力，同时也讲求语句对仗、音韵和谐，尤其喜欢运用典故。经过唐末散文化运动之后，宋朝判词多为散判，既保持了唐朝判词重视说理、表述准确精练等特点，又讲求语言平实流畅，十分重视对事实、情理的分析。此种风格延续至后世，深远影响了明、清判词的制作，从而巩固并确定了散判的主体地位。

二、论述题

1. 我国古代最具特色的法律文书的发展、演变：判词是古代司法官员对所处理的案件作出的裁判，还包括官员批在甘结、保状、禀词、呈状上的批词。我国古代的判词起源早、历时长，发展变化曲折。

西周时期，“中”是判决确定之文书，“要”为审判记录。“中”与“要”相互配合共同构成完整的判决书。汉时提倡春秋决狱，裁判文书成为封建法律儒家化的重要过渡形式。唐朝时判词真正成为一种成熟完备的文体。宋朝判词不但保持了唐朝判词重视说理、表述准确精练等特点，而且由于是实判，故其语言平实流畅，十分重视事实、情理的分析。这种风格影响了明、清判词的制作，进而确立了散判的主体地位。对于明朝的判词，从内容上看，相关事实、判决理由、根据及裁判结果一应俱全，并且结合成有机联系的整体；从表达上看，叙事清楚、说理充分、文理通顺；从语言上看，字斟句酌，遣词造句极为严格，且用语平实。清朝是我国古代判词的最高峰，其判词多为实判，或骈或散，各成一体：或重在认定事实和判断、说明；或重在分析和评价，对争议事件根据法理、法律进行条分缕析的剖析，并据以裁判。这一时期的判词讲究用词，注重援引律例分析案情，达至完善之境。

古代判词可按不同的标准进行分类：从判词的效力出发能够将判词分为实判和拟判。实判是执法官员解决真实案件的、具有法律效力的判词；虚构或者模拟的、不具有法律效力的判词为拟判，包括科举考试及一般情形下的模拟之作，还有当时的文学作品中根据情节需要撰写的判词。从文体特征出发可将判词分为骈判和散判。采用骈体形式所撰之判词为骈判，其语句整齐对仗、音韵和谐，文中大量用典，风格典雅华丽。采用散文形式撰写的判词为散判。散判多采用通俗易懂的言辞制判，裁判者更为关心的是宣扬“定分止争”的结果而不是长篇大论的论证过程。

2. 我国法律文书的传统文化遗产丰富多彩，形式多样。对之继承并发扬光大可以从不同的视角出发，形成多种有效的认知。

总体而言，从形式和内容两个大的层面来看：现今司法实务中运用的多种文书种类，诸如判决、诉状、逮捕证、现场勘查笔录、辩护词等，在我国古代早已出现，而且在历史长河中不断变迁，已经形成了相对较为固定的结构模式和层次安排。我们今天根据新时代社会主义法治理念发展的现实需要来进一步完善法律文书的样式时，应当尊重优秀的传统法律文化，将其中仍然有着蓬勃生命力的部分继承下来，而不能完全抛却传统去照抄照搬他国的模板；在内容方面，叙事完整、援律分析的要求，以及自先秦以来一直都追求的那种言辞简练平实、表述清晰流畅、用语通俗的表述风格，同样也是需要坚持的。

第二章

一、简答题

1. 法律文书的公正价值包括实体公正和程序公正两个方面。实体公正表现在真实地认定事实和正确地适用法律两个方面。程序公正体现在：法官中立原则、当事人平等原则、程序参与原则、程序公开原则。

2. 法律文书的秩序价值主要包括应然与实然两个层面的含义：其一，作为现实目标的法律文书秩序价值，体现为对于人们关于法律文书规范有序的现实需要的满足，体现为法律文书有秩序的现实。法律文书承担着将抽象、静态的法律制度运用于具体、生动的案件的重要使命，从这个意义上说，法的价值最终要通过法律文书来实现。具体的法律文书往往体现出当时人们的认识水平，符合人们当时追求的社会生活模式，也是法的价值得到实现的典型标志。其二，作为理想追求的法律文书秩序价值，体现为人们关于法律文书秩序正当性的永恒追求。与秩序相对，人们随时会遇到无序的状况，把法律文书秩序只看作静态的观点是错误的，随着人们对自身认识的进一步深化，必然要追求一种更能满足自身需求的新的法律文书秩序。

二、论述题

程序公正的标准体现在：法官中立原则、当事人平等原则、程序参与原则、程序公开原则。程序公正在裁判文书中体现为说明裁判的理由。说理是审判公开原则的必然要求，也是程序合理性原则的内在要求。裁判文书说理表现在：首先，阐明认定证据的理由，即对证据的取舍及裁判的结论予以阐述。其次，进行法律推理。法律推理是指法官在法律实践中，以法律规定和事实材料为前提推导法律结论的过程。最后，进行法律论证。法律论证的主要任务就是论证法律推理大前提的合法性和合理性，是法律推理能否得出正确判断和结论的保障。法官在进行法律论证的过程中，应当有针对性，不能空发议论，即归纳双方的争执焦点，针对诉辩双方的意见进行分析论证，对于采纳何方意见应进行法理分析，对于不采纳何方的意见也要说明根据。证据、事实、适用的法律，不能是“三张皮”，而应当将证据、事实及法律内在的联系有机地结合起来，充分地论证。此外，即使是对程序问题作出裁断，有时也要说明理由。

第三章

一、简答题

1. 法律文书的结构有以下特点：

（1）结构形式模式化。为了体现所处理和解决的问题之性质，也基于所表述内容的需要，更重要的是为了坚持法律实施的统一性、公平性，法律文书多采用相同的结构形式来安排同一种类文书的篇章和层次。

（2）内容事项固定化。由于法律规范及其实施过程具有普遍性和稳定性的特点，具体法律文书的每一个组成部分所包含的事项，与之相应，也都是统一的和稳定的。法律文书各个组成部分涵盖事项的固定化，要求内容明确、条理清楚，而不能事项纷繁、形神散漫。

（3）结构用语程式化。法律文书结构形式的模式化和内容事项的固定化决定了其结构用语的程式化。法律文书要求准确使用法律术语，必要时运用程式化的句式来表达相关内容。

2. 法律文书的形式结构与内容结构具有不同的内涵，其组成部分也存在较大差别。法律文书的形式结构是指法律文书外在的组织形式。法律文书的形式结构因文书的具体种类而异，但最常见的形式结构通常由首部、正文、尾部三个部分组成。首部是法律文书的开篇部分，一般包括：文书标题、文书编号、当事人或利害关系人的基本情况、案由或事由、案件来源和处理过程等内容。正文是法律文书的核心部分，对每一份文书来说都不可或缺。正文体现了文书的制作目的，所要解决的问题及法律事实和法律依据。尾部是法律文书的结束部分，通常交代权利/义务告知事项、签署、日期、用印、附项等内容。不同的文种，尾部的事项略有不同，但制作者或制作机关的签署、文书签发日期、用印是通用的必备事项。法律文书尾部的程式化特征显著，制作者不得随意取舍、变更。

法律文书的内容结构是指具体法律文书所应当包含的具有内在联系的各个重要组成要素。法律文书的内容结构由事实、理由和结论三个部分组成。法律文书的事实就是案件事实或者具有法律意义的事件经过。法律文书的事实属于法律事实，由能够引起各种法律关系产生、变更或消灭的事实和构成各种法律关系本身的事实构成。理由是将认定的事实与案件或事件的处理结果有机联系起来的纽带。具有结论意义的法律文书应结合相关法律规定写明作出裁决或给出结论的理由。文书的理由部分通常具备以下内容：对于已查明的案件事实或事件经过进行法律上的定性分析；结合案件的具体情节作出法律上的定量分析，确定具体情节的法律意义，明确双方当事人或利害关系人的是非责任；就解决争议焦点所适用的法律予以论证；引述处理该问题适用的法律条文。法律文书的结论直接表明了制作法律文书的目的或意图，是文书制作主体依据其职权或权利对案件或事件的实体问题所作的权威性或具有法律意义的判定。结论在法律文书中必须独立和醒目。

3. 依形式结构和内容结构的不同，法律文书分成填充、表格类，笔录类和叙述类三类。（1）填充、表格类文书。填充类文书的形式结构与内容结构都比较单一，制作者只需根据应处理或宣示的事项在相应的空档中按要求进行填写就完成了制作任务。填充类文书强调时效性，应依照法律规定的期限及时制作。表格类文书的形式要素明确而固定，只有少量的事项需要留出空格由制作者加以填充。这类文书的内容要素单一而简明，无须进行复杂的叙述和严谨的分析说理。（2）笔录类文书是公安、司法机关，公证机构、仲裁机构、行政机关、律师以及司法行政机关依照法定程序，以文字形式如实记录诉讼活动或非诉讼活动的实录体法律文书。（3）叙述类文书，也称拟制类文书，是形式结构与内容结构均非常齐备、完整的法律文书。这一类文书大都具有法律效力，体现了制作主体对具体法律争议或问题的观点或主张。制作时既需要如实叙述案件或事件事实，也必须阐明提出观点或主张的理由，并在此基础上得出明确的结论。

二、论述题

法律文书结构的形成是多种因素相互影响与制约的结果。

1. 法律文书结构形成的历史条件

我们从不同法系出发，通过对两大法系历史发展的简略回顾来解说法律文书结构形成的历史条件中较为重要的因素。

（1）法制传统的影响。英美法系国家经过数个世纪的累积，成就了通行于整个英格兰的普通法，发展出与大陆法系并峙而立的普通法系。在普通法系，判例法是主要的法律渊源，法律由法院采取一种从案件到案件的推理，依归纳方法逐步发展而来。法官从一个又一个的案件中提炼原则，建立了一套完整的法律体系，并在裁决相关案件时，通过判例约束后来的法官。普通法的这种特色和风格深刻地影响了英美法系法律文书结构模式的形成。对于大陆法系国家而言，主要法律渊源是制定法，法典繁多，因此，法官自由解释法律的权力受到严格限制，他们的使命在于不折不扣地适用法律。

（2）法律制度的影响。法律制度与法律文书结构模式的关系最为紧密。以法律文书中最受社会关注的裁判文书为例：英美法系的法官是法律制度中的精英。法官是独立的个体，有不同的个性和声望，法官的社会地位及威望较高，而且法官的待遇也较为丰厚。法官具有极高的专业素养和丰富的人生经验，受到全社会的推崇和尊敬，他们制作精良且充满理性和正义的判决将会流芳千古。因此，英美法系国家支持法官们自由的撰写风格与结构各异的裁判文书的力量较为强大。

在法德等大陆法系国家，法官属于文官，一般不从律师中选任。大陆法系的法官享受文官式待遇，就社会地位和威望而言，远远不及英美法系的法官。人们普遍认为，在适用法律的过程中，大陆法系法官的使命就是依据成文法对具体案件作出适当的判决。法院被看作一个整体。尽管受具体案件情况和文书制作者各人不同性格及素养的影响与制约，大陆法系国家的法官们制作的判决书不可能完全相同，然而通行的文书结构常常能够得到有效的遵循。

2. 法律文书结构形成的现实条件

（1）现行立法及法制思想的规制。法律文书是法律实施的具体表现之一，法律规定是法律文书形式构成的核心要素。法律文书结构模式的创造和形成皆以法律的具体规定为基础。各种法律文书的组成部分，诸如事实、理由、结论或意见等，均以法律的规定为前提。与此同时，社会政治制度、法律制度的变化和调整，法律思想的更新和变革，也会引发法律文书结构的变动。

（2）各种法律文化之间的碰撞、融合。不同文化之间的交流和借鉴对法律文书结构的变化也有着巨大的作用。在我国历史上，自先秦时起一直到清末这一漫长的历史进程中，法律文书的结构模式几乎没有发生大的改变：在结构上借用一般的叙事议论文体，而且刑事法律文书、民事法律文书的体式没有根本的区别。直至清末法制改革，随着与世界各国法律文化交流的加强，我国在扬弃自身传统法律文化的同时借鉴大陆法系国家法律文书的结构模式，在一定程度上使得我国法律文书的外在形式更为类型化、格式化。

第四章

一、简答题

1. 强调法律文书语言的庄重，要求制作者在制作文书时尽量注意做到：（1）正确运用法言法语；（2）切忌使用华丽的辞藻；（3）忌用形象化语言；（4）避免方言土语；（5）摒弃污言秽语。

2. 要保证法律文书的精练必须具体注意以下三点：（1）忌语言表达啰唆；（2）避免口语化现象；（3）切忌随便使用简称。

3. 要真正做到用语准确，必须注意做到：（1）避免错别字的产生；（2）不生造词句；（3）尽量少用抽象的语言；（4）切忌指代混乱。

二、论述题

法律文书是法律得到实施的一个重要工具。语言的客观表述，可以展现案件的真实面貌，可以将案件的证据加以准确反映，可以把案件处理的理由和结果予以公开。这样既使案情能够清楚地被大家了解，又对人们进行了法治宣传。在司法实践中，对法律文书语言的表述稍有疏忽，都可能产生案件定性方面的差异。

第五章

一、简答题

1. 法律事实是指能够引起各种法律关系产生、变更或消灭的事实和构成各种法律关系本身的事实的总称。依因果关系来划分，可将法律事实分为两类：一是能够引起法律关系产生、变更或消灭的原因事实。这一类法律事实还可依是否以人的主观意志为转移的标准，分为法律事件和法律行为，前者即由法律规范规定的、不以人的意志为转移而能够引起法律关系产生、变更或消灭的客观现象；后者即由一定主体有意识实施的，能够引起法律关系产生、变更或消灭的实际行为。二是由原因事实引发的法律关系本身。原因事实和法律关系本身存在着这两者合二为一的情形。

2. 案件事实的要素可分类表述为：

刑事案件事实的必备要素通常包括：犯罪行为发生的时间、地点，行为人，行为的起因（动机和目的）、经过（包括情节和手段）、后果，行为人事后的态度和犯罪行为所涉及的人与事等。

非刑事案件事实的必备要素则包括：纠纷发生的时间、地点，纠纷的各方当事人，纠纷的起因、经过、结果等。

民事案件事实的具体内容包括：（1）案件的主要事实；（2）案件的相关事实；（3）免证的事实。

3. 叙述案件事实的主要方法有：

法律文书中最基本的叙述方法是自然顺序法，自然顺序法又称为时间顺序法，就是按照案件事实发生和演进的时间顺序来叙述案情的方法。刑事案件的主要叙述方法有突出主罪法、突出主犯法、综合归纳法；非刑事案件的主要叙述方法有纵横交错法、列项叙述法。

4. 法律文书中常见的说理方法有以下五种：

（1）列举：将说明对象的全部内容一一罗列出来。（2）描摹：运用简明、质朴的语言详细介绍说明对象的外部形态或特征。（3）解释：借助权威的界定或社会大众能够接受的观点阐明说明对象的本质特征。（4）分类：按照说明对象的形态、性质、成因、功用等，将之分成并列的几个方面进行说明。（5）比较：将两种以上类别相同或不同的事物、现象进行比较以凸显说明对象的特征。

二、论述题

1. 法律文书中的说理大致可分为两大类：一类是分析推理或形式推理，另一类是辩证推理或实质推理。分析推理有三种方式，即：演绎推理、归纳推理、类比推理。辩证推理主要由法官在解决争议时采用，它适用于三种情形：法律未曾规定简洁的判决原则的新情形；问题的解决可以适用两个或两个以上相互抵触的前提，但却必须在它们之间作出选择的情形；虽然存在着可以调整所受理案件的规则或先例，但是法院在行使其所被授予的权力时考虑到该规则或先例在此争议事实背景下缺乏充分根据而拒绝适用它的情形。

（1）英美法系法律文书说理的模式。

英美法系国家以判例法为主，故其论证说理的模式在逻辑上属于归纳推理。这些国家认为普遍性的规则无法囊括具体个案的种种情形，法官必须在遵循先例的前提下，具体情况具体对待，故英美法系的裁判者说理多用归纳之法。

（2）大陆法系法律文书说理的模式。

在大陆法系国家，法官论证说理大都采取演绎推理的方法。这些国家拥有完备的法律体系和详尽的法律规范，重视追求普遍正义。法官无权造法，必须严格适用法律，故而多采用此种推理模式。演绎推理最为典型的就是三段论架构。

（3）我国法律文书说理的模式。

一般认为，在较为接近大陆法系的我国，论证说理亦采用的是三段论模式。裁判文书说理时，应将三段论式的逻辑演绎过程完整展现出来。当需要运用自由裁量权来处理案件时，法官必须多层次、多角度、多方面地说明自由裁量权运用的合理性。

2. 案件事实具有双重属性：

（1）案件事实的客观性。案件事实的客观性首先是指案件事实的实在性，即案件事实独立于主体的思维、意识、观念而现实地存在于或曾经存在于客观物质世界之中。这是不以人的主观意志为转移的。正因为案件事实具有这一属性，它才能为人所感知和反映。其次，案件事实的客观性是指对案件事实的记忆和表达必须依靠客观的物质载体。仅凭借精神的力量，案件事实无法展现出来，更难以为人所知。

（2）案件事实的主观性。案件事实的存在先于对案件事实的认识。案件事实只有过渡到主观性才具有实存的价值。从认识论的角度出发，凡是为人们所认识并被用于一定的目的，案件事实就不可避免地会烙上主观性的印记。案件事实的主观性表现为案件事实被有关主体记忆、认识、理解、表达和接受的整个过程。所以，案件事实的主观性表现为一个变动不居的过程。

由此可见，事件经过与将其表现出来为他人所知的语言及其他载体之间存在着客观的、内在的必然逻辑联系。但是，人们只有通过其主观能动性才能发现和认识案件事实。案件事实的客观性和主观性是相统一的，证据将这两种属性紧密地联系起来。

第六章

一、简答题

1. 第一审公诉案件刑事判决书的判决结果有三种情况，文字上表述为：

第一，定罪判刑的，表述为："一、被告人××犯××罪，判处……（写明主刑、附加刑）（刑期从判决执行之日起计算。判决执行以前先行羁押的，羁押一日折抵刑期一日，即自××年××月××日起至××年××月××日止）。

二、被告人××……（写明决定追缴、退赔数额）"

第二，定罪免刑的，表述为："被告人××犯××罪，免予刑事处罚（如有追缴、退赔或者没收财物的，续写第二项）。"

第三，宣告无罪的，均应表述为："被告人××无罪。"

2. （1）解决问题所作出的决定不同。刑事裁定书，既用于对要解决的程序问题作出决定，又用于对要解决的实体问题作出决定；而刑事判决书只解决实体问题。（2）解决问题所作出决定的次数不同。在案件的审理过程中，某一审判程序可能有若干个刑事裁定书，但只有一个刑事判决书。（3）问题解决结果的表现形式不同。刑事判决书只能采用书面的形式制作，而刑事裁定书则既可采用书面形式，也可采用口头形式。

3. 第一，结构上：案号不同，对控辩双方称谓表述不同，案由和案件来源表述不同，尾部有关内容不同。

第二，内容上：事实部分要点不同，判决主文表述不同。

4.（1）再审刑事判决书适用于以下案件：第一，原判决、裁定认定事实没有错误，但适用法律有错误，或者量刑不当的；第二，数罪并罚的案件，原判决没有分别定罪量刑的；第三，原判决认定事实不清，证据不足，经再审查清后改判的。

（2）再审刑事判决书有两种：按第一审程序审理的再审刑事判决书和按第二审程序审理的再审刑事判决书。

5. 一般包括事实、证据、理由和判决主文（或处理结论）。

二、文书制作题（答案要点）

（1）首部各项要点：写明标题、案号、控辩双方基本情况介绍和案由、案件来源等。

（2）正文各项要点：归结控辩双方意见和举证、质证情况，写明人民法院认定事实和证据，阐述判决理由，并对控辩意见分析、论证，最后援引法律依据，写明判决结论。

（3）尾部各项要点：交代上诉事项，审判员署名、日期和书记员署名等。

第七章

一、简答题

1.（1）原告起诉事实；（2）被告答辩事实；（3）第三人意见；（4）人民法院认定事实。

2.（1）阐明人民法院判决的理由；（2）分析当事人各方意见并表明支持或采纳与否的态度；（3）援引法律依据。

3. 第一，结构上：案号不同，对控辩双方称谓表述不同，案由和案件来源表述不同，尾部有关内容不同。

第二，内容上：事实部分要点不同，判决主文表述不同。

4. 第一，在事实叙述完毕后写明“本案在审理过程中，经本院主持调解，双方当事人自愿达成如下协议……”——体现了“自愿”的原则；在协议内容之后写明“上述协议，符合有关法律规定，本院予以确认”或“上述协议，不违背有关法律规定，本院予以确认”——体现了“合法”原则。

第二，生效的条件是：双方当事人签收。

5.（1）解决问题所作出的决定不同。民事裁定书用于解决程序问题，而民事判决书用于解决实体问题。

（2）解决问题所作出决定的次数不同。在案件的审理过程中，某一审判程序可能有若干个民事裁定书，但只有一个民事判决书。

（3）问题解决结果的表现形式不同。民事判决书只能采用书面的形式制作，而民事裁定书既可采用书面形式，也可采用口头形式。

6. 第一审行政判决书有三种样式，分别适用于行政作为类案件、行政不作为类案件和行政赔偿类案件。这三种样式的文书名称、案件表述、适用法律、判决结果、尾部均有不同。

7. 第一审行政判决书的正文包括事实和证据、理由，以及判决结果。

（1）事实和证据，具体包括：1）当事人之间行政讼争的内容。2）人民法院认定的事实和证据。

（2）理由。首先，必须针对查明的事实和有关法律、法规，就行政机关的行政行为是否合法，原告的诉讼请求是否有理，进行分析论证，阐明人民法院的观点。说理要强调针对性，具体问题具体分析。其次，写明判决所依据的法律、法规。

（3）判决结果。判决结果有以下六种情况：维持行政机关行政行为的，撤销行政机关行政行为的，部分撤销行政机关行政行为的，判决行政机关在一定期限内履行法定职责的，判决变更行政处罚的，单独判决行政赔偿的。

二、文书制作题（答案要点）

（1）首部各项要点：写明标题、案号、诉辩双方基本情况介绍和案由、案件来源等。

（2）正文各项要点：归结诉辩双方意见和举证、质证情况，写明人民法院认定事实和证据，阐述判决理由，并对诉辩意见分析论证，最后援引法律依据，写明判决结论。

（3）尾部各项要点：交代诉讼费的承担和上诉事项，审判员署名、日期和书记员署名等。

第八章

一、简答题

1. 对当事人或者案外人异议的裁定书的正文要点是：（1）案外人异议。（2）人民法院查证属实的事实。（3）裁定理由。（4）裁定结果。

2. 执行被执行人到期债权裁定书的制作条件是：第一，被执行人享有对第三人的到期债权；第二，当事人提出申请；第三，第三人对债务无异议；第四，被执行人没有其他可供执行的财产。

3. 写明被处罚人妨害执行的事实以及实施处罚的理由时应当注意抓住以下特点叙述事实、阐明理由：第一，被处罚人必须有妨害的行为存在；第二，被处罚人的行为是违法的，即行为人实施了旨在阻碍人民法院执行正常进行的法定违法行为；第三，被处罚人对妨碍行为主观上存在故意；第四，被处罚人的妨碍行为发生在人民法院执行过程中。

4. 暂缓执行决定书的制作条件是：第一，必须由被申请执行人或者利害关系人向人民法院提出申请；第二，必须有法定的事由；第三，被执行人必须向人民法院提供充分、可靠的财产担保；第四，人民法院已经作出暂缓执行决定。

5. 上级人民法院协调执行争议决定书的正文包括以下内容要点：（1）事实、理由及法律依据。（2）决定内容。写明协调处理结果或开户行名称、户名及账号。

二、文书制作题

黑龙江省××市中级人民法院

执行裁定书

（2024）黑××执异××号

异议人（利害关系人）：黑龙江××置业有限公司，住所地××市××区。

法定代表人：李××。

申请执行人：××市××文化娱乐有限公司，住所地××市××区。

法定代表人：张××。

被执行人：赵××，男，19××年××月××日出生，汉族，住××市××区。

委托诉讼代理人：王××，黑龙江××律师事务所律师。

在本院执行××市××文化娱乐有限公司（简称“文化娱乐公司”）与赵××租赁合同纠纷一案中，黑龙江××置业有限公司（简称“置业公司”）以本案赵××应当给付文化娱乐公司租金160余万元系其享有的到期债权为由，请求停止对赵××财产的执行。本院受理后，依法组成合议庭进行审查，现已审查终结。

置业公司称，置业公司与文化娱乐公司于2018年12月17日签订租赁合同，约定由文化娱乐公司代置业公司经营管理租赁标的物（××购物广场），代置业公司收取、缴纳租金。同时，在经营过程中文化娱乐公司代置业公司与租户签订商铺租赁合同并实际收取了商户的租金。赵××系餐饮企业××中餐馆的实际经营人，其与文化娱乐公司于2020年8月10日签订商铺租赁合同，合同约定：租赁地点：××市××新区××文化广场内街××号位置，租赁面积：2 092平方米，租赁期限：10年，租金标准：1 527 160元，租金支付至文化娱乐公司在建设银行的银行账户内（账号：********）。因赵××未足额支付租金，文化娱乐公司向××仲裁委员会申请仲裁，裁决结果为赵××应当支付租金160余万元。现文化娱乐公司已经向贵院申请强制执行，案号：（2023）黑××执××号。根据《中华人民共和国民事诉讼法》第二百三十八条、《最高人民法院关于适用〈中华人民共和国民事诉讼法〉的解释》第四百六十二条、《最高人民法院关于适用〈中华人民共和国民事诉讼法〉执行程序若干问题的解释》第十四条、《中华人民共和国民法典》第一百六十二条和第一百六十三条之规定，赵××应当支付的房屋租金系置业公司的债权，请求贵院停止对（2023）黑××执××号中赵××财产的执行。

置业公司向本院提交如下证据：1. 企业基本注册信息查询单；2. 租赁合同。

本院查明，文化娱乐公司与赵××租赁合同纠纷一案，××仲裁委员会于2023年6月25日作出［2022］×仲裁字第03××号裁决（简称“03××号裁决”），主要内容如下：一、赵××自收到本裁决书之日起15日内向文化娱乐公司支付租金1 597 242元；二、文化娱乐公司自收到本裁决书之日起15日内向赵××依法开具数额为6 878 496元的租金发票。

本院依据已发生法律效力的03××号裁决，于2023年7月19日立案执行，案号：（2023）黑××执××号。立案后依法向赵××发出执行通知书、报告财产令。执行中，通过网络执行查控系统发现赵××持有××科技53500股证券，因赵××未履行生效法律文书所确定的义务，于2023年11月20日委托××证券变卖赵××所持有上述证券，变卖所得款共计604 504.26元已发放至文化娱乐公司账户。于2023年12月8日扣划赵××在中国平安人寿保险股份有限公司黑龙江分公司的保险现金价值共计261 547.02元，并发放至文化娱乐公司账户。置业公司于2024年1月向本院提出执行异议。

本院认为，《中华人民共和国民事诉讼法》第二百五十三条规定：“被执行人未按执行通知履行法律文书确定的义务，人民法院有权向有关单位查询被执行人的存款、债券、股票、基金份额等财产情况。人民法院有权根据不同情形扣押、冻结、划拨、变价被执行人的财产……”本案中，在赵××未履行生效判决所确定的义务情况下，本院执行机构依法执行其名下财产并无不当。关于置业公司主张赵××本案应支付租金160余万元系其享有到期债权的问题。本院认为，置业公司可依据《最高人民法院关于人民法院执行工作若干问题的规定（试行）》第四十五条的规定，向本院执行机构申请执行其依法享有的到期债权。置业公司请求停止对赵××财产的执行于法无据，其异议请求不予支持。依据《中华人民共和国民事诉讼法》第二百三十六条、《最高人民法院关于人民法院办理执行异议和复议案件若干问题的规定》第十七条第（一）项的规定，裁定如下：

驳回黑龙江××置业有限公司异议请求。

如不服本裁定，可以自本裁定书送达之日起十日内，向黑龙江省高级人民法院申请复议。

审 判 长　　××
审 判 员　　××
审 判 员　　××

二〇二四年××月××日
法官助理　　××
书 记 员　　××

第九章

一、简答题

1. 起诉书与起诉状的区别在于：

（1）制作主体不同：起诉书是人民检察院制作的，起诉状是自然人、法人或其他组织制作的。

（2）目的不同：起诉书是为了揭露犯罪、指控犯罪，是交付人民法院审判的依据；起诉状是为了维护自然人、法人或其他组织的合法权益。

（3）使用范围不同：起诉书限于刑事案件，起诉状限于民事案件、行政案件和刑事自诉案件。

2. 起诉书叙述犯罪事实应符合下列基本要求：

（1）事实材料选择得当。首先，要划清罪与非罪的界限；其次，必须是经过检察机关严格审查认定了的，有足够证据予以证实的被告人的犯罪事实。

（2）要素齐全。写清犯罪的时间、地点，被告人犯罪的动机、目的，犯罪使用的方法、手段以及后果。

（3）写清符合刑法所规定的犯罪构成要件的具体情况。

（4）结合不同的叙述方法灵活运用。

（5）叙述应注意保守秘密和被害人的隐私。

二、文书制作题

答案要点：（1）文书种类的选择符合选定的身份，符合法律规定，格式规范，应具备的事项齐全。（2）请求或答辩事项清楚，事实、依据论证充分，或者作出的处理合法有据，定性准确。（3）文字简练通畅，无语法错误和错别字。

具体如下：

××区人民检察院起诉书

×检刑诉字（20××）第67号

被告人王××，男，17岁（20××年3月15日出生），身份证号码（略），汉族，××省××县人，初中文化程度，无业，家住××区××路4号，2018年7月10日因涉嫌盗窃、抢劫被刑事拘留，同年7月12日被逮捕。现羁押于××区看守所。

被告人王××盗窃、抢劫一案，由××市公安局××分局侦查终结，移送我院审查起诉，经依法审查表明：

被告人王××于2018年7月10日晚11点撬门进入××区××号李××家中进行盗窃，被住户李××抓住，王××竟然用手中的钳子击打李××的头部，造成李××颅骨裂伤，并抢走其一把电熨斗。后被××工厂的居委会干部及附近群众抓获，扭送公安机关。被害人李××经邻居送往医院抢救，已脱离危险。王××对自己的罪行供认不讳。

被告人在××市谋职不成，自20××年6月至20××年7月先后窜入××区××大学家属宿舍××号楼、××工厂宿舍楼，在一个月内连续入室盗窃十多次。王××冒充煤气公司管理人员，假借检查煤气设施，进入住户室内，或利用老年家属疏于防范之机，或利用室内人少之机，采取顺手牵羊的办法，先后窃得手表三块，照相机一台，衣物二十余件。

上述犯罪事实清楚，证据确实充分，足以认定。

本院认为，被告人王××无视国法，入室抢劫、盗窃，严重侵犯了公民人身和财产权利，扰乱社会治安秩序，其行为分别触犯《中华人民共和国刑法》第二百六十三条第（一）项、第二百六十四条之规定，构成抢劫罪和盗窃罪，并应对被告人王××数罪并罚。综上，为维护公民的人身权利和财产权利，根据《中华人民共和国刑事诉讼法》第一百七十六条之规定，特提起公诉，请依法判处。

此致

××人民法院

检察员：宋××

20××年7月18日

附：1. 证据目录和证人名单各一份；

2. 预审卷二册。

第十章

一、简答题

1. 公安法律文书是指公安机关的民警依照法定授权，在查处各类案件过程中，记载报请上级领导批准其履行相关法定程序内容表述的格式化文书，具有如下特征：

（1）文书制作者的主体特定性。公安法律文书的制作者是公安民警，非此范畴的人员不能作为该法律文书的制作者，因此，公安法律文书制作主体还具有法定的排他性。

（2）依据法定授权制作。公安机关的民警依照法定程序制作相关的法律文书，这里所说的法定程序指的是相关程序法或法律中有关程序方面的规定。同时，公安法律文书的制作是用于法律授权公安机关查处的各类案件的查处工作。

(3) 法律文书内容的专有性。公安法律文书的制作虽然是汉字的运用，但由于受到法律的限制，严格区分于公文的写作，更迥然有异于文学创作，是严格依照汉字使用的要求，以法律专有语言对实施法定程序的准确叙述。

(4) 严格的审核环节。公安法律文书是对实施法定程序准确表述的文字体现，这一文字载体的意义在于：第一，由上级领导审核该法定程序运用是否符合法律要求、是否符合实施条件等诸多环节，如发现问题及时变更、纠正或不批准实施该法律程序。第二，留档备查，为今后复查案件、案例参考等留下原始凭证。

(5) 文书的格式化。这一表象是受法定授权的影响。由于法律程序是文字体现的固定模式，因此法律文书有相对固定的模式，制作者根据违法犯罪主体、客观方面等不同，适用相应的法定程序，形成法律文书格式相对固定而叙述内容不同的表象。这里所说的相对固定是指公安机关对文书格式的不断调整，旨在使文书表达更趋合理、准确、便捷。

2. 从案件查处程序的角度看，公安机关行政执法文书大致可分为案件调查阶段法律文书、后期处罚阶段法律文书和法律救济阶段（指进入行政复议、行政诉讼法律程序）法律文书。

3. 公安机关行政执法文书中的“万能表”是执法民警根据与查办案件有关工作的具体事项，命名文书名称、注明工作事项的内容，由上级进行审批决定是否进行该项工作的法律文书。

“万能表”的特点是：在查处违法案件的工作中，经常会遇到诸多与案件调查有关的工作事项，这些工作事项临时性强，有些工作在程序法中并无明确规定，与案件查处密不可分且极为重要，是否可以进行这些工作，应以公安法律文书的形式，由上级领导予以批示。“万能表”是相对格式化的法律文书。

4. 在公安机关行政执法文书中，有关违法嫌疑人的主体身份，可事先格式化统一印制。而法律文书的名称是制作文书的关键，这一关键问题，是由简要案情——这一文书正文部分的核心决定的。这些工作事项具有临时性强、法律无明确规定等特点，简要案情只是其文书核心的组成部分，不宜以简要案情命名其正文核心部分，也不可能将有关的工作事项事先以格式化的形式逐一印制成相应的法律文书。

（以下为文书正面）

(1) 文书首部。设置项目：如文书名称为“审批表”，具体名称空白，由制作者根据实际执法工作需要予以命名，形成完整的法律文书名称。

(2) 正文部分。设置项目：

1) 案由（记录案件性质）、发案时间（记录案件的实际发生时间）。

2) 案件文号：根据执法单位查处行政案件工作中的统一编号填写。

3) 违法嫌疑人：违反治安管理当事人的基本情况，项目设置内容：姓名、性别、民族、出生日期、文化程度、身份证件种类及号码、现住址、户籍所在地、工作单位、违法犯罪记录。

4) 违法嫌疑单位（本项目便于对单位法人涉嫌违法案件进行调查而设置）：名称、法定代表人、地址（单位注册地址）。

5）同案其他人：填写共同违法嫌疑人姓名，如共同违法嫌疑人较多，可在抓获经过中予以详细说明。

6）违法事实及依据。万能表的核心部分应严格依照“七要素”的内容，以说明问题为限度简要填写。制作时尤其应注意对下列内容的表述：违法事实、现有证据、违法嫌疑人对违法事实的供认情况、法定从轻或从重的情节。

（以下为文书背面）

7）承办人意见：用于给予当事人行政处罚的内部审批手续时，要求执法人员注明处罚的法律依据并注明法律条款，注明行政处罚的种类与幅度；用于请示其他工作的内部审批手续时，应注明相关的理由，有明确的法律依据或规定时，应注明相关条款和承办人的具体意见。

8）承办单位意见：派出所，或者是县级或以上公安机关职能部门领导对承办人意见的审核意见。

9）审核部门意见：随着公安机关内部行政执法机制的不断完善，一些公安机关针对行政案件的查处专门设置了审核把关的机构，本栏目填写审核部门的意见或建议。

10）领导审批意见：公安机关县级或以上单位领导的批示。

5. 从案件查处程序的角度看，公安刑事法律文书大致可分为案件调查阶段法律文书、后期处罚阶段法律文书和法律救济阶段法律文书。由于法律授权不同，刑事案件侦查的法律文书从案件查处程序的角度分析，比治安、一般行政案件查处工作环节中的法律文书复杂。刑事案件侦查工作中的法律文书可分为前期侦查阶段文书、中期侦查阶段文书、后期侦查阶段文书。

6. 笔录是基础的法律文书，所有的各类公安执法案卷的建立，均以笔录为基础。笔录也是其他法律文书的制作依据，是取证工作的基础环节，所有的证据均由笔录“缝合”在一起，织成一个严密的“证据网”。笔录制作是公安执法工作的基本技能，每一名公安民警均应熟练掌握。

二、论述题

制作公安法律文书应注意的问题：

（1）严格依照汉字使用的标准和相关要求。法律文书制作是通过汉字的使用表达法律的内容，从任何一个角度看，都是一项极为严肃的工作，不能出现丝毫的瑕疵。重点应注意的是：杜绝错别字，不能随意借用其他字词来代替某一字词，避免用词欠妥造成意思表达不准确或者大相径庭，字迹要工整。

（2）体现法律文书的严肃性。这一问题既包含法律本身的严肃性，也包含法律文书的制作意味着对人身自由的剥夺乃至生命的终止，还包含是否能以高度的责任心对待被害人或者对待死者。每一名执法者在制作法律文书时，特别是在制作笔录时，必须将严谨、缜密的态度体现在字里行间。

（3）突出“有则繁、无则简”的原则。对该原则应理解为：“有则繁”，即对于与案件有关的问题应详细记录。这里所说的详细记录并非一字不漏，而是有重点地以书面语言予以记录、予以体现，特别是在制作询问、讯问笔录时，以及制作呈请××报告书和其他请示类的法律文书时，尤应注意。“无则简”，即对于与案件无关的内容作书面表述时要简单化，或者不予记录。例如，在制作讯问笔录时，对于简历部分不必从违法犯罪嫌疑人上小学时起逐一表述，对于以前从事的职业与违法犯罪无关，或者本人没有违法犯罪记录的，应以最简单的书面语言予以表述。

(4) 不能使用任何词汇渲染案情。法律文书绝不是一般的公文写作，更不同于记叙文。制作者（执法人员）不能够掺杂任何辞藻予以点缀，防止夸大或者缩小等可能影响案件认定的现象发生，更不允许标新立异。

(5) 准确体现法定情节、适当体现酌定情节。第一，对于法定情节要准确地体现在呈请××报告书和其他请示类的法律文书中，比如抢劫罪适用死刑的具体规定，同时在制作讯问、询问笔录，以及相关的取证工作中，要形成严谨的证据体系，将其作为依法处罚的基础。第二，酌定情节应当是自由裁量权适用的基础和依据，在行使自由裁量权时要做到既不放纵罪犯，充分保护被侵害人的利益，又不使违法犯罪嫌疑人被冤枉，除了执法者有高度的责任心外，还要有相应的证据，以便在法定程序的全过程中监督执法者对自由裁量权的依法行使。

第十一章

一、简答题

1. 行政执法文书是行政执法机关依照法定的授权，用于处理行政违法行为以及办理行政许可、行政复议、行政诉讼案件和其他事务而制作的法律文书。比如执法人员在违法行为发生的现场，按照行政处罚法规定的简易程序，对违法行为人给予行政处罚时制作的当场行政处罚决定书。当行政许可申请人拟从事某种需要取得行政许可的事项的活动时，需递交行政许可申请书。

2. 行政机关对于当事人违反法律、法规或者规章，按照行政处罚法处罚时需制作行政处罚决定书。

行政处罚决定书是整个行政执法过程中最重要的，也是最关键的法律文书，规范的法律文书具有严肃性、强制性和对当事人的拘束力。要求履行行政处罚决定，或者当事人不服行政处罚，提起行政复议或者行政诉讼皆以行政处罚决定书为凭据。行政处罚决定书的规范化体现着行政执法队伍的综合素质和行政执法队伍的执法水平。

3. 行政复议决定书应先写出由申请人提出的问题，再写出被申请人提出的解决问题的方法和依据，再由复议机关作出对错评判，即复议的事实、理由和法律适用部分及结论部分共同构成文书的主体部分。

二、文书制作题

行政复议申请书

申请人：××生物科技发展有限公司，位于××市××区某地

法定代表人：朱某

被申请人：××市市场监督管理局××分局，位于××市××区××号

法人代表人：×××，职务：××

行政复议请求：

要求依法确认××市市场监督管理局××分局作出的××市监督××处字［××］

×号行政处罚行为违法，要求撤销该处罚决定。

事实及理由：

一、该处罚决定认定事实不清

申请人生产的“××浓缩饮料”的所有配料既是食品又是药品，采用民间祖传中医药秘方配制而成。由于药品注册存在困难，申请人目前还没有能力将其注册为药品上市，只能以“食”字号生产、销售。根据临床医疗效果跟踪，大量数据及实证资料证明，该产品能有效恢复部分患者骨髓的造血功能，使之明显改善和康复。该产品上市几年，未发生过任何消费者投诉产品有虚假或有损健康的情况，其对许多疾病的功效得到了广大消费者的证实。因此，申请人对该产品性能和用途的宣传，并非虚假宣传。申请人也从未将该产品宣传为药品，仅在网站上将客户主动反馈的食用后的功效情况，分享给大众，无任何虚假宣传。新闻媒体个别记者对该产品的报道不真实，属于恶意炒作，希望行政执法机关能排除干扰，澄清事实。

二、该处罚决定适用法律错误

如前所述，申请人不存在虚假宣传行为。关于“××浓缩饮料”说明书上个别字眼涉及疾病治疗功效，与《中华人民共和国食品安全法》第一百二十六条有关规定不符的问题，申请人已经改正。被申请人对于申请人在“××浓缩饮料”内包装说明书上标注涉及疾病治疗功能内容的行为，适用《中华人民共和国反不正当竞争法》有关规定进行定性处罚，定性不准确，适用依据错误。

综上，请复议机关支持申请人的复议请求，撤销被申请人作出的行政处罚。

申请人：××生物科技发展有限公司

××年××月××日

第十二章

一、简答题

1. 监察法律文书的特点表现为：(1) 特定强制性；(2) 规范性；(3) 政策性。

2. 党纪处分决定书与政务处分决定书是指纪检监察机关依据有关法律、法规，对违反纪律的对象作出处分决定（包括党纪处分决定和政务处分决定）、免予处分决定，并依据程序向对象宣布执行处分、处理决定事项时使用的通知书。党纪处分决定书与政务处分决定书在制作依据、适用范围、写法上均有不同。

3. 免予处分决定书的使用范围包括：(1) 依照《中国共产党纪律处分条例》第 19 条的规定具有免予处分条件的正式党员；(2) 依照《中华人民共和国公务员法》第 61 条等有关规定具有免予政务处分条件的国家公务员；(3) 具有免予处分条件的其他监察对象。

4. 制作处分决定通知书和免予处分决定通知书时应该注意以下四点：

(1) 处分决定书或免予处分决定书是独立的文件，不能作为处分决定通知书或免予处分决定通知书的附件。

(2) 处分决定通知书、免予处分决定通知书是发给委托宣布执行的党组织或有关单位的，处分决定书、免予处分决定书也应同时发送上述单位。而对被处分人或被免予处分人，只发处分决定书或免予处分决定书。

（3）违纪人员同时受到党纪、政纪处分的，一般要分别制发相应的通知书。同一案件涉及同一单位两个以上人员的，可以使用同一通知书委托宣布执行。

（4）处分决定通知书和免予处分决定通知书与批复是两个不同的文种。批复是针对下级纪检监察机关的请示所作的答复，处分决定通知书和免予处分决定通知书则是委托有关党组织或单位办理与处分或免予处分相关的事项，二者不能混用。

二、论述题

监察法律文书有以下主要种类：

（1）监察法律文书依据制作机关不同，可以分为纪检机关依据党的政策、方针、法规制作的纪检文书和监察机关依据法律、法规、规章制作的监察文书。

（2）监察法律文书根据案件使用范围的不同，可以分为案件检查文书、案件审理文书和信访文书。

（3）监察法律文书依据适用案件的不同，可以分为给予违纪的党的各级委员会委员、候补委员纪律处分的文书，监察机关、纪检机关建议罢免或者撤销违法、违纪党员所任人大代表职务的文书，监察机关给予违纪公职人员处分的文书，监察机关、纪检机关建议撤销违法、违纪党员所任政协职务或政协委员、常务委员资格的文书，监察机关、纪检机关建议给予人民法院的违法、违纪党员撤职以上纪律处分并依法罢免、撤换、撤销、免除其所任法官职务的文书，监察机关、纪检机关建议给予人民检察院的违法、违纪党员撤职以上检察纪律处分并依法罢免、撤换、撤销、免除其所任检察官职务的文书，纪检机关给予违纪的党的机关工作者降级、开除公职的文书。

（4）监察法律文书根据案件适用对象的不同，可以分为：请示、批复、函。

第十三章

一、简答题

1. 民事诉讼上诉状中"上诉人"栏应当写明下列要素：姓名、性别、出生年月日、民族、出生地、文化程度、职业或者工作单位和职务、住址等。

2. 民事答辩状的尾部包括下列项目：致送人民法院、附项（如答辩状副本若干份等）、答辩人署名、答辩的年月日等。

3. 申请书的主要使用范围为：申请撤诉、财产保全、复议、强制执行以及申请支付令等。

4. 合同包括以下条款：（1）当事人的名称或者姓名和住所；（2）标的；（3）数量；（4）质量；（5）价款或者报酬；（6）履行期限、地点和方式；（7）违约责任；（8）解决争议的方法。

5. 起诉状的首部包括文书名称即起诉状或诉状、原告、被告等。"原告""被告"栏，如果是自然人制作的起诉状，均应写明姓名、性别、出生年月日（对民事被告的出生年月日确实不知的，可写其年龄）、民族、籍贯、职业或工作单位和职务、住址等项；被告是法人、其他组织或行政机关的，应写明其名称和所在地址。如果是法人或其他组织提起民事、行政诉讼，应写明原告名称、所在地址，法定代表人（或代表人）姓名、职务、电话，企业性质、统一社会信用代码，经营范围和方式，开户银行、账号等。

二、文书制作题

民事起诉状

原告：李××，女，50岁，汉族，河北省××县人，就职于北京市××公司，户口在××区××胡同×号，现住××大街××号。

被告：张××，男，52岁，北京市人，××厂工人，住××区××胡同×号。

案由：离婚。

事实与理由：

20××年8月15日经邻居介绍，我与被告结婚。婚后生子女二人：长女22岁，已工作；儿子16岁，上中学。被告有严重的大男子主义思想，经常对我进行打骂，对孩子也不好。20××年第一个小孩得病抢救时，被告就要与我离婚。后来又向我提出离婚。感情日益恶化，自20××年10月至今，我一直在娘家生活。被告不按时给子女抚养费，经常打骂我。

从以上事实可以看出，我和被告婚前无感情基础，婚后共同生活期间，对我非打即骂，感情早已破裂，已无法维持这种名存实亡的婚姻关系。根据《民法典》的规定，特提出如下请求：

一、我与被告离婚。

二、儿子继续跟我生活，儿子由被告负担每月抚养费1 000元。

三、××区××胡同×号住房两间，我要一间。

此致

北京市××区人民法院

起诉人：李××

20××年×月×日

第十四章

一、简答题

1. 制作遗嘱公证书应当注意的问题有：（1）遗嘱是立遗嘱人单方的法律行为，因此，必须由立遗嘱人亲自到公证机构办理。无行为能力人不能立遗嘱；限制行为能力人必须经法定代理人同意并在与其能力相适应的情况下所作出的遗嘱行为才是有效的。（2）遗嘱人所处分的财产必须为遗嘱人所有，其财产的范围包括动产、不动产和其他有价证券。（3）公证员应当注意审查下列文件：1）立遗嘱人的身份证明，如身份证、户口簿等；2）立遗嘱人处分的财产所有权的证明；3）遗嘱的草稿等。（4）公证机关应当为遗嘱人的遗嘱内容保密。

2. 制作婚姻状况公证书应当注意的问题有：（1）公证员应当注意审查下列材料：1）本人的身份证件；2）结婚证书、离婚证书、夫妻一方死亡证书；3）其他证明婚姻状况的文书。（2）没有办理婚姻登记手续，而是按照当地风俗结为夫妻的，其公证也应属于结婚公证的范围。（3）如果用于涉外方面的，应送外交部或者省、自治区、直辖市外事办公室和有关国家驻我国大使馆、领事馆认证，但文书使用国另有规定或者双方协议免除领事认证的除外。

二、论述题

(1) 涉港澳公证是指公证机构办理的当事人或当事人之一是我国香港、澳门同胞，或公证法律文书将发往我国香港、澳门地区使用的公证事项。按照“一国两制”的方针，香港、澳门与祖国内地实行不同的政治、经济和法律制度，因此，涉港澳公证既不属于涉外公证，也不同于普通国内公证。

涉港澳公证法律文书具有以下特点：1）在适用法律上，首先要符合我国法律的规定，同时也要考虑我国香港、澳门地区的法律规定。2）部分发往我国香港、澳门地区的公证法律文书要办理认证手续，如用于涉港继承的公证书。3）在办证程序上，一般应适用涉外公证的有关规定。涉港澳公证通常要由司法部批准的办理涉外公证业务的公证机构和公证员办理。4）我国香港、澳门地区当事人提供的证明材料，一般要经司法部委托的香港律师或澳门机构证明。

(2) 涉台公证是指公证机构办理的当事人或当事人之一是我国台湾同胞，或公证法律文书将发往我国台湾地区使用的公证事项。台湾是我国领土的有机组成部分，但目前与祖国大陆实行不同的政治、经济、法律制度。随着海峡两岸交往的日益频繁，涉台公证业务增长很快。我国台湾地区与祖国大陆长期隔绝，积压和产生了大量的民事法律问题，因此涉台公证是一种政策性强的特殊公证。

涉台公证法律文书具有下列特点：1）适用法律上应坚持适用我国大陆地区法律的有关规定。2）办理程序上比照涉港澳公证办理，但也有些特殊规定，例如，办理涉台公证的公证机构可由省、自治区、直辖市的司法厅（局）指定；再如，发往我国台湾地区的公证法律文书要上报有关司法行政机关审核。3）我国台湾地区当事人在台湾所作的意思表示、提供的有关材料，应经台湾地区公证机关公证。祖国大陆的公证机构在审核的基础上可以采证。4）对于反对中国共产党、反社会主义、分裂祖国等反动内容的材料，公证机构将拒绝公证或拒绝采证。5）回祖国大陆的台胞申办公证的，由其原籍或临时户口所在地或者不动产所在地指定的公证机构管辖。

第十五章

一、简答题

1. 仲裁文书的制作应符合以下要求：(1) 符合法律、法规。制作仲裁文书必须符合相关法律、法规的规定。(2) 客观真实。这是仲裁文书必须遵循的最基本的要求，是仲裁文书的生命力所在。这既是对申请人的要求，也是对仲裁机构的要求。(3) 具体明确。仲裁文书应有具体明确的内容，应包含法律规定的全部内容，同时内容应该明确，使申请人及相关机构能够理解或执行。

2. 制作仲裁协议书应注意下列问题：(1) 请求仲裁的意思表示必须明确、肯定，不允许含糊；请求仲裁的意思表示必须单一指向，不能既指向仲裁又指向诉讼。(2) 仲裁事项必须明确。(3) 注意争议事项的可仲裁性。(4) 选定的仲裁委员会的名称必须正确。

3. 仲裁申请书的正文部分包含下列内容：(1) 申请仲裁的依据，即申请仲裁所依据的书面的仲裁协议的内容。(2) 仲裁请求。仲裁请求即申请人要求仲裁机构予以评断、解决的具体事项，包括要求仲裁机构确认某种法律关系是否存在，裁决被申请人履行给付义务，变更某种法律关系，等等。(3) 申请仲裁的事实与理由。这是仲裁申请书的核心内容，也是仲裁机构审理的对象和依据。事实与理由主要包括：申请人与被申请人之间争议事项形成的事实；双方争执的具体内容和焦点，被申请人应承担的责任并说明理由以及所适用的法律等。（4）证据。

4. 仲裁答辩书的制作技巧包括：（1）答辩书要紧紧围绕申请人的仲裁请求及双方签订的合同进行答辩。（2）答辩书中的事实和理由要有针对性地展开。（3）答辩书应当尽量全面、完整。

5. 仲裁裁决书的正文应写明下列内容：（1）基本的案情介绍。（2）申请人陈述的事实和提出的请求事项，以及证据；被申请人的答辩、提出的要求、提交的证据；申请人对被申请人的答辩作出的反驳和被申请人作出的陈述等。（3）仲裁庭的意见。先提出双方争议的焦点，对争议进行分析和判断，根据仲裁庭查明的事实和证据，依据有关的法律、法规，说明双方的哪些主张和请求是合法的，应予支持，哪些主张和请求是不合法的，不予支持或驳回。（4）裁决结果，即对案件实体问题所作的处理决定。

二、文书制作题（答案要点）

（1）文书种类的选择符合选定的身份，符合法律规定，格式规范，应具备的事项齐全。

（2）请求或答辩事项清楚，事实、依据论证充分，或者作出的处理合法有据，定性准确。

（3）文字简练通畅，无语法错误和错别字。

参考文献

1. 张泗汉．法律文书教程．3版．北京：法律出版社，2017.
2. 周道鸾．法律文书格式及实例点评．2版．北京：法律出版社，2008.
3. 马宏俊．法律文书写作与训练．4版．北京：中国人民大学出版社，2019.
4. 马宏俊．法律文书制作．2版．北京：北京大学出版社，2014.
5. 马宏俊．法律文书学．北京：高等教育出版社，2018.
6. 刘金华．法律文书写作．北京：北京大学出版社，2019.
7. 顾克广，刘金华．法律文书学．北京：中国政法大学出版社，2018.
8. 李琴．中国法律文书学．2版．上海：上海人民出版社，2015.
9. 邓晓静．法律文书学．武汉：武汉大学出版社，2014.
10. 陈卫东，刘计划．法律文书写作．4版．北京：中国人民大学出版社，2016.
11. 杜福磊，赵朝琴．法律文书写作教程．2版．北京：高等教育出版社，2013.
12. 宁致远．法律文书学．6版．北京：中国政法大学出版社，2011.
13. 段钢．公安问话笔录制作与案卷审阅．修订版．北京：中国人民公安大学出版社，2016.
14. 冷罗生．最新常用法律文书写作．2版．北京：北京师范大学出版社，2020.
15. 潘庆云．法律文书范例评析．2版．上海：复旦大学出版社，2014.
16. 周萍．法律文书实务教程．北京：中国人民大学出版社，2013.
17. 田荔枝．法律文书写作．北京：清华大学出版社，2014.

《　　　　　　　》※任课教师调查问卷

为了能更好地为您提供优秀的教材及良好的服务，也为了进一步提高我社法学教材出版的质量，希望您能协助我们完成本次小问卷，完成后您可以在我社网站中选择与您教学相关的 1 本教材作为今后的备选教材，我们会及时为您邮寄送达！如果您不方便邮寄，也可以申请加入我社的**法学教师 QQ 群：436438859（申请时请注明法学教师）**，然后下载本问卷填写，并发往我们指定的邮箱（cruplaw@163.com）。

邮寄地址：北京市海淀区中关村大街 31 号中国人民大学出版社 806 室收

邮　　编：100080

再次感谢您在百忙中抽出时间为我们填写这份调查问卷，您的举手之劳，将使我们获益匪浅！

基本信息及联系方式：※

姓名：____________ 性别：____________ 课程：______________________

任教学校：___________________________ 院系（所）：________________

邮寄地址：___________________________ 邮编：______________________

电话（办公）：____________ 手机：____________ 电子邮件：____________

调查问卷：※

1. 您认为图书的哪类特性对您选用教材最有影响力？（　　）（可多选，按重要性排序）

   A. 各级规划教材、获奖教材　　B. 知名作者教材

   C. 完善的配套资源　　D. 自编教材

   E. 行政命令

2. 在教材配套资源中，您最需要哪些？（　　）（可多选，按重要性排序）

   A. 电子教案　　B. 教学案例

   C. 教学视频　　D. 配套习题、模拟试卷

3. 您对于本书的评价如何？（　　）

   A. 该书目前仍符合教学要求，表现不错将继续采用

   B. 该书的配套资源需要改进，才会继续使用

   C. 该书需要在内容或实例更新再版后才能满足我的教学，才会继续使用

   D. 该书与同类教材差距很大，不准备继续采用了

4. 从您的教学出发，谈谈对本书的改进建议：____________________________

____

____

选题征集：如果您有好的选题或出版需求，欢迎您联系我们：

联系人：黄　强　联系电话：010-62515955

索取样书：书名：____

书号：____

备注：※ 为必填项。